PEARSON

STRATEGIC ENTREPRENEURSHIP

Fourth Edition

Philip A. Wickham

战略创业学

理论、案例与中国实践

第4版

（英）菲利普·A.威克姆 著

任荣伟 张武保 译校

U0674950

东北财经大学出版社　大连

Dongbei University of Finance & Economics Press

辽宁省版权局著作权合同登记号：图字 06-2013-164 号

本书简体中文翻译版由培生教育出版集团授权东北财经大学出版社独家出版发行。此版本仅限在中华人民共和国境内（不包括中国香港、澳门特别行政区及中国台湾）销售。未经授权的本书出口将被视为违反版权法的行为。未经出版者预先书面许可，不得以任何方式复制或发行本书的任何部分。

版权所有，侵权必究。

本书封面贴有 Pearson Education 培生教育出版集团防伪标签，无标签者不得销售。

图书在版编目（CIP）数据

战略创业学：理论、案例与中国实践／（英）威克姆（Wickham，P. A.）著；任荣伟、张武保译校 . 一大连：东北财经大学出版社，2014.5（2017.5 重印）

（工商管理经典译丛）

ISBN 978-7-5654-1476-3

Ⅰ. 战⋯ Ⅱ.①威⋯ ②任⋯ ③张⋯ Ⅲ. 企业管理-教育 Ⅳ. F270

中国版本图书馆 CIP 数据核字（2014）第 037212 号

东北财经大学出版社出版发行

大连市黑石礁尖山街 217 号 邮政编码 116025

教学支持：（0411）84710309

营销部：（0411）84710711

总编室：（0411）84710523

网 址：http：//www. dufep. cn

读者信箱：dufep @ dufe. edu. cn

大连图腾彩色印刷有限公司印刷

幅面尺寸：185mm×260mm 字数：666 千字 印张：28.5 插页：1

2014 年 5 月第 1 版 2017 年 5 月第 2 次印刷

责任编辑：刘东威 刘 佳 王 玲 责任校对：贺 欣

封面设计：冀贵收 版式设计：钟福建

定价：72.00 元

译者前言

进入 21 世纪，商学院迫在眉睫的一个任务是教学模式与内容的创新。新世纪环境的变化以及业态的改变使得传统的"职业导向式教育"功能受到极大的挑战。国际上，MBA 早已不再是富有创新精神的杰出职业经理人的摇篮，其脱离实际的教学方式和做法饱受诟病。国际商科教育的一个大趋势似乎是，今后的 MBA 教育机构应该是一个充满了创意的设计学院，培养的应该是具有丰富想象力和创造力的学生，一场商业教育的革命正在兴起。

在中国，靠着庞大的人口基数和 GDP 的持续增长，商学教育、MBA 虽仍显蓬勃之势，但潜在的风险已经产生。特别是随着国家创新驱动战略目标的提出以及各类企业以创新为导向的转型升级任务的迫切，社会各界对 MBA、MBA 对学校都提出了极大的变革需求，如何嵌入创新创业精神可以说是当前商学教育一个突出的使命。从这个意义上讲，中国的 MBA、商学教育存在着巨大的危机，商学教育本身似乎也要来一场自我变革，同时也预示着商学教育创新时代已然悄悄来临。

未来商学院的一个革命性任务是如何将顶端核心的"战略管理"课程与当今最为前沿热门的"创业管理"课程有机地衔接在一起，这对于商学院的学生来说可谓是"雪中送炭"式的任务。这本中文翻译版《战略创业学》的推出必然成为顺应时代发展和社会知识需求的一个与时俱进的选择。

由利兹大学（Leeds University）商学院一位以企业战略咨询见长的学者菲利普·A. 威克姆编著的《战略创业学》恰恰弥补了这一领域的空缺，也为目前商科的学生增添了一本难得的高端创业类教材。

1. 关于战略与创业

对于中国读者来说，如何将"战略"与"创业"搭在一起，深刻理解战略创业的内涵绝非易事，这建立在对战略和创业基本理论的历史演化及深入理解的基础上。

将"战略"与"创业"这两个火热之词有机衔接在一起应该是 21 世纪初的事情。按照传统的理论归属，两词似乎都应该归属于管理学基础理论中的"计划"职能体系。在计划的核心内容中，不能不提到的是"战略计划"和"创业计划"两大内容。前者是按照计划的重要性来划分的，区分了"战略计划"和"战术计划"；而后者则是按照计划的种类来分的，区分了"创业计划"和"项目计划"，创业计划由企业家（Entrepreneurs）或内企业家（Intrepreneurs）来驱动，项目计划则是由经理人员（Managers）来驱动。那么，"战略"与"创业"这两个计划内容又是何时、通过怎样的方式有机地匹配在一起的呢？

任何一本管理学教材都离不开美国组织管理专家哈罗德·孔茨（Harold Koontz）的贡

献，他曾在 1961 年的著作《论管理的丛林》中第一次划分了管理理论的 6 大主要学派，他认为应该走出这个丛林。1980 年，孔茨又发表了《再论管理理论的丛林》一文，指出经过近 20 年的时间之后，管理理论的丛林不但存在，而且更加茂密，并且归纳出了 11 个学派。之后，孔茨本人在教科书中将管理的基本职能区分为"计划"、"组织"、"领导"和"控制"四项，后人一直沿用至今。

应该说，这一框架体系对于今天的管理形态来说依然具有十分重要的基础意义。因为早期管理理论的萌芽来自诸如泰罗对工厂车间一级管理所进行的科学分析，法约尔从一般管理理论观点出发对经验进行深刻总结，以及梅奥等人从人文主义角度倡导对企业"经济人"如何向"社会人"转变等的理论场景中。但是，自 20 世纪 80 年代以来创业型经济以极其迅猛之势深刻地影响着管理的实践，管理学家们再也不能对以创新为基础的创业型企业的管理形态特征熟视无睹了。遗憾的是，在创新创业这一学派上，孔茨先生并没有加以足够的关注。

如果说孔茨年代的创业学还不能完全屹立于管理的丛林之中，那么进入 21 世纪之后，创新创业的内容已经形成了一种国际学术潮流。20 世纪 80 年代由孔茨归纳的管理理论丛林如今变得如此茂盛，创业理论的嵌入功不可没。今天的管理学教材再也不能忽视这一趋势特征了，至少从当前畅销全世界的罗宾斯先生（Robbins）在 21 世纪初编撰的《管理学基础》第 3 版可以看出这一变化，创业一词的确已经成为商学院基础教材编者们无法绕过去的核心概念。孔茨在过去曾提到诸如社会学派、心理学派等各种学派都来管理学中"赶场子"的盛景，如今的情况似乎倒过来了，其他的理论学派纷纷将创业的内容拉入到自己的理论平台之下。特别是，20 世纪末，当创业学派正式成为战略管理中的一大重要理论流派后，创业理论迅速广泛、深入地嵌入到了管理学的各个学派理论体系之中了。如今，无论是商界还是学术界，创业领导力、创业决策、创业者本人以及创业团队、创业心智及心理特征等，诸如此类的概念早已成为当今热门的话题和关键词。

应该说，对创业领域最大的贡献群体是战略学派的学者们在 20 世纪 90 年代的先动导入，这一研究在 21 世纪以来有了飞速的发展，而一项丰富的研究成果就是"战略创业"理论体系的出台。

2003 年，Ireland 等学者在 JOM（Journal of Management）上发表了他们的一项研究成果——"战略创业模式：结构与维度"，（R. Duane Ireland，Michael A. Hitt，David G. Sirmon，2003），他们提出了一个标志性的"战略创业"理论模型，认为"战略创业包含了创业及机会选择构思—寻找机会的优势行为和结果—创业心态、创业文化、创业领导以及创业资源的战略管理，同时也应包括对创造性成果的应用以及对创业模式构成要素的整合"。

理解这一内涵可以借助于商业中的鲜活案例，对于中国读者来说，坐拥 6 亿用户的腾讯公司是一个典型的伴随着互联网成长起来的创业型公司，在本书的第二部分中国战略创业案例中我们通过这个典型的中国本土案例来解构"战略创业"的本质。

对于靠模仿 ICQ 取得初创成功的马化腾来说，面对移动互联网市场巨大的商机，如何能够嵌入到这个巨大的市场当中是一个难题。机会总是留给有准备之人的，这次的机会被公司一位名叫张小龙的具有内部创业家气息的职业经理人所捕捉。

2010 年，张小龙敏锐地捕捉到 Kik 类软件将给公司带来的巨大商机，在 CEO 马化腾的支持下，张小龙很快便以广州研发部的团队为核心承担了这个内部创业项目的开发并得到了巨大的成功。2010 年 11 月 20 日微信正式立项，2011 年 1 月 21 日微信正式发布，到 2014 年 1 月短短的 3 年间，用户人数已经突破了 6 亿。借微信的巨大成功，张小龙成为腾讯公司副总裁，实现了自己的创业价值，从此也能以成功的内创业家身份参与到公司重大创新项目的管理和评审工作中。

这个在已建公司中进行新事业开拓的个案涉及了一系列战略创业的核心问题，我们首先需要深入思考以下三个问题：

问题一：如果张小龙看到了这个巨大的市场机会之后选择了出走独立创业，会是一种什么样的情景？他能够取得与在腾讯公司一样辉煌的业绩吗？

问题二：假如马化腾看不准微信市场的机遇，也没有支持张小龙开发并取得这项典型中国山寨式内部创业的成功，这个企业今天会是什么样子？

问题三：如果马化腾没有相应的激励机制来鼓励员工内部创业，公司现在又会是怎样的战略情景？

上述三大问题的引出和诠释是对战略创业本质问题最好的回应。

马化腾和张小龙，都是创业起家，都具有创业家的一般特征，好强、敏感、执着和坚定。事实上，许多创业型公司一旦通过创新创业取得市场成功，马上就会陷入 Christensen 所说的"创新的两难"，甚至于像第一个诞生贝尔实验室的 AT&T 公司当初封杀移动通信这种新事物那样，站在创新的对立面上。

同时，一家创业型企业被另外一家企业并购，创业家一般来说很难在新组织中完成从创业者到职业经理人的角色转变。选择留在新公司内干，还是出去干，公司内部的新事业平台环境很大程度上决定了他们的去留。一般来讲，当并购行为发生时，如果没有企业文化方面的长期冲突或不相融，如果公司内部有一套完整的鼓励员工内部创业的驱动机制，新企业一定会留住创业者，并将企业的内部创业精神持续下去，进而变"职业经理人俱乐部"为"内企业家俱乐部"，这是一个新型企业持续成长最重要的良性运行机制。在这一点上，腾讯战略性地做到了。

从腾讯公司的市值演变可以看出这家创业企业的战略创业价值增长路径图。2004 年 6 月腾讯在我国香港上市，发行价仅为 3.7 港元，市值仅几十亿港元。2013 年 9 月 16 日腾讯股价上涨 1.61% 至 417 港元，市值达 7 761 亿港元，约合 1 000 亿美元。腾讯成为中国互联网企业中首家市值突破 1 000 亿美元的公司。可以看到，腾讯公司自引入了微信业务之后公司价值的巨大增长幅度。2014 年 1 月 30 日，也是中国农历蛇年最后一个交易日，随着微信抢红包业务如火如荼，腾讯股价报收 543.5 港元，市值突破 10 000 亿港元，比之前上市时翻了 146 倍之多。

基于上述的案例描述，我们可以清晰地界定出战略创业的 4 个重要维度：

维度一：战略创业的任务就是要将战略管理与创业学的理论思想体系相整合。

谈到战略管理，就不能不谈到战略的使命、目标、愿景、产业机遇与竞争威胁、资源与能力、战略设计与执行等，而这些核心概念几乎在创业学的体系中都能找到。创业概念在不断延伸，过去理解的创业往往是指自主或者离开组织进行独立创业，今天，越来越多的像腾讯、搜狐这样的企业围绕着具有企业家精神的商界精英们精心设计了在组织内进行创业的机制，同时，组织基于战略环境的变化，将"创业导向"这一新的战略内容深植于组织的战略体系之中，使得"战略创业"有史以来第一次作为一个独立的概念成为当今创业学和战略学的一个重要的交叉分支，而更多的战略学者开始关注嵌入了创业概念后的企业形态以及竞争能力的变化。与此相对应，"战略创业学"这一新型学科的"创新"也是具有时代创新意义的，如同当初的《管理学》、《战略管理》以及《创业管理》一样，围绕着腾讯、小米、华为、阿里巴巴这样富有创业精神的企业案例之《战略创业学》，较好地契合了当今市场对商科教育的新需求。因此，我们有理由相信，不久的将来，这门学科将成为商科领域的又一大特色课程。

维度二：战略创业的核心是围绕创新对创业资源进行整合。

无论是创业企业，还是已经成型的企业，创新是现代企业生命力的一个重要的特征。创业型企业家往往担当的是市场"毁坏者"的角色，他们创造了新产品和新市场；而成型企业却要顾忌曾经辉煌过的市场，大量的职业经理人需要的是维护和持续已有的产品业务和市场。而当一个企业面临"突破性技术"（Disruptive Technology）创新突破时，任何企业都不能熟视无睹，此时，战略执行与创新创业两者之结合就是一种重要的战略契合，按照 RBV 的观点，如何对创业资源进行整合是拓展企业生存空间的一个核心。例如，微信的推出，给传统的移动运营商短信业务带来了颠覆性的挑战。对于腾讯这样的已经成型的企业来说，引入战略创业的概念就是激发活力，而动员像张小龙这样的内部员工积极整合并利用母公司良好的资源优势，适时推出突破性产品，其本质是强化公司的核心竞争力，最终取得新事业突破，这也是战略创业的最本质的精髓之所在。

维度三：战略创业成功的标志是基于国际创业的战略联盟与网络的建构。

战略联盟与网络的重要作用在于不断拓展生存的边界，而国际创业的推进是战略和创业层次提升的一大标志。以微信海外版 WeChat 在美国的大力推广为例。2014 年初，微信海外版 WeChat 向全美国用户发布了一则与谷歌联手合作的消息："只要在微信上连接谷歌账号，从你的谷歌账号中邀请 5 个联系人进入微信，微信将送出折合 150 元人民币的饭店礼券，此餐券可以在美国几千家餐馆使用，本活动将持续到 2014 年 1 月 31 日。"

事实上，微信的国际创业行动由来已久。2011 年 1 月腾讯正式推出微信，当年 10 月就推出了英文版。2012 年 4 月，微信推出 4.0 版本，英文版微信正式更名为 WeChat，并整合了 Facebook 和 Twitter 等多个社交网站内容，支持 iPhone、Android、Windows Phone、塞班、黑莓等多种平台，同时也推出了繁体中文、英语、泰语、印度尼西亚语、越南语、葡萄牙语等语言版本，同时支持海外 100 多个国家和地区手机短信注册微信账号，并在这些国家和地区开通 Facebook 官方主页。另外，在韩国市场，根据腾讯 2013 年第一季度财报，腾讯向"韩国微信"KaKaoTalk 投了 4.03 亿元，获得 KaKaoTalk 13.84% 的股份，目前这款软件已经突破 1 亿用户。

另外，腾讯旗下的游戏工作室正广泛涉猎美国的社交游戏、移动游戏等多个领域，在国际市场上已经拥有 WeChat、Wesync、QQbrowser、WeSecure、QQ 等多款产品。

维度四：战略创业的基石是以企业家为核心的战略领导力与创业心智的树立。

企业家和高管团队是公司取得战略成长最重要的人才资源，而衡量这些资源的一个突出特征在于战略领导力的高低，这种领导力还表现为对内外环境的高度识别以及动态管理灵活性方面的能力（Hitt，2006）。Covin 和 Slevin 曾提出的"创业心智"（Entrepreneurial Mindset）似乎是对战略领导力很好的概念补充。他们认为，未来的企业家一定要具有战略创业家的思维习惯和心智模式，即在新机遇面前，必须抛弃过去用经验去推断世界的思维惯性，换之以时时想象一个全然不确定的未来的思维模式，这就是创业心智的根本。在这一点上，像马化腾这样的中国本土企业家为战略领导力增添了良好的创业心智模式典范。可以预见，未来的中国一定还会诞生更多的具有创新远见和创业精神的本土企业家，他们将会以良好的心智模式在国际商业舞台上不断展示自己的战略领导力。

有了上述的认知基础，阅读菲利普·A. 威克姆编著的《战略创业学》就有了基本的方向。

2. 关于创业者、创业家、企业家

细心的读者会发现，本书频繁出现了三个词汇：创业者、创业家、企业家。其实它们都出自一个英文词"Entrepreneur"。这三个中文词中，在 20 世纪 90 年代之前都是译成"企业家"，在 90 年代后期有了创业的概念之后，企业家逐渐被细分出来，创业家或者创业者的概念才出现了，但是一直没有一个系统的划分，直到著名的《全球创业观察》（GEM）报告出来之后，才有一个清晰的划分。GEM 项目是美国著名的百森商学院和英国伦敦商学院合作进行的《全球创业观察》（GEM）报告，中国区是由清华大学负责，我作为广州的项目负责人也参与了其中，它是基于 GEM 项目的数据平台、全球专家调查和成人调查数据得出的创业指数研究成果，GEM 报告关注四个基本问题：不同国家的创业活动水平存在的差异及其程度；创业活动与经济增长的系统关系；什么是影响创业活动水平的因素；政府的创业政策评价及改进。

在这个报告中，规定了一年之内的创业企业为"初创企业"（Startup），我们可以认定担当财务风险的人为创业者，如果过了初创期，还能持续至 42 个月，那就是"新创企业"了（英文就是 New Ventures），我们依然定义为创业者，但是，如果过了 42 个月之后，那我们就可以定义其为"创业家"了，无论其企业是大还是小，成功度高与低，都可以带个"家"字了，因为度过了非常困难的草创期，如果到了 8 年之后还能存在，那就是可持续了，我们一般定义为"企业家"了。当然企业家有大企业家和小企业家之分。我们希望通过这样的划分可以区分出来战略创业家的成分，那就是，从创业者到创业家再到企业家，再到战略创业家的历程，我们把细分出的一部分有着持续创业精神，不断挑战自我，并不断取得创新成就的企业家定义为"战略创业家"，显然这个层次可以比企业家还要显著，如马化腾、马云，这些企业家对我们国家的创新战略意义更大。应该是这样的一个逻辑，从初始到成功，有细有粗，有层次，这样划分下来，表现在本书译文当中的三大译法，因此就特别在不同的阶段进行了区分。这是出现了三大差别的一个重要的原因。汉语语言更加细腻，充分表现了其深层次的文化内涵。

中山大学自 2009 年成立了面向未来商界领袖培养目标的创业学院，至今已招收了 5 期"创业黄埔班"学生。作为最重要的核心课程之一，"战略创业学"被纳入了教学体系之中。我们在教学中发现，由菲利普·A. 威克姆编著的《战略创业学》，较为全面地概括了战略创业的本质内容，特别是作者多年从事战略管理咨询的背景，我们认为是比较恰当和适用的教材。当然，与所有的国外舶来教材一样，本书的局限在于案例选择不够鲜明，特别是对于中国读者来说不够贴近实际。为了使西方的"药方"更适应中国的"水土"，同时也要突出与"走出去"国家战略的接轨，我们特选择了 4 个中国战略创业案例，以使读者了解中国创业企业发展的现状。

2013 年春，东北财经大学出版社编辑刘东威来中大访问，我们共同感受了这一点，并萌生了将此国外经典教材翻译成中文的想法，遂一拍即合。于是，整个假期全部"痛苦地"贡献了出来。对于如何体现这本书的特色，我们还达成一个"创新点"，即围绕着全书四大部分内容，开发出了 4 个与各部分相对应的本土鲜活案例。毫无疑问，这些案例一旦用于教学，将显示其巨大的教学性案例价值。

十分感谢我们团队各位成员的卓越努力和贡献。这里要特别感谢以商务英语见长的广东外语外贸大学的张武保教授。张教授早年留学英国并取得了创业孵化器管理硕士专业学位，归国后在大型跨国企业从事人力资源管理工作，大型企业的管理经验为他之后在高校开展创新创业研究与教学工作打下了扎实的实践基础。"让专业的人来翻译专业的作品"，作为一个精通商业之道和商务英语的"双料专家"，他和本校严新生老师最后审校把关使本教材的翻译质量上了新台阶。

余雷同学的"非正规小微创业企业合法性案例研究"项目在 2013 年 10 月举办的第 13 届"挑战杯"全国大学生课外学术科技作品竞赛总决赛中获得了全国特等奖，感谢他为本书贡献了第 7、9 两章的翻译初稿。

创业黄埔班 5 期的姜紫烟同学领衔的"芽米家"项目刚刚获得了"挑战杯"全国大学生创业计划竞赛中山大学赛区的冠军。良好的创业经历以及扎实的外语功底使她成为本项目的一个好助手。她不仅自己翻译了第 19 章以及一些重要的案例，还帮助整理了本书大量复杂的图文。

感谢多年来一直辛勤地为中大创业学院黄埔班学生教授"战略创业学"课程的张书军、李卫宁两位教授，正是他们孜孜不倦的努力，才使得这门课程变得如此丰富和生动。

最后还要感谢中山大学管理学院陆亚东院长、李仲飞执行院长以及 MBA 中心王远怀主任和田正芳老师的大力支持，他们为本书的顺利出版和使用提供了大量的教学资源。

我们相信本教材在东北财经大学出版社卓越的贡献之下，必将为中国读者提供丰富的当代战略创业领域的知识营养。如果本书还能对致力于国家创新驱动战略的中国商界精英们提升战略创业认知有所帮助，这将是我们这个团队最感欣慰之幸事。

任荣伟　张武保
2014 年 2 月于中山大学康乐园

前　言

当《战略创业学》这本书的第一版还在构思中的时候，创业学在组织学和管理学研究领域，作为一门分离的、独立的学科，才刚刚步入正轨。在其形成的早期，我们在兴奋之余也发现，这一领域的发展有一点成为"混血儿"的趋势："窃取"各种其他管理学学科的闪光点。所以出现了"创业营销"、"创业金融"、"创业战略"等新名词。其实这些名词并没有明显的分界线。创业者们需要完成所有这些活动（虽然他们可能不会总是把这些活动用在商学院组织学课堂上学到的方式划分得清清楚楚），而对于创业学这一迅速发展的领域来说，参考创业者们如何实施这些商业活动也是非常重要的——不仅仅是因为他们经常完成得非常出色。

尽管如此，随着这一学科的成熟，创业学也在形成它自己的内容、工作事项和研究对象。第四版的《战略创业学》将更为具体地反映这些变化。

首先，本书加入了新的素材。这主要体现在三个领域。其一，人们对社会型或公共型创业的关注越来越多，与此同时，对自利型和慈善型创业的关注不断减少。我们认为，创业学始终是管理学中的一种；而管理学本身，似乎也是非营利型创业从营利型创业中吸取经验的理想平台。其二，随着全球化的步伐不断加快，创业学的学习者们对于创业学在全球化经济发展及其引发的争论中所扮演的角色有一定的了解，也显得越来越必要。其三，当"创业人格"的理念作为概念研究和调查平台似乎在逐渐失去地位的时候，"创业认识"的概念却在不断发展，填补了这一空白。运用认知心理学中的观点来进一步理解创业者和创业过程大有前景。此外，创业学的学习者们仍然需要对这些事件和进展有基本的了解。引入这些关于创业认识的观点也使本书的一个缺陷得以解决。虽然我认为不再从经济学的角度出发，把创业者当做冒险者来看待是非常正确的，但这并不能否认从认识、心理和社会的角度，创业都被看做"风险"。而且，创业者们从这些层面上接触这一概念，绝不比从经济学的层面要少。

新加入的三个领域，都各有一章进行详细介绍，但它们所激发的新思维将贯穿全书。除此之外，本书还介绍了整体战略、组织发展、市场营销和财务管理等领域，以构成更为完善和高效的教科书。

本书共分为四个部分：

第一部分：个体创业（第1章到第4章） 阐述了关于创业者定义、分类以及研究其性格特征的心理学方法的基本观点。这一部分也介绍了用于创业学理解的认识方法的发展，以及经济心理学中关于风险行为的入门观点。

第二部分：宏观经济环境中的创业（第5章到第7章） 从宏观经济学视角看待创业者，并融合了更广泛的经济学系统内关于创业者功能的不同观点。我们有一章介绍创业在经济发展中所扮演的角色。新版本同时引入了关于社会型创业的一些观点——营利部分以外的创业型管理。此外，本书还涉及了创业者对于直接利益攸关者和更广泛大众所负有的社会责任。

第三部分：创业过程与新企业创设（第8章到第17章） 聚焦于创业的过程，尤其是识别新机遇、规划资源需求以及创建企业。内部创业（已成立组织内部发起的创业项目）的潜力和局限也有所反映。考虑到很多学生是通过发明创造的大门进入创业领域的（当然这非常正确），我们将一些素材提前到战略窗口之前介绍。创业远景和创业使命在选择企业发展方向中所扮演的角色，同样不容忽视。

第四部分：新企业的初创与发展 现在更专注于战略窗口这一比喻。战略窗口成为一个基础模板，以整合和添加之前所有章节中所提到的概念。

为了保持主线观点的完整性，关于研究创业的章节被放在了本书的末尾，包含了针对研究创业中所采用的方法论的深入探讨。这一章节的内容对于学习每章节末尾的研究主题部分会有所帮助。

相信不少读者会发现本书的另一重要部分非常有用：推荐读物参考列表，尤其是对于正在运营创业项目的学生们来说。然而，引用文章的数量较多，会使人产生这样的疑问："我要从哪里开始呢？"所以，我会重点标出两篇（如果文章比较短的话，也可能是三篇）对于书中所讨论的话题非常有帮助的论文，作为每章的关键阅读材料。这些材料无论是对于本科阶段还是研究生阶段的学生，都会达到很好的教学效果。

作为额外的教学材料，研究主题版块受到了广泛的欢迎。它不仅仅可以为积极的研究活动提供灵感，也可以作为教学过程中的讨论主题。基于教学活动的需要，我们从《金融时报》中精选了最新的阅读材料加入本书当中，并给出了关于课堂讨论主题的建议。授课教师们可以在相关网站上找到教师工作手册，里面介绍了如何在教学过程中使用这些阅读材料。

这些变化确实可以反映出创业学作为一门独立学科在发展和成熟。我希望新的变化得到大家的认可，如果你们有任何问题，欢迎与我联系。

菲利普·A. 威克姆

目 录

开场白：现代世界中的创业

所有在现代世界经济管理领域起重要作用的人群中，创业者们可能最吸引人们的眼球。我们都能观察到他们的一些特征，甚至会像英雄一般看待他们：自主创业，冒着巨大的个人风险，尝试把新产品带到广阔的世界市场来取得收益。我们会关注和跟进创业者们给经济和社会所带来的变革，以及由他们产生的不确定性，会羡慕他们所具有的某种天分，或者我们还会好奇他们的这种努力究竟换来了怎样的回报。不管对他们的直觉反应如何，我们都不能忽视创业者们给我们的世界以及我们个人的经历所带来的影响。

现代世界的重要特征就是一个"变"字，几乎每天我们都能听到哪里的政权发生更迭了，经济关系有哪些发展，以及有哪些新技术推向了市场。诸多变化相互交织，必然走向全球化。信息技术的发展让资本可以比以往更为高效地追逐新企业中的投资机会。获得成功的过程更加快速，而对失败的惩罚也变得更加无情。客户总是期待着自己所消费的产品和服务能够不断改进。一些人争论说，现实世界的变化速度并没有不同以往，甚至比过去更慢。这可能就是真实世界的写照。但是，我们似乎确实强烈地意识到了"变"，并且要比过去的几代人更加关注这些变化。

现实世界一个关键的变化是企业正更加积极地对外部进行反应。为了跟上变化的市场，它们更快地创新。为了竞争，它们变得更加机敏。不仅仅是营利性组织，对于所有的企事业单位来说都如此。"市场"王国和公共领域之间的边界被推来推去，逐渐模糊。

所以，世界需要更多的创业者和更多的智慧。在西方成熟的市场经济中，创业者们提供了经济的原动力，他们所创办的高速成长的企业正成为新工作机会的主要来源。成千上万个新创企业的成功驱动着太平洋区域战后经济的高速成长（尽管近来有所放缓），也正是这些个体创业者重构了市场经济。回望 20 世纪 90 年代以来的二十多年，挑战更加巨大。而对于发展中国家来说，创业者们正在快速地迎接致富挑战，并且使得分配变得更加公平。

变，既带来了机遇，又带来了挑战。"机遇"带来的是更多、更新的可能性，带来的是可能更美好的未来。"挑战"是如何管理好由这些创造出来的可能性所带来的不确定性。为了回应这种挑战，创业者们必须利用好机会和优势，与此同时，要对不确定性进行控制，作出反应。这种回应在某种程度上必须能反映组织的管理。正如我们都将看到的那样，这是创业者们的一种基本反应。为了充分了解这种反应，了解如何进行管理，我们必须全方位地了解什么是"创业"。

本书的对象主要是实践中的管理者，也包括商科的学生们（这些学生或许将来就会变成创业管理者），给他们提供一些有价值的创业指引，即便对那些想从事创业研究以及调研的人来说也是一种指引。同时，对那些不仅仅是想了解更多的创业信息，还想学到更多创业知识的读者来说也是一种帮助。本书对创业给出了一些重要独到的观点，归纳为以下几点：

- 创业是一种管理方式。
- 创业管理的目标是追逐商机以及驱动变革。
- 创业管理是战略管理，即在一个竞争性的环境中，对整个组织的管理。
- 创业开拓是一种可以学到的管理方法。

正如我们要探索的，给创业下定义并不容易，确切地说，不容易说清楚创业是什么，不是什么。

本书的观点比较直白，可以认定创业者就是那些进行创业决策的管理者。本书探索了这些决策，内容是什么，具体包括些什么，需要采取哪些必要的行动等。

要知道，能够察觉到我们的种种误解与获取相关知识一样重要。相比经济领域的其他角色——管理者、投资人、官僚们，创业者们在某种程度上扮演的是神话般的角色。如果我们想要认认真真地去琢磨创业，并想认知创业中的潜在内容，创业者的这种神话就必须被打破。例如，本书否定创业者们生来就注定会取得伟大成就的言论。同样，本书也不赞同创业者们是被某种他们不能控制的心理力量所驱动，或者说，创业者们必须具备某种特殊的能够导致成功的人格特征。进一步讲，我们将把创业者简单地比作一个个管理者，只不过这些管理者知道如何进行创业决策，如何将其付诸实施。

本书也将不囿于讨论已建立公司或者已经开辟新事业的领域，这些内容或许对创业学来说是非常重要的，但是，这并不能涵盖全貌，因为这些不是创业的主要成分：即使某人成为创业者，对于组织来说不是因为他们具有某种法定关系或历史，而是创造了内外的"变化"。创业者们还探索创业管理，因此，本书主张揭开创业者们"神秘的面纱"，这不是说要贬低他们或他们的工作，事实上，恰恰相反，让读者认识到创业成功是个体努力实践的结果，也是他们努力工作和学习的结果，不是生来造就的结果，才是本书的写作目标。综上所述，通过向读者说明良好的创业管理要建立在管理技能基础上，并且告知他们创业路径是由那些愿望强烈的管理者自己去开辟的，让读者认知到成功来源于个人的努力、知识和实践，而非命中注定。

重要读物

有两篇文章，简要地概述了一门用战略方法来研究创业的哲学，本书所倡导的哲学主张，即：

Sandberg, W. R. (1992) 'Strategic management's potential contributions to a theory of entrepreneurship'. *Entrepreneurship Theory and Practice*, pp. 73-90.

Thompson, J. L. (1999) 'strategic perspective of entrepreneurship', *International Journal of Entrepreneurial Behaviour & Research*, vol. 5, pp. 279-296.

推荐读物

Ahwireng-Obeng, F. and Piaray, D. (1999) 'Institutional obstacles to South African entrepreneurship', *South African Journal of Business Management*, Vol. 30, No. 3, pp. 78–85.

Benacek, V. (1995) 'Small business and private entrepreneurship during transition: the case of the Czech Republic', *Eastern European Economics*, Vol. 33, No. 2, pp. 38–73.

Bettis, R. A. and Hitt, M. A. (1995) 'The new competitive landscape', *Strategic Management Journal*, Vol. 16, pp. 7–19.

Carroll, G. R. (1994) 'Organizations...the smaller they get', *California Management Review*, Vol. 37, No. 1, pp. 28–41.

Duane, I. R., Hitt, M. A. and Simon, D. G. (2003) 'A model of strategic entrepreneurship: The construct and its dimensions', *Journal of Management*, Vol. 29, No. 6, pp. 963–89.

Fogel, G. (2001) 'An analysis of entrepreneurial environment and enterprise development in Hungary', *Journal of Small Business Management*, Vol. 39, No. 1, pp. 102–9.

Luthens, F., Stajkovic, A. D. and lbrayeva, E. (2000) 'Environmental and psychological challenges facing entrepreneurial development in transitional economies', *Journal of World Business*, Vol. 35, No. 1, pp. 95–110.

McMillan, J. and Woodruff, C. (2002) 'The central role of entrepreneurs in transition economies', *Journal of Economic Perspectives*, Vol. 16, No. 3, pp. 153–70.

Messeghem, K. (2003) 'Strategic entrepreneurship and managerial activity in SMEs', *International Small Business Journal*, Vol. 21, No. 2, pp. 197–200.

Moore, J. F. (1993) 'Predators and pray: a new ecology of competition', *Harvard Business Review*, May/June, pp. 75–86.

Peng, M. W. (2001) 'How entrepreneurs create wealth in transition economies', *Academy of Management Excutive*, Vol. 15, No. 1, pp. 95–110.

Puffer, S. M., McCarthy, D. J. and Peterson, O. C. (2001) 'Navigating the hostile maze: a framework for Russian entrepreneurship', *Academy of Management Executive*, Vol. 15, No. 4, pp. 24–36.

Trulsson, R. (2002) 'Constraints on growth-orientated enterprises in the southern and eastern African region', *Journal of Developmental Entrepreneurship*, Vol. 7, No. 3, pp. 331–9.

Zapalska, A. M. and Edwards, W. (2001) 'Chinese entrepreneurship in a cultural and economic perspective', *Journal of Small Business Management*, Vol. 39, No. 3, pp. 286–92.

第一部分

个体创业

第 1 章

创业的性质

本章概要

本章旨在从全局性、综合性的视角解构创业家和创业的概念。通过回顾描述创业家的不同方法，本章突出强调了其基本定义的不同。共有三种不同的方法：第一种方法是把创业家定义为从事具体任务的管理者；第二种方法强调创业家的经济特征，并聚焦于他们在加速经济过程中所具有的职责；第三种方法从心理学出发，把创业家视为具有特定人格的个体。

本章的结论是：创业家是最好的管理者，创业是一种管理方式。

1.1 什么是创业

重要学习目标

掌握理解创业性质的主要方法，特别是创业家作为管理人员、经济变革中代理人以及个体的区别。

"创业者"，作为人们日常对话中的词汇以及管理和经济领域的技术术语被广泛使用。这个词起源于 17 世纪的法国。在法语中，"创业者"是指受人委托从事由某人投资的具体商业项目的个体。这些项目早期通常是指海外贸易项目。这样的项目对投资者（他们可能损失金钱）和创业者（他们可能损失更多）来说都具有极大的风险性。创业者、投资者和风险性，三大概念相互交织在最开始是再明显不过的了。许多概念都是来自于创业家的想法，比如"创业能力的"、"创业"和"创业过程"等。"创业者"（entrepreneur）是指从事具体项目的人，他们对创业性质有着深刻的领悟，去开辟一个新天地。他们要符合具体项目要求，从事与目标有关的特定任务，还要求自己能够负责这些项目。创业因此也指创业者在做的事情。"创业能力的"（entrepreneurial）是指描述创业者如何从事他们所做的事情的一个形容词。实际上，我们使用这个形容词意味着创业者做事是有特殊方式的。创业者参与的创业过程是指从项目中创造新价值的方式，而这种新方式所产生的一个直接结果就是：创立的新企业，即所谓的新创企业（entrepreneurial venture）诞生。

但这实在是一般性的定义。要对创业者给出一个明确的定义颇具挑战性。不是因为无法定义，而是因为有太多定义，我们不知道该选择哪一个：虽然管理学和经济学大量的文献有助于我们定义"创业者"。出现这种问题是因为这些定义很少对彼此关于创业者的本质特征的描述表示赞同。经济学家早就意识到创业者的重要性。但即使十分严谨，创业者仍然像是一个"虚幻的野兽"。困难大多不是在于如何给创业者一个角色定义，而是如何给他们一个有别于"传统"管理者的角色。很明显，能够区分是十分重要的，但是，困难却是长期的。Arthur Cole、William Baumol、Harvey Leibenstein 和 James Soltow 这些学者

1968 年的评论在今天看起来仍然十分中肯，他们强调的问题仍然没有得到完全解决。

William Garter 在 1990 年曾就这一问题做过一个详细的调查。他调查了学者、商业领袖和政治学家，问他们认为什么是创业最好的定义。从回答中他总结了 90 种与创业家有关的不同特质。层出不穷的说法，变化多端，使得诸多定义根本找不到一点儿共同特征。

这意味着自从 1971 年以来就没有继续寻找定义，当时 Peter Kilby 指出创业家与长鼻怪（Heffalump）有很多共同之处，长鼻怪是 A. A. Milne 在《小熊维尼》（Winnie-the-pooh）中的角色，它被这样描述道：

一种相当大型的、重要的动物。它已经被许多人通过各种设备进行捕获，但到目前为止没有人能够成功。那些声称已经看见它的人说它身形庞大，但这与它的资料所显示的不一致。

1985 年，Garter 论证并得出结论"创业者之间的差距和企业之间的差距，与创业者和非创业者之间的变化以及新公司和已经建立公司的变化是同样大的"。

虽然能够提出许多创业者或创业的定义，但至少在某些情况下，任何一个定义都可能会与我们的期望不匹配。直觉上，我们知道，或者觉得我们知道，谁是或不是一个创业者。一个特定的定义有时会排除那些我们从经验中觉得是创业者的人或包括那些我们认为不是创业者的人。如果我们认为一些特征与创业者有关，就可以解释说明。

例如，"风险"的概念是经常与创业者联系在一起的，但这不容易区分经营新事业的创业者们和冒着金融风险来支持这些新创企业的投资家们，事实上开创一个新企业被认为是创业者一个重要的定义特征（Garter 本人就这么认为的）。然而，许多知名的创业者却使现有的组织有新的活力，而不是从零开始建立一个新组织。一些定义强调创业的重要性，特别是能够产生经济效益而使投资者的回报最大化。回馈投资者固然很重要，但它绝不是创业者追求的唯一目标。有成就的创业者们回报所有的企业利益攸关者，而不仅仅是投资者。一些创业者积极寻找利润有限的追求社会责任的企业。创新也被认为是一个关键的特征。然而，创新是所有开辟新事业企业取得成功的一个重要因素，不仅是创业型企业。这些观点将在下面展开讨论。

我们不应该为这个明显的失败而灰心气馁。创业是一个丰富而复杂的现象。我们不应该期望，甚至渴望，它被一个单一的、普遍的定义而框住。它的多样性显现了无尽想象的可能性，并使特定的新事业有意义，这正是使它变得如此有用并引人注意的原因。在任何情况下，能够定义某件事物，并不等于理解它。这本书不会把为创业者提供具体的定义作为起点。一个更好的方法是拓宽创业者的视野，来描述创业者和探索他们参与的过程，然后让大家了解创业是如何构筑创造新财富之路的。

和管理现象一样，创业也有经济和社会维度。创业者是在一个社会环境下生活和行使职责的个体，创业者的特点并不是他们采取的行动，而是通过一个特定的行动以实现为企业创造新的财富的目标。创造财富是一般的管理活动。创业是指用一个特定的方法来创造财富。所以我们就有了三个方向，从中我们可以这样理解，创业者被认为是：

- 进行活动的管理者，即执行他们的特定任务以及按照他们的方式行动。
- 经济变革的代理人，即对经济系统产生影响，随之带来改变。
- 个体，即他们有自己的心理、个性以及个人特点（包括在任职策略和处事风格上的独特性）。

这三个方面中的每一个都反映在为创业提供的各种各样的定义中。每个职责不仅仅是描述创业者，也是区别于参与财富积累过程的其他人，如投资者和"普通的"管理者。接下来的三个部分会更详细地探讨这些方面的内容。

1.2　创业者的任务

我们首先通过他们实际上所做的事即通过他们所执行的任务来认识创业者。这就提供了一个接近创业者的途径以及他们不同于其他类型的管理者的方面。许多任务与创业者相关联。一些更重要的会在下面讨论。

重要学习目标

了解创业者所承担的任务。

拥有组织

大多数人都能够举出一两个创业者例子，并且可能声称"如果见到他们的话"一定能够认出他们来。这种普遍看法的一个关键因素是组织的所有权。

虽然许多创业者确实拥有他们自己的组织，但把所有权当作一个创业特征是十分局限的。现代市场经济是以所有权和组织掌管的区别为特征的。所有权存在于那些投资项目和拥有自己股票的人——负责人——然而实际运行是委托给职业管理者或代理人。这两个角色是相当不同的。因此，如果一个创业者拥有业务，那么他或她实际上是在同一时间承担两个角色：投资者的角色和管理者的角色。这一区别法国古典经济学家萨伊（J. B. Say）早在 1803 年就注意到了。

因此，我们看到作为创业者，许多人并不真正拥有他们正在管理的企业。在发达国家，复杂市场的存在使投资者获得新的企业，而且大多数创业者都在积极地利用这些来吸引投资者。例如，当 Frederick Smith 开始经营联邦快递公司时，他只投入最初资本的约 10%。机构投资者提供了剩余部分。我们会认为他作为一个创业者却投资这么少是因为他在削弱他的所有权？事实上，大多数会把这种呈现风险和吸引投资者支持的能力视为创业者的一项重要技能。

还应该注意的是，越来越多的"普通"管理者（不管是什么意思）被给予与公司的绩效相关的股票期权，这是他们拥有部分公司所有权的一种方式，而这可能会鼓励他们的创业精神，从而使他们感觉自己就是创业者。

创设新组织

创业者就是那些已经建立新的商业组织的人的看法符合大多数人的创业者理念。创业者被认为是承担任务的人，他们将组织的不同元素结合起来（人、财产、生产资源等等），并分别赋予它们一个法律身份。许多思想家认为这是创业者的一个本质特点（例如，1991 年 Bygrave 和 Hofer，1991），1998 年印度学者 R. A. Sharma 认为这对发展中国家的创业者尤其重要。然而，这样的一个基础定义对我们所说的"组织"以及我们考虑建立一个"新"的组织都是十分敏感的。

我们看到许多创业者"购买"已经建立的组织，然后扩展这些组织（如 Ray Kroc 对麦当劳），他们发展这些组织（如 George 和 Liz Davis）或者合并成现有的组织（如 Alan

Sugar 对 Sinclair Scientific），越来越多地以标底收购部分现有的机构，这为普通管理者展示他们的创业者才能提供一种方式。

一个很有意义但却不精确的说法是，创业者在他们的组织世界过程中作出重大改变。这个改变是一个宽泛的概念。对于严格的定义来说，它过于模糊，而且主观。但它确实超越刚刚建立的组织，它区分创业者和管理现有组织机构的管理者，或者说它使这些组织机构发生轻微或增量的改变。

把创新带到市场上来

创新是创业过程的一个至关重要的部分。熊彼特（J. A. Schumpeter），奥地利学派经济学家（这样说是因为他是在 20 世纪前 50 年工作在维也纳的众多激进经济学家之一）认为创新是创业者创造财富过程的基础。他的观点的一个简要总结可以在其 1928 年为《经济学杂志》写的一篇论文中找到，熊彼特认为创业者并没有像润滑剂一样能够推动经济，但是作为利己主义的个体基于一些创新来寻求短期的垄断。创业垄断一旦成立，新一代的创业者也带来更多的创新想法，旨在取代垄断过程中熊彼特所称的"创造性的破坏"。彼得·德鲁克（Peter Drucker）在他的书《创新和创业》（1985 年）中提出创新是创业管理者的核心任务。创业者必须做一些新的事情，否则他们进入市场就毫无意义。然而，我们必须注意这里的创新理念。在商业意义上，创新可能比开发一个新产品或新技术意味着更多。创新的想法包含任何新的工作方式，以便创造价值。创新可以意味着一个新产品或一种新服务，但它也可以包括一种新的交付产品或服务的方式（比如，这样做对用户来说，它会变得更加便宜、更加方便），包括通知消费者关于新产品的事以及促进新产品销售的新方法，也包括组织新公司的方式，甚至管理与其他组织的关系的新方法。这些都是创新的来源，并且它们已被创业者成功地运用。总之，创新就是以一种新鲜的、不同的和更好的方式做事。

创业者的任务不仅仅是发明新东西。还包括为市场带来创新以及向使用它的消费者传递价值。除了被竞争对手分散、营销和抵制，创新的产品或服务必须通过一个经营好、领导好的组织才能产生盈利。

无论创新对创业过程有多重要，它都不是独一无二的。大部分的管理者被鼓励着要具有创新性。成功地开发和发布新产品、新服务不是只有创业组织才具备的。在最好的情况下，创业创新和"普通"创新的不同之处是在程度上，而不是实质上。

识别市场机会

机会存在于市场的间隙之间，创业者在那里可以更好地做事，从而创造价值。新的机遇会一直存在，但它们并不一定出现。如果想开发利用机会，他们就要积极寻求。新机遇的识别是创业者重要的任务之一，他们必须不断调查商业前景，观察市场中其他人留下的空缺（包括自己）。机会对于创新而言是"硬币的另一面"。一种创新（做事的一种新方法）仅仅当它碰见一个机会（一种用新方法做事情的需求）时才叫创新。

与创新一样，无论识别机会对创业过程有多重要，但它不是所有，也不是独特的。创业者不能简单地停留在识别机会上。找到机会后，创业者必须继续用一种合适的创新方式来进行，否则就只是市场测试新理念的"模具"。实际上，发现机会的权力可能会委派给市场研究专员。当机会被能填补市场空缺的新鲜事物利用的时候，才能创造真正的价值。

从某种程度来说，所有的组织都在积极地寻找机会。它们可能找专业的管理者来做这件事，或者鼓励组织中的每一个人去寻找新机会。像创新一样，创业机会与普通管理者机会的区别是程度上的，不是实质上的。

专业知识的应用

有人认为，创业者的特点是他们为所做的工作带来某种特长。正如上面所讨论的，这种专业存在于他们的创新能力中或能够发现的新机会中。一个稍显技术性的概念是，他们在决定如何分配稀缺的资源上有特别的能力，在这种情况下，信息是有限的。这是他们的专长，使创业者对投资者有价值。

尽管投资者肯定会寻找能力的证据来作出适当的业务决策，而且会根据他们正在做的事情的成绩来评判创业者，认为创业家是一个"专家"引起了一个问题的讨论，即创业者是否有能力成为创业者，而非仅仅作为一个在他们自己的特定领域的一位特别熟练的和有效的管理者。例如，鲁珀特·默多克（Rupert Murdoch）拥有作出投资决策的知识吗？这个知识不同于良好的管理和特质，如在自信、果断和领导力的支持下的，与媒体行业有关系且详细的知识。有人开发（而不只是了解原理）"资源分配决策"的技术而不是证明与商业活动的一些特定区域有关系，这样的想象有意义吗？

这样一种技能是否能够单独存在于常规管理技能中，这个问题仍然不清楚。在任何情况下，这样的技能对创业者来说不是独一无二的。很多管理者每天也做资源分配决策，但大多数都不会被称为创业者。

领导力的提供

创业者为他们的企业贡献的一个特殊的技能就是领导力。领导力越来越被认为是管理成功的一个至关重要的部分。创业者很少能够自己促进市场创新。他们需要其他人的支持，不仅仅是组织内部，也包括组织外部的人，比如投资者、顾客和供应商。

如果所有人都被拉往同一个方向，集中于手里的任务并被鼓励着，那么他们一定会获得支持和指引。这是落在创业者肩上的任务。如果任务需要被有效地执行，那么创业者必须展现领导力。重要的是，很好地执行任务就是领导力。

领导力是创业成功的一个重要因素，而且这经常是创业者展示才能的一种技术，但这是一般的管理技术而不是创业者的特殊性。就是说一条创业道路会为管理者提供一个特别良好的契机来开发和展现他们的领导能力。

作为管理者的创业者

我们如何能做到这些？没有任何工作的创业者似乎与执行工作的普通管理者从根本上是不同的（虽然在程度上或许不同）。我们不应该惊讶于这一点。毕竟，创业者就是一个管理者。我们或许应该希望能够指出创业者和"普通"管理者的区别，但是如果我们这样做的话，就必须根据创业者管理的事情、他们如何管理、他们的有效性以及他们作为一个管理者的影响，并不是根据他们从事的特别任务。

1.3 创业者的角色

创业者是值得注意的，因为他们对世界经济有着重要的影响。他们在维持和发展我们的经济秩序上扮演了一个至关重要的角色。我们已经注意到创业者创造了新的价值。如果我们想得出一些关于创业的结论，最重要的是明白他们是怎样做到这点的。本节是一个序言，它列出了已被纳入创业者定义中的创业活动的一些关键影响因素。这部分是独立的，第6章会从不同的经济流派、更深层的角度考虑创业者的角色。

经济因素的融合

经济学家一般认可三个主要的因素：大自然提供的原材料、人类提供的身体上和精神上的劳动，以及资金（钱）。在经济体制中所有买卖的产品（和服务）都是这三个因素的融合。通过满足人们的需求，融合这三个因素从而创造价值。

然而，这些因素它们本身不融合。它们必须由个体把它们放到一起来工作和从事不同的任务。这些任务的协调都是在组织内部发生。一些经济学家认为创业是第四个因素，因为它在生产方式上将这三个因素结合起来。按照这种观点，创新仅仅是找到新的经济因素的结合。

其他的经济学家反对这个观点，他们认为它没有有效地区分创业和其他形式的经济活动。然而创业者确实影响了生产因素的结合，也影响了在经济体制中的每一个人。创业是经济活动的一种特殊形式的观点是不清楚的。

提供市场效率

经济理论表明最有效的经济系统是在畅通无阻的市场中决定商品的买卖价格。在这里，有效的意思是指资源以最优的方式进行分配，那就是人们（共同）从中得到最大的满足。

如果在不同的供应商之间存在竞争，则一个经济系统能达到这样的状态。创业者提供这一效率。一个没有面临竞争的供应商会要求得到超过市场的利润并且这样会降低整个供给的有效性。如果他们自己愿意接受一个稍低的利润（接近真实的市场比例），就会进入市场，而且为商品提供一个较低的价格。通过这样做，创业者能够确保市场是有效的，并且价格保持在尽可能低的水平。

古典经济学为创业者对经济系统的影响提供了一个好的起点。然而，商业生活一般比图片描绘出来的复杂。比如，公司的竞争不止比价格。第6章会考虑不同的经济流派关于创业者的观点。而且，我们应该可以在第15章发现，当创业者采取的策略被考虑到，最成功的创业者大都是那些避免与既定供应商竞争（至少避免直接竞争）的人。

接受风险

我们不知道未来会发生什么。我们把知识的缺乏叫做不确定性。无论我们的计划有多好，总是有一些随机事件会导致我们既没有预料到也不希望得到的结果。如果我们知道各种可能性发生的概率，则不确定性就成为风险。一些经济学家提出一种观点，创业者的主要职责是代替其他人接受风险。按照这种观点，确实存在有风险的市场。一般来说，风险是人想要避免的事情（个人是厌恶风险的），所以他们愿意花钱消除风险。创业者如果提供除去这种风险的服务，人们就愿意购买它。

这有一个例子应该会明确这一点。我们可能都体验到新科技的好处，例如可以对电视画面进行数字记录。然而，发展这种新技术时有一个风险：金融投资非常高，也有很大的不确定性。不同供应商之间的竞争是紧张的。不能保证投资会有收益。我们现在享受数字技术带来的好处，作为消费者，就我个人而言，我们不需要面对创造它时的风险。实际上，我们已经将这个风险委托给积极发展技术的创业者们。当然，创业者期望他们承担的风险会取得收益从而得到回报。从他们的企业中得到利润，这个回报就是顾客"同意"支付的价钱（没有明确，但是愿意为商品支付额外的成本），这样他们可以得到产品的利益，而又不会面临发展的风险。

创业者是风险承担者的观点体现了他们一贯受欢迎的一面。就 1848 年英国古典经济学家约翰·斯图尔特（John Stuart）提出的创业的概念来说，接受风险是十分重要的。然而，我们必须十分谨慎地区分个人风险和经济风险。当我们自己处于危险的情况下我们可能会面临风险，比如爬山，但这不是经济学家所理解的风险，对于一个经济学家来说，风险是由投资导致的。风险是投资收益少于期待值。或者，确切地说，可能少于（或高于）从其他可供投资中获得的收益。像 1.2 节中指出的一样，管理企业的创业者角色和把钱投资进去的投资者角色是非常不一样的。

所以，风险的接受实际上是投资者的事，而不是创业者的。然而，关于创业者是风险承担者的普遍看法不是完全错误的。它认为创业者善于管理风险高的情况，即当面对高不确定性的情况时，他们能够保持头脑清醒，继续进行有效沟通，并作出有效的决定。从这个意义上说，代表投资者，创业者不会像将不确定性转化为风险（通过对它进行量化）那样接受风险。创业者和风险的关系是十分微妙的，这个关系在 9.7 节中会有更深入的探讨。

投资者回报最大化

一些评论者已经表明创业者的主要任务是从股东的投资回报中获得最大收益。实际上，是他们创建并运行代表投资者的组织，它会产生比原本更高的长期利润。这是创业者角色产生整体经济效率的另一方面。

投资者当然会到处寻找创业成功和有利润企业的创业者，虽然创业者在现实世界中的行为只是为了最大化股东的回报的观点是有问题的。像所有的管理活动一样，创业会考虑到各种利益攸关者的利益，而不仅仅是那些投资者。投资者无论投入多少社会成本都要求公司最大化他们收益的行为也不是很明显。鉴于 Hanson 勋爵公然把最大化股东收益作为他日程中最重要的事，Anita Roddick 当然会为人们对美体小铺公司（The Body Shop）的诸多担忧辩护。

市场信息的处理过程

古典经济学假设所有与市场相关的信息都是可用的，并且这些信息都是由生产者和消费者使用的。然而，人类不是完美的信息处理器。在实践中，市场运作时并不是所有信息都有提供或可以使用的（这个主题会在 5.3 节中得到拓展）。关于创业者的一个观点是他们留意没被使用的信息。通过利用这一信息，他们提高市场效率并获得收入作为奖励。这个信息是机会的信息。创业者是信息处理器的观点实质上是创业者追求机会，并提供有效竞争力的一个复杂版本。

较小的组织比较大的竞争对手成功的方式之一，是它们可能更善于发现和利用未开发的信息。（这是在 15.1 节中会进一步考虑的问题）

总之，创业者无疑发挥了一个重要的经济功能，虽然在经济过程中降低这个功能是困难的。在这一过程中，创业者的角色不同于其他经济活动的参与者。

1.4　人的维度：领导力、权力和激励

重要学习目标

领导力、权力和激励的概念是相互关联的。

创业者是管理者，但他们不同于其他类型的管理者。如果我们要寻求一个区分创业者和更传统的管理者的特征，就会发现这个区别并不存在于他们的战略或分析见解中（尽管这些是重要的），而是在"人"的维度：他们使用领导力、权力和他们的能力来激励周围的人。因此，任何有关创业的讨论都必须建立一种领导力、权力和激励都可能被用作管理工具的见解。

一个经济学的观点表明，人类组织的存在是为了处理资源。在组织里劳动力的不同可以使处理过程更高效地进行。然而，一旦这些资源被加工利用，它们必须给创建组织的股东分发利益。这个分发很少建立在"平等"的基础上。而且，组织不仅是活动的合理秩序，还是把被定义的角色表演出来的舞台。因此任何关于领导力、权力和激励的讨论必须从不同的角度吸取经验教训：功能性的教训，把该组织作为一个确定性的系统，作为解释说明用，探索组织内部的经验，以及激励的问题，它质疑不同的个体受益于组织生活的方式。

鉴于这一点，没有任何一个定义能够完全地满足这些潜在的概念。然而，给予这些见解某种概念上的定位是很重要的，基本的定义如下：

领导力可能被定义为聚集和指引组织的能力。

权力可能被定义为在组织内部影响行动的能力。

激励可能被定义为鼓励个体去采取特殊行动的过程。

领导力、权力和激励是截然不同的概念，但显然任何一个讨论都会引起其他两个讨论，因为它们是控制风险过程的不同方面。把它们看作是创业者为控制企业发展方向所采取的方法的不同方面是很有效的（见图 1.1）。

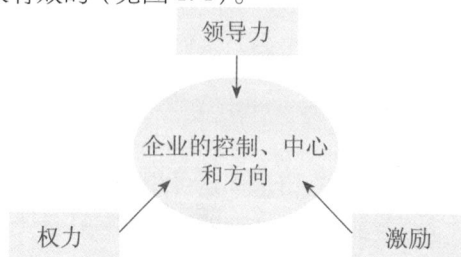

图 1.1　企业控制动态：领导力、权力和激励

领导力、权力和激励融合于创业者往他们希望的方向上塑造和推动企业者的方法中。它们是创业者为把想象变成现实而采用的工具，因此，它们处于项目的核心位置，以创建一个全新的世界。

认识到创业者的领导力、权力和激励不只局限于正式的组织是很重要的。他们必须超越这个组织，将企业的所有利益攸关者聚拢到一起（其投资者、客户和供应商以及雇员）。

权力

权力是一个概念，它看起来应该是成功管理的核心，而不是一个简单的概念公式。对许多人来说，这个词有一个负面的含义。权力意味着力量"超越"其他人。它意味着强迫而且势必会被剥夺的。例如，生物学家 Edward O. Wilson（1975）把权力定义为"在获得食物、伴侣、展示地、休息区或任何必不可少的主要事情上，小组中的一个成员提倡要超越另一个成员"。然而，一个新兴的概念是，权力不是全部集中在个体上。相反，它是结构性因素的结果，它规定人们在一起工作并相互影响。House（1988）也认为这一概念是比较好的。

然而，如果我们把权力定义为影响组织内部行动方针的能力，那么权力会变成组织活动的一个必要功能。权力是在资源有限和结果不确定情况下的一个特征。在这样的条件下，行动定会受到影响或者组织将不再是组织。在这方面，权力是不可避免的，像组织本身一样，它可以用于好的方面也可用于坏的方面。当然，创业者必须认识到组织内部权力的基础并且学会积极有效地使用它。这是 Jerry Pfeffer（1981）在他的重要研究《组织中的权力》中所采用的方法。

权力必须和权威区分开，权威代表影响组织内部的权威持有者的行动方针的权利。这个权利和能力不同。权威转换成权力的方式取决于组织建立者是如何评价持有人占据的地位和位置的。然而即使一个小组可能会认识到这个情况，其他的组织可能也不会认识到。创业者可能被所在的社会系统给予高度的名义代理权。企业可能会"属于"他们，并且它会被认为是个体创业者的财产。他们可能会被看做是主要的执行者，也就是最高级别的决策者。然而，这不能保证他们会真正拥有控制整个企业的权力。正如领导力一样，创业者的位置是加强权力而不是提供权力。

一个重要的分析认为，权力体现在控制企业的各个方面。这种关系是互惠的。权力允许控制，并且控制为权力提供基础。控制的范围对于创业者的权力基础来说是重要的，包括资源、人、信息、不确定性、系统、象征和视角。

激励

个体从事，至少是想要从事行动的条件是确定行动的方针。激励作为一个主题，在过去的几百年里，已经引起了很多心理学家的注意。因为它影响组织的绩效，管理理论家和实践者对它都有着极大的兴趣。有很多激励的方法。这些方法都是不同的，它们强调不同的因素和一般的补充，虽然有时候它们是相互矛盾的。它们都提供独特的视角，但产生的影响不同，一般来说是对管理动机的理解和对特殊的创业动机的理解。在"激励是内在驱动的外部表现"和"激励是指向实现外部定义的和奖励的目标"这两个理论之间，存在一个主要的二分法。一些方法在这两个因素之间尝试调节。然而关于创业的一个理解是要明确区分创业者激发自身的能力和激发他们周围的人的能力。

自我激励

以下是自我激励方面的一些重要的因素。

我为什么要这样做？

好的创业者知道他们为什么会选择成为创业者。他们不断地提醒自己为什么选择创业这条道路。创业的吸引力可以用这样的方式来理解，那就是在满足于经济、社会和自我发展需要的方针方面要比其他对创业者开放的路线要好。自我激励必须建立在能够满足需要的理解上。

从错误中学习

像其他的管理者一样，创业者也会不时地犯错，像不能创造销售额或投资提议无效等等。在人与人之间的互动方面可能管理不善。然而，创业者对他们所犯的错误非常敏感。这不仅是因为（尽管他们可能犯）错误的后果比其他管理者造成的后果严重，而且是因为创业者把自己当作是管理企业和企业相关的不确定因素方面的专家。判断失误是这一角色的要害。它可以给一个伟大创业者的信心造成沉重的打击。

当然，错误是任何管理生涯中不可避免的一部分，不只是创业。高效的创业者进入工作前尽量避免在思考和准备上的错误，但当错误发生时他们都积极应对。好的创业者并不试图否认错误或将责任推卸给别人，相反，错误被视为一个学习的机会。这意味着自我必须从事件中分离开来，对情况有一个冷静的分析，并以此来确保将来不会发生类似的错误。

享受回报

通常创业者会十分投入地参与运营企业，从而忘了享受它的回报。在某种意义上，享受回报意味着消费所挣得的钱。然而，这个消费只能是创业回报的一个十分小的部分。对创业者来说，钱几乎不是全部的推动力；在任何情况下，巨大的经济收益只能应对一段时间。主要奖励在于工作本身：挑战目前的形势、开发和使用新技能的机会、作出改变的能力、领导的满意度等等。

学会认识这些回报，并品味它们，是发展和保持自我激励的一个主要因素。

对其他人的激励

一旦完成自我激励，创业者就会处于强势地位，并开始激励其他人。动机是行为的现象。个体被人们对待他们的方式激励着（或因为人们对待他们的方式反而失去了动力）。这种行为是领导力中不可或缺的部分。对个性和具体情形来说都是十分敏感的。因此，激励行为是一个复杂的过程，虽然一些常见的激励行为能够被识别。图 1.2 是管理个人激励的框架。其关键元素在下面陈述。

理解个人驱动力

在人被激励之前，他们想知道从他们的处境中获得什么是重要的。社会环境和个体需求中的管理，是一个财务的、社会的、不断发展的复杂混合体。高效的创业者通过把员工融入企业发展愿景的方式，为激励企业中的员工采取特定行动奠定了基础。这是通过对他们要扮演的角色和从中获取的东西进行交流来完成的。

奖励
以正确的方式用适当的奖励
作为对贡献的回报

企业的控制、
中心和方向

方向
清楚了解要求较高
却可以实现的任务

支持
为协助完成任务而给予支持
（包括个人的支持和参考
资料方面的支持）

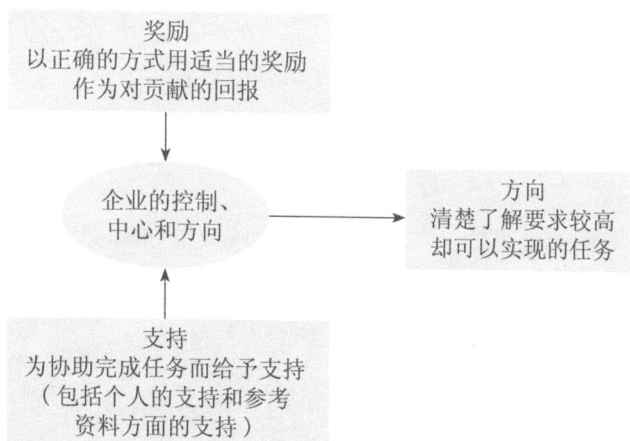

图 1.2　个人激励框架

设定目标

人们不只是在抽象的意义上被激励，相反，他们是有动力去做一些事情。换句话说，动力必须通向某个地方。创业者负责设定必须达到的目标。在某种程度上这些特定目标和程序会依赖于形势、创业者的个人风格和文化背景。

无论他们采取什么形式，个人必须认识到自己的目标，并且从整体上把这些目标定位与组织的目标联系起来。这些目标应该是人定的，但也得是现实的。在给予个体所要求的个人资源和组织资源的条件下，这些目标需要付出一定努力来实现。

提供支持

设定目标仅仅是激励人的第一步。如果人们打算实现目标，他们就会需要支持。这可以表现为持续的鼓励、建议、资源的提供和后期的影响。提供的支持应该与任务的水平以及从事者的要求相符。有效的激励意味着给人们提供运用技能和见解的空间，但永远不会让他们觉得孤立无援。

使用奖励

奖励采取各种各样的形式。在特性上，奖励是满足个人经济、社会或发展需要的方式。在范围上，"奖励"涵盖了从创业者赞成的一个简单的点头到企业财务效益上的一笔复杂的交易。无论奖励的性质如何，一个创业者知道该如何激励，并了解如何才能最好地使用它。

第一，奖励必须适合所从事的工作，必须与预期的奖励相符。第二，奖励的数量必须合适：数量太少，会招来冷嘲热讽；太多的话，会引起怀疑。第三，奖励必须用在适当的场合，太随便的奖励会显得不那么重要（这包括如认可的评论这样简单的事情）。第四，奖励都必须公正。如果不同的个人和团体的奖励结构被视为是不公平的，就会导致嫉妒和冲突。

惩戒的积极方法

创业者必须偶尔对那些未能以适当的方式表现的个人加以制裁。如何处理这种必要的任务很重要，不仅是为了保持个人的动力，而且还是为了向整个组织发送信号。一般来说，主张以一种积极方法对待制裁。制裁的目的必须是能在一个适当的程度上帮助个人实现效益，并不仅仅是惩罚。它不应该（主要是）是关于过去做错了什么，而是关于如何在将来提高效益。应该建立一个讨论区，让问题得以讨论，将个性和自我都放到一边。事实上，它也为创业者展示他们的善意提供一个机会。总之，只要有可能，制裁应被视为是一个积极的体验。

要点总结

- 关于创业没有普遍认可的定义。文献上大部分的定义都强调这三个方面：
  创业者是从事特定任务的管理者；
  创业者是产生特殊经济影响的经济代理人；
  创业者是有特殊个性的个体。
- 关于有"创业"个性的人就能成功创业的观点是不清楚的，也是有争议的。
- 关于创业个性的一些重要的思想流派包括：伟大的人、不善社交的人、性格类型、人格特征、社会发展和认知。
  创业管理可能有别于常规管理：
  ——注重变化而非连续性；
  ——关注新的机会而不是资源保护；
  ——整个组织范围的管理，而不是特定的功能管理。
- 领导力、权力和激励是相互关联、相互依存的工具，创业者可以用来控制企业并给它一个方向。
- 领导力是关注和指引组织的能力。愿景的沟通是企业领导力的基础。
- 权力是能够影响组织内部行动方针的能力。权力基于资源控制和组织的象征性，特别是驱动它的愿景。
- 激励是鼓励个体采取特定的行动方针的能力。激励以对驱动力的理解和回报付出的能力为基础。

研究主题

本章旨在为创业性质提供一个引言介绍，并把创业者定义为一个单独类别的经济活动参与者。作为一个起点，在这一章强调概念的发展方向是正确的。当充分理解这些概念之后，我想在后面的见解中选择特定的研究思想。所以在这个阶段我将展示一些涉及创业者定义的一般性的研究主题。

"创业"概念的历史发展

尽管有一些非常好的评价，对"创业者"这一术语的综合考虑已经改变了三百多年或更久形成的价值观。许多现有的工作涉及在经济和管理领域内正式意义上的概念。在心理学、人类学或社会学领域也有了一点进展。也可能是通俗文学上的兴趣。世界是如何认识创业者的？概念和方式的好的起点引自 Pollard（2000）的注释，即英语文献中发表的代表性作品。

"创业者"的认知和关联

大多数人都认为创业者（通常非常强势的）是基于他们的知识和经验。我经常进行头脑风暴，这样就会启发与他们有关的想法。采取更系统化的方法会有一个机遇，那就是使用最初的头脑风暴以产生关联（例如，创业者是专注的、是无情的、是努力的等等），将这些关联分成积极的或消极的（好或坏），然后在第二阶段量化研究结果。在第二阶段，个人以他们的想法被邀请去评估关联（例如，强烈同意或强烈反对）。以他们与创业者的互动来将调查对象进行分类（例如，仅仅从新闻上了解他们，他们与员工在一起工作，有卖东西给他们的，我就是其中一个）。在如何分类调查对象的基础上提出你自己的意见。更深层次的创意来自创建结果图形（或映像）。创业者的经验和对他们的态度也可能因此被揭示。任何关于市场研究方面的好书都会详细介绍适当的方法。1988 年 Gartner 的经典研究将会是一个很好的起点。

定义"创业者"的哲学问题

这个是为更多的哲学思想研究员准备的。定义都是我们在字典中找到的。但定义中包含的知识本质和知识作用是哲学分析上的主要问题（涉及概念之间的关系、语言和世界方面的哲学知识）。例如，善于分析的哲学家辨别实指定义（那些有指向的）和上下文定义（设定出识别事物的标准的清单）。当然，也有其他的问题。任何关于分析性的哲学书籍都将讨论这些问题。我推荐的是 Grayling（1999）和 Hospers（1990）的书。两本书都非常不错。项目的目标应该是定义创业者的方法和使用相关的哲学思想对他们进行批判性评价。思考回答下列问题：为什么我们很难以一个精确的和普遍认同的方式来定义创业者？这是因为我们关于创业者的知识缺乏或需要更多？创业者的定义是模糊不清的，或者是我们关于创业者的定义或创业的定义（或应该）是有误的？

重要读物

我一般只推荐两份重要读物，但我认为 William Gartner 的两篇论文也值得一读（都不很冗长且容易理解）。Barton-Cunningham 和 Lischeron 的文章在方法上相比较而言更概念化，却道出了在给出创业定义时的困难性。

Barton-Cunningham, J. and Lischeron, J. （1991）'Defining entrepreneurship', *Journal of Small Business Management*, Jan., pp. 45–61.

Gartner, W. B. （1988）'"Who is an entrepreneur" is the wrong question', *American Journal of Small Business*, Spring, pp. 11–32.

Gartner, W. B. （1990）'What are we talking about when we talk about entrepreneurship?', *Journal of Business Venturing*, Vol. 5, pp. 15–28.

推荐读物

Bacharach, S. B. and Lawler, E. J. （1980）*Power and Politics in Organizations*, San Francisco, CA: Jossey-Bass.

Baumol, W. J. （1968）'The entrepreneur: introductory remarks', *American Economic Review*, Vol. 58, pp. 60–3.

Brockhaus, R. H. （1987）'Entrepreneurial folklore', *Journal of Small Business Management*, July, pp. 1–6.

Bygrave, W. D. and Hofer, C. W. （1991）'Theorising about entrepreneurship', *Entrepreneurship Theory and Practice*, Vol. 16, No. 2, pp. 13–22.

Cole, A. H. (1968) 'Entrepreneurship in economic theory', *American Economic Review*, Vol. 58, pp. 64–71.

Cromie, S. and O'Donaghue, J. (1992) 'Assessing entrepreneurial inclination', *International Small Business Journal*, Vol. 10, No. 2, pp. 66–73.

Cropanzano, R., James, K. and Citera, M. (1992) 'A goal hierarchy model of personality, motivation and leadership', *Research in Organisational Behavior*, Vol. 15, pp. 267–322.

Czarniawska-Joerges, B. and Wolff, R. (1991) 'Leaders, managers and entrepreneurs on and off the organisational stage', *Organisation Studies*, Vol. 12, No. 4, pp. 529–46.

Deakins, D. and Freel. M. (2003) *Entrepreneurship and Small Firms* (3rd edn). London: McGraw-Hill.

Drucker, P. F. (1985) *Innovation and Entrepreneurship.* London: Heinemann.

Emerson, R. M. (1962) 'Power-dependent relationships', *American Sociological Review*, Vol. 27, pp. 31–41.

Gartner, W. (1985) 'A conceptual framework for describing the phenomenon of new venture creation', *Academy of Management Review*, Vol. 10, No. 4, pp. 696–706.

Grayling, A. C. (ed.) (1999) *philosophy* 1, Oxford: Oxford University Press.

Green, R., David, J., Dent, M. and Tyshkovsky, A. (1996) 'The Russian entrepreneur: a study of psychological characteristics', *International Journal of Entrepreneurial Behaviour and Research*, Vol. 2, No. 1, pp. 49–58.

Hamilton, R. (1987) 'Motivations and aspirations of business founders', *International Small Business Journal*, Vol. 6, No. 1, pp. 70–8.

Hargreaves Heap, S. P. (1998) 'A note on Buridan's ass: the consequences of failing to see a difference', *Kyklos*, Vol. 51, No. 2, pp. 277–84.

Hickson, D. J., Hinings, C. R., Lee, C. A., Schneck, R. J. and Pennings, J. M. (1971) 'A strategic contingencies' theory of intraorganizational power', *Administrative Science Quarterly*, Vol. 30, pp. 61–71.

Hisrich, R. D. and Peters, M. P. (2002) *Entrepreneurship* (5th edn). New York: McGraw Hill.

Hitt, M. A., Ireland, R. D., Camp, S. M. and Sexton, D. L. (eds) (2002) *Strategic Entrepreneurship: Creating a New Mindest.* Oxford: Blackwell.

Hofstede, G. (1980) 'Motivation, leadership and organisation: do American theories apply abroad?' *Organisational Dynamics*, Summer, pp. 42–63.

Hornaday, R. W. (1992) 'Thinking about entrepreneurship: a fuzzy set approach', *Journal of Small Business Management*, Oct., pp. 12–23.

Hospers, J. (1990) *An Introduction to philsosplical Analysis* (3rd edn). London: Routledge. House, R. J. (1988) 'Power and personality in complex organizations', *Research in Organizational Behaviour*, Vol. 10, pp. 305–57.

Kilby, p. (1971) 'Hunting the Heffalump', in Kilby, P. (ed.) *Entrepreneurship and Economic Development*, New York: Free Press.

Kirby, D. A. (2003) *Entrepreneurship*. London: McGraw-Hill.

Kuratko, D. F. , Hornsby, J. S. and Naffziger, D. W. (1997) 'An examination of owner's goals in sustaining entrepreneurship', *Journal of Small Business Management*, Jan. , pp. 24–33.

Kuratko, D. F. and Hodgetts, R. M. (2001) *Entrepreneurship: A Contemporary Approach* (5th edn) . New York: Dryden.

Kuznetsov, A. , McDonald, F. and Kuznetsov, O. (2000) 'Entrepreneurial qualities: a case from Russia', *Journal of Small Business Management*, Vol. 38, No. 1, pp. 101–7.

Lambing, P. and Kuehl, C. (1997) *Entrepreneurship*. Upper Saddle River, NJ: Prentice Hall.

Landau, R. (1982) 'The innovative milieu', in Lundstedt, S. B. and Colglazier, E. W. , Jr (eds) *Managing Innovation: The Social Dimensions of Creativity, Invention and Technology*. New York: Pergamon Press.

Leibenstein, H. (1968) 'Entrepreneurship and development', *American Economic Review*, Vol. 58, pp. 72–83.

McClelland, D. (1961) *The Achieving Society*. Princeton, NJ: Van Nostrand.

Mill, J. S. (1848) *Principles of Political Economy with Some of their Applications to Social philosophy*. London: J. W. Parker.

Morris, M. H. (2000) 'Revisiting "who" is the entrepreneur', *Journal of Developmental Entrepreneurship*, Vol. 7, No. 1, pp. v–vii.

Olson, P. D. (1986) 'Entrepreneurs: opportunistic decision makers', *Journal of Small Business Management*, July, pp. 29–35.

Olson, P. D. (1987) 'Entrepreneurship and management', *Journal of Small Business Management*, July, pp. 7–13.

Peterson, R. A. , Albaum, G. and Kozmetsky, G. (1986) 'The public's definition of small business', *Journal of Small Business Management*, July, pp. 63–8.

Petrof, J. V. (1980) 'Entrepreneurial profile: a discriminant analysis', *Journal of Small Business Management*, Vol. 18, No. 4, pp. 13–17.

Pfeffer, J. (1981) *Power in Organizations*. Cambridge, MA: Ballinger.

Pollard, A. (ed.) (2000) *The Representation of Business in English Literature*. London: Institute of Economic Affairs.

Say, J. B. (1964) *A Treatise on Political Economy: Or, the Production, Distribution and Consumption of Wealth*, New York: A. M. Kelly (reprint of original 1803 edition) .

Scherer, R. F. , Adams, J. S. and Wiebe, F. A. (1989) 'Developing entrepreneurial behaviours: a social learning perspective', *Journal of Organisational Change Management*, Vol. 2, No. 3, pp. 16–27.

Schumpeter, J. A. (1928) 'The instability of capitalism', *Economic Journal*, pp. 361–86.

Schumpeter, J. A. (1934) *The Theory of Economic Development* (1961 translation by Redvers Opie) . Cambridge, MA: Harvard University Press.

Seters, D. A. van (1990) 'The evolution of leadership theory', *Journal of Organisational*

Change Management，Vol. 3，No. 3，pp. 29–45.

Sharma，R. A. （1980） *Entrepreneurial Change in Indian Industry*，New Delhi：Sterling Publishers.

Soltow，J. H. （1968） 'The entrepreneur in economic history'，*American Economic Review*，Vol. 58，pp. 84–92.

Stanworth，J.，Stanworth，C.，Grainger，B. and Blythe，S. （1989） 'Who becomes an entrepreneur?' *International Small Business Journal*，Vol. 8，No. 1，pp. 11–22.

Tait，R. （1996） 'The attributes of leadership'，*Leadership and Organisational Development Journal*，Vol. 17，No. 1，pp. 27–31.

Taylor，B.，Gilinsky，A.，Hilmi，A.，Hahn，D. and Grab，U. （1990） 'Strategy and leadership in growth companies'，*Long Range Planning*，Vol. 23，No. 3，pp. 66–75.

Thompson，J. D. （1967） *Organizations in Action.* New York：McGraw-Hill.

Vroom，V. H. （1963） *Leadership and Decision-making.* Pittsburgh，PA：University of pittsburgh.

Watson，T. J. （1995） 'Entrepreneurship and professional management：a fatal distinction'，*International Small Business Journal*，Vol. 13，No. 2，pp. 34–46.

Webster，F. A. （1977） 'Entrepreneurs and ventures：an attempt at classification and clarification'，*Academy of Management Review*，Vol. 2，No. 1，pp. 54–61.

Wilson，E. O. （1975） *Sociobiology：The New Synthesis.* Cambridge，MA：Harvard University Press.

Zaleznik，A. （1977） 'Leaders and managers：are they different?' *Harvard Business Review*，May/June，pp. 67–78.

精选案例

案例1.1   新式得分

文/Syl Tang，2006 年 1 月 21 日

它是国家陈词滥调中的一个：美国人不懂足球。无论他们强调多少次运动是星条旗的精神，这都不会阻挡足球在世界其他地方的发展。

如果嘻哈大亨 Jay-Z 随心而为，或许最终将改变……他的妙策是什么？它是一种时尚——不是一次奥运的胜利或华丽的乐队主唱——将会引领变革。你看，Jay-Z 今年早些时候买进足球俱乐部阿森纳，他并不是唯一一位认为足球将成为未来主流的投资者。

最近加州的创业者 David Schulte 购买了乐途（Lotto），一个创立在特雷维索 40 年的服装品牌，意大利的头号足球品牌，拥有 600 个欧洲球员。没过多久，他获得了比得分更好的进展——他推出了 Lotto Leggenda，在洛杉矶的 Fred Segal、迈阿密的 Arrive、纽约的 Blue & Cream 等精品店豪华开卖。Schulte 有一个梦想：有计划才有结果。

"我的目标是让他们感受到足球的乐趣，"他说，"我不知道我是否可以让他们坐着观看每一场比赛。足球在美国不受当地联盟的限制，它是全球化的，这是足球运动员的生活方式，这个运动是高额奖金的运动。"

事实上正是因为金钱，才没有使足球成为美国独有的现象。足球两个 45 分钟的半场

结构不适合美国运动的方式——广播运动。在一场 45 分钟的比赛没有广告，使得一些大的网络没有转播比赛的兴趣。但是，阿迪达斯的 Abby Guyer 说："有线电视可以改变这一切。"随着有线电视和现在热销的新的体育频道的出现，有可能一些大的网络公司将提供除了常规程序上的服务。

事实上，2006 年的德国世界杯在美国获得了前所未有的关注，如果不是这个原因，亚洲的球迷不能在凌晨 3 点观看比赛。

"传统的美国观点是，美国人不关心足球，因为只有非常优雅的人才会去选择足球，阿迪达斯一直专注于世界杯足球球迷。"Guyer 说，"但所有这些在 2006 年将改变。"他指出最近大卫·贝克汉姆已经在美国待了很长时间。"他有很多事情要做吧。美国人可能不太知道他是一个球员，但他是第一个想成为纽约明星的足球运动员。"

Schulte 同意贝克汉姆所宣传的足球全球化和令全世界兴奋，他使美国人更加重视足球了。

虽然它是欧洲不可分割的一部分，如今全球媒体已经使足球球员的生活方式成为文化上不可或缺的一部分。贝克汉姆租游艇，有一个美丽的妻子，开着宾利。这种时尚、高端的生活方式，给下一代带来的富裕生活，是人们想要得到的。这种文化已传到美国。时尚引领者正在寻找下一个事物。

对于运动来说，这是一种异域风情。西班牙文化已经登顶：在美国，迈阿密的哥伦比亚文化和洛杉矶的墨西哥文化已经变得非常重要。意大利、巴西和阿根廷等国已经成为旅游目的地。时尚引领者对他们很感兴趣——足球恰好是这些国家唯一受重视的运动。

也许仅仅是在四年前，以 Guyer 构思的一个项目开始。她负责营销阿迪达斯生活（Adidas Lifestyle）这一品牌中以时尚为核心的分支。她决心要证明，虽然足球在如纽约这样的城市并不是美国的主流，但以其凝聚的庞大社会群体，当目标群体为特定时尚追随者时，它就会取得成功。

"也许这些人不会观看 NFL 美式橄榄球联赛，这些人在时尚领域工作，或对时尚着迷：这就是我们的理念。"她说。

布鲁克林和皇后区关于 Kai Regan 足球的摄影展览之后，紧随的是阿迪达斯的 Courier 项目。接待者都被分到一个世界杯生存包，是印着白色"Fanatic"的红色塑料手提箱。里面都是时尚相关物品，如时尚的运动衫、足球袜和徽章，还有一本关于时尚的杂志，为世界杯最佳时刻创作的音乐以及他们演奏的球队的音乐，除了真正的足球档案，还有以纽约时间表示的活动时间表、顶级球员的采访。此外，还有"世界杯香薰"、漫画书和观看足球比赛位置最佳的酒吧的火柴盒。

在人们到接收室之前，只分发给年轻的女性 500 个生存包，阿迪达斯创造了一种现象，那就是促成了第一届阿迪达斯狂热足球锦标赛。它开启了一个事件并且使它立刻变成了一个整月的活动。16 支来自时尚公司和商店的球队签约参赛，如 Alife 等等。第二年，连日期、时间或任何联系信息都不带的海报吸引了 21 支团队，来自时尚唱片公司、运动鞋和滑板商店、酒店集团、设计杂志、营销机构（如 Supreme、Fader、Tolkion、the TriBeCa Grand 酒店，还有布鲁克林的 Diner）共同举行了一场户外烧烤，为了迎接 2003 年的 Fanatic Redux。

这场盛事被认为是媒体的交流会——但是时尚记者例外：没有任何时尚媒体被邀请来

报道阿迪达斯的事件。尽管如此，它却使运动走在了时尚的最前沿。两个团队继续招募更多的队伍并形成一个联盟，每周一次在 Chrystie 大街的中国城里进行比赛，那里附近都是逐渐兴起的流行精品店。

但是这与衣服有什么关系呢？Guyer 指出："足球使人们把国家的事情放到时尚上面来。"她赞同 Schulte 的观点——奢侈豪华的穿着可以为自己带来粉丝。粉丝经常会第一个跑出来。对于世界上的任何地方来说，足球是他们的生命血脉，所以它首先是富有真实性的，然后就是衣服。然而，人们可以以一种特殊的方式成为粉丝。

Source：Syl Tang, 'Football set to score stylishly', *Financial Times*, 21 January 2006, p. 6. Copyright © Syl Tang.

案例 1.2 **人靠衣装**

文/Amy Raphael，2006 年 1 月 14 日

约翰·博登（Jonnie Boden）坐在办公室的椅子上，在他的北阿克顿总部的样板间来回滑动。这是一个奇怪又有点令人不安的景象。他穿着一件淡蓝色的衬衫，蓝色的工作服随意地围在他的腰间，深色牛仔裤，磨损的露营者的鞋子和他左手臂上的熟石膏。他认为这有点夸张——他只摔断了他的手指。当被问及时，他用他的右手穿过红头发并靠近一些。"酒吧打架。"他咧开嘴笑了。"其实，"他慢慢地用他深沉的声音说道，"是从马上摔下来了。"

44 岁的博登似乎有着无尽的精力，无法安静地坐着。他礼貌地说他口渴了，请一个助理去拿一些水，然后当水来的时候拿起了一个罐子。他很热，所以他跳起来打开窗户，窗户被一幅放大的照片盖住了，照片上男孩和女孩在英国海滩上自由地奔跑，可能在康沃尔郡或诺福克。孩子们都是非常自然健康的打扮，穿着带有充满活力的条纹和生动的花卉图案的衣服，现在已经成为迷你博登的象征了。

12 年前，当他放弃股票经纪人职业时，首先想到为"时间紧迫的人"创立一个邮购服装公司，约翰·博登变得如此成功，以至于他公司的名字几乎成为了一个形容词。一个"博登女人"大约是 40 岁（虽然她可能 25 岁或 55 岁），她有两个孩子，并在家兼职。她是一个漂亮妈妈、一个做午饭的现代女人。她的丈夫是一个很好的居家男人，会很开心地接受妻子给他的衣服。他们的孩子穿着迷你博登睡衣睡觉，白天穿着丝绒条纹状的连帽衣服或迷彩裤。

博登家庭是当之无愧的中产阶级，他们的总收入是 60 000 英镑，而且会逐步保守地增长一点，尽管《卫报》上说增长了 20%。就读于伊顿公学和牛津大学的约翰·博登，称他的客户是"有主见的"。所有这些事实、数据和条款需要大量的市场调查，约翰宣称为博登家庭提供他们想要的东西是公司成功的基础部分。考虑到只有一个零售商店（在 Hangar Green，西伦敦），公司必须不断地研究其核心客户基础，否则就不会知道在英国谁拥有 50 万的博登常客。

"那些购买博登的人想看起来时尚，但不想被时尚奴役。这对我来说真的是一个关键的事情。"换句话说，他们对于标签本身没有兴趣。"正确。这是一个非常好的方式。我们开始做男装了，但现在绝大多数我们卖的是女装和迷你博登。我们从研究中得知我们并不能吸引拥有 Stella McCartney 最新单品的二十几岁女性。我们的顾客是那些更自信，并不需要标签的人。他们喜欢色彩，个性也是一个重要因素。"

博登的本性是离奇和反复无常的。在迷你博登里，每个孩子的亮色照片都有一个关于他们的名字、年龄和未来职业的说明（米莉，8 岁，冲浪；乔琪亚，7 岁，芭蕾舞老师）。在女性的样本中，我们发现娜塔莉喜欢 Chunky Monkey 冰淇淋。个人接触也是核心部分，这不仅是博登签名的标签，而且他似乎也贡献了一些广告，有时甚至提到自己的 3 个孩子（5 岁、8 岁和 10 岁）。"我的女儿今年一直穿这些衣服。"约翰在当前的迷你博登一览表里自己写下砂洗运动衫的商标。

博登公司，2005 年的税前利润是 1 040 万英镑，销售额 8 600 万英镑，今年在将商品清单和一个醒目又有趣的网站合作后，希望完成 1 亿英镑的销售额。尽管目前早期的商品清单已经发生了翻天覆地的变化——早些年，在摄影之前的一组简笔画是一个不错的选择，还有把朋友当做模特，直到所有一切变得太复杂——博登说"很多钱"被用来提高网站上的图像质量。

有时，私营公司似乎向顾客大量地发送商品清单和电子邮件，每个都有长期特价："买 30 英镑省 10 英镑，或更多免费的邮寄和免费退货。"博登坚称这不是盲目地发送一览表来吸引新顾客，而是经过研究后，时机是科学的。"我们很希望能够发出可以放在橱窗 6 个月的商品清单，但不幸的是，人们只是把它扔进箱子或忘记，所以我们必须，每三周发一个提醒他们。在美国，你会一周收到一个。"

正是美国给了约翰·博登灵感，也正是美国证明了他的信仰。"我刚去美国时是一个脾气相当不好、不开心的股票经纪人。我看到人们是如何从商品清单中买到高品质的服装，这给了我基本的想法。我们在 2002 年开始向美国销售，这样很了不起。现在约占我们销售额的 20%。"博登虽然很有野心，但是他目前没有向其他国家销售的计划，部分是因为美国是可以合理征服的超级大国，还有就是因为他的目标是在 2010 年左右美国的订单是英国的两倍。

我认为，他生意的兴旺，是由于他是一个完美主义者或工作狂，但是他不喜欢这样的评价。事实上，他很讨厌被贴上标签。他当然已经发现，有成功就有公开曝光——媒体已经迅速报道了约翰·博登从伊顿到牛津的背景。有时看见他是作为一个享有特权的保守党男孩的机会比一个成功的英国企业家机会更多。"是的，"他扮鬼脸，滑去另一端的样品间，叹息道，"都是胡说。"就像大卫·卡梅伦告诉我们的那样，人是如此痴迷于这些事情。他们认为因为你有那种背景，你就一定是某种类型的人。

他从高亢的声音转到小声嘟囔："我接受的是私人教育，我并不想进入，但从情感上来说我可能是……很多事情都不是很顺利。但我不否认我的背景给了我巨大的好处，我正在使用我最好的东西，我敢说它是每个人的优势。"他的声音再次抬高，"我尽我最大的努力来销售衣服。说我们卖给小贩的说法是可笑的。我们确实有很多伦敦西南部的客户，在那里赚钱是很简单的。我们只得到顾客的衣服花费的 12% 左右，所以漂亮妈妈们也会从玛莎（M&S）、马特兰（Matalan）、锦图（Jigsaw）和盖普（Gap）买衣服。大家都是到处逛。"

我问博登大约在 2003 年 5 月发表的一篇文章，文章中他被指出"真心的赞同"他在 Spectator 中读到的一段，他说青少年犯罪是由于上班的母亲造成的。他的脸变黑了，表现得很愤怒。"我不想评论，因为我的话被误解了，这让我很矛盾。我没有说是什么原因，我后来实际上和记者聊了，一切变得很不好……但这是她对我说的话。"

那么，他是如何评价上班的母亲的？"我的妻子现在不是全职工作，因为她有三个孩子要照顾。这里大部分的员工是女性和那些孩子已经很大的母亲。抚养孩子给你的生活带来一份工作。我对这个做法毫无意见。"他耸了耸肩，指向门口。"你可以问那些女人中的任何一个。博登极为灵活。"

关键是约翰·博登从来不装。在第一个新闻稿他提到他的教育以及他从来没有假装他不是一个保守党。同样，他从来没有声称博登与时尚有关。他欣赏少数设计师——马修·威廉姆森、马克·雅各布斯和克莱门茨·里贝罗——但他的背景是在城市，而不是时尚。"我绝对不是设计师，但我对它很有好感。我的工作是与设计师合作，说，'左一点，右一点'。在早期，我强烈主张做男装产品并且我现在仍然这样想……但是我基本上正在调整设计团队的想法。"

博登似乎很满意他的一切。"我不明白整个模特行业，如果我试图介入看起来就会有点傻。这并不真的是我们的事情。他随意地弄了弄他的头发，摆弄着他的石膏。"只要我们能保持做有用的事情，我会非常高兴自己不是时尚界的一部分。我真的不想把我的钱花在时装秀上。"他得意地笑着，"无论如何，在我的生活中，我从来没有去过时装表演。"

Source：Amy Raphael，'Clothes maketh the man'，*Financial Times*，14 January 2006，p. 3. Copyright ©2006 Amy Raphael.

热点问题讨论

1. 对比并比较 David Shulte（Lotto）和 Johnnie Boden（Boden）在以下方面的异同：
(1) 两人在经济开始运作时扮演的角色；
(2) 两人为了企业发展所承担的事务；
(3)（你们认为的）两人在个性上最特别的地方。
2. 作为创业者，他们与普通管理者最不同的地方在哪儿？

第 2 章
创业者的类型

本章概要

分类通常能补充定义——通过把项目归类，能使定义更加清晰明了；定义也使具体项目具体分类成为可能。然而，分类也常常在没有清晰定义的情况下就完成了，这也是创业者的概念目前所面临的情况。正如第 1 章所说，对于"什么是创业者"这个问题，没有一个唯一、不模糊且被普遍认可的定义作为回答。本章旨在提出几种把创业者分类的方法，而对于社会创业者或公众创业者的相关研究将放在第 7 章里。

2.1 创业者分类

重要学习目标

掌握如何对不同种类的创业者进行区分。

对创业者进行分类有助于更好地理解不同的企业是如何运作的以及这些企业成功背后的不同因素。这样的理解为创业学的研究者、希望评判投资机会的投资者、正在制定支持创业的相关政策的政府以及正在制定创业战略的创业者本身提供了重要的参考。毕竟，我们不应该觉得成功是由一个唯一的公式决定的；有些成功的因素或许比其他的因素更重要。对于成功来说，什么是重要的，取决于创业者所选择的企业类型、他（她）的动机以及他（她）所选择的创业策略。分类的方案是多样的，而这一节的目标就是让读者浅尝这些方案的滋味，而不是对所有方案给出全面的叙述。一般来说，对创业者分类的方法有两种：一种是按创业者本身来划分，一种是按创业者所创立的企业来分。

我们最常遇见的创业者类型，其一是那些计划要建立一个初始公司（initial venture）的新生创业者（nascent entrepreneurs）；其二是那些正在经营单一业务的专一创业者（singular entrepreneurs）。专一创业者在企业发展的早期——当他们还在主动学习的时候，被称为新手创业者（novice entrepreneurs）。对于专一创业者的初步分类在于区分那些致力于在短期交易里最大化收益的"机会主义"创业者（"opportunist" entrepreneurs）和那些尝试出售自己生产的产品以求生的"手艺人"（craftsman）。从求稳定生计的角度来看，手艺人似乎对利润并不非常感兴趣。而"机会主义"创业者的概念又比较模糊，有两个后来发展起来的更确切的概念可用于代替它：其一为追求利润，最大化其企业潜力的"成长导向型"创业者（growth-orientated entrepreneur）；其二为主要目标就是为自己工作的"独立导向型"创业者（independence-orientated entrepreneur）。相比壮大企业规模，这两种创业者都更倾向于寻求事业的稳定性，因此，他们一般都愿意限制企业的规模。至于"手艺人"创业者，他们可被细分为以下两类：一类是以保证稳定收入为主要目标的"收入导向型"（income orientated）创业者；另一类是冒着需要面对从手工制作者转变为管理者的挑战的风险以求拓展业务的"扩张导向型"（expansion orientated）创业者。"手艺人"这个概念是有历史的。在现代的表达里，它不但指一般的手工工匠，而且也指任何除了普遍的管理知识加上特定的知识或技能来产生市场价值的创业者。因此，这一概念应该在包含手工生产者的同时，也包含独立管理咨询师。为了保持一致，我们需要进一步区分这类创业者：有些手艺人创业者的专业是基于传统技术的，有些手艺人是基于科学技术的，还有些是基于职业天性的。

美国创业学学者弗雷德里克·韦伯斯特（Frederic Webster）（1977）提出了把创业者以及其企业共同分类的分类方法。他的分类方法列举了四种创业者。"Cantillon 创业者"（因 18 世纪法国经济学家理查德·坎蒂隆（Richard Cantillon）而命名）是把人员、资金和生产资料组合在一起以创立一个全新的公司。这是"经典"的创业者类型，这类创业者会寻找一个还没被挖掘的机会，然后在这一领域进行创新以追求利用这个机会。"产业缔造者"（industry maker）超出了仅仅创造一个公司的范畴。他们的创新显得如此重要以至于一个行业都是基于他们的创新而诞生的。这样的例子有亨利·福特（Henry Ford）和他大量生产的机动车，托马斯·爱迪生（Thomas Edison）和他的家用电器以及比尔·盖茨（Bill Gates）和他的软件运行系统。他们不只生产产品，还发明生产所需的整个技术。"管理型创业者"（administrative entrepreneur）是在一家已创立的公司里以创业者的风格经营的管理者。这类创业者通常担当首席执行官或高级管理者的角色，需要拥有创新能力，领导并为组织注入活力。这类创业者的例子有让克莱斯勒汽车公司（Chrysler Motor Company）起死回生的艾柯卡（Lee Iacocca）和让北欧航空（Scandinavian Airlines System，SAS）逆转的詹·卡尔森（Jan Carlzon）。如今，管理型创业者通常也被称作"内部创业者"（intrapreneurs）。小企业所有者（small business owner）是拥有自己的企业并负责运营这些企业的创业者。这些企业可能规模较小，因为它们仍处于发展的早期阶段，或者因为企业所有者实际上希望限制他们企业的规模，因为他们已经满足于企业为他们提供的相对有保障的收入以及对生活可控制的能力。

韦伯斯特进一步把创业型企业细分为三类，其分类标准是预期收益（perceived payoff）与投资者数量（the principals）的比率。所分三类如下：

> 高收益–多人投资：风险被数量巨大的投资者分摊的大型新创企业（major venture）；

> 低收益–少人投资：风险仅被少数关键投资者承担的规模有限的公司（limited venture）；

> 高收益–少人投资：风险仅被少数关键投资者承担的大型新创企业（major venture）。

韦伯斯特认为剩下的"低收益–多人投资"出现的可能性非常低，因此不列入考虑范围。

兰道（Landau）（1982）提出，较早之前讨论的创新和承担风险的特性也可为创业者的分类提供基础。他认为这两个因素是相互独立的，而且可被评定为高或者低。这就形成了图 2.1 的矩阵。

赌徒（gambler）的企业特点为低创新高风险。赌徒的投机在于希望比市场上其他

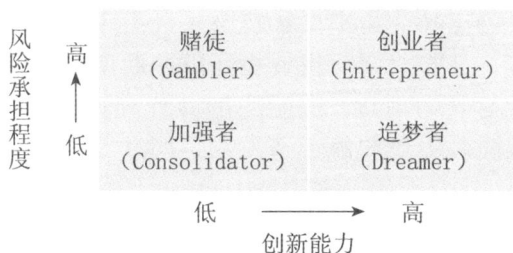

图 2.1　兰道的创业者分类

现存的玩家拥有能更好地实现自身价值的能力，却不需要进行重大的创新。加强者（Consolidator）是基于低水平的创新和风险去建立一个企业的创业者。为什么叫加强者，是因为这样创业顶多只是对现存玩家的做法进行细微的改进。虽然风险很低，但相应地预期收益也不高。造梦者（Dreamer）是尝试结合高创新和低风险的创业者。当然，所有的创业者都乐于在这个区域去运营，而且有不少创业者也是这么尝试的。然而，兰道指出，这个"梦"是不可能被实现的。由其本质所决定，所有的创新都必然带来风险，创新越显著（因而更具有潜在价值），未知的风险便越大。最后一个象限是高创新高风险的组合。这是真正的创业者运营模式，他们（或他们的投资者）必须接受这个风险。但是，通过了解这个创新以及它受市场欢迎的原因，他们把风险最小化并加以管理。

　　在当今的商业世界里，以科技为基础的创业者显得尤为重要，因为正是他们利用新的科技发展，特别是信息技术、生物技术、工程科技，去造福整个世界。投资者往往会被这类公司的高增长潜力而吸引。琼斯·埃文斯（Jones Evans）（1995）提出了一个对这种以科技为基础的创业者的四重分类法。

> 研究型科技创业者（'research' technical entrepreneur）：这类创业者的事业是发展自学术或研究的环境里的。这里提出两个细分的类别：纯研究型创业者（pure research entrepreneur）——基于学术研究环境，并且尚未拥有重大的商业经验的创业者；研究-生产型创业者（research-produce entrepreneur）——身处学术或产业研究的环境中，但已经参与商业决策制定的创业者。

> 生产型科技创业者（'producer' technical entrepreneur）：这类创业者事业的发展包含了商业背景下的决策以及科技发展的经历。

> 用户型科技创业者（'user' technical entrepreneur）：这类创业者的主要经历是基于商业环境的，但同时也与一种技术的发展有关。这也许是源于他们受雇于相关的市场或销售部门，或者相关科技的采购引进部门。

> 机会主义型科技创业者（'opportunist' technical entrepreneur）：这类创业者之前并未参与某个科技的研究但发现并追求与该科技相关的商机。机会主义型科技创业者也许需要掌握一些综合的科技知识，同时也热衷于去了解新科技的内容以及该科技能带来什么回报。Eisenhard 和 Forbes（1984）发展了一套国际化的科技创业者分类的方法。

　　出于两个关键原因，这种分类方法是非常有用的。首先，它指出了创业者为了使企业进一步成功所需要的支持。研究型和生产型科技创业者，虽然控制了科技，但需要来自企业管理方面的支持。用户型和机会主义型创业者则需要专业的技术专家去支持他们的商业运作。其次，它使投资者能够判断所投资的公司的管理平衡。投资者寻找的不仅是一个有好的创新，很好的市场潜力，同时还要有很好的管理团队支撑的发明。这个管理团队不仅要能创造发明，而且要可以向客户交付这个发明并从中盈利。

Wai-Sum Siu（1996）考察了在中国运营的新创业者，他提供了一幅吸引人的在这个快速增长的经济体后面的人们的快照。基于他对雇佣、管理、财务、技术和战略的标准评估，他定义了以下五种创业者。年长创业者（senior citizen）为了在退休之后继续拥有事业，会创立小型的，基于个人专长而运营的公司。通常这种公司是私人投资的，而且没有长期的战略目标。工作狂创业者们（workaholics）也已经退休，但对他们的事业比年长创业者显示出更多的雄心壮志。他们通常拥有管理经验，同时他们的事业规模也更大些，涉及的科技也更广泛。在这种公司中，战略目标明确，而雇员也被邀请参与投资。摇摆创业者（swingers）通常是有志于以做交易为生的年轻创业者。他们也许只拥有有限的行业和技术的相关经验，并依赖于个人的关系网。他们的公司也许稍大一点，但他们往往没有长期的战略目标，他们的主要目的就是最大化短期的利润。资金来源于留存收益、家庭贡献以及个人贷款。理想主义创业者（idealists）也是经营中等规模的公司的年轻的创业者。然而，他们的激励更多的是基于经营自己的事业给他们带来的成就感和独立感而非短期利润。他们供应多个终端市场，而且他们的公司多基于高科技产品。资金来源于留存收益、家庭贡献和私人投资。高飞投资者（high-flyers）的动机跟理想主义创业者差不多。然而，他们的公司远大于理想主义创业者的公司。这反映了他们在市场上的成功。同样地，他们也供应多种产品。他们的公司目标和战略也远远地比理想主义创业者的目标和战略更清晰。这类创业者的投资来自更宽的途径，包括机构投资和国际代理。

2.2 连续创业者和组合投资创业者

重要学习目标

了解连续创业者和组合投资创业者的种类；理解企业家们带头发起一系列创业冒险的动机，以及他们采用的创业策略。

企业家的创业动机繁多、各不相同。正如我们接下来将详细讨论的，他们对自主权的向往以及对社会声望和成就感的渴望，不亚于对获取财富的愿望，这些均可以成为驱使企业家创业的动机。这种现象在那些已在某一领域取得成功的企业家身上体现得尤为显著。这样一类企业家被称为连续创业者（或习惯性创业者），他们从创立和组建事业而不是长期的管理上获得回报。一些评论家，如 Gartner 在 1985 年所说，真正的创业终止于商业冒险活动组建阶段的完成。

连续创业者不仅对创业的起步和成长阶段有特别的兴趣，而且也往往在商业拓展领域有杰出的决策专有技能，因此他们也可以以此提高他们个人的竞争优势。这些专有技能可能体现在发现新的商业机会、评估市场价值以及寻找资金支持者等方面。在投资者看来，一个曾经创业成功的创业者提出的创业方案要比一个没有成功经验的创业者提出的方案更有吸引力。此外，来自最初的创业冒险家（他们通过销售收入获得收益）的资本有可能为下一步的创业提供资金来源。进一步的创业战略也反映出创业者的发展策略，从先前的商业经验中获得的竞争优势可能被成功地移植到接下来的创业中。另外，建立多样的业务可以成为一种缓释风险的方法。当然，这种策略的优势必须建立在合理衡量过由于拓宽业务领域而使创业者分散精力所带来的风险的基础上。对于连续创业者，管理权的买入和出售是一个利润丰厚的领域。根据 Wright 在 1997 年的研究，多达四分之一的参与管理权买入的管理者曾参与过其他公司的经营管理。Westhead 和 Wright 在 1998 年的研究表明，以下因素可能会激发持续创业的行为：地理环境，管理和融资的经历。他们发现这些因素对于所选取的美国企业样本有非常重要的影响。Rosa 和 Scott 在 1999 年研究了苏格兰小微企业的样本中的多次创业、交叉所有权和交叉管理现象，他们发现这些现象对于高增长企业是相当普遍且非常重要的。

连续创业者可以被细分为两个类型：顺序创业者，即一段时间只进行一项创业的连续创业者；组合投资创业者，即同时开展多项创业的创业者。James Dyson 从手推车生意转移到了气旋式真空吸尘器，是顺序创业者的一个典型。而 Richard Branson 将维珍集团（Virgin Group）扩展为涉及多个领域的公司，所以他是一位组合投资者。Wright 等人在1997 年提出将连续创业者分为以下几种类型：

- 防御型连续创业者：由于被迫退出先前的公司而进入其他公司的企业家。这种被迫退出不一定是由于商业失败，也可能是由于企业的出售，或是公司的股票涨幅足以支付创建企业所投入的资金。
- 投机型连续创业者：由于获利机会而进入其他公司的创业者，这种机会可能基于短期的进入-退出行为。
- 集团构建型连续创业者：以创建集团式公司为策略，进入其他行业的创业者。其中又可细分为两种类型：交易型连续创业者，即主要通过收购来进入新领域的创业者；组织型创业者，即从零开始创建和发展新业务的创业者。

由此我们构建了一个相当完整的分类图，详见表 2-1。

任何一位企业家的创业行为都不能被草率地硬归到某一种类别中。他们的创业行为类别可能随时改变。企业家可能诞生在某个时点，随后作为新手创建了一项生意。之后，他就可能成为一位企业家。当一位顺序创业者决定在收购下一个生意之前保存当前的生意时，他就成为了一位组合投资创业者。在一个时点上一位创业者也可能落在不止一个分类当中。一位组合投资创业者可能会出于扩展业务组合的目的而采取收购已有公司和创建新公司的混合策略。策略型和收益型的创业目的可能同时存在，甚至难以清晰地界定出来。分类的目的是指导思维方法，而不是使思维受到限制。

不管连续创业者采用何种方法创业，他们都认为从多项成功的生意中获得的满足感要多于从一项生意的成功中获得的。

表 2-1　　　　　　　　　　　　　创业活动结构

诞生阶段
创业开始之前的筹划阶段

单一创业者 独立运作一项事业 （在最初阶段是新手）	**机会主义者** 寻找有经济效益的交易	**增长导向** 通过扩大交易规模来扩展商业规模 **自主导向** 仅仅为了保持自主性而寻找机会	
	入门级别 利用个人技术或知识	**扩张导向** 通过扩大生产规模来扩展业务规模 **收入导向** 仅仅为了保证个人或家庭的稳定收入而寻找机会	
连续（或习惯性） 参与到多项商业活动中	**顺序创业者** 一段时间只进行一项创业的连续创业者。在下一项创业开始前离开原本的创业活动	**防御型创业者** 由于（被迫）退出先前的公司而进入其他公司的企业家	**交易创业者** 新的业务来自收购行为 **组织结构** 新的业务推进以及增长均从零开始
		投机型连续创业者 由于获利机会而进入其他公司的创业者	**交易** 新的业务来自收购行为 **组织结构** 新的业务推进以及增长均从零开始
	组合投资创业者 同时运作多项商业活动	**投机型连续创业者** 由于预期到的财务机会而新增业务。并未进行实质上的策略考虑	**交易** 新的业务来自收购行为 **组织结构** 新的业务推进以及增长均从零开始
		集团构建型连续创业者 因为预期的策略机会而新增业务。已有业务和新增业务之间存在长期的协同效应	**交易** 新的业务来自收购行为 **组织结构** 新的业务推进以及增长均从零开始

2.3　区分：新创企业和小微企业的管理

新创企业和小微企业对于经济的运行都有非常重要的作用。然而由于两者扮演的经济功能并不相同，有必要将两者明确地区分开来。例如它们追求或创造的新商业机会不同，它们满足创业者和管理者的方法也不同。对于经济政策的制定者来说，制定支持新创企业和小微企业项目所面临的问题是不同的。区分两者实质上是一个归类的问题。目前有两种可行的方法来区分新创企业家与小型企业管理者，或者说区分新创企业和小微企业的管理特征。

区分创业者与小微企业管理者是件困难的事情。如1.4节讨论过的，创业者并不能通过一种显著的人格类型而被区分出来，而且并没有一种可以鉴别出创业者的测试方法，所以这种区分取决于个人的观点。一部分人认为自己就是真正的创业者，然而另一部分人可能认为自己只是小微企业管理者。这可能会是一个十分感性的问题，况且我们也并不清楚强行将人们归为不同类型会带来什么结果。与将管理者分类相比，将他们管理的事物分类显得更有价值，将小微企业与新创企业区分开来。创业具备三种区分于其他小微企业活动的必要特征。

创新

成功的创业往往基于一次重要的创新。这种创新可能是一次技术革命，比如一种新产品或新的生产工艺，也可能是一种新型的服务，也可能是一种产品营销或分销的新途径，也可能是一种新的组织架构或管理方法，或许还可能是一种维系组织关系的新思路。然而小微企业与此不同，它很可能涉及的是一种已有产品或服务的传播。当然，这并不意味着小微企业没有任何创新之处，只不过它的经营可能依靠传播一种产品或者服务，而这种产品是客户原本无法接触到，或者获得成本过高、服务质量又不够高的。但是，小微企业的生产方法和产出品往往已经被提前制定好了，因此即使它对于当地市场是新型的商业，它在全球范围内并不具备本质上的创新，这正是小微企业与新创企业的重要区别。

成长潜力

用商业的规模很难衡量出一项商业活动是否属于创业的范畴。实际上，衡量一项商业的规模应该结合它所在的行业背景：例如一间具有上百名雇员的造船厂规模很小，然而上百名雇员的律师事务所却是规模非常大的企业了。对于新创企业来说，它的增长潜力往往比小微企业要大很多，原因在于新创企业的市场潜力往往足够支持起一家小企业，甚至是一家大型公司乃至整个行业。与此不同的是，小微企业往往成立于一个已经存在的行业，并且只可能在地域范围内是独特的。总之，小微企业在已有市场中经营，而创业活动旨在创造一个新的市场。

在这里要提醒读者的是，拥有增长潜力并不意味着拥有增长的实力。即使企业发展速度很快，即使旨在开创一个全新的市场，创业还是必须具备精密的管理和强大的竞争实力。

战略性目标

目标是管理哲学的一项普遍特征。它有很多种类型，可以是正式或非正式的，可以针对个人或者应用于整个企业。多数企业都拥有战略目标。对于较小的公司，即使没有详细的财务目标，也一定有销售指标。目标不仅以满足外部投资者利益为导向，也以内部管理消费为导向。

新创企业区别于一般小微企业的一项特征在于，新创企业往往具备战略性目标。战略目标与以下四点密切相关：

- 增长目标：逐年增长的销售、利润或其他财务指标；
- 市场发展：创造和激励有利于公司增长和市场塑造的活动（例如广告和推广活动）；
- 市场份额：公司占有的市场比例；
- 市场地位：维持公司在市场中的相对地位。

评估这些战略性目标的价值有很多种方法。战略性目标也可以作为一种正式的公司理念。我们将在第 12 章对此进行详细的讨论。

对于小微企业和新创企业的区分是无法非常清晰的。总的来说我们认为新创企业从创新性、增长潜力和战略性目标三个方面区别于一般的小微企业。然而，并不是所有的新创企业都具备上述三个特征，也不是所有的小微企业都不具备这些特征，但是这些特征确实有助于我们识别出这种影响世界的新创企业。其宏观区别见图 2.2。

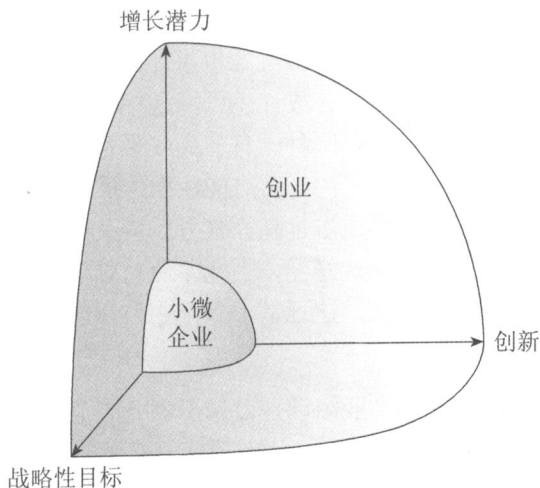

图 2.2　小微企业和新创企业的区别

要点总结

对于企业家的分类是非常重要的，主要体现在研究、政策制定以及投资分析等方面。一种较为关键的企业家分类方法是判断他们属于以下哪种类型：

- 基于机会的还是基于企业的；
- 单独的，集合的还是组合型的；
- 以收益还是增长为动机的；

- 采用何种策略扩张企业。

新创企业区别于一般小微企业之处为：

- 公司的建立是否基于一项重要的创新；
- 战略目标的制定；
- 增长潜力。

研究主题

直观分类策划

我们人类是一种依赖性很强的物种。当面临新的事物、情况或问题时，我们往往会与之前遇到过的情况进行比较。进而，当我们找到在记忆中与新情况最相似的场景时，就将它们归为一类。因此这种思维方法使人们对新事物的评价产生影响。观察没有相关背景知识的人如何对新事物进行分类是非常有趣的。准备一些 200 ~ 300 字的案例，确保它们有相似的大框架，只在细节之处有差别。请受观察者将这些案例归为 2 ~ 3 类。当受观察者完成归类之后，对他们进行采访，询问他们为什么这样分类。你可以询问他们是如何通过直觉进行分类的？不同的观察者得出的分类相似吗？他们为什么得到了不同的分类呢？通过总结这些结果分析每个人是怎样识别和评价新创企业的。

基于判断的分类效果

正如上面提到的，我们更愿意评价我们所知道的（或被告知是）同一范畴内的事情，这些事情比那些不同类别的（或被告知是不同类别的）更相似。所以如果我们提供两类描述，然后给出一个对象的描述、情况或方向，个人的判断就会不同。例如，直到 2000 年，许多企业急切地想要将自己定义为网络公司，因为它们觉得投资者会青睐。当互联网泡沫崩溃后互联网的股票下跌时，大多数企业又都渴望摆脱网络公司的标签并且强调它们产品的传统性。在很大程度上，这反映了投资者将网络分类作为一个整体的评估变化，而不是单独业务的前景。

这就提出了关于创业者分类的问题。将创业者归到一个类别是否会鼓励决策者去联系他们并产生判断上的偏见。这个研究可能按以下方式进行。使用上面讨论的分类方案，获得或者创造（500 个）不同创业者类型的空头账号。将这些分成两类：一类是高效益的，另一类是低效益的（称它们为高语境案例和低语境案例）。接下来获得或者创造一定数量的新型企业，把它们要么分到高效益组，要么分到低效益组（称这个为调查案例）。拿出两组数据（每组至少 25 个，理想的年龄、性别和经验），每组以所有的案例呈现。对一组来说，将调查组与高效益者联系在一起（基于分组方案）；另一组，将调查组与低效益者相联系。所以，两组都能够获得一样的信息，只有调查案例之间的联系的变化。让两组判断相似的效益。原则上，它们应该能够获得相同的信息，但是分类影响了企业潜力的判断吗？最后，需要考虑新企业的信息含义。

新创企业的聚类分析

聚类分析代表了各种不同的技术，基于它们的描述性特征的分类。这个方法有些像数学但其只需要基本的代数原则（一个好的引言方法是由 Aldenderer 和

Blashfield 提出的，1984 年）。该技术包括对新创企业的详细描述的一个集合。作为第一阶段，关于每个企业不同的特点会有一个头脑风暴。鉴于这些描述性特征量化它们。一些特征（例如，年龄的增长、企业的时间、组合里业务的数量）都是直接的数值；其他的，如创新的程度，可能需要使用 Linkt 量表（如高度创新、适度创新等等）来判断。一旦每个企业按照特性，应用适合的聚类技术进行量化，看看会出现什么类别（一定数量的软件包可以做到这些）。分类是怎么改变的？如果描述的特征变了，这些"有经验"的分类如何与上面描述的"规范的"类别相匹配？普通的案例是为了满足你设计的分类方案吗？每组的方案如何用作发展企业的政策（如，政府的支持、投资问题）？

重要读物

以下是描述创业分类主题的经典读物。易于理解且至今仍值得阅读的有：

Carland, J. W. , Hoy, F. , Boulton, W. R. and Carland, J. C. （1984） 'Differentiating entrepreneurs from small business owners: a conceptualisation', *Academy of Management Review*, Vol. 9, No. 2, pp. 345–59.

Gartner, W. （1985） 'A conceptual framework for describing the phenomenon of new venture creation', *Academy of Management Review*, Vol. 10, No. 4, pp. 696–706.

Siu, Wai-Sum （1996） 'Entrepreneurial typology: the case of owner managers in China', *International Small Business Journal*, Vol. 14, No. 1, pp. 53–64.

Webster, F. A. （1977）'Entrepreneurs and ventures: an attempt at classification and clarification', *Academy of Management Review*, Vol. 2, No. 1, pp. 54–61.

Carland *et al.*'s approach is a somewhat different from mine, but contrasts rather than contradicts. Useful to see how the same issue in entrepreneurship can be seen from different perspectives.

虽然 Carland 等人的研究方法在一定程度上与我的不同，但更多的是对比而非矛盾的关系。从不同的视角观察同一个创业话题是非常有意义的。

推荐读物

Aldenderer, M. S. and Blashfield, R. K. （1984） *Cluster Analysis*, Sage University Paper, Quantitative Applications in the Social Sciences series, No. 44. Newbury Park, CA: Sage.

Dunkelberg, W. C. and Cooper, A. C. （1982） 'Entrepreneurial typologies: an empirical study', in Vesper, K. H. （ed.） *Frontiers of Entrepreneurial Research*, Wellesley, MA: Babson College Centre for Entrepreneurial Studies, pp. 1–15.

Eisenhardt, K. M. and Forbes, N. （1984） 'Technical entrepreneurship: an international perspective', *Columbia Journal of World Business*, Winter, pp. 31–7.

Gartner, W. （1985）'A conceptual framework for describing the phenomenon of new venture creation', *Academy of Management Review*, Vol. 10, No. 4, pp. 696–706.

Gartner, W. B. , Bird, B. J. and Starr, J. A. （1992） 'Acting as if: differentiating entrepreneurial from organizational behaviour', *Entrepreneurship Theory and Practice*, Spring, pp. 13–31.

Jones-Evans, D. (1995) 'A typology of technology-based entrepreneurs', *International Journal of Entrepreneurial Research and Behaviour*, Vol. 1, No. 1, pp. 26–47.

Landau, R. (1982) 'The innovative milieu', in Lundstedt, S. B. and Colglazier, E. W., Jr (eds) *Managing Innovation: The Social Dimensions of Creativity, Invention, and Technology.* New York: pergamon Press.

Miner, J. B., Smith, N. R. and Bracker, J. S. (1992) 'Defining the inventor-entrepreneur in the context of established typologies', *Journal of Business Venturing*, Vol. 7, No. 2, pp. 103 –13.

Oviatt, B. M. and McDougall, P. P. (2005) 'Defining international entrepreneurship and modeling the speed of internationalization', *Entrepreneurship: Theory and Practice*, Vol. 29, No. 5, pp. 537–53.

Parker, S. C. (2002) 'On the dimensionality and composition of entrepreneurship', Durham Business School working paper.

Rosa, P. (1988) 'Entrepreneurial process of business cluster formation and growth by habitual entrepreneurs', *Entrepreneurship Theory and Practice*, Vol. 22, No. 4, pp. 43–61.

Rosa, P. and Scott, M. (1999) 'The prevalence of multiple owners and directors in the SME sector: implications for our understanding of start-up and growth', *Entrepreneurship and Regional Development*, Vol. 11, pp. 21–37.

Siu, Wai-Sum (1996) 'Entrepreneurial tyoplogy: the case of owner managers in China', *International Small Business Journal*, Vol. 14, No. 1, pp. 53–64.

Webster, F. A. (1977) 'Entrepreneurs and ventures: an attempt at classification and clarification', *Academy of Management Review*, Vol. 2, No. 1, pp. 54–61.

Westhead, P. and Wright, M. (1998) 'Novice, portfolio and serial founders in rural and urban areas (habitual entrepreneurs and angel investors)', *Entrepreneurship Theory and Practice*, Vol. 22, No. 4, pp. 63–100.

Westhead, P., Ucbasaran, D. and Wright, M. (2005) 'Decisions, actions and performance: Do novice, serial and portfolio entrepreneurs differ?' *Journal of small Business Management*, Vol. 43, No. 4, pp. 393–17.

Westhead, P., Ucbasaran, D., Wright, M. and Binks, M. (2005) 'Novice, serial and portfolio entrepreneur behavior and contributions', *Small Business Economics*, Vol. 25, No. 2, pp. 109–32.

Wright, M., Robbie, K. and Ennew, C. (1997a) 'Venture capitalists and serial entrepreneurs', *Journal of Business Venturing*, Vol. 12, pp. 227–49.

Wright, M., Robbie, K. and Ennew, C. (1997b) 'Serial entrepreneurs', *British Journal of Management*, Vol. 8, pp. 251–68.

Wright, M., Westhead, P. and Sohl, J. (1998) 'Editors' introduction, 'Habitual entrepreneurs and angel investors', *Entrepreneurship Theory and Practice*, Vol. 22, No. 4, pp. 5–21.

精选案例

案例2.1　　　　　　　　　　　　为什么自力更生比有钱更重要

文/Jonathan Guthrie

相比英国，我更喜爱美国。因为美国的文化更具戏剧性，甚至连其涉及的行话也更幽默。枯燥的概念都变得激动人心："债务"这个名声不好的词在英国的 Micawber 先生那里臭不可闻，但在美国变成了漂亮的"杠杆"。

而"自力更生"（Bootstrapping）则是另一个例子。正如我们英国人描述的那样，这个词的意思是"用数量少到令人尴尬的金钱去建立一个公司"，或者如大部分美国商学院教材所说的，"用几乎没有的钱来建立一个成功的公司"。

这触动了我的心弦。创业者兼作家 Greg Gianforte 提到的金钱，实际上是指股本权益（Equity Capital）。我想了很久，政府和财经媒体都病态地沉迷于这个概念，但其实几乎没有新企业需要它。最近英国的一个调查表明，只有3%的新企业会发行股票。

电视节目"Dragons' Den"驱动了"找个有钱的股东是创立企业的一部分"这个城市神话的发展。如果我是一个热心的创业者，这会泼我冷水的。节目里的私人投资者都有很多现金，但你完全可以把他们的集体资金放在一只果蝇的腋窝里，然后给生产者们的心腾空间。

用很少的资本建立一个企业比在手机大亨 Peter Jones 面前膜拜更吸引人。创业者从零资本起家，最终变成百万富翁。你所需要的只是赊账的股票或者愿意购买你还没生产的产品的顾客。

准科技大亨们对公司早期阶段的股本权益有奇怪的定位。Gianforte 先生的企业 RightNow Technologies 向顾客销售服务软件。他说："如果你问 MBA 毕业生们如何建立一个（科技型）企业，他们会告诉你如何写商业计划、如何筹款、如何燃起篝火然后大把大把地向里面烧钱。"

Gianforte 先生于1997年在一个很差的环境中建立了他的公司，在蒙大拿州风景如画的波兹曼市中一个房地产中介的办公室后面，那里连窗户都没有。"我们在沃尔玛买有关山脉的海报然后把它们贴在墙上"，他回忆道，因为一个自力更生的人只在绝对需要的时候才花钱。他的公司现在有85 000美元的营业额以及550 000美元的市场总值。

Kennet 公司的 Max Bleyleben 说自力更生的科技型企业一般更高效而且更能适应市场变化。他表示，新企业可以通过从中间商和其他合作者那里贷款，从而产生营运资本（working capital）。或者，他们可以创造急需产品使之与效益咨询联系在一起。

自然，Bleyleben 先生仍然认为开始时需要风险投资的金钱，否则他会被炒鱿鱼了，但是他说公司应该首先建立起几百万美元的营业额。这意味着投资者通常会得到一个较小的股权作为支出。

Chirag Shah 创建了一家贸易合伙公司，一个英国供应链技术公司，没有早期的股本支持者。在合约签订之前，投资化为了泡沫。资本是创始人作为顾问时候的储蓄。Shah 说："我们将去找客户，找到他们想要的东西，并在我们卖给他们后，开始开发这个产品。我们的程序员从不睡觉，而且我们两年拿不到工资。"营业额现在进入千万美元的时代。

StaffWare，英国工作软件的起点，根据其创建者之一约翰·奥康奈尔的说法，在1988—1995 年间勉强生存。它从大型计算机公司，如 Unisys 和 IGL，提取发展基金。它免去经销商的注册费用。StaffWare 后来以 AIM 上市，去年以 1.3 亿英镑的价格卖出，这使奥康奈尔成为一个富有的人。

他说："合作伙伴的资助比城市资助要好很多，因为它会使你们变得更亲近。"但是他又说道他这七年的奋斗之路是非常困难、坚韧的。奥康奈说："我擅长在内心已吓得发抖时依然挺直腰杆。如果你看起来或听起来绝望的话，你就不能创造销售额。"

现在创办一个科技企业比奥康奈尔那时便宜很多，因为内存的成本已经大幅下降。高级的编程语言增加了每个程序员的生产力。广泛使用互联网使得推广也变得更容易。

事实上，早期科技投资者是 20 世纪 90 年代初美国的经济萧条中的坚持者，他们现在对一些初创企业越来越冷淡，Bleyleben 先生说。"这些不再需要筹集很多钱就能开始，"他说，" 10 万美元就能完成，而不是 300 万美元。"

因此，在大西洋两岸的技术创业者应该增加观察大公司萧条的机会，恳求他们出售股份。上周，在观看 Dragons Den 的一个经典表演时，我发现一个令人愉快的前景。

Source：Jonathan Guthrie，'Why it is better to be bootstrapped than well heeled'，*Financial Times*，7 December 2005，p. 16. Copyright © 2005 The Financial Times Limited.

案例 2.2　　Jaeger 的所有者设置资金来资助时装领域的学生

文/Jon Boone

为了解决太多的行业困扰使时装领域的学生因为缺乏财政支持而无法发掘潜能的问题，零售企业家哈罗德·蒂尔曼，已建立了一个奖学金基金来支持这些学生的发展。

蒂尔曼先生，Jaeger 的所有者，希望他给伦敦时装学院的 100 万英镑将有助于提供受到学生欢迎的财政自由。"当我在 60 年代还是一个学生的时候，基本上一切都需要付钱，但我们知道今天有几个学生因为交不起学费，不能继续艺术硕士课程的学习了。因为他们必须偿还学生贷款，其中一些甚至结束了他们还没有学习的课程，这是我们的行业一个巨大的损失。"

他呼吁其他时尚和零售商来通过奖学金和指导方案支持新兴人才。

"对英国来说，时尚一年的价值约是 100 亿英镑，但仅仅是基于一个非常小的商业网络，我不认为这些钱中有多少是依靠学生获得的。我们谈论的不是世界级的英国设计师，而是关于大多数企业需要的一般设计师。"

零售企业家，Philip Green，花了 500 万英镑为 16～18 岁的青少年建立一个时装零售学院，他说在招募员工时，员工都缺乏专业技术。

Francesc Corner，LCF 的领导，在捐赠时说道：创意产业对我们未来的经济是十分重要的。然而，尽管中国、印度和新加坡正在大量引入他们的创意企业，但任何这里的人似乎都没有意识到，为了发展主要的时装公司，当设计师处于一个人的阶段时，他们需要得到支持。

2004 年，服装行业生产大约 40 亿英镑的商品，雇用超过 90 000 人。如果纺织行业也加入，两者生产超过 95 亿英镑的产品，雇用 180 000 人。海外销售组合的价值超过 60 亿英镑的制造价格。

蒂尔曼先生给 LCF 公司的捐赠是资助 10 个有艺术硕士课程的地方大学。毕业生也收到 Jaeger 公司或蒂尔曼先生的实习邀请。

　　Corner 女士说有政府资金投入到许多大学生身上。对于那些想进一步深造却没有能力深造的时装领域的学生，这将是一个巨大的帮助，因为学生要花很多钱买材料和设计作品，其中许多已有相当多的债务。许多人会想自己创业，显然这需要更多的资金。

　　Source：Jon Boone，'Jaeger owner sets up fund to support fashion students'，*Financial Times*，26 January 2006，p. 3. Copyright ⓒ2006 Financial Times Limited.

热点问题讨论

　　利用本章中提出的分类方法，将 Greg Gianforte 和 Philip Green 两位创业者进行分类。

第 3 章

创业、认知及决策

本章概要

认知心理学从一个深刻的新角度来阐释企业家的思维活动以及他们的创业活动。这一章提及了认知心理学的几个要素，重点介绍创业的过程。创业者的认知内容中，有两方面必须考虑：一是决策（分为规范性的，描述性的和规定性的原因）；二是对风险的认知和应对（区分理性反应和自然反应）。

3.1 创业的认知观

重要学习目标

能够理解用于解读创业行为的认知方法，认识到创业决策中个人认知风格和策略的意义。

在心理学的解释和研究中，认知心理学是一个相对崭新却日益重要的领域。它主要用于处理人们是如何获得、储存、处理和运用来自于周围的信息方面。所以，它比较有趣的地方在于：

- 注意力和认知，对于原始感官体验的初步加工。
- 记忆系统中的信息储存——包括短期记忆和长期记忆。

- 储存、使用和创造知识的途径，归纳和演绎过程。
- 判断以及决策——运用处理过的信息来选择针对某一特定过程的行为。
- 思考和解决问题。
- 学习、技术和专业发展。
- 语言、运用、习得和理解。
- 创造力和发明能力。
- 在决策中，常规思维控制的信息处理方式。

认知心理学很大程度上是实验科学，它的研究结果建立在可以不断重复的实验和假设检验上，并经常可以构建出许多信息处理的系统模式。相反地，这解释了大脑是如何作为一个系统来运作的。

一些认知心理学家会谈及能够反映大脑处理信息的一般途径的具体认知风格（认知风格一般带有相对稳定的个人特色，但会随着学习而有所变化）和策略。举个例子，遇到困难时，一些人会立刻想起他们所熟悉的处理方式；一些人则会寻找独创的解决途径；一些人会挑战有风险的事情，其他人则避而远之；一些人可以凭有限的信息作出决定，而其他人会退缩，只有当信息十分充足时才会作出决定。虽然上面只是举例，但是这说明了创业者间的区别很大程度上不是性格造成的，而是由他们所采取的认知策略和风格决定的（这个也许和个人性格有联系，但不是同一回事）。

　　从上面对认知心理学的阐述中，我们很清楚地看到为什么现在人们对管理中的认知科学，特别是创业的认知的兴趣会日渐浓厚。

　　认知心理学在提高人们对人类思维的认识上取得了巨大的进步。众所周知，我们所有人都有自己的处理信息的认知风格，我们采用特定的认知策略来获取信息去解决问题。经验也告诉我们，其他一些人如何应对挑战也是和他们的策略及风格相对应的。比如说，我们可能会发现一些人习惯于关注事情的重点部分，也就是说，当他们遇到难题时，他们倾向于只考虑重要关键信息，其他人则相反。他们喜欢利用比较细节的、广泛的信息来确定解决方案。有时候，我们也会发现，一些人喜欢已经被试验过的并可靠的方法，其他人则更想甚至特别渴望寻求新的解决方法。更深入地讲，也就是有些人把外界的新信息和他们头脑中已经存在的信息区分开来，然后用他们固有的思维去解读新事物。我们将这类人归为思维比较固定的一类。而那些乐意重新在头脑中建立起新的信息团，并且用新的视角来看待事情的人，在思维上则是比较开放的。不管经验法则多有效，对人们如何工作的观察都不可以被简单地按照表面价值接受。认知心理学是一门科学。它涉及建立可以通过人们应对具体的认知挑战所采取的对应的行动揭示的认知历程，这个认知历程是界限清晰的，且在实验上是可以不断重复的。

　　有的时候，认知历程可以被分为三大类：

　　1. 感知过程。感知过程主要处理我们是如何看这个世界和获取信息的。举几个例子：复杂与简单，指的是对这个世界进行分类的维度的数目。"校平"和"削尖"，是运用已经存在的或者创造新的部分以并入信息。语言化和图像化，指的是使用口头的或者交替性使用可视的图像来促进理解。

　　2. 解决难题的过程。在人做决定的情况下，这主导着信息如何被人们使用。举些例子：粗略扫视和聚精会神地看，指的是为了作出决定，多少信息会被使用。序列化和整体化，指的是问题是否能排成一个系列，是割裂开还是把它作为整体来处理；适应还是创新，则是指一个人对已经确立的解决方案或者新方案的偏好。

　　3. 任务过程。这主要是决定我们用以处理具体工作的方法。这主要包括受限制的和灵活的，对于新任务的偏好胜于已制定的任务。冲动的对反思的，指的是以一种果断性的还是经过深思熟虑的方式行动的倾向。接受不确定性和谨慎性，指的是接受带有危险性的任务的意愿。

　　Stubbart、Hayes 以及 Allinson 提供了一个全面的视角去看待认知风格及其与管理之间的关系。认知风格可能与我们所说的个性有联系，并且为此提供了基础。然而，它们是有区别的。人们可能依赖已经确立好的认知方法，但是也不是说这些方法在一段时间内是不变的。我们的认知方式有赖于学习形成，但是依然可以有意或无意地根据我们的经验继续塑造。认知心理学在慢慢发展，提供了许多深入的观点，以解释说明许许多多关于创业者的创业思想倾向和他们对创业的投入。特别重要的领域有以下几个方面：

- 认知对动机，创业者的认识以及与在传统的职业选择比较的情况下对创业观点的评价。
- 认知对个人发现商机的能力有影响。
- 个人分析能力以及他们的评估及对机会的价值作出正确判断的能力。
- 发明新方法来利用那些机会的创造力。

- 在竞争环境和动态变化中的认知能力。
- 与"策略性预见"有关的能力，想象未来世界的及考虑目前与之相关的策略会带来什么成果的潜力。
- 对周围世界什么能够什么不能够由个人控制的认识。
- 判断风险的能力。
- 采用合适的策略及作出计划的能力。
- 与股票持有人交流和说服他们的能力。
- 维持并保留一个团体凝聚力的社会关系技巧。
- 通过个人经验来提升个人学习策略的能力。

创业者是否在认知上与非创业者有所不同，现在已经成为研究的热点。Buchanan 和 Di Pierro 就这个问题提供了历史和概念上的线索。Michell 等人为帮助人们了解创业行为和成就的认知方法奠定了基础，并加以强调。《福布斯》回顾了关于创业中创业认知所扮演的角色的研究文章。Neck 等人提出了一个新的观点，自我领导、认知策略、自我谈话和心理意向的自我影响过程，都在创业管理中起到了重要作用。Keh 等人则检测了在有风险的情况下认知在评估机会价值中的作用。认知的主题和它对创业的影响将会在后文中提到。在那些章节中，关于创业的认知，文化和创业起步阶段这些内容将会提到。

也许，关于创业者们都共有一系列的认知方法的说法是不成熟的。任何情况下所说的"最好的"认知方法都只是相对来说的，因为创业情况和其他事物一样，都是多种多样的。然而，创业者们有创新思想、乐意接受新事物和擅长寻找解决问题的新方法倒是不假的。在行业和机构的认知心理学中，这个大致的观察如何能合理化为具体明确的认知方法已经成为一个能引起大家兴趣的学科。

3.2　创业与人类决策

决策是人类经验的一个基础部分。我们可以想象不同的成果和可能性，可以判断什么行动具有影响力，什么行动可以接受，并且会更喜欢某些结果。不论是对认知上的基础性决策过程还是专业决策的具体领域来说，对于人类决策的研究都是一个迅速发展的探究领域，在管理、医学和法律中更是如此。所以很明显，创业者在一定程度上就是决策者。

有三个理论是用于解释和预测决策的。第一个理论是规范性理论。它主要确定一个情境下哪个是最好的（可选择的）决定和作出这个决定的过程。这些理论是建立在有严谨逻辑和精密计算的方法之上的，同时也是以下猜想为基础的——人类是明智的（他们会很好地利用信息），他们也是能够将实效最大化的（他们想为自己谋得最好的成果）。随着第二次世界大战后初期数学家们的开创性成果，这些理论经常会以高深的数学术语来表达，以此巩固科学和金融的管理学基础。

第二个理论是描述性理论。这个理论解释了人们实际上为什么会作出这样的决定，它的重点在于人们真正做了什么，而不是他们应该做什么。描述性理论可能也会用数学的形式表达，但他们被用心理学名词表达的可能性比规范性理论更大。

最后一个理论是规定性理论。这个理论展示了人们可以提高作出决定实践能力的途径。他们经常可以用教学法表达出来。

如果人类是极有理智的，那么规定性理论和规范性理论之间就没有太多的区别，且规范性理论也不会有存在的必要性了。但事实不是这样的。对于一个具体的决定上的难题，规范性理论预测的都是最佳的结果，这和人们实际做的有一定的区别。那么这种差别就被称为偏差。这个偏差不仅仅是一种由不理解或惰于运用规范性理论引起的错误（毕竟，规范性理论是比较难以运用的）。这个错误将会导致这样的决定结果，它将分散在规范性理论的周围。这类偏差是一致的（都是在同一个方向和规范性理论背道而驰的），但也是常用的（各种做决定的场合都是要运用它们的）、不变的（不可以被清除掉，就算决策者被告知有这样一个规范性理论，并且他们运用它时会被奖赏）。以下就是一些关于偏差的例子。

锚定偏见

这类偏见指的是用不相关的、虚假的数据来作出用数字表示的决定。想象一下，假设两组专业投资人都提供了拥有同样信息的商业计划，并且给出了投资价位（一个价位高，另一个价位低），然后问他们价格是出得太高了还是太低了，最后让他们做个选择。不难想象两组的人都希望可以给同样的平均价格，但是那些一开始就开高价的人更容易得到投资方更高的投资价格。

可获得性偏差

这个偏差包含了利用头脑中存有的印象深刻的例子来帮助作出判断。创业者（投资者）经常被要求对一件事的发生频率、可能性和规律性作出判断。比如，他们要判断多大规模的业务、在哪个行业运行的业务或者业务由哪种创业者来做才会成功呢？如果这些信息是有限的（常常如此），那么我们就会根据我们从头脑中回忆起这些实例的难易程度来判断这些事情发生的概率。但是这些存于我们头脑中的事例很明显是由很多因素决定的，规则性只是其中的一项。实际上，这些事情发生的频率越低，它们的新闻曝光率就越高。

从创业投资方面来讲，这是十分有意义的。在网络泡沫中，新闻媒体往往充斥着许多网络成功的故事。这些故事听起来那么符合逻辑，以致投资者都夸大一项投资的回报率。而在互联网泡沫破裂的时候，媒体上报道的都是互联网失败的例子。目前这些例子广为人知，以致人们夸大了这个行业的不安全性。接着，投资者都把投资的钱抽了出来，这导致的结果是：投资摇摆于繁荣和没落的两个极端。

典型偏差和忽视基本比率

由于典型性偏差在人口或过程中并不是那么典型，所以其常被用于判断一个样本的代表性或一件事的可能性大不大。这个会经常引起忽视基本比率的偏差，忽略掉作出判断时的背景信息。我做过一个实验，在他们面前展示那些可信度很高的陈述，但他们被引导去认为那些听上去并不真切的陈述实际上很可能是正确的，尽管很科学，但是那些不可信的事实不会因为它们与可信的事情连在一起而变得可信。但是，就那些不可信的事情本身而言，结合起来的事情似乎比单独的一件更加具有代表性。所以考虑一下，这类现象将会在多大程度上影响对商业计划的判断。

当在一群投资者面前展示对一个创业者的描述时，这种代表性就显现了出来，比如，"他获得了计算机科学的学位，对技术深深着迷，所以他很喜欢读科学小说"等等。这就暗示了他的商业计划是从 100 篇计划中选择出来的，这些计划包括高技术风险和零售起创。不管他们被告知计划中的高端技术与零售的混合比例是 80：20，50：50，20：80 甚至是 1：99，认为机会存在于高端技术起创的创业计划的投资者的数目是不会变的。当然，作为高端技术，这些几率是在这个范围内变动的。按道理来讲，这个应该会影响判断——但是实际上没有。这就可以被称为忽视基本比率。

其他的偏差包括了框架影响——判断力随着信息的具体情境而变化，并且以一系列和判断有关联和因果关系的偏差为基础。

我们为什么要展示这些偏差呢？认知心理学已经提到，人们经常使用深层的启发式法或者实用的经验法则而不是规范性理论来作出判断时，偏差就产生了。尽管使用启发式法会引起偏差，但是却不一定是错误，这非常重要。人类的大脑是一个能量的消费者。它的重量是人体体重的 2%，但是它却消耗了人体内 1/4 的能量。启发式法是速度的、节省能量的，是因为它们简化了难题，使人们很快作出决定但是没有消耗太多的脑力。他们有时会得出错误的答案不重要，重要的是即使这样，也不会是一个大问题。规范性方法会提供一个正确的答案，但是会耗费很多时间（或脑力）。对于投资来说，这是不值得的。

真正的关键点其实在于这些偏差有时候会影响创业者们和那些支持他们的人（尤其是投资者）所作出的决定的质量。这不同于有一位创业者（以及他的支持者）不使用启发式法，因为它们毕竟是有用的。Mayers（2002）揭示了依靠直觉作出决定的优点和缺点。Gigerenzer（2002）提出了消除偏差和提高做决定能力的方法。

这里就没有太多时间来更深入阐述这些问题了。Bazerman（2002）对启发式法和管理决定做了精彩、可信的阐述。对深入研究这一理论有兴趣的同学可以参考 Plous（1993）、Gihooly（1996）、Baron（2000）、Hastie 及 Dawes（2001）等人的著作，这些内容将会为这些事例提供比较好的介绍。同时，Kahneman 等人的著作（1982）以及 Kahneman 和 Tversky 的合著（2000）中的观点也是值得推荐的，且更加深入。

3.3 创业者的自信和自满

在 4.2 节会提到，创业者和自信。然而，很多研究表明，我们都展现正面的偏差。据说正面偏差的出现，是当我们对自己作出判断的时候，产生的对自我的认识比统计结果更积极，或者其对自我的认识就是基本的经验，必然会是过分积极的。"正偏差"这个概念指的是一系列的判断，但它们是有共源的：

- 在陈述性知识（事实知识）的准确度方面的过分自信。这可能导致一个创业者低估了对市场、产品技术、顾客和竞争对手的了解。
- 过分自信地对个人特征的自我评估和基本价值有关。创业者通常相信他们能够比一般的管理者和协商者做得好。
- 在不确定的情况下对能力作出的判断，会导致决定做得过于草率，在此之前没有正确的评价。
- 过于积极也可能达到想要的效果。积极的因素毕竟大于可能消极的因素。
- 在特定情况下，过分自信会出现在预测我们的行为上，即"特定的一个问题，我知道我将要做什么，我知道怎样才能把它做好"。
- 在特定情况下，过分自信会出现在预测他人的行为上，即"我知道他们怎么互动"。

- 商务谈判中在定位安全上过分自信。

在做投资价值的判断时，这些方面都会相互影响。一个决策者可能高估他判断已有信息的能力，会对成功的可能性产生过分的积极情绪。过分自信的偏见不应该意味着每个创业者所提出的声明都要因为其被过分自信影响而降级评估。这个现象与个人和个别声明无关，它是数据效应。当问 100 个创业者怎样评价自己的能力时，超过 50 个很有可能会评价自己的能力超出常人，并不是他们全部都在糊弄自己，有一些人确实是。Busentz 和 Barney 发现，对个人能力的过分自信和过分乐观在企业记录中也是有所体现的。《福布斯》发现，创业者会比不是创业者的管理者更显现出过分自信。Simon 和 Houghton（2003）测出过分自信是怎样影响高科技公司生产新产品和寻求积极合作的意愿。Bernardo 和 Welch（2001）则提出了一个联系过分自信和企业记录的模型。Zacharakis 和 Shepherd（2001）发现，不仅创业者更倾向于过分自信，一些投机资本家也会。

3.4 创业者和人类应对风险

我们在 1.3 节提到，大多数人会把创业者和风险挂钩，事实上，投资者就是风险承担者。很多人会对接受这个逻辑感觉不舒服。"不正是创业者们把他们自己的财产放到他们的业务上，把他们的房子作为按揭的吗！"是的，经常是这样。这些角色大不一样，一个人可能会扮演两种角色（这并不是说同一个人在同一个时刻扮演两种角色是微不足道的。这更强烈地表现了创业者对自己的企业有足够的信心）。"这关乎创业者的声誉！"当然，对于经济学家来说，一个人的声誉仅仅是将来收入的附加值。因此，重视一个人的声誉也是投资的另一种形式。

很多人觉得在现阶段讨论这个有点离题了。事实上并没有，它反而更加扣题。这个议题的严谨之处在于对冒险的非常正式的定义。因为在日常生活中，很多概念都会用到，专家们会使用科技术语，日常用语可能会和科技术语有所不同。

依照句法来说，风险是结果的分配（有一定的财务价值）。积极的结果（比我们预想的多）会把风险多少看做是消极的东西。如果两方交易者交换风险（这在保险和金融市场上每天都会发生），那么其中结果分配更多者会承担风险，分配较少者则抵消风险。但在实际运用中，风险意味着可能会发生不好的事情。风险的发生，不需要直接的经济价值（尽管它会有间接的价值），它的反面——不好的一面——使人担忧，事情不像预期那样会好转。总的来说，我们都不喜欢风险。如果你有机会赢 100 英镑，你会先放 50 英镑吗？很多人不会。他们期待有奖金。这其实就是规避风险。如果他们肯放多于 50 英镑的投资，此时你会想到这是寻求风险。如果刚好是 50 英镑的收益，那就是风险平衡。机构和个人一样，都会规避风险，投资者愿意投资一项新的项目，但他们要有可能拿到奖金。

前景理论

风险字面上的解读是数学化的，它涉及经济学，从中衍生出科学管理和经济理论。它巩固保险合约。在第二次世界大战后期，数学家提出了高度成熟的规范风险模式，把决策者描述成理性决策者（指想要把财产和信息使用效率最大化的人）。这个被称作期望效用理论。这些预测很快就被放到测试上去（行为经济学就此产生），很快发现，很多决策者并没有跟随这个理论：他们显示出偏见。最成熟地描述人们怎样应对风险的模型是由两位心理经济学家——Daniel Kahneman 和 Amos Tversky 在 1979 年提出的。他们当时把它叫做

"期望理论"。Daniel Kahneman 当时因此获得了诺贝尔经济学奖。他们的论文非常有技术性，尽管这些算术很难，他们还是算出来了。前景理论最好与那些期望效用理论联系起来，它适用于组织，也适用于个人。

（1）决策者感兴趣的是什么？

根据期望效用理论，决策者感兴趣的是结果。根据前景理论，决策者感兴趣的则是他们的输赢。这是有道理的。如果你发现你丢了 10 英镑，你自然而然地会想，"我居然丢了 10 英镑！"，而不是想"我少捐 10 英镑算了"。

（2）我们目前的处境重要吗？

根据期望效用理论（expecte utility theory），目前处境的重要性对决策者来说是次要的。处境的重要性只有在决策者考虑到它的功能作用时才具有重要性。但前景理论（prospect theory）则认为，目前的处境具有功能重要性，因为它为决策者判断输赢提供了一个参考点。这样讲是站得住脚的。一个创业者所期望的可能是某种将来的状态，在这种状态中他/她已经获得了某种实惠，但一旦要马上做实际决策时，真正起作用的还是输赢问题。

（3）决策者会承担风险吗？

期望效用理论告诉我们，决策者是否会承担风险视具体情况而定。总的来说，人们总是会规避风险的。偶尔也许会寻找风险，但难以预测什么时候。因人而异。在这一点上，前景理论更为清楚：顺境规避，逆境冒险。这种情况有悖直觉，但事实上却常有发生。

公司风险行为也是一个有趣的话题，因为前景理论预测：公司在损失的情况下会承担风险，然而在收益的情况下会规避风险——这和资本价格理论不同。

（4）收益能抵消损失吗？

期望效用理论的回答是"是"。找到 10 英镑然后丢失 10 英镑会让我们感到无所谓。然而前景理论提出了"规避损失"，换句话来说，损失了 10 英镑带来的痛苦比得到 10 英镑带来的愉悦更多。因此，以上的得失让我们比一开始感觉更糟糕，这看起来更符合大多数人的直觉经验。

（5）那么关于机会呢？

在期望效用理论中，机会是可能发生的。可能性的值在 0～1 之间，就是说事情发生的概率在 0～1 之间。期望效用理论提出，决策者要根据表面判断可能性。尤其是，如果可能性比实际要高（他们会因此感到高兴，因为很容易获得收益，很容易规避损失），或者可能性比实际要低（他们会因此感到不幸，因为很容易损失，没那么容易获得收益）。可能性的变化给风险的承担带来影响。在低可能性的情况下感到幸运，将会胜过在收益中规避风险，因此使人们寻求风险。同时，在低可能性的情况下对损失感到不幸，将会尝试克服风险，引入风险规避。你是否曾经感到奇怪，为什么同一个人经常会在赢的概率低的情况下还愿意买彩票，同时，也会为不太可能会有的损失购买保险——彩票公司和保险公司一样从中受益。

（6）决定如何明确表达有关系吗？

根据期望效用理论，没有。决策者需要关注问题的核心内容、结果和产生结果的机会。多余的信息会被省略。从逻辑上说，同样的问题会有同样的反应。然而，前景理论则认为，名声效应更重要。名声效应会引起风险规避和风险寻求，因为它会把积极的和消极的方面都呈现出来。严格来说，名声效应不仅仅是强调问题，更是重构问题，使得其逻辑内容没有改变。

损失会引起承担风险的行为，这第一眼看来与直觉不符。可否肯定地说，创业者面对机会和收益的时候承担了风险？有些时候是，但人类的风险行为十分微妙。一个在损失中寻求风险的最好例子就是沉没成本效应。在这种情况下，一个管理者、创业者或者是投资者在清楚没有回报的情况下，继续投资一个项目。McCarthey 等人调查由创业者做的扩大企业资产基础的决策，结果发现在损失的情况下承担义务有所扩大。不仅企业会受到影响，人们会期望创业者在与投资者沟通的情况下，作出积极的行为。但是更近地观察创业者–投资者行为的时候，会发现创业者表现不佳，给投资者产生一种损失的感觉，引起风险寻求行为和鼓励更多的沉没成本投资。

前景理论有很大的影响力，它以心理为基础，综合考虑经济理论和其解释力。前景理论已经被广泛应用到管理决策和企业投资决策上。

另外一个决策的异常是利润。请思考以下两个赌注：一是一个罐子会有 100 颗大理石，50 红 50 白。你选其中一种颜色。如果你的颜色选择是随机的，你将会赢 1 000 英镑。那你会愿意花多少钱来买该赌注？现在又说说另一个赌注，一个罐子里有 100 颗大理石，每个不是红的就是白的。如果你选一个，你会赢 1 000 英镑。那你又会愿意花多少钱来买该赌注？很多人选择买第一种。但是数据显示，两者的价值都是一样的。

第一种情况指的是一种风险，因为可能性是已知的。严格来说，第二种情况是模糊的，因为可能性未知。大多数企业的决定，都是模糊的，而不是风险。这个实验显示出我们趋向于规避模糊的东西，这不同于规避风险。但是，也不可能对模糊予以防范。这就重申了该观念：创业者的基本角色，并不仅仅是减少风险，更重要的是使用他们的专业能力和管理能力把模糊变为风险。

要点总结

- 认知心理学是一个心理学较新的分支，它关注人类如何获取、加工和执行关于世界的信息。
- 大体地研究管理和个别地研究创业都在逐渐扩大影响力。
- 认知加工过程与创业：
    - ——认知过程：创业者怎样看待这个世界
    - ——问题解决过程：创业者如何应对挑战，带来创新
    - ——任务执行阶段：创业者如何靠近和着手行动，联系绩效问题
- 决策可从规范和描述方面进行研究。
    规范方面，关系到从理论原则计算出行为最大的可能；描述方面，关注观察和描述人类实际做了什么。
- 规范推荐和观察到的模式有系统上的不同。
- 三种偏见在企业决策的影响作用：
    - ——锚定偏见：用不相关的数字和数量作出判断

　　——可用性偏见：关于回想起一个关于事物的数量、形状和发生频率的例子的难易程度

　　——代表性偏见：在一个项目与人口以及创造它的过程典型地相关的基础上，判断一个项目或者一个情况，并且忽略相关的比率信息。

- 创业者（和他们的支持者）可能对积极或者过分自信偏见存在主观性，他们可能会把他们的能力看得比统计推论更高，这会使他们对世界持有一种过分乐观的态度。

- 用于风险行为的规范性方法被称为期望效用理论，它在数学上有很高的声望，但是在预测和解释人类的实际风险行为时却不甚有效。

- 其中一个最好的、最成功的做法就是前景理论，前景理论建议人类决策者：
　　——关注收益和损失
　　——基于初始参考点作决策
　　——发现损失带来的伤害比收益带来的愉悦要多
　　——赢时规避风险，输时承担风险
　　——扭曲可能性：赢时在低可能性时感觉幸运，输时在低可能性时感觉不幸，其他接近适当的方法会达到高可能性
　　——容易受名声的影响：在强调一个问题时，是积极的还是消极的视角

- 前景理论逐渐在管理风险和企业风险的研究方面发挥其影响作用。

- 除了规避风险，决策者展现出不同的对模糊的规避——这个甚至是不相关的。

- 创业者的基本任务的一个方面就是使用他的知识、经验和能力去代表投资者，把模糊扭转为风险。

研究主题

启发法与企业决策的偏见：案例分析研究

　　进行企业建立或者商业发展的案例研究，可能是在已有的数据上进行或者从采访者身上获取原始数据。重点关注企业家的关键决策信息和关键利益攸关者。评价决定和结果。是否有证据显示偏见出现在决策中？关注锚定、效度、代表性和过分自信可能会带来的结果的例子。这些是怎样影响决策的质量，影响商业表现的？

风险的概念：一个内容的分析

　　内容分析是一个研究方法，它用于交流研究方法，分成几个因素，成分词、语法和概念。

　　这个项目包括理解风险的概念，把术语联系起来，如不确定性和模糊性，看看它们是怎样在真实的、可行的情况下执行的。

　　在社会及其他科学领域获取一系列的专业词典。查找关键词，并在给出的定义上进行成分分析。这些是怎么进行比较的？什么术语、短语和成分是普遍的？什么是特殊领域的？能否尝试挖掘出这些词是怎样在同一领域和不同领域相联系的？

重要读物

Roxburgh, C. (2003) 'Hidden flaws in strategy', *Mckinsey Quarterly*, No. 2, pp. 26-39.

Wickham, P. A. (2006) 'How to be an effective-bias-free-decision-maker in an increasingly global economy', *Handbook of Business Strategy* 2006, Bradford: Emerald.

Wickham, P. A. (in press) 'Framing strategic messages for the growth-orientated organisations', *Handbook of Business Strategy* 2007, Bradford: Emerald.

推荐读物

Amundsen, N. E . (1995) 'An interactive model of career decision-making', *Journal of Employment Counselling*, Vol. 32, No. 1, pp. 427–38.

Baron, J. (2000) *Thinking and Deciding* (3rd edn). Cambridge: Cambridge University Press.

Bazerman, M. H. (2002) *Judgement in Managerial Decision Making*. Hoboken, NJ: Willey.

Bernardo, A. E. and Welch, I. (2001) 'On the evolution and overconfidence of entrepreneurs', *Journal of Economics and Management Strategy*, Vol. 10, No. 3, pp. 301–30.

Buchanan, J. M. and Di Pierro, A. (1980) 'Cognition, choice, and entrepreneurship', *Southern Economic Journal*, Vol. 46, No. 3, pp. 693–701.

Busenitz, L. W. and Barney, J. B. (1997) 'Difference between entrepreneurs and managers in large organizations: biases and heuristics in strategic decision-making', *Journal of Business Venturing*, Vol. 12, No. 1, pp. 9–30.

Campbell, C. A. (1992) 'A decision theory model for entrepreneurial acts', *Entrepreneurship Theory and Practice*, Fall, pp. 21–7.

Chatterjee, S., Wiseman, R. M., Fiegenbaum, A. and Devers, C. E. (2003) 'Integrating behavioural and economic concepts of risk into strategic management: the twain shall meet', *Long Range Planning*, Vol. 36, pp. 61–79.

Eisenhauer, J. G. (1995) 'The entrepreneurial decision: economic theory and empirical evidence', *Entrepreneurship Theory and Practice*, Summer, pp. 67–79.

Ellsberg, D. (1961) 'Risk ambiguity and the Savage axioms', *Quarterly Journal of Economics*, Vol. 75, pp. 643–69.

Escher, S., Grabarkiewicz, R., Frese, M., van Steekelenburg, G., Lauw, M. and Freidrich, C. (2002) 'The moderator affect of cognitive ability on the relationship between planning strategies and business success of small scale business owners in South Africa: a longitudinal study', *Journal of Developmental Entrepreneurship*, Vol. 7, No. 5, pp. 305–18.

Forbes, D. P. (1999) 'Cognitive approaches to new venture creation', *International Journal of Management Reviews*, Vol. 1, No. 4, pp. 415–39.

Forbes, D. P. (2005) 'Are some entrepreneurs more overconfident than others?', *Journal of Business Venturing*, Vol. 20, No. 5, pp. 623–40.

Frese, M., Brantjes, A. and Hoorn, R. (2002) 'Psychological success factors of small scale businesses in Namibia: the role of strategy process, entrepreneurial orientation and the environment', *Journal of Developmental Entrepreneurship*, Vol. 7, No. 3, pp. 259–82.

Gigerenzer, G. (2002) *Reckoning with Risk: Learning to Live with Uncertainty*. London: Allen

Lane.

Gilhooley, K. j. (1996) *Thinking: Directed, Undirected and Creative* (3rd edn). London: Academic Press.

Giminez, F., Pelisson, C., Kruger, E. G. S. and Hayashi, P. (2000) 'Small firms' ownermanagers 'construction of competition', *Journal of Enterprising Culture*, Vol. 8, No. 4, pp. 261–79.

Guler, I. (2003) 'Throwing good money after bad? Sequential decision-making in the venture capital industry', *Academy of Management Best Conference Paper* 2003.

Hastie, R. and Dawes, R. M. (2001) *Rational Choice in an Uncertain World: The Psychology of Judgement and Decision Making.* Thousand Oaks, CA: Sage.

Hayes, J. and Allinson, C. W. (1994) 'Cognitive style and its relevance for management practice', *British Journal of Management*, Vol. 5, pp. 53–71.

Kahneman, D. and Tversky, A. (1979) 'Prospect theory: an analysis of decision-making under risk', *Econometrica*, Vol. 47, pp. 263–91.

Kahneman, D. and Tversky, A. (2000) *Choices, Values and Frames.* Cambridge: Cambridge University Press.

Kahneman, D., Slovic, P. and Tversky, A. (1982) *Judgement under Uncertainty: Heuristics and Biases.* Cambridge: Cambridge University Press.

Kamm, J. B. and Nurick, A. J. (1992) 'The stages in team venture formation: a decision-making model', *Entrepreneurship Theory and Practice*, Winter, pp. 17–27.

Katz, J. K. (1992a) 'A psychosocial cognitive model of employment status choice', *Entrepreneurship Theory and Practice*, Fall, pp. 29–37.

Katz, J. K. (1992b) 'The dynamics of organizational emergence: a contemporary group formation perspective', *Entrepreneurship Theory and Practice*, Winter, pp. 97–101.

Keh, H. T., Foo, M. D. and Lim, B. C. (2002) 'Opportunity evaluation under risky conditions: the cognitive process of entrepreneurs', *Entrepreneurship Theory and Practice*, Vol. 27, No. 2, pp. 125–48.

Kreiser, P. M., Marino, L. D. and Weaver, K. M. (2002a) 'Reassessing the environment-EO link: the impact of environmental hostility on the dimensions of entrepreneurial orientation', *Academy of Management Best Papers Proceedings*.

Kreiser, P. M., Marino, L. D. and Weaver, K. M. (2002b) 'Assessing the psychometric properties of the entrepreneurial orientation scale: a multi-country analysis', *Entrepreneurship Theory and Practice*, Vol. 26, No. 4, pp. 71–94.

Kristiansen, S. (2002) 'Individual perception of business contexts: the case of small-scale entrepreneurs in Tanzania', *Journal of Developmental Entrepreneurship*, Vol. 7, No. 3, pp. 283–304.

Luthans, F., Stajkovic, A. D. and Ibrayeva, E. (2000) 'Environmental and psychological challenges facing entrepreneurial development in transition economies', *Journal of World Business*, Vol. 35, No. 1, pp. 95–110.

Markman, G. D., Balkin, D. B. and Baron, R. A. (2002) 'Inventors and new venture formation：the effects of general self-efficacy and regretful thinking', *Entrepreneurship Theory and Practice*, *Winter*, *pp.* 149–65.

McCarthey, A. M., Schoorman, F. D. and Cooper, A. C. (1993) 'Reinvestment decisions by entrepreneurs：rational decision makers or escalation of commitment?' *Journal of Business Venturing*, Vol. 8, No. 1, pp. 9–24.

McCline, R. L., Bhat, S. and Baj, P. (2000) 'Opportunity recognition：an exploratory invest-igation of a component in the entrepreneurial process in the context of the health care industry', *Entrepreneurship Theory and Practice*, Vol. 25, No. 2, pp. 81–94.

Minniti, M. and Bygrave, W. (1999) 'The microfoundations of entrepreneurship', *Entrepreneurship Theory and Practice*, Vol. 23, No. 4, pp. 41–53.

Mitchell, R. K., Busenitz, L., Lant, T., McDougall, P. P., Morse, E. A. and Brock-Smith, J. (2002) 'Towards a theory of entrepreneurial cognition：rethinking the people side of entrepreneurship research', *Entrepreneurship Theory and Practice*, Winter, pp. 93–104.

Myers, D. G. (2002) *Intuition：Its Powers and Perils*. New York：Harcourt Brace.

Neck, C. P., Neck, H. M., Manz, C. C. and Godwin, J. (1999) 'I think I can；I think I can：a self-leadership perspective towards enhancing the entrepreneur through thought patterns, self-efficacy and performance', *Journal of Managerial Psychology*, Vol. 14, No. 7/8, pp. 477–501.

Plous, S. (1993) *The Psychology of Judgement and Decision Making*. New York：McGraw-Hill.

Poltis, D. (2005) 'The process of entrepreneurial learning：a conceptual framework', *Entrepreneurship：Theory and Practice*, Vol. 29, No. 4, pp. 399–424.

Robichaud, Y. and Egbert, R. A. (2001) 'Towards the development of a measuring instrument for entrepreneurial motivation', *Journal of Developmental Entrepreneurship*, Vol. 6, No. 2, pp. 189–201.

Shepherd, D. A. and Kreuger, N. F. (2002) 'An intentions-based model of entrepreneurial teams' social cognition', *Entrepreneurship Theory and Practice*, Winter, pp. 167–85.

Simon, M. and Houghton, S. M. (2003) 'The relationship between overconfidence and the introduction of risky products：Evidence from a field study', *Academy of Management Journal*, Vol. 46, No. 2, pp. 139–49.

Stancill, J. M. (1981) 'Realistic criteria for judging new ventures', *Harvard Business Review*, Nov. /Dec. , pp. 60–71.

Stubbart, C. I. (1989) 'Managerial cognition：a missing link in strategic management', *Journal of Management Studies*, Vol. 26, No. 4, pp. 325–47.

Uusitalo, R. (2001) '*Homo entreprenaurus*', *Applied Economics*, Vol. 33, pp. 1631–8.

Weaver, K. M., Dickson, P. H., Gibson, B. and Turner, A. (2002) 'Being uncertain：the relationship between entrepreneurial orientation and environmental uncertainty', *Journal of Enterprising Culture*, Vol. 10, No. 2, pp. 87–106.

Wickham, P. A. (2003) 'The representativeness heuristic in judgements involving entrepreneurial success and failure', *Management Decision*, Vol. 41, No. 3, pp. 156–67.

Wright, R. (2000) *Nonzero: History, Evolution and Human Cooperation.* London: Abacus.

Zacharakis, A. L. and Shepherd, D. A. (2001) 'The nature of information and overconfidence on venture capitalists decision making', *Journal of Business Venturing*, Vol. 16, No. 4, pp. 311–32.

📖 **精选案例**

案例 3.1   **年轻人的管理培训**

文/Stephen Overell

在德比郡（英国英格兰中部）Grange 小学的小学生们刚刚学会了使用坐便壶，但是他们数数还没能数到 20。他们初尝了人生的滋味。从 3 岁起，这 400 个孩子就管理模拟城镇 "Grangetown" 的企业。

比如，在学校的健康饮食商店，7～11 岁的小孩都会负责一系列的管理任务。他们必须调研一个产品的基本情况，调查顾客需求，理解库存和库存控制。以借贷 250 英镑（441 美元）起家（现在还清了），这个商店每 6 个星期就能赚到 100 英镑的利润。商业主义是由社会责任来调节的，然而，所有利润都会再投入到 Grangetown 的运营中。

学校的校长 Richard Gerver 说："英国的课程仍然停留在 19 世纪被动接受知识的模式。我不能保证我们能够创造出有活力的，能解决问题的，独立思考的年轻人。"

上星期由资格和课程委员会（Qualifications and Curriculum，QCA）在伦敦召开的一次会议上也有相似的疑惑。资格和课程委员会是一个质量监督系统，它试图请雇主说出他们认为在未来最有价值的能力。

对于宝马汽车英国分部发展中心的管理者 Jeff Jennings 来说，读写和算术对于他的企业的未来更重要。但是，技术人员和销售人员的未来也取决于其他能力：熟悉信息技术，有较强的倾听和沟通能力、推理能力和人际交往能力，比如能理解肢体语言和较高的情商。

他提出，学校趋向于培养 "知识海绵"，而不是企业家，"如果一个孩子不能在团队里工作，那么他成年之后也一样不能。"

自然，教育的产业化也引起了一些恐慌。其中有一个一直存在的担忧就是，博雅教育会成为通俗教育（职业教育）。作家 T. S. 伊利亚特写道："毫无疑问，我们轻率地想要培养每个人，我们在降低我们的标准，毁坏我们的建筑物准备好土地让未来野蛮的游牧者在他们机械化的大篷车里安营扎寨。"

然而，资格和课程委员会喜欢强调它在学校创新实验的兴趣不是为了使他们更加"职业化"——一个在英国高负荷的词。相反，资格和课程委员会在思考，如果学校除了能讲授学科知识，还能在其他方面做得更多，将会更好地为满足雇主长期能力需求进行服务。

微软公司的教育主管 David Burrows 说："文科和数学的标准非常重要，但是学校需要明确究竟什么是经济发展所需要的，像解决问题、批判思维、理解信息、学会学习等能力。"

分析西方经济对未来能力的需要，是项无定向的任务。它既包括尝试理解信息技术在机构内部改变工作性质的各种方法，也包括辨认出哪些职务最有可能发展或者消失。

两位美国学者 Frank Levy 和 Richard Murnane 在"劳动新分类"中，测试了 IT 如何影响工作，被程序逻辑支配的电脑怎样逐步掌控工作。如果一个工作包括以下系列"如果——则——执行"的运算法则，它就是有程序性的，并且还需要一个候选人来作为电脑替代品或者离岸外包。

随着国家价值链不断升级，能力在未来成为重中之重，作者主要是指两个方面：一是专家思维，就是先进的问题解决和模式识别；二是复杂沟通，人与人之间的互动，包括劝说、合作和谈判。

在工厂和办公室，先进 IT 的影响表现在人类的很多工作是需要互动和成熟的脑力活动。然而科技使得劳动更倾向于高素质。

就拿银行柜员作个例子，通过自动柜员机可以存取现金，简化账户程序。但是仍然需要一少部分的人员解决一些复杂的问题，向顾客推出新产品。

要达到这样的效果，通过有效地培训或者教育管理者、专业人员、有技术的行政人员，获得最快的增长也就不奇怪了。虽然低技能要求的工作也同样增长，却并没有像高级工作那样高的增长速度。

作者写道：在 1969—1999 年间的美国，成人受聘为服务行业人员的数量从整个成人就业市场的 11.6% 增长到 13.9%，但是，管理者、专业人员和技术人员加起来的数量占了最高的比例——从 23% 到 33%。

这种模式在英国也类似。最多的从业人员是管理者和专业人员——这是卡尔·马克思在 19 世纪所预想到的。在过去的 25 年，高薪水的工作增长得最快。

英国政府最近的国家能力调查显示，10 种不同的工作通用技能中，9 种在需求上呈上升趋势。这些技能包括：文字、技术、解决问题、检查、计划和不同形式的交流。唯一不同的是，体力和精力已不再是呈上升趋势的需求。今天大概 5% 的工作都需要文凭。

当然，不是每个人都能成为或者想成为管理者，但是，用什么方法能够最好地教育孩子在这种情况下发展呢？

麻省理工大学的城镇经济学教授 Levy 反对把专家思维和复杂沟通作为课程的新科目。"孩子仍然需要知道一些基本的科目，比如说代数。但解决问题有两部分：首先是模仿一种情境，并知道哪些法则可以使用；然后是找出解决问题的方法。知道使用法则，能使劳动力市场保持价值。"

用类比、基于项目的协作、强调事实间的关系、减少选择性测试等方法有助于批评能力和社会资本的提高。然而 Levy 承认他给课堂的建议只是暂时性的。

但创新的冒险总被认为是一种古怪的念头。毕竟语言、文字和数学不会被认为是过时的能力。伦敦国王学院的管理和职业发展教授 Alison Wolf 在他的《教育的作用》一书中辩驳：比如，传统的学科是为工作所做的最好准备。

在德国也有这种做法，高质量的成人职业发展有着久远的历史。但是，德国劳动科技学院的副校长 Gerhard Bosch 提到，对于学龄儿童来说，提高学术的成就大于劳动力的培养，是造成两极分化的最关键原因。

Source：Stephen Overall，"Management training for the young"，*Financial Times*，7 November 2005，p. 10. Copyright © 2005，Stephen Overell.

案例 3.2　　　　　　　　　艾玛·克莱顿磨坊主

文/Emma Crichton-Miller

这是一个晴朗的周六，午餐之后，我们一群 30 多岁到 50 多岁的老朋友，躺在花园的草地上，看着孩子们在花坛里跑着。我们的话题聊到了工作，然后我们突然都变得警觉起来了，其中并没有轻松，而是把紧张推到了高潮。

我们从事不同的行业，却都有同一个问题：怎样才能在未来的 20 ~ 30 年赚够我们的生活费？我们大多数都是高校文科类毕业生，我们中的大多数一开始都唾弃那些只为了得到更多个人利益的职业学位，而是学习艺术、文学、戏剧、历史或者人类学。我们接下来的职业就是我们所追求的东西——不是研究院就是媒体，或者电影制作人和作家。一部分的确是因为年轻时的傲慢，我们都舍弃明显更有利可图的公关或广告等职业，但另一部分是因为下一项任务的吸引和职业成长的快乐无可抵挡。现在，玩的时间也该结束了。

对于很多人来说，他们有一种愧疚感，可能是因为他们所学东西对社会没有很大用处。当然我也感受到服务业的发展——包括医生、牧师和教师。对我们成人生活价值的改变由 20 世纪 80 年代的自我驱动到新工党的公共服务文化，这个改变很有可能加剧道德危机。对于很多人来说，雇用临时工制和养老金的混乱供给成了他们心头之痛。

首先，一个又一个人承认更多传统的职业呈现出更大的诱惑。这儿有很多原因：财务安全的吸引，就业的可预测性和工作的满意度，潜在能力的挖掘没有得到充分的实现。这并不是闲聊，这显示出我们每个人都投资了可能性。

我告诉每个人，要想成为律师就必须拿到法律专业文凭（6 000 ~ 7 000 英镑），然后再参加一个法律练习课程（5 000 ~ 9 000 英镑），接着再花 2 年的时间完成一个只有很低报酬的合约。一个朋友详谈了如何从一纸文凭到职业课程，再到学生时期（暂时的贫穷），最终成为律师。像他这样，有房子按揭和三个孩子的人，能负担得起吗？

另一个人说了他朋友的一个故事，他的朋友已经成为一名律师，并且成功地在 30 多岁的时候由家庭律师转型为诊疗心理学。她参加心理学的转换学位课程，在 3 年内拿到博士学位，并在不同的精神健康中心做志愿者，在此之前，她还有实习。更值得一提的是，她有三个孩子。

在我们之中，有从助产士成为记者的，有从酒商成为律师的，有从法务官成为社会工作者的，有 40 多岁拿到研究生学位成为律师的母亲，有医生转行进入金融界的，还有一个人从电视制作人成为小学老师。这些人可以在他们 20 多岁的时候另谋职业，做他们想做的事情，但是却很少有人四五十岁还会这样做。

这些人到了这个年纪，依然愿意花时间和金钱去进行职业再教育，有很明显的物质上的原因。政府也在告诫大家，那种"一生只能从事一个职业"的观念是过时的，今天的潮流是"永远保持就业竞争力"。当我们的精力在减弱，我们不再如年轻时有创新的想法时，职业的质量看起来就是一个能力的清晰标志。事实上，我们到 68 岁甚至以后还会被压着去工作，职业的选择和工作满意度到我们 60 多岁还会持续。

曼彻斯特商学院的教授 Susan Cartwright 看到，在我们的职业生涯中职业改变越来越多。当她的女儿还小的时候，她自己也是从保险行业转到组织心理学，当时她 30 来岁，她的第一份职业的高薪酬和旅游机会不再吸引她。"很多职业得益于不是从大学里出来的人，组织需要意识到这一点。"

如果商界还是不情愿提供休假，高等院校没有满足学生的要求，其他的大学和学院就会乘虚而入。成年人学习的支柱是开放大学。大约一半的学生都是为了转行而继续学习。在过去的 5 年，开放大学给学生提供了转行再教育的服务。其他学校也会给学生提供远程学习的机会，还有给硕士水平的学生提供转职课程，如法律和心理学，学生可以自由选择时间去完成课程。

在教学方面，研究生教育项目会更倾向于招收年龄大的、有经验的应试者，因为费用都已经付清了。即使是英国律师协会，也会给律师提供专业的培训，刚刚进入的新人平均年龄是 28 岁，这也保证了总体人员平均年龄超过 35 岁。

医药是一个较难进入的行业，因为它需要花费大量的时间去达到一定水平。即使是国王学院给非医学学生提供的 4 年医学学位课程，学生大多数也是超过 30 岁的。

但是这些机会都不能掩盖一旦你做了财务和心理的准备，就会失去以往的经济来源和社会地位的事实。职业生涯平衡机构职业咨询服务办公室的主管 Simon Broomer 提出："教育的大门可能会逐渐打开，但是有可能你不能穿过它。"Simon 对于鼓励转换职业持谨慎态度，人们经常都会对另一种职业充满期待，但是他们低估了自己已有的能力。经常出现一种深深的遗憾，就是他们不知道在一个领域里怎样利用自己的能力，或者不知道新能力在这个领域里怎样发展起来。你可能会写小说而不是新闻稿，教成人而不是儿童，在一个公司里面由会计部门调到人事部门。

Edward French 在 30 岁出头的时候，有一份高收入的工作，后来他由于一个朋友的介绍，对家庭法产生了兴趣。他把他的积蓄放到 2 年的法律课程和 16 个月的学习上，在此期间，他挣得很少。他感觉，"你必须对自己的能力非常自信，你应该清楚自己该做什么去成为一名律师。"然而，家庭法对于上了年纪的人来说，非常适合。"在非常困难和情绪化的环境中，你要代表客户处理事情，这样才能成熟。"他的同事中有一个曾经是建筑师，一个是考古学家，一个是家庭主妇和一个护士。另一个我与之交谈过的律师，在他 40 岁出头的时候作出了改变，他现在正在学习，最困难的就是家庭的经济负担。当你放弃原来的轨迹的时候，你要谦逊，因为你处于最低的位置。

对于 40 岁的 Hannah Stephens 来说，阻碍她改变的是她的孩子，她是一个成功的电视节目制作人，有一个成功的团队，她曾有很多的收入，一个星期上 4 天班以便于照顾孩子，她说："成功的路不止一条。我对孩子的教育参与得更多而且对此感兴趣，但是逐渐对自己的能力不足感到失望。"

她考取了教育学院，学习研究生教育项目，因此深受鼓舞，当时她已经找到很好的工作，同一天，她知道她的申请通过了，就选择去参加这门课程。Stephen 的丈夫也是一位老师，他能够在 Stephen 去读书的这段时期支持家庭。Stephen 也意识到，在她从事一项新的职业前，如果她能给她的家庭带来一定程度的安全，对家庭来说也是很好、很重要的一个额外福利。"我每天都学新的知识，对学习充满激情。你只有 9 个月时间，学成之后还必须达到标准。"

她的学费是由当地政府付的。她拿到了 6 000 英镑的奖学金。很明显，在成为合格老师的第一年，她在附近的小学教书，陪孩子的时间更少了。"我每天工作很长时间，在孩子起床之前起床，他们放学我还没回家。我是被推动着这样做的。但是被一些你认为值得的事情推动是一件很棒的事情。"

　　Max Whitby 已经有几个工作——英国广播公司一个多产的电视制作人，交互式电视的先锋，一家独立公司的主管，一家科技公司的创始人——当他 40 多岁快 50 岁的时候，他在帝国理工学院读纳米材料研究的硕士。"不管个人的事业发展得多好，我还是非常想到外面的世界看看。"尽管 Whitby 已经拿到 3 个科学学科的 A 级，他还在大学里读哲学。很显然，一个在化学或物理领域的一等的和二等的学位是这门课程所必需的。"这是一个领先的领域，就像蛮荒的西部。每个人都只研究这其中的一小部分，我劝说他们能够带上我。"

　　在 Whitby 修应急数学的第一年，他把它看成一位朋友，他向同学学习量子力学、化学、分子生物学专业知识，把每堂课的内容放进 iPod 里。"我热爱我第一年的学习。我的年龄是我同学的两倍，但是你会发现自己缺少电脑知识。偶尔我也会碰壁，望而却步。"一开始 Whitby 是为了拿到公司的休假，然而在读研究生的时候，他逐渐有了令人兴奋的发现，现在他正努力拿到博士学位，并已经成立了一个和他的研究有关的公司。Whitby 承认每个人面对这样巨大的改变都会存在冒险和不确定性，但是这是一个适应另一种生活方式的机会。

　　对于 Robert Montagu 来说，另一种生活他期待已久。他是一个成功的企业家、商人、碟片生产商、作家、咨询人员和 4 个孩子的父亲，现在 50 岁。他开始学习心理学。"这是我一直想做的事情，我过去经历了不正常的家庭生活，当我在寄宿学校的时候，我开始帮助别人，其实也是在帮助自己，我尝试进行家庭治疗的实践，我有一个小组，里面 10 多个男孩子都在学校遭遇过严重的性暴力问题。"

　　Robert Montagu 在 Vauxhall 的 KCC 基金会的支持下系统地学习了 4 年家庭心理治疗的研究生课程，部分是因为这里对录取者的标准更灵活。"我开始选择学习这些知识，是因为我觉得我可以把它用到我的生意上。当我真的开始学习的时候，我发现我在转换我的职业。"Robert Montagu 在学习期间，在 Wandsworth 社工团队里实习了 3 年，这些增长了他的见识。他们每天都要处理成千上万棘手的案件，并且是在多种族的环境里，工作与社会服务紧密相连。

　　作为荣誉毕业生，Montagu 在赫特福德郡的医疗信托机构找到一份工作，并很快得到了提升。他最近刚刚升任到布伦特青年中心的高级职位。"我工作的时候感觉非常自如，而且同事们都很支持我。"但是 Montagu 也意识到了这一切对于他的妻子来说很难接受。他们过去一直一起住在乡下。但是现在 Montagu 每天长时间地在伦敦工作，回来时都已经筋疲力尽了。然而他的雕刻家妻子却说："我们两人一直都相信持续发展。"

　　Montagu 的例子也得到了伦敦大都会大学学位项目转换负责人 Julie Evans 的证实。她的下一组学生中，除了很多 20 多岁的学生，还有不少 30 岁至 50 岁的。为挑选出那些真正将学业资格和最终职业转换结合起来周密考虑的学生，她对他们进行了仔细的面试，以将退学率降到最低。虽然年纪较大的学生思考速度不够快，但他们可以通过清晰的目标、时间管理能力弥补。

　　从夏日午后聊天算起，又是几个月过去了，我们依然不时交换信息。一位朋友将开始考取法律文凭，而另一位也得到了一份她原先领域内极其诱人的工作。但是她觉得，探索灵魂的过程至少让她能够不再被之前琐碎的想法干扰了。我一直太忙，没有时间仔细思考。但是现在才 1 月份，我想也许今年也将是我走向新人生的时机。因为今年 10 月，政府的反年龄歧视条例将正式立法，我们这些迈向中年的很多人，会决定与其继续忍受让人越来越不满的第一份职业，不如冲破藩篱并建立第二份职业。

Source：Emma Crichton-Miller，"TBA"，*Financial Times*，28 January 2006，p. 1. Coppyright ⓒ 2006，Emma Crichton-Miller.

热点问题讨论

创业者们所具有的不同认知技能在多大程度上是（a）先天的；（b）从学校习得的；（c）在以后经历中通过职业经验的积累形成的。

第 4 章

选择创业

本章概要

本章主要介绍个体自主创业的基本做法。其中包括对选择创业的人进行分类，成功创业者必须具备的性格，以及相关的必备技能。本章节由两部分组成：一是强调特定社会环境中创业的重要性，二是创业中所涉及的管理文化影响。

4.1 谁成了创业者?

重要学习目标

识别不同类型的创业者。

通过第 1 章的讨论，我们知道可以通过了解不同类型的人格或者尝试定义其性格，帮助我们解答类似"谁可以成为创业者"等问题。更为广阔的人生经历和事件，算是一种激励人们尝试创业的高效的方式。很多知名的故事以及"传记"可以证明这点。

发明者

发明者，即通过创新发展，并能够将成果推向市场，以此为职业的特定人群。这里的"发明"，可以是新产品或者新服务和新创意，可以含有高科技，或是从传统技术变革而来的。

发明者一般都有相应的技术行业背景来支撑其创新发明；但是，发明本身很有可能衍生自另外一个不相关的行业和技术。例如，其有可能来源于发明者自身的兴趣爱好。同时，发明也有可能来源于雇主机构内部的一些非主流研究项目或者来源于研究团体的"私家"作品。

现实是残酷的，此类"发明者"当中的大部分，都没有创业成功。这并不是因为他们的想法不好，相反，这些创意都是极具价值的。通常，这归结于没有很好地生产和促销新产品，就算它们对于消费者具有极大的潜在利益。成功的创业，需要系统的管理知识及技巧，而不只是单靠创新发展能力。创业者必须挖掘出其产品的潜在市场，并通过相关组织来产生利润。他们必须把产品销售给顾客，把风险分散给投资者。发明者一般都非常重视技术层面的创新，反而忽视了相对应的其他层面。James Dyson 是一个结合了技术与商业的成功例子，他推出了两个在商业上非常成功的创新产品。

不甘心的经理人

在知名机构担任经理人可以享有很多好处：稳定的收入、才能的发展、一定的身份地位和一定程度的安全保障。但是，对于有些人来说，这些还不够。雇主可能并不能满足他们的所有抱负。例如，打造世界品牌的渴望、创造恒久的成就、极尽其管理才能并拓展全新技能等等。简单来说，就是还未能完全按他们的意愿来做事情。此类经理人，自信于能力，并不甘心于现有的成就，就可能走向创业之路。

他们通常面对此类问题："我要做什么？"如果没能识别好的机会或者没有开发出利用这一机会的新思路，就算有创业的渴望和能力，也于事无补。可以这样理解，此类经理人有着发明者需要却没有的东西：无处发挥的创业管理技能。他们必须寻求并发掘成功的商业机会，并开拓其潜在市场，这样才有机会在未来取得成功。因此，经理人应该在创业初期就考虑组建一个有发明者的创业团队，以解决这一问题。

定位失准的经理人

技术与经济的快速发展，意味着一些经理人的职业生涯有着更多的选择和变化。当今世界的许多企业都在经历结构重组。例如，"规模缩小"和"发展延迟"都意味着部分管理者的失业。这种情况大大增加了经理人自谋职业和创业的可能性。企业的遣散措施中所包含的培训和相关支持，也相对增加了创业的几率。

很多经理人能够乐观面对这种情况，并视之为机会，达到在原来企业所不能达到的目标。因此，他们成为不甘心的一族，将压力视为动力。但是，另外的一部分经理人，可能没有那么乐观。他们觉得不确定性比机会更危险。成功创业是不容易的，但也不是不可能，需要有激情来做事情。人们如果并不觉得创业是一件有意义的事情，那么这件事情绝对不适合他们。但是，绝不可低估提早认识的力量，这对改变观念和转换经理人的可能想法非常有利。

年轻的职业人

越来越多的年轻职业人，通常受过高等教育，有着现代管理知识背景，开始跳过为组织工作的经历，直接建立自己的企业。除了少数成功例子（不单指网络企业），大部分都混得一般。主要因为他们只有理论知识，缺乏实际经营经验。当经验的缺乏隐藏在年轻职业人的激情中时，年轻创业者不应该彻底放弃现有工作。

在西方世界的成熟经济中，年轻创业者已经以不合理的比例在新兴产业里充当领军人物，特别是在计算机产业、电子信息产业和商业服务产业等高科技行业。在环太平洋和发展中国家等快速发展的新兴经济体，数量庞大的年轻人才已经超越了西方世界。创业者可能更年轻，以更充分的创业才能来驱动经济的发展。东欧和中欧目前正经历快速的经济和社会变革。在很大程度上，主要是年轻人领导这一变革，并利用新方法从中促进变革。Delmar 和 Davidsson（2000）发现，有 2% 的瑞典人计划创业，经营自己的生意。通过一系列的社会和人际因素的调查，他们发现性别是影响创业的首要因素，年龄是次要因素。

别无选择的人

一些人选择创业，是因为没有其他选择。失业人员、少数族裔和宗教人员的创业活力是有据可查的。并不是说这些人本质上就适合创业，更多的可能是，在社会、文化、政治以及历史的多种原因下，这部分人没有获得广泛参与经济发展的机会。他们不是已经建立的机构或个体网络中的一员。结果他们建立自己的内部网络，进行内部交易，或许就在他们祖先的国家里。

少数族裔的企业对于国家内部经济来说十分重要。小型社区通常对于整个国家的经济发展有着超过正常比例的贡献。但是，少数族裔的企业通常都面临一个共同的挑战，就是如何从小变大。这是因为变大需要拓展原来其相对小型的规模和网络。这样的话，有可能违背其原来创办企业的初衷。要达到这个目标，此类企业有可能遇到特殊的困难。

越来越多的证据证明，少数族裔的企业，在经过三到四代的经营，其管理者大都希望作出改变，往大型企业的道路变革。在这一过程中，他们促进了经济的发展。

在一项深入研究中，Blanchflower 和 Oswald（1998）调查了驱动创业的内在因素。他们的研究是基于"国家儿童发展研究"项目的信息，一个记录了 1958 年 3 月 3 日至 9 日出生在大不列颠岛的所有个体的心理和人格的测试数据的项目。研究人员希望以更广阔的视角来审视创业，即个人做生意，从尝试定义个人寻求此种职业的因素入手。他们发现，人格、重要经历事件以及创业志趣之间没有必然联系。这是本书强调的一个观点，即成功的创业与人格联系不大。另外一个研究发现了一项对创业确实重要的因素，就是收到一大笔资金，如以遗产的形式，可以帮助个人获取启动资金。研究人员还设计了一个创业劳动经济学的计量模型，从中可以发现并确定启动资金对于创业的重要性。

这不代表个人在没有获取资金的情况下不能创业，但也说明了与投资者建立良好关系的重要性。我们会在第 17 章详加讨论。

Miner（1997）提及了四种关键创业人员：

（1）个人成就者。那些追求成功并以创业为手段的人，他们的特征是目标清晰，工作勤奋。

（2）强势的超级销售员。此类人群因为了解客户需求，所以有着很强的社交能力，能够高效地进行沟通。他们出色的销售能力推动着他们成为创业者。

（3）真正的管理者。他们以打造更大的企业来实现个人能力的发挥。他们期望建立自己的企业，因为雇主机构不能满足其目标。

（4）专业意见产生者。那些希望通过创业以使其发明创新进入市场，并成为现实生意的人。

Miner 认为创业有正确的方法可循，但也有对应的陷阱。

4.2 成功创业者的性格

重要学习目标

成功的创业者所具备的特质。

虽然创业的类型不止一种，但是创业者在完成任务的过程中，却有着很多的一致性。部分成功创业者的性格将在后续部分进行讨论，但是我们必须小心分辨个人性格和个人工作风格。前者是内在的，人格的永恒组成部分；后者只是他们做特定任务时所表现出来，是工作、兴趣和动力的综合体现。

勤奋

创业者花费了巨大的体力和精力在其创办企业上面，他们经常加班。毕竟，创办企业是他们最有价值的资产。因此，如何平衡创业和家庭以及朋友等其他生活因素之间的关系，是创业者的一大挑战。

自我启动

创业者不需要被告知要做什么。他们自己识别任务并在没有鼓励和监管的情况下开始工作。

设定个人目标

创业者一般都设定清晰可行的个人目标。他们通过目标来评定个人工作业绩。结果是创业者以内部标准衡量工作，而不是外部标准。

坚韧性

事情不是一直都顺利的，通常失败比成功更多。创业者不会遇到失败就沉沦，而是会从失败中吸取教训，并运用到未来工作当中。

自信

创业者必须表明他们不单单对自己有信心，而且对他们做的事情有信心。毕竟，如果他们都没信心，还有谁呢？但是要注意第3.3节所讨论的"过度自信"问题。

新想法的接受度

创业者不能过度自信，他们必须认识到自己的水平有限并尽可能改进。他们要在新经验的基础上改进自我。银行和风投不支持商业计划的一个主要原因就是创业者过于执着于自我，而不愿意接受好的建议。

独断性

创业者通常很清楚想要什么，所以他们并不畏惧表达自己的观点。表现独断并不等同于气势汹汹，也不等同于采取一种立场，拒绝让步。独断，意味重视结果，而不是过程。真正的独断，基于成熟的理解力和良好的沟通技巧。

信息寻获

创业者一般来说并不比其他人聪明，只是他们有着更多的好奇心。他们不满足于某一个时段的信息，而是不断寻求新信息。好的创业者在沟通时更倾向于发问，而不是发表意见。

渴望学习

好的创业者总表现得他们可以做得更好。他们承认自己的不足，并总是通过学习来提高个人技能。

转向新机遇

好的创业者总在寻求新机遇。这意味着他们不可能满足于单一时间的单一事物。创业者的这种不满足确保他们不会被淘汰。

接受变革

创业者总是接受正确的变化，这代表他们愿意接受变革而不是固执保守。

对他人有所承诺

好的创业者绝不自私。他们承担不了自私的坏处。他们承认别人为自己企业带来的价值，并知道鼓励别人这样做的重要性。这意味着对别人有所承诺。激励需要在投资当中了解人们的想法。领导并不只是给予别人工作，更意味着给予别人需要的事物。

对权力十分着迷

创业者可能成为有权力的人。他们有可能对别人的生活产生影响。权力有可能是创业者最大的激励之一。有效率的创业者承认使用权力，并视之为重要资产。他们不畏惧于使用权力，也不会被权力吓倒。但是，好的创业者会负责任地使用权力，并视之为达到目标的工具，而不是目标本身。

以上这些只是基本的特征。至于他们的具体表现，还和政治、经济状况有很大关系。它们在社会环境中的表现与社会状况和期望也有关系。这些特征的变革还和社会发展有很大关联。Green 等人（1996）以及 Kuznetsov 等人（2000）在俄罗斯开展了对于创业者特质的研究的开端。

4.3　创业技能

重要学习目标
理解提高企业家绩效的各种技能。

所谓技能是指由实践证明的知识。它是表现出某种行为的能力。创业者是那些拥有良好的经营理念，并能把这种想法变成现实的人。要取得成功，创业者不仅需要具备识别机会的能力，还要对识别出的机会有深入的理解。他们必须能够发现市场的空白，并能创造出可以填补这个空白的新产品或服务。他们必须知道这种产品或服务应该具备的特点，以及这种产品或服务为什么会对客户产生吸引力。创业者还必须知道如何将新产品的信息传递给客户，以及如何提供给客户新产品。要做到上述事宜，创业者必须对某个专业领域的行业知识有全面、深入的把握。把创意变成现实需要两种类别的技能：一般管理技能可以使企业有效地配置组织运行所需要的物力和财力资源；而人际管理技能可以使企业获得必要的人力支持，进而获得成功。

重要的一般管理技能包括：

- 战略技能——从整体上综合考虑业务，迎合市场需求，并将企业的价值传递给客户，获得优于竞争对手的核心竞争力的能力；
- 计划技能——预测未来可能出现的变化及其对企业的影响，并制订计划以使企业很好地适应这种变化的能力；
- 市场技能——识别企业既有产品的价值和特点，洞察到企业满足客户需求和吸引客户的关键所在的能力；
- 财务技能——管理资金的能力，即记录企业的各项成本费用，监控企业的现金流，以及根据潜在风险和收益评估投资项目的能力；
- 项目管理技能——设定具体的目标和时间表，并确保必要的资源在正确的时间配置在正确的地方的能力；
- 时间管理技巧——高效利用时间，优先完成重要的工作，以及按计划完成事情的能力。

企业是人创建的。只有当组织企业的人们被引向正确的方向，并为了企业的利益共同奋斗时，企业才可能获得成功。另外，新创企业的成功还离不开客户、供应商和投资者等组织之外的相关人员的支持。为了有效处理企业与利益攸关者的关系，创业者需要具备以下几项技能：

- 领导能力——激励员工以有利于企业的方式工作，使员工主动承担企业成功所必需的工作的能力。领导力不仅包括指导员工工作的能力，还包括支持和帮助员工实现其既定目标的能力。

- 激励能力——让员工对工作充满激情，使他们全身心地投入手上的工作的能力。能够意识到员工的需求和渴望，并能刺激这种需求。激励能力需要创业者能够理解是什么驱动人们，以及他们期望从他们的工作中获得什么。值得一提的是，对创业者而言，自我激励的能力与激励他人的能力同样重要。

- 授权能力——将任务分配给不同的人。有效的组织能力不仅包括指示员工如何工作的能力，还包括识别不同员工拥有的不同技能，充分了解他们如何利用这些技能，以及开发员工的技能以满足未来工作的需要的能力。

- 沟通能力——使用口语和书面语言表达自己的想法，并告知他人的能力。良好的沟通不仅能起到传递信息的作用，还可以影响员工的行为。

- 谈判能力——识别出在特定的情境中，参与各方想获取何种利益，并评估参与各方均实现利益最大化的可能性的能力。一个优秀的谈判家不是能讨价还价，而是力图实现双赢。

上述这些不同的人际交往技能是相互关联的。好的领导能力要以激励能力为基础，有效授权与良好的沟通能力相关。人际交往能力不是与生俱来的，而是通过后天学习而获得的。领导能力和计划能力一样可以通过学习得到锻炼，激励和谈判能力的锻炼方式与项目管理技能的锻炼方式相同。

创业者绩效是行业知识、一般管理技能、人际管理技能和个人动机共同作用的结果（如图4.1所示）。成功的创业者不仅应该使用这些技能，还应该学会如何有效使用它们，并在使用这些技能的过程中不断吸取经验教训。创业者应该不断审视自己这些方面的能力，认识到自己的长处和不足，并制订计划不断提高自己的技能以适应未来的发展。

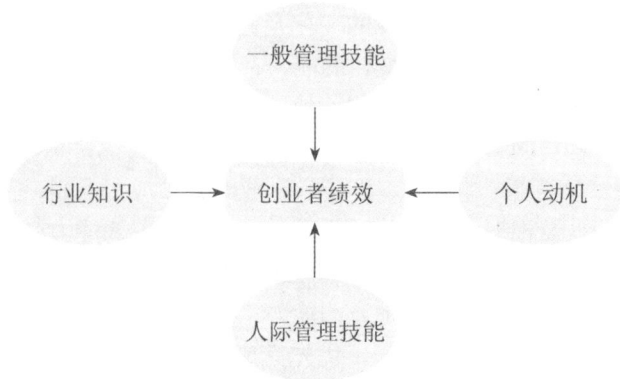

一般管理技能

行业知识 ——→ 创业者绩效 ←—— 个人动机

人际管理技能

图4.1 影响创业者绩效的因素

4.4 创业者的供给

重要学习目标

理解促进和阻碍个体创业的各种因素。

世界上任何一个经济环境中都活跃着一定数量的创业者，确切的数目将取决于我们如何定义创业者，但无论数量多少，他们对其所在的经济环境的重要性都是非常明显的。他们承担着提高经济效益和促进市场创新的责任。在成熟的经济体中，如西欧和北美，大多数新的工作机会都是创业者创造的。在上述经济环境中，创业者阶层的出现是建立以市场为导向的经济秩序的必要前提。问题是，是什么因素使创业者在某一特定的时间出现？这是个宏观经济方面的问题，要回答这个问题，必须理解是何种因素使创业者开始自己的创业生涯的。

如果我们假设创业者是天生的，创业是固有的个性特征的结果，创业者的数量是固定的，确切的数量将取决于那些具备创业特质的个体选择创业的多少，这种个性特质有可能在长时间内是稳定的。这一假设可能反映了根深蒂固的文化因素，但它在很大程度上独立于外部影响。另一种假设是，创业者无论个性特质如何，都可以自由选择是否成为创业者。在这种假设背景下，在某一特定时间出现的创业者的数量将明显受到各种外部因素的影响，这可以用以下这个模型解释。在这个模型中，把个体分为两类：雇员和创业者。模型假设创业者的构成要素有明确的界定，并且它与普通劳动者的构成要素是截然不同的。尽管模型中假设的员工和创业者之间的清晰分界线显然是人为划分的，但是它大大简化了该模型。更复杂的模型可以更加精确地反映实际情况，但是其基本假设仍然与简单模型相同。管理者必须在传统意义上的雇员和创业者之间选择自己的职业生涯（如图 4.2 所示）。从雇员蜕变为创业者的过程称为"启动"，相反，从创业者向雇员转变的过程成为"脱离"。管理者选择何种职业生涯取决于个体感知到的这两种选择的相对吸引力。

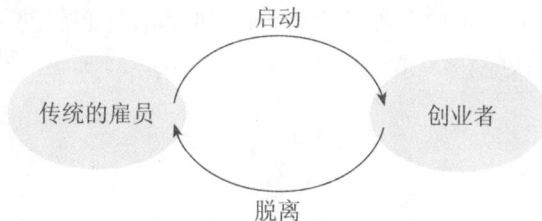

图 4.2 创业者供给的动态转化

推动个体从传统的雇员蜕变为创业者的因素有两种：拉动因素和推动因素。拉动因素是那些创业者职业生涯本身所具备的吸引力，它鼓励管理人员成为创业者。拉动因素可以表述为："快点过来品尝一下，这水很甜！"创业对管理者有很多吸引力，一些重要的拉动因素包括：

- 创业的经济回报；
- 为自己工作的自由；
- 经营自己的企业获得的成就感；

- 自由去追求个人的创新；
- 创业者所被赋予的社会地位。

另一方面，推动因素是传统雇员职业生涯中存在的对个体不利的因素，这些因素鼓励个体启动创业。推动因素也可表述为："快离开厨房，厨房太热了！"推动个体从传统雇员向创业转变的因素包括：

- 传统的雇员生涯获得经济回报的限制；
- 经济环境中的失业人员；
- 工作的不安全感；
- 传统的雇员生涯中的职业限制和挫折；
- 传统的雇员生涯中不能追求个人的创新；
- 不适合在某个既定组织中工作。

在某个特定时间出现的创业者的数量将取决于推和拉这两种力量的强弱。如果力量很强，那么将会出现大批的创业者。然而，创业者的数量仍然会受到"抑制剂"的限制。抑制剂是指那些阻碍潜在的创业者创业的因素，无论创业多么有吸引力，抑制剂仍然会限制创业者的数量。一些重要的抑制剂包括：

- 无法取得启动资金；
- 启动资金成本高；
- 经商环境所带来的风险；
- 商业活动的法律限制；
- 创业者缺乏与创业相关的培训；
- 认为创业者的形象不佳；
- 缺乏合适的人力资源；
- 经营理念的个体惯性。

Kouriloff（2000）采取多学科的方法，从经济学、社会学和心理学的角度来研究创业，并总结出大量的研究创业的方法。

政治家和经济政策制定者们日益把消除创业抑制剂作为自己的首要工作，因为他们意识到创业者数量的增加对刺激经济增长的重要性。图4.3描述了影响个体创业的各种因素。

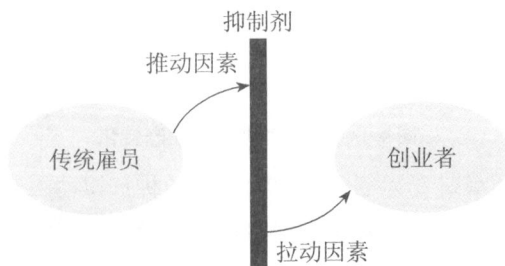

图4.3　创业供给的影响因素

众所周知，个体的经验和所处的环境对个体是否选择创业有着重要影响。Mazzarol 等（1999）对澳大利亚的新创企业进行了调研，研究发现，性别、政府雇佣和裁员等因素对个体创业产生了很大影响，而年龄、婚姻、家庭状况和家族创业历史等则对个体创业的影响较小。大量实质性的研究从国家层面上检验了创业的促进因素和阻碍因素。国家或地区层面上的研究包括：澳大利亚（Mazzarol 等，1999；Schaper，1999），中欧（Fitzgerald，2002），中国（Tan，1996；Zapalska 和 Edwards，2001），捷克共和国（Benacek，1995），希腊（Maggina，1992），韩国和美国（Lee and Oysteryoung，2001），匈牙利和乌克兰（Danis 和 Shipilov，2002），巴布亚新几内亚（Schaper，2002），波兰（Zapalska，1997），俄罗斯（Puffer 等，2001），非洲南部、东部（Trulsson，2002）和南非（Ahwireng-Obeng 和 Piaray，1999）。

　　劳动经济学家和心理学家研究创业的促进因素时通常使用以复杂的计量经济学和统计学方法为基础的模型。在本书中不对这些方法作出全面的讨论，对以上研究方法感兴趣的同学可以参考 Mazzarol、Blanchflower、Oswald 以及 Galt 和 Moenning（1996）的相关研究，详情请见本章结尾的推荐读物。

4.5　影响创业选择的因素

> **重要学习目标**
> 理解影响个体创业抉择的各种因素。

　　无论劳动力市场的各种因素对创业有多大促进作用，创业始终是个人的抉择。我们要充分了解个体作出创业抉择的驱动和形成因素，以便更好地认识创业者。

　　我们之所以活跃在某个经济环境中，是因为我们力图获得它所带来的报酬。然而，经济是社会生活的一部分，尽管金钱是很重要的，但是我们还需要从我们生活的世界中获得其他的奖励，而不是纯粹的金钱。个体关于创业的抉择反映了个体关于满足自身对各种经济和社会需求的可能性的选择。

　　我们将个体的需求分为三大类：

- 经济需求——这其中就包括要求获得一定数量的金钱，以及收入的稳定性和可预测性。所需金钱的数量反映了经济生存的需要，比如对家人的承诺、追求个人兴趣等等。
- 社会需求——这反映了个体成为某个群体中的一部分，融入这个群体，以及获得群体成员的承认和尊重的渴望。个体的社会需求体现在创建和维护友谊及其他社会关系上。
- 发展需求——个体追求自身目标的实现以及在智力或精神上的不断进步。

　　管理者要满足自身的这些需求有很多种方式，可以在一种或多种传统意义上的职业中进行选择，也可以选择创业。创业本身有多种路径。管理者选择何种路径取决于每种路径对管理者的需求的满足程度（表4-1）。如果某条创业路径能最大限度地满足管理者的需求，那么管理者将选择这条创业路径。然而，在不同选项中的抉择受到以下四个因素的影响：有路径获取创业的相关知识，获取知识的可能性，创业的风险以及创业的价值。正是创业的价值使得潜在的创业者愿意舍弃自身的某些需求。图4.4 展示了影响创业抉择的因素模型。

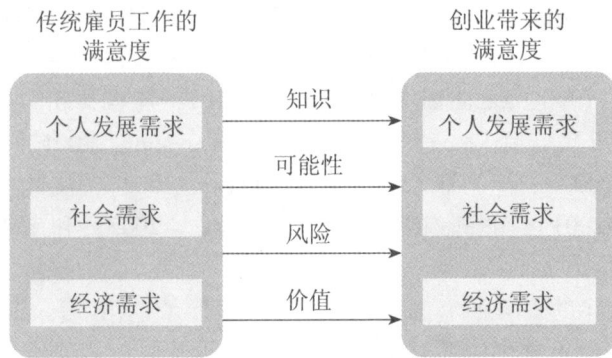

图4.4 从传统雇员向创业转变的动态模型

表4-1 　　　　　创业和传统职业满足经济、社会和个人发展需求的潜力

需求类型	创业	传统职业
经济需求	从长期来看，可能有高经济回报，但是创业初期收入可能较低且风险较高	经济回报比创业低很多，但安全性和可预期性强且风险低
社会需求	创业者主导和组织变革，创建和控制社会关系网络的自由度高，创业者的社会地位通常很高	既有组织通常为建立社会关系提供了很好的平台，管理者控制既有的社会关系网络的自由度很低，管理者的社会形象不确定
个人发展需求	创业者自己决定自己的命运，可能创造一个"新世界"，企业可能成为个人发展和个人价值实现的重要工具，但是这取决于企业的成功与否	很有潜力追求个人的发展，但是个人发展的方向可能需要在考虑整个组织目标和组织价值后折中，职业选择有限且受到国际竞争的影响

知识

个体必须知道创业选项的存在，并能意识到它的潜力。创建一个企业，创业者必须能够发掘出某个特定的商业机会，并知道如何利用这个机会进而获利。毕竟，成为创业者的愿望只能在运行某个特定的商业企业的过程中表现出来，而不是纸上谈兵。

可能性

个体必须具有创业的可能性。这意味着，个体创业不受任何法律限制（例如，在前面提到的经济环境中），个体还要有机会获得创业所需的资源：启动资金、人力资源和通往既有网络的路径。最后，要成功创业，个体还必须拥有（或至少觉得自己拥有）必要的经验和技能。

风险

尽管创业者可能具备了关于某个商业机会的详细知识并且能够获取必要的资源以利用商业机会，但是只有当创业者认为风险是可接受的，才会创建新企业。创业者必须能够接受创建新企业存在的风险水平，并且他们必须确保潜在的回报足以弥补预期的风险。区分实际的风险水平和创业者预期的风险水平十分必要，二者有很大的区别。创业者往往过度自信，低估创业过程中的风险。创业者除了要说服自己以外，还要能说服投资者相信创业风险在可接受的水平之内，以便获得他们的支持。

价值

传统的职业生涯和创业都可以满足个体对经济、社会和个人发展的需求，最终影响个人作出选择的因素是选项的价值，即各个选项对个体的吸引力。

不同的需求对不同的个体的重要性各有不同，尽管许多人舍弃安全需求而优先考虑经济需求，但是并非每个人都这样做。有些人优先考虑社会需求。因此，他们可能会继续在某个组织工作，与他们喜欢的同事在一起，即便他们有机会获得一份更高收入的工作。阁楼中饥饿的艺术家或宗教信徒更倾向于满足个人发展的需求，即便这会使他们的经济状况非常窘迫。同样，创业者可能会因为创业能满足个人发展的需求而选择创业，尽管创业可能有很大的经济风险，甚至，在可预见的将来，创业带来的收入将低于其作为一名传统意义上的管理者所带来的收入。

关于价值有一个十分有趣的例子，那就是 Khandwalla 对印度的管理者和创业者所做的一系列研究。Khandwalla（1984，1985）将开拓创新动机定义为，刺激个体通过完成独特的任务而取得开创性成果的神秘力量。正是开拓创新动机激励创业者创建新企业，即便他们意识到创业的经济和个人风险十分高。

创业动机的决定模型可能更为强调某一选项相对于另一选项而言的比较优势和比较劣势。正反两方面的原因都会纳入决策的考虑范围之内（如图 4. 5 所示）。

	创业选项	传统职业选项
积极因素	+ 促进创业	− 阻碍创业
消极因素	− 阻碍创业	+ 促进创业

图 4. 5　开创新企业的各种权衡因素

在创业和传统职业间作出选择，需要对广泛的因素予以考虑。这样的决定被称为一个多标准的问题。大量的实验工作已经总结出个人如何比较和整合各种标准以作出正确的决定。调查结果表明，决策者通常不是将每个标准分开判断并产生一个简单、均衡的答案，而是综合考虑各种因素，对其中的某些因素重点考虑，同时降低另一些因素的权重。

不同的原因可能彼此影响，进而改变整体的优先级。所以，尽管当创建新企业与其他选择相比，其积极作用大于消极作用时，一个新生的创业者将创建新企业，但是如何对积极和消极作用的大小作出判断是相当复杂的。Feldman 和 Bolino（2000）使用 Schein 的"职业锚"模型来评估创业者的创业动机，Campell（1992）、Katz（1992）、Amundson（1995）和 Eisenhauer（1995）则开发出标准的基于效用的创业决定模型。

4.6　决定启动

重要学习目标
　　理解影响个体创建新事业的抉择的各种因素以及模型。

　　创建新事业，意味着独立工作和承担风险，这是个体创业的重要抉择。经济学家、社会心理学家和认知心理学家对这一选择过程进行了大量的研究，探索出了选择的动机及更深层次的认知过程。

　　Herron 和 Sapienza（1992）强调创建新事业过程中个人的首要作用。他们以行为心理学和组织理论为基础，建立了创建新事业的决策模型。该模型的主要输入变量是个体的价值观、个体特质、社会经济背景、技能和培训。这些变量共同作用，使个体产生了各种需要，这些需要在目前的情况下可能被满足，也可能没被满足。当需要不能被满足时，个体将产生不满情绪，并开始探索替代选择。如果创业对个体是有吸引力的，那么个体将开始寻找商机。一旦个体发现了一个或多个创业机会，那么将对这些机会进行评估，估计它们的价值，并判断机会的平衡性，即在创业的报酬（利诱）和包括资金支出、放弃的机会和个人的努力（贡献）在内的创业成本间作出平衡。如果这种平衡是令人满意的，那么个体将开创新事业。Mazzarol 等人（1999）开发了一个模型，该模型着眼于环境因素（社交网络、可用资本、政治上的支持、信息可用性）和个体因素（人格特质、社会背景、种族和性别）的相互作用对创建新事业的影响。Morrison（2000）认为，不应该分开考虑对启动新事业的决定有影响的各种因素，而应该对其进行全盘考虑，创业机会的"建造"应该被视为创业动机和文化之间的共生关系。Shaver 等人（2001）提出研究个人创业的原因的方法。他们提出的研究方法是以归因理论为基础的。归因理论是社会心理学的一个领域，主要研究个人如何将事件归因到某些原因和对象上。

4.7　启动过程

重要学习目标
　　理解创建新企业所涉及的前期准备工作，以及不同的创业者在创建新企业过程中的一致性。

　　实际上，开展一项生意可能就是企业的开端，但是就创业者而言，开始一项业务是某个特定的进程的结束。新生的创业者在创建新企业之前必须做好一系列的准备工作，比如收集和处理信息，确定新的商机，想象（或者设计）如何利用这一契机，对商机进行评价和估值，与重要支持者首次联系，获取启动资金，进行法律和合约安排。其中的某些任务是相互独立的，并且可以在同一时间进行，有些则必须在其他任务完成后才得以进行。很多学者对不同企业的创建过程中具有的一致性或差异性（Carter 等人，1996）进行了研究。Alsos 和 Kolvereid（1998）就新生创业者如何准备新企业创建进行了研究，发现不同新企业创建的前期准备工作有显著性差异。Van Auken（2000）研究了启动活动和企业的初始投资规模之间的关系，发现二者呈正相关：初始投资规模越大，前期准备就越充分。Auken（2000）、Kellye 和 Tullous（2002）对新企业创建前的准备工作中有关获取启动资金的准备进行了研究。

Galbraith（1982）提出了高科技企业在产品开发阶段的四阶段模型：（1）证明阶段，即证明技术有潜力；（2）原型阶段，即开发出这项新技术；（3）样板阶段，即开发出新的产品；（4）启动阶段，即该产品被大量生产并投放于市场。Kazanjian 和 Drazin（1990）将启动后期阶段引入该模型：（1）概念和发展；（2）商业化；（3）早期增长；（4）稳定的市场阶段。Hansen 和 Bird（1997）对该模型进行了补充，他们将新创企业分为两种，即在雇用员工之前就开始研发和销售的企业与在雇用员工之后才开始研发和销售的企业。

要点总结

- 各种类型的人都可以成为创业者，通常情况下，这些人包括有新的经营理念的发明者，在现有的组织中未能得到满足的管理者，被放错位置的创业者，在既有经济环境中别无选择的人等。
- 无论他们的背景如何，成功的创业者都具有努力、自我能动性；确立较高的个人目标；有韧性且对自己的能力有信心；容易接受新的观点；能把握新的机遇；能接受改变且好学；自信且能给他人信心等特征。
- 高效的创业者具备各种管理技能、行业知识和个人动机。
- 创业者管理企业的方式取决于企业所在地域的文化环境。有效的创业者对文化价值非常敏感。
- 创业者的供给是由三种因素决定的：拉动因素，即促进创业的积极因素；推动因素，即驱动人们离开既定经济组织的因素；抑制剂，即阻止创业的因素。
- 管理者在充分考虑创业对自身经济、社会和自我发展需求的满足程度之后，决定是否创业。
- 创业是个体在审慎思考后作出的决定，学者们构建了大量的研究模型，从经济、社会、心理和认知心理学的角度探索这一决定产生的过程。
- 事前启动阶段要求创业者做好关于创建新事业的一系列准备。不同创业者在事前启动阶段的准备工作所具有的一致性是众多学者研究的重点。这些准备活动的详细程度与新创企业初始投资额度的大小正相关。

研究主题

认知脚本和孵化

Mitchell 等人（2000）描述了利用"认知脚本"构建创业者创建新企业的意愿、运行新企业的能力的自我认知和获取关键资源的可能性。他把创业者（新生的或原有的）界定为两类：进入某个组织或某个部门后，培训对个体十分重要的创业者；进入某个组织或某个部门后，培训对个体不重要的创业者。也可表述为根据企业家是否拥有相关经验，而将创业者分为上述两类。根据 Mitchell 等人的方法，在开创新企业之前，即创业的早期阶段，为企业建立认知脚本。这个认知脚本可以揭示对创业者进行孵化的重要程度。这个认知脚本对当前孵化系统的发展有何重要影响？

创业者创建新企业的动机

在本章的模型中表明，个体之所以开创新企业是因为他们意识到了这个抉择与替代方案相比将带来更高的效用。这一效用取决于各种不同的抉择满足个体的经济、社会和自我发展需求的能力。即使这种平衡表明个体选择创业是有利的，诸如知识、可能性、风险和价值等因素依然可能对个体创业产生抑制或促进作用。这个模型的实证检验可能会采取以下形式。设计一个问卷，调查创业者认知的鼓励或抑制自己创业的积极或消极因素：

作出选择（或计划）	选择该选项的原因	
	积极因素 （鼓励因素）	消极因素 （抑制因素）
创业选项		
其他选项		

鼓励创业者针对每个选项至少列出五个原因，让这些创业者根据重要性将这些原因排序，以便估计这些选项的价值。调查样本应包括各种类型的创业者，从新生创业者到有一定经验的创业者，按顺序排列的创业者以及综合型的创业者。将这些信息编码录入，通过分析、比较录入模型的数据，来评估每个选项满足特定的需求的能力或它对知识水平、可能性、风险和价值的影响。该模型是否为描述创业者动机提供了一个合适的框架呢？不同类型的创业者如何进行比较？新生的创业者是否在认识创业的收获方面较有实践经验的创业者幼稚？马斯洛（1943）认为个体的需求从低到高排序依次应该为经济、社会和自我发展，这一观点得到证实了吗？

重要读物

McClelland, D. C. (1987) 'Characteristics of successful entrepreneurs', *Journal of Creative Behaviour*, Vol. 21, No. 3, pp. 219–33.

McClelland, D. C. and Burnham, D. H. (1976) 'Power is the great motivator', *Harvard Business Review*, Mar./Apr., pp. 100–10.

推荐读物

Ahwireng-Obeng, F. and Piaray, D. (1999) 'Institutional obstacles to South African entrepreneurship', *South African Journal of Business Management*, Vol. 30, No. 3, pp. 78–85.

Alsos, G. A. and Kolvereid, L. (1998) 'The business gestation process of novice, serial and parallel business founders', *Entrepreneurship Theory and Practice*, Summer, pp. 101–14.

Amundson, N. E. (1995) 'An interactive model of career decision-making', *Journal of Employment Counselling*, Vol. 32, No. 1, pp. 11–21.

Benacek, V. (1995) 'Small business and private entrepreneurship during transition: the case of the Czech Republic', *Eastern Europen Economics*, Vol. 33, No. 2, pp. 38–73.

Blanchflower, D. G. and Oswald, A. J. (1998) 'What makes an entrepreneur?', *Journal of Labour Economics*, Vol. 16, No. 1, pp. 26–60.

Busenitz, L. W. and Lau, C. M. (1996) 'A cross-cultural cognitive model of new venture creation', *Entrepreneurship Theory and Practice*, Vol. 20, No. 4, pp. 25–39.

Campbell, C. A. (1992) 'A decision theory model for entrepreneurial acts', *Entrepreneurship*

Theory and Practice, Fall, pp. 21–7.

Carter, N., Gartner, W. B. and Reynolds, P. D. (1996) 'Exploring start-up event sequences', *Journal of Business Venturing*, Vol. 11, No. 3, pp. 151–66.

Casson, M. (1994) 'Enterprise culture and institutional change in eastern Europe', in Buckley, P. J. and Ghauri, P. N. (eds) *The Economics of Change in East and Central Europe.* London: Academic Press.

Danis, W. M. and Shipilov, A. V. (2002) 'A comparison of entrepreneurship development in two post-communist countries: the cases of Hungary and Ukraine', *Journal of Developmental Entrepreneurship*, Vol. 7, No. 1, pp. 67–94.

Delmar, F. and Davidsson, P. (2000) 'Where do they come from? Prevalence and characteristics of nascent entrepreneurs', *Entrepreneurship and Regional Development*, Vol. 12, No. 1, pp. 1–23.

Diochon, M., Menzies, T. and Gasse, Y. (2005) 'Exploring the relationship between start-up activities and new venture emergence: a longitudinal study of Canadian nascent entrepreneurs', *International Journal of Management and Enterprise Development*, Vol. 2, No. 3/4, pp. 1–11.

Drucker, P. F. (1985) 'The discipline of innovation', *Harvard Business Review*, May/June, pp. 67–72.

Eisenhauer, J. G. (1995) 'The entrepreneurial decision: economic theory and empirical evidence', *Entrepreneurship Theory and Practice*, Summer, pp. 67–79.

El-Namaki, M. S. S. (1988) 'Encouraging entrepreneurs in developing countries', *Long Range Planning*, Vol. 21, No. 4, pp. 98–106.

Feldman, D. C. and Bolino, M. C. (2000) 'Career patterns of the self-employed: career morivations and career outcomes', *Journal of Small Business Management*, July, pp. 53–67.

Fitzgerald, E. M. (2002) 'Identifying variables of entrepreneurship, privatization and competitive skills in central Europe: a survey design', *CR*, Vol. 12, No. 1, pp. 53–65.

Galbraith, J. (1982) 'The stages of growth', *Journal of Business Strategy*, Vol. 3, No. 1, pp. 70–9.

Gallagher, C. and Miller, P. (1991) 'New fast-growing companies create jobs', *Long Range Planning*, Vol. 24, No. 1, pp. 96–101.

Galt, V. and Moenning, C. (1996) 'An analysis of self-employment using UK census of population data', *International Journal of Entrepreneurial Behaviour and Research*, Vol. 2, No. 3, pp. 82–8.

Gilad, B. and Levine, P. (1986) 'A behavioural model of entrepreneurial supply', *Journal of Small Business Management*, Oct., pp. 45–53.

Green, R., David, J., Dent, M. and Tyshkovsky, A. (1996) 'The Russian entrepreneur: a study of psychological characteristics', *International Journal of Entrepreneurial Behaviour and Research*, Vol. 2, No. 1, pp. 49–58.

Hansen, E. L. and Bird, B. J. (1997) 'The stages model of high-tech venture founding: tried but true?' *Entrepreneurship Theory and Practice*, Vol. 22, No. 2, pp. 111–22.

Herron, L. and Sapienza, H. J. (1992) 'The entrepreneur and the initiation of new venture launch activities', *Entrepreneurship Theory and Practice*, Fall, pp. 49–55.

Jones-Evans, D. (1996) 'Technical entrepreneurship, strategy and experience', *International Small Business Journal*, Vol. 14, No. 3, pp. 15–39.

Katz, J. K. (1992) 'A psychosocial cognitive model of employment status choice', *Entrepreneurship Theory and Practice*, Fall, pp. 29–37.

Kazanjian, R. and Drazin, R. (1990) 'A stage contingent model of design and growth for technology based new ventures', *Journal of Business Venturing*, Vol. 5, pp. 137–50.

Kellye, J. and Tullous, R. (2002) 'Behaviours of pre-venture entrepreneurs and perceptions of their financial needs', *Journal of Small Business Management*, Vol. 40, No. 3, pp. 233–48.

Khandwalla, P. N. (1984) 'Pioneering-innovative (PI) management', *International Studies of Management and Organisation*, Vol. XIV, No. 2/3, pp. 99–132.

Khandwalla, P. N. (1985) 'Pioneering-innovative management: a basis for excellence', *Organization Studies*, Vol. 6, No. 2, pp. 161–83.

Kouriloff, M. (2000) 'Exploring perceptions of *a priori* barriers to entrepreneurship: a multi-disciplinary approach', *Entrepreneurship Theory and Practice*, Winter, pp. 59–79.

Kuznetsov, A., McDonald, F. and Kuznetsov, O. (2000) 'Entrepreneurial qualities: a case from Russia', *Journal of Small Business Management*, Vol. 38, No. 1, pp. 219–33.

Lee, S. S. and Oysteryoung, J. S. (2001) 'A comparison of the determinants for business start-ups in the US and Korea', *Journal of Small Business Management*, Vol. 39, No. 2, pp. 195–200.

Maggina, A. G. (1992) 'SMEs in Greece: towards 1992 and beyond', *Journal of Small Business Management*, Vol. 30, No. 3, pp. 87–90.

Maslow, A. H. (1943) 'A theory of human motivation', *Psychological Review*, July, pp. 370–96.

Mazzarol, T., Volery, T., Doss, N. and Thien, V. (1999) 'Factors influencing small business start-ups', *International Journal of Entrepreneurial Behaviour and Research*, Vol. 5, No. 2, pp. 48–63.

Miner, J. B. (1997) 'The expanded horizon for achieving entrepreneurial success', *Organizational Dynamics*, Winter, pp. 54–67.

Mitchell, R. K., Smith, B., Seawright, K. W. and Morse, E. A. (2000) 'Cross-cultural cognitions and the venture creation decision', *Academy of Management Journal*, Vol. 43, No. 5, pp. 974–93.

Morrison, A. (2000) 'Entrepreneurship: What triggers it?', *International Journal of Entrepreneurial Behaviour and Research*, Vol. 6, No. 2, pp. 59–71.

Olson, S. F. and Currie, H. M. (1992) 'Female entrepreneurs: personal value systems and business strategies in a male dominated industry', *Journal of Small Business Management*, Jan., pp. 49–57.

Phizacklea, A. and Ram, M. (1995) 'Ethnic entrepreneurship in comparative perspective',

International Journal of Entrepreneurial Behaviour and Research, Vol. 1, No. 1, pp. 48–58.

Rotefoss, B. and Kolvereid, L. (2005) 'Aspiring, nascent and fledgling entrepreneurs: an investigation of the business start-up process', *Entrepreneurship and Regional Development*, Vol. 17, No. 2, pp. 109–27.

Puffer, S. M., McCarthy, D. J. and Peterson, O. C. (2001) 'Navigating the hostile maze: a framework for Russian entrepreneurship', *Academy of Management Executive*, Vol. 15, No. 4, pp. 24–36.

Schaper, M. (1999) 'Australia's aboriginal entrepreneurs: challenges for the future', *Journal of Small Business Management*, Vol. 37, No. 3, pp. 88–93.

Schaper, M. (2002) 'The future prospects for entrepreneurship in Papua New Guinea', *Journal of Small Business Management*, Vol. 40, No. 1, pp. 78–83.

Shaver, K. G., Gartner, W. B., Crosby, E. Bakalarova, K. and Gatewood, E. J. (2001) 'Attributions about entrepreneurship: a framework and process for analysing reasons for starting a business', *Entrepreneurship Theory and Practice*, Winter, pp. 5–32.

Tan, J. (1996) 'Characteristics of regulatory environment and impact on entrepreneurial strategic orientations: an empirical study of Chinese private entrepreneurs', *Entrepreneurship Theory and Practice*, Vol. 21, No. 1, pp. 31–44.

Trulsson, P. (2002) 'Constraints of growth-orientated enterprises in the southern and eastern African region', *Journal of Developmental Entrepreneurship*, Vol. 7, No. 3, pp. 331–9.

Van Auken, H. E. (2000) 'Pre-launch preparations and the acquisition of start-up capital by small firms', *Journal of Developmental Entrepreneurship*, Vol. 5, No. 2, pp. 169–82.

Williams, A. (1985) 'Stress and the entrepreneurial role', *International Small Business Journal*, Vol. 3, No. 4, pp. 11–25.

Witt, P. (2004) 'Entrepreneurial networks and the success of start-ups', *Entrepreneurship and Regional Development*, Vol. 16, No. 5, pp. 391–412.

Zapalska, A. (1997) 'Profiles of Polish entrepreneurship', *Journal of Small Business Management*, April, pp. 111–17.

Zapalska, A. M. and Edwards, W. (2001) 'Chinese entrepreneurship in a cultural and economic perspective', *Journal of Small Business Management*, Vol. 39, No. 3, pp. 286–92.

精选案例

案例4.1 为什么收购条款意味着你要小心了?

文/Jonathan Guthrie

作为一名大老板,却在董事会的群架中被打到变形,对于私募股权投资者们来说,这简直是家常便饭。他们会毫不后悔地把你赶出收购项目。没有像《复仇威龙》中 Michael Caine 对那个反面角色做的那样,把你从多层停车场中扔出来,就已经谢天谢地了。

我提到这个仅仅是因为国防研究公司 Qinetiq 的主席 John Chisholm 坚持要在公司上市时获得 260 万英镑收入。相对于4年的工作和 129 000 英镑的投资来说,这个回报当然不错。但是从目前的评论看是招人嫉妒。股票市场投资人拒绝了 2002 年上市的提议。从那以后，Chisholm 先生在之前从拍卖中购得股份的私募股权公司 Carlyle 的帮助下重整了团队人员。

Chisholm 先生的成功一定让之前就蠢蠢欲动的执行者们更加想要尝试与私募股权公司合作了。轮到我这个老水手了，他伸出干瘪的手指诱惑我，向我讲述了两个管理层成员在公司被收购后被迫辞职的故事，以示警告。

首先来谈谈我的一个熟人"Bill"吧。你可能仅仅根据轮廓和经伪装的声音不能认出他。但是所有的法律纠纷都令他蒙羞。他加入了一个管理团队，他们正在以 600 万英镑的价格收购一家制造商，"试想我可以富有地离开这里！"但是，他得到的却只是"两年地狱一般的生活和 10 万英镑的债务"。

Bill 从外部进入了公司团队担任财务总监，并借了 35 000 英镑来购买公司 10% 的股份。私募股权支持者认为 Bill 在离职时可以赚到不止 100 万英镑。这导致了 4 个月后当公司现金流相对于商业计划的独立财务预测短缺时，他被解雇了。Bill 说："我是预测活动的替罪羊，而且我还没有准备好。"他有权重新声明对其投资，或者所拥有股票的价值的所有权，这两者中价值较低的那一项。当他尝试声明时，他提到公司之前冲销了价值 70 万英镑的资产，使股票的价值有所下降。当他将公司业务带上法庭时，它就变成了管理问题。

另一个我们将称为"Ted"的兄弟也有过类似的经历。他与公司的同事和一家私募股权公司以 800 万英镑的价格收购了他运营多年的一家服务公司。他说："我们的投资者将它描述为中期投资，但是在庆祝午餐会上他们已经在讨论三年期的退出。"

交易令人失望。由私募股权公司委任的非执行主席要求 Ted 退居二把手，然后离开。Ted 已经花 10 万英镑买下了 20% 的股份。当他被降职时，他拿回了 5 万英镑，但其所拥有的股份也变为了之前的一半。但是"因目前惨淡业绩所作出的调整"使他在离开公司后，现有的 10% 的股份收缩至 2%。"在服务了 20 年之后，我带着 6 个月的薪水和法定遣散费离开了。"Ted 说。

我还没有将 Bill 和 Ted 的抱怨向相关的私募股权公司申诉。这并不是因为我懒，事实上，没有人比我更享受做这类自以为是的事。但是我已经能猜到私募股权的人会用什么方法来解释：Bill 和 Ted 所提供的服务离完美还差太远，所以为了公司的生意好，我们将他们替换掉了。

除此之外，这场争论中的一些有争议的细节毫不重要。更为重要的是，这两个例子都存在一批不满和失望的收购团队前成员，我们很少听到他们的声音，因为他们没有什么可公开庆祝的事情。国家展览中心的首席执行官 Andrew Morris 是私募股权公司更好的宣传。他通过 Earls Court 和奥林匹亚展馆 2004 年创造的 2.45 亿英镑销售额，为他的家庭赚了 6 100 万英镑，也为自己赚了"一点零头"。Morris 家庭在私募股权的支持下，已于 1999 年以 1.83 亿英镑的价格买下了展览业务，并任命 Morris 先生作为首席执行官。

Morris 先生说："私募股权的世界让人十分兴奋，我有了一次很棒的体验。"但他警告说："压力很大，节奏很快，这种生活并不适合所有人。你必须更集中力量在获取收益上，因为人们已经给了你很多投资。"

一位在私募股权工作的先生曾经告诉我，他正在运用一种三分法则：如果他的 1/3 交易能够成功，甚至只有 1/3 是中等水平，另外 1/3 失败了，他都能赚到可以接受的钱。这样估算下来，在过去的 5 年中英国应该有超过 1 000 个这种失败的案例，因为一共发生了 3 000 次收购工作。收购项目的主管也需要意识到，投资者们可能把他们解雇以"更新团队"，即使公司团队的表现还算令人满意。"如果支持者失去信心，他们会表现得非常坚定。"代表私募股权公司的 BVCA 的 Peter Linthwaite 如是说。

在这些交易中对于执行者们的风险平衡其实并不全是不好的，至少他们得到了成为百万富翁的机会。只有对于那些已经失去了上升机会的人来说，下降趋势看起来才会如此险峻。Averta 律师事务所的 Alan Jones 说，将要成为收购经理的人应该严苛地检验公司的每一条规定。这些将规定清楚如果主管们要离开，怎样处理他们的问题。对于"恶意离职者"来说，条款待遇可能会差一些，尤其是那些在分歧之后离开的人；对于"善意离职者"来说，条款待遇会比较好。

然而，Jones 先生指出，在很多收购合约中如果有身着黑衣的人把你装进松木盒子里带走，那你只可能做一个"善意离职者"。在这种命运中，你只能尽可能避免被 Michael Caine 从盖茨黑德的停车场顶层扔出去。

Source：Jonathan Guthrie，"Why buy-out terms mean you should watch your back"，*Financial Times*，1 February 2006，p. 14. Copyright © 2006 The Financial Times Limited.

案例 4.2　　　　　　　　　　**由无知诞生的企业**

文/Andrew Ward

当 Roger Andresen 三年前放弃了北电网络的高薪工作而选择追求他的创业目标时，他本可以凭借他的机械工程背景创立一家技术公司。

但是，他却选择了一项把美国人从对地理的无知中解救出来的事业。Andresen 先生的公司，A Broader View，生产向人们介绍世界各国的智力游戏和拼图。

这一灵感源自《国家地理》杂志上关于美国人对其他国家知之甚少的调查：在所有被调查的国家中，只有墨西哥人表现更为糟糕。

作为一个走遍了从肯尼亚到哥斯达黎加等 44 个国家的狂热旅游爱好者，Andresen 先生被这个结果吓到了，并产生了如果改变这一现状的想法。"我想起了在学习美国各州时用到的木头拼图，就想知道有没有人生产过整个世界的这种拼图。"他回忆道。

为了寻找答案，Andresen 先生装成顾客来到了一次在纽约举行的玩具交易会。他一家一家地询问商家，是否有卖这种世界地图拼图。在这天结束时，他已经确信，美国并不存在这种产品。

Andresen 先生下一步要做的，就是测试产品的需求量了。他在家乡亚特兰大的街区呆了很多天，测试人们的地理水平，并额外询问两个问题："你想要提高你的地理能力吗？""你愿意花 20 美元接受培训来帮助你实现地理水平的提升吗？"对于第一个问题，几乎所有人的回答都是"是的"，并且有 83% 的人对第二个问题也给予了肯定答复。这一调查给了 Andresen 先生充足的信心。他从北电网络辞职，并从家里借了 50 000 美元来开发这一产品。北电的同事们也非常支持。"他们懂得美国梦的吸引力——提出新的创意并把它投入市场。"他说道。

Andresen 先生在学生时代就对旅行和地理十分热爱。由于那时他父亲在西北航空公司工作，他有机会免费飞往世界各地。"我常常带着我的行李来到机场，却并不知道自己将要去哪里，只是随便找一架有空位的飞机就坐上去。"他回忆道。

他的环球旅行让他有机会去到美国人几乎都不知道名字的地方，更别说让他们在地图上找出来了。"对于大多数美国人来说，旅行的意思就是穿越州界线，"他说道，"我想做点什么，让大家能够看到美国之外的世界。"

Andresen 先生将启动资金的一部分用于从地图公司购买许可证以及设计拼图。下一步要做的就是寻找生产商和定制生产线了，这要花费 8 000 美元。初始订单是 10 000 件拼图——想获得盈利最少需要的数量。但是他很快就开始为自己野心勃勃的决定后悔。

"我对任何创业者的建议都是：对你的第一件产品不要只抱有经济目的。"他说，"刚刚开始运营时总会有各种各样的小故障，然后就会产生让你不开心的囤货。"

他的错误在于，在拼图中世界上的每个国家都做成了独立的一块。"我开始收到抱怨拼图太复杂的邮件。"他回忆道。在以后的版本中，这一问题通过把小的国家整合在一起得到了解决。公司还生产了更简单的版本——每个大洲一块拼图。但是首先，他需要先把有问题的产品卖出去。

"最初的两年艰难且缓慢，"他说，"很多次我简直都要放弃。第一批的 10 000 件产品用了 6 个月才卖完。现在我们每个月都可以卖 10 000 件。"

在离开北电网络之前，Andresen 先生几乎没有什么营销经验。"我曾经这样想：如果你有好的产品，人们就会来买。"他说，"没过多久我就意识到营销的重要性，但是尝试了 10 种不同的思路才最终找到合适的方法。"

首先，Andresen 先生需要定位自己的目标客户。"我过了挺久才明白我的客户不是孩子，而是父母和教育工作者，"他解释道，"一个孩子不会说，'我想要一个地理拼图，'但是妈妈却会买给她的孩子。"

在报刊上做广告是联系消费者最显而易见的方式，但不是最有效的。"从来没有一次广告给我的投资带来了相应的回报。"他说道，"所以我们又重新把营销的重点放在了零售商身上。如果你的产品能让消费者兴奋，他们自己就会为你打广告了。"

Andresen 先生的拼图以 14.95 美元的零售价在大约 900 个商店进行销售。大约 80% 的商品在美国销售，剩下的销往加拿大、南非、澳大利亚和新西兰等国。他正在寻找欧洲的分销渠道，但是现阶段的主要目标依然是扩大美国的供应链。

"目前我们主要在育儿商店和小零售商店销售，"他说，"进入像沃尔玛和玩具反斗城这样大的零售渠道会把我们推到边界。"

这一边界就是世界拼图的试验基地，产品将在亚特兰大的沃尔玛接受市场的检验。"众所周知，沃尔玛可以决定小微企业的成败。"Andresen 先生说，"你需要让产品符合它的需求。如果产品卖得好，你立即可以获得成功；反之，如果卖得不好，你将面临巨大库存。"

该公司营销方面最大的成功来自其网站上国际性的地理能力测试。来自 192 个国家超过 150 万的网民参与，网站根据测试结果对这些国家居民的地理知识水平进行了排名。这项测试提升了网站上的产品销售量，并吸引了世界范围内的媒体关注。

去年 A Broader View 公司创造了 50 万美元的销售额，利润率达到 20%。其中前 10 个月的收入只占全年总收入的 15%，超过一半的年收入是在圣诞节前的两个月内创造的。

"我们现在业绩已经很不错了，但是依然需要不断努力，"他说道，"我们支付给自己基本生活费用，然后把剩下的钱都重新投入到公司运营中。当你的银行账户中开始有大量存款的时候，开销非常容易失控。对于新创企业来说，管理开支很关键。"

为了将成本控制到最低，公司外包了几乎所有业务环节——在中国生产，在威斯康星州仓储和运输等。公司总部设在 Andresen 先生的家乡亚特兰大，而公司所有的全职员工只有 Andresen 先生的哥哥（负责销售），以及一名网站管理员。

已经有一些人表示希望收购这项业务。Andresen 先生承认这项收购最终可能实现，但是必须满足严格的条件。"A Broader View 公司的创立动机是提升人们的地理意识，"他说，"这一使命必须始终是公司的核心。"

Source：Andrew Ward，"A venture born of ignorance"，*Financial Times*，21 December 2005，p. 9. Copyright ©️ 2005 The Financial Times Limited.

热点问题讨论

对比分析新成立一家公司和管理层收购一家公司两种创业选择。

中国战略创业案例（一）

大学生马丁网络的创业故事

1. 引言

每个时代有每个时代的主旋律。1946 年 2 月 14 日，由美国军方定制的世界上第一台电子计算机"电子数字积分计算机"在美国宾夕法尼亚大学问世，人类开始进入数据与信息高速交流传递的新时代，聚集无数人才的智慧光芒在这个时代迸发，许多传奇般的人物先后在这个时代舞台上用创新力和战略眼光演绎了一个接一个引人瞩目、改变世界的创业故事。人们平常所使用的各类电子产品无不向先哲展示了当代人的科技高度。

这个信息时代的商业格局也随着科技的快速进步变得错综复杂，无数冒险家怀着对传奇的效仿和梦想的执着，如潮水般涌入商机瞬息万变的商业大棋局中，惊涛骇浪、存亡博弈过后，有的冒险家傲立世界顶端；有的冒险家含恨离去，成为这个时代的匆匆过客。

在垄断与反垄断、制造与创新、合作与竞争各种交错的棋局里，有无数冒险家梦寐以求的金边银角，也有让人垂涎但是短期取之无益的草肚皮。金角银边草肚皮，孰重孰轻，面对对手的重重合围，何处又是成功的突破点？

尖挡并顶，冲跳飞镇，风云商海如同一盘棋局，危机与商机并存，这个时代在和无数冒险者、创业者下一盘很大的棋。天作棋盘星作子，何人敢下？

2. 风云际会展宏图，马丁网络出真炉

2010 年的全球移动开发者大会开始前半小时，时值大二的本科在校生马朔怀着激动忐忑的心情来到了大礼堂门前。金碧辉煌的礼堂人流穿梭，或是西装革履或是高雅连裙的尊贵人士谈笑风生，相互礼让推请进入会客厅，侍应生在门口微笑点头。

马朔是一个在信息技术方面具有很高天赋的人才，高中的时候就在全国信息学奥林匹克竞赛上取得优异成绩，进入中山大学信息与科学技术学院后，以过硬的信息技术和团队领导意识担任多家 IT 企业校园俱乐部负责人。

马朔凭借着优异的信息技术得到了学校的重点培养，在 IT 企业的校园俱乐部大有作为，赢得了学校推荐资格，参与了一系列的信息技术大赛。经过学校的培训、比赛的洗礼，马朔的信息技术更上一层楼。在学校的推荐下，作为中山大学的学生代表，参与全球

移动开发者大会。他的风发意气在众多移动互联网的高管、风险投资者的背后略显单薄。他清楚知道，校园里奇人才子辈出，在信息技术才能方面，同龄人与他相比，难以望其项背，但是他还不能和这些商界大腕比肩，虽然他知道有一天会以让他们尊敬的身份出现在这种场合。

马朔进入会客厅后，领了相关的大会资料，在学生代表区找了一个不显眼的位置坐下，饶有趣味地阅读这个大会的小册子。

在这些资料里涉及了移动互联网行业的展望，以及新兴的应用的相关说明，智能手机的普及、平板电脑的兴起、社交网络的应用、移动商务的繁荣等等都展示出移动互联网的巨大发展潜力。谁能够在这个行业中把握机遇，将创造力和执行力贯彻于新兴的产品中，加以广泛的推广，就能够在激烈的竞争中占有一席之地。而这种尝试，并不需要规模非常大的企业来主导，许多小企业或者是工作室也具备这种冒险能力，敢于创业，敢于拼搏，就有可能在移动互联网行业分一杯羹。

但是随后他陷入沉思：创业不是一蹴而就，前期需要一个团结一致的小团队，在小战中以战养战，进行小业务来往，又或者寻求大企业的合作机会，不断招兵买马，终会一战成名。

但是他如今了身一人，身边没有关羽张飞这样的得力猛将，不由地怅然一叹，真希望自己这么一个小叹能像刘备一样，背后传来张飞的搭讪。

突然会场音响响起：各位与会的代表，欢迎您前来参加 2010 年全球移动开发者大会，请您将手机调为静音……马朔的思考被打断了，他抬起头，四处张望，看看与会的人们。

大会开始后，主持人浓墨重彩地介绍了出席本次大会的嘉宾，有来自各大 IT 名企的高管，也有各类 IT 技术过硬、知识渊博的专家学者，这些移动互联网行业的精英许多早已在前些年就声名鹊起，对尚未进入该行业的马朔来说，也有些学者高管素未耳闻。

大会随即在主持人的激动庄重的开场白和人们的如雷掌声中开始了。紧接着致辞、发言之类的学者、高管都语重心长地向同行们发表自己的感言和观点。马朔起初还拿起笔和本子进行记录，后来随着发言人的观点趋向模糊，马朔渐渐走神，又开始陷入对自己创业梦想的沉思当中。

进入下一个发言环节，一个中年学者走上主席台，做了简单的自我介绍后，一开口就是生动而耐人寻味的话语："信息时代在与这个世界的精英们下一盘棋，存亡博弈之间可以造就亿万富翁，也可以顷刻让亿万富翁离开展示智慧的大舞台……"

马朔的思绪马上就被拉回到会场，带着浓厚的兴趣继续听着这个中年学者的发言。

"资本、技术、市场三者简单协调的体系在硅谷模式前期中发挥巨大的作用，公司的力量在整合资源中展现出极大的创造力，对于新兴科技产业，谁能够进行技术创新，进行资源整合，进行市场开拓，谁就能够在这个新时代中大展拳脚……"

马朔越听越入迷，他感受到了一股前所未有的力量在驱使、鼓舞他创建自己的团队，他深深知道他拥有的技术能力足以让他进入移动互联网行业，如何在残酷的竞争中存活壮大，就要看今后的努力了。对于马朔来说，创业的梦想、激烈的角逐总是如此有诱惑，那一刻，他作出了一个重要的决定：创业。

大会结束后，他若有所思地走出了礼堂，他一直思考着四样东西：方向、人、钱、技术。这四样东西对于移动互联网的创业者来说，是最简单不过的创业内部要素。如果这四个要素不能整合好，那么创业举步维艰，甚至停滞不前。当然最重要的是创业团队的方向。马朔在这个点上苦思冥想，在回学校的地铁里，他想到了电脑软件应用，想到了手机游戏，也想到网站平台等许多方向。他思考随着科技的发展，手机的功能和技术将会更加具有开发前景，而许多软件应用也会走进人们的手机，手机游戏软件应用的技术门槛并没有像其他的软件应用那么高，最主要的是手机游戏将成为人们当前电子娱乐休闲的重中之重——他在地铁里观察到，无论是等待列车，还是在车厢里，都有许多人用手机或者其他电子产品玩着游戏。

他怀着发现新大陆的喜悦感继续思考着下一个要素。

接着是人，他想到了身边有哪些人有创业激情、有创业梦想、有一技之长，他目前需要的是一个团队的雏形，需要几名核心的团队成员，需要技术开发者，需要市场开拓者等。

回到学校，马朔在校园里漫步，寻思着身边的人选，首先以最佳人选进入他考虑范围的是同院同学丁炜杰，他在技术方面与马朔并驾齐驱，日后随着团队的壮大，马朔就需要把位置重心从技术领导者过渡到企业领导者，技术领航者的位置需要交给一个技术过硬的核心成员，丁炜杰平时沉默寡言，却技术过硬，是马朔少数几个在技术上钦佩的人才。于是他第二天就找到了丁炜杰。

丁炜杰在他激情澎湃的演讲中表现得很平静，他眼睛时不时看着电脑屏幕上导师让他完成的编程代码，最后他以学业繁忙没有多余时间等理由婉言拒绝了马朔的邀请。

随后马朔在同学的帮助下，接触了许多优秀的同学，一一邀请加入他的创业团队，但是都被婉言拒绝了。

在拒绝中，马朔不断反思自己邀请过程中的一些具体问题，他站在被邀请者的角度去思考，对参与创业团队的利弊进行逐一分析，他做了更多的说服技巧的准备，并且用期权绑定的方法去鼓励被邀请者参与创业团队中。

他清楚地认识到，在今后的创业团队初期运作中，成员的来源、性格、爱好、特长等方面都会组合起来对团队的运作起到影响作用。从今后的工作交流的便利、团队信息的保密性等方面考虑，马朔还是决定邀请中山大学的同学。在接下来的一个星期里，马朔根据现有的人脉资源，四处寻访了一些志同道合的同学。这些同学当中有些是有大胆一试的想法，有些则抱着犹豫不决的态度，毕竟这对于每一个人，都不是一件能够草率决定的事情。经过一番周折，最后马朔还是凭借自己广阔的人脉和说服能力，并且许以期权绑定的方式聚集了五个梦想支持者。就这样，一个包含了五个精英学生的团队孕育而生了。

在校园的一个餐厅，他们五人在一个包厢里开始了第一次见面。马朔先让大家互相介绍认识，他们暗暗感受到这个团队的力量，因为他们知道彼此都是非常顶尖的人才，马朔深入浅出地描述了今后的团队发展蓝图：集中精力开发一项具有很强竞争力的游戏产品，通过产品的成功，带动团队的成功，在运作中提高技术水平，不断开发新的产品，逐渐成为移动互联网行业的巨头。

马朔向大家讲述团队的发展方向和计划后，接着轮流讲述自己所负责的工作和对团队的意见。这场景、这氛围，似乎是在开一场浴血鏖战开始前的工作部署会议，而这些元帅将军们都对自己的部署感到无比的自信，他们明白属于自己梦想的第一战就要来临。

这次见面会，确定了以马朔、丁炜杰为领导核心和技术核心的工作团队，并且确定了以"马丁网络"为团队的名字。

在觥筹交错、举杯畅谈中，马朔多次举杯向队友们敬酒，因为他知道盼望已久的冒险历程即将来临。

3. 生死攸关求存活，初露峥嵘赴美国

2010 年 4 月，马丁网络团队成立后，马朔深深感受到自己的商业思维和眼光都需要进一步的提升，同时也需要学校给予更多的资源和帮助，于是马朔进行了更多相关知识的学习和扩展。马朔在积极准备后，顺利通过考试和面试，进入创业学院。接下来，马朔以创业学院学员的身份在创业学院的指导下开始创业历程。创业学院靳祥鹏老师被马丁网络团队的创业激情和决心所感动，为马丁网络争取到了办公场地和第一笔运营资金。这些资源让团队的每个热血青年都迫不及待地想大展拳脚。但是现在只有两个技术人员和三个市场开拓者，手上也只有从学校获得的数额不大的创业支持资金，如果不能有效地利用好手上的资金，那么很快就会面临团队解散的危险。

由于之前马朔在 App Store 软件开发比赛获得较高的奖项，有一定的技术积累，同时他也领悟到苹果今后将会在移动互联网有更高的地位，于是他瞄准了 App Store 游戏市场，他相信凭借自己的经验和技术，再加上团队的高效运作，一定能够马到成功。

以往，名将的成名战往往都是第一战，韩信、霍去病等名将都是一举成名，只要有充足的准备和敏锐的战场嗅觉，往往能够成功。马朔是这么认为的，但是他没想到，他的第一次是挫折，为他今后的创业历程上了深刻的一课。

在成功的诱惑下，马朔开始了夜以继日的工作，每天早上 6 点就准时起床赶去学校提供的团队工作室，看看调试一个晚上的计算机程序的进展，又或者是留意最新的 App Store 的相关信息。有时候因为一些办公程序必须由团队负责人当面确认，马朔经常顾不上吃午饭就往别的企业或者学校别的校区跑，每天晚上回到宿舍，他面对着笔记本电脑还要进行当天的工作进程汇总整理，同时计划下一个阶段的工作安排。在团队的日常运作中，许多事情都是由马朔亲力亲为，他感到充实的同时也经常思考着组织架构的转变，同时他也在不断地思忖着如何网罗到更多的人才。

对于创业团队而言，懂得运用机会、资源、商业模式三者协调的模式，才能在创建初期存活下来。

对于机会，因为 App Store 新开发的软件不少，虽然自己的产品凝聚了一个优秀团队的心血，但是考虑到其他因素后，具体有多大的把握能够在众多应用中突围，还是个未知之数，尽管心里没底，但是马朔还是很有信心。

资源方面，团队的技术达到开发较好产品的水平；资金上，经过马朔的极力争取和靳老师的大力支持，马丁网络得到学校的创业资金的支持后也能够维持运作一段时间；渠道上通过应用的排名、网站的推荐等方式来推广。这些资源等方面勉强能够跨过这个行业的准入门槛，但是如果不能首战得胜，那么就要面临团队解散和财务告急的困境。

对于商业模式，马朔心里非常清楚马丁网络的商业模式并不是非常新颖，仅仅是开发推广，通过用户的游戏花费赚取利益，如有可能也会与广告商合作。简单而言，就是走当前的一些移动互联网企业的移植和开发的老路，说不上创新。这种简单的模式，有众多的同行企业也在运用，毫无疑问，确定这个模式必须和当前的多数同行企业进行正面交锋。但是目前的资源，也只能让马丁网络如此为之。因为资源的短缺而选择较为简略的商业模式，与众多同行进行肉搏战，这是多数创业者的无奈。

经过几个月的开发和调试，马丁网络的第一款产品马丁一号在 App Store 上线。这款游戏的诞生，标志马丁网络已经具备了软件应用的开发能力。马朔迫不及待地在办公室玩起这款调试多次后终于开发出来的游戏。

游戏开发出来后，市场方面负责人庄景乾就通过游戏专业网站的发布、论坛发布以及相关游戏推荐的应用等方式进行推广。游戏专业网站的发布，主要是马丁网络与游戏网站进行合作，在网站上发布游戏的相关内容和信息，让用户进行下载。论坛发布，主要是在游戏论坛上进行游戏的相关信息的说明和包装，在玩家当中提高游戏的知名度。同时在一些软件管理的应用上，在游戏类别上推荐马丁网络的游戏。马丁网络的游戏推出后第一天，马朔和庄景乾就不断在电脑前留意着玩家的评论或者是体验，但是，玩这款游戏的玩家较少，没有什么玩家在网络论坛上进行评论。第二天、第三天，玩家数量都呈现较低的增长速度。后来玩家数量达到了几千人后，马朔点开相关评论的链接，发现大多数玩家对这个游戏的评论和打分都不高，对于游戏开发者来说，玩家体验是第一收入；而对于新游戏的玩家而言，往往会根据口碑和推荐的方式来决定是否玩这款新游戏。网站上的中等评价和一些消极的评论就等同于毁掉了这个游戏。当然，也有 20% 的玩家非常肯定这个游戏，能够挖掘到这个游戏的亮点。总体而言，第一款游戏取得的成绩，只是一般移动互联网企业的一般产品所应该取得的成绩，根据用户的建议进行产品的升级和修改还是有继续运营的机制。但是团队初期根本没有多余的资金进行产品推广，并没有像其他的游戏开发商那样进行广告投放，在推广方面，没有充足的资金，没有推广的渠道，继续运营后继乏力，而且运营后的利润也难以估计。

马朔呆坐在电脑前，他已经感受到接下来团队的收入微乎其微，而高额的成本所带来的负担足以让马丁网络解散。马朔一想到自己辛苦聚集这五位顶尖成员的场景，不禁感到略微的心酸。对于马丁网络，那句"出师未捷身先死"就是赤裸裸的讽刺。

但是，在残酷的现实面前，作为领导者，马朔必须用自己的领导力带领团队走出困境。他当天彻夜未眠，思考了许多东西，他想着如何做一个出色的领导者，如何统率千军万马驰骋商场，更多的是现实的问题：团队下一步该怎么办？

马朔第二天召开了马丁网络的重要会议，他从张敏那里了解到团队的财务情况，张敏告知马朔，如果马丁网络能够在接下来的两个月里有一笔利润非常可观的业务，那么团队还可以维持工作。

那么从哪里找到这样一笔业务？一根救命草？马朔在这段时间里虽然接触过不少同行的高管或者是风险投资者，但是他清楚地知道对他们来说，马丁网络日后能否在移动互联网行业占有一席之地是个未知之数，他们多数不会向马丁网络伸出援手，他能够感受世态炎凉，但是他不埋怨，因为这是现实。

马朔没有灰心，千里之行始于足下。马朔清楚地认识到，生存是创业者的本能，要想存活下去就必须在当前寻找到生存下去的希望和办法，他的大脑高速运转起来，思考接下来的去向。

马朔突然回忆起之前在产品推广时认识的一个软件开发工作室的负责人，该负责人之前向马朔透露他承接了威士忌 Johnnie Walker 的开发娱乐应用的业务，但是因为业务繁忙，无暇完成这个任务。于是他萌生了将此业务接过来的想法，决定找到相关负责人一试。

但是即便对方是业务繁忙，凭什么对方要把这个 Johnnie Walker 项目转让给我？难道就凭借自己的三寸不烂之舌能够说服对方？说不定对方是在待价而沽，自己做不了，转让时还想赚一笔。机会稍纵即逝，马朔并没有犹豫太久，即刻与之进行了联系。

在与马朔的交谈中，对方闪烁其词，并没有清楚表达自己的意愿，但是马朔始终以诚恳的态度与对方交流，表露自己的决心和意志，对方最终还是被马朔的真诚所打动，将威士忌 Johnnie Walker 的开发娱乐应用的业务转交给马丁网络。

这次业务让马丁网络没有陷入一个解散的困境，马朔感叹之余不禁思考起创业的战略路线：目前公司的开发技术、资金、渠道、推广运营能力都不是非常理想，如果现在就贸然进行游戏应用开发，却没有很好的渠道和资金进行运营，无疑是自寻死路。

如何让马丁存活下来？如今，众多 IT 企业无论是资金上还是技术渠道上，都有很强的优势，因此诚不可与其争锋，除非像 Facebook 之类的惊天产品问世，才能克服其他局限，但是就目前而言，马丁还不能创造出这类能够在众多应用中脱颖而出的产品，只能不断地积攒实力，待行业机会再现，即可崭露锋芒，目前还是难以一战成名。

于是，马朔想带领马丁团队承接各类外包业务，同时开拓在移动互联网的各种人脉和渠道，为团队积累一定的资金，并不断提升团队的技术实力，为技术成为团队日后核心竞争力奠定了基础。

在接下来的团队工作会议上，马朔说出这个转移战略的想法，团队的成员都表示非常赞同，同时成员们建议可以以团队的名义参加一些 IT 比赛。因为学生创业与社会人士创业有所不同，学生创业拥有学校给予的一定的帮助和支持，创业团队应当好好利用这些资源，参加比赛并且获得优异的成绩就有机会整合利用这些资源。如此一来，不但能够提高团队的知名度，在顶级的比赛中，还有机会赢得风险投资者的青睐，同时知名度能够使团队容易在校园内更容易挖掘更多的人才。这个建议也得到了马朔的肯定。

于是马丁网络团队开始在创业学院的指导下，双剑齐发。一方面，获取校方更多的资源参与重大比赛，王子作为创业学院黄埔班学员，以团队核心骨干的身份，主导团队参与比赛的事宜，尽可能整合各方资源，尤其是校方提供的培训、指导等资源，参与各类比赛。另一方面，马朔统领马丁网络的整体运营，在创业学院老师提供的资源下，寻找客户，承接各类技术外包业务。

这次战略转移的意义，对于马丁网络来说，就好像遵义会议对于红军一样重要，它确定了今后的一段时间里马丁网络力量积累的路线：比赛和外包业务齐头并进。这好比高手对弈，尚未占领角边，就妄想和已经根深蒂固的对手抢夺中间的地盘，往往是以失败告终。

在团队发展的初期，游戏开发和推广需要较多的资金和优越的渠道，否则不能脱颖而出，而承接外包业务所需的资金相对较少，能够为团队带来较为稳定的收入，这为马丁网络今后进军游戏开发和运营这个阵地积累了资本。

另外，团队参与比赛，能够极大提高团队的知名度，在今后团队发展中更加容易吸纳更多的优秀人才，同时学校也会给予团队更多的帮助和支持。创业学院众多老师的授课，更为马丁网络提供了许多宝贵的建议和指导，也拓宽了马丁网络的人际渠道。

确定了战略路线后，马丁网络凭借学校给予的资源、合理的人才分配、明确的路线指示和目标，开始了新的征程。合作的渠道更为广阔，在业务承接和比赛活动上都取得了优异的成绩。

在外包业务方面，马丁网络团队与新华书店合作，开发"新华 e 店"电子阅览应用；

与广州炳胜饮食集团合作，开发"炳胜订餐"应用，随后也与许多知名企业进行合作，承接知名企业的业务外包工作，这些标志着马丁网终进行 IT 外包业务模式走向成熟，经过为知名企业打造专门应用模式，团队运作更为正规化。

在比赛活动方面，2010 年 9 月参与 Google 第一届 Android 应用开发中国大学生挑战赛，获得全国一等奖；同年 11 月获得"广东大学生创新创业园"手机应用开发大赛一等奖；2011 年 3 月马丁网络团队参加由共青团中央、中国移动联合举办的"Mobile Market 百万青年创业计划"取得优异成绩，取得了高校队第一、全国第二、13 万元创业基金的好成绩。在创业学院的课程安排和指导培训下，马丁网络团队的黄埔班学员获得 GMC 比赛全国二等奖等众多比赛优秀成绩。

2011 年 3 月，在苹果公司面向中国大学生举办的"苹果中国高校学生开发作品大赛"中，马丁网络团队的作品从全国 22 所高校作品中脱颖而出，夺得全国唯一的最佳作品奖。

随后，举办方告知马朔：他可以凭借优异的比赛成绩作为中国的学生代表赴美参加苹果电脑全球研发者大会（WWDC），届时会有乔布斯公开演讲。当时，马朔内心无比激动，但是却没有让喜悦之情溢于言表，团队的大起大落让他更加坦荡面对各种顺境逆境，即便得知能够与乔布斯面对面，他还是表现得非常从容。

当天晚上，马朔在反思自己的创业历程，反思自己的得与失。在 2011 年 4 月，团队已经从当初的 5 人发展到 18 人，他自己也开始思考起其领导者的角色。

他想起了创业学院的任老师所说的领导者五行要领：智，为智能发谋，指的是能够统领团队，讲究知识谋略和管理才能运用；信，为信能赏罚，指的是"自信"、"信任"、"信念"、"诚信"四者皆有的管理要素；仁，为仁能服众，指的是"品质"、"道德"、"精神"、"仁爱"等各个方面体现出来的仁义领导者的修养；勇，为勇能果断，指的是"创业精神"和"承担责任"兼有的拼搏劲和责任感；严，为严能立威，指的是"严己"、"严人"、"严管"的严格管理、自我约束。唯有德才兼备，方能成为贤将。这五点，也许领悟起来不难，但是自己实施起来却非常有难度，纸上得来终觉浅，绝知此事要躬行。马朔琢磨了这个领导者的五行要领后，带着自信感入睡了，他明天要开始准备美国之行了。苹果电脑全球研发者大会（WWDC），马朔要来了。

2011 年 6 月 5 日晚上 10 点，旧金山的气温降到了 11 摄氏度。马朔把自己裹得厚厚实实，去 Moscone West 南门排队，他希望早点来排队，争取进到 Keynote 的会厅。现在排在马朔前面只有十来个人，马朔肯定 12 小时后，就可以与以前只能在网络和屏幕上见到的乔布斯面对面了，聆听他精彩的演讲，一想到这，马朔就无比激动。

1 个小时后，就有数以百计的果粉前来排队，不到 5 个小时，已经有上千人在黑夜寒风中等待会场开门，马朔想着：看来功成名就后的企业领导者比起顶级明星有过之而无不及，还得到许多粉丝的疯狂膜拜。

马朔回过头看了一下背后的队伍长龙，不禁为自己的早到而庆幸，同时映入眼帘的多数是白种人，少数是黑种人和黄种人。此时的马朔不禁陷入沉思：为何美国能够孕育苹果这么伟大的公司和乔布斯这么杰出的人才，而我们中国却在信息技术行业只能望其项背。

马朔没有在这个方面多想，他闭上双眼思考起曾经做过的关于苹果公司的业务。他的团队曾经外包移植的"捕鱼达人"在中国区的 App Store 的免费 App 中排到第二，在 App Store 中的一番拼搏开发，已经说明马丁网络具备较高的开发能力，而他们一直在等待一个推广的机会，他心里想这个机会很快就会来到。

在乔布斯的见面会上，马朔除了面对面收获到了移动互联网的天才的看法和思想，还找到了一个导师，来自加拿大的华人李伯堂先生。李先生不仅仅在技术上有过人的造诣，在产品方面也非常有见地。马朔在美国逗留的时间里，把自己的 App 产品展示给李先生看，他总能够指出产品的不足之处，同时给出技术和设计上的建议，马朔从中学习到了非常多的东西。

除此之外，马朔还接触到中国一些知名大企业的与会代表，他孜孜不倦地向这些同行请教，更多的是与独立开发者交流，并且记下了大量的交流笔记。在与独立开发者的交流中，他获得了更多关于营销和推广的知识，这是大企业的开发者不关注的盲区。马朔还与独立开发者着重探讨了人才招聘方面的问题，这对他回国后的团队发展有一定的参考意义。

后来，李伯堂先生与马朔约好一同前往硅谷的其他公司进行访问学习。在这次美国之行中，马朔不仅仅学习到技术知识，还学习到了移动互联网一些新颖的发展理念和商业模式。

结束美国之行后，马朔在回国途中不断思考此番见闻。无论是技术上的革新转变，还是管理上的视野开拓，都为马朔今后的创业历程起到至关重要的作用。在反思中，他对将来的创业之路愈发自信，马丁网络奋发的时候要到了。

4. 披星戴月立席地，筚路蓝缕见曙光

回国后的马朔雄心勃勃地经营着马丁网络，在比赛和业务外包方面都取得了更高的成绩和突破，团队也从过去的 5 人，发展到了 18 人，建立起项目制管理机构，团队的运作更加规范高效。但是运作再如何高效，微弱的资金还是不能够使团队有进一步的发展，团队急需资金来拓展规模。

同时，马朔认识到，要想带领团队走得更远，不仅仅团队要更加规范化，自己也必须不断提升。他每天晚上睡前都会反思回顾在创业学院所学的知识。创业学院的战略性创业教育模式（SELM）给予马朔许多创业方面的知识营养。这个新型教育模式在马丁网络的创业学院学员工作中起到重要的作用。比如战略性创业教育模式（SELM）中的 Simulation Learning（商战模拟学习）鼓励学员参与模拟商战，在比赛中提升各方面的管理统筹能力。Team-based Learning（团队协作学习）更是让马朔规划了马丁网络团队的运作体系，使得团队运作有所提高。

除了在创业学院的学习外，马朔也会登录诸如微博之类的公共社交平台，留意移动互联网的相关新闻，同时也会关注同行佼佼者的动态。

北京触控科技 CEO 陈昊芝也是众多移动互联网行业佼佼者之一，马朔经常会了解这些互联网大腕的动态。在一次机缘巧合中，马朔诚恳地回复了陈昊芝的微博，请教了相关的问题，陈昊芝看到了马朔的评论给予一定的指导说明，两人由此在微博上展开了互动，马朔被陈昊芝高远的行业见解所折服，陈昊芝也被马朔的创业精神和意志所感动。在马朔身上，陈昊芝看到了当年创业拼搏的自己，这种创业者的不畏艰苦，筚路蓝缕的路程，总是能够让创业英雄惺惺相惜。

陈昊芝非常肯定马朔的创业之举，同时希望马朔能够领导马丁网络走得更远，两人谈话意犹未尽，平添英雄相见恨晚之意，最后陈昊芝邀请马朔前来北京，商谈马丁网络融资注册公司一事。

马朔怀着无比兴奋和喜悦的心情来到北京。经过 1 年多的艰苦拼搏，马丁网络终于迎

来首个天使投资——全国最大的 IOS 社区的拥有者——北京触控科技网络有限公司。从此，马朔把马丁网络带向一个更高的高度：公司。在北京的那几天里，陈昊芝与马朔之间的谈话更是让马朔感受到今后的创业路途更加具有挑战性，马朔身上肩负着不仅仅是创业梦想，还有公司的责任。

　　注册公司意味着马丁网络从校园创业团队步入了正式的公司组织阶段。马丁网络正式成立公司后，团队开始实行矩阵制，在首席执行官马朔统领下，马丁网络分产品、技术、市场和财务四个职能部门和几个平行的项目组。各部门负责人均为团队核心成员，拥有公司股权期权，与公司未来进行条约绑定，确保公司主体架构稳固。各部门其他成员则通过人才梯度进行同步培养。公司通过定期招募实习生、赞助校级以上 IT 比赛、深入各高校进行宣讲等形式保证公司人才输送。加之公司与校方的良好合作关系，IT 企业的学生俱乐部主席长期由公司成员兼任，使公司能够汇聚对口人才，完成梯队建设。此外，在马丁网络团队，只需要学过程序设计课程，再经过两个月的导师制培养，即可成为全平台开发人才。

　　对于马丁网络而言，这是一个具有里程碑意义的进步。

　　回到学校后，马朔继续带领马丁网络前进。但是马朔不得不站在公司领导者的角度去思考更多的问题。比如，公司的核心竞争力是什么？公司今后的发展战略又如何？诸如此类的问题，都让马朔感受到了前所未有的挑战。

　　在创业学院的课堂上，任老师富有激情地阐述公司的核心竞争力，其中说到了核心竞争力的五个基本特点：有较高价值、不易被竞争对手模仿、独特性、内生性以及延展性。马朔思考起如何打造自己公司的核心竞争力，让自己的公司在今后激烈的角逐中立于不败之地。

　　他想到自主开发、业务开拓、技术延伸等方面。现在团队已经正式注册公司，获得北京触控科技的资金支持后，已经具备自主开发后运营推广的能力了，他认识到公司是时候进行战略转移了，这次战略转移要把工作重心从以往的以业务外包和比赛活动转移到以自主开发产品和运营推广上。虽然公司目前的实力达不到大公司的推广运营能力的高度，但是也足以让马丁网络在自主研发和推广运营上再次亮剑。

　　回想起团队成立初期，初次亮剑就折戟败北的教训仍然在马朔心中难以抹去。对他来说，那次惨痛的经历是一次尝试，也是一次教训。他开始计划着再次亮剑的步骤了，这一次，不是盲目地在棋盘上争夺地盘，而是自己存有活眼，积累一定实力后向更开阔的领域进发。

　　天作棋盘星作子，马丁网络终于有了对弈的资本了。

　　在接下来的工作会议上，马朔与公司成员进行战略谋划，随后进行了工作进程的安排。马朔每天都过着晚睡早起的艰辛而充实的生活，他想到香港首富李嘉诚 20 岁就自主创业成为长江实业的总经理、厂长、技术总监，身兼多职，每天忙碌不停，披星戴月，筚路蓝缕，最终站在香港商界的顶端。而马朔 21 岁也自主创业，成为公司的领导者，每天也为公司日夜操劳，但是过程的充实和最后的成功总是能够使创业者乐在其中。

　　马丁网络所有成员齐心协力，经过几个月的高强度工作，终于自主研发出一款大型游戏，并且通过合适的推广渠道进行推广运营，最后大获成功！优美的画质和独特的原创剧情使得该作品吸引众多的玩家！这标志着团队正式开始自主游戏研发，是战略转型的第一次成功。

　　马朔并没有被成功冲昏头脑，他冷静沉思在这次突破中的得与失。他认识到仅仅依靠校园人才进行公司运营还不能够形成较强的竞争力，他需要更多的优秀人才来提高公司的运作效率。在这次产品研发当中，有许多诸如美化等的工作，一旦团队成员的专业知识和技术无法高效完成，就需要进行少量的技术外包，这无疑会提高产品研发的成本，因此在技术延伸上，必须有专业的人才来填补技术延伸后的岗位空缺。

于是，他又展示出领导者的另外一项必需技能：选人举才。虽然公司能够规范合理地选拔人才，但是他还是会四处物色各大企业的专业人才，最后在一次偶遇中找到了刚从某知名移动互联网大企业离职的人选，许以重酬，成功地聘请到了经验丰富、技术造诣颇高的人才。这为公司的技术发展注入了新的动力。同时，马朔认识到仅仅进行产品自主研发和推广运营，而没有资深玩家体验后的评论和建议，很难使产品更加贴近更多玩家。因此，马丁网络需要资深测评师来对研发后的产品进行点评和修改，马朔又回顾起以往的人际交往中遇到的人才，却没有找到合适的人选。

有一次在与初中同学的叙旧中，马朔得知他初中同桌丛培晨有意向移动互联网行业发展。他不经意就回想起丛培晨在以往的学生时代就表现出高超的游戏水平，不但游戏玩得好，而且还能够写出一番体会，对游戏中的各种细节了如指掌，优缺点都能一一指出。想到这点，马朔心生招揽丛培晨为游戏测评师之意。

丛培晨虽然没有很好的学历和优异的成绩，但是有过人的游戏测试技能，这是许多高材生无法相比的。马朔在一番思考后邀请丛培晨加入马丁网络。丛培晨的加入让产品研发后能够得到更多的专业的修改意见，产品更容易贴近玩家、被玩家所接受。

此时的马丁网络团队无论是技术，还是组织管理体制都已经走向成熟了。2011 年 12 月份，在学校的支持下，在创业学院老师的指导下，马朔带领马丁网络团队参加中国-东盟青年创新大赛，勇夺金奖。马丁网络团队在比赛活动上又创造了一个新的高峰。

时间迈入 2012 年，马丁网络在项目承接和游戏开发运营上齐头并进。技术突破、人员扩招、资金积累、渠道开拓、组织完善，马丁网络愈显活力。随着名气和实力不断提高，马丁网络也获得与众多知名企业合作的机会。在微软中国的委托下，马丁网络分别与国内四大游戏开发商合作，成功向 Windows Phone 平台移植了四款游戏。马丁网络负责联合开发的开源游戏引擎 COCOS2D-X 已被 20 余家国内外顶尖游戏厂商使用。这是对马丁网络全平台开发实力的高度认可。在微软、诺基亚举办的全国巡回技术分享会上，马丁网络团队均被邀请进行 Windows Phone 游戏开发的分享与讲解。

在马朔的指导下，马丁网络团队将这两年来的技术积累撰写成书，与国内某知名出版社和国际某知名出版社签订合作出版协议，全球中英文版同步发行，该书成为首部国内移动终端游戏开发技术书籍。该书的全球发行是马丁网络团队向全世界展示其团队的技术实力，大大提高了马丁网络的行业地位！

站在新高度的马丁网络团队并没有因为目前的成就而忽视了经营风险。对马朔而言，当初的失败之举历历在目。创业难，守业更难，因此在他和各部门负责人的指导下，团队建立了一套风险规避与保障体系。

在环与环的价值链中存在资源风险，对此，马丁网络以利益共同体的方式对此风险加以控制。比如对于某个游戏产品，马丁网络就通过股权的形式与把控线上推广渠道的合作商北京触控科技有限公司连成利益共同体；而在线下品牌商环节，马丁网络以"合作保证金"作为担保获得品牌商信任，又通过利润分成的手段让渡广告收入，一方面向消费者树立公司诚实可信的优良形象，另一方面为合作商创造了价值。资源的交换过程就是价值的创造过程，实现多赢是公司的最高追求。

对于市场风险而言，为了降低由市场不确定性带来的风险，马丁网络始终保留游戏移植及游戏相关接包项目业务，是为了在创造公司现金流、保证公司不死的同时，学习和借鉴更多行业内优秀的作品，取其精华、去其糟粕，尽可能地减少因市场不确定带来的新游戏开发风险。

对于研发风险，马丁网络目前已有并在不断完善一整套经实践多次检验的研发流程，从新技术的筛选、学习、引进、整理、积累到运用的各个环节。严密的技术研发流程设计，与研发过程中对止损节点的控制能力，都让马丁网络避免了难以预测的研发风险。

同时，马丁网络在生产风险和管理风险方面都有相应的规避措施。这套风险规避体系的建立，使得马丁网络在今后的发展历程上稳步前进。

马丁网络的奋发历程并没有结束，一款又一款优秀产品的推出、一项又一项的承接业务使得马丁网络的力量不断壮大，马朔两年前的创业梦想在不断充实和实现。他用自己的成功再次说明机会是留给有准备和敢于冒险的实践者。

5. 结束语

2012 年 11 月，第八届"挑战杯"中国大学生创业计划竞赛在上海举办，马丁网络团队作为中山大学的代表队参与了这次竞赛，创业学院的老师对马丁网络团队进行竞赛指导。

在竞赛前，马丁网络团队进行了多次培训，对创业所涉及的各个方面都进行了相应的知识拓展。马朔多次对参赛策划进行拓展、完善并修改，战略规划、市场分析与竞争、公司经营、财务融资等方面都日臻完美。随后马丁网络团队在创业学院的指导下，对公司管理环境关系进行一个成体系的概括。

建立合法性意味着由于顾客、供应商、投资商或竞争者的印象或观点，使人相信该公司值得考虑或与之做生意。建立合法性是中小企业所面临的最大挑战之一。获取合法性也是所有新创企业或经历重大变化的已有企业的主要目标，就如同认识新的所有者或改变产品线，获取合法性意味着在顾客和其他关键群体中建立信任。

马丁网络团队在创业学院老师的指导下，从人、产品、组织三个角度阐述公司建立合法性的方法。

在人这一维度上，回顾马丁网络以往的创业历程，马朔作为各类知名比赛的获奖者、参与苹果电脑全球研发者大会（WWDC）的独立开发者，凭借各类比赛成绩和创业成就已经受到不少媒体的关注；马丁网络团队平时的运营成就使得马丁网络在行业内小有名气；产品服务方面，更是有数款大获成功的游戏，团队的开发技术塑造了马丁网络的专业形象；组织规模方面也形成了部门分管制度，责任明确，运作高效。对于中小企业而言，这个维度，马丁网络做得面面俱到，在中小企业的层面，已经具有较强的竞争力。

在产品维度，马丁网络在产品运营时都会进行声明保证；在经营方面，已经获得相关文件和证明，具备法律意义上的合法性；在顾客服务方面，会实时与玩家进行互动，了解玩家的意见；游戏和承接的业务的质量标准更是符合行业的标准；玩家对马丁网络的认可程度也很高。在产品维度，马丁网络稳操胜券，各个细化的指标都有让人满意的成果，具备很强的竞争力。

在组织维度，马丁网络更具备竞争力。马丁网络的技术已经整理成书，并且已发行；马丁网络团队的在职员工多数为全职员工，其余皆为实习生；工作时间设置合理；公司的电话、电脑等办公用品配备完善；马丁网络一开始创业就有创业学院靳老师的大力支持，工作地点方面一直有稳定的办公室；虽然注册公司时间仅仅一年，但是实际上团队经营时间已经有两年之久。在组织方面，马丁网络也达到了合法性的各项指标。

总体而言，马丁网络能够从人、产品、组织三个维度构建自身的合法性体系。马丁网络经历多次大型比赛的洗礼，在其他方面已经无可挑剔，但是马丁网络团队还是不断精益求精，在创业学院老师的指导下寻找团队的不足，并且努力修改完善，同时马丁网络还得到团委长达 8 个月的培训，马丁网络以王子为商业策划主要撰写者的参赛成员在这段时间不断提升参赛竞争力。

天道酬勤，马丁网络在第八届"挑战杯"中国大学生创业计划竞赛中勇夺金奖，为比赛生涯画下了一个完美的句号，这也是中山大学的代表队首夺"挑战杯"金奖。

在夺得这个奖项后，马朔在一次采访中颇有感触地说："梦想是一段孤独的旅程，在行进的过程中一定免不了走弯路和遇险阻，也一定会经历跌倒与爬起的循环往复。"这个梦想在激励他的同时也在提醒他：真正的成功还在远方，不能满足当前所取得的成就。

2013 年底，马丁网络迎来了新的融资，这次竟然是人民币 1.2 亿元。

马丁网络团队成员怀揣改变世界、改善人们日常生活的梦想聚集在一起，也正因为这样，他们才能如此刻苦、如此努力，他们才能精进未完之学识与未尽之技术，因为他们曾经饱尝磨砺的辛酸与失败的痛苦，因为他们渴望成功，他们希望通过自己的努力，开发出来的游戏可以给人们带来全新的娱乐与价值体验，可以赚到足够多的关注与金钱支持他们持续为这个伟大的事业奉献身心。

问题讨论

1. 你以为有哪些因素可以驱动一个人的创业行为？以马丁网络案例而言，是其中哪些因素驱动马丁团队走向自主创业道路的？

2. 从大学生创业者马朔的身上，你能看出他具有什么样的创业者特征？他之所以能够取得成功的关键要素是什么？借此也谈谈一个中国大学生今后创业成功的关键要素是什么？

3. 基于移动互联网这个新时代的创业机遇，从创意到新事业开花结果，我们看到科学家、工程师、创业人、投资家、专业经理人等分别扮演不可或缺的重要角色。请用图文示意他们在不同阶段所扮演的角色。

4. 你认为"战略创业"与"初次创业"有何不同？推动并取得战略创业的成功需要具备怎样的内在资源能力和条件？

案例来源：中山大学创业中心任荣伟创新创业案例库
2013 年 12 月，版权所有

第二部分

宏观经济环境中的创业

第 5 章

创业者的经济功能

本章概要

创业者首要和最重要的身份是经济行为者。当然，创业者承担的任务，他们所在的社会背景，以及哪些人是创业者，这些问题都是重要的，但是我们关注的焦点在于创业活动对经济的影响。本章的内容包括对创业者经济功能的思考以及探究这种功能是如何形成的。

第一节介绍识别创业者的方式，以及不同学派对创业者所产生的影响的不同解释。人们普遍认为，核心新古典经济学派在解决创业学相关问题方面的能力不足，是推动其他经济学派不断发展的主要驱动因素之一。

第二节介绍了创业者的经济功能与他们的社会和道德功能是如何联系的。

最后一节解释了为何信息经济学的新发展能帮助我们识别创业者以及创业者和企业其他股东的关系。考虑到创业活动的广泛影响，我们对社会科学领域内的一系列问题进行了（往往是相当专业的）辩论。仅仅一个章节的内容不能对相关问题进行充分的阐述，因此本章更多的是提出问题而不是解决问题。我们的目标不是就相关问题进行全面的阐述，而是引入关键问题和一系列的讨论，以便为学生创业提供参考。希望深入探讨这些问题的同学可以进一步阅读相关文献。

5.1 在经济理论中的创业者

重要学习目标

理解经济学思想的不同流派，以及不同流派对创业者定义、创业者功能以及创业者经济影响的不同观点。

经济学是（或至少希望自己是）社会科学中最具"科学"性的学科。然而，这并不意味着该领域内不能存在种类繁多的方法和不同的理论观点。从某种程度上来说，这些不同流派的经济思想是在放宽新古典学派核心经济思想的一个或多个基本假设（因脱离实际而不可避免地受到质疑）。这些不同流派的经济思想之所以存在，其部分原因是为了解释创业者作为典型的经济行为者为何存在（这个问题在 1.4 节被第一次提出）。本章所提到的各种经济学思想流派并未包含所有学派，还可能存在不同的划分方法。关于不同学派之间如何关联和整合的问题依然存在不少争论。然而，我们接下来所要介绍的确实包含与创业和创业的影响相关的一系列经济学思想。

新古典主义流派

经济学源远流长，它的起源可以追溯到 5 世纪时 BCE 的思想。我们不仅可在地中海与古希腊哲学家的思想中找到经济学的思想，还可以从中国（孔夫子的社会哲学，在拉丁世界被称为孔子）和印度（考底利耶的政治见解，他是印度孔雀王朝第三代君主阿育王的顾问）找到经济学的起源。

古典经济学是在 17 世纪末和 18 世纪诞生的，是工业革命和启蒙思想的产物。古典经济学与现代经济学的研究内容相同：市场、供应、需求、产能、价格和利润。但是，现代经济学是近期才出现的，它可以追溯到 19 世纪中后期，被称为边际革命。边际经济学家试图解决古典经济学遗留的长期未能解决的问题：商品使用价值（有用）和交换价值（价格）通常不相关。当经济学家意识到交换价值是与边际效用有关时，这个问题就迎刃而解了。所谓边际效用，是指当顾客购买额外一单位的商品时所增加的效用，而不是商品的总效用。边际效用与传统的价格相结合，使后边际经济学被称为新古典经济学。边际效用这一思想意味着可以用数学建立需求模型，尤其是把微积分作为数学技术加以应用。这有时被称为经济学的"数学时代"，因为很多现代经济学思想都具有一个典型的特征，即广泛使用数学技术。

新古典经济学并没有反对古典经济学的假设，事实上，它试图在这些假设的基础上总结出更为复杂的观点。新古典经济学的假设有多种表达方式。下面将总结一下各经济思想流派的源泉。值得注意的是，并非所有这些假设都需要追溯出其源泉，因为一些假设可能是从其他假设衍生而来的。但是，在这里将这些假设的源泉介绍给同学们是十分必要的。

以下的两个假设是关于买卖交易的工作方式：

H1.1　商品的供应和需求是其价格的函数。

H1.2　市场的建立和运行是无成本的：交易是"自由"且"无摩擦"的。

另外四个假设是关于人类的本质：

H2.1　经济中的所有个体都是理性的，追求自身满意度（效用）的最大化。

H2.2　经济中的所有个体都能有效地处理信息。

H2.3　经济中的所有个体都知道其他参与者的信息，也知道其他参与者了解自己的信息。我们把这种信息称为"常识"。

H2.4　个体的边际效用递减，即个体对某种商品的需求（为获得额外单位的商品他们愿意支付的价格）随着已获得的这种商品数量的增加而减少。

以下四个假设是关于行业的性质：

H3.1　在一个行业内，所有的商品是同质的。也就是说，行业内某家公司的商品可以完全替代行业内另一家公司的商品，且顾客不会发现这两家公司的商品有任何差异（两种商品为顾客带来的效用相同）。

H3.2　行业内有无数的企业。

H3.3　行业之间的所有商品是异质的，即不同行业的商品不可能相互替代且不让顾客察觉出这两种商品的差异。

H3.4　在同一行业内买方从一家供应商切换到另一家供应商是无成本的。

以下五个假设是关于公司的性质：

H4.1　每家公司都是独立于所有其他公司的（它们独立作出决策）。

H4.2　每个企业有且只有一种产品。

H4.3　每个企业是一个"原子"，即它们没有内部（利益）结构。在这一假设下，每个公司的交易都是通过市场机制完成的。所有公司的资源（包括劳动力）通过市场进行交换。

H4.4　公司进入某个行业时，除了面临行业内企业导致的成本外，不会发生任何其他成本。

H4.5　公司退出一个行业时，可以出售其所有资产而不会遭受任何损失。

综上所述，在这些假设基础上的经济，会拥有最为开放、高效的（供给和需求均衡）市场，资源配置是最有效的，社会财富将被最大化。公司将根据市场机制为其产品定价，并会不断增加生产，直到边际收益等于边际成本。这些假设显然是不现实的。他们所描述的经济环境不能令人信服，很多对新古典经济学的批评正在于此。"经济人"这一术语的使用通常带有讽刺意味，它表明经济学家们都在谈论一个不同于正常人的物种。然而，这些假设是否反映现实生活并不重要，重要的是：在这些假设的基础上，是否能构建出很好地反映经济运行方式的理论？最好的答案是：从广义上讲，是的，古典经济理论的确成功地反映了人类的交易关系。但是，有很多细节仍然不能被很好地解释。

市场的确优化了资源的配置（这一结论可以从根除市场的政治实验中得到）。拥有开放、自由的市场经济往往更加富裕且成长速度更快。然而，新古典经济学无法解释为何作为独特的经济行为者的创业者会存在。新古典经济学无法解释的原因十分明显：创业者是人类，新古典主义的理论将所有人类归属于同一假设下。因此，所有人类都是相同的，谈论不同类别的人类是毫无意义的，如果你喜欢，我们所有人都可能成为创业者。在这里回顾一下 1.3 节的内容是十分必要的，这一章节介绍了我们试图将创业者与其他经济参与者（如管理者、投资者）进行区分时所面临的困难。然而，我们明显发现，创业者是一类独特的人群，他们不同于"普通"的管理者、投资者。更重要的是，我们认识到，他们为经济的有效运转发挥了独特的作用。从新古典经济学中分离出来的其他流派的动机之一就是试图解释这个现象。

奥地利经济学流派

新古典主义流派出现后不久，一部分经济学家就从中脱离出来。这一新的流派以其主要代表人物——Carl Menger（1840—1921）、Friedrich von Wieser（1851—1926）和 Eugen BohmBawerk（1851—1914）——的所在地奥地利命名。Von Mises（1949），Hayek（1948）、Kirzner（1979，1982，1985，1997）的学术思想是该经济学流派的代表思想。对新古典经济学的核心批判不在于其不切实际的假设，而在于由此而得出的结论——经济是处于平衡状态的，因而从本质上来讲是永恒不变的。新古典主义的经济是静态的："平衡"观将经济定格在一个完美的状态下，不能偏离（即使"它"想偏离平衡，也不太可能）。新古典经济学对现实经济没有什么作用。当然，在现实世界中，经济是不断变化的，创新会不断发生。随着时间的推移，经济会跌宕起伏，但从整体上看将不断增长。奥地利经济学流派应该被视为经济学思想的一个分支，而不是作为一项单独的研究。然而，足够的通用性（特别是与新古典经济学不同的流派）使得不同的经济思想能够被合理地归纳在一个主题下。

奥地利经济学中的核心思想是，竞争是一个持续的过程，而不是使经济维持在平衡状态的驱动力量。这一观点表明，这种平衡是一个完美的理想状态，随着时间的推移，经济会朝着这一方向发展，但是永远不会达到它，因为均衡本身是不断变化的。奥地利经济学流派对人类本质的认知也与新古典经济学不相同，他们认为人类是贪婪的、智力是有限的，而不是完美的、满足的、有效处理信息的。我们是不满足的，我们可以想象更好的世界并不断创新以实现它们。一个重要方面是，奥地利经济学派将个体（个人态度）置于经济环境中，但是它强调的是个体间进行交易的本身而不是大量交易所形成的平衡状态这一结果。

如果竞争是由个体驱动的一个过程，那么创业者的作用就比较明显了。经济偏离平衡状态，使得一部分个体产生不满。创业者的出现是为了把握住为有明显需求的个体提供商品的机会，满足这些尚未被满足的需求。创业者的这一行为使经济一点点地接近平衡状态，增加了经济的价值。创业者正是从这一附加价值中获得他们的报酬。当然，创业者并未明显意识到这一点，他们很少会在这一层面上思考问题。相反，他们行为的动机是通过创业来满足自己的需求。也就是说，创业者必须寻求和利用那些未被人发现的新的机会（新古典经济学假设个体能使用所有可能的信息）。然而，这方面的信息是不完全的，提供什么以及何时何地提供总具有不确定性。创业者通常在切身的环境中寻找机会。没有一个创业者能够发掘经济环境中所有可能的机会，这就是为什么会出现大量创业者的原因。即便集体行动，他们也不可能实现短暂的平衡。因此，新创企业为未来的创业者的出现创造了可能性，而不是抑制了他们的出现。意大利经济学家阿蒂利奥·达·恩波利（1904—1948）在他1926年的著作《经济均衡理论》中详细阐述了这一观点。有趣的是，达·恩波利（瓦格纳2001年重述）认为"竞争"不应该被看成是形容词（我们用来标示一个企业所属类型的标签）而应该被看做是一个动词（公司采取的行为）。

异质需求理论

新古典经济学的假设之一是，行业内的产品是同质的，行业间的产品是异质的（请见上述假设H3.1和H3.3）。这意味着，行业内所有企业提供的产品是可以完全被其他企业的产品替代的，所以对买方而言产品效用是完全相同的。不同行业的产品是完全不同的，无论如何都不可能互相取代，因为行业数量有限，所以产品数量也有限。大量的经济学家已采取这些假设（Chamberlin，1933；Robinson，1933；Smith，1956；Alderson，1957，1965；McCarthy，1960；Myers，1996）。异质需求理论指出，一个特定行业中的企业在既定市场价格下不会提供同质产品，相反，它们力图使自己的产品与其他产品区分开来，以便吸引特定的顾客群体，进而将价格维持在高于市场平均价格的水平。因此，某个行业内不同企业所提供的产品可能会有很大差异，比如汽车、旅游和美容产品。这些显然不是商品，对于特定的买方来说，以上同一商品类型中的不同产品是不能完全替代的。驾驶保时捷的人可能不会觉得自己与驾驶小型家庭轿车的人一样；为期6个月的巡游与周末休息的巡游具有不同的吸引力；一个优质品牌的化妆水与折扣店的自有品牌产品有明显不同。产品差异化（无论是增加产品功能或打造品牌）旨在降低产品的可替代性——不是从不同行业的产品的角度来讲而是从买家选择商品的角度来讲。最终，每个厂商生产的产品都不同于任何竞争对手，这种情况经常发生，在品牌消费品市场尤为明显。从某种意义上说，每一个生产者都在寻求垄断，这种垄断并不是严格意义上的垄断，即行业上有且仅有一个供应商。因为最终买家可以购买别家产品，新的生产者也选择是否进入这个行业。出于这个原因，Chamberlin（1933）将这种情况称为垄断竞争，德国的Stackelberg（1933）和意大利的Empoli（1931）（见Keppler，2001）也提出了类似的观点。Smith

（1956）认为行业内提供的产品之间的差异取决于供应商的五个方面：市场知识、生产过程、广泛资源、产品研究和开发能力、质量控制标准。

异质需求理论认为，创业者从本质上来讲是营销家，他或她的工作是洞察市场中的买家群体希望从产品中获得何种满足，为何现有的产品无法满足他们的需求以及创造出新产品以更好地为顾客服务。创业者不只是负责创造新产品，他或她还要决定产品在市场上的定位，以使自己的产品最大化地区别于其他竞争产品，进而吸引目标顾客。创业者若要成功地完成上述工作，就必须成功创新和有效管理史密斯指出的关于供应商的五个方面的内容。

差异化优势理论

异质需求理论解释了企业为什么要使自己的产品区分于其竞争者的产品，但不能解释为何企业要不断创新。既然所有企业的产品都具有异质性，那么它们为什么要不断变化呢？异质需求理论没有涉及企业的动态竞争过程。Clark（1940）提出了异质需求理论，并由此提出了一系列新的经济思想，这些思想被称为差异化优势理论。

Clark 提出的一般竞争概念有三个基本方面。第一，买方和卖方的联系并不是随机的，他们都在不断寻求一个更为永久的合作者，以便更好地满足买方的需求。第二，企业提价的能力有限，因为如果买方觉得价格过高，最终他们会转向其他的卖方。第三，卖方是相互竞争的，他们不断改进产品以使自己的产品比其他竞争者更有吸引力，这大大增加了市场的活力。这种竞争的形成取决于诸多因素。比如，相对于买方，卖方数量的多少；产品差异化的难易程度；进入和退出市场的成本。提出异质性需求的学者通常对差异化的产品持怀疑态度，产品差异化最初被视为获取垄断地位的一种尝试，有人甚至认为产品差异化应受到法律限制，因为它作为垄断的一种形式降低了总的社会福利。同时，Clark 提出疑问：抽象的社会福利最大化概念既然是无法实现的，那么竞争对社会的作用在哪里？Clark 强调了以下几个方面的重要性：人们能够得到他们想要的产品，企业能够生存和创造出新产品，经济增长，创造就业以及创业者有创建新企业的自由。如果这些方面都被满足了（从政治和道德两方面得到满足，而不仅仅是从经济方面），那么我们应该乐于接受这种竞争。

Clark 还认为企业不是传统意义上的追求利润最大化的单位，当然它们会寻求利润，也会尽可能增加自己的利润，但是并不会为了利润而不惜一切代价。公司可能会牺牲短期利润的原因有多种，包括为了减少不确定性，为了获得增长而进行再投资或为了承担更广泛的社会责任。Alderson（1957，1965）发展了 Clark 的观点，特别强调了经济增长。他认为管理人员最关心的是公司的生存问题而不是利润最大化。获取利润是保障企业生存的途径之一，而不是目的本身。利润使公司有能力区别于其他竞争对手，获得更多的回头客以及扩展公司的业务。

获取差异化优势的方法与创业者管理公司的方法相一致。创业者通过创新自己的产品区别于竞争对手，旨在建立和维护一个买家群体。生存往往是企业的明确目标（特别是处于初创期的企业），创业者的管理是为了使企业获得长期增长而不是短期利润。

行业组织经济学

新古典经济学无法解释不同的企业、不同的行业利润水平不同这一现象。产业组织经济学（IOE）是建立在以下观点之上的：超额利润（超出企业必要生存所需的利润）之所以存在是由于市场的不完善。古典经济学的假设与市场不完善这一现象相违背。例如，当只有少数供应商时，市场就会形成垄断，企业进入和退出一个新的市场是有成本的，同时会具有规模经济性、产品差异化和另一行业产品对本行业产品的替代性等问题。产业组织经济学给管理理论的研究提供了一个重要的途径，对企业战略理论的发展产生了巨大的影响。

这一流派主要有三个发展阶段。第一阶段以贝恩（1968）理论的提出为标准，他认为任何企业都处于市场不完善的竞争环境中，这种市场结构使管理者有机会利用这些缺陷。但是要做到这一点，它们必须具备相应的资源并使公司以特定的方式有效运行，这就是所谓的管理行为。如果它们这样做了，那么公司的业绩将得到最大限度的提升。这种结构—行为—绩效的关系是具体到每个企业的。

第二阶段与波特（Porter，1980，1985）的研究有关，他的观点颠覆了 Bain 的思想。波特认为，企业不是被动地在环境结构中发现自己所在的位置，然后调整自己的行为以提高自身绩效，而是主动寻找当前环境中尚未开发的结构（市场位置）或可能被开发的行为，进而获得更好的绩效。比如，Bain 建议，如果你觉得冷，穿上外衣；Porter 则建议他们到温暖的地方去。Porter 在阐述他的观点时非常有说服力。他的著作吸引了大量的读者，只有极少数的经济学教科书有如此大的魅力。Porter 的书之所以如此有吸引力，是因为他阐述观点的方式让经理人觉得通俗易懂。Porter 的中心理论是"波特五力模型"，他认为以下力量决定了一个产业的盈利能力：（1）行业内竞争：公司之间的（尤其是价格）竞争方式；（2）进入壁垒：当新企业进入饱和市场时所面临的成本；（3）相对于供应商和买家的力量优势：主要包括决定条款的能力，供应商和买家无其他选择；（4）可替代性：买方以其他行业的产品替代公司产品的可能性。考虑到以上因素，理想的情况下，公司将在市场中寻求这样一个位置：不是基于价格竞争，没有对新进入者的限制，比供应商和采购商力量更大，很少有替代品的威胁。换句话说，企业将寻求（竞争）垄断地位。新古典主义经济学派将垄断限定为市场份额的垄断。由此可见，Porter 的垄断概念比其更丰富、更详细。

第三阶段，无论是研究角度还是研究方法，都与以前不同。研究角度方面的变化体现在从（隐含的）静态假设向动态假设转换。其中，静态假设是指，一个公司或部门所处的市场环境是不完善的。动态假设指出，市场的这种缺陷是动态变化的，是竞争对手、采购商和供应商交互作用的结果。研究方法的变化体现在，从研究不同行业转向对单个行业内各企业相互间的博弈进行研究。这一阶段的相关理论有时被称为新的产业组织经济学，以便与 Bain 和 Porter 的"旧"产业组织经济学区分开来。Ghemawat 是该领域内领先的思想家，他清晰、充分地阐述了该理论的观点（Ghemawat，1997）。博弈论带有一定的数学性，但它本质上是将企业与其所处的环境联系起来的理论。博弈论的核心观点是，企业是在知道竞争企业将会作出的决策的前提下进行决策的，而其他竞争企业的决策是对该企业的决策的反应（参见17.4节）。新的产业组织经济理论有效地描述了寡头垄断的市场结构下企业之间的竞争。

在产业组织经济学理论发展的不同阶段，创业者的作用也略有不同。在第一阶段，创业者是那些在不完善市场中找准自己的定位，能敏锐地捕捉到市场机会，有效配置各种资源的个体；在第二阶段，创业者是那些认识到自己行为的可能性，并主动寻求机遇的个体。有人把这称为一系列可能性的结果。在实践中，创业者可能同时利用多个市场机会，新的产业组织经济学也同意这一观点，但是它认为创业者不仅是决策的制定者，而且还是竞争对手决策和战略的预测者。

资源基础理论

到目前为止，放松一个或多个新古典主义模型的核心假设，使理论更加符合现实的经济活动和竞争情况。然而，所有学派都有一个共同的特点，即他们没有，至少没有公开地，对公司内部的活动进行相关研究。他们主要强调的是公司与其所处的经济环境。他们没有对"原子"企业这一概念提出明显的挑战。资源基础理论（和下面将介绍的竞争力基础理论和资源优势理论一样）侧重于公司内部的要素，并将其视为公司绩效的决定因素。

Penrose（1959）提出的资源基础理论的核心观点如下：（1）资源不是生产的投入要素，而是为生产服务的一系列要素（资源包）；（2）不同的企业所拥有的资源不同（资源异质性）；（3）资源不容易在企业之间转移（资源非流动性）。资源异质性表明，一些企业可能比竞争对手有更好的表现，因为它们的资源（严格地讲是这些资源所能提供的服务）也许能够更好地服务竞争市场。只有当绩效好的企业能保留其资源基础且竞争对手无法模仿时，企业才可能会获得异质性优势。很多机制都可能限制某个企业的资源被其他企业模仿：关键资源可能是独一无二的（控制了获取关键要素的唯一渠道、独一无二的管理人才以及独占分销渠道）；可能受到法律约束（专利或版权）等。更奇妙的是，复杂的资源池和企业绩效之间的因果关系可能并不明显（为什么企业"文化"能提高企业绩效？其作用机制是什么？Wilcox-King 和 Zeithaml 于 2001 年探讨了这个问题）。此外，资源可以进行交易，但难易程度不同。生产机械等有形资产可以很容易地进行交易，但是组织学习和企业的声誉不能进行买卖（除购买整个组织之外）。竞争者可能通过交易迅速在市场上获取可流通的资源，但是非流通的资源只能慢慢地在组织内部建立起来。那些拥有优质资源的企业需要时间来获取和维护竞争优势。

Dierickx 和 Cool（1989）提出，如果非流动资源具备以下五个属性中的一个或多个，那么公司能够保持竞争优势。这五个属性包括：（1）难以迅速建立（例如，良好的信誉不能在一夜之间就形成）；（2）增加这种资源比获取这种资源更容易，所以拥有这种资源的公司的发展速度快于试图获得该种资源的竞争对手（例如，拥有强大品牌的公司很容易使新产品也享受这种品牌效应，但是为新产品创造一个知名品牌就很困难）；（3）当这种资源与企业的其他资源相结合时，能发挥更大的作用（营销资源在那些具备良好的研究和发展能力的企业中能更好地发挥作用）；（4）通过进一步投资，公司可以维持这种资源（例如，培训员工以维持员工对企业的忠诚度）；（5）为什么这种资源发挥的作用是模糊的（例如，为什么"创业态度"有助于公司的发展）。

这些例子清楚地表明，资源基础理论广泛关注了资源的构成要素。例如，Barney（1991）将资源定义为：

企业所控制的一系列资产、能力、组织流程、企业特征、信息及知识，它们是形成和实施公司战略的必备要素，而这些战略能提高公司的效率和效果。

管理者很可能把这些要素视为组织资源并加以利用。问题是，对资源的定义如此广泛以至于资源基础理论可能存在"同义反复"的风险。资源可能提高企业绩效，事实上所有公司都有一些独特的资源，但当一个具有独特资源的公司绩效很好时，我们很可能将其直接归因于其资源的独特性。如果某些拥有这种独特资源的企业绩效不佳，那么我们很可能认为这是由每个企业的特异性造成的。如果资源基础理论落入这个陷阱，那么它就不会发挥很大的作用。事实上，资源基础理论认为创业者在促进公司绩效方面发挥了独特的作用。当面临机会时，他们必须获取相关的资源，然后将这些资源进行合理配置，使其以独特的和难以模仿的方式为公司创造价值。这不仅需要获得合适的资产，并有效地使用它们，还必须管理操作过程和"高阶流程"，如组织学习、文化和网络关系。Alvarez 和 Barney（2002）提出了一个通用的创业资源基础理论。Bergmann-Lichenstein 和 Brush（2001）研究了新创企业中的资源包如何随时间不断发展。

能力基础理论

能力基础理论的许多特征与资源基础理论相似，但二者的侧重点不同，而且前者对"能力"的定义比后者更窄。能力基础理论主要从战略管理领域发展而来，其早期的研究工作是在战略管理领域进行的（如 Selznick，1957；Andrews，1971），而后在该领域得到进一步的发展。能力基础理论不太重视资源的不可模仿性（认为它本质上是静态的），而主要关注维持易被侵蚀的优势的动态过程。比如，如果资源基础理论把那些在他人之前登上山峰的人视为赢家，那么能力基础理论认为这些赢家只是在比赛中暂时领先，他们可能随时落后、输掉比赛。

Prahalad 和 Hamel（1990）认为，竞争力最终源于以更快的速度生产更好（更符合消费者需求）的产品，这些产品应该是竞争对手意料之外的，因为一旦竞争对手发现这类产品能满足消费者的需求，那么他们会模仿生产该种产品。但他们这样做的时候，成功的公司已经将另一种"意料之外"的产品投入市场。为了保持领先地位，公司必须充分利用自己的核心竞争力。核心竞争力包括以下几个因素：（1）进入各个市场的渠道；（2）为客户创造真实、明显的价值；（3）竞争对手难以模仿或模仿成本很高；（4）未来可以将其应用于其他的产品或市场。

从广义上定义核心竞争力是非常必要的，但（与资源基础理论相似）这样做可能存在"自我验证"风险。鉴于核心竞争力的上述特点，它似乎与某些附加限制条件的能力相关。特别是，核心竞争力使公司有能力获取、处理以及运行与市场机会相关的各种信息（知道买家想要什么），迅速有效地开发新产品，以更有利可图的方式生产这些新产品，以优于竞争对手的成本为更多的顾客提供新产品。Foss（1997）从战略管理的角度充分阐释了资源基础理论和能力基础理论，Yu（2001）从能力的角度探讨了小企业的绩效，Jones 和 Tilley（2003）对小企业的竞争力和竞争优势做了彻底的研究。

从某种意义上讲，能力基础理论相对于资源根据理论，为创业者带来了更多希望。因为资源基础理论认为资源是难以模仿的，这意味着企业的竞争优势是源于这种独特的资源，而不是决定于是否进入新市场的创业者自身。这是因为以一种渐进的方式管理特异性资源比试图创造它们更加迅速和容易。尽管以渐进的方式管理核心竞争力对企业更有利，但在另一方面，它也可以通过激烈的、意料之外的创新而获得。因而，创业者的责任是认识到利用市场中的特定的机会需要什么样的核心能力，进而创造性地获取和维持这种能力。

交易费用经济学

到目前为止，交易费用经济学理论认为，公司的外部环境（异构需求理论、差异化优势理论、产业组织经济学）或公司的内部因素（资源基础理论、能力基础理论）是企业绩效的决定因素。但是，既有的理论无法解释（至少无法直接解释）新古典经济学遗留的核心问题：企业为什么存在？问题是这样的。企业是一个经济组织，在企业内部市场机制的作用被抑制，企业之所以是企业（组织），因为它有一定的持续性。企业拥有的各种资源也不在内部进行交易（尝试着引入内部市场也是为了产生信息而非交易机会，Cowen 和 Parker 于 1997 年就做了这样的尝试）。公司员工同意签订长期合约（尽管对"长期"的定义有很大的不同），这些协议不会受到市场力量的影响。毕竟一个雇佣合约有一定的持续时间，公司员工不是以天为单位来提供服务的。这样的体制安排为什么还存在呢？这是因为市场能生成价格信息，而价格是最合理有效的资源配置机制（价格这一概念是新古典主义经济学派提出的，到目前为止，还没有其他理论对这一概念有异议）。在内部，企业缺乏价格方面的信息。正是因为这样，战略管理理论的主要任务之一是：使公司在没有明确的指导价格的情况下，为管理者制定一个行为指南（组合方法），告诉他们如何在众多的项目中有效配置企业的资源。那么，既然企业配置资源的效果低于市场，为什么它们有存在的必要呢？

交易费用经济学以直接的方式解决了这个问题。这一理论的起源可以追溯到科斯（Coase，1937），但其在组织理论方面取得的丰硕成果在很大程度上是来自于威廉姆森的研究（1996 年对他作出的众多贡献进行了总结）。交易费用经济学最根本的思想是，市场交易是有成本的，这一成本是价值交换的额外成本。比如，当我们以某一价格购买某种商品时，这一价格必须包括交易费用，而不仅仅是商品的价值。市场不是"免费"和"无摩擦"的（新古典经济学模型的假设 H1.2），这一附加成本是源于寻找供给商以及与其协商并签订合约的需求。威廉姆森（1994）把交易费用定义为：

起草、谈判和维护合约等事前成本，以及为适应不良情况和进行调整而发生的事后成本，这类成本的发生是由于合约双方因代沟、错误、遗漏和意外干扰而造成合约执行出现偏差。

上述定义的关键在于，如果合约没有制定或没有完全制定，就有可能发生成本，因为交易结果可能与买方的预期有差距（差距是由于误解或供应商的欺诈行为）。这样的合约可能存在于那些在技术上可以明确划分投入要素的界限的市场，但是，如果建立和维持这样的合约的成本变得太高，那么可能诱导创业者放弃该市场而将这些生产要素引入到企业内部，因为在组织内部，签订的是长期合约，并能使用组织机制对合约的执行进行完全监控。尽管企业内部没有价格信息，但是这一缺失所带来的成本低于因降低合约成本而获得的价值。从交易费用的角度来看，创业者的责任是将一部分交易纳入组织内部，他们将关注公司正在进行的交易是否存在下列现象：合约的边际成本大于使用组织监控以确保交易的完整性所带来的边际成本。简而言之，就是决定购买还是自己制造，决定出售还是自己使用。哪些因素会鼓励创业者将交易纳入组织内部呢？交易费用经济学预测，创业者会优先考虑把具有以下特点的交易纳入组织内部：（1）如果合约执行出现偏差，会给企业带来很高的成本；（2）很可能出现错误；（3）监控十分困难或监控费用十分昂贵（利用市场机制）。那些能够敏锐地识别上述三种因素，并对组织进行适当的改革以将相关交易纳入组织内部的创业者，将获得更大的成功。

演化经济学

"进化"是一个经常遇到的词，在19世纪查尔斯·达尔文的研究中进入人们的视野。达尔文使用"进化"这一概念提出了一个机制，即自然选择机制，该机制引发了对数百万年来的生物体的研究的一系列重大的变化。生物必须适应其赖以生存的环境。他们的身体构成在生物化学和行为方面都是适合其生存的。我们可以这样解释自然选择机制：第一，任何相同类型的生物（一个物种），该物种内的个体会有所不同，这种不同表现为他们获得必要的资源（食物、水、重现的机会等）的能力的不同，正是这种能力上的差异使得物种内的一些个体比其他个体更为成功。第二，生物体能不断进行自我复制。遗传机制使（潜在的）有机体能够进行自我复制，正因为这样，个体的数量（人口）将不断增加。然而，这种复制是不完全的复制，随着后代的不断繁殖，个体的变化将越来越大。第三，生物体需要的资源是有限的（或随着人口的迅速增加而变得有限）。在资源有限的情况下，如果某些变异更有利于生物体获取资源，那么带有这些变异的生物体更可能进一步地生存和繁殖，而那些没有变异的生物体将无法生存，他们的下一代也很难生存。自然选择保证了生物体的质量，也使生物体与其祖先相比产生了细微的差别（适应环境的能力更强）。

在这里介绍进化理论是十分必要的，因为它是进化经济学的基础隐喻。进化经济学采用了自然选择的模型来解释经济实体中出现的各种各样的变化。与奥地利学派一样，演化经济学囊括了一系列思想，而不是单一的理论，但它们最大的共同点在于有些假设相同：

- 经济体系内的实体有几种特定类型的表现形式，但是各个类型内部的个体依然存在差异；
- 实体不断进行自我复制；
- 实体间的差异导致其自我复制的能力有所不同；
- 选择性力量将那些自我复制能力较弱的实体（种类或形式）淘汰掉。

演化经济学的不同流派间的差异表现为以下几个方面：对"实体"的界定、实体间的差异的性质、实体自我复制的方式以及选择性力量。实体是由什么构成的？它是一个单独的个体（如一个创业者）？一个企业？一个企业网络？一个行业或是整个经济体系？应该如何描述个体之间的差异？个人能力、市场位置、资源禀赋或绩效？"自我复制"是什么意思？

经济实体的自我复制方式显然与生物体不同，它仅仅是生存吗（在下一代或下一时间段仍然存在）？会出现业务增长吗？会生产新产品和进入新市场吗？选择性力量有哪些？这些问题必然与实体能够获取必要的资源的能力有关，但是资源优势理论对资源的定义是不准确的。这些资源是指外部资源（客户资金、投资资本），还是指内部资源（独特的资源、核心竞争力）？原则上，这些因素的任意组合都会导致不同的进化理论，尽管这些理论不一定会互相排斥。

鉴于上述原因，问题的关键在于每一种进化理论都必须作出一个决定：与达尔文的比喻有多大程度的相似性？还希望坚持这个观点吗？生物体可能既不能改变自己也不能改变他们的生存环境。他们的进化改变完全是被动的，并没有积极参与这个过程。此外，达尔文的进化论表明，这一进化过程没有整体设计，也没有事先制定前进方向。进化是盲目的，是出现在行为的实施过程中的，因此，这里的进化比喻开始被打破。

难道经济体系中的实体（个人或集体）对环境没有影响吗？他们没有积极参与进而改变环境？他们不会改变自己以适应新信息？难道对变化过程没有设定任何目标？毕竟达尔文进化论中的个体不太适应环境，其后代越来越适应环境。个体从他们出生的那一刻起，其适应环境的能力就确定不变了，这可能会导致混淆。这方面的一个例子是 Nelson 和 Winter（1982），他们认为"适应"是所有的"公司常规和可预测的行为模式"（14页），而且"适应"与进化生物学中的"基因"相对应，动物不能改变其基因，但是公司则不一定，它们可能改变其行为模式。Johnson 和 Van de Ven（2002）指出，组织进化理论根据其对下面两个方面的遵循程度分为四种类型：（1）组织实体改变自己的能力——组织惯性；（2）组织实体改变其所处环境的能力——环境外生性。如图 5.1 所示。

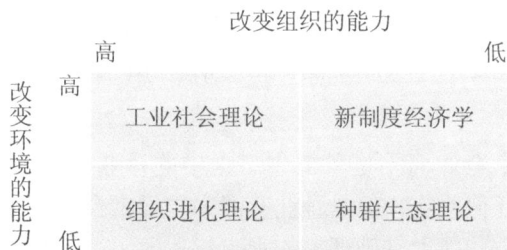

图 5.1 Johnson 和 Wan de Ven 的改进进化理论模型

由于每种理论使用（有些人可能会认为这是误用）进化比喻方式都不同，因此，要理解创业就必须综合了解这些理论及其影响。

种群生态学理论

生态学是使用达尔文的范式研究有机体相互作用的系统的学科。因为它表明，经济实体（通常指公司）既不能改变自己也不能改变其所在的环境，它与达尔文的进化比喻非常接近。因此，种群生态学理论中的"生态"这个词是与进化理论中的概念类似的。某个行业内的企业是同质的，它们能决定的是计划进入的市场以及是否与其他企业合作。但是，从本质上讲，一个公司的形式、战略和行为是由其建立时的特征决定的，且固定不变。行业内企业的数量（和总容量）受到行业承载能力的限制：能获取的资源水平，其中最为关键的是客户购买商品的资本水平。

显然，在这个模型中，创业者的作用是相当有限的，除了在公司创建时提供一些资源外，创业者能做的只是选择进入的市场和是否与其他公司合作。成功和失败与否取决于行业内的资源是充足的还是有限的，取决于行业的承载能力，这是创业者不能控制的。但是，种群生态理论重点关注的问题不是企业的生存与否，而是行业内企业的群体结构，早期在这方面比较领先的研究是 Hannan 和 Freeman（1977）的工作。

新制度经济学

新体制理论与种群生态学理论一样，认为企业改变自己内部结构的能力是有限的，但新体制理论认为企业可以改变其所在的环境。当然，企业不可能按照它们希望的任何方式对环境进行改造，相反，该理论认为企业可以单独或联合行动以修改其合法性。新制度经济学的起源可以追溯到 Hamilton（1932）和 Commons（1924）的工作，而后 Hodgson（1993）进一步发展了该理论。制度经济学中的"组织"比进化论中的"有机体"具有更广泛的含义。Hamilton（1932）对组织的定义如下：

嵌入在群体或民族文化中的普遍和持久的一种思想或行动方式……这限定了人类活动的范围，并强加给人类活动的形式。

在上述定义中，组织类似于人类学中的"文化"概念。这是一个社会现象，它界定了个人被允许做的事情、他们应该做的事情以及他们不能做的事情。尽管此框架内对组织的解释有几个版本，但是这些定义的共同点在于将组织的文化能力，而不是生产性资产视为组织的重要资源。当创业者从一个行业转向另一个行业（或建立一个全新的组织）时，创业者的重点工作不是使公司适应新的机会，而是建立与股东、客户、员工、供应商的合法关系，并获得政府和社会的认可。创业者建立合法性的方式之一，是让利益攸关者看到他或她作为一个"外来者"对行业内的其他企业的控制地位提出了挑战，因此是值得支持的。当然，这是新闻界和创业者传记中通常会叙述的事情。最终，这个创业者不仅是某个企业的创造者，而且也是一个新的制度体系的信念和价值观的建筑师。

组织进化理论

组织进化理论将单个企业而不是种群生态学中的行业视为进化的单位。环境是既定的，管理者不能对其做任何改变，但是企业有能力并通常会改变企业自身。这与之前介绍的异质性需求、资源基础和能力基础理论的观点相一致。这些理论根据企业获取合适的资源或能力的过程将企业区分开来。这些进化论框架（上面讨论的）以外的理论意味着，企业变革以利用机会这一行为是设计问题，（尤其是）创业者根据战略蓝图设计组织结构。组织进化理论否认事先设计组织结构的可能性；相反，该理论认为创业者是从以往成功或失败的经验中逐渐学习如何设计结构架构和改进组织战略的。Quinn（1978）很好地解释了组织战略的形成方式，高效的创业者不是那些从一开始就为组织设计了一个有效架构的人，而是那些能够不断改变组织架构以适应新的信息和新的机会的人。

组织进化理论的不同流派对组织各个方面的进化能力和进化顺序的观点有所不同。最广泛的组织进化理论认为创业者可以对组织的各个方面进行巨大的改变，因而组织学习是一个极具挑战性和复杂性的任务。Nelson 和 Winter 的经济进化理论（1982）是这一流派的开端。组织进化理论认为组织结构是不需要设计的，就像达尔文的进化理论认为有机体的外部设计是不必要的一样。但是，与传统的进化理论不同的是，组织进化理论认为单个企业最初是不适应环境的，但企业具备适应环境的能力，这种能力是传统进化论中的生物体所不具备的。因为企业是可以改变自己的，所以组织自然选择的依据是企业改变自己以适应不断变化的环境（获取资源）的能力。

工业社会理论

工业社会理论是最广泛的进化理论，因为它允许企业改变它们自己和它们所在的环境。这一理论充分阐释了创业者的竞争模式，但是缺乏理论的特异性。工业社会理论认为企业具有异质性，每个企业都是单独的实体，它们的行业地位或内部能力可能有所不同。在这方面，工业社会理论的观点与组织进化理论类似，这一理论与新制度理论的观点也类似，即认为企业能够主动适应它们所处的环境。企业可以通过相互支持或形成联盟来适应所在的环境，这种关系网络成为生产劳动、资金和信息等关键资源的输送渠道，Van De Ven 和 Garud（1989）对这一观点做了详尽的阐述，该观点认为创业者的关键作用之一是建立和维护这种关系网络，因为它是获取资源的关键。

经济社会学

到目前为止，所有关于创业者作用的理论大部分来自社会科学的经济传统，而经济社会学的理论基础更为广泛，还包括社会学思想的传统。这一传统有着悠久的历史。开拓性的社会理论家，如 Max Weber（1864—1920）、Emile Durkheim（1858—1917）和 Karl Polyani（1886—1964），其相关研究被频繁引用。近些年这一领域的代表人物包括 Talcor Parsons（1902—1979）、N. J. Smelser（生于 1930 年）和 Granovetter（1985），经济社会学领域更为激进的思想是受 Karl Marx（1818—1883）的工作的影响。经济社会学中的一个主要思想是经济学（新古典主义经济学及从它派生出的思想）无法解释企业为何存在，因为它的基本假设是：人类（本质上）是自私的和（或大或小程度的）理性的。这一假设忽略了个体的社会作用以及社会结构对人类行为的影响。从一般意义上讲，社会中存在一种支配人类行为和灌输社会文化、道德规范的机制。一些学者认为这些社会力量阻碍了纯竞争行为且这种阻碍不能忽略不计，创业者有时会因为担心打破社会禁忌而减缓竞争的激烈程度；另一些学者则认为这些社会力量实际上可能增加了社会竞争，因为某些类型的社会机制为激进的商业行为提供了合法性保护。社会为竞争设定了严格的游戏规则。尽管如此，所有经济社会学家都同意社会学（其理论方法和方法论）将这些强制力量引入到理论观点中。这种观点非常重视社会关系、团体和组织文化价值、信任的作用。在这种观点中，创业者不仅需要管理相关业务，还要通过业务实践创建文化规范。从这一社会学视角进行的创业研究者包括 Mumby-Croft 和 Hackley（1997）以及 Zafirovski（1999）。

尽管这些不同流派的经济思想关于创业者的观点都是真实的，但是他们分别讨论了创业者不同方面的内容。所以，综合理解不同学派的观点可能会让我们更完整地了解创业者的作用。已经有很多学者在做这方面的尝试（例如，Cockburn 等人，2000；Makadok，2001）。目前学者们研究的焦点在于整合工业组织经济和资源基础理论。但是，整合这些理论有三个注意事项：第一，许多不同学派的支持者会说他们无意建立一个完整的画面，他们优先关注的是创业者活动的基础内容，而整合后的观点减弱了对这个优先问题的强调。第二，整合不同的角度意味着将提出一个更为复杂的创业者作用，这会引发关于测试整合结果的预测方法论问题。第三，不同的观点往往基于不同的理论假设。从理论上讲，整合各种观点要求假设具有连贯性，尽管并不总是如此。

5.2　创业：财富、效用和福利

创业者、创造财富和分配

世界正变得越来越富裕，西方世界（西欧和北美）是全球经济的重地（占世界经济总产出的 70% 以上）。全球财富的增长（尽管最近有所停滞）主要归功于东南亚国家和中国，印度（最近出现了一些经济危机）和拉丁美洲也对全球财富的增长作出了部分贡献。全球财富的增长还发生在撒哈拉以南的非洲地区，特别是南非，尽管非洲经济的总体增长也是值得关注的问题。是什么因素推动了全球财富的增长？要回答这个问题必须从经济学、政治学和道德三个方面来综合考虑。我们可能将经济（全部或部分）财富的增加归结于三大经济组织中的一个或多个：新创企业（在规模较小的公司）、已成立的大型企业和政府。

重要学习目标

知道与创业有关的更为广泛的道德和政治问题；

理解财富最大化、财富分配和个体效用最大化等经济概念；

理解政治和道德立场这些关键概念并能够区分效用和福利；

了解关于经济行为的决定因素的争论，是进化遗产还是当前的社会因素决定了经济行为。

尽管民营企业对财富创造的贡献是显而易见的，政府的作用却值得商榷。大多数经济学家认为尽管政府在规范业务活动（设定公平的竞争环境）、维持宏观经济的稳定（保持当前的水平）和财富再分配（分享回报）等方面发挥了重要的作用，但这并没有创造财富。相反，政府的行为必须被视为有成本的，人们需要为它所提供的服务支付适当的费用（通过税收）。全球性组织（特别是关注环境和反全球化的组织）的作用是十分重要的。毫无疑问，他们对维持全球的财富水平和驱动向发展中国家的投资产生了关键作用。大多数经济学家认为创业者创造了大量新的财富，因为通过创造新产品而对"旧秩序"提出了挑战，他们加大了竞争的力度并对垄断提出了挑战。这些辩论的答案能够在经济学中找到。

经济学发展的一个趋势是越来越多地使用正式的数学语言，这使得一些经济学家后悔将它从其历史的形式——政治经济学中分离出来。政治经济学不仅与经济贸易和经济组织为实现财富最大化（现代经济学的关键问题）而进行的资源分配结果有关，还与它们的政治影响、道德公正性和道德的必要性有关。从历史上看，这些领域在本质上是相同的。它的批评者认为现代经济学将个人财富最大化优先于财富的分配视为理所当然。

帕累托最优是说明现代经济学的这一趋势的一个很好的例子。帕累托最优是很多数学模型的一个标准，它是指这样一种状态，在该状态下，经济实现了社会总财富最大化，且任何个体不可能在不减少另一个人的财富的情况下获得自身财富的增加。帕累托最优从本质上讲是关于经济均衡状态属性的数学公式，在均衡状态下，需求等于供给且市场出清。该标准并没有排除一个人非常富有而其他人都很贫穷的可能性，帕累托最优涉及很多关于一个经济体系的总财富方面的问题，但没有涉及这样的财富应该如何分配。可以说，帕累托最优是对经济的终极状态的一个简单描述（在一定的假设条件下）。它不是建议"社会应该成为什么样"，实际上，帕累托最优传递的信息确实是：力图使个人财富更均匀（例如通过税收，通过政府干预）反而会降低社会的总财富。这个命题很难从政治和道德判断方面解释。批评者认为，我们需要的是一个公平的世界，而不是稍微富有却不公平的世界。

这种在公平与财富二者间的选择超越了经济学的范畴，它属于政治和道德层面的讨论，Little（2002）对这个问题做了充分的阐述。这是我们针对自己想要的世界而作出的选择，自古以来，社会学家就认为平等是目的本身，应该优先于财富创造。自由意志论者（那些支持个体有权不受政府支配而自由作出选择（并因此创造了自由市场）的人）可能会说，尽管一个更公平的世界相对于其他类型的世界而言可能是可取的，但是其限制了个人的自由，由此带来的成本是非常大的。生态自由论者声称：传统的经济思想贬低了自然世界的价值，因为它没有考虑到那些没有市场，因而没有价格的事情。一些女权主义者之所以批评传统经济学，是因为它没有考虑女性作为家庭管家的价值，而只将男性在传统的劳动力市场出卖劳动纳入考虑范围之内（同样，在家庭生活中有没有传统的市场）。

哲学家 John Rawls（1971）提出了一个替代帕累托最优的概念。他认为，如果一个经济体系能满足以下三个条件，那么它在道德上是最优的。第一，在不侵犯他人自由权的前提下，每个人都应该有最大限度的自由权；第二，理想的情况下，不同个体应该享有平等的机会；第三，这种自由本身应该受到限制，即它应该促进社会福利的发展。要实现这三个条件，可能需要政府的干预。Hausman 和 McPherson（1996）提供了一个一般性的讨论，即各种不同的经济分析方法的道德意义。

创业者和社会福利

经济学的一个基本概念是效用，效用可以被定义为（有点冗余）：某种资源、情境或满意度所带来的意义。现代经济学认为，效用最大化是理性决策者的决策依据。显性偏好经济学派认为效用可以通过决策者的偏好显露出来。许多哲学家对这个循环不是很满意。他们认为，应该把效用定义为它对个人或集体生活所产生的作用，他们会寻找效用的道德基础而不是经济基础。有些学者认为效用这一术语应该由经济学家来定义，道德哲学家应该对福利的定义进行界定。福利的概念很难被界定，道德哲学家一直在讨论它的确切含义（为满足对此感兴趣的学生，Sumner（1996）组织了一场这方面的辩论）。有些人认为福利是人类消费的各种外部事物的属性，也有人说它是消费所带来的人类内心的感受，但大多数人都同意它不仅仅意味着财富或拥有物。很多人都认为生活质量、学术自由、政治自由以及机会等也是福利很重要的方面。经济学家 Amartya Sen 凭借他在这方面的研究获得了诺贝尔奖。他的著作（如 1995 年的 *Inequality Re-examined* 和 1999 年的 *Development Freedom*）将复杂的福利经济学思想以通俗易懂的方式呈现出来，并受到了广泛的好评。创业者的责任是创造福利，而不仅仅是财富，针对这一观点不同的人有不同的看法，因为他们的政治观、道德观以及由此产生的福利构成观各不相同。有的学者认为创业者的社会责任比经济利益更为重要，另一些学者则认为创业者除了遵守法律和社会规范之外，只需要承担创造成功的商业组织和奖励投资者的责任，或稍带地再承担很少的（如果有的话）广泛一些的社会责任（社会责任的问题将在后面章节进一步讨论）。

商业组织（而不仅仅是创业组织）作为社会变化的前兆，作为社会实体，它们在经济体中所发挥的作用以及所应该承担的道德责任，都是学者们越来越关注的内容。一些经济学家认为，我们必须警惕对福利价值妥协的想法。因为我们都知道我们自己的福利，但这并不意味着集体的福利很容易实现。大量的不可能定理表明，要使所有人都达成一致协议是不可能的（所有人都是平等的，没有一个人的福利优先于其他人的）。更简单地说，没有一种民主结果能取悦所有人。但是，正如温斯顿·丘吉尔所言，除去政府其他的所有制度，民主是最差的制度！

创业者行为的确定性

关于不同经济体制的道德正义性的争论受到人类行为在多大程度上是由进化决定的争论的影响。社会科学家的观点分为两种：一种观点认为人的行为（在很大程度上）是在人类进化史的早期所形成的认知心理模式的结果；另一种观点则认为人的行为是近期形成的，是当前的社会驱动因素作用的结果。这一辩论在进化心理学中被提出。值得注意的是，这个争论不只是科学证据之一，这些观点背后的信仰还具有政治和道德方面的意义。

尽管我们认为创业行为本质上是现代的产物（进化方面），是受现代社会中蕴含的机会激励的结果，但是创业机会可能有深厚的历史。"穴居人"（虽然我们的祖先很少住在山洞里）作为小家庭的一部分，他们自己制作各种工具，这一概念非常具有吸引力。然而，现代研究表明，我们的祖先在他们的社会安排方面是非常复杂的。有考古证据表明，即便在旧石器时代（大约在 50 万年前，此时的物种是直立人），工具也不是由所有社会大众生产的。相反，它们是由在"厂区"工作的专家制造的。工具制造商用他们生产的工具同猎人交换食物。1 万年前，我们进入农业时代时出现的众多工具创新可以被视为创业创新，这些创新是同业竞争的结果。这表明，我们的经济安排是嵌入心理学的进化的结果，而且心理学是社会组织受到经济驱动的进化的产物。Ofek（2001）深入地探讨了这个问题。

创业者的道德判断

对现代创业者而言，这一切意味着什么？我们应该如何正确地看待创业者和他们的角色？毫无疑问，社会分工在经济上是有效的，专业化有利于创造财富。同样显而易见的是，心理学已经发展到维持经济价值关系的阶段（这一点我们在讨论博弈论时还会提及）。但是，我们得出这一结论时应该谨慎：仅仅因为特定的行为模式是进化的驱动结果，我们就必须毫无保留地接受它或认为它是符合经济或道德评判的吗？我们不是行为的奴隶，行为具有灵活性，正是这种灵活性使我们不断改造世界。我们对创业者的道德判断并不局限于创业者的行为，还包括他们采取这种行为的动机以及这种行为所带来的影响。不同的道德理论所强调的因素不同。当道德理论强调的重点放在行为动机上时，就是动机理论了。例如，如果我们强调创业者的行为动机，当评判造成完全一样的环境损害的两个企业时，就会更加谴责为获得利润最大化而造成污染的企业，而不是曾试图避免但因意外事故造成环境污染的企业。纯粹基于行为本身的道德理论被称为道义理论。道义理论认为，行为之所以是有道德的，是因为行为本身而不是因为其他因素。结果主义者则优先考虑行为的后果，而不是行为本身或行为动机。我们可能会觉得西方国家雇用发展中国家的廉价劳动力是不道德的，即便劳动者的工资高于当地的工资水平（低于西方国家的工资）。如果我们动摇了我们的想法，认为既然员工能获得比当地其他人更高的薪酬，那么西方企业的行为就是有道德的，那么我们就是以结果主义者的观点在看待这一问题。

所有这些观点都是存在问题的。动机理论的前提假设是我们可以实际观察到人们的行为动机，至少能感觉到动机的后果。（我们能不能做到？为什么我们针对完全一样的行为和后果有不同的评断，仅仅是因为两种行为的历史动机不同？）道义理论是不灵活的，我们往往根据人们行为的背景修改我们对这一行为的判断（我们是这样做的：无论任何道德规则，我们都可以找到它们不适用的情况）。结果主义假设我们可以预测行为造成的一切后果，以及对未来产生的影响（因果关系不是那么简单，预测未来通常也很难）。

这本书不会深入地讨论这些问题，相反，本书的目的在于让这些问题受到足够的重视，让大家意识到我们很难对创业者作出简单的道德判断，并让大家了解道德哲学的相关问题：创业者的义务、创业者的权利和创业者的期望角色。在 7.5 节中，我们将继续讨论创业者的全权责任，我们将对更细的问题进行讨论，并了解创业者的个人动机以及创业者隐形的道德价值观。

5.3 创业与信息

重要学习目标

了解信息经济学的基本观点；

了解信息不对称的概念和在道德风险、逆向选择及信号传递条件下制定的委托代理合同；

了解这些观点对理解创业、创业过程、创业者与股东的关系的意义。

在 5.1 节中讨论了西方新古典经济学的基本假设。这些假设包括：相信每个人都理性化并且能高效处理免费提供的信息。就"免费供给"字面含义而言，就是获取信息不需要成本，所有人都知晓全部已存在的信息，并且知道他人所知晓的信息。经济学家正式地称这四个特性为：冲突性、完美性、对称性和共通性。显然，这些假设是不现实的。信息确实有成本，没有人能知道所有已存在的信息，并且不同的人会知晓不同的事情。确切地讲，我们对别人所了解到的信息几乎一无所知。新生的创业者很快就会注意到（甚至基本的）市场调研的成本。如果全部已存信息能被所有人所知道，那么所有创业者都不用创新了；如果创业者知晓或者说仅仅知晓他们的竞争者的所有信息（反之亦然），那么创业者之间的竞争就没有意义了。

那么，如果我们去掉信息冲突性、完美性、对称性和共通性的假设会出现什么状况？出现的将是 20 世纪经济学最重要的革命：一个被称为信息经济学的领域。这门学科对经济思维和发现的影响怎么说都不过分。有兴趣的学生可参考 Stiglitz（2000）发表的观点，以便找到较好的，易于接受的关于这个科目是怎样发展的以及它怎样导致整个全新系列的经济视野的解释。

去除完美信息的假设会使经济学有助于发展更现实的世界图景。这对于创业者经济方面的考量有相当的重要性。就像很多现代经济学、信息经济学高度数学化一样，它诞生的时候，经济学已经与数学关系密切。虽然对它的理解只需要一些代数知识（尽管有时相当先进），但它对于数学门外汉来说是高深莫测的。很可惜，要理解创业必须先学很多知识。本节将进一步阐述一个非数学化概念，即信息经济的基本观点以及可能应用到的信息经济创业情形。其他在数学上自信且希望更深入探究这个学科的学生，可参阅这个领域权威的著作。Macho-Stadler 和 David Perez-Castrillo（2001）是最优秀的。

信息经济学与其他 20 世纪革命性的发展成果有着密切联系，比如说：博弈论。博弈论的某些方面和它对于创业的重要性将在 17.4 节讨论。

信息不对称类型

信息经济学把它的起点视为一个简单的，两个经济行为者互动的模型。两个经济行为者：委托人，指欲使一个项目启动并与一个代理人签约的个人（或组织）。代理人，指接受合约约定，全权代表委托人承担项目、完成项目的个人（或组织）。在本书中，这种情形就表示投资者和接受投资并使企业不断发展的创业者。投资者和创业者双方都将在共同工作中获得益处，尽管过程中会碰到一些不可控的事情。双方都会面临不确定性风险。两者都不可能完全预料到会发生什么事情（他们掌握的信息不完整），尽管他们可能会知道一些将会发生事情的可能性。这就等于说，并不是所有信息都可得到。我们假设两者都想功效最大化，也就是双方都希望最大限度地从约定中获得最大收益。合约履行后，委托人和代理人都会得到一个损益结果。这个基本模型如图 5.2 所示。与现实世界经济活动相比，这种模式可能会显得相当简单，但大多数现实世界中的经济活动可以简化为（在假设的前提下）一组互动模型。

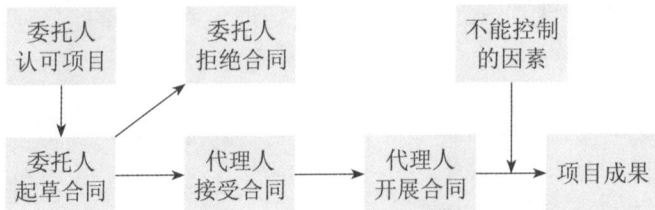

图 5.2 委托代理合约签订过程

现在，我们可以引入一个概念，信息不仅是不完美的，还是不对称的，也就是说，委托人和代理人知道的事情不同。他们不分享关系到项目的知识。当代理人知道而委托人不知道的时候这一问题特别突出。有四种基本的有关此主题的变化。第一，当代理人开展某个项目时，委托人不能察觉到代理人在干什么。代理人投入何种程度的努力，只有他自己知道。（传统上在信息经济学中，委托人常被称为"她"，而代理人被称为"他"。）第二，在合约履行完毕后，代理人可能发现一些其他与项目相关的情况，但委托人却不知道，而代理人在项目开展前也不知道。这两种情况被称为道德风险。它们可能会有所不同，但事实上，它们是这个主题的变量。其在数学上的处理方式是一样的。第三，代理人知道一些委托人所不知道的事情，但这是在合约约定之前。这被称为逆向选择问题。在逆向选择中，我们通常关注代理人（而非委托人）对他的自身能力或类型的知晓，这些信息并未与委托人分享。第四，和第三点一样，代理人知道委托人所不知道的信息，但这一次代理人决定知会委托人他所知道的。这被称为信号传递。注意这里的信号传递不是代理人简单地知会委托人他所知道的信息，因为这样只能减少古典的信息对称问题。这四个变化在图 5.3 中有描述。

在这些情况中，问题之一是委托人如何设计一纸约定——合约。假设该合约一定对代理人有吸引力（假设代理人还能找到其他的项目来做），这将最大限度地提高她的收益。解决在信息不对称的变化情形下订立合约问题是信息经济学的核心，这种之于创业的相关性将会即刻显现。请记得"创业者"这个词的本义：一个代表投资人履行合约的个体。实践中，一个创业者充当委托人还是代理人视情况而定。一个风险投资人出资到某种业务是充当委托人的角色而非代理人的角色。一个客户如果接受一个来自于创业者的供应合约也处于类似地位。如果她与员工签订劳务合约或与供应商签订服务合约，那么创业者充当的是一个委托人的角色。

道德风险被认为是风险投资人与创业者之间关系重要的特性。风险投资人必须信任创业者代表着整个商业活动方尽职尽责。尽管投资人可能会监管各个过程，这样便于注意创业者的一举一动（这样有助于减少道德风险），但监控是昂贵的，并且不可能完全监控。最终，风险投资人必须让创业者继续工作。创业者在与个人或公司签订服务合约时面临一个逆向选择问题。他可以检查个人的简历和工作经验，并获得证明人，但这个人的真正工

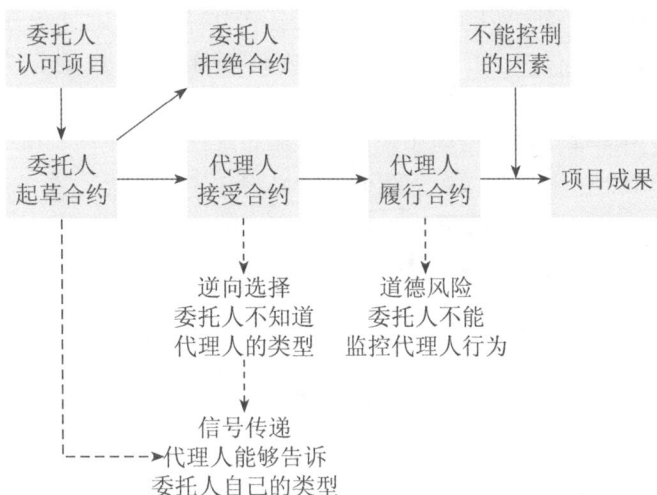

图 5.3 信息不对称的类型

作能力只能在他被雇用后的工作中得到检验。这种情况也适用于供应商的选择：不管有多好的推销说辞，供应商的质量只能在合约签订后得到验证。反过来，这种情况同样适用于创业者作为一个供应商的时候。de Meza（2002）是该理念的应用者之一，他研究信息不对称在驱动资金缺口扩大中所扮演的角色，是许多创业者在想着要注资时所面临的问题。

管理理论、金融和其他方面对于信号传递运用的兴趣与日俱增。简单地说，信号传递发生在代理人告诉委托人，他是某一类人时。（比方说，一个创业者告诉投资者"我是一个优秀的创业者，我的生意会是成功的"。）信号必须不是简单地表明"我是这类人"。为什么代理人可以被相信？任何人都可以说："我将成为一个成功的创业者。"不管有多么真诚，也不能保证这是真的。为了有效，一个信号必须是明确的（如果委托人误读就没有意义了），并且如果它是可以相信的，它必定是只有那一类的代理人才能发出这种信号——我具有这种特质。确保这一点的方法是让代理人在某种信号发送方面成本提高。

一个能够很好地诠释信号传递的例子，并不是来自于管理理论而是来自动物的行为。Alcock（1993），生态学家（一位研究动物行为的生物学家），注意到了当非洲塞伦盖蒂平原的瞪羚被狮子追杀的时候的一些明显奇怪的行为。狮子追捕，杀死并吃掉在羊群中吃草的羚羊。当狮子接近羚羊群时，我们估计羚羊会逃跑。事实上，它们经常这样。但在它们这样做之前：一些羚羊上下大力跳起来的行为被称为"stotting"。这种行为很奇怪，因为这些动物是在浪费能量，这个时候应该专注于怎么逃跑。它们为什么这样做，当我们理解了狮子和羚羊都在进行成本-收益分析后就变得清楚了（当然这是无意识的，是由于自然选择产生的进化行为）。狮子为了生存需要进食。它们猎杀的羚羊越多，它们的能量消耗也越多（所以必须猎杀更多来补充能量）。狮子猎杀成功率是相当低的。狮子可能要多次追逐才能成功。瞪羚也对节约能量感兴趣。从狮子旁边跑开会消耗很多的能量，这些能量要通过吃很多草来补充。所以狮子会喜欢猎杀在羊群中比较弱的或是生病的，因为这更容易得手。因此，健康的羚羊受益于发送信息到狮子：不要猎杀我——我是健康的，体力好的，试试其他羚羊吧。当然羚羊不能直接把这个说给狮子听，即使能说，狮子为什么要相信呢？弱势动物撒谎符合它们的利益取向。但是，通过 stotting，瞪羚实际上在说："你看！我很结实、健康——我可以证明这一点——我很自信我可以逃脱你，我现在准备好了浪费时间和精力，而且仍然会打败你。所以挑别的羚羊吧。"较弱的动物不能冒这种风险。所以狮子的决定最好是猎杀没有 stotting 的羚羊，这个效果正是健康羚羊所要的。健康羚羊对于他们发出的信息能被看到和被正确理解非常自信，以至于狮子冲进羊群时也不费力气去奔跑。类似地，信号传递对于创业的意义将会变得清晰。

信息不对称情况下的合约

我们假设由委托人提供的合约是经过委托人理性思考（能使其效用最大化）之后制定的，同时，这份合约能对理性（同样是效用最大化）的代理人产生足够的吸引力，也就是说，它的价值足够大以至于可以让代理人放弃其他的替代合约。要理解代理人的行为，我们假设代理人的努力是有成本的（负效用），因此，代理人实现效用最大化不仅与他可能获得的价值高低有关，还与获得该价值所必须花费的努力的多少有关。努力的负效用并不意味着人天生是懒惰的，它所表达的是：即使是非常勤劳的人为了获得最大限度的收入都必须付出努力。在信息对称的情况下，委托人要设计这样一个合约并不困难，只需要确定一个固定的金额，以吸引代理人接受这份合约。由于委托人知道代理人是什么类型的，可以观察到（监控）代理人的行为，委托人可以实现自身效用的最大化。但是，在存在道德风险、逆向选择和信号机制的情况下，合约设计就不是那么简单了。我们将不用数学来设计合约，因为他们提出的优化问题在技术上是难以解决的，因而为了解决这些问题，进一步简化假设往往是必要的。

如果存在道德风险，那么提供的合约必须确保代理人的报酬取决于他的努力，否则代理人将尽可能地减少自己的努力，因为他的努力对他获得的报酬没有任何影响，在这种情况下，代理人会通过减少努力来降低成本。所以，合约设计必须保证代理人只能在付出较高努力时才能获得较高的回报。当然，委托人仍然无法监控代理人的行为，道德风险正是由此引起的。因此，委托人必须立足于这一项目的成果：它所创造的价值。然而，该项目的成果并不仅仅与代理人的努力有关，还受到委托人和代理人无法控制（不可预测）的一些因素的影响（这是一个非常现实的假设）。委托代理双方都面对这一风险，委托人通过将代理人的报酬与项目的成果挂钩，将一部分风险转移给代理人。所以，从技术上来讲，合约约定的奖励原则不应该以代理人的努力为依据，而应该参照代理人努力的结果的各种可能性。这一合约与现实社会中投资者和创业者之间签订的合约性质相符。当然，也存在某些合约，投资者同意把大量的资金投入企业，无论经营业绩如何，创业者都可以获得固定数额的报酬，但是这类合约并不常见。事实上，这样的做法没有把创业者当做代理人，而仅仅将他视为一名雇员。创业者必须接受一些风险，并根据工作表现予以奖励。当然，创业者有可能付出最小的努力，仍然让企业获得成功，但是以这样的方式获得成功的概率远远小于更大的努力而取得成功的概率。所以，创业者会意识到付出更大的努力才（更可能）会获得更高的回报。

逆向选择（当代理人可能有几种类型且委托人不能区分这几种类型时）体现了一系列的合约问题，要解决这些问题，委托人可以依据自己需要的代理人类型，提供一系列的合约，每个合约设置不同的奖励。当然，只有代理人知道自己是什么类型的，这样设计合约的诀窍在于代理人将选择能使自己实现效用最大化的合约。委托人倾向于为（在她眼里）最"好"的代理商提供最有吸引力的合约，而给最差的代理人提供不太有吸引力的合约。为了防止所有代理人（不论哪种类型）都希望获得最好的合约，委托人必须引入一种激励机制，这种激励机制对委托人喜欢的代理人类型有激励作用，而对其他代理人有惩罚作用。该合约必须具有"自我选择"能力，这种类型的合约常见于保险合约。

例如，一家保险公司不知道自己的保险合约卖给哪种类型客户，不知道是与好的顾客（那些会尽力保护自己免受合约中所规定的风险，更少提出赔偿请求的客户）签订了保险合约，还是与坏的顾客（那些说："我有保险，所以我可以冒险"，因而更可能提出赔偿请求的客户）签订了保险合约。许多保险公司解决这个问题所采取的方案是：降低那些较少提出赔偿请求的人的保险费用，即"无索赔奖金"。因此，在任何时间客户都有两个选择：一种是提出申索而失去了无索赔红利，另一种是不提出申索而保留无索赔红利。这样的合约可以适用于新创企业的复杂融资交易，即新创企业通过设计包括投资（股权）及贷款融资在内的复杂的金融条款来减少风险。

当存在信号机制时，创业者和风险投资家所处的情况与羚羊、狮子相似（像一切合适的类比一样，这一类比不能在更多领域推广，虽然一些创业者可能会一本正经地点头）。风险投资家希望投资于最好的创业者，创业者想告诉风险投资家"我就是最好的，投资给我"。因此，创业者必须给风险投资家发送信号，告诉他们自己是最好的，而且这种信号只有真正好的创业者才能发送。信号必须是有代价的，要发送这种昂贵的信号，创业者有很多种方式。他们可以提供给投资者高于市场平均水平的回报（这对市场集资来说是很重要的）；创业者还可以聘请顾问及市场研究人员，让他们增加自己的商业计划的说服力。Certo 等（2001）认为首次公开发行股票时，董事会结构体现了公司对未来前景的信心。不过，最常用的方式是创业者将自己的钱投入交易。Prasad 等人（2000）提出了一个正式的"创业者贡献模型"，用该模型作为创业者信号传递的方法。投资者可能更需要一个信号，而非实质性的贡献。这样，创业者的成本（机会和风险两方面）就是透明的了。有一次，我向风险投资家提出了这个问题："在既定的总投资水平的情况下，你希望创业者自己的投资比例为多少？"她深思熟虑后回答说："我认为这与百分比没有太大关系，关键的是成本足够大。"Lee（2001）认为，把企业名称变更为某某"网络公司"，是创业者给投资者传递的一种信号。她发现，回报投资的方法是使公司的股价上升，特别是当更改名称与企业战略方向的变化相关时（虽然这是在互联网泡沫破灭之前；我怀疑类似的研究现在可能有不同的结果）。

要点总结

- 创业者首先和最重要的角色是经济活动的代理人。
- 新古典经济学派对创业者作为独特的经济代理人这一观点没有贡献。
- 其他把创业者作为独特的人群的经济学派包括：
  ——奥地利学派
  ——异类需求理论
  ——差异化优势理论
  ——产业组织经济学
  ——资源基础观
  ——能力基础观

　　——交易费用经济学

　　——进化理论

　　——经济社会学

- 这些学派往往强调新创企业的某个特定方面（有时是互补的）。
- 经济学家就个体的本性和他的社会责任提出了很多假设，许多人如果把发现这些假设作为人们的行为指南，那么这些假设不仅是错误的，而且与事实相违背。社会学家、生态自由主义者以及女权主义者支持这种观点。
- 创业者的行为是由进化强制力量所决定还是在当前的社会文化环境中学习所得，是一件备受争议的事。
- 创业者的道德评判与我们采取的立场有显著关系，这些立场包括：动机主义、道义论者和结果主义。
- 古典经济学假设，所有合约当事人具有相同的知识。事实上，真正的创业者和投资者（代理人）并不符合这一假设。
- 信息经济学的革命性思想在于：合约双方拥有的信息并不相同——信息不对称。
- 信息不对称将导致下列三种情况之一：道德风险、逆向选择和信号传递。
- 理论研究表明解决这些问题最好的办法是：制定投资者和创业者共同分担风险的各种类型的合约。这些合约在现实世界中真实存在。

研究主题

　　本章提出了一些问题，这些问题涉及一系列广泛的社会科学学科。讨论这些问题的技术性越来越强，在创业研究这一领域，有很多比较有趣的问题亟待解决。

创业者的民间经济学

　　大多数经济学理论先被提出，然后这些理论接受实践的检验。"民俗经济"指的不是经济学家的观点，而是"普通人"（那些没有接受过正规经济学教育的人）的信仰和态度。创业者通常就是"普通人"。该项目可能会设计一项调查，以了解创业者自己的信念、经济职能、结果和责任。根据不同的经济学流派，我们将给出相关的命题，并提取出核心思想，然后调查创业者（或希望成为创业者的人）及其对各种命题的赞成度（强烈同意到强烈反对）。一种测量技术，如德尔菲分析，会派上用场。通过分析，可以建立创业者对不同学派经济学思想的态度。创业者民间经济的信念会与某个经济学流派的思想强烈一致吗？会横跨几个学派吗？所有的创业者认为其经济的作用是相同的吗？

创业者和他们的道德判断

　　企业社会责任的研究（以及其对财务绩效的影响）是一个越来越备受关注的研究领域，但是它与道德价值观密切相关：它着眼于创业者的行为（如表达对社会责任的信仰的方式；雇用少数民族和提供儿童设施）。这忽略了创业者的行为动机和行为结果。一个有趣的项目是，对存在道德问题的企业进行描述，描述内容包括创业者的行为动机、具体采取的行为以及这种行为所产生的影响（《金融时报》的文章是一个很好的资源；为了确保该设计涵盖了所有可能的问题，你可以先构建一个简短的个案研究）。选择一小群人，让他们阅读相关文章或案例，然后进行头脑风暴，让他们谈谈对情景中的这些道德问题的看法，以及为什么会产生这样的观点（注意讨论要全面）。然后，分析这次讨论的结果，以动机主义、道义主义、结果论的道德判断为基础进行编码。观察这些道德判断是基于一个单一的评判标准还是建立在多个标准之上？如果有多个标准，那么哪个标准占主导地位？一个好的结论应该突出自己对"研究企业的社会责任和绩效时应该基于的道德标准"的重大意义。

重要读物

关于研究创业的经济学方法的读物非常多，且经常是技术性的。有两篇文章，可以形成有趣的对比：一篇新，一篇旧；一篇采用定位观，另一篇则采用资源基础观，分别是：

Alvarez, S. A. and Busenitz, L. W. (2001) 'The entrepreneurship of resource-based theory', *Journal of Management*, Vol. 27, pp. 755–75.

Smith, C. C. (1956) 'Product differentiation and market segmentation as alternative marketing strategies', *Journal of Marketing*, Vol. 21, pp. 3–8.

推荐读物

Alchian, A. A. (1950) 'Uncertainty, evolution and economics', *Journal of Political Economy*, Vol. 58, pp. 211–21.

Alcock, J. (1993) *Animal Behavior: An Evolutionary Approach*. Sunderland, MA: Sinauer.

Alderson, W. (1957) *Marketing Behaviour and Executive Action*. Homewood, IL: Irwin.

Alderson, W. (1965) *Dynamic Marketing Behaviour*. Homewood, IL: Irwin.

Alvarez, S. A. and Barney, J. B. (2002) 'Resource-based theory and the entrepreneurial firm', in Hitt, M. A., Ireland, R. D., Camp, S. M. and Sexton, D. L. (eds) *Strategic Entrepreneurship: Creating a New Mindset*. Oxford: Blackwell.

Andrews, K. R. (1971) *The Concept of Corporate Strategy*. Homewood, IL: Irwin.

Bain, J. S. (1968) *Industrial Organisation* (2nd edn). New York: Wiley.

Barney, J. (1991) 'Firm resources and sustainable competitive advantage', *Journal of Management*, Vol. 17, No. 1, pp. 99–120.

Ben-Nur, A. and Putterman, L. (1998) *Economics, Values and Organization*. Cambridge: Cambridge University Press.

Bergmann-Lichenstein, B. M. and Brush, C. G. (2001) 'How do "resource bundles" develop and change in new ventures? A dynamic model and longitudinal exploration', *Entrepreneur-ship Theory and Practice*, Vol. 25, No. 3, pp. 37–58.

Certo, S. T., Daily, C. M. and Dalton, D. R. (2001) 'Signalling firm value through board structure: an investigation of initial public offerings', *Entrepreneurship Theory and Practice*, Winter, pp. 33–50.

Chamberlin, E. (1933) *The Theory of Monopolistic Competition*. Cambridge, MA: Harvard University Press.

Clark, J. M. (1940) 'Towards a concept of workable competition', *American Economic Review*, Vol. 30, pp. 241–56.

Coase, R. H. (1937) 'The nature of the firm', *Economica*, Vol. 4, pp. 368–405.

Cockburn, I. M., Henderson, R. M. and Stern, S. (2000) 'Untangling the origins of competitive advantage', *Strategic Management Journal*, Vol. 21, pp. 1123–45.

Commons, J. R. (1924) *Legal Foundations of Capitalism.* New York: Macmillan.

Cooper, A. C. (2002) 'Networks, alliances and entrepreneurship', in Hitt, M. A., Ireland, R. D., Camp, S. M. and Sexton, D. L. (eds) *Strategic Entrepreneurship: Creating a New Mindset.* Oxford: Blackwell.

Cowen, T. and Parker, D. (1997) *Markets in the Firm: A Market-Process Approach to Management*, Institute of Economic Affairs Hobart Paper No. 134.

Da Empoli, A. (1931) *Theory of Economic Equilibrium: A Study in Marginal and Ultramarginal Phenomena.* Chicago: Christiano & Catenacci.

De Meza, D. (2002) 'Overlending', *Economic Journal*, Vol. 112, pp. F17–F31.

Dierickx, I. and Cool, K. (1989) 'Asset stock accumulation and the sustainability of competitive advantage', *Management Service*, Vol. 35, pp. 1504–11.

Foss, N. J. (ed.) (1997) *Resources, Firms and Strategies: A Reader in the Resource-based Perspective.* Oxford: Oxford University Press.

Ferguson, P. R. and Ferguson, G. J. (1998) *Industrial Economics: Issues and Perspectives* (2nd edn). Basingstoke: Palgrave.

Ghemawat, P. (1997) *Games Businesses Play: Cases and Models.* Cambridge, MA: MIT Press.

Granovetter, M. (1985) 'Economic action and social structure: the problem of embeddedness', *American Journal of Sociology*, Vol. 91, No. 3, pp. 481–510.

Gompers, P. and Lerner, J. (2002) *The Venture Capital Cycle.* Cambridge, MA: MIT Press.

Hamilton, W. H. (1932) 'Institution', in Seligman, E. R. A. and Johnson, A. (eds) *Encyclopaedia of the Social Sciences*, Vol. 8. Guildford, CT: Dushkin.

Hannan, M. T. and Freeman, J. (1977) 'The population ecology of organisations', *American Journal of Sociology*, Vol. 82, No. 5, pp. 929–64.

Hausman, D. M. and McPherson, M. S. (1996) *Economic Analysis and Moral Philosophy.* Cambridge: Cambridge University Press.

Hayek, F. A. (1948) *Individualism and Economic Order.* Chicago: University of Chicago Press.

Hodgson, G. M. (1993) *Economics and Evolution.* Ann Arbor, MI: University of Michigan Press.

Hunt, S. D. (2000) *A General Theory of Competition.* Thousand Oaks, CA: Sage.

Johnson, S. and Van de Ven, A. H. (2002) 'A framework for entrepreneurial strategy', in Hitt, M. A., Ireland, R. D., Camp, S. M. and Sexton, D. L. (eds) *Strategic Entrepreneurship: Creating a New Mindset.* Oxford: Blackwell.

Jones, O. and Tilley, F. (2003) *Competitive Advantage in SMEs.* London: Wiley.

Keppler, J. H. (2001) 'Attilio da Empoli's contribution to monopolistic competition theory', *Journal of Economic Studies*, Vol. 28, No. 4/5, pp. 305–23.

Kirzner, I. M. (1973) *Competition and Entrepreneurship.* Chicago: University of Chicago Press.

Kirzner, I. M. (1979) *Perception, Opportunity, and Profit: Studies in the Theory of*

Entrepreneurship. Chicago：University of Chicago Press.

Kirzner, I. M. (1982)'Uncertainty, discovery and human action', in Kirzner, I. M. (ed.) *Method, Process and Austrian Economics：Essays in Honor of Ludwig von Mises.* Lexington, MA：Lexington Books.

Kirzner, I. M. (1985)*Discovery and the Capitalist Process.* Chicago：University of Chicago Press.

Kirzner, I. M. (1997)*How Markets Work：Disequilibrium, Entrepreneurship and Discovery*, Institute of Economic Affairs Hobart Paper No. 133.

Lee, P. M. (2001)'What's in a name? The effects of". com"name changes on stock prices and trading activity', *Strategic Management Journal*, Vol. 22, pp. 793–804.

Little, I. M. (2002)*Ethics, Economics and Politics.* Oxford：Oxford University Press.

Lydall, H. (1998)*A Critique of Orthodox Economics：An Alternative Model.* London：Macmillan.

Macho-Stadler, I. and Perez-Castrillo, J. D. (2001) *An Introduction to the Economics of Information：Incentives and Contracts*(2nd edn). Oxford：Oxford University Press.

Makadok, R. (2001)'Towards a synthesis of the resource-based and dynamic capability views of rent creation', *Strategic Management Journal*, Vol. 22, pp. 387–401.

McCarthy, E. J. (1960)*Basic Marketing：A Managerial Approach.* Homewood, IL：Irwin.

McDaniel, B. A. (2005)'A contemporary view of Joseph A. Schumpeter's theory of the entrepreneur', *Journal of Economic Issues*, Vol. 39, No. 2, pp. 485–489.

Minniti, M. and Bygrave, W. (1999)'The microfoundations of entrepreneurship', *Entrepreneurship Theory and Practice*, Vol. 23, No. 4, pp. 41–52.

Mumby-Croft, R. and Hackley, C. E. (1997)'The social construction of market entrepreneurship： a case analysis in the UK fishing industry', *Marketing Education Review*, Vol. 7, No. 3, pp. 87–94.

Myers, J. H. (1996)*Segmentation and Positioning Strategies for Marketing Decisions.* Chicago： American Marketing Association.

Nelson, R. R. and Winter, S. G. (1982)*An Evolutionary Theory of Economic Change.* Cambridge, MA：Belknap Press.

Ofek, H. (2001)*Second Nature：Economic Origins of Human Evolution*, Cambridge：Cambridge University Press.

Penrose, E. T. (1959)*The Theory of the Growth of the Firm.* London：Basil Blackburn & Mott.

Porter, M. E. (1980)*Competitive Advantage.* New York：Free Press.

Porter, M. E. (1985)*Competitive Strategy.* New York：Free Press.

Powell, T. C. (2001)'Competitive advantage：logical and philosophical considerations', *Strategic Management Journal*, Vol. 22, pp. 875–88.

Prahalad, C. K. and Hamel, G. (1990)'The core competencies of the corporation', *Harvard Business Review*, May/June, pp. 79–91.

Prasad, D. , Bruton, G. D. and Vozikis, G. (2000)'Signalling value to business angels：the proportion of the entrepreneur's net wealth invested in a new venture as a decision signal', *Venture Capital*, Vol. 2, No. 3, pp. 167–82.

Quinn, J. B. (1978) 'Strategic change: Logical Incrementalism', *Sloan Management Review*, Fall, pp. 1–21.

Rawls, J. (1971) *A Theory of Justice*. Cambridge, MA: Belknap Press.

Robinson, J. (1933) *The Economics of Imperfect Competition*. London: Macmillan.

Rosen, S. (1997) 'Austrian and neo-classical economics: any gains from trade?', *Journal of Economic Perspectives*, Vol. 11, No. 4, pp. 139–52.

Sandler, T. (2001) *Economic Concepts for the Social Sciences*. Cambridge: Cambridge University Press.

Selznick, P. (1957) *Leadership in Administration*. New York: Harper & Row.

Sen, A. (1995) *Inequality Re-examined*. Oxford: Clarendon Press.

Sen, A. (1999) *Development as Freedom*. Oxford: Oxford University Press.

Smith, C. C. (1956) 'Product differentiation and market segmentation as alternative marketing strategies', *Journal of Marketing*, Vol. 21, pp. 3–8.

Stiglitz, J. E. (2000) 'The contribution of the economics of information to twentieth century economics', *Quarterly Journal of Economics*, November, pp. 1441–78.

Sumner, L. W. (1996) *Welfare, Happiness and Ethics*. Oxford: Oxford University Press.

Van de Ven, A. H. and Garud, R. (1989) 'A framework for understanding the emergence of new industries', *Research on Technological Innovation*, *Management and Policy*, Vol. 4, pp. 195–225.

Von Mises, L. (1949) *Human Action: A Treatise on Economics*. New Haven, CT: Yale University Press.

Von Stackelberg, H. (1933) *Marktform und Gleichgewicht*. Vienna: Springer.

Wagner, R. E. (2001) 'Competition as a rivalrous process: Attilio da Empoli and the years of high theory that might have been', *Journal of Economic Studies*, Vol. 28, No. 4/5, pp. 337–45.

Wilcox-King, A. and Zeithaml, C. P. (2001) 'Competencies and firm performance: examining the causal ambiguity paradox', *Strategic Management Journal*, Vol. 22, pp. 75–99.

Williamson, O. E. (1994) 'Transaction cost economics and organization theory', in Smelser, N. J. and Swedberg, R. (eds) *The Handbook of Economic Sociology*. Princeton, NJ: Princeton University Press, pp. 77–107.

Williamson, O. E. (1996) *The Mechanisms of Governance*. Oxford: Oxford University Press.

Yu, A. F. (2001) 'Towards a capabilities perspective of the small firm', *International Journal of Management Reviews*, Vol. 3, No. 3, pp. 185–97.

Zafirovski, M. (1999) 'Probing into the social layers of entrepreneurship: outlines of the sociology of enterprise', *Entrepreneurship and Regional Development*, Vol. 11, No. 4, pp. 351–71.

📖 精选案例

案例5.1　　　　　　　　全新的能源选择——逆流而上

文/Kevin Allison

这个冬天，一家小型清洁能源企业绿色能源公司（Verdant Power）的一支工程师队伍将聚集在一个位于曼哈顿区和皇后区之间的旧海运集装箱中，计算游过纽约东河的鱼的数量。

这一创业者团队规模虽小，却十分专注。他们正在努力让世界——以及华尔街——了解潮汐能的优势。

"仅仅在观察鱼类上，我们就将投入超过 100 万美元。"绿色能源公司的首席执行官 Ronald Smith 说。这项研究由绿色能源公司执行，并得到了纽约州及其他几个调研发展小组的帮助，旨在平息环境保护主义者们关于该公司的水下测试涡轮机会伤害当地鱼群的担忧。

绿色能源公司声称，公司已经竭尽全力确保它的涡轮机不会对鱼群产生影响。

如果一切按照计划进行，在未来的 12～18 个月中，绿色能源公司将在曼哈顿区和皇后区之间有潮汐的河口安装多达 200 台涡轮机，这将成为美国有史以来最大规模的潮汐涡轮机技术实地试验。在这里，充当"水下风车"的涡轮机，将利用自然涨潮和退潮来为当地的超市和附近的停车场提供能源。

绿色能源公司正在寻找 1 500 万美元的资金来帮助它们进行商业规模的涡轮机生产。但是产业专家却说，它还需要一场艰苦的奋战。

多亏了极高的能源价格和对全球变暖的持续关注，清洁能源今年几乎是"闪亮登场"。一家清洁能源顾问公司新能源财经，预计 2005 年全球对于清洁能源的投入总额将达到 420 亿美元。

当混合动力汽车和风力涡轮机等绿色技术的需求不断飙升时，对潮汐能的投入却明显滞后。

"这一技术还没有被证明有价值，但这一行业的特性却决定了它需要筹措债务资金。"新能源财经公司的首席执行官 Michael Liebreich 说。问题是，债务投资人并不敢向未经过测试的技术投资。

"在你认为你拥有一项前途无量的技术和这一项目被充分证明值得投资这两个时间点之间，存在一个财务上的'死亡之谷'。"Liebreich 先生说。

"通常穿过这一死亡之谷的唯一方法就是寻找有眼光的长期投资者，像得到政府支持，或找到一个在资产负债表上表现得非常稳健且注重长期发展的公司。"

但是当美国不再将潮汐能列入新能源生产核心技术免税名单之后，这样有眼光的人似乎越来越少了。这一免税补贴得益于最近炙手可热的风力发电站和太阳能。

根据新能源财经公司的估计，税金免除加上各州不同的激励机制，一共可以占到普通风力发电项目 65% 左右的成本，仅仅税金免除一项，就占到了一半以上。没有这种支持的潮汐能项目想获得吸引力将会非常困难。

在英国，政府的支持使一家潮汐能竞争公司海流涡轮机（Marine Current Turbines）即将完成其涡轮机在英国西南部德文郡海岸的实地试验，但是这一技术尚未实现商业化。从长远来看，绿色能源等公司的成败将取决于它们是否能够吸引到所需的投资，将潮汐系统成本降低到与风能和太阳能项目在价格方面有竞争力的程度。不过如果没有更高的公众认可度和更广泛的政治支持，要做到这一点很难。

能源产业调研和发展组织电力研究院（ERPI）的 Roger Bedard 正在与绿色能源公司共同进行东河项目。他认为，政治上的不确定性依然使美国的再生能源产业蒙受阴影。

"在欧洲，已经有明确陈述的激励机制。如果未来依然那么不确定，没有人将会在美国投资。"他说。

Bedard 先生说 ERPI 最近的一项研究表明，如果潮汐涡轮机能够以商业规模生产，在某些区域潮汐能源系统将比海岸风能更加高效。

其中一个原因是可预见的。风力每天甚至每时都会发生变化，但是潮汐却与太阳和月亮的位置直接相关，能够提前几年得到精确计算。

想要获得与风力涡轮机相同产量的动力，仍然需要建造大量潮汐涡轮机。"它们需要拥有整个发电站的涡轮机，"德国北德州银行结构性融资部门的高级副总裁 Bruno Mejean 说，"规模经济还没有得以实现。"

"这是最后一种我们还没有认真考虑的重要能源来源，"Bedard 先生说，"我想现在是时候了。"

Source：Kevin Allison，'An alternative energy supply swimming against the tide'，*Financial Times*，21 December 2005，p. 9. Copyright © 2005 The Financial Times Limited.

案例 5.2　　　　　　　　　　从诺丁山开始打破常规

文/Laura Cohn

在伦敦市诺丁山的中心，一座不起眼的灰色大门和一间传统的马厩房后面，藏着一栋半是极简主义的奇迹，半是家庭住宅的建筑。

这座不寻常的 L 形建筑，主体是长长的玻璃墙，以清新的白漆绘制框架，是英国资产创业者 Johnny Sandelson 和伦敦建筑师 Seth Stein 合作的结晶。院子里有两张桌子形成对比——一张成人使用的大桌子，还有一张为儿童准备的小桌子——色彩明亮的玩具零星散落在周围。"好的房子既要舒适，又要赏心悦目。"三个孩子的爸爸 Sandelson 说道。

从街道外面看，很难想像这样一个以维多利亚时代成排的梯田闻名的区域，竟存在如此现代的建筑。穿过毫无特点的大门，从鹅卵石小路上走下来，游客首先来到了原始的棕色石砌马厩房，现在它已经被作为办公室和酒窖了。除了 1972 年 Sandelson 行驶中的白色 Alpha Romeo 跑车之外，这一场景毫无疑问也是历史性的。

然而从这里开始，东西变得现代得多了。在马厩房的左边，就是长长的玻璃墙，墙中央大型的玻璃门展现了"L"形建筑较短一侧开放的厨房和起居室。悉心栽培的植物点缀着木制的露天平台和部分屋顶。

在荷兰公园出生并曾在白金汉大学学习历史的 Sandelson 一直对现代建筑有着狂热的爱好。他的妻子 Mary 是一名作家，她说从她遇见他的那一刻起就知道，有一天他一定会亲手建造属于自己的家。

资产管理是一份很赚钱的职业。Sandelson 将他继承到的位于切尔西的公寓抵押借款，用 10 万英镑在伦敦中心买了一块地，开创了他自己的公司。从那以后，他已经投资了超过 1 000 例住宅和商用房产规划，大部分是在他的家乡，并创办了一家房间可购置出租的宾馆 GuestInvest。"勿忘初心。"作为解释，他重复了投资专家 Warren Buffett 著名的格言。

他选取了一块有着四五个曾经作为马厩使用的房子的地方，作为未来的家。"我一直很喜欢这些邻居。"他解释说。

不过在与 Stein 一起工作的时候，Sandelson 下决心要设计出一个出人意料的空间——既现代又有趣。在沿着院子走动时，他举了一个例子：在精细的深色木制平板下，隐藏一个小型游泳池。他为孩子们安置了这个，但他承认自己偶尔也会用一下。

另一个例子：这座建筑的形状，以及它从地板到天花板，从门到窗统统都是玻璃的设计，这意味着居住者在一楼可以一直看到外面发生了什么。似乎是为了强调这一点，Sandelson 坐在起居室的沙发上，透过玻璃向他在厨房里的两岁的儿子 Sacha 挥手。这个有着乱乱的金色卷发，穿着 UGG 靴子的小孩，立刻开心地跑过来加入游览。

从某种意义上说，起居室是整栋居所的缩影。第一眼看过去，它似乎极其简单。顶部是高高的天花板。三个皮沙发——其中两个是深巧克力色，另一个是白色的——以 U 形的摆设环绕棕色的粗毛地毯。一个斯巴达式的气壁炉打断了空白一片的墙壁。在相邻的墙壁上，四幅大型方格画上满满填充了蓝、黄、红、橙四种颜色。再下一面墙，在中心沙发后面，是一个嵌入式的大型白色架子，上面放满了家庭照片和关于毕加索、波斯艺术以及 20 世纪建筑的书。Sandelson 先生 7 岁的女儿 Florence 滑着滑板进来，给我们拿来巧克力曲奇，让气氛变得更加轻松欢乐。

从起居室可以去到二楼。在一面被漆成红色的墙的下面，是由美国胡桃木建造的楼梯。楼梯通往一条 120 英尺长的窄窄走廊，这座房子的 6 个卧室就分列走廊两边。主卧室有 800 平方英尺，包括一间浴室。那里有一张嵌有夫妻水池的长型石灰岩台面，上面是一个天窗。（Sandelson 提到因为他 6 英尺 3 英寸的身高，台面比一般的要高一点。）甚至连淋浴都延续了这座房子透明的主题，这里有一个小窗户，透过它可以看到外面的植物。"在伦敦能够看到绿色真好。" Sandelson 先生说，他在康沃尔也拥有一套 Stein 设计的用于周末度假的房子。

在看过他女儿充满芭比式粉色家具、鲜艳明亮的房间之后，Sandelson 来到了第三层。这一层包括他妻子的工作室以及 9 岁的儿子 Jacob 的卧室。

Sandelson 先生解释说，他的目标是打造充满阳光、空气流通的房子，同时让家中的每一个人都能拥有自己的独立空间；大人和孩子都有一个地方可以工作和玩耍。他已经和 Stein 合作过很多项目，这次委托 Stein，是因为他既是一位"家庭建筑师"，又是一位现代主义的艺术家。这座房子在 2000 年建成。

Sandelson 的黑莓手机几乎是粘在他的手上。他说他正在尝试把相同的创新精神带到他的公司中去，包括开发住宅和经营 GuestInvest 宾馆。在这个酒店中，公司或个人可以"购买"酒店的房间，每年在这里住 52 个晚上，剩余的时间出租并获得 50% 的收入。这一业务链上的第二家宾馆 Nest，将被建造在帕丁顿车站附近，计划于 2007 年开业。他希望把这一概念带到国外的城市，下一步包括马德里和孟买。

对于一个从主要工作是计算烘豆库存和冲洗照片的商业调研员起步开始职业生涯的人来说，这一切听起来确实非常迷人。可是，从那时起到新家落成，Sandelson 已经走过了太多的路。

Source：Laura Cohn，'Breaking the mould in Notting Hill and beyond'，*Financial Times*，4 February 2006，p. 13. Copyright © 2006 Laura Cohn.

热点问题讨论

对比"创新型"创业者和"交易型"创业者的经济功能。在现代社会中这两者之间可能明确划分界线吗？

第 6 章

创业与经济发展

本章概要

　　经济发展及其带来的成就与后果，是当今世界所关注的最重要问题之一。本章将探讨创业者、创业精神和创业过程在促进经济发展过程中所扮演的角色。同时，本章还将讨论特定文化因素对于创业导向、创业绩效的影响。

6.1　创业、经济绩效与经济增长

　　自 18 世纪初工业革命以来，世界呈现出快速走向富裕的趋势。生产与开发技术的发展以及组织的出现，都对生产力的提升产生了重要推动作用。我们比爷爷奶奶富裕了很多，而他们也比他们的爷爷奶奶富裕了很多。通常，经济增长被认为是这个时代最美妙的事情，它为我们创造了财富、带来了健康、促进了教育、延长了寿命、直接或间接地降低了婴儿死亡率，使社会更加民主、男女更加平等，同时有利于人们全面发展。

　　发展经济学，作为经济学的一个分支，诠释了这些改变为什么会出现以及怎样发生的。发展经济学有三个相互关联紧密的分支：第一个分支是纯理论分支，用以阐明生产力为何会增长以及这种增长是如何促进财富创造的；第二个分支是纯实证分支，用以提出不同的计量经济技术以研究投入因素（如技术、创业者的数量、获取资源的路径等）与经济成长的相关性；第三个分支是政策分支，用以指导地方政府、国家、跨国机构（如世界银行和国际货币基金组织）制定最好的政策以促进经济发展。发展经济学关注于经济系统的多个层面：可能是一个社区、一个城市、一个区域，或者一个国家、一系列国家，甚至整个全球经济系统。同时，发展经济学也研究特定文化下或特定领域内经济的发展，旨在探索同一领域内不同群体的发展特征——如农村地区与城市地区经济体的比较；或者关注于特定产业的发展特征——如制造业与零售业。

　　长期以来，发展经济学并没有引起学界的足够重视，直到现在，在一些因素的推动下，发展经济学正在逐步受到广泛的关注。第一，苏联解体，解体后产生的这些国家的领导人不得不思考如何最有效地加入全球经济竞争；第二，非洲的落后——一些非洲国家未能成功跟上世界经济增长的热潮，给西方国家以及跨国机构的政策制定者带来了挑战；第三，传统经济发展的有利条件正在消失，以破坏环境、扩大贫富差距以及阻碍经济全球化为代价的发展方式受到了越来越多的挑战（事实上，这些挑战的声音可能更多地来自于那些从传统经济发展方式中受益最多的国家）。

　　与经济发展相关的问题不胜枚举，本章将主要集中关注创业者和创业过程在经济发展中所起到的作用。那么，创业者在经济增长过程中究竟扮演怎样的角色呢？由于研究的局限，并不存在对于这个问题简单、一致性的答案。第一，在哪些因素成就了创业者这一问题上，并不存在一致性的答案；第二，社会-经济系统极其复杂，以至于很难分辨出究竟什么是原因、什么是结果以及二者是如何联系在一起的；第三，由于一些其他经济组织（如政府、大型资本机构、社交网络等）对于经济发展同样起着重要作用，它们的作用可能大于或小于新创企业，关于究竟什么是经济增长的主要推动力这一问题还存在一些争论。

于是，两种极端立场出现了。一方面，中央计划经济体制作用甚微的一个明显原因是，新创企业被认为没有存在的必要性。由于创业者的极其匮乏，这些国家的经济增长极度缓慢甚至倒退。另一方面，在一些完全自由的市场中，新创企业被广泛地倡导，经济却似乎同样没有充分发展。因此，一些实力雄厚的经济体应运而生（有时被称为富豪统治者），它们并不是通过在自由市场中自主创业而实现的，而是通过对垄断性资源的开发来获得成功。可见，如果没有政府提出并实施一些鼓励和限制政策，创业也很难被推行。创业者在经济增长过程中可能确实起到了重要作用，然而，这种作用往往离不开经济系统中的其他主体，并且受到创业者与其他主体相互关系的影响。

那么，创业者在经济增长过程中究竟扮演什么样的角色呢？确切定义创业者角色所存在的困难在 1.3 节已经详细说明，这里将从发展经济学家的视角重新审视这个问题。和经济学的其他分支一样，发展经济学来源于古典（以及奥地利学派）经济学。而在古典经济学的基础上研究创业者存在诸多困难：创业与经济发展本质上是两个动态的经济概念，它们存在的意义在于经济系统的不断改变，而古典经济模型本质上却采用了静态的视角。只有将创业视为"管理"的一种形式，或许才勉强能使用古典经济模型来解释新创企业。

暂且跳出静态研究的框架，很多对发展问题感兴趣的经济学家对创业者在经济发展过程中所扮演的角色持有不同的看法。Joseph Schumpeter（约瑟夫·熊彼特，1934）和 Isreal Kirzber（1973）关注于创业者在识别未被发现的机会过程中所扮演的角色；Frank Knight（1921）认为创业者在承担特定风险的过程中起到了重要作用；John Harris（1973）提出创业者能够提高特定项目被执行的可能性；Harvey Leibenstein（1968）则强调了创业者在空白市场中创造市场的重要能力。最后，产业组织视角关注于创业者在限制和管辖垄断过程中所扮演的角色，从而减少社会福利的损失。

经济学的研究倾向于探索新创企业所进行的程度、国民富裕程度与经济增长这三者之间的关系。而这种研究至少在两个方面具有一定的困难与挑战性。首先，关于如何定义创业者存在一定争论，很多学者将自我雇佣（自谋职业）作为创业者的一项标准；然而，自我雇佣与创业者并不必然相同。自我雇佣率可能受到课税政策的影响而发生歪曲：在一些地区，课税政策对那些声称自我雇佣者实行优惠；而在其他地区，这类群体却可能被划分为雇员。也就是说，这些研究揭露了一些现象，尤其是与当前一些更主流的解释经济增长的理论相比较而言。例如，主流理论认为，拥有能够在市场上交易的自然资源的丰富程度对于国民财富和经济增长起到了决定性的作用，然而，事实有时并非如此。那些拥有大量自然资源的国家通常比较贫穷（像俄罗斯、尼日利亚），而那些自然资源比较贫乏的国家反而比较富裕（瑞典、冰岛、卢森堡）。

其次，困难在于分辨因果关系。到底是创业者的出现带动了区域经济走向富裕，还是富裕的区域经济推动创业行为的出现？经济学家通常擅长发现事物之间的相关性，然而在因果方向的挖掘方面却面临一些困难。

总之，在一定程度上发展经济学达成了一定的共识，即探索经济增长的主要因素并不是排除政府的作用，而是应该认识到政府在实施有效、稳定、言行一致的治理过程中所扮演的重要角色。

6.2　国家治理与创业

学者们已经花了2 500多年来争论政府的合理角色应该是什么。而与社会中的其他机构不同，政府通常是自己定义自身的角色。环视全球各国，非常明显的是，政府正在通过各种不同的方式定义它们的角色。甚至在自由多元的西方国家当中，美国政府的角色与英国政府相去甚远，而后者又与法国、意大利、斯堪的纳维亚等国家也有着多多少少的差异。

学者们越来越清晰地认识到，英明的政府是明星般的创业阶层出现的必要条件（而不一定是充分条件）。为了制定出英明的政府政策，可以从以下几个方面来审视政府与创业之间的关系。

合法的创业活动

首先，作为最重要的前提，创业活动必须是合法的。一些中央计划经济体在过去和现在将创业活动认定为违法行为——虽然并非针对全部创业行为。即使在一些创业者受到法律认可的地区，立法的现状（例如破产法）也会对什么是可接受的、什么是不可接受的发出不同的信号，同样影响创业活动的合法性。

公共部门的规模

即使在自由民主主义盛行的欧洲，公共部门也将支出国家财富总额的40% ~ 50%。而高额的政府支出会从两个方面限制创业者的创业活动。第一，公共部门的支出必须有一定的收入来源，这便意味着税收；高水平的税收对创业活动的积极性将起到一定的打压效果。第二，如果由政府部门担任一些社会职能、提供一些社会服务（这通常意味着一种垄断的权力），那么创业者将失去这个领域内的机会，因此，创业者被"挤了出去"。针对这种情况，一种解决办法便是很多政府尝试着将公共服务市场化，从而鼓励创业者进入这些服务领域。

关税与贸易壁垒

商品与服务的分布以及资本流动的程度已经呈现出一种越来越全球化的态势（劳动力的流动并非如此）。当下的创业者已经越来越具有全球化的视角，因此关税和贸易壁垒将缩小创业者眼中的市场规模，并限制创业者寻求更多的机会。大多数政治家已经认识到这一点，世界贸易组织（WTO）因此成立并以减少贸易壁垒为己任。然而，一些观点认为，创业者实际上从贸易壁垒中受益，因为贸易壁垒使他们能够在本国市场上拥有一定的根据地；西方国家的强劲经济实力可能就是在其经济增长早期保护自身免受竞争所带来的结果。然而，这种说法实际上备受争议，这里并不打算详细讨论。需要指出的是，当一部分创业者被"保护"起来的时候，实际上，另一部分创业者正在承担着这种关税政策所带来的恶果。不仅如此，并没有明显的证据表明那些被保护产业在早期就呈现出好的发展态势（例如，英国的造船、纺织和汽车制造业就是典型的例子）。

税收政策

正如前面所述，税收与公共部门的规模密切相关。然而，税收对经济活动的影响过程更为复杂。经济学家亚瑟·拉弗（Arthur Laffer）曾提出著名的观点：如果征税额度降低为 0，那么政府的收入将降低至 0；相似地，如果对所有的经济活动都征收 100% 的税，政府的收入也将降低为 0，原因是没有人会有动力从事任何经济活动。因此，他认为，政府收入对税收水平的函数关系呈现出一条向下开口的 U 形曲线（如图 6.1 所示）。如果税收水平过高，政府将分出一部分蛋糕——降低税收，从而激励经济活动，包括创业活动和其他经济活动——从而提高财政收入。这种观点常常被一些政治家用于经济政策，用以激励"供给方的改革"。例如，美国前总统里根、英国前首相撒切尔夫人等。

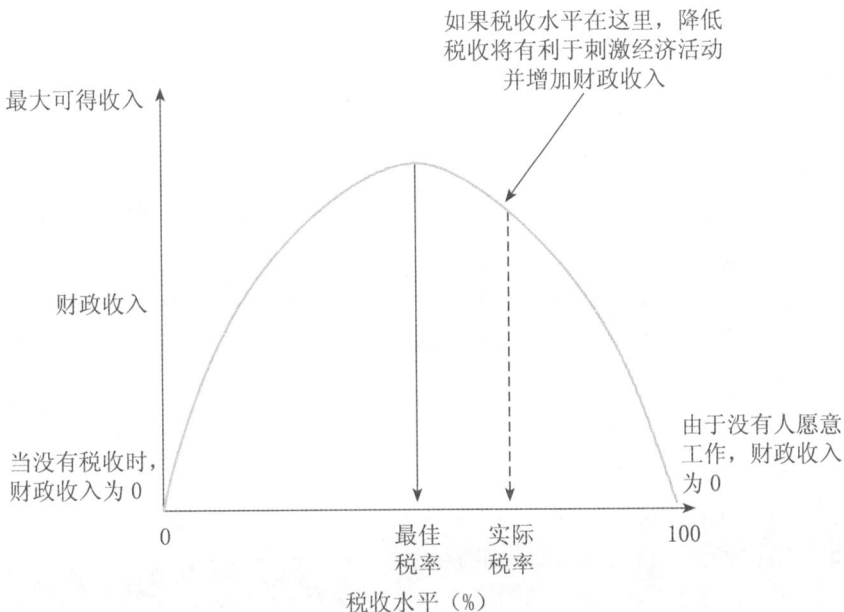

图 6.1　拉弗曲线

然而，直至今天，拉弗观点的合理使用范围仍然备受争议。税收带来了一系列其他问题。到底什么样的主题或者什么样的活动应该被要求纳税？个人收入、公司购买商品或服务或者公司内部交易？对于这些问题并没有确定的简单答案。对个体征税将对整个经济活动起到抑制作用；过高的税收水平将为创业活动蒙上一层阴影，甚至造成经济倒退，从而导致政府实际上并没有获得足够多的税收，并歪曲创业者的最佳战略选择。对商品或服务计税则会减少交易的数量。此外，政府将其税收收入用于何处同样有重要意义。将税收收入用于创业孵化将使得创业者直接获益；分配给消费者则可以提升他们的购买力，从而间接为创业者创造机会。对市场上现有的公司进行补贴，反而会为创业者的进入设置壁垒。

波罗的海周边国家就是践行平稳税率的典型代表：对公司收入免税，而对所有的经济交易活动征收几乎同样额度的税率，因此在经济增长方面取得了显著的成就。

招商引资政策

钱就是钱！创业者迫切需要的用来投资于其公司创立与成长的资本不仅可以来源于本国，也同样可以来源于国外。当前取得举世瞩目的经济增长的中国，便是受益于其吸引的大规模国外直接投资。然而，一些政府却对其外来投资政策进行直接或间接的改革（例如，一些政府要求所有权必须保留在本地企业当中），导致了必然的不利结果，资本受到了限制，创业者也很难得到其所需要的资金。因此推高了资本价格，并限制了创业者发起一些本来可以实现的项目。

财政供给

即使在当地资本系统内部，政府部门也通过直接或间接的方式掌握着资本的供应。一方面，政府可以直接通过限定性的法规来控制银行部门；另一方面，政府还可以通过间接实行政策，从而引起高的通货膨胀率或高利率。高的通货膨胀率或利率水平将抬高资本的价格，并对创业活动起到一定抑制作用，同时还降低了当地货币的价值。这虽然有利于出口创业者获得优势，但给那些必须进口的企业带来了较大困难。

法制环境

法制，是政府本能性的管理方式之一，为政府提供了基本的治理方法。然而，一般来说，法律同时会给创业者带来负担。"红线"的设定要求创业者花更多的时间、成本来予以应对，同时，它还会限制创业者的活动。创业者在应对法制压力方面往往逊色于一些大的、成熟的企业，这些大企业通常拥有更多资源管理法制方面的事务，具有一定规模经济性，并且在应对与它们相斥的法律时能够在谈判中占据一定有利地位。

不同强度的法制压力所带来的影响往往大不相同。如果法制造成的负担太大，创业活动就会陷入灰色甚至黑色区域；而如果法制负担只是停留在"白色"区域，则只会从最基本的层面上影响创业活动的战略方向。例如，在一些国家或地区（像印度），公司在拥有一定数量的员工之后，再增员就必须得到政府的审批。显然，这种制度造成了一定经营成本。因此，创业者通过将其员工数量限制在政府规定标准以下，来避免为通过政府审批而造成的不必要成本；适当限制公司的成长速度便成为一项基本的战略目标。

关税政策

正如《圣经》中所提到的，政府部门获取资本的最原始方法是对那些输入或输出其领域的商品征收关税。然而，关税对经济活动却起到了一定的阻碍作用。由于创业者将商品输出本国时需要缴纳关税，这限制了创业者所面对的市场的规模。同样，由于输入的商品同样有关税负荷，创业者的经营成本提高了。不仅如此，高关税还可能滋生走私行为。一些观点可能认为走私也是一种创业活动。然而，需要指出的是，即使他们是创业者，也是战略动机扭曲的创业者；因为他们的主要动机可能并不是创造价值，而是避免被抓。

种族与宗教歧视

种族与宗教歧视虽然很少出现在政府政策的明文规定中，但是出于平民主义的考虑，政府常常鼓励也会采用这种政策。不幸的是，那些最具创业精神的种族群体往往也最可能成为这种政策的目标群体。历史上发生的种族歧视事件是悲惨而可怕的。犹太人的历史就是最著名而悲惨的例子。

腐败

如果要列举仅仅一项政府限制创业活动的不良政策，那一定就是腐败了。在不同的地区，腐败的程度和标准也会不同。在西方，一位政绩平平的政府官员如果用公款度假，那一定会引起轩然大波；在一些其他的地区，腐败的行为则可能非常流行并且成为地方特色，以至于政府官员被贴上"盗窃犯"的标签。

腐败行为从不同方式、不同程度上对创业活动造成不良影响。首先，在交易过程中，创业者通常通过行贿的方式来换取行政审批的资格；其次，那些行贿的资金往往被存入国外的安全账户当中。而这两种情况下，行贿都像税收般增加了经营成本、缩小了经营范围并遏制了创业者的经营动机，从而创业者投资于当地企业的可能性将会非常小。最后，腐败可能会扭曲行为方式。"盗窃"通常形成一小部分富裕的官僚阶层，却造成一大批贫穷的公民群体。那些本来有创业天赋的个体却因此可能致力于加入这种富裕的官僚阶层而放弃了创新和创业事业。

正是基于上述原因，英明的政府治理方式、公平的制度政策和有效的法律应该作为政府部门制定政策以促进经济发展的首要考虑因素。因此，一个作用显著的创业支持部门所发挥的激励作用不仅仅是一个简单的目标，更具有决定性的作用。

6.3　国家文化与创业意向

> **重要学习目标**
>
> 认识到创业行为受到一系列文化和社会因素的影响，但并非完全由这些因素所决定。

创业者并不是像机器人一样盲目地实现一项经济功能的。他们必须考虑除了追求机会与经济效率以外的其他很多问题。创业者的经济活动嵌入在社会活动当中，他们定义了文化，并在一定程度上被文化所定义。对文化的分析属于人类学的范畴。人类学家的研究视角正在被越来越多地用于研究商业行为与商业绩效。引起这种兴趣增长的其中一个原因是一些国家和地区经济的高速增长。当前太平洋沿岸的一些国家快速增长的经济作为很好的典范正在广为传颂，正是一系列结构性的、社会的、文化的因素促进了这种成功。

在当前许多国家和地区出现经济危机的背景下，关于文化是否起重要作用的讨论热潮再次掀起。一些争论认为，如果文化因素能够解释企业的长期成功，那么这些因素对于解释企业的短期失败起怎样的作用呢？同样作为基础因素，社会因素与经济因素是如何共同起作用的呢？一些学者认为文化因素相对于当下的基本经济现实起到的作用实际上是微不足道的。

文化并非像一个有形物体那样能够直接观察到，关于文化的研究并不是直观进行的。文化是我们赋予其含义并用来解释这个世界的抽象概念，而不是我们可以直接通过实验来观察的实体物质。在社会科学研究的领域内，关于文化差异在多大程度上会造成有价值的影响仍然争论不休。其中，一种极端观点认为，文化只是一个微不足道的角色，最多只是人们心智感应单元的"冰山一角"；因为人类都是由一些共同的祖先进化演变而来，而且并没有足够的时间让不同的群体在进化过程中产生巨大的差异。另一种极端观点认为，文化意味着人类的全部，人类的大部分特质是由其文化决定的，而且人类的本性是基于特定的文化的。大多数社会学家站在介于这两种极端观点之间的中立角度。

毋庸置疑的是，文化因素在决定创业者行为方面起到了一定的作用。一位美国的创业者在经营风格上与日本的创业者大相径庭，而日本的创业者同样与秘鲁创业者有不同的行事风格。文化因素不仅影响不同文化下创业者的行事风格，即使在同一文化背景下，不同的创业者也一样拥有不同的行为方式。文化不仅表现在个体不同的价值观标准上，同时也反映为他们所在群体的价值系统。研究的关键在于这些行为或价值标准上的差异究竟是源于深层次的文化差异，还是仅仅源于当地经济与社会事件的影响。George 和 Zahra（2002）研究了这个问题，Busenitz 和 Lau（1996）提出了一个知觉模型用以解释文化因素对于新企业创建的影响。

Mitchell 等（2002）运用了知觉研究方法对国家文化与创业活动之间联系的三个问题进行了研究：①不同创业者是否在知觉模式上存在差异？②这些知觉模式是否在创业者身上有一定的共性？③这些知觉模式是否随着国家文化不同而表现出一定差异？研究结论表明：相比于一般人，创业者确实在知觉模式上表现出一定差异，而且他们的知觉模式存在着普遍的共性，在不同文化因素的影响下，这些知觉模式也表现出一定的不同点。

Mitchell 等（2002）还基于三种类型的知觉脚本对创业知觉模式进行了跨文化的研究。所谓知觉脚本，是指人们做决策时所运用的知识结构。三种不同的知觉脚本定义如下：

- 行为脚本是指可供利用的合约、关系、资产和资源所构成的知识结构；
- 能力脚本是指个体对其自身技术与管理技能的评价；
- 意愿脚本是指个体对于创立并发展一家新企业所进行的承诺，以及其对于机会的掌握程度、不确定性的容忍程度和对成功的信念。

经过讨论与总结后，作者得出了三个结论：这些脚本确实在解释创业者创业决策的差异上起到了一定的解释作用；不同文化下，这些脚本表现出一定差异；文化差异在这些脚本影响创业者创业决策时起到了调节作用。由 Hatrenian 和 Gudmundson（2000）进行的另一项研究则对小企业内的文化多样性带来的优势进行了研究，并讨论了是否应该将文化多样性确立为创业者的一项战略目标。

本书的主要目的并不是对这些学者所研究的所有问题进行详尽的讨论，本节旨在说明创业者确实是其文化塑造下形成的特定行为主体，并且他们的行为受到文化的广泛影响。下面列举一些因素，用以说明文化视角下的创业活动，并解释这些创业行为是怎样被文化因素塑造的。

语言

关于世界上究竟存在多少种语言，目前并没有形成定论，而这在一定程度上取决于语言与方言边界的确定。大多数专家认为大约存在总共 6 500 种语言，并且这些语言可以归结到一些基于共同词汇和语法特征的 10 个语言体系当中，专家认为这 10 个语言体系可能实际上源于一个共同的语言祖先。然而，即使出自于同一个语言体系，不同语言之间也并不能完全互相理解（例如，英语和德语实际上源于同一语系）。语言是创业活动中的一项基本工具，因为语言的差异限制了交流、阻碍了契约，并因此抑制了贸易的进行。因此，不同语言之间交易的机会通常十分诱人，以至于一些混合语言得以建立，为这些群体之间的贸易提供了基础的共同语言。例如，在 17 世纪欧洲与加勒比海的交易当中，这种现象就十分普遍。英语作为一种全球通用的语言正被越来越普遍地使用，间接反映了创业者在全球视角下从共同语言中所获得的收益。关于共同语言的重要性是公认而且显而易见的，而一些学者所提出的"语言创造了人类的全部"的观点则备受争议，这些学者认为语言可以用来解释文化历程和文化差异。例如，一些学者认为，创业正是基于一些词语所构成的关键概念，像"风险"、"机会"、"投资"等，如果一种语言中并没有这些类似的词语，那么生活于其中的人们就无法通过惯用的思维方式来思考创业活动。

宗教信仰

宗教信仰作为塑造文化的关键因素之一，通过塑造个体对于世界的认识以影响他们进行创业活动的方式。著名社会学家马克思·韦伯认为发生在西欧和美国的工业革命与新教的宗教信仰观念（"新教工作伦理"）密切相关。一些商业评论员也认为孔子的"纪律"对亚洲经济的成功有一定促进作用。而伊斯兰教的信仰则对利率的设定工作起到一定限制作用。然而，在现代商业中，利率并非是具有强议价能力的贷款方对具有弱议价能力的借款方剥削的工具，而只是市场上用以衡量货币价格的工具，它使资本流向最有效率的部门。伊斯兰教的银行系统便采纳了这种货币体系以实现资本的有效配置。在一些种族系统中，设定了严格的层级制度以限制个人应该处于的阶层和可以从事的工作。现代商业社会为创业者提供了一种途径打破这种定式的结构。在印度，有很多创业者是耆那教徒，原因在于耆那教的传统规定其教徒是严格的素食主义者，并且禁止从事任何与动物相关的产业（因此，耆那教徒很少从事农业和养殖业），这导致的结果就是耆那教徒失去了从事多数传统行业的机会，因此，他们热衷于贸易和经商。（对 Devashis（2000）和 Choudhury（2001）关于印度和伊斯兰世界中风险资本的研究表示诚挚的感谢）

人际关系

一种文化所鼓励的人际关系的类型和范围将成为影响创业者行为的关键要素。荷兰的商业社会学家 Geert Hofstede（1980a）从四个维度研究了人类的关系：

- 权力距离：人们对于上下级之间权力差距程度的期望值，以及人们对于权力不均等分配的容忍程度。
- 不确定性规避：本质上，这是一种对不确定性最小化状态的期望程度，其反义词是承担风险的意愿。
- 集体主义：对于自己成为集体中一员的归属感需求，指个人期望其行为能够获得群体成员认可的一种心理状态；其对立面是展示个人行为的欲望。
- 男权主义：一个文化体系中强调男性主导价值观的程度，这种价值观主张男性成为财富创造的主力、男性在精神生活和物质获取中享有优先权，缺乏关怀与关注的态度等。

根据霍夫斯泰德（Hofstede）的研究，通过这四个维度因素的划分，不同文化下对于人际关系的不同认识将导致形成不同类型的创业者行为。Hayton 等（2002）应用霍夫斯泰德提出的框架，针对 21 个不同文化下的创业者行为研究进行了回顾，并对如何建立文化与创业者活动联系的方法论难题进行了详尽的讨论，从而为未来的研究指明了方向。

对创新的态度

创新是创业精神的核心，而对创新的信念源于对创业者特定的认知模式。创业者必须相信未来与现在很不一样；必须相信自己能够影响世界，同时通过自己的行动能够改变世界。此外，如果我们真的努力去创新，我们必须相信自己为创新所做的努力能够得到合理的回报。

在西欧，大多数社会将这些信念看做是"显而易见"的，然而，对于不同的文化，这些信念表现大相径庭。以"未来"为例，西欧国家的人将未来看做是将给他们带来不确定性的东西，而在一些其他地区，可能有不同的认识。西非人将时间划分为"即将到来的日子"和"不会到来的日子"。"即将到来的日子"里的事件代表一定会发生的事件，通常就是指当下；"不会到来的日子"里的事件代表一些可能发生或不发生的事件，而根本不作为时间的一部分。因此，从这个角度看，西非人根本没有一种类似于欧洲人所称的"未来"的概念。

然而，即使在一个相信未来存在的文化中，人们也不一定会相信他们能够真正影响未来。物理科学认为未来是确定性的，只有在未来是已经被安排好的确定性路径为前提的情况下，才能够计算出最佳实现方案。如果有创新出现，那一定是在预算的确定性路径下已经考虑了创新会出现，而不是在个人受到激励的情况下主动引导完成的。然而，如果事实如此的话，我们为什么还要嘉奖创新者呢？这种观点认为创新是属于整个世界的，而不属于创业者本身。

社会网络

社会网络是一种由个人关系和组织关系共同形成的网络框架，创业者的活动和行为即嵌入在这个框架当中。社会网络通常是基于个人和社会契约或经济联系之上，在一定程度上由其所在的文化所塑造。

社会网络的重要性并不仅仅局限于能够为人们提供销售商品的途径，它同样是信息交换的渠道。如果一个创业者的行为旨在提升自己的知名度，那么一个精心发展而成的社会网络将发挥关键的作用。社会网络不仅提供了商业机会被发掘和评估的场所，同时也是主体之间进行交易和评估契约风险的重要载体。此外，社会网络还为投资提供了退出路径，无论是股票市场等正式结构，还是一些非正式的关系结构，都有类似的作用。然而，社会网络的结构和作用在一定程度上受到文化因素的重要影响。一种文化的价值观下相互联系的受重视程度、这种文化下允许联系出现的范围、一种联系断裂的触发条件以及建立新联系的容易程度，都是由文化因素所决定的。

并不存在一些用于某种文化下的管理的通用法则。然而，明确文化影响个体工作的方式将有助于创业者的管理工作。创业者必须明确，个人对特定情形的反应因其文化不同而各异，文化因素将决定他们受到激励和引导的方式。同时，每个创业者也必须明白，个体往往也拥有他们各自的性格特征，而不是简单的由一些文化中的共性因素集合而成。此外，创业者自己的决策行为同样也是在其特定的文化背景下完成的。在当下越来越全球化的商业环境下，认识到这些将更有利于创业者识别和抓住商业机会，从而开拓新视野。在经济全球化的背景下，一位有效的管理者将学会利用文化差异所带来的优势，而非在这种差异的影响下措手不及。

具有全球视野的创业者，如新闻集团的鲁珀特·默多克、白金矿集团的小罗兰，他们都以能够成功进行跨文化管理而著称。

要点总结

- 创业者和创业活动在国家和地区的经济发展过程中起到至关重要的作用。
- 关于创业者在经济发展过程中的角色，当前并没有清楚的结论，原因在于：
  - ——关于创业者有哪些特质并没有形成共识。
  - ——创业者在经济系统中的作用，不同的经济学家持有不同的观点（不同的经济学家认为创业者在识别机会、承担风险、提供管理技能、创造市场和谋取垄断等方面的作用有差异）。
  - ——有关创业者与其他类型的经济主体（政府、已有企业、社会关系等）之间的相互关系的理论有待完善。
- 在开明、有效并且开放的政府治理环境下，创业者通常能够得到最好的发展，这些环境因素包括：
  - ——提供具有支持性的法制环境。
  - ——限制政府部门的规模。
  - ——降低税费。
  - ——支持开放自由的贸易。
  - ——消除种族和宗教歧视。
  - ——严格控制腐败行为。
- 文化因素对创业倾向的影响程度并没有那么大（研究表明，不同文化的一些人有着相同的创业倾向），然而，文化依然会从以下几个方面造成细微差别：
  - ——文化影响人们的认知脚本分化。
  - ——文化影响人们的语言和宗教信仰。
  - ——文化影响人们对于人际关系的不同态度。
  - ——文化影响人们对于创新的不同态度。
  - ——文化推动形成不同类型的社会网络。

研究主题

国际视角下的创业与政府经济发展政策

选择一系列样本国家作为研究对象（尽量不要只选择自己熟悉的国家），使样本分散在不同经济发展阶段的国家和不同区域。通过政府官方网站搜索一些关于该国家经济发展的政策、目标和战略性的文件。

对上述文件进行内容分析，并关注创业者和创业活动在其经济发展过程中的地位。从本地和国际两个层面上考察创业者和创业活动，并将其与该国家或地区的外来投资观念进行关联研究，联系和对比分析结论。不同经济发展阶段的国家或不同地区的国家在这些方面是否具有差异性？

这些研究结论与诸如 GDP、人均 GDP 以及经济增长率等国家关键经济发展指标的相关性如何？这些指标可以在政府网站上找到，但同时，下文将提到的其他专业资料也可以提供以上指标。

注：需要注意的是，访问的网站可能不是使用你所熟悉的语言，这可能影响研究过程。

经济地位、成长性与风险资本结构

关于风险资本产业的结构与经济发展的相关性研究具有重要意义。

通过可靠的途径获取不同国家的 GDP、人均 GDP 和 GDP 增长率的数值。使用 GDP 的数值作为横轴，GDP 的增长率作为纵轴作气泡图，气泡的大小代表人口规模。

以定量指标（如交易总额、企业总数）、半定量指标（如产业所有权结构）和定性指标（企业与政府的关系、管理文化等）作为变量对不同国家的风险资本产业进行比较分析。尽量考虑多种影响因素，同时考虑如何控制不同因素从而进行对比研究。

风险资本产业的规模、结构和复杂性与气泡图存在怎样的相关性？注意在国家层面上比较风险资本产业的标准是什么。研究结论如何？需要指出的是，一些风险投资企业是跨国运作，而不是仅仅在其自己的国家进行运作。

在本书的 17.1 节，将列举相关国家风险资本产业的研究资源。

提示：有关国家发展的相关统计资料，通过相关网站可以获取。此外，也可以通过学校的学习资源中心以及图书馆等途径获取。

重要读物

有关创业活动与经济增长的一篇综合性经典文献如下：

Leff, N. H. (1979) 'Entrepreneurship and economic development: the problem revisited', *Journal of Economic Literature*, Vol. 17, pp. 46-64.

另一篇更加理论化的著名文献综合了理论视角和历史视角：

Brouer, M. T. (2002) 'Weber, Schumpeter and Knight on entrepreneurship and economic development', *Journal of Evolutionary Economics*, Vol. 12, pp. 83-105.

推荐读物

Acs, Z. J. and Storey, D. J. (2004) 'Entrepreneurship and economic development', *Regional Studies*, Vol. 38, No. 8, pp. 871-7.

Aderson, R. B. (2002) 'Entrepreneurship and aboriginal Canadians: a case study in economic development', *Journal of Developmental Entrepreneurship*, Vol. 7, No. 1, pp. 45-65.

Ahwireng-Obeng, F. and Piaray, D. (1999) 'Institutional obstacles to South African entrepreneurship', *South African Journal of Business Management*, Vol. 30, No. 3, pp. 78-85.

Allen, D. N. and Hayward, D. J. (1990) 'The role of new venture formation/entrepreneurship in regional economic development: a review', *Economic Development Quarterly*, Vol. 4, No. 1, pp. 55-63.

Audretsch, D. and Keibach, M. (2005) 'Entrepreneurship, capital and regional growth', *Annuals of Regional Science*, Vol. 39, No. 3, pp. 457-69.

Benacek, V. (1995) 'Small business and private entrepreneurship during transition: the case of the Czech Republic', *Eastern European Economics*, Vol. 33, No. 2, pp. 38-73.

Bradford, W. D. and Osborne, A. E. (1976) 'The entrepreneurial decision and black economic development', *American Economic Review*, Vol. 66, No. 2, pp. 316–19.

Brookes, O. (1986) 'Economic development through entrepreneurship: Incubators and the incubation process', *Economic Development Review*, Vol. 4, No. 2, pp. 24–9.

Busenitz, L. W. and Lau, C. M. (1996) 'A cross-cultural cognitive model of new venture creation', *Entrepreneurship Theory and Practice*, Vol. 20, No. 4, pp. 25–39.

Casson, M. (1994) 'Enterprise culture and institutional change in eastern Europe', in Buckley, P. J. and Ghauri, P. N. (eds) *The Economic of Change in East and Central Europe*. London: Academic Press.

Choudhury, M. A. (2001) 'Islamic venture capital', *Journal of Economic Studies*, Vol. 28, No. 1, pp. 14–33.

Dandridge, T. C. and Dziedziczak, I. (1992) 'New private enterprise in the new Poland: heritage of the past and challenges for the future', *Journal of Small Business Management*, April, pp. 104–9.

Daneke, G. A. (1989) 'Technological entrepreneurship as a focal point of economic development policy: a conceptual re-assessment', *Policy Studies Journal*, Vol. 17, No. 3, pp. 643–55.

Danis, W. M. and Shipilov, A. V. (2002) 'A comparison of entrepreneurship development in two post-communist countries: the cases of Hungary and Ukraine', *Journal of Developmental Entrepreneurship*, Vol. 7, No. 1, pp. 67–94.

Devashis, M. (2000) 'The venture capital industry in India', *Journal of Small Business Management*, Vol. 38, No. 2, pp. 67–79.

Falcus, M. (1998) 'Entrepreneurship and economic development in Hong Kong', *Business History*, Vol. 40, No. 3, pp. 163–5.

Fitzgerald, E. M. (2002) 'Identifying variables of entrepreneurship, privatization and competitive skills in central Europe: a survey design', *CR*, Vol. 12, No. 1, pp. 53–65.

Fleming, W. J. (1979) 'The cultural determinants of entrepreneurship and economic development: a case study of Mendoza Province, Argentina, 1861–1914', *Journal of Economic History*, Vol. 39, No. 1, pp. 211–24.

George, G. and Zahra, S. A. (2002) 'Culture and its consequences for entrepreneurship', *Entrepreneurship Theory and Practice*, Summer, pp. 5–8.

Green, R., David, J., Dent, M. and Tyshkovsky, A. (1996) 'The Russian entrepreneur: a study of psychological characteristics', *International Journal of Entrepreneurial Behaviour and Research*, Vol. 2, No. 1, pp. 49–58.

Harper, D. A. (2003) *Foundations of Entrepreneurship and Economic Development*. London: Routledge.

Hartenian, L. S. and Gudmundson, D. E. (2000) 'Cultural diversity in small business: implications for firm performance', *Journal of Developmental Entrepreneurship*, Vol. 5, No. 3, pp. 209–19.

Hayton, J. C., George, G. and Zahra, S. (2002) 'National culture and entrepreneurship: a review of behavioural research', *Entrepreneurship Theory and Practice*, Summer, pp. 33–52.

Hisrich, R. D. and Brush, C. (1986) 'Characteristics of the minority entrepreneur', *Journal of Small Business Management*, Oct., pp. 1−8.

Hofstede, G. (1980a) *Culture's Consequences: International Differences in Work-related Values*, London: Sage.

Hofstede, G. (1980b) 'Motivation, leadership and organisation: do American theories apply abroad?', *Organisational Dynamics*, Summer, pp. 42−63.

Huff, W. G. (1989) 'Entrepreneurship and economic development in less developed countries', *Business History*, Vol. 31, No. 4, pp. 86−97.

Karlsson, C. and Dahlberg, R. (2003) 'Entrepreneurship, firm growth and regional development in the new economic geography', *Small Business Economics*, Vol. 21, No. 2, pp. 73−6.

Kirzner, I. M. (1973) *Competition and Entrepreneurship*. Chicago: University of Chicago Press.

Kiselev, D. (1990) 'New forms of entrepreneurship in the USSR', *Journal of Small Business Management*, July, pp. 76−80.

Knight, F. (1921) *Risk, Uncertainty and Profit*. London: London School of Economics and Political Science. Reissued 1965, New York: Harper & Row.

Kuznetsov, A., McDonald, F. and Kuznetsov, O. (2000) 'Entrepreneurial qualities: a case from Russia', *Journal of Small Business Management*, Vol. 38, No. 1, pp. 101−7.

Lee, S. S. and Oysteryoung, J. S. (2001) 'A comparison of the determinants for business start-up in the US and Korea', *Journal of Small Business Management*, Vol. 39, No. 2, pp. 193−200.

Leibenstein, H. (1968) 'Entrepreneurship and development' *American Economic Review*, Vol. 58, pp. 72−83.

MacKenzie, L. R. (1992) 'Fostering entrepreneurship as a rural economic development strategy', *Economic Development Review*, Vol. 10, No. 4, pp. 55−63.

Maggina, A. G. (1992) 'SMEs in Greece: towards 1992 and beyond', *Journal of Small Business Management*, Vol. 30, No. 3, pp. 87−90.

Martinez, B. (2005) 'Equilibrium entrepreneurship rate, economic development and growth: evidence from Spanish regions', *Entrepreneurship and Regional Development*, Vol. 17, No. 2, pp. 145−161.

Mitchell, R. K., Smith, B., Seawright, K. W. and Morse, E. A. (2000) 'Cross-cultural cognitions and the venture creation decision', *Academy of Management Journal*, Vol. 43, No. 5, pp. 974−93.

Mitchell, R. K., Smith, J. B., Morse, E. A., Seawright, K. W., Peredo, A. M. and McKenzie, B. (2002) 'Are entrepreneurial cognitions universal? Assessing entrepreneurial cognitions across cultures', *Entrepreneurship Theory and Practice*, Summer, pp. 9−32.

Morden, T. (1995) 'International culture and management', *Management Decision*, Vol. 33, No. 2, pp. 16−21.

Nijkamp, P. and Stough, R. R. (2002) 'Special issue on entrepreneurship and regional economic development', *Annals of Regional Science*, Vol. 36, No. 3, pp. 369−71.

Puffer, S. M., McCarthy, D. J. and Peterson, O. C. (2001) 'Navigating the hostile maze: a framework for Russian entrepreneurship', *Academy of Management Executive*, Vol. 15, No. 4, pp. 24–36.

Sage, G. (1993) 'Entrepreneurship as an economic development strategy', *Economic Development Review*, Vol. 11, No. 2, pp. 66–7.

Schaper, M. (1999) 'Australia's aboriginal entrepreneurs: challenges for the future', *Journal of Small Business Management*, Vol. 37, No. 3, pp. 88–93.

Schaper, M. (2002) 'The future prospects for entrepreneurship in Papua New Guinea', *Journal of Small Business Management*, Vol. 40, No. 1, pp. 78–83.

Schloss, H. H. (1969) 'The concept of entrepreneurship and economic development', *Journal of Economic Issues*, Vol. 2, pp. 228–32.

Schumpeter, J. A. (1934) *The Theory of Economic Development*. Cambridge, MA: Harvard University Press.

Sui, Wai-Sum and Martin, R. G. (1992) 'Successful entrepreneurship in Hong Kong', *Long Range Planning*, Vol. 25, No. 6, pp. 87–93.

Tan, J. (1996) 'Characteristics of regulatory environment and impact on entrepreneurial strategic orientations: an empirical study of Chinese private enterpreneurs', *Entrepreneurship Theory and Practice*, Vol. 21, No. 1, pp. 31–44.

Trulsson, P. (2002) 'Constraints of growth-orientated enterprises in the southern and eastern African region' *Journal of Developmental Entrepreneurship*, Vol. 7, No. 3, pp. 331–9.

Wallace, S. L. (1999) 'Social entrepreneurship: the role of social purpose enterprises in facilitiating community economic development', *Journal of Developmental Entrepreneurship*, Vol. 4, No. 2, pp. 153–74.

Wennekers, S., van Wennekers, A., Thurik, R. and Small, P. (2005) 'Nascent entrepreneurship and the level of economic development', *Business Economics*, Vol. 24, No. 3, pp. 293–310.

Wrenn, C. (2004) 'Entrepreneurship and economic development: a framework for policy', *International Journal of Entrepreneurship and Innovation Management*, Vol. 4, No. 1, p. 1.

Yu, T. F. (1987) 'Adaptive entrepreneurship and the economic development of Hong Kong', *World Development*, Vol. 26, No. 5, pp. 897–911.

Zapalska, A. (1997) 'Profiles of Polish entrepreneurship', *Journal of Small Business Management*, April, pp. 111–17.

Zapalska, A. and Edwards, W. (2001) 'Chinese entrepreneurship in a cultural and economic perspective', *Journal of Small Business Management*, Vol. 39, No. 3, pp. 286–92.

Zapalska, A., Brozik, D. and Shuklian, S. (2005) 'Economic system of Islam and its effect on growth and development of entrepreneurship', *Problems and perspectives in management*, Vol. 1, No. 5, pp. 5–10.

精选案例

案例 6.1 新创企业: 促进发展中国家快速超越的引擎

文/Jonathan Moules

Alejandro Pitashny, 一位英格兰德意志银行的雇员, 似乎对其当前舒适的工作十分不满，毅然决定放弃稳定的银行工作，回到阿根廷开始了自己的创业之路，而此时，阿根廷正处于经济危机最严重的阶段。

4 年后，Pitashny 的选择似乎得到了回报。José，一家由 Pitashny 和两位校友共同创办的茶叶公司，正在将其高档的奢侈品茶叶和草药浸液出口到英国、美国、欧洲大陆、中东和亚洲。虽然 2004 年的销售额只有 10 万美元，然而，在过去的 1 年中，这一数字翻了5 倍。

很难想象，一家在世界中等收入国家再平凡不过的新创企业，能够被"全球创业观察"（GEM）——世界最大的创业分析机构所注意到，而 José 确实做到了。在全球创业观察刚刚出版的第 17 期年度调查中，这类企业成了主角。

在来自全球五大洲 35 个国家、150 多家高校的专家们的共同努力下，全球创业观察根据其人均国内生产总值和经济增长率将其划分为中等收入国家和高收入国家。

全球创业观察的专家发现，相比高收入国家，中等收入国家通常具有更大比例的人工作于企业当中，并且拥有更大比例的新创企业和更高的增长潜力。

由美国百森商学院和英国伦敦商学院共同开展的调研也表明，在中等收入国家，单位资本贡献的经济增长率与该国家创新创业活动的活跃程度确实存在一定相关性。

全球创业观察所关注企业的一项重要特征正是 Pitashny 先生的企业并不具备的，即对技术的使用。而 José 所采纳的最大的创新就是运用手制细布麻袋代替传统布袋作为茶叶的包装。

全球创业观察的研究表明，创业者正在促进新技术在中等收入水平的经济体中被采纳。而 Maria Minniti，全球创业观察的研究总监兼百森商学院的经济与创业系副教授，认为活跃的创业者正在成为缩小中等收入国家和高收入国家的经济差距的主体。

Minniti 女士还表示，技术并不作为创业者推动中等收入国家与高收入国家经济差距缩小的边界条件，实际上，中等收入国家甚至能够从中获得更多的收益，因为它们正站在技术创新的起跑线上。

"中国的高速发展正是源于国家对技术的引进并将其与当前的竞争优势相结合，如将技术与劳动力成本相结合。"Minniti 女士称，"这类发展中国家后来居上的大部分优势是由其创业活动所带来的；它们所采纳的技术事实上并不是全球领先的，但是，在当地足以产生巨大的追赶效益。"

Minniti 女士表示，创业并不一定要通过创新来完成，因为新创企业所带来的最大的益处实际上是降低物价或提升服务质量。"无论你是在讨论美国某个车库里的男孩又创造了一种新的电脑，还是某位非洲的妇女又开展了一项新的竹篮编制生意，这些创业活动都有利于促进经济发展。"

然而，她也同样承认，促进经济发展的最好方法是培育高增长型企业；仅仅拥有一大批新创企业是远远不够的。

在委内瑞拉，1/4 的人口都有自己经营的企业，从而使得这个国家成为全世界新创企业比例最高的国家，然而，其中大部分新创企业的经营期未能超过 6 个月。

Federico Fernández，一位供职于全球创业观察负责收集委内瑞拉数据的职员称："委内瑞拉人民所具有的探索精神促使他们一直在寻找新的商机，开始新的事业，然而，这种探索精神被国家糟糕的经济环境所扼杀，并因此阻碍了其经济增长。"

中等收入国家的创业者同样不能像高收入国家中的创业者那样获得政府的大力支持。José 公司的 Pitashny 先生在创立公司时也因向茶馆和咖啡生产商寻求帮助而遭到嘲笑。"在阿根廷做生意，就需要不断克服这样或那样的困难。"他说。

全球创业观察的研究表明，相对于较贫穷的国家，高收入国家的创业者更倾向于在创业初期成立企业。原因在于那些较富裕国家的人们更倾向于从事机会导向型创业，而不是贫穷国家的人们所建立的需求导向型创业，后者有更多关于生存需求的空白。

全球创业观察的统计数据也表明，相对于需求导向型创业占主导的国家，那些拥有较高比例从事机会导向型创业活动的国家，它们的企业在创业初期更容易取得成功。创业者是富裕国家的重要财富，但关键在于他们能够引进尖端技术。Minniti 认为："对于这些国家而言，创新意味着成功的全部。"

最近名列《福布斯》杂志东南亚首富的 Olivia Lum 就是因创新而成功的典型例子。Lum 是一个孤儿，成长于马来西亚的一个铁皮小屋；但当她来到富裕的新加坡，她发现了水处理行业的重大商机，并开启了自己的事业。

根据全球创业观察的研究，发达国家所面临的最大挑战是创造有效的资本市场并提供充足的资金用于研究和开发新创意。目前的好消息表明，2004 年，投资于高科技公司的风险资本正在逐日上升；上一次投资热潮发生于 2000 年互联网泡沫爆发的时候。

北美依然是全球风险投资最活跃的地区。在北美，84.1% 的风险资本涌向高科技公司，而这一数字在欧洲只有 20%。

Bill Bygrave，百森商学院的著名教授兼全球创业观察的合伙人，认为风险资本对于创业活动确实非常必要，但它并不是高科技公司成长的专有资产；"风险资本加速了企业的商业化，而不是促进发明。"Bill 认为，欧洲和美国的投资差异令人担忧，并且这种差异并没有缩小的趋势。

差异并不仅限于投资总额。2004 年，投入美国公司的平均资本量是 870 万美元，投资于欧洲公司的平均资本量达到 270 万美元，而日本公司平均只获得 53.7 万美元的风险投资。

在投资于美国、欧洲和日本企业的风险投资总额中，美国公司占据了其中的 61%，然而，美国公司创造的回报只占所有企业回报的 27%。可见，美国的风险投资家通常具有更挑剔的眼光，但是对那些不成功的企业投资过多。

Bygrave 先生认为，这标志着欧洲投资者相比于美国投资者更倾向于规避风险，美国投资者则有着强烈的风险承担愿望，并乐意从股票市场中获得回报。在 2000 年互联网泡沫爆发时，几乎所有欧洲人都在窃喜，认为美国人正在浪费金钱。

然而，结果表明，截至 2005 年 8 月份网景公司的 IPO 十周年纪念日，资本市场最大的四家互联网公司——谷歌、雅虎、ebay 和亚马逊，市值都已远远超过当年风险资本的投资额。

对风险的规避以及对失败的恐惧可能成为发达国家发展高成长性科技公司需要面临的最大挑战，欧洲就是一个典型例子。

Source：Jonathan Moules，'How start – ups are helping countries to catch up'，*Financial Times*，18 January 2006，p. 11. Copyright © 2006 Financial Times Limited.

热点问题讨论

1. 如果你是一个中等收入国家创业发展部门的政策制定者，你将制定哪三项关键政策以促进创业？

2. 你认为政府和企业家在吸引对外直接投资方面的合作关系如何？

第 7 章

成功、利益相关者与社会责任

本章概要

　　创业是关于成功的活动。本章将探讨成功的定义以及成功应该如何衡量。企业成功不仅应该从财务方面进行考虑，同时应该涉及到范围更广阔的社会内涵，因此，有关社会责任的问题将被重点考虑。此外，本章还将对成功的反面——失败进行讨论。失败不应该被单纯地认为是消极的结果，更应该将其视为创业过程中可能出现的一种必然结果，失败只是给创业家和组织一个学习的机会。

7.1 定义"成功"

重要学习目标
理解创业成功的真正含义。

　　创业家是一个追逐成功的群体。成功是他们拼搏的动力，也是他们获得成就的衡量。然而，由于其多层次的含义，成功并不是一个简单定义的概念。成功的主体可能是一个组织，抑或是一个个体。成功可能通过一些客观的、死板的数据来衡量，也可能通过一些主观的、灵活的质量标准来判别。此外，成功还可以以受公众认可的程度进行定义，或者视创业家个人体验的感受予以定义。

　　总之，通过以下四个彼此相关的方面进行定义，我们可以更好地理解成功：

- 企业的绩效。
- 对新创企业有期望的人。
- 这些期望的本质。
- 与这些期望相关的实际产出。

　　新创企业的绩效可以通过一系列定量的指标进行衡量。这些指标通常包括财务指标或市场表现指标（反映企业在市场中的相对地位），并且这些指标可以直接与竞争对手进行比较，从而确定企业在市场中的竞争定位。要通过财务数据和市场表现衡量一个企业的成功，前提是将企业组织视做一个整体。然而，组织是由许多个体组成的，而成功，必须在被这些个体都认可的情况下才具有意义。因此，组织的成功归根结底可以认为是组织中个人的成功。组织提供一系列的资源，使得其中的个体能够利用这些资源实现他们自己的人生价值。利益相关者就是那些关注企业绩效并与之密切相关的人。因此，一个企业的成功必须同时考虑其利益相关者对自身的期待（如图 7.1 所示）。

　　新创企业通常拥有六个利益相关者群体，他们有着各自对于新创企业不同的关注点和期望。创业家自身期望其企业能够帮助自己实现个人理想和企业愿景；员工期望能够得到与个人付出同等的个人回报，同时获得个人发展；供应商期望企业成为其优质顾客；顾客

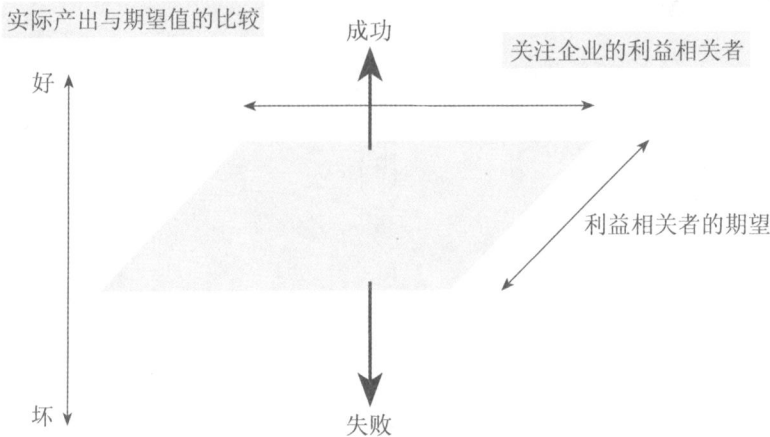

实际产出与期望值的比较

成功

关注企业的利益相关者

好

利益相关者的期望

坏

失败

图 7.1　一个创业成功模型

则期望企业成为他们的稳定供应商；投资者期望新创企业能够为他们的投资带来超额的回报；最后，当地政府期望新创企业能够有助于提升当地民众的生活质量。

如果说新创企业可以为利益相关者提供实现其各自期望的途径，则企业的绩效能够促使这些利益相关者实现其各自的目标。个人目标通常表现为以下三个层面：

- 经济层面：货币奖励。
- 社会层面：与他人结成良好的关系。
- 个人发展层面：个人智力和精神上获得的满足感和发展。

在个体层面上，不同主体对于成功的体验效果是不完全相同的。个体对成功的感知源于将其实际收获与之前的期待相比较：当所收获的成果与期待相当时，个体能够勉强感受到成功；当实际的收获远超过其所期待的水平时，个体能够感受到明显的成就感；不幸的是，有时实际的收获并没有达到个体所期待的水平，这时，差异造成的感觉则主要是失败感。

不同利益相关者的期望水平往往是不相同的，他们期望组织能够满足其各式各样的目标。投资者一般只对企业提供给他们的财务回报感兴趣；而顾客和供应商不仅会关注企业所提供给他们的财务回报，同时也希望与企业中的员工建立有价值的社会关系；相比之下，薪水则只是员工期望的一小部分，他们更期望企业能够为他们带来更好的个人发展机会；最后，企业对创业家的关键价值在于促进了创业家的个人发展。

因此，成功并不是一件简单的事情。财务和战略上的绩效只是成功的一小部分，成功更需要企业能够满足甚至超额满足利益相关者在财务、社交和个人成长方面的需求。企业的成功依赖于其取得的绩效能够帮助利益相关者满足各自目标的程度，同时，正是利益相关者对企业满足其需求程度的评价成为了企业成功的标准（如图 7.2 所示）。那么，一个企业获得成功的概率到底有多大呢？Nucci（1999）研究表明美国 20% 的小企业在创立后的 1 年内就宣告停业，60% 的企业能够存活至第 5 年末。然而，这些没能成功存活的企业并不全部是由于财务上的失败，实际上其中只有小部分是由于破产而停业的。Dennis 和Fernald（2001）基于美国商务统计数据对新创企业成功的概率进行了研究。结果表明，新创企业成功的概率实际上是相当高的，然而，新创企业提供给创业家的财务收益通常低于创业家由于放弃传统职业而产生的机会成本，而这也正是许多创业家选择放弃自主创业的原因之一。

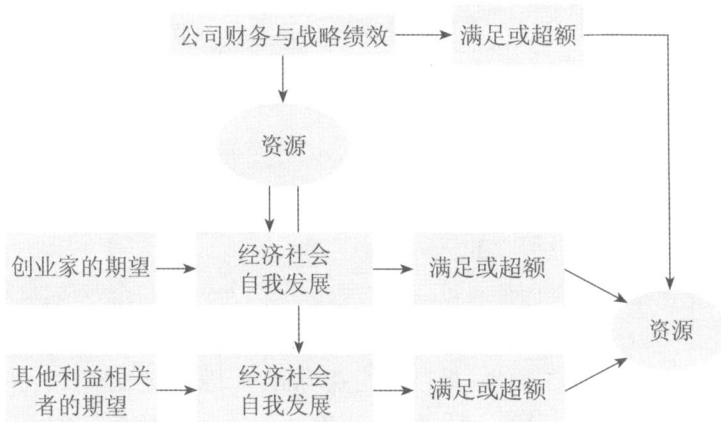

图 7.2　创业成功的动力机制

7.2　新创企业成功的要素

> **重要学习目标**
> 理解有助于新创企业取得
> 成功的主要因素。

企业的成功取决于其满足利益相关者期望的程度，因此，企业必须能够存活并在市场中获得优势。这要求企业能够获取有价值的资源，根据利益相关者的贡献程度予以相应的报酬，同时不影响自身的生存。企业成功的模式千差万别，但总存在一些共同的因素对企业的成功起着关键的作用，这些因素可归纳如下：

识别并开发意义重大的商机

识别并开发真实、有意义的商机是创业家的主要任务之一。能否为一大批顾客创造足够的价值并实现企业自身的生存与发展是新创企业面临的主要问题，而有意义的商机提高了这种活动成功的可能性。

准确定义新创企业意欲开发的商机

企业必须对其存在的目的十分明确，必须准确地定义其试图开发的商机。企业可以通过使命陈述来定义其存在的目的和意义（关于使命陈述将在第 14 章详细讲述）。缺乏企业创新所需的足够商机并不是企业所面临的唯一问题，有时企业试图开发过多商机，而其中一些商机并不适合企业，这同样会造成一系列企业问题：将过多资源用于发现商机，却忽略了集中资源于一些有发展潜力的领域打造可持续竞争优势。

开发有价值的创新作为新创企业成功的基础

新企业的创新，即企业完成任务的新方式，必须具备有效性的特征，同时区别于企业当前已有的运作模式。创新，必须适当地开发已经识别的高价值商机；而识别商机，并创造性地开发商机，必须建立在对市场和顾客充分了解的基础上。无论企业的新创意有多么精彩，只有其能够匹配市场的真正需求，才是真正有价值的创意。

创业家把适合的技能带给了新创企业

商机的开发和新创企业的建立需要创业家系统化地使用他们的知识与技能。创业家必须具备的有价值的技能包括四个方面：对其所在产业的充分了解、对企业产品和目标市场非常熟悉、拥有一般管理技能，以及拥有人际关系技能（例如沟通技能和领导技能）。创业家不仅应该具备这几项技能，还必须有能力提炼并发展这些技能。有效的管理者是懂得如何去学习的管理者。

新创企业有一批"合适"的人

创业家并不是孤军奋战，他们吸引一批有志之士进入自己的企业与自己并肩作战。因此，为了让企业作为一个整体，拥有更强的凝聚力，创业家还必须能够寻找到合适的成员来加盟企业。创业家并不是要雇佣一批自己的复制品；相反，他们需要一批能够补充并完善自身技能的人员。企业往往需要一批该领域内的专业人士、技术专家以及一些能够将创意转化为实体的实干家或一批企业服务的传递者。此外，一批日常管理者和擅长构建社会关系的外交家通常也是必需的。同时，这些具有各种技能的成员必须通过企业结构框架进行有效的组织，并建立正式或非正式的沟通机制，赋予各个部门人员各自明确的责任和义务。随着企业的成长和发展，发现并招聘一批合适的人才将成为创业家的一项最基本的工作。

学习型企业文化和积极的工作态度

相对于市场上的已有竞争者，新企业往往具有一定的新进入者劣势。它们生存时间较短，并且缺乏运作经验，还没有像同业竞争者那样有机会建立起专业的技能和有用的社会关系，更加难以在资源层面上与同业竞争。新创组织必须十分明白这一点，并将其劣势扭转为优势。作为新进入者，新创企业有机会运用全新的视角和创造性的方法来审视已有的问题，而不受传统固有路径的限制。缺乏运作的经验往往激励新企业运用全新的方法来更好地完成一般的任务，这将更有利于激发其创新。因此，学习型文化对于新创企业成功实现这些创新具有重要意义，这种学习型文化通常激励着员工有积极发展的精神，同时将变化视做创新的机会。文化的塑造是在企业中由下至上依次完成的，从企业的最底层开始建立，逐渐扩散至整个企业，使得员工具有充足的动力以企业的整体利益为己任。创业家通常是企业文化的塑造者，他们通过领导魅力和个人示范作用鼓励员工共同打造特定的企业文化。

有效利用社会关系

成功的创业家，及其创业团队，能够有效地利用其社会关系从而为企业带来效益。他们将供应商和顾客视做合作者，而非资源竞争者，并认为创业并不是一个零和博弈。如果企业所在社会结构中的所有利益相关者都认识到他们将从企业的成功中获得足够的收益，并且在创业家的领导下坚信企业会取得成功，那么，这一结构中的其他主体将更加乐意为企业提供充足的资源和信息，同时承担部分风险。

拥有足够的财务资源

拥有必要的资源是企业识别并开发商机的必要条件。其中，财务资源起着至关重要的作用。企业必须投资于必要的生产性资产、发放员工的工资和支付供应商的货款，而这些都离不开财务资源。在企业创立初期，投入远远大于支出，新创企业很有可能获得负的现金流。此时，企业必须拥有足量的资源以应对这个阶段的入不敷出。当企业成功度过创业初期进入成长期时，其必须依赖于新的资源支撑其成长，否则负的现金流会再次出现。因此，创业家必须成为有效的资源管理者，必须从投资者那里获得足量的财务资源并尽其最大可能地充分使用这些资源。

组织自身及其利益相关者都有明确的目标

只有当企业被看做成功的时候，它才真正能成功。这意味着企业必须设定明确而实际的目标，从而为其绩效的考量提供合理的标准。而利益相关者的期望定义了企业成功的标准，因此，利益相关者的期望也必须是明确和清晰的。对于那些对回报率有明确要求的投资者而言，这一点尤为重要。不仅如此，企业还须对其顾客的需求了如指掌，从而准确有效地满足消费者需求。同时，应了解员工的需求，以便更有针对性地激励他们。总之，创业家必须有效地识别并管理所有利益相关者的期望。

7.3　衡量成功与设定组织目标

重要学习目标
明确和理解一系列有助于新创企业设定目标和控制绩效的标准。

企业的成功归根结底是个人的成功。新创企业不仅是一个组织成功的载体，同时也承载着组织中个体成功的梦想。作为一个有效的载体，企业的成功是一个有效的经营系统的成功，而不仅仅是某一个方面的成功。企业的绩效通常可以通过以下一些指标进行客观的评价：

- 财务绩效指标：销售额、利润等。
- 财务比率指标：边际利润、资本回报率等。
- 财务流动性比率：资产负债率、利息保障倍数等。
- 股票市场表现：股价、市值等。
- 股票市场比率：每股盈余、股息收益率等。
- 市场占有率：市场份额、市场地位等。
- 成长性指标：销售增长率、利润增长率等。
- 创新性：新产品引入速率等。
- 顾客评价：顾客服务等级、顾客评级等。

这些指标是定量的、相对容易测量的指标，它们为新创企业提供了明确而实际的目标。它们是企业作为一个整体的战略目标，其不仅关注企业在外部市场上的表现，同时还设定了企业内部的工作标准。新创企业与小企业之间的差别正在于，新创企业往往具有更加宏大而全面的战略目标。

企业目标的具体设定方法依赖于企业类型、所在产业和市场以及企业的发展阶段。管理层通过综合考虑这些因素来设定组织目标、评价战略选择和制定绩效标准。不同企业设定目标的方法一般有所不同：有些企业将企业视做一个整体，从而执行企业的整体目标，另一些企业则将目标细化为特定个体的责任；它们可能来自于企业员工的一致性意见，也可能是由创业家个人制定并强加于企业之上的。创业家如何定义目标、设置目标以及如何利用目标来激励和考核绩效，都是创业家领导战略的重要部分。

公司内部管理层和员工并不是唯一关注企业目标的群体，投资者同样密切关注着企业目标，甚至将企业的财务和市场绩效作为其合作条约的一项关键条款。企业目标的实现情况不仅能够明确而有效地反映企业取得成功的程度，还能够用来预测企业将产生的收益，并且为控制企业成长提供一套全面而实际的基础。此外，当企业与其供应商和顾客打交道时，具体的目标以及目标的实现情况将有助于让供应商和顾客了解企业未来的发展潜力，从而获得他们的支持和认可。

7.4 成功与社会责任

重要学习目标
　理解企业成功对其社会责任的影响。

新创企业经营情况牵动着很多人的利益。所有利益相关者都非常关注企业能否取得成功，因为新创企业的成功能够帮助他们实现其各自的目标。他们对企业将取得的成就以及这些成就如何驱动企业前进有着各自不同的期待，这些期待有的是正式的，有的是非正式的；有的是明确的，有的则是模糊的；有的通过建立契约而呈现，有的则是基于长期积累的信任。创业家在一个社会平台上开创自己的新事业，并在这个平台上创造一个全新的系统，他们不仅应该领导价值创造活动，同时应该对整个系统内的道德伦理负责任（在本书的5.2节已专题讲解）。因此，创业活动的道德问题不容忽视。

"企业社会责任"正在成为一个越来越受企业关注的观念。随着商业的发展，众多因素推动了"企业社会责任"观念的兴起，其中有三个最主要的推动因素：第一，在20世纪50年代到60年代期间的"贵族"管理时代，管理者能够随心所欲使用他们为公司创造的利润，由于这种管理方式严重损害了投资者的利益，投资者的运动推动公司治理模式进入了80年代及以后的"投资者驱动"式管理，管理活动转向以投资者利益最大化为目的；第二，对环境问题、可持续发展问题的关注度正在升温，随着非政府组织（NGO）的建立和各国相关政策的出台，这些问题得到了专门的关注；第三，全球化的观念不再仅仅是政府考虑的热点，同时也越来越受到工商企业的关注，尤其是跨国公司。

对企业社会责任的研究并不仅仅局限于企业应该满足利益相关者的期望。毕竟，很多企业也只是将满足相关者的利益作为实现利润最大化目标的一种方法——这些企业将满足相关者的利益作为设定并实现利润最大化战略目标的一个明确手段。而企业社会责任的倡导者认为企业应该将关注环境和社会发展作为一个明确的战略目标。与创造价值相同，关注环境和社会福利本身就是企业的目的，而不是一种实现其他目的的手段。有关企业社会责任的话题在理论界始终争论不休，并涌现出四类主要观点。一类持有极端观点的学者认为企业不应该承担任何社会责任（例如Friedman，1962；Henderson，2001），其认为利润最大化就是企业应该承担的唯一责任。这类学者认为，利润最大化就是确保资源能够最有效利用的最佳办法，只有以利润最大化为目标，个体才能够拥有最充分的自由去选择他们最想要的东西。然而，这种观点被讽刺为既试图关爱世界又沾沾自喜的复杂混合体。另一类极端观点则认为企业社会责任应该限制甚至可惩罚（最好具有一定法律强制性）企业的经济活动，尤其是针对大型跨国企业。这类观点认为"企业已经享有太久为所欲为的权利了，是时候让它们做出一些回报了。"此外，一些学者持中立的观点，他们认为企业所从事的经济活动并不能因为承担社会责任而受到经济惩罚，但同时，企业应该承担一些社会责任以提高社会福利，虽然这可能使企业产生一些额外成本。最后，一些学者认为企业应该承担相应的社会责任。同时，承担社会责任能够有助于提升企业的盈利性（双赢的方法）（如 Nash，1995）。这种观点成为目前学术界的主导观点。

综上所述，这四类观点所关注的核心问题在于，应该如何在设定企业社会责任标准和提升企业绩效之间进行平衡？下一节中，将讨论如何运用实证的方法对这类问题进行准确的测量。在此之前，需要指出的是，企业社会责任的内涵应该如何界定并没有达成共识。Avishai（1994）从历史发展的视角对其概念进行了回顾和总结。Joyner 等总结的与企业社会责任相关的各类概念的定义如下：

- 价值是一个特定群体所持有的一系列核心信念和原则。
- 伦理是一系列关于什么行为是对的、什么应该做、什么不应该做的观念的集合，而商业伦理则是一系列与商业实践相关的观念的集合。
- 企业社会责任是指企业的经济、法律、伦理和其他活动应该适应于更广泛社会群体的价值和期望。

最后，本节总结了企业社会责任模型，其将有助于创业家设定战略目标。更早的模型由 Carroll（1979）提出，他从四个维度理解企业社会责任，如图 7.3 所示。

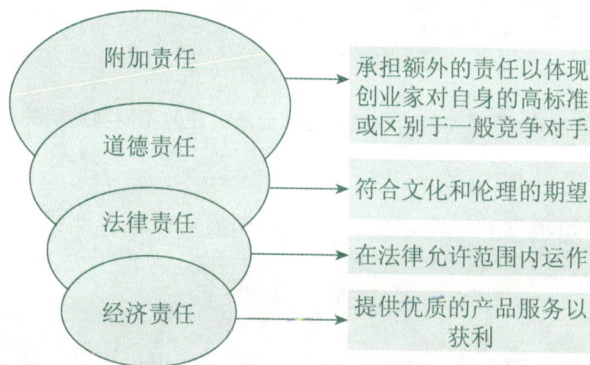

图 7.3　不同层面的创业责任

维度一：新创企业社会责任的对象

所有受企业活动影响的群体都是企业负有社会责任的潜在对象，即企业的利益相关者群体。利益相关者不仅分属不同的群体，同时也是独立的个体。因此，企业社会责任的对象应该包括个体和组织（或团体）。

如前所述，社会创业与传统创业的一个典型差异就是不同的利益相关者群体。企业的成功意味着创业家必须满足所有利益相关者的期待，但同时，创业家同样能够给予其中一部分利益相关者在战略发展、沟通交流、支付报酬和文化发展方面的优先权。例如，经典的创业委托代理模型将投资者的利益放在最后考虑，而管理者模型则将投资者的利益最优先考虑；目前被广泛接受的"市场营销模型"将顾客的利益放在首位；"公平贸易模型"

则将满足供应商的利益作为企业存在的主要理由；"合作模型"认为企业员工拥有企业平等的所有权，并因此应该成为企业关注的重点。公益组织可能将特定的社会群体，例如动物、环境或社会公物，作为关注的对象；而公共部门、地方政府的内部创业将地方社区组织视做其主要"客户"。最后，在国际层面上，非政府组织的内部创业关注了全世界的非政府团体。

不同类型的创业活动所关注的不同焦点总结如图7.4所示。

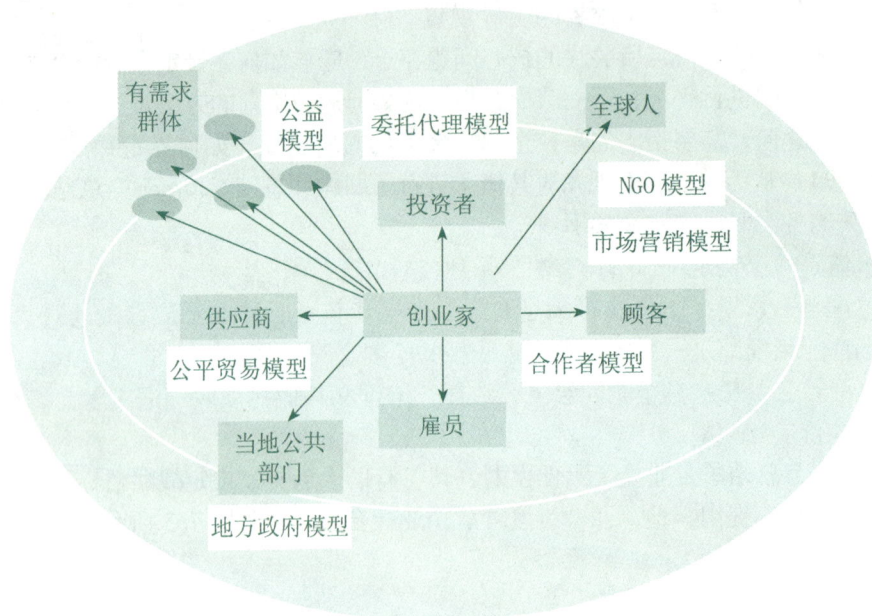

图7.4　不同类型商业或社会创业所关注的不同利益相关者

维度二：社会责任的层次

企业必须承担不同类型的社会责任，其归根结底可以划分为经济、法律、道德和附加社会责任。

（1）经济责任

经济责任代表着企业最基本的功能，即生产产品或提供服务从而获得收益。经济责任是企业所承担社会责任的最低层次，是企业在市场中获得生存所必须承担的最基本责任。除了这项基本责任，企业还必须识别并承担一系列其他责任。

（2）法律责任

公司所承担的法律责任迫使它们必须在合法的框架下运作。法律是国家强制力的代表，规定了企业有效运作的方式，并指引企业通过合法的方式与其他组织或个人建立契约。税法、会计法和雇佣法是最典型的影响企业运作的法律。企业必须遵守刑事法律和民事法律。如果企业违反了刑事法律，国家强制力机关将扮演追诉者的角色；如果企业违反了民事法律，则应依照其造成的伤害程度予以定罪。

（3）道德责任

作为一个社会组织，企业运作于特定的文化框架之下。这个框架为企业设定了道德和伦理标准并因此限制了企业的行为，从而组成了企业的道德责任。道德责任很难被准确地定义，它并不通过明文规定什么事应该做、什么事不应该做。而且道德责任通常被企业完全忽略直到其无意间违反。然而，虽然道德和伦理标准没有明确的规定，但这是社会民众期待的重要部分，当企业未遵守道德责任时，民众的反应通常十分强烈。

（4）附加责任

经济、法律和道德责任共同组成了限制企业行为的各项标准，除此之外，一些创业家还会承担一些附加责任。附加责任是指创业家打算承担的一些社会原本并不要求其承担的责任，是超越道德标准的责任。典型的附加责任包括企业优待其员工、为产品和服务设定标准以及注重公司活动对环境的影响。这种责任通常源于创业家自身所特别重视的信念和标准，并能够帮助企业建立与竞争者不同的形象。

维度三：新创企业社会责任的组成

企业社会责任的内涵十分丰富，创业家必须考虑各式各样不同的问题。法律规定了雇员最低工资标准、员工的健康安全条例以及产品的最低质量标准；而创业家通常会更加关注更广泛的社会问题，例如友善对待环境、处理好与发展中国家之间的关系以及避免种族和性别歧视。此外，一些创业家还会广泛关注一些与社会发展新趋势密切相关的问题，例如当下越来越受重视的"消费者权益保护"。

维度四：新创企业履行社会责任的方法

企业履行社会责任的方法多种多样，创业家首先需要选择一种履行社会责任的基本态度和方法。第一种方法是消极防卫，采用这种方法的创业家认为社会责任是不必要的累赘，会对企业绩效产生不良作用，因此，他们主张尽量避免承担社会责任或者最小化承担社会责任所带来的影响。然而，这种策略虽然可能增加企业的短期收益，却很容易使其利益相关者，尤其是顾客和员工产生不良印象，从而影响长期绩效。因此，企业必须进一步采取防卫措施避免这些相关者的不良印象，以避免形成一个代价高昂的恶性循环。企业越是采取措施避免承担社会责任，利益相关者的反应便越强烈，从而导致企业必须采取其他更多的补救措施减少带给利益相关者的不良影响。这种恶性循环会逐步削弱创业家及其员工的应对能力，从而使之把利益相关者当做敌人，而不再是合作伙伴。

此外，一些企业并不是主动发掘需要承担或避免的社会责任，而是当其面临必须承担的社会责任时，才去承担它，这种方法被定义为被动接受，这也是第二种方法。在这种视角下，企业并不将社会责任看做是一种获取优势的资源或者某种不良的问题，而是一种企业必须管理的事务。从长期来看，被动接受社会责任能够避免消极防卫的方法所带来的高额成本，但这种方法同样存在一些问题，即企业不得不面临众多不确定性。

第三种方法是主动承担企业的社会责任。一些创业家认为社会责任并不是经营的累赘，相反，社会责任为企业提供了机会，可以成为企业竞争优势的来源。采取这种积极应对的方法使得企业能够更好地管控社会责任，同时，将它们作为企业战略的一部分。创业家通过承担社会责任来激励员工、与顾客和供应商建立密切的关系以及获得投资者的更深入认可，从而获得他们的支持。积极承担的态度使得企业社会责任成为新创企业取得成功的一项关键要素。

社会责任对企业的行为产生限制，它通常定义了什么是不能做的，而不是什么能做。然而，这并不意味着社会责任是影响企业的消极因素。社会责任有助于企业建立一套合理的、共享的准则，使企业的运作有章可循，从而激励利益相关者给企业更大的支持。因此，积极承担社会责任能够为企业带来积极影响；相反，回避社会责任只会给企业带来不必要的麻烦。那些设立高标准社会责任的企业通常比设立低标准社会责任的企业能够获得更多的优势，避免更多的麻烦。

承担并积极发掘附加社会责任是一项有益的战略措施。如果企业采取这种战略措施能够获得顾客和其他利益相关者的支持，那么它们将能够建立有别于竞争对手的形象，从而在市场中获得竞争优势。一些创业家将社会责任写入其使命陈述，从而确保社会责任在企业中的战略地位。

承担附加责任从而为企业设定边界的战略措施并不与创业家的个人价值观相违背。只有当企业获得成功时，创业家的这些价值观才能够在提升企业方面发挥作用。企业所接受的社会责任，以及企业定义社会责任的方式，并不是简单地"添加"在创业家的愿景当中，而是作为企业的核心，成为创业家试图打造的新系统的特性。

Paine（1994）将承担社会责任的方法划分为两类：第一类是遵守法律战略，即公司严格遵守法律条款，从而避免违背法律产生的高额惩罚；第二类是诚实守信战略，即企业主动遵守法律的精神，从而满足法律制定者的意图。Joyner 等人（2002）将这一框架应用于美国 10 家企业进行研究，结果表明，创业家通常更倾向于采取比仅仅遵守法律更广泛的策略。

Martin（2002）开发了新创企业与社会责任的关系矩阵模型。这个 2×2 矩阵的纵轴可以分成下端的"内在基础性"和上端的"前沿性"两部分。"内在基础性"指明了所有企业应该遵守基本社会责任的基础，另外就是与社会、文化以及法定强制力相关联的选择性指引；"前沿性"维度则反映了企业固有的行为。矩阵的横轴则分为"战略性操守"和"结构性操守"两个维度。"战略性操守"维度代表企业坚持社会道德高标准将有利于提升股东的回报率（所以这要算一种固有的激励机制）；"结构性操守"维度代表一些个案中利益相关者价值会减低，但是作为社会整体还是受益的（尽管此说法有争议）。这最后一个维度也代表了社会责任的一个进入壁垒，这项操守可能因为承担了社会责任导致来自股东方面的惩罚（甩卖股票）、管理者红利的降低，或许还会影响到企业的独立性。Bagley（2003）曾提出过有关社会责任选择的决策树模型。决策树的第一个节点是"这项决策是否合法？"如果答案是否定的，则该项决策将被直接废止；如果决策是合法的，则进入第二个节点"这项决策是否与股东利益保持一致性？"如果答案是肯定的，继续进入决策树的第三个节点"这项决策是否符合道德规范？"符合道德规范的决策将被采纳，否则将被拒绝。此外，如果该项决策并不能最大化股东利益，那么其下一个节点将为"如果不采纳这个决策，是否符合道德规范？"如果拒绝该项决策是符合道德规范的，那么这项决策应该就此放弃；否则，将仍考虑采纳该项决策，但必须将其告知投资者。

Bucar 和 Hisrich（2001）研究了英国的创业家和一般管理者对伦理标准的不同认识，结果表明二者没有明显的差异。

Ber-Ner 和 Purtterman（1998）的研究则有助于理解经济导向如何塑造社会道德标准，

以及道德标准如何影响经济行为。

7.5 社会责任与企业绩效

重要学习目标

理解承担行业平均水平以上的社会责任将有助于提升股东价值，有时甚至直接决定了股东价值。同时，承担社会责任又是一个十分模糊而难以定义的概念。

无条件地承担企业社会责任到底是否有助于提升股东价值？这是一个争论已久的话题。一方面，通过承担企业社会责任，企业能够提升其美誉度，使得那些持有相同价值观的顾客会更加青睐企业的产品或服务，从而有助于提升企业的市场表现。另一方面，将社会和环境因素纳入企业的目标体系，将使得管理者的工作更加复杂化，并且有时不得不在各种目标之间进行抉择，这无疑增加了企业的成本。最糟糕的是，这更有可能打乱资源的有效配置，导致企业错过新的商机。这两种情形下，股东价值都遭到损失。股东价值最终如何变化将取决于这些积极因素和消极因素的相互作用，这种相互作用形成的平衡最终使得股东价值最大化。然而，要观察最终的平衡状态，首先要对企业承担社会责任与企业绩效之间的相互关系进行测量，而众多原因导致这种相互关系并非线性。

首先，关于企业社会责任的定义并没有达成共识，不同观点有各自不同的关注点。其次，如何来衡量一家企业所承担的特定社会责任？最基本的想法是测量该企业用于承担特定社会责任所耗费的资源。然而，传统的会计和审计都不能衡量并报告这一点。再次，关于究竟什么样的行为才是具有社会责任的，并没有达成共识。衡量标准到底应该是行动者的动机、行为本身的道德属性，还是行为造成的结果？有关主张道德论的动机主义者和看重产出的结果主义者的讨论，我们在 5.2 节中已有详述。站在不同的视角，会对特定行为的道德质量给出不同的评判。如果一家企业承担社会责任的目的就是为了提高其企业绩效，它属于有道德的企业吗？或者一家以保护环境为己任却不顾其他一切后果的企业，属于有道德的企业吗？一家雇用贫困地区廉价劳动力的企业，是否可以说自己实际上是为了承担社会责任而向那些贫困地区提供优质的工作岗位？最后，问题还在于如何定义绩效。如果仅仅以财务绩效为衡量指标，则其他方面的损益会被完全忽视。如果同时考虑环境因素和社会因素，则由于目前还没有形成完善的市场来对这些因素定价，它们无法被计入财务指标中。不同群体之间的价值和评价标准存在显著的差异。

如果采用平衡计分卡的方法进行衡量，显然，那些承担社会责任的企业将会获得更高的绩效。有关企业社会责任与企业绩效之间关系的研究汗牛充栋。McWilliams 和 Siegel（2000）回顾了相关研究，并将这类研究分为两类：一类聚焦于采纳新的社会责任标准后的短期收益变化（Clinebell 和 Clinebell，1994），例如，测量企业采纳了新的社会责任标准后的短期股价反映；另一类是对企业的跨期绩效进行测量，从而观察其长期获利能力（与承担社会责任的关系），或在一个相对长的时间段内比较承担不同社会责任的企业的绩效表现（Waddock 和 Graves，1997）。

众多研究并没有得出统一的结论。例如，Aupperle 等人（1985）研究表明企业社会责任与企业绩效之间没有相关性。Waddock 和 Graves（1987）则认为积极的财务绩效将在一段时间后显现。McGuire 等人（1988）认为企业在承担社会责任之前的绩效基础十分重要（研究表明，更多高绩效的企业更倾向于承担社会责任），而承担社会责任并没有帮助提升企业的绩效。McWilliams 和 Siegel 则认为早期的研究存在一定的误差，因为它们都没有考虑到企业对研究和发展的投资效益。他们认为，一旦考虑这些因素，社会责任与企业绩效就没有正向或反向影响关系。当然，也可能有更复杂的相关性有待验证。值得注意的是，关于"承担企业社会责任是否有利于促进企业绩效"这条普遍定律的讨论可能被过于强调。一些其他的因素，例如产业环境、顾客期望、竞争者行动或者特定的社会问题可能更有研究意义。

　　那么，创业家究竟应该选择怎样的观点呢？创业家是否应该争取承担更多的社会责任？这并没有一个简单确定的答案。承担更多的社会责任并对其保持一定主动性是一项重要战略举措。如果这项举措正好迎合了顾客和其他利益相关者的需求，则将帮助企业形成相对于竞争对手的差异化，并在市场中赢得竞争优势。意识到这一点，创业家就会在企业的使命陈述中对社会责任进行阐述。需要指出的是，利用社会责任为企业界定边界时必须不与创业家的个人价值观形成冲突。只有当企业取得成功时，创业家才能用这些价值观改善这个世界。一家企业所接受的社会责任，以及企业定义这种社会责任的方式，不仅仅应加总到创业家的使命当中，更应该被植入创业家使命中。

7.6　认识失败

重要学习目标
　理解企业失败的真正含义。

　　创业家不可避免地面临着失败的可能性。无论他们多么相信自己的创新能够为顾客带来新的价值，也无论他们多么坚信自己能够创立一家企业来实现这项创新，他们的创意和计划都将不可避免地接受市场的考验。然而，企业成功所需要的因素是多样的，可能在某些方面有所欠缺。同时，还面临着众多风险和不确定性。统计表明，创业失败的案例比比皆是，有些案例甚至让人十分惋惜。然而，"失败"并不是一个简单的概念，失败意味着成功的对立面。而且，正如成功一样，失败可以通过人们目标和期望的完成情况予以定义。失败意味着利益相关者的期望还没有得到实现。失败可以分为不同的程度，并且对于不同所有者表现出不同的含义。

　　从创业家的角度来看，基于企业的绩效和创业家控制企业的方法，失败至少可以分为八个等级。根据失败的严重性，将其依次列举如下：

（1）企业继续以合法的形式存在，并且在创业家的控制之下

①企业虽取得较好的财务绩效，但未能满足创业家对于社会和自我发展的需要

　　在这种情形下，在大多数企业外部人士眼中，该企业是成功的。企业拥有十分优异的财务指标，并且为市场创造价值。企业为创业家和其他相关者带来丰厚的财务收益，但是无法满足创业家的更高层次需求。创业家将其精力投入到企业的日常运作中，然而这些事务却与创业家所期望的社会生活目标相违背，从而让创业家感到企业无法满足其个人发展的需要。创业家的这种消极感知将导致他们创业的动力下降，从而影响他们的个人绩效。

②企业未能达到预定的战略目标

　　在该情形下，企业实现了创业家和投资者所设定的财务目标，却没有实现战略目标，

例如市场占有率、成长率、创新比率等。这些并不会立刻影响企业的短期利润，但预示着企业在实现长期绩效过程中将面临着重大问题和挑战。而问题的严重性依赖于战略采纳对于企业绩效的影响程度以及企业战略的灵活性。

③企业运作已经偏离原定计划，但在财务上是安全的

第三种情境下，企业未能实现创业家和投资者预定的财务目标，但是仍然保持着财务上的安全性。为了使企业收益与投资支出相一致，过去设定的企业目标可能过于乐观，而企业实际并未完成这样的计划目标。虽然企业短期内不会出现财务上的困境，但是投资者对其较低的回报率表现出失望的态度。原定的追加投资可能会因此被推后，创业家被要求重新考虑企业的战略并调整计划，以改善企业的未来绩效。

④企业运作已经偏离原定计划，同时需要额外的财务支持

第四种情境下，企业的财务绩效出现了极其困难的局面从而导致其入不敷出。于是，现金流问题出现了，企业为了继续生存将不得不寻求新的财务注入。投资者将成为企业的首要求助对象，此外，企业还必须获得客户和供应商的特别支持。在这种情境下，创业家将被要求对其经营方向和经营模式进行深层次的调整。

如果财务绩效未能达到某个特定的水平，企业承诺的绩效已经远远超出其能够实现的范围，则投资者和置信机构将对企业失去信心。此时，管理层可能存在被更换的危险。

（2）企业依然以合法的形式存在，但是已不在创业家的控制之下

①企业接下来将被新的管理层所接管

虽然由创业家亲手打造，但是新创企业有着独立的法律和组织地位。有一种可能的情境是新创企业依然运作良好，但是创业家已经不再负责它的运作了。很多因素可能导致创业家离开自己亲手创办的企业。正如第一种情境中所讲述，有些企业虽然在财务上表现十分成功，但是不能为创业家提供充分的挑战性，且不能满足创业家的社会需求。此时，创业家可能将其股份售予一个新的管理者或管理团队，从而可以抽身去从事其他自己想从事的事业。这种情况下，新创企业和创业家都是成功的。然而，创业家有时可能是在意愿之外被强制离开自己所创办的企业。

如果企业的市场表现十分糟糕，它的支持者可能希望企业被新的管理层接管，通过新的管理理念和不同的管理方式来进行改善，从而更好地实现他们的利益。投资者更换管理层的能力取决于他们所掌握的企业股份、他们掌握股份的变现能力以及他们与创业家所订立的契约规定。

②企业将被重构

在上一种情境中，创业家只是被要求离开自己所创办的企业。然而，新的管理层可能并不仅限于来重新运作原有的企业，而是认为只有将企业进行彻底的重组才能提升其绩效。而重组可能需要大幅度地更换企业的员工、接受并购和增加资产的多元化。

（3）企业已经不能以独立的经营实体形式继续存在

①企业被新的管理层接管并被整合进其他公司

新创企业可能被另一家企业接管，从而成为其子公司。作为一家其他公司的子公司，该企业将保留一些自身原有的特征和法律形象。然而，并购将使得企业失去原有的法律地位和独立身份。员工成为母公司的工作人员，企业资产也被整合到母公司的其他资产

当中。

企业被接管或并购，可能缘于创业家主动出售其所掌握的股份从而追求自己的新事业，也可能是由于投资者对企业或创业家失望从而出售其所掌握的企业股份。在这种情境下，有时创业家会作为母公司的管理者，以子公司总裁的身份，继续掌管自己的企业。

②企业破产，资产重组

当一家企业被接管或并购时，说明接管者或并购者依然相信该企业拥有成功的潜力，他们甚至会聘用新的管理层来帮助挖掘该企业的潜力。然而，如果市场对于该企业的信心已经完全丧失，那么该企业将被要求申请破产并售卖其资产，从而补偿股东的投资。债权人和贷款将被优先偿还。其他投资者，即企业所有者，只有在债权人利益都已偿还后可获得剩余的清算价值（见图7.5）。

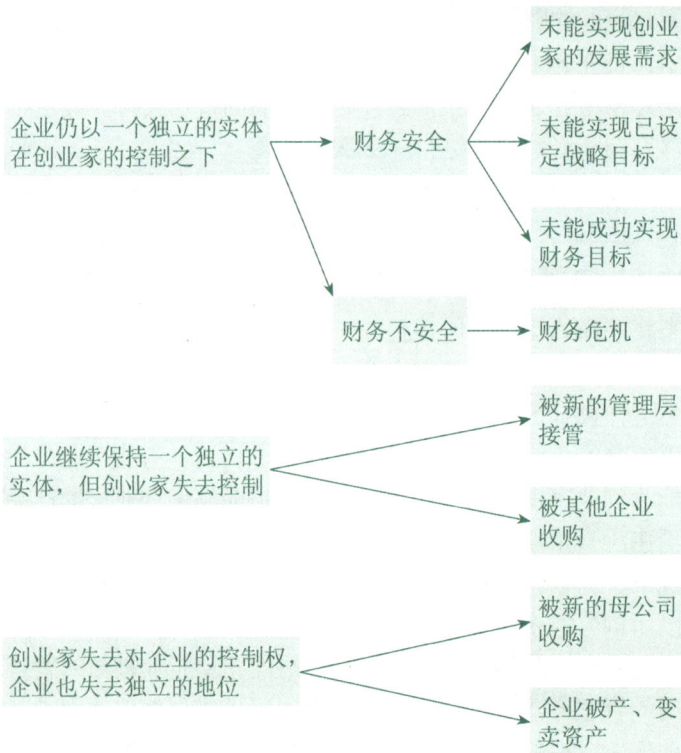

图7.5 不同层次的创业失败

管理失败

综上所述，失败是企业经营过程中的一种自然现象。正是失败的可能性使得企业的成功具有重要意义。失败并不总是意味着灾难。失败只是一个学习过程。失败不应该被忽视，而应该在其铸成更大失败之前被创业家所重视。成功与失败的存在是相对于利益相关者的期待而言的，失败意味着利益相关者的期望未被满足。因此，企业需要密切关注利益相关者对企业的期望，时刻保持对这些期望的积极态度，同时致力于实现这些期望。

要点总结

- 新创企业的成功可以从三个维度进行理解：关注企业发展的利益相关者、利益相关者对企业的期望以及企业的实际产出与利益相关者期望相比较的实现程度。

- 有效的创业家通常将其企业的成功与所有利益相关者的目标相联系，并时刻保持强烈的社会责任感。
- 大多数成功的创业家相较于一般的创业家拥有更强烈的社会责任感，他们将社会责任感融于企业的日常运作当中。
- 企业社会责任的议题已经受到人们越来越多的关注，然而，企业社会责任的概念非常复杂。关于承担更多的社会责任是否会增加股东价值，目前尚无定论。
- 虽然创业活动存在特定的利益相关者框架，但是不同类型的创业活动（社会创业与传统创业）会优先考虑不同利益相关者的利益。
- 失败也是创业活动的一部分，而且失败分为众多等级。优秀的创业家能够从失败中学习。

研究主题

创业家对于成功的感觉

7.1 节提出的创业过程模型认为，新创企业的成功取决于企业满足经济、社会、发展的要求和利益相关者期望的能力。这个框架为研究创业家对于成功的信念和态度奠定了基础。挑选一部分创业家，包括创业初期的创业家、创业新手、独立创业家和团队创业家等。比较不同类型创业家对于成功信念的相互关系。对这个群体做一次调查，探索下列问题：

- 他们对于成功的一般观点。
- 他们认为谁在其成功过程中扮演重要角色，谁享有他们成功的优先收益权。
- 他们成功主要是为了满足何种需求（经济、社会或者发展需求）？
- 这些创业家如何看待利益相关者的期望，他们如何管理这些期望（例如，应该在创业初期过度承诺从而激励利益相关者为其效劳，还是降低预期从而使得利益相关者在获得实际收益后减少失望）？

基于以上分析，分类考察创业家对于不同类型需求的满足次序（例如，将经济需求优先于社会和发展需求）和对于不同类型利益相关者的满足次序（例如，投资者优先于顾客）。探索这些创业家是否对不同的需求、不同的利益相关者予以同等的对待。创业家在不同的发展阶段对不同类型目标和利益相关者的重视程度有什么差别？创业家对于不同类型需求的满足与不同类型期望的满足之间有何联系？

重要读物

这篇经典文献探讨了组织责任的不同等级，并且是本章讨论的一个重要基础：

Carroll，A. B.（1979）'A three-dimensional model of corporate performance'，*Academy of Management Review*，Vol. 4，pp. 497–505.

阅读经典文献的原文有助于读者更清晰、全面地理解其中的观点。

另一篇近期文献探讨了小企业的相关问题与其绩效的关系，意义非凡：

Garengo，P.，Biazzo，S. and Bititchi，U. S.（2005）'Performance measurement systems in SMEs：a review for a research agenda'，*International Journal of Management Reviews*，Vol. 7，

No. 1，pp. 25 -47.

推荐读物

Atkinson, A. A., Waterhouse, J. H. and Wells, R. B. (1997) 'A stakeholder approach to strategic performance measurement', *Sloan Management Review*, Spring, pp. 25 -37.

Aupperle, K., Carroll, A. and Hatfield, J. (1985) 'An empirical examination of the relationship between corporate social responsibility and profitability', *Academy of Management Journal*, Vol. 28, No. 2, pp. 446 -63.

Avishai, B. (1994) 'What is business's social compact', *Harvard Business Review*, Vol. 72, No. 1, pp. 38 -48.

Bagley, C. E. (2003) 'The ethical leader's decision tree', *Harvard Business Review*, Feb., pp. 18 -19.

Ben-Ner, A. and Putterman, L. (eds) (1998) *Economics, Values, and Organization*, Cambridge: Cambridge University Press.

Bucar, B. and Hisrich, R. D. (2001) 'Ethics of business managers vs entrepreneurs', *Journal of Developmental Entrepreneurship*, Vol. 6, No. 1, pp. 59 -72.

Buchholz, R. A. and Rosenthal, S. B. (2005) 'The spirit of entrepreneurship and the qualities of moral decision making: towards a unifying framework', *Journal of Business Ethics*, Vol. 60, No. 3, pp. 307 -15.

Brown, D. M. and Laverick, S. (1994) 'Measuring corporate performance', *Long Range Planning*, Vol. 27, No. 4, pp. 89 -98.

Carroll, A. B. (1979) 'A three-dimensional model of corporate performance', *Academy of Management Review*, Vol. 4, No. 4, pp. 497 -505.

Clinebell, S. K. and Clinebell, J. M. (1994) 'The effects of advance notice of plant closures on firm value', *Journal of Management*, Vol. 20, pp. 553 -64.

Dawson, S., Breen, J. and Satyen, L. (2002) 'The ethical outlook of micro-business operators', *Journal of Small Business Management*, Vol. 40, No. 4, pp. 302 -13.

De George, R. (1999) *Business Ethics*. Upper Saddle River, NJ: Prentice Hall.

Dennis, W. J. and Fernald, L. W. (2001) 'The chances of financial success (and loss) from small business ownership', *Entrepreneurship Theory and Practice*, Fall, pp. 75 -83.

Dollinger, M. J. (1984) 'Measuring effectiveness in entrepreneurial organisations', *International Small Business Journal*, Vol. 3, No. 1, pp. 10 -20.

Douma, S. (1991) 'Success and failure in new ventures', *Long Range Planning*, Vol. 24, No. 2, pp. 54 -60.

Fisscher, O., Frenkel, D. Lurie, Y and Nijhof, A. (2005) 'Stretching the frontiers: exploring the relationship between entrepreneurship and ethics', *Journal of Business Ethics*, Vol. 60, No. 3, pp. 207 -9.

Friedman, M. (1962) *Capitalism and Freedom*. Chicago: University of Chicago Press.

Griffiths, B., Sirco, R. A., Barry, N. and Field, F. (2001) *Capitalism, Morality and Markets*,

London: Institute of Economic Affairs.

Harrison, E. F. and Pelletier, M. A. (1995) 'A paradigm for strategic decision success', *Management Decision*, Vol. 33, No. 7, pp. 53–9.

Harrison, E. F. and Pelletier, M. A. (2000) 'Levels of strategic decision success', *Management Decision*, Vol. 38, No. 2, pp. 107–17.

Henderson, D. (2001) *Misguided Virtue: False Notions of Corporate Social Responsibility*. London: Institute of Economic Affairs.

Hutton, W. (ed.) (1997) *Stakeholding and its Critics*, Choice in Welfare No. 36. London: Institure of Economic Affairs.

Joyner, B. E., Payne, D. and Raiborn, C. A. (2002) 'Building values, business ethics and corporate social responsibility into the developing organisation', *Journal of Developmental Entrepreneurship*, Vol. 7, No. 1, pp. 113–31.

Kaplan, R. S. and Norton, D. P. (1996) 'Linking the balanced scorecard to strategy', *California Management Review*, Vol. 39, No. 1, pp. 53–79.

Longenecker, C. O., Simonetti, J. L. and Sharkey, T. W. (1999) 'Why organizations fail: the view from the front line', *Management Decision*, Vol. 37, No. 6, pp. 503–13.

Martin, R. L. (2002) 'The virtue matrix: calculating the return on corporate social responsibility', *Harvard Business Review*, Mar., pp. 68–75.

McGuire, J., Sundgren, A. and Schneeweis, T. (1988) 'Corporate social responsibility and firm financial performance', *Academy of Management Journal*, Vol. 31, No. 4, pp. 854–72.

McWilliams, A. and Siegel, D. (2000) 'Corporate social responsibility and financial performance: correlation or misspecification?', *Strategic Management Journal*, Vol. 21, pp. 603–9.

Mole, K. (2000) 'Business advisers impact on SMEs', Middlesex University Discussion Paper Series: Business and Management. Available at : http:// mubs. mdx. ac. uk/research/ Discussion_Papers/Business_ and_Management/dpapmsno_4. pdf.

Nash, L. (1995) 'The real truth about corporate values', *Public Relations Strategist*, Summer.

Nucci, A. (1999) 'The demography of business closings', *Small Business Economics*, Vol. 12, No. 1, pp. 25–9.

Osborne, R. L. (1993) 'Why entrepreneurs fail: how to avoid the traps', *Management Decision*, Vol. 31, No. 1, pp. 18–21.

Osborne, R. L. (1995) 'The essence of entrepreneurial success', *Management Decision*, Vol. 33, No. 7, pp. 4–9.

Paine, L. S. (1994) 'Managing for organisational integrity', *Harvard Business Review*, Mar./ Apr., pp. 106–17.

Porter, M. and Kramer, M. R. (2002) 'The competitive advantage of corporate philanthropy', *Harvard Business Review*, Dec., pp. 56–69.

Routamaa, V. and Vesalainen, J. (1987) 'Types of entrepreneur and strategic level goal setting', *International Small Business Journal*, Vol. 5, No. 3, pp. 19–29.

Sacks, J. (ed.) (1998) *Morals and Markets*, Institute of Economic Affairs Occasional Paper

No. 108. London：Institute of Economic Affairs.

Seglod，E.（1995）'New ventures：the Swedish experience'，*Long Range Planning*，Vol. 28，No. 4，pp. 45－53.

Smallbone，D.（1990）'Success and failure in new business start-ups'，*International Small Business Journal*，Vol. 8，No. 2，pp. 34－47.

Throsby，C. D.（2001）*Economics and Culture*. Cambridge：Cambridge University Press.

Waddock，S. and Graves，S.（1997）'The corporate social performance-financial performance link'，*Strategic Management Journal*，Vol. 18，No. 4，pp. 303－19.

Watson，J. and Everett，J.（1993）'Defining small business failure'，*International Small Business Journal*，Vol. 11，No. 3，pp. 35－48.

Watson，K.，Hogarth-Scott，S. and Wilson，N.（1998）'Small business start-ups：success factors and support implications'，*International Journal of Entrepreneurial Behaviour and Research*，Vol. 4，No. 3，pp. 217－38.

精选案例

案例7.1　　　　　　　　　波斯尼亚新代表的经济振兴政策

文/Stefan Wagstyl

国际社会的新代表即将于明天就任于波斯尼亚，经济振兴政策将成为他的第一要务。

基督教徒施瓦茨·先令（Schwarz-Schilling）是一位经验丰富的德国政治家和商人，曾在巴尔干半岛有着丰富的从业经验，准备将萨拉热窝作为其职业生涯的最后一站。下个月，他将带领一批波斯尼亚创业家赶赴德国 Cebit 技术博览会，"我们必须为波斯尼亚创造新的环境，促进这里的企业正常成长。"

施瓦茨从英国人阿什当勋爵手中接过了波斯尼亚的代表大权，并宣布他的目标是通过改革创造正规的波斯尼亚政治、经济环境。"我希望通过改革使波斯尼亚人民能够真正自主地掌握他们的主导权，而不是依赖于他国代表来完成这项工作。"

美国、欧盟、俄罗斯和一些其他的国家和机构，都见证了波斯尼亚 1995 年内战以来取得的成就与进步，也正在准备推动萨拉热窝建立自己独立的政权，并将各国曾经掌握的政治代表角色移交给当地政府。在这种转变之后，欧盟的特别行政代表官将移交其原有的波斯尼亚政治权力，并转化为大使，保留政治影响，但是不再具有参政权。

施瓦茨表示这种转变可能至少需要在 10 月大选后的 3 个月内才能完成，但这并不影响施瓦茨的个人角色，因为他同时还是欧盟的外交特使，而在萨拉热窝他将延续这一角色。

施瓦茨·先令，今年 75 岁，曾经在总理赫尔穆特·科尔的政府供职 10 年。此后，他 20 世纪 90 年代在波斯尼亚担任波斯尼亚塞族、穆斯林和哥伦比亚之间敌对关系的调停人。

阿什当勋爵过去是波斯尼亚一位专制的领导人，他强制地方政府根据他的意愿将波斯尼亚拆分为波黑塞族共和国和穆斯林/哥伦比亚联邦共和国。阿什当勋爵还说服波斯尼亚领导人与欧盟建立稳定持久的合作关系，关于进出口的条约则会惠及所有的欧盟成员。

施瓦茨·先令被认为是一位能够帮助调和的高级代表，其将致力于促使波斯尼亚政府真正起作用。他拒绝评价阿什当勋爵的工作方法，但是他通过讲述自己的经历间接表达了其观点："外交手段是一项自上而下的措施，我很庆幸自己曾作为调和者在基层工作了 10 年时间。"

施瓦茨·先令并不认为他的年龄会影响他的工作效率。

这位新代表的另一项任务是帮助追捕以前波黑塞族共和国领导人拉多万·卡拉季奇为首的战犯及其军队司令拉特科·姆拉迪奇。"这项工作具有极其重要的意义，只有在解决这个问题之后，我们才可能建立真正的公平系统。"施瓦茨说道。

Source：Stefan Wagstyl, ' New Bosnia chief makes boosting economy priority ', *Financial Times*, 31 January 2006, p. 9. Copyright © 2006 The Financial Times Limited.

热点问题讨论

为了重建家园，创业家应该在发生冲突之后的国家或地区承担怎样的社会责任？

中国战略创业案例（二）

雷军的再创业神话：小米手机

1. 引言：一个中国新创企业的成长奇迹

小米，在大众中普通得不能再普通的粮食作物，今天却是一个时代产品的另类标志，北京小米科技有限责任公司的简称。一个代表了移动互联网创业时代的再创业公司，她的神奇注定要从创造神奇的创始人雷军说起。

雷军，1969 年出生于湖北仙桃。1987 年，考上了武汉大学计算机系。仅用了两年时间，就修完了大学所有学分，甚至完成了大学的毕业设计。受《硅谷之火》中苹果公司创业故事的影响，在大学四年级的时候，雷军开始和同学王全国、李儒雄等人创办三色公司，期间还与王全国合作编写了雷军的第一个正式作品 BITLOK 加密软件并且组建了黄玫瑰小组；除此之外还用 PASCAL 编写免疫 90，此产品获得了湖北省大学生科技成果一等奖。当时的产品是一种仿制金山汉卡的产品，可是随后出现一家规模比他们更大的公司，山寨了他们的产品，量大价优最终把他们拖垮了。

1992 年他与同事合著了《深入 DOS 编程》一书。同年，雷军加盟金山公司，先后出任金山公司北京开发部经理、珠海公司副总经理、北京金山软件公司总经理等职。1998 年 8 月，开始担任金山公司总经理；2000 年底，金山公司股份制改组后，出任北京金山软件股份有限公司总裁。

雷军从 22 岁进入金山，一直工作到 38 岁，在金山工作了整整 16 个年头，期间完成了金山的 IPO 上市工作。2007 年 12 月 20 日下午，雷军辞去了金山 CEO 职务。2011 年 7 月 11 日，金山软件董事会提名委员会提名雷军出任董事长一职，这一提议获得了董事会一致通过，雷军正式接掌金山软件。

作为一个天使投资人，雷军热情地投资了诸多的项目，这包括：卓越网和逍遥网、尚品网、乐讯社区（移动互联社区）、UC 优视、多玩游戏网、拉卡拉、凡客诚品、乐淘、可牛、好大夫、长城会等 20 多家新创企业。投资这些新创企业为他今后的二次创业奠定了商业新模式基础。

2009 年第四季度，苹果公司的 iPhone 手机正式在中国市场上市，一时间震撼了全世界。面对这一重大创新给予人们的惊喜，雷军很快发现了契机，觉得自己可能比苹果做得更好。2010 年 4 月，雷军与原 Google 中国工程研究院副院长林斌（曾参与微软亚洲工程院创建并任工程总监）、原摩托罗拉北京研发中心高级总监周光平（主持设计"明"系列手机）、原北京科技大学工业设计系主任刘德、原金山词霸总经理黎万强、原微软中国工程院开发总监黄江吉和原 Google 中国高级产品经理洪峰六人联合创办小米科技并于 2011 年 8 月公布其自有品牌手机。

小米公司毫不犹豫地将自己定位在了一家专注于高端智能手机自主研发的移动互联网公司。目前，小米旗下三大核心业务分别是 MIUI，米聊和小米手机。MIUI 是小米科技旗下基于 Android 进行深度优化、定制、开发的第三方手机操作系统，极受手机发烧友欢迎的 Android ROM 支持小米手机的所有机型以及合作手机。它的首发时间为 2010 年 8 月 16 日，是小米公司最早的产品。而米聊则是一款支持跨手机操作系统平台，跨通信运营商的手机端免费即时通讯工具，它的出现比微信要早，但现在的用户数量以及市场份额已经远远落在微信之后了。小米手机，无疑是小米公司的主打产品，在 2013 年 9 月份的时候刚刚推出了第三代，延续着一如既往的低价格：16G 仅售 1 999 元。小米的延伸产品还包括小米盒子（网络机顶盒）、手机配件等。

2013 年 8 月底，小米完成了第四轮融资，目前整体估值已经达到了 100 亿美元。这次小米融资之后，市值已经超过了许多老牌的手机厂商，照此计算，小米科技将成为位列阿里集团、腾讯、百度之后的中国第四大互联网公司，在中国的硬件公司中，仅次于联想集团。从初创到估值超过 100 亿美元，小米仅仅花了 34 个月的时间，大大低于新创企业 46 个月的时间周期，创造了小企业成长的国际速度。

2014 年元旦，雷军表示，2013 年小米总计售出了 1 870 万台手机，增长 160%，含税收入 316 亿元，增长 150%。其中，仅 12 月当月，小米手机就售出了 322.5 万台，含税收入 53 亿元。据雷军介绍，2013 年，小米的产品线开始逐步丰富，发布了旗舰机型小米 3，推出了红米子品牌，成功发布小米电视、小米盒子、小米路由器等产品，进入了多产品领域。同时，MIUI 用户数突破了 3 000 万，12 月当月向开发者分成就超过了 1 800 万元，小米生态链已初步形成，小米的配件生态也有出色表现，小米配件及周边产品全年营收超过了 10 亿元，米兔玩偶售出了 50 多万只。此外，小米还建成了 6 大仓储中心、18 家顶尖水准的小米之家旗舰店、436 家维修网点，售后、物流体系也变得更加完善。同时，小米开始走向海外，在我国香港、台湾地区的初步试水获得成功，Hugo Barra 加盟后小米的国际化进程正式开启。

如今小米手机已有产品一代小米手机、小米 1S、小米 2、小米 2S、小米 2A、红米手机、小米盒子、小米 3、小米电视、小米路由器、小米移动电源等多款数码产品及配件产品。

2. 蒂蒙斯模型中的团队资源优势

美国百森商学院著名创业学教授 Timmons（1999）曾提出了一个经典的创业理论模型——Timmons 模型。这个概念模型指出，影响创业的主要因素是创业团队、机会和资源。国际化新创企业的创立和成长过程首先从创业团队的创业动机出发，创业团队形成一定的想法，识别出了国际市场若干商业机会，进一步通过相应的企业战略来整合利用资源，进而设计、实践行之有效的盈利模式，最终实现企业盈利和持续成长。然而，在当今移动互联网时代，一切由传统的资金、技术要素组成的商业链都被"人"，这个最具活力的要素所遮盖，因为一切富有激情的创意和商业模式战略计划的执行都是靠一个强大团队的运作，在这个充满机会的时代，市场比拼的毫无疑问是团队，这又构成了最大的人力资源。

取得如此优异的市场绩效的小米公司团队又是一个怎样的背景呢？

作为小米公司的创始人、董事长兼 CEO，同时也是金山软件的董事长，雷军早在 2006 年就开始了对移动互联网公司的投资。他首先投资的一家公司是乐讯，其后是 UCAN WEB 等一系列的公司。在第一代 iPhone 刚面世不久，雷军就曾买了 20 台分给朋友一起体验，虽然那时大家因为觉得不习惯，坚持用下去的人也不多，但雷军看到了这一重大创新以及移动互联网时代给予企业的机遇，他认定智能化的手机一定在未来取代 PC 作为人们最常用的计算，特别是通讯交流工具。雷军是一个有思想的人，在崇拜乔布斯如此重大创新之余，他也一直没忘记给乔布斯的产品挑毛病：待机时间太短、不能转发短信、信号不稳定……但 iPhone 的高利润率使雷军对做基于移动互联网的产业产生了浓厚的兴趣。这种软件、硬件和互联网结合的趋势让雷军开始琢磨怎么做一款"与众不同的手机"。

到了 2010 年，已经 40 岁的雷军认为自己的人生目标还没有完成，他想干些有意义的大事情，他认定要将手机产业纳入到现代互联网体系中去发挥巨大的产业功能，在此背景下，果断说服团队成员并成为小米团队当之无愧的领袖。

林斌，小米联合创始人，总裁，前 Google 中国工程研究院副院长、工程总监、Google 全球技术总监。而更早一些时候，林斌是微软工程院的工程总监，可以说是当今软件产品和互联网产品技术领域数一数二的人物，当然也是第一个登上了雷军小米战船的合伙人。

黎万强，另一位小米联合创始人，副总裁。历任金山软件的人机交互设计总监、设计中心总监和金山词霸事业部总经理。在金山 10 年的职业生涯中，他的晋升离不开雷军的提携。2010—2012 年任职其间，负责 MIUI 整体研发、设计、运营，现任小米网负责人。2012 年之后，开始负责小米手机的电子商务化管理、运营、营销等业务。他是手机控、F 码、米粉节等网络、微博热门词的创造者。被称为是"口碑传播营销的珍稀人类"。

黄江吉，同样是小米联合创始人，副总裁。他不到 30 岁就成为微软工程院首席工程师。他是林斌在微软时的同事，也是林斌将他介绍给雷军的技术骨干。

洪峰，前 Google 公司中国区高级产品经理，洪峰在 Google 公司时最惊人的作品就是参与了 Goole 3D 街景图。雷军认定洪峰是一个会给别人很大压力的人，因为他没有什么表情，你很难猜出他的想法，但他同时也是一个绝顶聪明的人。雷军第一次与洪峰见面的时候是想面试一下他，但没想到反过来变成了洪峰来面试雷军。他问了雷军很多很细致的问题，其实目的只有一个，就是他想看看雷军是不是一个靠谱的老板。

刘德，北京科技大学工业设计系主任，后来是北京新锋锐设计公司合伙人、美国洛杉矶 Rethink Concept（LA）公司合伙人，长期从事工业设计。在遇到雷军之前，他在美国过着中产阶级的生活，十分安逸。创业初始，雷军认为刘德不太可能放弃在美国优越的生活，也觉得小米作为刚起步的公司，对顶级设计遥不可及，但后来是刘德主动向雷军表示想要加入小米，他认为找到一个好的团队太不容易了，他还主动提出在完成了小米手机的设计之外，同时肩负起小米手机供应链的工作，对于雷军而言，这个团队成员的吸纳实在是一个意外的惊喜。

在找到做手机系统、手机软件、手机设计的人之后，雷军一直找不到做手机硬件的合适人选。后来有朋友介绍周光平博士给雷军，雷军认为这个来自摩托罗拉的资深工程师不会出来，也不太愿意在他那个年龄出来创业的，当时周博士已经 55 岁了。但当后来雷军将周博士约出来面谈的时候，两人竟感到相见恨晚，于是在周博士加入之后，小米创始人团队的拼图正式完成。

有了这样一个团队，雷军给自己描绘了一张大致的前进蓝图：搭建一个融合谷歌、微软、摩托罗拉和金山的专业团队；先做移动互联网，至少一年之后再做手机；用互联网的方式做研发，培养粉丝，塑造品牌形象；手机坚持做顶级配置并强调性价比；手机销售不走线下，在网上销售；在商业模式上，不以手机盈利，借鉴互联网的商业模式，以品牌和口碑积累人群，把手机变成渠道。

3. 核心产品的塑造与定位

2011 年 8 月 16 日，雷军站上 798 的舞台，发布了代号为"米格机"的第一代小米手机。这台外观朴素的手机定价 1 999 元人民币，却拥有顶级配置：双核 1.5G，4 英寸屏幕，通话时间 900 分钟，待机时间 450 小时，800 万像素镜头。其中屏幕由夏普提供，处理器由高通提供，开发模具服务由富士康提供，代工生产由英华达提供。这一天也正好是 MIUI 发布一周年，台下除了供应商、记者，就是小米粉丝。雷军站在台上每发布一个小米技术参考，就赢得台下热血粉丝团的一阵欢呼。这也意味着小米在雷军的带领下提前渡过了初创的危险期，迈入了下一个新阶段。

小米公司的核心业务被称为"铁人三项"，即手机版免费即时通讯工具米聊、基于 Android 的 MIUI 操作系统、小米手机。

在"铁人三项"里，最早诞生同时也是小米公司目前为止开发最成功的产品应该是 MIUI。这是一个基于 Google Android 深度开发的操作系统。MIUI 的研发开始于 2010 年下半年，因为在当时主流 Android 手机的硬件水准并不算高，用户体验受到制约，加上厂商大都会在其产品原生系统中加入自己特色的应用和界面，考虑到适配问题，产品系统升级的步伐往往较慢。MIUI 在 Android 系统的基础之上将系统性能做了大量优化，使得系统运行速度更快，而且针对中国用户的使用习惯将界面体系进行了大量的完善，让 MIUI 系统给用户带来更好的使用体验。更值得称道的是，为了顺应手机智能化的趋势，小米对 MIUI 操作系统进行着持续不断的升级更新。传统的手机厂商不到万不得已的时候不会轻易升级操作系统。小米的基本理念是，手机不久将会替代 PC 成为大众最常用的终端，所以其系统必须不断升级。从 2010 年 8 月 16 日到现在，小米一共发布了 100 多个新版本，平均每周升级一次。目前，即便是应用软件要做到每周升级都是有相当难度的。精简、高效、及时升级的 MIUI 从推出伊始就受到很多用户的欢迎，并且形成了良好的口碑。

米聊也是让小米公司备受称道的一款产品。小米公司于 2010 年底推出手机端免费即时通讯工具米聊。米聊是以国外同类产品 kik 为模板，因在国内首次推出手机免费版的语音即时聊天工具而吸引了不少用户。米聊在国内手机语音聊天方面开创先河，使得其在国内语音即时通讯市场占据了先机。根据小米公司公布的数据，米聊已经有超过 1 300 万用户量。

有了 MIUI 和米聊的成功发展，小米手机还在工程样机阶段，就已具备超高人气，有不少米粉（小米产品的追随者）翘首以待，为小米手机进入市场打下坚实的基础。同时在网络营销方面有着多年经验的小米团队，趁机将"发烧级手机"和"互联网手机"的理念炒得火热，进一步捧高了小米手机的人气。而且在当时看来双核手机还是稀有品，而小米手机装配了号称比肩苹果手机的双核处理器，不仅勾起了手机发烧友的好奇欲，还吸引了媒体关注的目光。小米手机成功地打造了两大卖点：创新不逊色于苹果，价低堪比山寨手机。

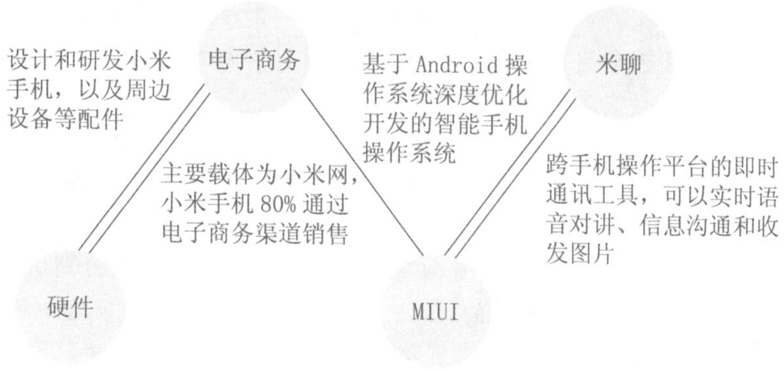

设计和研发小米手机，以及周边设备等配件　电子商务　基于 Android 操作系统深度优化开发的智能手机操作系统　米聊

主要载体为小米网，小米手机 80% 通过电子商务渠道销售　跨手机操作平台的即时通讯工具，可以实时语音对讲、信息沟通和收发图片

硬件　MIUI

图1　小米产品及业务主图谱

资料来源：艾瑞咨询 2011—2012 年度中国智能手机研究市场报告。

4P 策略是一个公司在核心产品出来之后必须考虑的四大准则性营销策略。小米手机一经出台，就快速将其定位于发烧友手机用户，核心卖点是高配和软硬一体。小米手机一代是中国首款双核 1.5G 智能手机，采用的是目前全球最快、最强大的手机芯片——高通 SnapdragonS3（MSM8260），比主流的绝大多数智能手机 CPU 主频快 200%，是目前世界上主频最快的智能手机。配备 1 930 毫安的大电池，超出主流智能手机电池容量近 30%，可支持联网待机长达 450 小时，连续通话 15 小时。此外，小米手机采用 800 万像素、2.4 最大光圈、数字防抖、自动对焦+LED 相机配置，完全能满足手机发烧友对手机的需求。

产品的价格是影响市场需求和购买行为的主要因素之一，产品的价格策略运用得当，会促进产品的销售，提高市场占有率，增加企业的竞争力。反之，则会制约公司的生存和发展。小米手机初步定价为 1 999 元，与小米同时期推出的高配置智能手机相比简直是天壤之别的差距，这意味着与同配置手机相比，对于手机发烧友来说，高配置、低价格这种性价比高的小米手机无疑有着无限的吸引力。接近成本的定价迅速为小米手机吸引来一大批忠实的"米粉"，高性价比的概念让小米手机一时成为市场上硬件配置最具竞争力的"品牌手机"，而且小米作为以手机为核心平台的"互联网企业"，硬件收入并不是雷军设想中的利润来源。

在中国消费者追求智能手机性价比的背景下，小米手机以其优越的配置和低廉的价格不断地制造话题，吸引人们的注意力，更重要的是小米将产品定位为"发烧友手机"。手机发烧友对手机有着相对专业的研究，其喜好与评价具有很大的影响价值，小米手机的创新性功能和高配置，以及其互联网开发模式，正是为了吸引手机发烧友，通过先圈住手机发烧友这一先导性群体，基于"发烧友"在消费大众心目中的强专业性、高信任度以及高可靠度，放大口碑的力度，由他们带动普通大众用户，从而逐渐积累用户群体。

个人品牌植入品牌推广。雷军作为成功的互联网人士和天使投资人，他的奋斗史、职业经历和成功故事对年轻一代具有极大的感召力，他的个人魅力和影响力在无形之中便嫁接到了小米手机身上。产品发布会也是精心雕琢，不仅仅是雷军的演讲形式，在发布会的逻辑设计上也有着明显的乔布斯风格。在小米手机成功发布以后，雷军不仅利用自己微博高密度宣传小米手机，还频繁参与新浪微博访谈，出席腾讯微论坛、极客公园等活动，接受传媒杂志采访，并利用这些机会不为余力地为小米宣传造势。

小米公司创新性地开辟了 MIUI 论坛、小米手机论坛等，为用户们提供一个交流手机体验及意见的平台，对用户的交流意见及时收集，并针对性地进行改进，不断满足客户的要求，其一周一次的更新使用户满意度大大提升，这种互动式营销让用户参与其中，获得尊重与信任感，极大地提高了用户满意度。

危机处理也是小米公司快速推广的重要渠道。上市不到 20 天的小米手机身陷"质量门"事件，被曝出现按键不灵、外壳掉漆等质量问题，与此同时，其售后也遭到用户质疑。随着之后小米官方的回应，以及承诺进行质量的改进和售后的建设，逐渐平息了这场"质量门"风波。虽然被爆出了诸多质量问题和售后问题，但是由于前期所打下的舆论基础，似乎并没有减弱用户对小米手机的信心，反而又扩大了"小米"的知名度。可以说，小米积极主动地应对该事件，利用了"质量门"事件，化被动为主动，为小米手机做了一次比较出色的推广。

小米手机的销售渠道包括线上的电子商务渠道和线下的运营商渠道两种，不设立实体店销售，这也是与传统手机厂商最大的不同。线上销售渠道主要依靠小米网进行销售，线下销售目前是与联通和电信运营商合作。网络销售大大节约了店面成本，从而降低了门面经营的管理费用，为小米科技节省了一笔不小的开支。更重要的是小米公司做智能手机的目的不单纯是销售智能手机，而是借助智能手机终端扩大用户，进一步向移动互联网领域深入发展。鉴于这样的目的，互联网公司不会投入过多的人力和财力等资源到线下销售渠道，而是依靠互联网电子商务的发展优势。同时，由于电信运营商在智能手机市场产业链中处于越来越重要的地位，运营商已经是智能手机线下销售的重要渠道，弥补线上销售缺陷的同时也是促进和增加销量的一个重要方式。

4. 商业模式之战略选择和实施

产品出来，一切就绪，似乎一切都变得非常真实和美好，初期的创意推出之后，如何在市场上实现价值便是一个突出的商业模式选择和执行问题。总结这个受市场热捧产品的市场特点，小米又是如何实现这一商业模式战略的呢？

解构小米的战略，首先需要了解移动互联网的市场特性，然后才能从小米的销售模式、推广模式及定价模式三大模块分析清楚它是如何与市场衔接的。

互联网市场一个最重要的特征就是由众多点相互连接起来的，非平面、立体化的，无中心、无边缘的网状市场结构。它是一种类似于人的大脑神经和血管组织的思维结构。这虽然是直观意义上的互联网思维定义，但却对我们理解网络时代的互联网思维有很好的借鉴意义，简单地说，由点到面，自下而上，形成体系。

具体来说，互联网市场表现为以下四个方面的特征：

（1）草根民众化。互联网一个最大的市场特征就是草根文化，表现为由亿万个人构成的网点汇聚在一个时点的一张大网上，正是因为汇聚了成千上万的思想和思维，真正体现了草根阶层的需求，其自下而上"接地气"的大众发展模式，奠定了当代商业社会市场企业必须直接面对的一个巨大群体，这即有利于商家真正了解用户需求，也有助于商家在第一时间直接面对客户并及时得到回馈。

（2）大系统开放界面。这是指面对如此庞大的系统，所有的意见呈现出巨大的开放姿态，迎接着人们在系统内外的互动。互联网在公开共享的平台上展开运营，面对所有的终端开放，成为这一市场不二的准则。

（3）万众交互，快速响应。在竞争压力的驱使下，优秀的互联网公司往往会十分重视 UI 界面的设计，方便用户沟通，友好体验至上。在互联网这个信息万变的平台，唯有与客户之间进行充分的交流，快速响应用户需求，及时满足市场需求才是最终的制胜法宝。

（4）黏性纳新。当今的互联网黏合的是万众粉丝，这些粉丝既有客户，也有商家，还有利益攸关者。特别是随着移动互联网时代的到来，微博、微信等重要社交媒体的出现，让网民变成了移动互联网的"粉丝"。粉丝的一个重要特性是黏合性，而黏合的一个最重要的行动特征就是快速及时地响应，这样，当一种产品形成了众多的粉丝，那就意味着商家捆绑住了用户，关注的人越多，网络品牌价值就越大，一旦寻找到合适的盈利模式，万众粉丝就可以发挥无穷的聚合力量，产生乘数般的扩散效应。但同时，移动互联网的扩散也与传统产业碎片式的扩散完全不同，互联网企业黏合的粉丝不可能是长期绑定的，流动性非常强，如果要留住粉丝，就要源源不断地提供好的内容和服务，所以要依靠企业的服务和营销长期吸引客户。

有了对这种互联网市场特征的认知，加上终端移动功能的效应，上述四点作用将随着中国近 7 亿手机终端用户的市场机遇掀起新一轮的较量，而在这一战争中，小米手机无疑是这场战争的胜者。

首先来看小米的销售模式。小米采用的主要是电子渠道加物流支持的模式，电子渠道是指小米手机的官网是小米手机的唯一官方销售渠道，人们只能在小米的官网上订购到小米手机；物流就是小米手机的销售由于是官网订购这样一个形式，所以必须解决送货的问题，因而小米采用与雷军关系很大的"凡客"物流作为配送渠道，从而完成了整个网上购物流程。另外，小米也与联通以及电信进行了广泛的合作，这也拓宽了线下销售途径。

总结小米的营销策略主要包括以下几个：网络事件营销、社区以及论坛宣传营销、微博营销、口碑营销以及饥渴营销。其中网络事件营销主要是指小米手机通过一些事件的炒作，将小米推到了公众议论的热点话题中，通过讨论扩大小米品牌的知名度，小米公司也通过小米工程机先发、"质量门"事件等网络事件的制造博得在大众消费群中的可视度；通过建立社区以及论坛，建立自己的粉丝团，小米手机将自己置身于用户群中，不仅提升了忠诚度和知名度，而且在万众用户中建立了更加有力的黏合度。同时，由于论坛的建立，小米也可以第一时间收到用户重要的信息反馈，有利于公司改进和提高产品。

微博、微信营销更是一种最为现代化的传播手段，小米公司当仁不让地通过在最为流行广泛的官方微博、微信中发布小米的最新信息，使得小米手机不断得到社会的关注；口碑营销是小米手机的一大杀手铜，如果按照传统的营销方式，大规模、大投资的广告宣传是必不可少的，然而，小米公司很好地利用了移动互联网的特点，不是靠传统媒体的广告而是将品牌建立在用户口碑相传的基础上，这比一般的广告宣传效果更加直接和精准，面对年轻人的特点所体现的针对性使得口碑远胜过一切传统媒体固化的特点，具有更好的说服力和市场可信度。

　　小米最后一个鲜明的营销特点是饥渴营销。作为一种电子产品，其制造成本每4个月降价18%，所以如果小米预购的定价与真正拿到手机时的实际价格就可以存在因为时间推移产生的成本的下降，小米正是利用这一种规律进行定价。多数用户在正式发布后要等10个月的时间才能真正花1 999元买到小米手机，而且小米手机的前4个月发货量仅仅是10万部。另外，无论是在官方网站还是在诸如淘宝、天猫等互联网电商购物平台，这一策略都用到了极致。2013年11月11日，这个传统的中国式购物狂欢节中，万众总交易额高达350.19亿元（去年为191亿元），其中53.5亿元来自手机淘宝，移动端贡献了近15%的份额，而头号卖家竟然是小米手机，总成交额高达5.41亿元；在其系列中，小米手机3共成交130 854件，红米手机成交122 697部，小米手机2S标准版成交66 205件（此款成交量还在不断增加），小米手机2S电信版19 037件，即小米手机2S共售出85 242件，小米手机2A成交1 154件。想要获取这些手机的客户如果在当天下单付款就能保证及时获得发货，这也打破了传统意义上唯有降价为唯一促销策略的传统，可谓饥渴营销的一个杰作。

5. 未来挑战：如何持续创新客户与产品间关系

　　客户与产品间的衔接直接关系到公司持久的未来，而创新这一要素将客户变成一个公司产品的一个常态关注群，而基于互联网的粉丝群则在移动互联网时代扮演了重要的纽带作用。

　　回顾小米的客户与产品的关系链：产品上市，反馈意见由小米论坛汇聚，生成产品，再通过小米网站进行推广和销售，将产品送到客户手中，在用户和产品之间形成完整的生态链。在这一过程中，互联网发挥着非常重要的作用，是联结用户与产品的桥梁和依托。这正是雷军说过的"以互联网的方式做手机"的一个最重要的商业行动体现。

　　无论对于中国山寨还是正规手机厂商而言，小米公司的横空出世无疑具有颠覆意义。对于意在突破传统手机行业的小米来说，成功的关键是要看它最终能否真正在产品和客户关系方面做到创新和突破。苹果凭借出色的软件和互联网服务使其收入颇丰，同时这两者也是其硬件销量的保证。软件和服务早已颠覆了硬件商的生存模式，苹果的模仿者们尤其喜欢强调软件和服务的价值。但不容忽视的是，苹果的硬件仍具有丰厚的利润，并在其收入结构中占据主导地位。在这一点上，其他的硬件企业只能望其项背。在智能手机时代，苹果和三星已经赚走了硬件99%的利润，这对小米如何在软件服务上创新产品与客户关系至关重要。

　　如果想要依靠软件应用和移动互联网服务来获取利润的话，前提是硬件的出货量必须相当可观，足以支撑其软件应用和移动互联网服务。但从目前的局势来看，行业格局变化迅速，小米在高配置智能机唱主角的时代恐怕将很快成为过去。如今小米面临的不仅仅是与传统手机企业的竞争，越来越多互联网领域的公司也纷纷涉足手机领域。例如，百度、腾讯、360等与华为、中兴通讯等手机厂商合作，而天语、盛大则更深层次涉足硬件。从根本上来讲，它们的策略其实和小米是相似的，小米所具有的互联网基因，它们并不缺乏，甚至更强大——它们均涉入互联网多年，拥有相当的用户规模以及体系化的应用和服务。小米手机在过去一年之所以广受欢迎，重要的原因是小米凭借MIUI、米聊积累了很高的人气，而这两项在当时至少在国内都属于创新性的产品，在一定程度上带来了不同的用户体验。而现在，Android智能手机已经表现出极为明显的同质化现象，互联网巨头的加入，使得系统和应用软件也面临着很多相似产品的竞争，小米手机原本作为卖点的那些功能，如今已经变得普及。例如，米聊而今正面临腾讯微信的严重分流。可以预见，当360 特供机、网易手机、盛大手机等充斥市场时，将对小米手机形成强大的压力。

在当前产业结构下，作为缺少完善产业链掌控能力的企业，小米公司和其他大多数国内手机企业一样，似乎可以被称作一个产业链条的附属者，虽然小米对产业链的控制能力或许比其他企业强一点，但毕竟无法掌控整个产业链成本结构。一旦今后陷入价格战的泥潭，公司的发展必然受阻。对于具有山寨味道的中国企业而言，似乎只有真正做到通过模仿创新积累公司资源与能力，逐步实现自主创新，拥有核心竞争力，才能在市场上立于不败之地。

问题讨论

1. 传统的组织创业依然凭靠人脉、资金、土地等传统要素，今天的战略创业更多地要靠创意愿景进行策划。结合本案例小米飞速成长的实际，谈谈中国的新创企业在持续创业过程中应该如何调动战略资源，实现更大的产业机会。

2. 归纳创业家雷军能够成功的关键要素是什么？借此也谈谈一个中国创业家战略创业成功的关键要素是什么？

案例来源：中山大学创业中心任荣伟创新创业案例库

2013 年 12 月，版权所有

第三部分

创业过程与新企业创设

第 8 章

创业过程

本章概要

本章叙述了如何建立一个模型，创业家们通过该模型进行创业，并创造新的财富。创业家对变革的渴望第一时间促动了其着手创业。对变革的渴望使得创业家以创新与动态的方式集齐三大偶然因素：机遇、资源和组织。

本章同时述及创业的局限以及它能否超越利益本身而达到对艺术、社会和文化的管理。

8.1 与众不同：创业与驱使变革

重要学习目标

了解创业家驱动的变革与企业家创造的与众不同。

创业是带来变化，使之与众不同。创业家完成创业之后，世界将与众不同。狭义来说，创业利用创新来创造价值，这种价值无法用单纯的经济术语来衡量。这种意义上的创新已超出了发明的范围，它意味着利用新式、与众不同的更好方式来做事情。

创业家要识别潜力，如何使事物变得更好。他或她处于实际与可能性两者间的强度中：现实是什么和可能会是什么（见图 8.1）。这种强度在三个维度表现明显：经济、个人和社会。

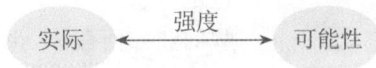

图 8.1 创业过程的强度

经济维度：创造新价值的潜能

创业是经济活动。与之相关的最重要的是建立稳定的、盈利的、能在竞争市场幸存的企业。如果企业还要发展壮大，就必须创造出更多价值，并采取比其竞争者更有效的方式将价值传递给消费者。创业家创造的新世界必须比以往存在的任何世界都更有价值。如果企业想要在长期进程中取得成功的话，它所要把握的机遇和创新就必须创造附加值，因为创业家正是凭借这种附加值去吸引和回馈企业的主要利益相关者的。

这里值得注意的一点是：在创造新价值的过程中，创业并不是一种"零和博弈"。尽管企业之间具有竞争性，但一个创业家的成功并不意味着其他人的失败。创业常常有着双赢的结果。在 5.2 节中我们讨论过创业活动增加经济的总体价值。创业家做的并不仅仅是循环使用现存的财富。创业家创造的新价值可以通过许多方式来分享。

个人维度：实现个人目标的潜能

激励创业家的因素各式各样。尽管获得金钱利益可能会激励一些人，但它并非唯一的因素，也不是最重要的。更有意义的动力是一种成就感、一种创造感，以及一种创造全新世界的感受。创业家的企业很可能就是他们在这个世界留下自身烙印的一种方式。

创业家们还有可能被竞争性环境所具有的挑战所激励，因为这为他们提供了一个契机，与更开阔的大千世界斗智斗勇。创业家也能够通过自己的企业去形成自己的工作环境、自己的管控方式。为了了解创业动机，对创业家们来说，最重要的是要明白创业的"过程"，而非企业的"终极目标"。

社会维度：结构变化的潜能

创业家们在更为广阔的社会中进行活动。在创造全新世界的过程中，他们毫无疑问必须对社会有所影响。他们为社会提供新产品、新服务，为同胞们提供就业岗位，使得经济体系充满竞争性。总体而言，这对于经济体系是有利的，但却将那些缺乏足够活力和缺乏效率的竞争者逼到了墙角。

这一切给予创业家改变社会结构的力量。创业家想象中的那个可能会更美好的世界成为激励他们的一个重要因素。这也意味着创业家必须（他们常渴望有所担当）有某种程度的社会责任感，有时候要超越竞争者。创业家所乐于看到的世界常常是其对企业未来构想的一部分，这种构想可能会被珍藏在企业的使命中。

8.2 创业过程：机遇、组织和资源

重要学习目标
在创业价值创造的过程中了解相关要素。

每一个新创企业都有自己的历史，因而与众不同。它在成功之前用自己特殊的方式解决了遇到的问题。然而，以概括的方式看待创业的过程也是有意义的，因为这会给我们一个框架，来了解创业如何在不同阶段创造新财富，并了解个别企业的细节操作。同时，还会指导我们在创业的时候如何作决定。

这里要描述的分析创业过程的方法基于四个互相影响的偶然因素。创业家有责任将这几个因素整合到一起来创造新价值。偶然因素是指在创业过程中必须存在的，并以各种方式存在的因素。创业过程中的四个偶然因素分别是：创业家、机遇、组织和资源（见图8.2）。

创业家

创业家是整个创业过程的中心部分，这意味着管理者们将新创企业引领向前。创业家常常单独行动，但创业团队非常重要。团队成员扮演不同的角色并分担责任，他们可能来自同一个家庭，如来自意大利北部的贝纳通姐妹对纺织品的生产方式进行了革命；或者，他们来自不同的管理团队，通过管理收购合拢在一起开始自己的创业。

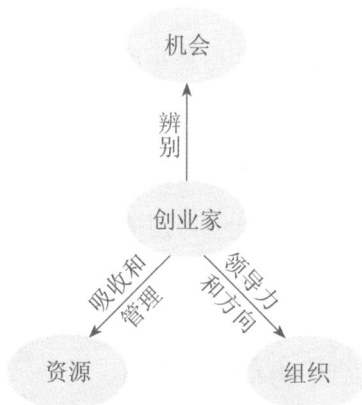

图 8.2　创业过程：机遇、资源和组织

机遇

机遇是市场服务者留下的缺口。它代表着能够更好地为消费者提供服务的一种潜能。创业家有责任观察整个市场，找出机遇或可能性，然后用不同于现存的市场运行的方式或是更好的方式来作出改变。更好的方式就是创业家提供给市场的创新。如果消费者认同创业者，认为他们在现行基础上有所改善，如果创业者能够有效地、有益地创新，那么他们就创造了新价值。

组织

为了给市场注入创新血液，必须协调每个人的活动。这是创业家创造的组织的功能。根据不同因素，组织可以是各式各样的形式，如它们的大小、发展速度、所属行业、提供的产品或服务、组织的年限和所提倡的文化等。

创业组织的特点是创业者会带来的强有力并且极具魅力的领导力。这些组织或许不像官僚主义性质的现有企业那样有很多正式的结构和体系。在许多方面，创业组织还在学习中，但我们更愿意将这个过程看做是企业通过接受新思想、适应新需求而将自身缺陷发展成优势。

现行的对创业组织的思考中，不倾向迅速在组织内和组织外部中间划一道分隔线。从更广阔的意义思考组织更有成效。其将组织看成个人之间的关系网，创业家处于中心位置。这个关系网不仅包括企业的正式员工，还包括企业外部的人和组织，如消费者，供应商和投资者。组成这个网络的关系各种各样。一些是合约关系，另一些由开放市场决定；可以是正式和非正式；可以基于自我利益的关系和无私的关系；可以是短期考虑和长期考虑建立的关系。

就关系网的视角来看，组织是流动的，由关系纽带连结。它的界限是可渗透的。关系网概念使得我们更明白新创企业如何建立，如何更具有竞争力，如何通过给人们的生活增加价值来维持其在市场中的地位。

资源

创业过程中的最后一个偶然因素是资源。这包括已投入企业的资金，为企业贡献知识和技能的人，以及实物资产，例如生产设备、机械、建筑物和车辆。资源还包括无形资产，例如品牌、公司声誉和商誉。这些因素都取决于投资。创业者的关键作用之一是为企业吸收投资，利用投资建立一套资产，使得企业具有竞争力，并从供应创新产品中获利。

　　创业家在识别机遇、建立和领导组织以及吸收和管理资源中扮演关键角色。这三个外部因素迅速发展成自身的一种势力，而脱离创业者。随着组织的壮大，各种程序和系统被建立，人们扮演不同的角色。创业家必须在组织内部分配责任，他自身的某些角色也可能被专业功能所取代。例如，营销部门可能会识别机遇，利用机遇创新产品或服务；财务部门可能会扮演融资的角色。这样，新创企业很快步入正轨，变得与建立它们时很不一样。因此，创业家必须随时处理自己在组织内部角色的问题。

8.3　创业过程：行动及成功动力机制

重要学习目标

识别创业是一个不断注入成功要素的动态过程。

　　创业家的行为构成创业过程，该过程只有在创业家将某种创新传递给消费者时才发生。创业过程是动态的。成功来自于创业者、机遇、组织和资源的相互碰撞、相互支持。创业家必须将所识别的机遇作为组织的焦点。他们必须整合资源，建成组织，保证资源能够被合理地运用于机遇之中。这些互动关系是创业过程的根本要素，它们构成企业所采取的战略的基石。

机遇与组织匹配

　　创业家所追求的机遇决定了组织的类型，而每个创业家的组织都是与众不同的。组织错综复杂，它们被描述和理解的方式千奇百怪。组织的根本特征是资产，也就是它所拥有的一切。组织结构，也就是它设计内部沟通链（正式和非正式）的方式；组织程序，就是如何增值，创造产出；组织文化，就是态度、信念和价值观，这些都影响组织内人们的行为方式（见表8-1）。

表8-1　　　　　　　三个全球创业企业的组织优势、结构、过程和文化概况

组织名称	麦当劳	美体小铺	微软
追求机遇	追求快速、便捷和始终如一的餐饮	追求包装便携的化妆品；环境友好	专注于信息处理
组织优势	品牌名称、门店、地点、客户	品牌名称、门店、地点、客户	客户、知识、专利、品牌名称
组织结构	系列产品、零售商店	系列零售商店	以地域为基础的项目团队
运营过程	产品和分配以门店为基础实现标准化。集中进行财务管理和营销	集中管理产品。通过分店进行发放。主要通过店铺陈列促销	研发、产品、分配和营销均集中管理
组织文化	积极的态度，注重质量，关注消费者	关怀的态度，强调组织承担广泛的社会责任	创新和有创意的"技术迷"。强调"非正式的"管理方式

组织内部的资产、结构、程序和文化并不是独立存在的。它们只是我们在描述的时候的不同视角而已。组织的四个视角形成一个统一的整体，这个整体必须和组织所追求的机遇相契合。组织必须填补把握机遇的市场缺口。

资源和组织整合

资源是用来追求机遇的物质。它包括人、钱和生产资产。某种意义上看，组织就是一系列资源，尽管还有别的描述方式。资源的整合是指将整套的资源汇在一起，形成组织的资产、结构、程序以及（通过促成这些的人们的态度）文化。

把握机遇与获取资源

创业家必须决定将会用来建成组织的资源。例如，资本组合以及组织成员的资质和技能。这些都很重要，需要创业家作决定。如果组织要发展资产、结构、程序和文化，使之与机遇相吻合，那么它就需要准确地平衡资源组合。

创业家必须非常积极地去吸引各种资源，例如合格的雇员、投资者的财务支持，以及顾客和供应商的支持。即便这样，他们也常常会发现自己所拥有的资源并没有市场上那些现有企业多，并且因为他们的风险会更高，相应地资源会更昂贵。如果要占据竞争优势，创业家必须比现有企业更能利用自己能够掌握的资源。创业家必须全神贯注，将所有的资源毫无例外地用于所发现的机遇上，因为创业组织的表现取决于如何通过最佳方式将机遇、组织和资源这三大因素联合在一起（见图8.3）。

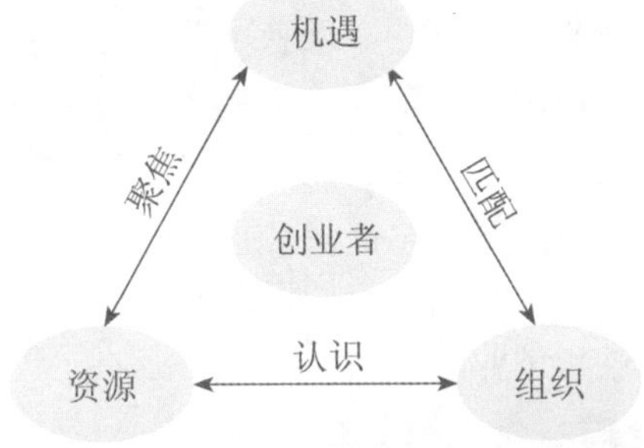

图 8.3　创业过程：聚焦、匹配和认知

学习型企业

创业过程的这三个方面，即使组织与所利用的机遇相契合，通过整合资源塑造组织，将资源集中在机遇之上，并非体现在活动的单独领域中。它们只是为共同、根本的管理过程提供不同的视角。然而，它们阐释了创业家任务的本质和其领导的方向。因为组织是不断变化的，所以这种领导必须持续运作其中，并且，如果领导力没有发挥出来，创业家也会迷失方向。另外，创业组织必须是学习型组织，也就是说，它不仅仅应对各种机遇和挑战，同时也要体现应对之后的效果，并且在经验基础上修正未来的响应。新创企业承担不起吸收资产、建立无法随着企业发展而发展的结构和体系的后果。随着企业的发展、变化，以及从其成功和失败中进行批判性学习，资产和结构也必须要进行修正。创业家必须担负起责任，促使企业在经验基础上作出改变。图8.4展示了这种学习过程。

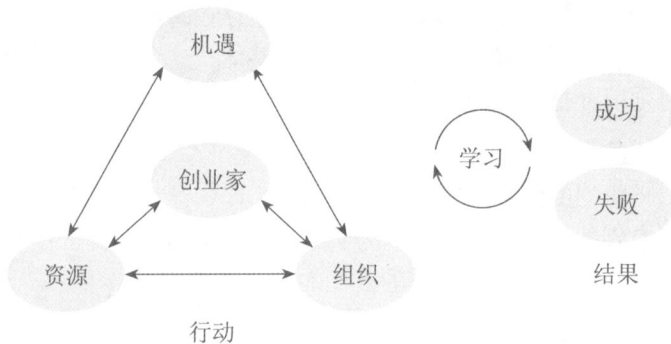

图 8.4　创业组织不断地通过成功和失败学习

要点总结

- 创业过程是创造新价值的过程，在该过程中创业家发现新机遇，吸引所需资源来追求机遇，并建立组织管理这些资源。
- 创业过程是动态的，创业家和创业组织在成功和失败中不断学习。

研究主题

过程理论化

创业过程是企业研究的核心要素之一。读者可以结合企业的理论和操作基础，探讨一下本章研究的创业模式。它呈现出什么范式？研究者们应该用哪些合适的方法来证实并发展这一模式？这个模式能否被归纳到其他类似的方法中呢？尤其要探讨这个模式是否能作为理论框架来解释非实证主义方法的理论框架。我们能否用它来诠释创业家在发展企业时所面临众多问题时的认知图呢？这些问题包括机遇辨识、资源获取、组织创建和完善。这些基本信息我们可能还得通过与创业家们面对面地交流才能获得。

创业家分类与创业过程

第 2 章讨论了多种创业家类型，并总结出单一创业者、连续创业者和组合创业者的明显区别。运用本章研究的偶然性模型来引出一些在发展单一、连续和组合企业过程中的共性话题，并着重分析将创业家、机遇、资源、组织、调整、专注和结构作为引导的偶然性。将企业作为一种信息来源，对每种企业用案例分析法就大家已形成共识的话题来创建实例。这些企业之间有哪些差异？每种企业类型给我们哪些启示？是否每种企业都存在这些问题？这又将如何影响各类企业获取外部支持？

重要读物

以下是两本给提出"创业过程"这一理念造成巨大影响的研究作品，可以作为读者很好的导读书目：

Bhave，M. P.（1994）'A process model of entrepreneurial venture creation'，*Journal of Business Venturing*，Vol. 9，No. 3，pp. 223–42.

Gartner，W. B.（1985）'A conceptual framework for describing the phenomenon of new venture creation', *Academy of Management Review*, Vol. 10, No. 4, pp. 696–706.

推荐读物

Batstone, S. and Pheby, J. (1996) 'Entrepreneurship and decision-making: the contribution of G. L. S. Shackle', *International Journal of Entrepreneurial Behaviour and Research*, Vol. 2, No. 2, pp. 34–51.

Bouchiki, H. (1993) 'A constructivist framework for understanding entrepreneurial performance', *Organisation Studies*, Vol. 14, No. 4, pp. 549–70.

Brockner, J., Higgins, E. A. and Low, M. B. (2004) 'Regulatory focus theory and the entrepreneurial process', *Journal of Business Venturing*, Vol. 19. No. 2, pp. 203–20.

Fayolle, A. (2002) 'Insights to research on the entrepreneurial process from a study on perceptions of entrepreneurship and entrepreneurs', *Journal of Enterprising Culture*, Vol. 10, No. 4, pp. 257–75.

Hill, R. (1982) 'The entrepreneur: an artist masquerading as a businessman?', *International Management*, Vol. 37, No. 2, pp. 21–6.

Jones, M. V. and Coviello, N. E. (2005) 'Internationalisation: conceptualising an entrepreneurial process of behavior in time', *Journal of International Business Studies*, Vol. 36, No. 3, pp. 284–303.

Kodithuwakku, S. S. and Rosa, P. (2002) 'The entrepreneurial process and economic success in a constrained environment', *Journal of Business Venturing*, Vol. 17, No. 5, pp. 431–65.

Lessem, R. (1978) 'Towards the interstices of management: developing the social entrepreneur', *Management Education and Development*, Vol. 9, pp. 178–88.

📖 精选案例

案例 8.1   **一剂朗姆酒的化险为夷**

文/Andy Webb-Vidal

当阿尔贝托·福尔迈和查韦斯这个月初一起出现在委内瑞拉周日电视秀上时,误认为电台播错节目的观众也可能被原谅。

乍一看,总统支持者或许会认为这个高大的金发福尔迈先生只是一个典型的"腐臭的寡头",查韦斯总统经常说这种人是在企图推翻他的左翼分子为穷人进行的改革。

然而,查韦斯总统非但没有言行拷问一个不幸的受害者,反而给予福尔迈先生赞赏,称他是企业家典范。由此可见,查韦斯总统似乎与哈佛商学院的高级牧师有相同的价值观。

当然总统这样做是有据可依的。首先,福尔迈先生对罗恩·圣特蕾莎朗姆酒公司的管理具有模范作用。他不仅让一家濒临破产的企业打了个漂亮的翻身仗,而且当无数其他企业在这汪洋倒海式的社会与政治阻碍中面临挫败时,它却崭露头角。

今天,委内瑞拉的圣特蕾莎朗姆酒公司不仅是世界上最优质的朗姆酒生产商之一,而且其蒸馏技术独一无二,朗姆酒也常因其美味而获得认可,得到表彰。

福尔迈先生年仅 37 岁,却对企业社会责任有着强烈的认同。"那些最有才华、最富有、最有远见的人其实是最应该来保护社会财富的人。"他警告说:"若不重视这一现实,从长远来看，将会导致巨大损失。"

福尔迈先生的成功之路非比寻常。在法国念完大学之后，他接受了土木工程师的培训，随后在加拉加斯市，确切地说是在那里的贫民窟里工作了4年，帮助穷人重建家园。他最开始选择避开接触历经四代传给他父亲的朗姆酒酒业。

圣特蕾莎大庄园，抑或是地产，建于1796年，坐落在首都加拉加斯往西60公里的一个葱郁的山谷中。酒业是由福尔迈先生的高曾祖父——一个德国冒险家所创办的。1896年起，圣特蕾莎开始生产朗姆酒，并且在20世纪不断使酒业的蒸馏跟上时代的步伐。20世纪70年代，圣特蕾莎扩展了其朗姆酒产业链，和当地的一家威士忌经销商"联姻"。

但圣特蕾莎同样也在委内瑞拉动荡的经济中受到重创。由于货币价值波动导致金融问题，威士忌进口受限使朗姆酒市场萎缩，同时圣特蕾莎也面临着强劲的竞争对手。罗恩·卡特和帕姆佩罗是两大主要竞争对手，之后分别被施格兰和联合酿酒集团所取代（之后，联合酿酒集团被迭戈公司所取代）。

为了保住圣特蕾莎在市场上的地位，酒业向联合多美出售了其20%的股份。但是经过一场管理风格变更和执行总裁的相继连任风波后，圣特蕾莎失去了风向标。

直到福尔迈先生在1996年作为朗姆酒装瓶监督员研发圣特蕾莎蒸馏技术时，他才意识到家族企业的财富源泉已经枯竭。银行在不断催缴过期贷款，一些董事会成员也跃跃欲试。"当时真是一盘散沙，"福尔迈先生回忆说。

福尔迈和他弟弟恩里克打算向当时任驻梵蒂冈外交官的父亲提出一个全面改革管理办法。"我们搭上了去罗马的第一班飞机，然后跟父亲说，'要救公司，就必须尽快来一次大刀阔斧的改革'，"福尔迈先生回忆道，"而且他很快便应允。"

1999年，董事会授予福尔迈先生全盘决策权，随后他对公司开始了一场彻底的改革。"那时候很关键，我们已经流失了2/3的现金，并且负有2 500万美元的债务，"他说，"公司当时不知道该把自己定位成一个生产商还是一个进口商。"福尔迈撇开各种不利因素，召集各大供应商，重组未偿贷款。关键是，他同时重新确定了公司的使命。

"目标是要重塑我们的核心产品——朗姆酒——并且打响品牌，"他补充说。福尔迈淘汰了公司绝大部分产品，仅留下17款。他说："我们就重点打造这些产品，且要在3个月内增长25%的业务量。"

从1998年开始，圣特蕾莎的销量稳步上升，今年将利润转化，实现了预期的3 900万美元的销售额。经过了几年的财政盈余，到2001年，公司达到100万美元的纯收入。今年，福尔迈先生预计纯收入要达到500万美元。

世界朗姆酒市场每年生产大约6 000万箱朗姆酒，但圣特蕾莎瞄准了高端市场，尤其是那些追捧优质朗姆酒的顾客。朗姆酒在过去是水手常喝的一种酒，而且在委内瑞拉，市场更喜欢威士忌。但趋势在不断改变。

圣特蕾莎的出口量也在不断增加。5年前的出口量仅占总销售额的2%，而今年，出口额预计将达到总收入的15%。

然而，逆转圣特蕾莎良好局势的金融危机还只是一部分挑战。委内瑞拉过去7年在查韦斯总统的统治下，一直深陷在政治泥潭之中不能自拔。整个美洲，除了古巴之外，都赶上了最艰难的商业环境。

"我们从重组中生存了下来，但是新的挑战又摆在了眼前，即社会障碍，"福尔迈先生说，"2000 年 2 月，距离与银行清算的日子仅有 15 天时间时，我们再次遇到了难题。"

大约 250 户当地居民接管了 3 000 户住宅，占地 30 公顷，其要求建房。霸占土地是由查韦斯总统领军时的一名战士也是战友发起的。由于受到政府的支持，近几年，霸占土地现象层出不穷。

回想当年在加拉加斯贫民窟时的经历，他说："我们必须自我反省。我从那里学到了很多。很明显，如果我们不给社会投入巨资，那么我们将会面临毁灭。"

福尔迈先生和与他很亲密的几个管理者都主动提出要捐献土地，只要公司能够给出一个房屋进行建设设计。今天，这里已经有大约 100 个住宅区了。

福尔迈先生强调，其实人们真正需要的不是慈善，而是可持续发展。我们已经完成了建房计划，但是随后我便意识到我们要为社区发展投资，以免此类事件再次发生。圣特蕾莎已经尝试通过发展当地旅游业来带动失业问题严重的邻镇的发展，同时其也资助构建体育和医疗设施。

或许最大的挑战出现在 2003 年。当时有一群当地混混殴打了圣特蕾莎的一名保安。而福尔迈先生对此事的回应令人惊叹：他给肇事者两个选择，要么他们在酒厂无薪工作 3 个月，要么就把他们交给警察。结果，20 几个人全部上岗工作了。

这个想法因此被命名为"恶魔岛计划"，并且调整后使得这些年轻人早上工作，下午参加培养社会价值观的课程。自从这一计划全面启动，已经有 4 帮混混通过了课程学习。此后，当地犯罪率下降了 35%。

佩德罗·盖拉多，32 岁，参加"恶魔岛计划"18 个月后，他说："这个计划真是酷毙了，以前要是有我在，你钱包里的钱别想安稳地留在你那，现在我却想成为一个更有社会公德心的人。"

"恶魔岛计划"现在已经扩展到建房领域。"这是要将危机转化成机遇，"福尔迈说。圣特蕾莎在社会项目上投入自己利润的 2%，但这种做法也从很多其他渠道吸引了比投入多 3 倍的投资。

安第斯发展公司，简称 CAF，是第一家支持"恶魔岛计划"的企业。安娜·波特罗，CAF 的文化社区发展部总监，认为这是一个值得在其他地方普遍推广的模式。

而福尔迈先生也已经被哥伦比亚公司请去上它们的节目，宣传这个模式，以使更多的四处"游击"的"战士"回归到文明的生活轨道上来。

专家预测圣特蕾莎采取这个模式不仅是一个精明的政治行为，同时对于身处委内瑞拉这样问题重重的国家的企业，这更是一个有利于商业成功的不二选择。

"圣特蕾莎的管理者精明地发现它的可行性和收益性不仅仅依赖于生产优质产品，而且还依赖于为周边社区创造社会价值，"哈佛商学院研究社会企业创新的詹姆斯·奥斯汀教授说。"共同创造商业和社会价值是整个拉丁美洲企业成功的一个新兴模式。"

福尔迈先生认为查韦斯总统一定认同这种说法。

Source：Andy Webb-Vidal，'A shot of rum turns crisis into opportunity'，*Financial Times*，25 January 2006，p. 11. Copyright © 2006 The Financial Times Limited.

案例8.2　　　　　　什么动力促使一个食品销售团队成功?

文/Jonathan Moules

当穆斯塔法·齐阿米遇到问题时，他会想办法去解决。

1989 年，当他的家族企业珍妮汉堡在获取常规罐头和新鲜食品的供应商出现问题时，他建立起了自己的餐饮运输业。

16 年之后，JJ 快餐配送公司已经在一个占地 6 公顷的恩菲尔德工业园设点营业，为方圆 100 英里内的买家配送罐头和冷冻食品。

根据 JJ 的名气，它已经成为伦敦最大的零售经销商。

JJ 的经营模式和廉价航空公司瑞安航空有不少相似之处。JJ 的 200 辆运输卡车只来源于两个品牌，这使得维修更简单。这些卡车当场保养，当场加油，这就减少了它们闲置的时间。JJ 拥有一个可容纳 68 000 升汽油的现场燃料库，这便意味着它很难受到汽油价格浮动的影响。

据今年被选为瑞士年度信用企业家的齐阿米先生透漏，仅有效操作机动车一项便使利润增长了 6 个点。"我们这行很传统，但我们却用不同的方式在做。"

最近，齐阿米在为找卡车司机犯难。由于考取载重物车辆（HGV）驾照的规矩有所改变，因此限制了司机上路的时间。

随之而来的薪水下降使得很多英国工人不愿意当卡车司机。因此，从齐阿米先生处得知，这使得对卡车司机有需求的公司之间的竞争更为激烈。

"当司机已经不再流行时，那些可以工作的人选择太多，变得更挑剔，他们想拿双倍工资，只要一有半点风声，其便可以马上换东家。"

最后，齐阿米先生开始在国外找员工。去年欧盟的扩大使得英国雇主雇佣波兰工人成为可能。而且很多波兰人在服兵役时便拿到了载重物车辆驾照。

他的波兰工人具备良好的职业道德，有些甚至在自己创业时还帮他工作。但是，JJ 在引进员工时还是遇到了困难。

首先，是语言障碍。JJ 试图与其他竞争对手实现差异化的一个关键方法便是履行顾客是上帝和提供优质服务的理念。因此，波兰来的司机们既需要会说简单的英语，又要能够与总部的操作团队顺利沟通。

其次，齐阿米先生担心他们实际驾车的经验不足。

"我们知道他们的驾驶证是合法的，但是他们中很多人仅是因为参军所以拿到了驾照，这并不意味着他们真的会开卡车。"

"很多竞争对手看到他们有驾照，并且把驾照亮在卡车上。但是我们担心，如果他们之前开过卡车，那么另当别论，他们有可能刚刚还在一辆拖拉机后面行驶。"

"我们认为如果真的打算雇佣波兰司机，那么我们就要好好地去实践。"最后，齐阿米先生保证每个波兰司机每周六下午接受半天的英文培训，培训持续 4 周。

英国司机和波兰司机的分离也令人担忧，因此目前 JJ 最有经验的"货运马车夫"被派往东欧工作。其也认为波兰司机应该与其他员工同工同酬。

"我们不想让他们觉得被剥削。他们和其他参加培训的员工得到同等的薪水。但是我们也清楚地告知，如果他们达不到要求，那么我们只能永远将他们作为司机助理看待并发放合理的工资。"

"经过很长一段时间，我们发现其他公司并未效仿这种做法，这也使得 JJ 赢得了一定的司机忠诚度。"

JJ 最开始只有少数几名波兰司机，现在，数目上升到 70 人，超过司机总量的 1/3。

语言集中训练现在已经中止。"我们发现我们在招聘司机时可以有选择的余地,所以现在我们只招那些会讲英文的波兰司机。"

如何留住员工也成为了一个问题。大约1/3的波兰司机工作1年之后便会回到他们离开已久的波兰家人身边,这时候他们通常已经赚了足够的钱并能在家乡开始新的更好的生活。

"这也可以不成问题",齐阿米先生说。因为一般那些离开的员工会要他们的兄弟或其他亲戚来顶替他们的职位。这也是齐阿米先生所推崇的。

"我知道这或许听起来很老套,但是工作就是人际关系的处理呀。"

"如果有人向公司介绍员工,那么,这些新来的人大部分会成为忠诚于公司的优秀员工。"

并不是所有的波兰司机最后都会回到波兰。公司已经有一个波兰司机和英国员工成功结合并留在英国的范例了。

正如齐阿米先生所说,"我们都是一家人。"

Source:Jonathan Moules,'The driving force behind a successful food distribution group', *Financial Times*,21 January 2006,p. 20. Copyright © 2006 The Financial Times Limited.

热点问题讨论

将创业过程理论应用到:(a)委内瑞拉饮品公司的逆袭;(b)一个分销小组。

第9章

商机的性质

本章概要

本章讲述了创业过程的第一步，即商机。对商机的追求是创业者的动力。有一个比喻是：商机是当前商务活动所构成的形势中存在的一道缺口。人们认为，不同类型的创新可以填补这道缺口，不同类型的创新亦是一种发掘商机的方法。人们承认，发掘商机可创造出新的财富，这些新的财富可使企业的利益相关者受益。

9.1 商机展望

重要学习目标
理解构成商机的要素。

所有的生命系统都有需要。从最简单的生命系统上看，动物需要食物和氧气，植物需要阳光和水分。人类与多数的生命系统不一样，因为我们不简单地满足于利用自然赋予我们的东西去生存。我们建立了高度结构化的社会，在这些社会中我们共同创造出组织。人类组织以多种形式呈现。但是，它们的存在都是为了共同合作解决问题。这种合作使得人们可以将他们的活动专门化以合作生产出类型广泛的商品（这种商品指有型的产品，也指服务）。商品具有使用性，因为它们能满足人类的需要。与在自然界中找到的原始材料相比，现代世界生产的商品可以更高效地满足人类更为复杂的欲望和需要。

组织是一种关系的整合，存在于人与人之间。组织的存在是为了解决人类的需要。在解决过程中，它的效用性相当于组织发挥作用的形式与它工作的方式。随着参与到组织中的人数的增加，组成组织的方式也同时增加。事实上，各种构成方式的可能性很快变得不可计量了。这引出了一个简单的结论：无论当前组织形式如何，始终存在着一种更好的解决问题的方式。纵使我们偶然地找到最佳的形式，但它并不会持续很久。世界不是亘古不变的。科技的进步会很快改变规则。

古典经济学认为，最优（指生产力最高）的组织是，在一个组织中，个体为了从可得到的商品中最大化他们自身的满足和自由地交换那些商品而工作。这种行为被称为经济理性行为。虽然这为思考经济关系提供了有力的框架，但这显然只是一个笼统的说法。人们从各种事物中获得满足，并不是所有这些都是从市场上交换回来的（一个美丽的日落价值多少或者一个人的成就感价值多少）。显然，个体也不会完全不考虑他的同伴去最大化自己的效用。我们会并且经常地受他人的激励而采取行动。

即使我们希望理性地行动，我们也很可能无法这样做。简单而言，我们没有获得我们需要的单纯以理性方法作决定的信息的渠道。即使所有信息都是可及的，个体仍然受他们自身对这些信息进行处理和分析局限的影响。作为对此的回应，一些经济学者提出满足行为。满足行为指的是，个体的目标是作出可用范围内最好的决定，意图去解决更大范围的相关问题，并考虑到自身知识的限制，而不是单纯的经济自满。

那么，机会就是用非同寻常的、更为妥当的方式解决问题的可能性。在经济术语中，非同寻常指尝试了的创新，可以是提供新的产品，也可以是用不同的方式组织企业。更为妥当指产品在满足人类需要方面提供了现有产品不具备的使用性。新的组织形式生产率必须更高，意思是，在利用资源方面其要比现有的组织形式更为高效。但是对什么是不同的，什么是更好的，并不是由生硬的经济机器决定的。创业家与消费者双方都是参与到满足行为中的社会存在。他们必然是在他们所拥有的知识和他们利用这些知识的能力的基础上作出决定的。除此之外，他们在作决定的同时，也遵循着他们为自己定的规则和塑造出他们所处的文化的规则。

我们可将商机视做一片大地，这片大地向我们展示了各种可能性。当我们放眼这片大地时，我们会看到开阔的土地，未经开发，充满新的潜力。我们可能看到已经建造起来的地方，几乎没有新的机会可以发掘。我们也可能看到另外一些已经建造起来的地方，但是那里的建筑已是残旧不堪，面临着清拆和重新建造。成功的创业家清楚他们处于什么位置。他们知道发展空间在哪里，在已经被开发的领域内适应生存。他们知道他们该从哪里开始着手建设。

9.2　创新与商机的开发

商机是一个以非同寻常、更为妥当的方式解决问题的机会，而创新就是以非同寻常、更为妥当的方式解决问题的方法。因此创新就是发掘商机的一种方法。创新在经济学中有一个绝对的定义。人们认为所有的商品（无论是有型商品，还是服务）都由三个部分组成：自然原始材料、物理型和脑力型的劳动和资本（金钱）。创新是这三个部分的重新组合。作为创新者，创业家们用这三个部分创造出新的组合，然后将它们推出市场接受消费者的检验。这是技术层面上对创新的概念化。这并没有太多地对实际操作中的创业家指导创新什么，如何创新，而我们也要警惕创新不仅仅是发明新的产品，它是更广泛的一个概念。创新包括如何将新产品引入市场。下面我们会讨论在一些重要的环节中有可能出现的有价值的创新。

新产品

其中一种最为常见的创新形式，就是创造新产品。这可以利用现有的技术，也可以使用全新的技术。新产品可以提供颠覆性的新方法来解决问题，或者可以在现有基础上提高。在先进科学技术发展的基础上，戴维·帕卡德建造了科学仪表和信息处理的商业帝国——惠普。另一方面，佛兰克·普渡（美国主要食品公司普渡鸡业的创始人），在一个已经存在几百年，甚至上千年的主要产品——鸡的行业中进行了创新，创立了他的事业。不管创新的基础是什么，如果新产品想要获得成功，则它必须为消费者带来好处：更好地执行任务，或者更好地解决问题，或者提供更好的产品质量。

产品不单单是达到特定目的的有型工具。它们在满足情感需要中也扮演着重要的角色。打造品牌是其中一个重要的方面。一个品牌可以使消费者安心，消除疑虑，为他们描绘出设定好的蓝图，提供一种表达自我的方式。通过打造品牌，创新的可能性不容忽视。比如英国企业家理查德·布兰森，积极推行"维珍"这一品牌名称在各种产品领域中的使用，这一品牌名称来源于他在音乐行业中的第一次成功。迄今为止，它已经被用于唱片、软饮和个人理财产品，以创造差异性。

新服务

服务是指为别人执行某一任务或解决某一问题的行为。服务与有型产品一样，都存在新想法和创新的可能性。比如，美国企业家弗雷德里克·史密斯通过更好地为人们快递邮包的方式，创立价值数百万美元的国际企业联邦快递。

如同有型产品，成功利用品牌可以有力地支持服务。事实上，应停止把"产品"和"服务"看做两种截然不同的业务，承认企业提供的所有东西都包含产品和服务两个方面，这是很有益处的。这一点很重要，因为通过对有型产品增加"客户服务"环节创新，可使它更加吸引用户，这是可行的。同样，产品技术的发展激发了新的服务理念。

新生产技术

创新可以发生在制造产品的方法中。同样地，这可以通过发展现有的技术，也可以通过采用新的技术方法。如果新的生产技术能给终端用户带来好处，则这就为它的成功奠定了牢固的基础。它必然要么能让消费者以更低的价格获得产品，要么能为消费者提供更好的或持久的质量，或是在供应产品时提供更好的服务。在这一点上，鲁伯特·默多克在20世纪80年代推动发行报纸的新方式是一个很重要的例子。生产不仅仅与技术相关。新的生产哲学比如准时生产方式（JIT）和全面质量管理（TQM）越来越成为盈利创新的平台。

新的运营实践

服务是由运营实践传递的，而运营实践在某些程度上是比较例行化的。这些例行事项蕴含着大量的企业创新潜力。比如，雷·克拉克，麦当劳的创始人，注意到了在快餐生产标准化中可获得优势。和在有型商品生产过程中的创新一起，在传递服务过程中的创新必须满足客户的需要，为他们带来提升了的好处，比如更便捷地获得服务，获得更高品质的、更持久的、更快的、更少干扰的服务。

新的客户配送方式

消费者只能使用他们能够获得的产品和服务。因此，合理的配送是商业成功的必要因素。它也蕴含大量的创新潜力。这可能包括所选择的路线（产品从生产者处发往用户的路径），或是管理运送过程的方法。

常见的创新为通过减少分销商或中间商，选择更为直接的路线。一些成功的新创企业是建立在直接销售产品到顾客手上的基础上的。这可能是一种不直接的店铺零售，比如美国理查德·塔尔海默的清晰图像（Sharp Image）的商品小册子，或英国的利特活（Littlewoods）连锁（但是，2005年利特活索引储存的关闭是熊彼特式创造性破坏的典型现实案例）。另外一个方法是聚焦供应链和专攻某一类型的产品。这种打破固有分类方式的方法使得查尔斯·拉萨鲁斯创立的玩具反斗城（ToysRus）享誉全球。

新的产品介绍方式

人们只会在他们了解产品或服务时使用它们。如果企业所提供的东西没有向消费者适当地宣传介绍，他们就不会存在需求。介绍由两部分组成：信息，指所说的内容；方法，指信息传递的途径。信息和方法两者在它们采用的方法上体现了创新的广度。与客户沟通的成本可能很高昂，而创业者们，特别在他们的企业处于起步阶段时，几乎没有资源能用来投资高调的广告和公关活动。因此，他们应发展新的方法来宣传他们的产品。

事实证明许多创业家特别擅长进行免费宣传。比如安妮塔和戈登·罗迪克，他们几乎没有采用广告来宣传他们的护肤品商店——美体小铺（the Body Shop）。但是，他们企业所采用的方法，以及他们宣称的企业价值观，使得美体小铺在广为传播的、在媒体中反复出现的关于企业责任的评论中彰显了自身的特点。因此，消费者对其持有正面态度。

新的组织内部关系管理方式

任何组织都有各种各样的沟通渠道。组织的表现很大程度上依赖于它内部沟通渠道的有效性。这些沟通渠道由组织的架构指导（至少形式上是）。组织的架构为创造价值的创新提供了非常广阔的空间。这里特别值得注意的是加盟这种组织形式的发展。这种组织架构将小经营所有权的优势和整合的全球组织力量结合起来，这已经成为促使许多新创企业成长的一大因素，包括美体小铺的零售链、假日酒店集团（Holiday Inn Hotel Group）和麦当劳（McDonald）的快餐链。

新的组织间关系管理方式

组织处于一个复杂的关系网中。组织沟通的方式和与其他组织建立联系的方式非常重要。很多新创企业把它们与其他组织（特别是客户）合作的方式视为战略中的一个重要部分。商业服务行业就在这方面特别积极。

由萨奇兄弟查尔斯和莫里斯在 1970 年创办的广告公司盛世长城（Saatchi and Saatchi），并不是单纯在创造好广告上成功的。萨奇兄弟意识到处理好与客户的关系非常重要。在某种程度上，广告公司像其他任何企业一样提供服务，但是它的产品是高度复杂和昂贵的，而且它为客户带来的潜在收益是无法预料的。因此制作广告是一种高风险行为。萨奇兄弟意识到要把广告管理好，广告公司必须成为客户的管理团队中的一部分。它不仅仅要制作广告，而且要与管理团队协力解决广告产生的问题，也要帮助团队发掘广告的潜能。事实上，萨奇兄弟打破了他们企业与客户之间的壁垒。

多重创新

一个新创企业不必把自己局限于一种创新甚至一类创新中。成功可以建立在结合各种创新的基础之上：比如，一个用新的方式配送且带着新信息的新产品。

9.3　创业中的高端与低端创新

> **重要学习目标**
> 理解高端创新与低端创新
> 发掘商机的差异。

虽然创新已被认定为创业中一个主要的特征，也已被用来区分新创企业和小企业，但独特的新创企业在它们创新的程度上存在差异。曼尼马拉（Manimala，1999）在印度进行的主要研究中指出他所提出的高端和低端开拓性创新（PI）创业的区别。这两种创业在各种战略特点上存在差异，反映了创新发现的选择、商机、可用资源以及创业家的个人喜好。这些特点总结于

表 9-1 中。

表 9-1　　　　　　　　　　**高端与低端开拓性创新创业战略**

战略特征	低端开拓性创新创业	高端开拓性创新创业
创意管理	习惯依赖当地的客户关系和沿用已存在的产品创意。 缺乏远见，但可能随着时间的推移发生改变。 坚守先前的成功，并不断重复	善于创造和发明，能从更广阔的来源渠道，很可能国际地获取创意。 从一开始就有长远的战略眼光和雄心壮志。 渴望发掘新的创意
自主权管理	倾向于与关系紧密的人员一起工作来管理自主权。 通过积累经验发展个人专业能力	尽管个人知识有限，仍旧委派他们与相关专业人士一起工作。 从就业机会与正式培训两方面培养专家
竞争管理	倾向于坚守已有先例的、信得过的管理方法。在经验不足的情况下避免竞争。 倾向于与少数的主要客户建立良好工作关系（如：承包商）	敢于尝试全新的、高风险的竞争方案。 有强大动力去吸引新客户。强调产品的质量与服务
成长战略	希望企业得以成长，但仅限于在清晰的、无障碍的市场机会中成长。 不愿意分散风险	希望企业得以成长，但更愿意主动出击，争夺市场份额。 愿意分散风险
人力资源管理	倾向于依赖自己了解的、经验丰富的员工。 更倾向于依赖命令和例行公事作为控制手段	当有需要的时候，会请专业人士进行指导。 更倾向于依赖战略、文化去影响员工，达到控制效果
风险管理	限制风险，执行有先例的、信得过的方案。 企业扩张时，寻求社会机构与政府的支持	更倾向于通过信息管理风险，如：市场调查。 企业扩张时，同样寻求社会机构与政府的支持，但更愿意执行无外力支持的风险方案
关系网发展	主要局限于当地，喜欢利用非正式关系网，也同样喜欢利用正式关系网	利用更大更广的关系网。利用当地关系网支撑以后的扩张。同样利用非正式关系网，但更精于管理正式关系网

9.4　机遇与创业激励

重要学习目标

理解成功的创业家是如何受商机激励的。

机遇是市场中的一道缺口，或是非同寻常、更为妥当的办事方式的可能；而创新是填补市场缺口的一种方法，即追寻商机的一种途径。如此的定义，尽管抓住了机遇的本质，抓住从经济和管理的角度创新，但是它们与机遇在创业家生涯中的出现没有什么关系。机遇激励创业家，因此，机遇是吸引他们注意，使他们行动的东西。但是，好的创业家不是盲目地跟随机遇的，他们控制机遇。明白创业家们该如何将自己与商机联系起来，让自己被商机激励，是非常重要的。

创业家与机遇结缘

创业家总是在寻找商机。他们审视商业形势，寻找创造价值的新方式。正如我们看到的，这种价值可以变成财富、一个追求个人发展的机会，或者创造社会变化。机遇是创业者们用以创造"全新世界"的"原材料"。被机遇激励致使人们承认当前的情况不代表最好的做事方式，承认现状并没有完全发掘所有的可能。虽然这可能是一个激励因素让人前进，但是，这也可能产生激励问题。如果我们对未来的前景太在意，我们不就会对现状大失所望吗？创业家们还能到他们想去的地方吗？

要回答这个问题绝不简单。肯定存在着一些由对现状的不满足驱使前进的创业家。但是，在没有失去未来远景激励的同时，许多创业家仍然满足于现状。一些人的满足并不来源于已达到他们行动的终点，而是来源于旅程本身。一些人的满足源于他们拥有了一席之地能让他们对自己的成就引以为傲，也来源于他们可能会达到的成就。创业家必须注意他们的激励因素。在知道他们想要的是什么的同时，他们必须注意为什么他们想得到它以及为什么他们会享受追求它的过程。

机遇第一，创新第二

每当有新的想法时，我们往往会很容易兴奋。然而，无论一个想法多么有创意，它都次于目标开发的市场机遇。最好的创新性想法是从明确的市场需求中萌生出来的，而不是从那些未经市场检验的发明中产生的。很多以产品或者服务为导向的创新，而不是被不满意的顾客迫使的创新，随后都获得了成功。但是，如果我们不知道顾客购买一种产品的动机或者他们真正的需求，创新只会是一个无目的的过程。失误很快会受到惩罚，而且代价非常沉重。失败固然会带来沉重的打击，但这并不等于说新的产品创意需要被否定。这意味着它们为评估市场潜力提供了启示，而不是直接将想法匆忙投入市场。

识别真正的机遇需要知识

很多人戏称创业家是商界的漫步者。人们普遍认为他们游走在不同行业之间，从不那么精明的、反应不那么敏捷的"居民"手中夺走了最好的创意。这种想法可以追溯到人们"认为创业家是一种很特殊的人群"的观点。如果他们生来就是做创业家的料，他们会在找到自我时就成为一个创业家。因此，他们可以在不同商业领域之间穿梭自如，如鱼得水。这样一种观点不仅错误，而且很危险，因为它没有认识到一个创业者如果想在自己经营的行业中成功必须具备知识和经验。

这种知识应该包含一些重要的因素：
- 所供产品与服务背后的技术。
- 如何生产产品与提供服务。
- 客户需求与购买习惯。
- 经销商与销售渠道。
- 行业中的人际交往技巧。
- 如何将产品与相关服务推销给客户。

- 竞争对手：谁是竞争对手，他们的动向以及对市场的反应如何？

如果想要发掘并且正确评估商机，这种知识必不可少。习得这种知识需要切身进入相关行业，具备积极的学习态度和时间。大多数创业家都只是在一个领域的某一个方面有着丰富的经验，他们也往往将自己的业务范围限制于这一个区域之内。也有许多创业家通过在一些企业中担任管理人员来获得这种经验。这种"潜伏期"对培养创业家才能来说十分重要。

然而，仅靠专业知识并不能造就创业家。其还需要补充综合的商务技能和人际交往技巧。如果一位具备以上技能的创业家要在两个行业中转型，这些技能会非常有价值，但要在创业家充分地了解新的商业领域后，这些技能才能充分发挥作用，其才能自信地作出好的决定。有趣的是，确实转换了行业的创业家展现了利用不同行业中的专家的技能。在这方面，以善于有效地与各行各业的专家合作而闻名的理查德·布兰森（Richard Branson）就是一个很好的例子。

9.5　创造财富的机遇

创业人士通常会成为著名的公众人物。公众对他们感兴趣，因为他们成功了，并且这些成功使得他们变得富有。他们的成功本身为他们带来了财富，他们的财富可以给他们带来许多社会权力（很有可能也有政治权力）。因此，尽管创业不仅仅是为了赚钱，我们也不能忘记赚钱是创业过程的重要因素。

商业成功和这些成功带来的财富累积，为创业家和他们的公司创造了许多处理这些财富的可能性。

再投资

如果创业家希望继续发展他们的企业，那么这个发展就需要持续投资。这些资金可由外部投资者提供，但也可期望企业将已产生的部分利润用于再投资，这在财政上是非常有利的。

奖励利益相关者

新创企业不只是由创业家组成。创业家与许多内部和外部的利益相关者紧密相连，创业家会邀请利益相关者支持公司。利益相关者会代表公司承担风险。作为回报，他们会获得合理的奖励。财政上的成功使得创业家有可能奖励利益相关者，不仅仅是以金钱的方式，还有可能是其他方式。

对其他新创企业的投资

如果公司已经再投资了，并且利益相关者的贡献已经得到回报了，除此之外还有资金剩余，就可以考虑另类投资。创业家可建立全新的企业（对于连续创业家而言，如果公司已经成熟了，并且他们觉得最初的刺激已经消失了，这一选择就特别诱人）。另一个选择是为其他的创业家提供投资方面的支持。成功的创业家经常扮演"天使投资人"的角色，给其他年轻的创业家提供知识、经验和闲散资金。

个人奖励

创业家和其公司所创造的部分价值（当然不可能是全部）可拿来用于个人消费，比如出资建立一种舒服的生活方式。创业家可能将这当做承担风险和为成功而付出努力的公正回报。有些创业家也可能非常热衷于将钱投入利他性项目：例如，他们可能赞助艺术展或者支持社会项目。这反映了他们想在商务圈之外的世界留下印记，这也反映了他们想要离开这个他们最终发现与想象中不同的世界。

保持持久力

对于很多创业家而言，钱本身并不重要。钱只是一种量化他们的成就的方式，一种给他们的表现保值的方式。他们公司的金钱价值可以衡量他们的洞察力有多么好，决策多么地有效，他们的想法非常好地付诸了实践。

在创业家看来，金钱本身只是一种方式，而不是目的。在我们意识到创业家的付出得到了很高的回报的同时，我们不能忽略的事实是，这种回报通常是大量努力和付出的结果，这种回报是注定的。

9.6　财富分配机遇

> **重要学习目标**
> 识别在新事业开发中期望被嘉奖的人。

没有创业家是在真空中工作的。他们建立的企业涉及到许多人的生活。为了使企业向前发展，他们号召许多不同的群体给予支持。这些群体希望从公司的成功中获得奖励作为他们支持的回报。与新创企业相关的人员被称为利益相关者。关键的利益相关者群体是员工、投资者、供应商、客户、地方社区和政府。

员工

员工是为企业提供体力劳动和脑力劳动的个体。企业的成功依赖于员工代表公司付出的努力和员工的积极性。员工通常会签订正式的合约并被支付薪酬作为回报。这通常是提前约定好的，不受公司运营的影响，尽管有些因素是与公司运营相关的。员工还可以通过股份计划拥有公司股份。

人们不仅仅是为了钱而工作。他们工作的公司为他们提供了一个建立社会关系的平台，还有个人发展的可能性。当人们加入一个组织时，他们是在对组织的未来进行个人投资，组织则是在投资人们的未来。跳槽耗时耗钱。决定加入新创企业的人们实际上也要承担企业的风险，虽然他们的工资是固定的。

投资者

投资者指为企业的建立和运营提供所需资金的人。投资者可分为股东和债权人两类。股东购买公司的股份，有权分享公司获得的利润。股东是公司真正的所有者。管理公司的创业家可以是，也可以不是公司的主要股东。债权人是指为企业提供资金的人，前提是这些资金是作为债务存在的。债权人并不拥有公司的股份。所有的投资者都期望从投资中获得回报。预期回报数量取决于企业面临的风险和当期可用的其他投资。股东获得的回报取决于公司的运营。而债权人的预期回报率也与公司的运营相关，但是这在投资之前就已经单独商定好了。一旦公司履行了其他的财务承诺，债权人就可以先于股东获得回报。债权人承担的风险较低。然而，公司也有可能失去偿还能力而无法偿还债务。

供应商

供应商是指为企业提供生产所需的材料、生产资产和信息的个人和组织。供应商提供这些资源，并获得资金回报。企业可能只通过在开放市场购买现货与供应商接触，或者可以更直接地与供应商接触，并签订正式合约，有可能是长期供应合约。

在商业活动中，供应商将自己生产的产品卖给客户，所以客户的运营状况也与之相关。为客户供货也可能涉及到投资新产品的开发或者提供后备支持。一个新企业可能需要供应商的支持，有可能要求特殊的付款条件以缓解早期的资金流出。供应商也可提供终端市场用户的信息和建议。企业绝不应该忽视与供应商建立伙伴关系的机会。

客户

和供应商一样，客户在决定某一供应商的时候也需要进行投资。更换供应商涉及到转换费用。这些费用包括寻找新供应商的费用、承担未知质量产品的风险成本和适应新的生产资料的费用。当客户决定使用新的企业提供的产品时，他们有可能要承担某些风险（这也是企业在设计销售策略时应该考虑进去的）。企业可在开放市场与客户交易，但是应该考虑与供应商建立长期伙伴关系的可能性。

地方社区

企业都有实际位置，其经营方式影响附近的人们和企业。企业对地方社区要负很大的责任，例如不能污染公共环境。有些责任是由国家或当地的法律规定的，有些并不是由法律或正式文件规定的，而是建立在企业的运营会遵守道德标准这一基础之上的。

企业责任是社会和文化议题，也是经济议题。如果是跨国公司，且在多个国家经营，则其在某个国家的经营将影响其他国家对该公司的认识。例如，许多知名的运动鞋制造商近来受到了指责，因为对于在美国售价为200美元一双的鞋子，印度的工人只被支付0.5美元的加工费。不管印度劳动力的公允市场价值是多少，公司都应当回应这一指责。

政府

政府的主要职责就是确保企业能在稳定的政治、经济环境中运营，并且确保法律法规的有效性使得合约能够签订和执行。政府还可以为劳动力提供所需的主要服务，如教育和医疗。提供这些服务都需要费用，所以政府就对个人和企业征税。一般说来，政府都支持创业型企业，因为这些企业的成功对政府有利。企业带来经济繁荣，有利于社会稳定并为政府提供税收。

利润分配

利益相关者都希望从新创企业中获得回报。团结合作就能获得最大的成功。尽管如此，企业创造的新财富是有限的，所以只能大家共享。企业必须决定如何在众多利益相关者中分配财富。某种程度上来说，企业是不能完全自行决定分配的，因为利润的分配有一部分是由外部市场决定的。法律规定和某些具有约束力的合约也决定利润的分配。

然而，企业能自行决定谁获得什么。企业会回报顾客的忠诚，用高薪来激励员工，拿出部分利润支持地方社区的项目。企业利润的分配是一项重大的职责。灵活地运用这些方式来回报利益相关者对企业今后的成功非常重要。如果利润的分配公平合理，就能激励企业的相关人员。相反，不合理的分配必定会引起不好的情绪。

9.7 创业：风险、模糊性以及不确定性

重要学习目标

了解在创业家需要对诸多决策作出选择时商机知识的作用。

一般认为企业是风险承担者。但我们在第 1 章中已经证明过，真正的风险承担者是投资者。企业管理风险并作出相关的决定，这一点是毋庸置疑的。严格说来，面对风险时所作出的决策仅仅是企业决策中的一种。当代决策论明确地区别了风险性决策、不确定性决策和模糊性决策。这三种决策类型都是基于对三种信息集的认识：

- **世界形势集**。这些是指未来世界上可能发生的事。它们不受创业家的主动控制。创业家不能控制（或者只能以非常有限的方式影响）某些因素，例如对新产品的总需求、竞争者的行动、政府干预或者更广泛的世界大事。一般说来，这在理论上是可行的，但事实上我们很难区分紧密相关的或者差别很小的状态，例如，竞争者是推出某一种产品还是与之紧密相关的另一种产品。

- **行动集**。这些是指创业家能够控制的、可作出的选择。例如，创业家可以决定是推出某一种产品还是另一种，是投资生产机器而不是广告等。行动的采取是基于对未来世界可能出现的状态的预测。行动是特定决策的结果。和世界状态一样，从原则上讲，行动也被认为是离散的、可区分的。

- **成果集**。成果是行动和世界状态相互作用的结果。成果是创业家做了"这个"导致"那个"而预期会发生的结果。因此，创业家投资开发出口市场已经决定了其预计该市场的需求会增加。如果确实如此，收益就会增加。如果事实并非如此，就会获得较低的回报。创业家可能已经决定投资开发针对国内市场的新产品，但是因为预计竞争者会推出新产品，从而导致新产品的需求降低，因此放弃行动。结果可能投资者并没有推出新产品，因此投资国内市场产生的回报就高于投资国外市场。

  决策，是基于对形势、行动和结果的了解。对这三者不同的了解程度导致不同类型的决策。

- **确定性决策**。确定性决策中只存在一种确定的自然状态，例如，打个赌，太阳明天会不会从东方升起。在这种情况下，决策人只需选出回报最高的方案。这些回报是一定能获得的。可以想象的是，这种情况在商业活动中几乎不会出现。

- **风险性决策**。风险性决策是指已知可能出现的情况，但不确定具体出现的是哪一种。每一种情况出现的可能性是已知的。在赌博中出现的是风险性决策——例如，打赌抛硬币时正面朝上，或者骰子可以摇到 6 点。正面朝上的概率是 1/2，掷到六点的概率是 1/6。理性的决策者通过调整赌注以获得最大的预期回报。这类赌博游戏中的可能性可以预知是因为事件发生的概率是已知的。在概率未知的情况下，可以通过专业判断预知概率——例如，天气预报说明天下雨的概率是 20%，医生说某一治疗的成功率是 90%。严格说来，只有在知道概率后，风险才会出现。

- **不确定性决策。**事实上，尽管"风险"一词被广泛运用于商务中，风险性决策在商务活动中却极为少见（例如，风险性决策有可能出现在股市投资中）。风险性投资比较少见是因为，尽管管理者非常清楚将要发生什么，但是他通常无法具体知道事件发生的实际概率。例如，竞争对手可能会或者不会推出新产品（State of the world），但是发生的概率是多大呢？如果概率是未知的，决策就属于不确定性决策。在不确定的情况下，依据决策者是希望最大化收益还是最小化损失，他们会采取不同的指导方针。

- **模糊性决策。**当然，有经验的管理者可能会说他们有"预感"竞争者会推出新产品。这一判断是基于对市场和竞争者之前的行为方式的了解。管理者可能拒绝给出产品推出的确切概率，但是他们会准备好通过直觉决定产品推出是非常可能、可能还是不可能。模糊性决策介于不确定性决策和风险性决策之间。可能性事件没有确定的概率（风险），但是情况又不是完全不确定的。模糊性决策的规范标准目前尚不明确，其是决策理论领域的研究课题。

- **无知性决策。**无知是确定的对立面。在这种情况下，不仅仅概率是未知的，连将要发生什么也是未知的。连这一预见都没有，很难作出任何决定。

大多数管理决策和创业决策都是模糊性决策而非风险性决策。明确这一区别后，我们就可以知道创业人员真正所做的不是承担风险，而是利用他们的判断分析并明确可能发生的事（状况），预估其概率然后根据这些可能性事件制定可获得最大回报的行动，最终将不确定性（和无知性）转变成风险（经由模糊性）。这是创业家提供给投资者的"服务"。投资者承担风险而非不确定性。

要点总结

- 商机就是市场缺口，这一缺口有产生新价值的可能性。
- 创新——以更好的方式服务顾客，是为了寻求机会。
- 创业家对新机会很敏感，并致力于寻求新机会。
- 创业家不仅决定了如何创造新的财富，还决定了如何在企业的利益相关者中分配财富。
- 决策可以通过在决策作出之前已知信息的多少来决定。
- 创业家不是自己承担风险，而是代表投资者将不确定性转化为风险。

研究主题

高端和低端开拓性创新创业战略

9.3 节描述了曼尼马拉区分高端和低端开拓性创新创业的机制。这是基于范畴和启发对两者进行的区分（参见 15.6 节）。使用任一关于新创企业的案例学习或者从初始调查中获得的信息（每一案例都包含了至少 20 个企业），通过已描述的这些准则进行评价。基于这些准则，曼尼马拉的机制清楚地将企业分为了高端和低端开拓性创新企业吗？有没有其他因素可以区分这两者？有没有必要分更多范畴和次范畴？

重要读物

Cave F. and Minty, A. (2004) 'How do entrepreneurs view opportunities: rose tinted spectacles or the real option lens?' *Journal of Private Equity*, Vol. 7, No. 3, pp. 60-7.

Dutta, D. K. and Crossan, M. M. (2005) 'The nature of entrepreneurial opportunities: understanding the 4L organizational learning framework', *Entrepreneurship: Theory and Practice*, Vol. 29, No. 4, pp. 425-49.

推荐读物

Choi, Y. R. and Shepherd, D. A. (2004) 'Entrepreneurs' decisions to exploit opportunities', *Journal of Management*, Vol. 30, No. 3, pp. 377-95.

Donaldson, T. and Preston, L. E. (1995) 'The stakeholder theory of the corporation: concepts, evidence and implications', *Academy of Management Review*, Vol. 20, No. 1, pp. 65-91.

Drucker, P. F. (1985) 'The discipline of innovation', *Harvard Business Review*, May/June, pp. 67-72.

Gray, H. L. (1978) 'The entrepreneurial innovator', *Management Education and Development*, Vol. 9, pp. 85-92.

Katz, J. (1990) 'The creative touch', *Nation's Business*, March, p. 43.

Keh, H. T., Foo, M. D. and Lim, B. C. (2002) 'Opportunity evaluation under risk conditions: the cognitive processes of entrepreneurs', *Entrepreneurship: Theory and Practice*, Vol. 27, No. 2, pp. 125-48.

Manimala, M. J. (1999) *Entrepreneurial Policies and Strategies.* New Delhi: Sage.

Vandekerckhove, W. and Dentchev, N. (2005) 'A network perspective on stakeholder management: facilitating entrepreneurs in the discovery of opportunities', *Journal of Business Ethics*, Vol. 60, No. 3, pp. 221-32.

精选案例

案例9.1　　　　　　　免费样品如何改变商务规则？为什么可以改变？

文/Michael Schrage

"生活中最好的东西是免费的"这一句简单的歌词阐释了，在当今后工业化市场有这么多创新的动力。

历史上从未以如此低的成本向如此多的人提供如此多的创新。世界上最活跃的商业——技术、运输、媒体、药品和金融——越来越由"免费"决定。而世界上最大的零售商沃尔玛承诺"天天低价"，创业者和极具竞争力的在位者的研发可以提供更多免费的商业模式。因此这一命题是很难辩倒的。

谷歌不收取用户任何浏览网页的费用，雅虎、微软的 MSN 也是如此。电子邮件？即时消息？博客？对，也都是免费的。总部在卢森堡的 Skype 公司现已是价值数十亿美元的 eBay 的分部，其在全世界提供免费的 VOIP-互联网协议电话服务。总部在旧金山的

Craigslist 公司向全世界提供免费的网络分类广告。

在美国，Progressive 保险集团会为那些喜欢对比的顾客免费提供竞争者的车险报价。许多金融服务公司都为客户提供免费的税收咨询、网络账单支付和投资研究服务。米歇尔·奥莱利（Michale O'Leary），Rynair 公司的一个非常有趣的创始人，预测说他的打折舱可能很快就会为那些注重节省成本的欧洲乘客提供免费机票。

当然，获诺贝尔奖的经济学家弥尔顿·弗莱德曼（Milton Friedmand）的观点也是对的：就如"世上没有免费的午餐"一样，世上也没有"免费的创新"。这些免费提供都是创意补贴的产物。免费搜索引擎有关键字驱动的广告商。金融公司利用其他可获利的核心业务来支持诱人的"免费"资金管理服务。Ryanair 依靠有利可图的空中赌博将"免费机票"方案变为商业现实。创新公司愈发承认创意补贴改变了市场接受创新的步伐。"免费"本质上减少了消费者探索新产品和改良产品的风险，并使企业获得竞争优势。商业模式可以定义为"企业的收费盈利"和"企业免费赠送"的巧妙结合，从这种程度上说，成功的创新者将越来越创新的补贴融入他们的市场供应。合适的"免费"有助于成长和盈利。技术成功地升级了金·吉列（King Gillette's）经典的"剃刀与刀片"商业模式。

这些自由使得全球监管者和经济发展领头羊面对很大的挑战。一家公司的创意交叉补贴是另一家公司的反竞争定价。例如波音和空客。美国和欧洲要求解散托拉斯的人对微软成功竞标将"免费"网页浏览融入其占主导优势的 Windows 操作系统十分不满。还有雅虎的"免费"电子邮件和其他"免费"网络服务，谷歌的搜索引擎也被认为合法。在贸易竞争中并不是所有的"免费"都是生来平等的。例如欧洲推出的"谷歌杀手"，Quaero 首发的搜索引擎，本身就是补助的产物。与谷歌、微软和雅虎的"免费"竞争代价极高。然而，监管人员可能会争辩到，这些公司提供的交叉补贴的免费数字创新是非公平竞争的。也就是说，这些搜索引擎从最获利的关键字广告获得现金，并将其用于提供像 Quaero 这样的多媒体搜索引擎。这对于注重成本的搜索引擎是非常有利的，但不利于国有控股竞争者。

事实是，技术将继续降低创新交叉补贴的进入壁垒。过程、产品或服务的数字化和虚拟性程度越高，处理创新补贴就变得越快速、越简单。规模也会产生影响。全球性规模推动全球补贴。正如广告商资助谷歌的免费搜索，市场上的人们可以非常轻松地把由广告商赞助的歌曲、视频和游戏下载到 iPod、索尼的 PSP 和诺基亚手机。同样的，网络电话也依靠赞助："这通来自您哥哥的免费通话是由 Tesco 带给您的，按#1 接收……"尽管这一服务不会威胁到传统的电信通讯公司，但消费者还是非常喜欢这种"免费"的选择。

增加价值的机会迅速增多，这些价值在互联网是非常有用的。为什么宜家，以糟糕的 DIY 说明书出名的瑞典家具巨头，不想在其网站上放置免费的指导视频，降低其未装配的家具的风险性呢？当然，成功的公司赞助这些"免费"创新能够更好地定位自己，防止可能的竞争。与"免费"竞争是非常艰难的。结果是，由于创新补贴推动技术创新，不公平竞争的申述会越来越多。

因此，"免费经济"的兴起造成了新兴经济的政策困境。发展中国家想不想让其公民和劳动者享受和探索"免费"电信通讯和免费信息的经济利益呢？或者"免费搜索"和免费电子邮件和农业补贴类似，削弱了一个国家发展数字创业的能力？中国和南美联盟会不会向世贸组织申述，谷歌和雅虎有效地倾销它们服务的方式，不公平地伤害了本国的工业发展？

当然，"免费"市场范式正在试图融入亚洲和印度当地的商业计划，包括电信通讯、小额信贷和其他领域。美国的管理专家，C. K. 普拉哈拉德（C. K. Prahalad）将创新引入"金字塔"，并实现了盈利，其行为激励了像联合利华和宝洁这些老牌公司重新定义新兴市场的"免费"宣传。

政府在公众生活方面的补贴增多了，并变得越发复杂，这引起了许多政治争议。与此相似，私营成分对作为创新优势的交叉补贴越来越依赖，这必定引起监管和诉讼方面的反冲。讽刺的是，免费市场为"免费"创造了市场，而免费导致了不公平竞争和反竞争补贴这些妖魔。这一冲突本质上是无法避免的。尽管"免费"也是有代价的，但 21 世纪的经济现实是，动态创新的可靠迹象是大家——生产者和消费者——迫切地等待这个领域会提供哪些免费的东西。

Source：Michael Schrage, 'How and why giveaways are changing the rules of business', *Financial Times*, 7 February 2006, p. 19. Copyright © 2006 Michael Schrage.

案例9.2　　　　　**极客统治了地球——而这却是效率的地狱**

文/Jonathan Guthrie

新邮件来了，头痛也来了。我的邮箱里有 2 965 封未读邮件。我面临着职业生涯选择：我可以做一名全职的电子邮件管理员，或者继续做一名商业记者，欢乐地任由越来越多的未读信件沉没在更深的数码流中。

摩尔定律说，半导体技术大约每年提高 50%。但是这个定律衍生了另外一条定律，我把它叫做"看在上帝的份上，不要出现更多的定律了"。我想说的是，人类交流的效率与信息量、信息传播的渠道数量成反比。

哥伦比亚大学的埃利·诺姆（Eli Noam）在上周的《金融时报》中尖锐地指出，人们该刹刹车，将慢规则应用到正在快速发展的科技载体，以减缓发展速度。但是我相信大部分信息技术宣称能带来的效率都是乍眼一看下的假象，因为它会带来必然的摩擦。这种摩擦需要时间和金钱的投入，以跟上新技术发展的需要。

电子邮件就是一个很好的例子。如果我一丝不苟地像看护般照顾那个老是要别人关注的小孩——我的邮箱，我就不用工作了。《金融时报》的邮件过滤器已经连如西非骗子诱骗我去一个从没去过的隔离中心之类的邮件都接收。我邮箱中的信件都和我的工作有一点点关系。我每天收到 70 ~ 80 封邮件，可能打开 6 ~ 7 封看起来像是个人信件的邮件。即便如此，我经常遗漏我应该读的个人邮件。很多这样的信件在我每两周批量删去未读邮件时一起消失。

我想多数忙碌的人都会采用类似的草草了事的方法。任何一个一丝不苟地处理每一封收到的邮件的人，每年他们失去的生产率，可能会导致他们老板几万英镑的损失。难得的要谈正经事的邮件在懒惰、不靠谱的人发来的茫茫邮件中被清除掉了。对唯我论者来说，给一家跨国律师事务所的所有员工发邮件问谁认识赫默尔·亨普斯特德镇的水管工，这也不是什么不适合的事情。对于兼职人员，或者害怕社会交际的人，他们宁愿花 40 分钟在电子邮件上说一件事情，也不愿花 5 分钟当面解释。电子邮件同时也给一贯工作不认真的人一个完美的方法来假装其仍然在努力工作，但其实其是在和朋友们八卦。

约翰·考德威尔，移动电话巨头，去年禁止他的员工互相发电子邮件。但即使是这样一位严格的老板，也发现不可能实施这个禁止指令。

科技革命给我们带来让人振奋，但是失败的新沟通方法，电子邮件仅仅是其中一个。对于特别喜欢使用固话和手机的人，还有语音信箱陷阱。通常录下来的信息会通知打电话来的人他们要找的人会在圣诞节假期后回来，即使现在已经是复活节了。然后，还有文字信息。公关部门的人最近给我发了一条文字信息。他以为我是谁呢？维奇拉德？如果我知道怎么去写一条讥讽的信息回复他，我就这么做了。

我为《金融时报》远程办公，但我发现我5%的时间都用在了解决电脑故障或对新系统的学习上。当然，伦敦的服务台可以给我提供建议和设备，而且这并不需要任何花费，因为我是他们的雇员。但我害怕去猜想 IT 行业加诸在我周围的一些小的服务型企业身上的压力。了解科技新资讯可以帮助 IT 创业者们发掘新机遇。但对于许多新兴企业来说，这是无用的。然而，如果它们对此漠不关心，则难免会有落伍之嫌，就好像还在用幻灯片来做促销一样。

我建议买家们至少罢工1年。科技公司就不得不延后推出新电脑、新软件或者是新的通讯设备。IT 极客们可以实现其背着背包环游世界的夙愿或翻唱感恩而死乐队的作品。IT 用户可以抓紧使用那些暂时不会有过时之嫌的系统，这些系统甚至会给他们带来更多的生意。

因为阻止由无休止的全球竞争而推动的科技发展的几率非常低，我想出了一个较为可行的替换计划，即发起慢商业运动。慢食运动旨在通过细嚼慢咽享受传统烹饪的食物来取代可快速摄取的汉堡和炸薯条，而慢商业运动则通过狂热的、耗精费神的活动换得长远策略的实现。慢商业运动可以取悦顾客，并让他们觉得他们的等待是值得的。

或许你会认为开展慢商业运动简直是一种商业自杀行为。但细想一下，在我们周围其实已经存在这样一些公司。英国最成功的银行需要耗时3天来清算票款。福特·嘉年华汽车的买家可在付款后立刻把车从经销商那开走，但购买福特的高端产品，如阿斯顿·马丁分公司的 V8，则需顾客经历18个月的漫长等待。普通炊具在购买后就可以进行安装，但Aga 却需要6周的时间。

慢商业运动的奉行者有一个重要的特征，他们在处理紧急邮件时要思虑数周然后再寄送手写的复函。这个过程一般包含了通信，因为令写信人困扰的问题在这个过程中会不攻自破。如果你想深入探讨这个问题，请给我写信，我保证一定会给你回复。

Source：Jonathan Guthrie, 'The geeks have inherited the earth—and it is hell for efficiency', *Financial Times*, 25 January 2006, p. 16. Copyright © 2006 The Financial Times Limited.

第 10 章

新创企业的资源

本章概要

人、货币和运营资产是新创企业的重要因素。本章逐一探讨这些资源类型以及它们给创业家带来的管理问题。本章将涉及为什么投资这些资源会给企业的投资者带来风险。资源延伸与杠杆的概念将被用于理解创业家如何比现存的竞争者更好地利用他们的资源。

10.1 创业家可利用资源

重要学习目标

理解创业家搭建新事业平台时需要的资源种类和性质。

资源是企业用于实现其目标的事物。资源是企业的投入，企业通过将其转化实现产出传递给客户。资源是构成企业活动的物质要素。广义而言，创业家可利用这三种资源以创立企业，包括：

- 财务资源——以现金形式存在或可以变现的资源。

- 人力资源——人以及其贡献于企业的努力、知识、技能和洞察力。

- 运营资源——帮助人们完成工作的设备，如建筑物、交通工具、办公设备、机器以及原材料等。

新创企业由财务、人力以及运营资源的创新性组合构建而成（见图 10.1）。

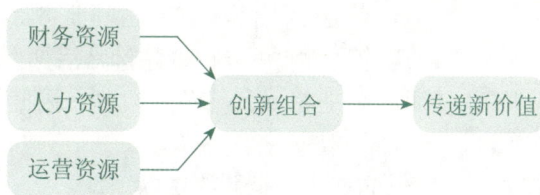

图 10.1 创业和资源组合

因此，当弗雷德里克·史密斯建立美国包裹航空运输公司——联邦快递时，他需要将董事会成员、飞行员、操作人员等和能遍及全国、充分运转的航线组合起来。而这需要 1 亿美元的投资来完成相应的订货。

尽管资源有不同的形式，但所有资源都有许多共同的特征。首先，资源是被消费的，它们被转化为客户购买的产品。其次，争夺资源的竞争也存在着。许多新创企业或别的企业都会努力去获取某一特定的资源。相应地，管理者们会愿意花钱来获得资源。再次，资源代表一定的成本。

资源的成本体现了企业如何使用资源以创造新价值。资源由企业买入和卖出，其成本由针对于一定资源而创造的市场决定。具有创造大量新价值潜力的资源价格高昂。对特定的企业而言，这里的价格并不等同于资源的价值，因为资源的价值在于企业如何使用它、如何利用它进行创新以及如何发挥它的作用。

一种类型的资源可转化为另一种类型的资源。一般而言，这个过程涉及销售某种资源，以此将其转化为现金的形式，而后使用该现金购买新事物。然而，在某些情况下，可以直接通过"资产互换"实现资源的交换。在金融市场未充分发展的地方，如在某些发展中国家或前苏联，物物交换就可能变得很重要。并非所有的资源市场都同样开放，某些市场比其他市场更发达。流动性是指某一特定资源能够转化回现金的容易程度。流动性资源可轻易变现，而非流动性资源则难以变现。

创业家必须积极为其企业争取资源。资源的获取和交换途径构成了企业所处的网络。从长远上说，创业家仅拥有与其他企业一样获得相同资源的机会。通常而言，市场竞争力无法基于拥有独特的资源投入而得以维持。假如某项投入十分有价值，则其他企业会最终找到获得它或其他相似物的方法。为了保持竞争力，创业家必须以独特、具有重要价值的方式组合他们能够获得的资源，即利用它们实现创新，然后比其他竞争者更好地发挥它们的作用。这样一来，创业家才能从根本上向客户传递新的价值。

10.2 财务资源

重要学习目标
了解创业家不可或缺的各类财务资源。

财务资源是以货币形式存在的资源。现金是流动性最强的资源，因为它能够立即用于购买其他资源。以下是所有在新创企业中发挥作用的财务资源：

- 库存现金：这是企业可立即获取的资金。它可以立即使用。库存现金可以以两种方式持有：零用现金或存入银行活期存款账户或其他可直接使用的账户。
- 透支贷款：指与银行签订合约，企业可以提取超过其活期存款账户实际金额的数额。透支是企业可以使用的短期贷款，其利息较高，因此一般在紧急情况下才使用。
- 贷款：是由机构或私人提供的资金，企业约定以一定方式、在一定期限内、按一定利率偿还该资金。一般而言，企业的预期贷款偿还独立于企业的业绩。企业可以抵押有形资产来获得贷款，这些资产可以以低价出售从而保证偿还。这样就降低了贷款提供者的风险。
- 未清偿债务：指个人或其他企业因接受企业的商品或服务而拖欠该企业的现金。许多债务人在偿还前可获得一定宽限期，要求迅速清偿债务可能不是一件简单的事。在企业发展的早期阶段，未清偿债务是可能导致现金流动不畅的主要原因之一。
- 投资资本：这是投资者为了获得部分所有权或股份向企业提供的资金。投资者是企业的真正所有者。他们通过企业盈利获得回报，所获回报取决于企业的业绩。
- 其他经营投资：许多企业投资于其他企业。这些投资可能和本企业的经营不相关，但常常投放在供应商或客户身上。若超过一半的其他企业份额为该企业所有，则它成为持有企业的子公司。投资可通过个人或机构间的协议进行，或通过公开交易股票进行。通常来说，一个企业并不是仅为了投资其他企业而存在。个人和机构投资者相当擅长于投资其他企业。然而，在客户和供应商方面的战略性投资可能是企业所处的网络中动力的重要组成部分。正因如此，这种投资趋向于代表长期的承诺。即便可以将其卖出以获得现金，这也并非常规做法。

　　所有财务资源都有成本。这种成本有两种形式。资本成本是获取资金时所面临的成本，包括面临透支带来的直接收费、贷款的利息、投资者期望的回报等。除了这些直接成本外，还有机会成本。机会成本是由于未将资金用于其他用途而损失了的潜在的回报。例如，库存现金及未清偿债务带来利息损失，这些利息可以通过把钱放入产生利息的账户获得。

　　财务资源是企业可使用的流动性最强因而也是最灵活的资源。但是，它们的生产力最低。现金，就其本身而言，并不创造新价值。金钱只有被使用时才变得有价值。这意味着它必须转化为其他流动性较弱的资源。创业家必须实现一种平衡，他必须决定企业的流动性。为了应付短期和突发的财务开支，企业必须具有灵活性。

　　这些决定对企业的成功至关重要。如果投资不足，企业将不会充分利用自身的潜能。如果流动性太差，企业可能自然而然地遭遇短期的金融问题。长此以往，企业将无法解决这样的问题。要想维持流动性平衡，主要是要管理好企业的资金流动。创业家可利用的财务资源依赖于其所处的经济体的发展程度以及现有的资本市场类型。在西欧成熟的经济体和美国，资本通常由明确、开放的机构体系，如银行、风险投资公司及股票市场提供。在世界其他地方，财务资源可能由不那么正式的渠道提供。被迫迁徙的社会群体常常围绕大家庭创造出提供经济支持的网络。在前苏联，发展企业面临的主要挑战之一便是建立起提供支持的、可信的金融机构。

10.3　运营资源

重要学习目标
　了解创业家可用的各类运营资源。

运营资源是那些被企业实际使用以向市场输出产品的资源。运营资源的主要类型包括：

- 房屋或其他建筑物：指企业运营所在的建筑物，包括办公室、生产设备以及提供服务的专营店。
- 机动车：指任何被组织使用以从事企业活动的运输工具，如销售代表的汽车和用于运货、送货及提供服务的中小型货车及卡车。
- 生产机器：指用于生产企业销售的产品的机器。
- 原材料：指被转化为企业销售的产品的投入。
- 储藏设备：指用于储藏成品直至销售的建筑物及设施。
- 办公设备：指用于企业管理的物品，如办公家具、文字处理器以及信息加工和交流设备。

运营资源代表企业向市场提供创新的能力。企业可以拥有它们，或在需要的时候租赁。不管以哪种方式，运营资源均代表着一种投入。流动性财务资源可立即转化为运营资源，但运营资源并非能轻易转化回货币。企业的二手资产市场并非总是高度发达的。即便是，运营资源贬值很快，因此销售时就会产生损失。

为了有效利用运营资源，创业家对如下这些方面了如指掌显得很重要：资源的技术方面、有关资源使用方面的法律问题及启示（包括健康和安全规章）、供应商及供应情况以及适当的成本（包括立即购买及租赁的成本）。在运营资源这一领域，与供应商的伙伴关系具有重要意义，特别是运营资源属于技术型时或在其使用过程中需要持续的支持时。

对运营资源的资金投入必须基于企业产品的预期需求。如果生产量不足，那么就会丧失原来可以获得的业务。如果生产量超过需求，则需承担不必要、无益的费用。鉴于需求的短期波动，往往难于改变生产量。这就带来了固定成本，即独立于企业提供的产品数量的成本。关键是，不管企业的销售量是多少，固定成本都必须承担。固定成本对现金流有削弱的作用。创业家在作生产量投入的决定时，必须基于对销量和企业产品将产生的营业利润的评估，即必须基于对需求的准确预测。即便是准确的需求预测也无法消除所有的不确定性，因此，创业家必须积极地尽可能地抵消固定成本，尤其是企业处于早期阶段时。这意味着，企业可以租赁而不是购买运营资源，也意味着企业可以将一些工作委托给其他知名的企业。在企业的早期阶段，管理好现金流及控制固定成本可能比关注短期的利润更重要。将工作转包给其他公司可能优于对过多的生产量进行不可挽回的投入，即使这样意味着丧失短期的利润。

10.4　人力资源

重要学习目标

了解创业家不可或缺的各类人力资源。

人是一个决定新企业成功的关键因素。财务和运营资源并非是独特的，它们本身无法赋予企业优势。要赋予企业优势，它们必须被组成企业的人以独特和创造性的方式使用。加入企业的人向企业提供他们的劳动，其劳动有各种各样的形式：

- 生产劳动：指对企业产出的直接贡献，包括企业提供的有形产品或服务。
- 技术知识：指具体针对企业提供的产品或服务的知识贡献。它可以支持现存产品，或与新产品的开发相关。
- 商业服务供给：指在一般性商业服务中贡献的专业知识，如在法律事务或会计方面。
- 职能性组织技能：指在职能领域，如生产、运营规划、市场调查、销售管理等领域提供决策方面的深刻见解以及组织技能。
- 沟通技能：指提供与外部组织及个人沟通，并获得其支持的技能。这包括针对客户的市场营销以及针对投资者的金融管理。
- 战略及领导技能：指在整体上向企业提供深刻见解的贡献。这包括为企业确定一个愿景，将它转化为一个有效的战略及行动计划，向企业传达这个战略和计划，并领导企业追求该愿景。

　　创业家代表新创企业的起点。他或她是企业最初和最宝贵的人力资源。创业家若要获得成功，必须学会把自身当成资源来使用，并有效使用。这意味着要分析他们的所长和非所长，并确定技能差距。创业家能够为企业提供专业贡献的程度取决于企业的大小及为企业工作的人数。如果企业的规模为中等并有专业的员工，那么创业家就能够集中精力为企业确定愿景、发展战略和提供领导力。如果企业比较小，那么创业家就不得不担任职能性和行政性的职务。即便如此，创业家必须决定什么样的技能要求适合于他们的企业以及需要什么类型的人来贡献这些技能，从而明确企业的人力资源在未来如何发展。然而，仅仅雇用具备适合技能的人是不够的，这些人需要指引来使用其技能。如果想要让他们为企业作出热忱及有效的贡献，则还要激励他们。这就需要创业家的视野及领导力。

　　人力资源是企业固定成本的一个来源。根据短期需求的波动来雇用和减裁员工的可能性受限于合约义务、社会责任以及投资培训的需要。再者，激励只有在一定安全感的基础上才能建立。因此，投资人力资源也涉及到和投资运营资源相同类型的决定，即需要什么，到何种程度，持续多长时间，资源必须是内部的，还是可以在需要时购买。然而，虽然员工是资源，但他们也是人，因此上述决定必须谨慎作出。

10.5　组织程序与学习资源

> **重要学习目标**
>
> 识别组织程序与学习作为一种资源对创业成功的关键作用。了解具有唯一性或不可模仿以及不可交易特征之资源对于提升企业竞争优势的重要性。

　　关于资源是企业成功的关键这一观点在 5.1 节介绍过，该部分讨论了基于资源和基于技能的企业业绩的观点，指出了在这些方面，构成资源的事物有很多。本节将提出在资源的更宽泛的语境下认识资源的框架，并进一步探讨资源的可模仿性及可交易性可作为获得可持续竞争优势的基础的观点。

　　对资源的宽泛定义既是一个机会，也是一个挑战。机会在于基于资源的观点可以灵活地覆盖大部分资源——业绩关联。挑战则在于：在方法容易变得同义反复的情况下，还要维持其理论上和方法论上的合理性。同义反复是指一种形式上的循环论证，如业绩是独特资源的结果，因此业绩良好的企业得益于其独特的资源，而这些可以自由定义，并且资源和业绩的因果关系在任何时候都是模糊的。严格地说，该方法在定义什么构成资源时必须是严谨的，并作出一个假设：资源影响业绩，然后通过实证来验证该假设。

　　一个直接的办法就是区分几种不同类型的资源。显然，资源的概念一定比简单的有形资产要广。基于资源的观点清楚地表明：重要的并不是资产本身，而是创业家如何对待它们。因此，资源必然包括控制和利用资产的组织程序。然而，这些程序并非是静态的。它们必须随着企业变大、企业的竞争地位和情况改变而适应和发展。在这一层面上，组织学习必然也是一种资源。图 10.2 描述了这一点。这里的假设是：组织学习形成了组织程序，组织程序进而控制了资产的使用。

　　资产和程序是可以直接观察得到的，至少在原则上是这样。组织学习通常不能直接观察得到，但其影响能够通过观察组织程序的变化来判断。资产可以分为三种。有形资产具有实物的形式。无形资产不具有实物的形式，但对企业很有价值。专利和品牌名称便是这

图 10.2　组织资源的三个层次

样的例子。在会计实践中，便会做出有形和无形资产的区分，因为有形资产会被记录在资产负债表上，而无形资产通常不记在上面（尽管在会计中已采取了一些措施来衡量它们）。知识产权指的是企业内部持有的、直接贯穿于企业活动的技术或产品的具体知识。

是什么让资源与竞争优势联系到一起？简单来说，如果资源满足以下三个标准，资源便可带来竞争优势：

- 该资源能够以某种方式使用以向购买者传递价值。
- 该资源对企业来说是独特的。
- 竞争者发现其难以模仿或获取该资源。

资源获取的问题与某些资源可以被交易或被竞争者模仿的观点相联系。以资源在一个市场中是否可以被复制（模仿）或被销售（交易）为基础，可以区分四种类型的资源。可交易资源是那些能够被"包装"并在市场中销售的资源；而不可交易资源无法和使用它们的企业相分离，因而不能在市场中交易。可模仿资源是那些能够被竞争者轻易模仿的资源；不可模仿资源不能轻易模仿，因为它们拥有法律的保护或者需要时间去建立，又或者它们具有因果关系上的模糊性，与业绩之间的关系不明显。商品资源是那些既可以交易，又能够被轻易复制的资源。普通的工厂设备或办公室便是这样的例子。可替换资源是那些不能交易，但可以轻易复制的资源。独特的企业结构或员工技能及培训便是这样的例子。可交易资源是那些不能轻易复制，但可以自由交易的资源，如专利、著作权及品牌名称。最后，竞争资源是那些既不能交易，也不能复制的资源。这里的例子包括创业者富有远见的领导力，鼓励并奖励发现、利用新机会的文化以及融合新企业学习的有效方法。最稳定的竞争优势是建立在竞争资源的基础之上的。可交易资源在短期内可能也是一个平台，但因为是可以交易的，其他的创业家很可能已开始建立销售可交易资源的企业，从而限制了可交易资源的长期吸引力。许多大学已建立了科技园，这一举措带有销售科学、技术创意以及保护这些创意的明显意图。一个品牌只有在竞争者（往往更大、资源更充足）未以其自身品牌来进行更有力的竞争时才显得有价值。

10.6　资源、投资及风险

重要学习目标

了解如何以及为何为了创新事业而投入具有风险性的资源。

就某种程度而言，企业"只是"由财务、运营和人力资源构成的。只有当这些资源组合在一起时，企业才能产生新价值并将其传递给客户。资源具有价值，需要通过竞争来获取它们。当一个企业把资源投入转化为具有更高价值的产出时，它并不具有竞争力。它只有比其竞争者创造出更多价值时，它才具有竞争力。因此，资源是用于追求机会的，利用那些机会可以创造新价值。新创企业创造的利润是组成企业的资源的成本和企业创造的价值之间的差价。这是由投资资源所带来的回报。虽然利润对企业生存及成长很重要，但是新创企业的业绩不能简单到仅仅涉及企业所产生的利润。利润必须与其他两个因素联系在一起：机会成本和风险。

资源在市场中购买和销售，因此它们具有价格。价格与使用资源的成本不同。使用资源所产生的真正成本是所错过的机会的价值，因为资源被消耗了而无法用于其他用途。这便是机会成本。倘若创业家以可能的最具有生产力的方式使用企业的资源，那么创造的价值要比其他投资方式所创造的价值大，因此，机会成本要小于创造的价值。另外，倘若资源未以可能的最具有生产力的方式使用，那么其他一些投资方式就有可能带来更好的回报。这时，机会成本高于创造的价值。机会成本是衡量业绩的根本因素。这是因为投资者并不仅仅关心企业创造的利润，而是更为关心如果他们把钱用于别的途径，他们所可能得到的回报。

风险是考虑创业家使用资源有效程度的第二个因素。我们无法以完全的准确性去预知未来，因此对于将会发生什么，总存在一定程度的未知性。这种未知性会带来风险。不管期望的回报是什么，总是有诸多难以预料的情况会招致回报的降低。顾客们或许找不到那些他们所期待的产品或服务，这时的企业在营销及投入上会超过预算。此外，这时候竞争对手们也会对这种情况作出更大反应，而这是超出原本的假设的。投资商将会对一个企业所面临的风险做一个评估：若风险高，则他们会期望得到更丰厚的回报；若风险低，则较少的回报也会让他们感到满意。由此可见，回报的多少是与风险系数有关的。但是预期回报与风险的具体相关性是十分复杂的，并且这也是市场资金运转的一个动力。图 10.3 表明了新创企业投资中风险与回报的关系。事实上，机构投资者持有一种投资组合，也就是风险与回报级别不同的一系列投资。其这样做旨在降低投资组合的整体风险级别。

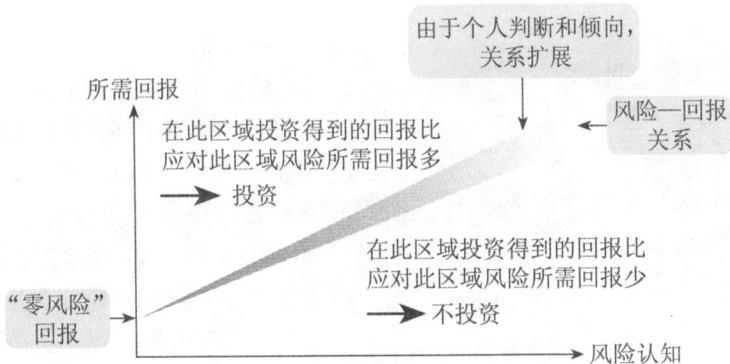

图 10.3 新创企业的投资风险回报关系图

风险之所以存在是因为资源必须被分配到具体的企业。资金一旦被用于企业运营或人力资源，要再收回资金，要么太难，要么成本太高，抑或两者皆有。因此，一旦已经集中所有资源且将其整合运用于某项特定的投资，即使随后经鉴定有更好的机会，但是需要资源重新组合，此时便没有二次机会了。在创业的创新过程中需要不可逆转的资源承诺（见图 10.4）。必须正视机会成本，并且此机会成本应由投资者承担，而不是创业家承担

（当然创业家也可能是投资者）。

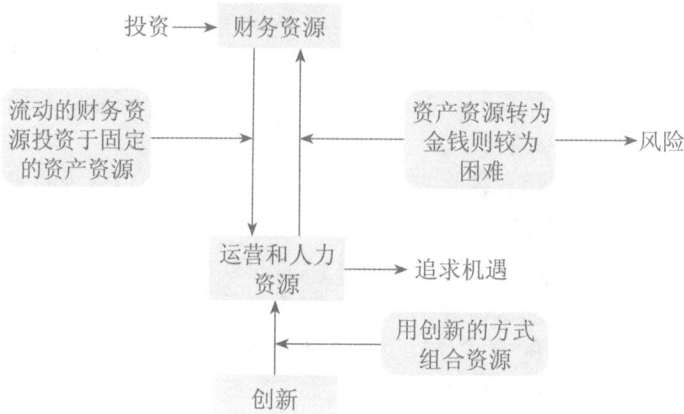

图 10.4　新创企业中的资源承诺

　　总之，如果创业家发现通过创新地使用资源有有利可图的机会，然后邀请投资商支持企业追求该机会，则这时投资者会思考两个基本问题：怎样来衡量这项投资的预期回报与选择另一项投资可能获得的回报？会有什么样的风险呢？是否要支持该项投资取决于对这些问题的回答。不可忘记的是，虽然投资者将财务资源投入企业，但为企业工作的个体也是在做私人投资。他们期望自己的付出能得到应有的回报，也希望有机会得到提升。他们也面临不能在其他地方付出而得到回报的机会成本，还面临他们所在企业不能成功的风险。同样，与企业建立关系的顾客和供应商也可能作出一些与货币无关的承诺。通过这种方法，风险就被分散到企业所在的网络体系中去了。

10.7　创业资源的延伸与杠杆

重要学习目标

　　了解创业家们通常是怎样通过更为优越地开发利用"延伸与杠杆"关键性资源来竞争并且胜过现存的持有更好资源的竞争对手的。

　　正如之前所表明的那样，创业家与他们所获成就显示出来是相互矛盾的。毕竟他们所持的资源不如已有的竞争对手，他们缺乏已在该行业立足的竞争对手拥有的内在的成功因素（诸如成本、已建立的客户关系）。此外，要获得资源，他们不得不支付更多（支付他们所面临的风险费用）。Mosakowski 在 2002 年对此做了最新的讨论。对于这样的矛盾的解释似乎是创业者们比已建立的企业更为努力地去运用资源。问题就在于他们是以何种方式运用资源。Hamel 和 Prahalad 在 1993 年发表的一篇影响深远的论文中提出十个可以描述资源如何得以运用的过程。他们表明，"竞争力就是在一个公司的资源与其管理者的目标中产生的。"他们在文章中所提到的问题并非仅适用于创业，而是对于企业来说普遍适用。但是似乎创业者是最卓越的资源"延伸与杠杆"。Hamel 和 Prahalad 所讨论到的十个资源运用的过程如下：

- 汇集。这指的是在资源与企业的期望间创造可充当竞争优势的推动力的差异。这反映了对创业家前景的"忠诚"。

- 焦点。所谓焦点尤其是指集中精力去创造和保持竞争优势，并且竞争优势建立之后，仍需继续不断地得到加强，继而去创造另一个竞争优势。创业家们绝不能因拥有一个竞争优势而沾沾自喜。
- 萃取。全新的商业信息总是源源不断地涌现出来，萃取就是运用这些信息的过程。这些信息就是掌握该企业可获得的机遇以及企业怎样加强自身竞争地位的基础。要掌握的这些信息必须是诚实公开的，虽然这有悖于长久以来的理念。
- 借用。这指的是从一切可能的渠道获取信息，无论是企业内部还是外部。高效率的创业家视与顾客会谈为绝佳的机会来获取新见解和销售机会。
- 整合。企业不断发展的同时，为其效力的员工们也倾向于专攻某特定领域，这就是企业提高效率的一个很好的机会。然而，员工们也在相互学习，以一种全新且有价值的方式来整合自己的各项技能。这对于创业家也是至关重要的，因为随着企业的发展，他们无需在任何关键方面都亲力亲为。
- 平衡。平衡意味着在一个领域的普通并不影响在另一领域的卓越。企业各个业务领域的突出应该是达到一个平衡的。创业家须确保一个领域的突出能够与其他业务领域所共享，并为其提供参考。
- 回收。竞争优势应该被视为整个企业的资源，而非某部分所有。它应该是在整个企业中可以循环使用的。当创业家们打算将竞争优势转移到某一商业、新办企业或者兼并企业时，这一点尤为重要。
- 协同。这是指创业家们吸引其他组织加入企业网络并为企业提供资金、技术和信息的有效性。这需要对企业系统有全面的认识，明确各方能从企业体系中获得什么以及它们能为企业的持续发展做些什么。
- 防护。竞争优势是有可比性的：它是相对竞争对手的一个优势。高效的创业家能够认识到竞争对手的相对弱势，且知道如何运用自身企业的优势来攻克对手的弱势，如何用某种方式来限制（资源丰富的）竞争对手的反击能力。
- 再生。这是企业先于其竞争对手将市场机遇的信息转化成盈利性的服务的敏捷度和能力。企业运营的各个阶段均受其影响：产品开发、生产、产品运输以及产品的分销。

十个过程必然是相互联系的。一个过程无法在没有其他过程或不考虑其他过程的情况下完成。创业家们也无须视其为独特术语，而是要有一个全局性的视野，将其看做管理常规中的一个综合。但是为企业愿景制定新的战略，单独考虑各个因素也是有价值的。延伸与杠杆模式是在 Hirshleifer（2001）提出的经济博弈论的基础上提供一个管理视角。Hirshleifer 提到，在特定的情况下，资源薄弱的竞争者可能会战胜资源丰富的竞争者，因为资源相对薄弱的竞争者更能用其资源来削弱资源丰富者。这将在 18.1 节详细讨论。

要点总结

- 创业家们须为该企业吸引资源以便追求商机。
- 资源在三个层面体现：资产、组织程序和组织学习。
- 资源是根据其可被商业化和被模仿的难易程度来鉴别的。

- 竞争优势稳健地建立在竞争资产上，难以被交换和复制。
- 资产是宝贵的且在市场上交易。
- 创业家要与其他企业竞争来持有资源就须通过运用资源来得到有利回报。
- 将资源投入某个企业会给投资者带来风险，也就是说得到的回报可能低于他们的预期。
- 创业家们延伸和衡量自身所有的资源，在面对资源丰富的竞争对手时更加努力工作。

研究主题

创业家们是否延伸和均衡资源？

此项研究采用案例分析的方法论，收集了一系列关于新创企业的描述（案例分析有很好的来源）。原则上来说，创业家们应该就新创企业和传统的已建立企业的同一部门进行比较。另外，也可从之前的研究中获取信息。你能够从 Hamel 和 Prahalad 所描述的新创企业中找到关于延伸和杠杆过程的根据吗？如果有，那么创业家在管理企业的过程中有识别出这些程序吗？一个很好的方法是用一种研究工具以简短的术语（不超过 50 字）来概述每一个过程，然后请创业家们描述他们如何应对这些挑战（切勿仅用 Hamel 和 Prahalad 的术语，他们或许并非指的是最初创业家）。例如，协同过程的测试就可能是：

当你（或者是你的一个员工）拨打了一个销售电话，你最初的目标是：

a）达成销售。

b）获取新的机遇和竞争者行为的信息。

c）以上两者。

或者对于平衡来说：

若你的企业的一个管理者善于处理客户关系，则你优先考虑的是：

a）保持他或她与客户的一贯关系。

b）提升他或她的职位以领导其他员工与客户交涉。

c）给予他或她更多领导角色，并让其成为企业与客户关系的典范。

此外，还有诸多类似情况。记录下这些回应并寻找 Hamel 和 Prahalad 提到的延伸与杠杆程序。

资源与产业结构

以资源为基础的视角可预测个体企业的业绩以及它们所在的行业结构，并且获得各个行业部门的好的信息。这些可以从调查工具或者已发布的信息中直接获得。根据在 10.2 节讨论过的从资源方面来描述各个部门，要鉴别出各个部门，主要是根据其商品资源和其有竞争力的资源（如果样本够大的话，也可包括其他种类的资源）。作好准备制定严格的评价应包括各类资源的评价标准。根据资产、组织程序和组织学习将其分类。审查它们是否是可交易的和可复制的。最好的做法是另找一个独立的个体来检查分类过程。据假设，拥有有竞争力的资源的行业具有以下特征：

- 更高的总体效益。

- 更广范围的效益（由于有竞争力的资源将胜利者与失败者区分开）。
- 胜利者拥有更高业绩增长。

当与基于商品资源的行业作比较时，可运用行业的财务数据来检测这些预测。要有强有力的数据支撑，至少需要 25 个公司的每种资源。

重要读物

Hamel, G. and Prahalad, C. K. （1993）'Strategy as stretch and leverage', *Harvard Business Review*, Mar./Apr. pp. 75–84.

Wernerfelt, B. （1984）'A resource based view of the firm', *Strategic Management Journal*, Vol. 5, pp. 171–80.

推荐读物

Alvarez, S. A. and Barney, J. B. （2002）'Resource-based theory and the entrepreneurial firm', in Hitt, M. A., Ireland, R. D., Camp, S. M. and Sexton, D. L. （eds） *Strategic Entrepreneurship: Creating a New Mindset*. Oxford: Blackwell.

Alvarez, S. A. and Busenitz, L. W. （2001）'The entrepreneurship of resource-based theory', *Journal of Management*, Vol. 27, pp. 755–75.

Amit, R. and Schoemaker, P. J. H. （1993）'Strategic assets and organisational rent', *Strategic Management Journal*, Vol. 14, pp. 33–46.

Bergmann-Lichenstein, B. M. and Brush, C. G. （2001）'How do "resource bundles" develop and change in new ventures? A dynamic model and longitudinal exploration', *Entrepreneurship Theory and Practice*, Spring, pp. 37–58.

Collis, D. J. （1994）'How valuable are organisational capabilities?', *Strategic Management Journal*, Vol. 15, pp. 143–52.

Foss, N. J. （ed.）（1997）*Resources, Firms and Strategies: A Reader in the Resource-based Perspective*. Oxford: Oxford University Press.

Hall, R. （1992）'The strategic analysis of intangible resources', *Strategic Management Journal*, Vol. 13, pp. 135–44.

Hamel, G. and Prahalad, C. K. （1993）'Strategy as stretch and leverage', *Harvard Business Review*, Mar./Apr. pp. 75–84.

Hirshleifer, J. （2001）'The paradox of power', in *The Dark Side of the Force: Economic Foundations of Conflict Theory*. Cambridge: Cambridge University Press.

Makadok, R. （2001）'Towards a synthesis of the resource-based and dynamic capability views of rent creation', *Strategic Management Journal*, Vol. 22, pp. 387–401.

Mosakowski, E. （2002）'Overcoming resource disadvantages in entrepreneurial firms: when less is more', in Hitt, M. A., Ireland, R. D., Camp, S. M. and Sexton, D. L. （eds） *Strategic Entrepreneurship: Creating a New Mindset*. Oxford: Blackwell.

Peteraf, M. A. （1993）'The cornerstones of competitive advantage: a resource based view', *Strategic Management Journal*, Vol. 14, pp. 179–91.

Wernerfelt，B.（1984）'A resource based view of the firm'，*Strategic Management Journal*，Vol. 5，pp. 171–80.

Wernerfelt，B.（1995）'The resource based view of the firm：ten years after'，*Strategic Management Journal*，Vol. 16，pp. 171–4.

Wilcox-King，A. and Zeithaml，C. P.（2001）'Competencies and firm performance：examining the causal ambiguity paradox'，*Strategic Management Journal*，Vol. 22，pp. 75–99.

Yu，A. F.（2001）'Towards a capabilities perspective of the small firm'，*International Journal of Management Reviews*，Vol. 3，No. 3，pp. 185–97.

精选案例

案例10.1　　　　　　　　　　　　语言赋予行业优势

文/Andrew Jack

时间漫长且时差使得一切变得如此艰辛，然而，Sunil 和 Prashant Shah 却穿梭于剑桥和阿默达巴德之间办公。他们抓住了印度快速增长的医药浪潮，共同创办了一个公司。

自2005年4月以来，他们的实验室提供的低价旅行、电话和数码相机使得两个创业家能够将有氧疗法得以推广，其客户遍布欧洲和北美，其签订的化学药品合约甚至在古吉拉特邦得以履行。

但是，如果他们声称其印度员工高涨的热情和灵活性帮助他们快速而有效地实施项目，他们就不得不修改最初期望以低工资雇佣高质量的员工的商业计划。

"要让经验丰富的员工干工作真的很难，"Prashant Shah 说道。"你必须将他们薪资提高30%至40%。这个迹象表明，很多公司在投资并提高它们的能力。"

多年以来，印度因其蓬勃增长的仿制药行业和生产形成毒品的药用活性成分而闻名于药品界。

上个月，一个名为 Hetero 的公司与瑞士的罗氏公司签订了一个技术转让合约，Hetero 公司可生产抗击流感而需求量激增的抗病毒药物达菲。该合约的签订便意味着其含蓄地认同了印度公司的技术。总部设在孟买的西帕拉公司从销售额来看是印度最大的药品生产商之一，该公司不仅在本国内有很好的声誉，而且因为为整个发展中国家的艾滋病患者提供其负担得起的抗逆转录病毒药物而闻名。该公司帮助降低了那些最先拥有专利的大公司生产的治疗艾滋病药物的价格。

"看看你们周围这些产品，"西帕拉的总裁 Yusuf Hamied 说这句话的同时指向分布在公司总部会议室四周的玻璃柜，里面摆满了其公司自己的药物。

但短短的车程到孟买的郊区后，在其漂亮的新办公大楼，Nicholas Piramal 采取一种完全不同的战略方针。该公司的核心医药业务是为西方制药公司生产药品，但公司也在逐渐开展原创性研究。

印度公司也争辩道，它们不仅能够模仿，也能够通过研究本国基因的多样性，降低研发成本、生产成本等并创新性研发自己的药物品牌，且其价格低于西方药物。其也有几个项目正在进行中，最近对一家英国企业的收购便是其信心十足的明证。

在西方，兰伯西或许会因专利问题起诉葛兰素史克公司（GSK），但是它也和其签署了一份合约，在印度开展研发。印度公司也在和疟疾药品企业合作生产一种新的合成药物。

"越来越多的公司正试图到印度发展，"普华永道制药集团的领头人西蒙·弗雷德说道，"因语言和基础设施方面的优势，与中国相比，印度有 4 到 5 年的优势。"

变革的诱因之一是知识产权。在 20 世纪 70 年代初，许多跨国制药公司离开印度，当时印度实施的新的专利法仅保护生产过程，而不保护那些基于原始药品及合成药品而生产的药物。这导致创建了一个庞大的药品山寨行业。

然而作为加入世贸组织的一个条件，印度承诺在 2005 年颁布更严格的专利保护法律，这将威胁到那些未持有专利的生产商。

另外，制度上的变化有助于打破保护主义壁垒，这使在国内进行临床试验更容易——尽管随之而来的是引入道德准则来约束过去的滥用。

葛兰素史克公司是最先抓住此时局的公司之一，该公司本身就是印度唯——家大型制药企业，其看准了印度市场有巨大的增长空间，于是将办公职能外包给印度，且与印度兰伯西开始合作研究。

该公司也在寻求越来越多的机会在印度进行临床试验。公司坚持认为这样做并不是为了削减成本，而是因为印度有优良的设备并且有诸多在英国受过培训的医生。

"印度有 8 000 到 10 000 个生产商，18 000 个分销商和 250 000 家药店，"市场研究公司 IMS 印度总部负责人纱依莱什·加德雷说道。"这是一个非常复杂的系统。先进入的公司会有很好的优势。"他说，去年由于销售中缺乏具有较高边际效益的知名药品，印度药物销售额为 50 亿美元，只超出全球药品销售的 1%。这些数字表明了零售市场的销售额居高不下。

但在 2005 年，收入增长了 8%，加德雷先生预测未来 5 年将增长约 10%。

他指出，到 2010 年，4.5 亿印度民众将拥有西方中产阶级的收入。人们也越来越倾向于寻求西式慢性治疗方法，例如对于心血管和中枢神经系统疾病的治疗。

然而，他警告说，印度仍然具有很大的贫富差距，大部分人仍处于贫穷状态，政府支持的医疗系统还不完备，私人保险仍处于起步阶段。这造成相当大的紧张和不确定性。

另有人提出警告，西方公司要对知识产权的保护充满信心仍需要一段时间。在 1995 到 2005 年间，仍有将近 9 000 项专利留在"信箱中"等待被审议，然而没有一个得到批准，并且报告显示在印度不同地区，专利局做法也不一致。

Shah 先生对于印度制药企业未来的发展充满信心，但他也很切实际。他承认关于腐败、基础设施以及企业文化等方面还有诸多严重的问题。他说，"要从基层公司发展到顶级制药公司，我们至少还需要 5 年的时间。"

Source：Andrew Jack，'When language gives and industry the edge'，*Financial Times*，26 January 2006，p. 5，Copyright © 2006 The Financial Times Limited.

案例 10.2　　　　　　　　创业家对生产商进行全面攻击

文/Peter Marsh

Edward Atkin 是过去 10 年以来英国最成功的工程创业家之一，据他所言，英国的制造商们没能在营销上做足够的投资，并且给予了会计们过多的管理权力。

Atkin 先生去年通过出售他的婴儿奶瓶公司获得了 2.25 亿英镑的个人资产。今晚在伦敦的演讲中，他将总体上批评政府对于整个制造业缺乏远见，他也将特别指出政府忽视该国交通运输基础设施，因为这些为工业企业带来巨大的阻碍。

"现在政府不仅没有起到支持的作用，相反每年却增加了成本、行业复杂性和对行业的限制。虽然现今科技十分发达，但我们或许将成为发明汽车以来仍然不能期盼能够轻松地到达国内任何地方的一代人，" Atkin 先生将会这样说道。

直到最近，Atkin 先生成为了 Avent 公司董事长且是该公司主要的所有者。该公司是全球最大的奶瓶生产商，其所有生产在萨福克的一个高科技基地完成。

他以 3 亿英镑的价格将 Avent 公司售给一家风险投资公司，其中 2.25 亿英镑（扣除顾问费用）归 Atkin 先生和他家人。目前，他正在斟酌将部分现金投入到创新性商业。

通过销售奶瓶和其他婴幼儿喂养产品，如吸乳器，Avent 公司在 1 年内可获得 8 000 万英镑的销售额。该公司被认为占有全球该类产品销售额的 1/6，并且其 80% 的销售额是来自英国以外的市场。

在给英国电气工程师协会的一次演讲中，Atkin 先生将会说道，多数成功的制造商需要一个稳定的投资环境且要有创造世界一流产品的热情。

如果该企业是私有的，且对公司有掌握权的不是会计而是对工程感兴趣的人，那么这些因素就更可能造成影响。

Atkin 先生说，"如果公司评估投资机会时主要以财务为标准，那么该公司是注定要失败的。"

他将会说，与私人新创企业相比，那些受投资者们根据股市浮动控制的公司更可能由于短期财务上的考虑而摇摆不定，而这也许会使他们放弃建立有创新性、有竞争力的全球品牌。

Atkin 先生说："要预测未来三五年内诸如市场容量、竞争性定价、原材料成本、利率和货币等变量是不可能的。""然而，要评估加快进程、减少浪费、消除直接劳动力、提升忍耐性和可靠性将会提升产品及其制造商以及最终用户的经验是很容易的。无论产量、汇率、原材料成本和所有其他变量如何变动，这些益处都是长期且有效的。"

Atkin 先生说，近几年在英国制造业取得成功的企业有挖掘机制造商 JCB 与吸尘器生产商 Dyson，这两个都是私有企业。然而他说，Rolls-Royce 航空发动机生产商却是一个特例，它是英国上市的生产商中在全球市场也表现优秀的。Avent 在 Atkin 先生掌管的 33 年里都是私有企业。

Atkin 先生说这四个公司都充分理解了在全球推销其产品的重要性，这也使企业不断改进自身的企业文化，以迎合客户新的需求。

至于其他的例子，Atkin 先生说，其他成功的制造商，例如美国半导体材料制造商英特尔、世界上最大的两家汽车生产商宝马和丰田，它们都有自己的核心竞争力，即拥有"一个亘古不变的信念——多年来持续不断地提升产品质量"。

Atkin 先生说，这是一种企业文化，它使得在企业内部建立一个长期强大的研发团队和营销专家团队相对容易。同时，要建立长期的品牌忠诚也更为容易。

Source：Peter Marsh，"Entrepreneur fires broad attack on manufacturers"，*Financial Times*，17 January 2006，p. 5 . Copyright © 2006 The Financial Times Limited.

热点问题讨论

1. 印度的新创企业可能拥有哪些"非专利"资源（思考包括财务资源以外的资源）？
2. 对一个新创企业来说，"营销"为何称为一种资源？

第 11 章

内部创业

本章概要

内部创业对于公司管理来说就像是一座"圣杯":一方面,要对公司的创业力度、机敏性以及善于开拓市场机会有所承诺;另一方面,又要保持公司稳定性,体现现有市场强度并顾及风险较低的公司的已有业务。确实,要将两方面揉在一起并非易事。

11.1 内部创业的性质

重要学习目标
在已成立组织的内部实施内部创业的作用及潜力。

在识别创业型组织创新力度的过程中,对于那些已经创立的企业来说,非常重要的一点就是动作不要太大以免冒犯一些利益相关者。

毕竟,一个已经建立了的企业已十分成型了,它们往往沉溺于过去的成功止步不前。创业型企业和已建企业都有优势,前者的优势是善于接受变化(或许需要变化),能够抓住新机遇;后者的优势是善于巩固自己成功取得的阵地,能够有效管理风险,具有掌控资源流之能力。

若将两者的优势相融合,则一个组织既能认识到其成功的基石是什么,有效地掌控住各类风险,同时还具有灵活性,能改变利益相关者的诉求,坚持瞄准新市场的方向,并能为变化而对市场诉求进行回应,这无疑将使企业成为一种更加理想型的组织。内部创业,正提供了这样一种融合两种企业特点的手段和目标。

Pinchot 在他的专著《内部创业》(*Intrapreneuring*)一书中给出了内部创业的定义。概括来说,内部创业家(*Intrapreneur*)是这样一群创业家:他们在已经建立的企业内工作,他们最重要的任务是顺应组织发展并保持与组织的沟通,为组织搜寻新的商机;作出创新性的战略选择;创造并提供一个适用于整个组织的建议;发动和鼓励组织内部进行变革;挑战现有的做事方式;打破官僚惰性。其也被称为"变革的主人"(Kanter,1985)。

内部创业活动可以在组织内、外层级上分为四个维度。这几个维度的特点不同于它们在一个组织及周围已经形成的印象。传统的创业家们更加关注涉及到新业务的利益相关者们,关注他们都将获取怎样的资源以及这都意味着怎样的风险等级。

- **特殊项目之管理**。几乎所有的公司都要启动各种类型的新项目,例如,新产品开发,开拓一个新市场机会(或许是想要通过进出口或战略联盟去开拓国际市场),把一项新技术整合到公司的运营中或者想获取一项新的基金。凡此种种,对于成熟的创业型企业跟上市场竞争的步伐而言无疑是至关重要的。这些项目可能都需要通过一种超越组织边界的创业方式进行最好的管理,或许它们对于运营内部创业业务的一个特殊的超常规团队来说意味着责任。Ahuja 和 Lampert(2001)曾开发过一个模型，指明了内部创业机制是如何帮助大企业取得颠覆性进展的。

- **新业务单元之建构**。当新的事业单位发展壮大时，组织将会出现一些全新的、不同的功能和单元。倘若公司里有一个具有固定性也比较独立的运行环境，那么，这些业务将会得到最好的开展。新业务单元的建构是一个对各方要求较高的项目，不仅要考虑其结构性的和外部战略性的内容，而且要考虑资源状况（包括人力资源等）以及该项目与母公司之间的关系。再者说，一个内部创业的团队，其成员或许要求在未来新单元中有一个角色定位，或许只有他们才能管理好这种项目。

- **整个组织之重振**。新创企业的成功主要取决于它们的灵活性以及对新的、未知客户市场需求的反应。这种灵活性往往会在业务得以发展及其在内部的关注度减弱时消失掉，将创业精神重新植入业务单元或许是一个决定性的过程。使组织再次被赋予"创业"特征就是一个内部创业项目。一个内部创业家必须能够领导这样一个对组织来说具有创业远景的项目，并且拥有一种创业方法以行使权力，领导、激励并展示自己克服组织变革阻力之能力。

- **公司产业之重生**。创业家们作用巨大，正是因为他们建构了新事业使得这个世界大不同。最成功的创业家不仅进入新市场，他们还通过引入新技术、开发新产品，或采用一种更加新颖有效的运营方法使公司新产业获得重生。有理由认为，这正是那些正走向成熟的创业型企业要达到的目标。一项业务之所以能够成功就是因为相关人员把这套规则吃透了，当然，也可以通过适时改变这些规则来完成。很显然，这样的项目往往涉及面非常广，对于项目的实施来说这是一个巨大的挑战，它需要当事人对公司未来、战略远景、风险控制以及领导下属有着卓越的洞察力。正是基于这个高度，内部创业才真正地和"创业"接上了头。

内部创业机制为巩固公司的新创事业提供了一个令人激动的路径选择。它提供了一种方法和机制，让企业既能建立在过去成功的基础上，同时还能保持对新事业的原创动力，它也给我们提供了一种在有效降低风险的同时还能捕获市场机会之方法。但是，任何一个有着这样一种高承诺及回报的组织必然会遭遇某些挑战。Ross（1987）总结了内部创业的若干约束条件。

11.2　内部创业面临的挑战

重要学习目标

识别内部创业潜在的约束条件。

现任管理者之感觉

如果允诺内部创业家开发新需求，那么，现任的高管一定要为内部创业家们创造一个良好的经营空间，这也意味着组织控制程度的放松。现任高管（哪怕职位不那么高）对此并不会有舒服的感觉。事实上，允诺内部创业家们放手经营新业务意味着现任高管们必须放弃，或者至少要交出部分核心权力。毕竟，正如 Young（1999）指出的，内部创业管理就是要打破规则，而这些规则恰恰是现任管理者一开始就创设了的并且其要起到保护作用。

决策控制

创业家们就是要对正统提出挑战，他们总在寻获做事的最佳方法，一定不满足于现状。这种相似的不满足也必须能够激励并感染内部创业家们。但是，不同于创业家的一点是，内部创业家们必须在组织决策框架下努力工作，如果不这么做，或许他们所做的一切就一点儿也贴不上组织的边儿了。这就出现了一个问题：内部创业家们在多大程度上被允许可以挑战现有的决策程序？多大程度上他们的手脚必须被约束住？如何在允诺内部创业家们自由发挥作用的同时，还能将业务单元维持在一个固定的战略轨道上？事实上，在两者之间必须寻获一个平衡。

内部政治

内部创业家们一定会对现有组织的规则提出疑问并在组织内部驱动变革。对于组织内部诸多个体和团队来说，这种变革是非常要命的事情。结果，内部创业家们可能会遇到种种阻力，主动的和被动的都会有。管理者们就要有一种应对阻力的预知能力，还要能开发一种领导技能克服这种阻力，这对管理者来说的确是一种挑战。内部创业家们真的就是一种"珍稀动物"。Tom Peters（1989）曾说道，内部创业家们一定要能够"茁壮成长"。

回报内部创业家们

内部创业家们如果干的卓有成效，他们一定会展现出与企业家们同样水准的才华和技能。这时问题就来了，组织能"真正"给内部创业家们带来实质性的回报么？无论是经济上的、社会上还是其发展上的回报。简言之，如果某人是一个出色的内部创业家，面对去外部自主创业之诱惑，能留在公司内部的时间会有多长呢？

很显然，内部创业展现在人们眼前时就像一种管理风格之光谱，将传统管理与创业管理紧密地联系在了一起，它也提供了一种将两种管理方法的优点相结合的方法。这本身就是一种承诺。创业家们通过认知这种承诺的性质以及相联系的决策，能够在组织内部启动内部创业。核心问题在于：公司的新事业战略在多大程度上使内部创业家们去制定他们自己的决策？问题还不仅仅是战略性的，一个创业家必须决定他们自己能在多大程度上接受内部创业家们的不同意见。其愿意接受挑战吗？这些行动如何与创业家们已经布控好的战略格局相吻合？

创业家们还必须搞清楚鼓励与不鼓励内部创业家们决策所带来的回报结构。他们从那些代表公司的新业务上得到什么回馈呢？如果办砸了，如何对他们进行惩戒呢？创业家们一定要记住，这些奖惩不会永远是正式的和显性的。进一步讲，创业家们必须能识别出来要他们驱动组织变革的阻力的层级，勇于承担帮助内部创业家们克服阻力的责任。比起组织的其他任何成员，内部创业家们都更需要支持、鼓励和领导。

要点总结

- 内部创业家，是指在已成立组织内部的创业家，就像是中了一项大奖似的：显示了具有稳态特征的创业动力机制的可行性，以及被试验企业的市场力量。
- 内部创业家的经营可以体现为以下几个维度：
  ——管理特殊项目。
  ——构建新业务单元。

　　——重振组织。

　　——重生公司产业。

- 但是，内部创业有以下几点潜在的约束条件：

　　——现任管理者对意欲打破规则的内部创业家们之感受。

　　——如何让内部创业家支持组织的现有战略。

　　——如何能够为优秀的内部创业家提供满意的回报，不管是物质上的还是发展平台上的。

研究主题

定义内部创业家

回到第 1 章对企业家定义的讨论，参考一下 Garter（1988，1990）的两项研究，搞清楚不同的人（政治家们、经理人、专家等）对创业家的定义，及对他们的分析又有怎样的反馈。

重新将研究聚焦于"创业家"和"内部创业家"两个定义上（或者至少使用一种类似的方法）。你或许会发现，已建企业内的人力资源经理及开发经理们是一个能够得到良好回应的团体（通过使用 e-mail，你将发现你的研究不会像 Garter 所说的那么困难）。

构思内部创业家

回顾一下在第 6 章通过经济方法对创业家进行的讨论。从多变的经济观点来看，多大程度上将此观点用在了对内部创业家的讨论上，就如同对企业家的讨论那样？这些观点能使你从创业家群体中区分出内部创业家吗？试着将你的结论用些图示或者概念知识图来演示一下。

重要读物

有两篇比较文章，第一篇着重于写内部创业的机会，第二篇则着重于强调其局限性，分别是：

Stopford, J. M.（1994）'Creating corporate entrepreneurship', *Strategic Management Journal*, Vol, 15, pp. 521-36.

Wesley Morse, C.（1986）'The delusion of Intrapreneurship', *Long Range Planning*, Vol. 19, No. 6, pp. 92-5.

推荐读物

Ahuja, G. and Lampert, C. M.（2001）'Entrepreneurship in the large corporation: a longitudinal study of how established firms create breakthrough inventions', *Strategic Management Journal*, Vol. 22, pp. 521-43.

Coulson-Thomas, C.（1999）'Individuals and enterprise: developing intrapreneurs for the new millennium', *Industrial and Commercial Training*, Vol. 31, No. 7.

Gartner, W. B.（1998）'"Who is an entrepreneur?" is the wrong question', *American Journal of Small Business*, Spring, pp. 11-32.

Gartner, W. B. (1990) 'What are we talking about when we talk about entrepreneurship?', *Journal of Business Venturing*, Vol. 5, pp. 15–28.

Jennings, R., Cox, C. and Cooper, G. L. (1994) *Business Elites：The Psychology of Entrepreneurs and Intrapreneurs*. New York：Routledge.

Johnson, D. (2001) 'What is innovation and entrepreneurship? Lessons for larger organizations', *Industrial and Commercial Training*, Vol. 13, No. 4, pp. 135–40.

Kanter, R. M. (1985) *The Change Masters*. London：Unwin Hyman.

Koon, P. A. (2000) 'Developing corporate intrapreneurs', *Engineering Management Journal*, Vol. 12, No. 2, pp. 3–7.

Moon, M. J. (1999) 'The pursuit of managerial entrepreneurship：does organization matter?', *Public Administration Review*, Vol. 59, No. 1, pp. 31–43.

Morris, M. H. and Jones, F. F. (1999) 'Entrepreneurhip in established organizations：the case of the public sector', *Entrepreneurship：Theory and Practice*, Vol. 24, No. 1, pp. 71–91.

Pearson, G. J. (1989) 'Promoting entrepreneurship in large companies', *Long Range Planning*, Vol. 22, No. 3, pp. 87–97.

Peters, T. (1989) *Thriving on chaos*. London：Macmillan.

Pinchot, III, G. (1985) *Intrapreneuring*. New York：Harper & Row.

Prassad, L. (1993) 'The etiology of organizational politics：implications for the intrapreneur', *SAM Advanced Management Journal*, Vol. 58, No. 3, pp. 35–41.

Robinson, M. (2001) 'The ten commandments of intrapreneurs', *New Zealand Management*, Vol. 48, No. 11, pp. 95–7.

Ross, J. (1987) 'Corporations and entrepreneurs：paradox and opportunity', *Business Horizons*, July/Aug., pp. 76–80.

Stopford, J. M. (1994) 'Creating corporate entrepreneurship', *Strategic Management Journal*, Vol. 15, pp. 521–36.

Wesley Morse, C. (1986) 'The delusion of intrapreneurship', *Long Range Planning*, Vol. 19, No. 6, pp. 92–5.

Young, A. P. (1999) 'Rule breaking and a new opportunistic managerialism', *Management Decision*, Vol. 37, No. 7, pp. 582–8.

精选案例

案例 11.1　　　　　　　　内部创业精神——聪明企业的选择

文/Paul Tyrell

面对新的机遇，像苹果这样的大型企业，怎样才能做到像新创企业一样，保持创新和快速灵活地应对呢？

2001 年，苹果公司简直像凭空"变"出了 iPod 一样——在此之前，谁会想到一个个人电脑生产商会生产出个人数字音乐播放器呢？而这一创新，却让苹果公司在连续 4 年无缘《金融时报》全球 500 强排行榜后强势回归。

目前，苹果公司 1/3 的收入来自 iPod。而其产生的晕轮效应，也带动苹果公司 Mac 系列电脑去年销量增长了 35%。

这一标志性音乐播放器的出现，也打出了一个全新的市场——在线销售数字音乐。即使身为营销专家的苹果首席执行官史蒂夫·乔布斯，也从未料到会取得如此巨大的成功。这其中，独特的企业文化功不可没：苹果在公司内部以一种"创业"的方式，发现、培养和支持创新，也就是说，苹果支持内部创业。

内部创业一词，来源于 1976 年发表在《经济学人》上的一篇文章，作者是时任副主编的诺曼·麦克雷。此外，麦克雷先生也认为"未来的企业想要保持活力，在不断超越自身的过程中，也需要努力改变做事的方式"。

麦克雷先生在其 1982 年发表的文章中，进一步提出大型组织应该形成内部市场的观点，使员工们竞争工作，并获得相应的报酬，而非简单地按照出勤率支付薪水。

而"内部创业家"一词，也是在同一时间由一对夫妻档提出的。吉福德·平肖和伊丽莎白·平肖阅读了麦克雷 1976 年的文章，并由此产生了灵感。

既是创业家也是商业咨询顾问的平肖夫妇认为，在大型组织内部，个体进行"创业"无论对老板还是员工都是有好处的。当然，他们愿意承担一些风险，例如减少一部分薪水。这些内部创业家们，很可能愿意用一项完工项目来换取一笔现金奖励或资本，以投资公司未来的项目。

我们有一个著名的范例，可以证明建立这种半自治式的公司对于实现创新有着巨大意义。

美国航太公司首席执行官洛克希德·马丁在二战期间成立了他的"领先项目开发部"（Advanced Development Projects Unit），其绰号就是"臭鼬工厂"（Skunk Works）。虽然是个小部门，却拥有大量的资源以及顶尖的人才，来秘密开发最先进的技术。

世界上一些最著名的军用飞机，比如 SR-71 黑鸟高速防雷达侦察机，就是从"臭鼬工厂"的飞机棚里设计出来的。"臭鼬工厂"仍在加州的一个空军基地运作。它现在是一个注册商标，这一术语被广泛用于描述秘密进行的各种创新项目。

20 世纪 70 年代，许多组织在内部设立了类似的部门，以进行"破坏性"思考，以发掘它们常规产品之外的产品或市场。

其中最著名的一个部门是"国际象棋项目"小组，这是 IBM 的一个 12 人小组，它在 1981 年开发了全球第一台个人电脑。同样，在 1984 年 Mac 系列电脑推出之后，史蒂夫·乔布斯把它的开发形容为苹果"内部创业冒险"，因为这部机器将与该公司此前的核心产品苹果 II 型电脑竞争。

今天，内部创业包含两个主要概念：第一个是"企业风险投资"，通常用来描述寻找分拆的机会；第二个是在大型组织中培育创业文化，以创新为主要目标。

第一个概念的内部创业有着惨淡的纪录。阿什里奇（Ashridge）和伦敦商学院近期的研究得出结论，只有不到 5% 的企业风险投资部门创造出了被母公司采纳的新业务。

然而，伦敦商学院教授朱利安·伯金肖提出，在特定条件下，大企业可以通过像风险投资家一样行事来创造价值。

这当中包括"收获式风险投资"（harvest venturing），即把剩余的资源用于商业投资。还有"生态系统式风险投资"（ecosystem venturing），即公司支持其利益相关者之间进行的创业行动，比如对它的供应商进行投资，以确保零部件的供应。

有证据表明，"内部创业"文化可能会更为有力。伯金肖教授表示，企业现在将产生创意视为至关重要的任务。

"如果回到50年前，你去生产线上问问对质量负责的是谁，他们就会指向生产线末端的那个质检员，"他表示，"但现在每个人都要对质量负责。同样，如果今天你去问一个大型机构的员工，谁负责提出新的创意，则风险投资实验室已不再是个令人满意的回答。你需要让所有人都留意并抓住机会。"

伯金肖教授说，企业应当力争"一心二用"。换句话说，"既擅长传统、枯燥、以效率为导向的职能，又擅长发现并利用吸引人的新创意。"

比如，一位销售管理者可能会向一个具体的客户群体进行销售，但通过了解其他群体，其可能会发现一个全新的未开发客户群，甚至发现一项新的业务。在此类情形中，成功的企业将拥有支撑它们的文化——实施并坚决贯彻绩效导向。

"此外，这样的公司更可能拥有鼓励学习的企业文化，"迪伦·琼斯-埃文斯说。迪伦·琼斯-埃文斯是新成立的威尔斯全民创业观测所（National Entrepreneurship Observatory for Wales）的所长。

近期，一个团队调查了120家韩国最具创新力的企业（按照政府分类），而琼斯-埃文斯教授正是这一团队的成员。他发现，最成功的企业是那些努力学习的企业，它们不断从竞争对手和外部信息资源那里了解自身所处的市场。

"创业家在脱离新创阶段后，很多都会患上所谓的创业家'疾病'，"他说，"他们发展了企业核心竞争力，但却将全部精力投在上面，最终使自己的企业落后于不断发展变化的外部环境。"

哈佛商学院教授克拉克·吉尔伯特近期的一项研究表明，最好的创新来自于对外部力量的思考。

吉尔伯特教授认为，"内部创业"企业应当"立足于机会而非资源"。他对此的解释是，大多数大型组织尝试从现有资源和竞争力中产生新创意的努力都不成功，却没有尝试从外部寻找创意。"现有市场大都存在一个问题，即产品数量早已超过消费者能消费的数量，"他补充说。

经济学家约瑟夫·熊彼特（Joseph Schumpeter）在1934年描绘了企业家对已稳定企业的"创造性破坏"。在这样的环境下，企业应当致力于产生这种"破坏性"创意。

"我们发现，大公司只在'破坏性思考'会导致业务重叠，或伤及业务时，才会对它感兴趣，"吉尔伯特教授说，"但'破坏性思考'总能导致整体市场的增长。个人电脑的确扰乱了大型机的发展，但也促进了硬件总体市场的增长。"

"Easyjet扰乱了航空业，但它也带来了飞行旅行消费的增长。通常，大公司都太过担心'骨肉相残'，却未能意识到自己已处于大幅增长的边缘。"

Source：Paul Tyrell，'Smart companies take an "intrapreneurial" spirit'，*Financial Times*，25 Jnly 2005，p. 11. Copyright © 2005 The Financial Times Limited.

案例11.2　　　　　　　　　　企业风险投资部的局限

文/Julian Birkinshaw、Andrew Campbell

在一段时期的财政紧缩和成本削减之后，增长又重新回到了日程之上。仔细思考从以前相似情况中所学到的教训，在此时显得十分必要。

　　20 世纪 90 年代末期，为寻求增长，超过 3/4 的财富 100 强公司和富时 100 公司均设立了企业风险投资部门。例如，英美烟草公司就设立了这样两个部门：负责提出新创意的想象（imagine）部门，以及负责将这些创意发展为新业务的革新（evolution）部门。虽然这两个部门帮助公司探索了许多新领域，它们却没能发展出任何重要的新业务。

　　阿什里奇管理学院和伦敦商学院进行的关于企业风险投资部门和企业孵化器的最新研究显示，不到 5% 的企业风险投资部门创造的新业务被母公司采用，其中甚至有很多没有作出任何积极贡献。

　　为什么企业风险投资部门没能帮助母公司发掘到新的支柱业务呢？原因有三：

　　第一，早期的风险投资确实是非常困难的，即使对于专业人员、独立风投公司来说也是一样。如果不能足够走运地投资到罕见的"大赢家"的话，很多风投公司甚至收不回它们的资金投入成本。作为另一种专门对早期新创企业进行投资的独立投资者，天使投资人的投资也经常不能得到很好的回报。如果没有一定优势，公司风险投资者们不可能战胜这些困难。

　　第二，相对于专业人员来说，企业风险投资者们几乎没有什么优势。那些本公司明显占据优势的商业机会，一般已经被纳入企业的战略规划中了。例如在英美烟草公司，并购新区域的烟草公司这样的业务绝不会被分配到企业风险投资部门。英美烟草公司的风险投资反而集中于像电子商务这样公司是否会获得竞争优势十分令人怀疑的领域。

　　此外，企业风险投资部中的工作人员，极少能比得上他们在独立公司的同行竞争者们。他们中可能包括了这一企业中最具创业精神的管理者，但其却尚未积累到风险投资家们的丰富经验。

　　第三，企业风险投资部内新创的业务极少能吸引公司核心部门的关注和重视。因为它们成长在企业内部的独立部门，并不是能影响资源分配的战略规划中的一部分。

　　当母公司资源短缺或经济低迷时，或者当新业务会与现有业务产生竞争时，新创的业务就出局了。因为培育一个新的业务所需的时间比大部分已有业务商业周期要长，而资源的竞争又是不可避免的。

　　对于企业风险投资部门来说，这些障碍似乎都是不可逾越的。我们的调查中找不到任何由风险投资部门发展出来的，能通过"重大的、长久的新业务"这一评判标准的支柱业务——具体地说，它们需要能够赢利，是公司投资组合的一部分，并能贡献 20% 的销售额或创造 10 亿美元的价值。即使把研究对象拓展到 20 世纪 70 年代和 80 年代成立的企业风险管理部门，其也没有一个推出了能够通过我们重要性和持久性测试的业务。这表明，企业风险投资部门并不能推动企业成长。

　　管理人员通过两个途径寻求新增长：战略规划（通盘考虑各种选项，并选择一个或多个成功可能性较大的），或者机会投资（抓住看起来很有发展潜力的项目和外部提议）。

　　在另一条独立的研究线上，我们为拥有通过了我们重要性和持久性测试的新业务的公司建立了一个数据库。这些业务中，只有一个诞生在企业风险投资部门或企业孵化器中。它们中的 2/3 是经过仔细考虑后进行战略决策的产物，而剩下的 1/3 则更具投机性。

　　所以，如果企业风险投资不能创造出新业务，则它们在大公司中还有存在的意义吗？答案是肯定的。企业风险投资的技巧可以服务于以下四个目标：

- **收获式风险投资**（harvest venturing）——这种方式适用于拥有技术、管理技巧、品牌和固定资产等资源多于实际需求的企业。它利用风险投资技术将现有企业资源转化为商业业务，再进一步转化为现金。

  朗讯新创业务集团（Lucent New Ventures Group）在被科勒资本公司（Coller Capital）收购之前，就是收获式风险投资的典范。该集团的创立就是为了充分利用朗讯的技术。自成立后，它评估了 300 多个商业机会，启动了 35 项风险投资业务，吸引了 3.5 亿美元的外部风险投资基金。

- **生态系统式风险投资**（ecosystem venturing）——如果某业务部门的成功取决于所有关联企业所组成的群落，如供应商、代理商、分销商、特许经销商、技术提供商或补充产品的生产商所组成的群落，那么生态系统式风险投资就比较适合。

  如果生态系统内存在风险资金的缺口，那么公司就有机会充当群落内新创企业的支持者。这对公司的好处是整个群落都会增添活力，对公司的核心业务也会发生影响，而投资的资金收益倒在其次。

  英特尔资本和微软都曾动用公司的风险投资来刺激各自的生态系统。英特尔资本的早期投资都给了供应商，这往往是为了保证零部件的供应。等零部件行业成熟了，英特尔就转而投资软件公司和超级电脑生产商，在这些企业中推广英特尔的技术。

- **创新式风险投资**（innovation venturing）——如果企业对创新的扶持力度不够，导致某业务部门（通常是研究和新产品开发部门）的现有职能绩效低下，那么创新式风险投资方法比较合适。另外，大家还得相信，企业内部有创业的潜能，可以通过激励"企业内部创业人"或利用外部创业家把它释放出来。

  企业可以设立一个运用风险投资方法的业务部门，来接管绩效不佳的部分职能部门。只要提供合适的条件，公司内、外具有创业精神的管理人员就会承担更多风险，投入更多精力，去开发新技术，或寻找新型的工作方式。壳牌石油的"游戏改变者"项目（GameChanger）创立于 1996 年，目的是提高壳牌钻探技术职能部门的创新能力。办法是将 10% 的技术预算按"风险投资"的方法来使用。该方法与创新相关，后来被壳牌其他部门所采用。有人认为，采用这个方法后，某些领域逐步发生了变化。

- **私人股本式风险投资**（private equity venturing）——这种方法的适用范围比较有限。它等同于向私人股本领域的多元化发展。在这种情况下，企业得有信心，认为自己比独立的私人股本公司更有能力接触到大量优良业务。另外，管理者还得相信，他们所摸索的业务正处在上升的早期。他们需要尽早投资，然后在大家清盘前退出，才能在繁荣和萧条的交替循环中赢利。

  诺基亚风险投资伙伴公司（Nokia Venture Partners）的创立，就是为了向无线互联网项目提供小股投资。正如一位合伙人解释的那样："我们不（为诺基亚）作战略性投资，但我们的存在却对诺基亚有着战略性意义。"

管理者在规划任何一种风险投资部门时都必须清楚，他们建立的是哪种类型的业务部门，以及为什么要建成这种类型。"新出路式风险投资"（new leg venturing），或者风险投资部门的目标含糊不清，都是行不通的。除非管理者明白自己需要哪一种类型，否则他们就建不起必要的商业模型，也养不成取得成功的好习惯。如果企业想从事多种风险投资，则需要搭建多个风险投资部门。

Source：Julian Birkinshaw and Andrew Campbell，'Know the limits of corporate venturing'，*Financial Times*，9 August 2004，p. 11. Copyright © 2004 The Financial Times Limited.

热点问题讨论

1. 写一份补偿和奖励"内部创业家"的方案概要（从固定薪水、绩效资金和非财务奖励等方面考虑）。

2. 作为革新者的内部创业家和作为新业务部门创建者的内部创业家有什么共性和区别？与传统的创业家相比，这两种内部创业家又有什么相同之处和不同之处呢？

第 12 章

成熟组织中创业家的变革作用

本章概要

本章主要探讨当企业的增长率下降，且其在巩固市场地位时，创业家的变革作用。将创业家扮演的角色与首席执行官的角色进行对比，尽管创业家自行管理企业有很多优势，但是对于一个成熟的企业而言，它并不总是成功的管理模式。本章最后整合了创业家的责任，以便创业家规划在他们离开公司后，如何移交控制权。

12.1 创业家与首席执行官的比照

重要学习目标

了解创业家与首席执行官角色的差异。

大多数企业都会给单个、多个高级管理人员安排一个称谓。这个称谓可以有很多种。在以盈利为主的企业中，它经常被称为首席执行官或者董事长。一般而言，这个角色被称为首席执行官。所有的企业或多或少都有一个首席执行官，但是他们并不全部被认定为创业家。

因此，创业家可以是首席执行官，但是首席执行官并不一定是创业家。由此可以清楚地看到，这两种角色都在管理上面临着艰难的挑战，其都需要远见、战略与领导能力。总体而言，这两种角色在很多方面存在差异。

内部协调与外部协调的比照

资源基础理论观指导下的企业强调管理者将有利于企业发展的关键资源挖掘出来，这些资源可以是：资本、信息、人力资源、给予消费者的善意。尤其在企业仍然处于初级阶段、管理资源有限时，创业家的主要责任是利用好上述资源。他或者她会变成企业的推销员、财务专家、招聘主管等。

稍微大型的企业的首席执行官不会直接负责这些工作。他或者她甚至不必直接负责安排这些任务。他们的职责是在企业里面建立起管理构架，能够让企业工作得以有效协调、执行，而且制定企业的战略方向。同时他们需要管理企业的文化。首席执行官不必像创业家那样负责获取资源，确保资源利用到位，与公司的战略层面保持一致。

在这些方面，创业家起到一个桥梁的作用，其负责联系小企业的管理者与大企业的首席执行官。随着企业的成长，创业家的角色将从获取资源转变成创建、维护体系，以便管理资源。由此得出，创业家的角色从负责外部的宣传（即从更宽阔的外围网管理企业）转变成负责内部的协调工作。

保持一致与驱动变革的比照

上文 5.1 节提及，创业家热衷于变革。首席执行官也是如此。在瞬息万变的时代，企业只有变革才能够生存与发展。无论高级管理者在哪个部门任职，变革通常都被认为是其主要的职责之一。应对摆在面前的各种机会时，创业家与首席执行官都对改变企业饶有兴趣。

但是，创业家希望看到的变革的程度，与首席执行官期待的变革的程度会存在一定的差距。创业家希望有彻底的变革。创业家的远见源自于他对现状与未来的担心。然而，首席执行官会更倾向于缓慢、可控的、逐步递增的变革。这是可理解的。毕竟首席执行官这一职位，至少从历史上看，已经证明了它的成功，他们必须将事情做对！逐步递进的变革可以保障成功率：能够做到取长补短。彻底、激进的变革有可能会带来摒弃优势、暴露劣势等问题。

自主管理与委派管理的比照

第三个区分创业家与首席执行官的特征是首席执行官通过获得权力来管理企业以及发展他们的影响力。如前文 1.6 节提到的，权力与影响力有很大差异。影响力是能够在企业中影响决策的能力；权力仅仅指由管理者本身所在的位置带来的能够影响企业的能力。权力是对影响力的刺激，不是影响力本身。

首席执行官通过他们的职位本身获得权力，以经营公司。他们以内部提升或被招聘的方式担任首席执行官一职。首席执行官任命的过程由已经形成体系的程序监控，这种监控不仅来自内部的管理者，还来自重要的投资者。一旦担任了该职位，首席执行官的影响力来自他们掌控资源、体系与他们的领导能力等方面。

创业家同样从他们在公司的职位及他们对资源、体系的管理与他们在公司的领导力获得权力。但是，创业家拥有额外的权力来源，这使得他们不仅有权力经营公司，同时也有权利去经营。但是首席执行官是被企业雇佣的，而企业被认为是创业家的资产。这个权力也来自于创业家对该企业的拥有权。但是，享有领导权并不是创业家必要的特征。企业实际上是由投资者拥有的。因此更重要的是，创业家当初建立起该企业以及在其发展过程中创业家与企业的关系。

这一点的区别很重要，不仅因为创业家实际上管理企业，而且因为他们在企业的运作中总要出现在公众面前。当企业运作得不理想时，正如我们所想的，执行官会被撤职，但是我们会很诧异地发现创建起该企业的创业家也会遭遇同样的命运。

当然，这三个标准并不是独立的，而是相互关联的。正如在 2.1 节讨论小企业与具有冒险精神的企业不同之处的情况一样，我们讨论的是模糊的、相互关联的概念。哪些人被认为是创业家，而哪些人仅仅被看做是首席执行官，只是基于对这三个标准的平衡度的考虑。

至于小企业管理者与创业家的区别，我们不能急于作出判断。我们不应该只看单独的标准以评判他们是否是创业家，我们应该观察他们如何协内部与外部、他们致力于做出的改变以及权力是如何被赋予到他们手上的（也就是说，他们影响力的基础）这些情况（见图 12.1）。

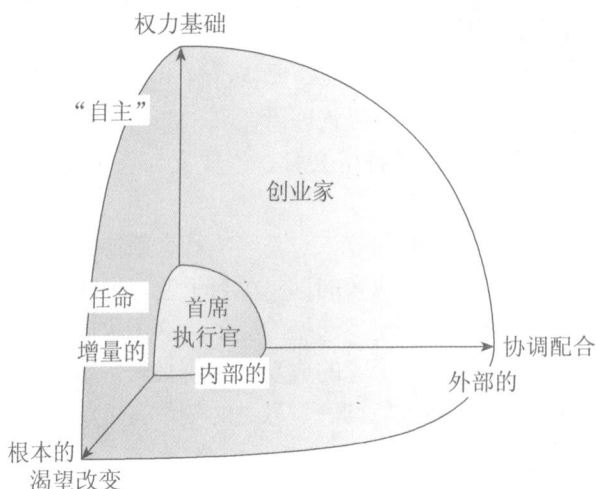

图 12.1   一个创业家和一个首席执行官的区别

12. 2   创业家管理成熟型企业的危险

重要学习目标

了解由创业家管理成熟型企业的局限性。

创业家的管理模式有很多优势。创业家的远见使其具有可以成为领导者的潜力。远见与领导力可以为企业提供发展方向。当企业想要在如此快速变化的世界生存、发展时，创业家的管理能够在应对变化的时候为企业提供了推动力。但是，作为管理模式之一，创业家的管理只是很多模式中的一种而已，虽然其具备很多优势，它也如其他的模式一样，有局限性。

创业家的管理与整个企业相关。在企业成立初期，它使得创业家能够从整体出发管理企业。创业家对企业需要的各种资源都给予同等的对待，这些资源包括：资本、人力、顾客与知识。不幸的是，这也可能导致创业家低估了管理好某个部门的价值。随着企业发展与成熟（详细内容请阅读 15.6 节中的探索法），他们或许会不重视对市场营销或财政或人力资源管理进行针对性投入的需要，同时也会忽视拥有专业知识的人才对企业的贡献。由于自己亲手创办了成功的企业，创业家对人才的需求持怀疑态度。后果是，创业家无法轻易地给予专业的管理者足够的空间让他们作出自己的决定。

同时，创业家的管理与驱动变革有关。这是积极的一面。只有通过变革，新的价值才能被创造出来。但是，创业家总比其他的利益相关者表现出更强烈的变革欲望。创业家一直努力驱动企业前进，但是投资者、雇员追求的是统一与稳定，这最终导致利益相关者在企业应该采取哪种投资的问题上存在分歧。随着经济形势变得日益严峻，19 世纪 80 年代末，美国、英国的企业因发生多起创业家与投资者的争论而备受关注。例如，安妮塔与戈登·罗迪克——美体小铺的共同创始人，与艾伦·苏格——Amstrad 的创始人，花费巨资买入股份以强化自身对公司的控制权。

这涉及到更多的问题。所有的企业都有惰性或根本就不愿意去变革，即使创立企业的创业家也会如此。虽然企业的成立源于创新，但这并不能保证在创新里会有更多的创新力。通常，创新时会设定战略模式，企业想将此模式照搬到其他的领域。然而，最初的成功很难被移植到其他的领域。艾伦·苏格与他的 Amstrad 公司由于为公众提供了简单、容易使用、低价格的无线上网系统而获得了巨大的成功。但是，相同的方案被应用于商业电脑时并没有取得如此效果，因为商业电脑行业的消费者与无线上网领域的消费者购买标准存在巨大差异。

　　总之，成熟型企业的创业家管理模式会起到重要的作用。但是，与创业家在企业处于快速增长阶段的管理方法不同的是，创业家在企业成熟阶段的管理方法应该有所变化，意识到这点很重要。这正是 Hamm（2002）探讨的主题。

12.3　企业创建者在成熟型企业中的角色

重要学习目标

了解成熟型企业中创业家不同的作用。

　　创业家的角色随着企业的发展必须有所变化。与其他每个员工一样，企业的发展同样给企业创建者带来了机遇：担任企业的领导者并发展企业的机遇（通过扮演不同的角色）。图 12.2 描述了创业家在成熟型企业中的作用。

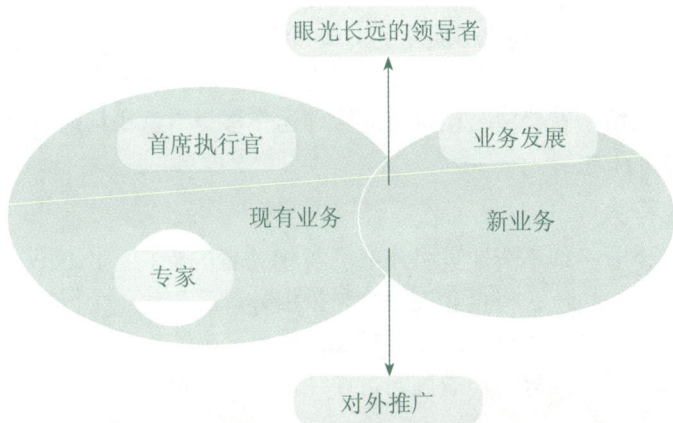

图 12.2　成熟型企业中创业家的重要作用

执行官

　　创业家最显而易见的角色就是执行官。作为企业的领导者，创业家在该角色上有一个很清晰的定位。他或者她拥有制定措施的决定权。当然，执行官的角色是创业家，从本质而言，其总能够转移到公司的领导者位置。但是，正如前文所讨论的，创业家掌管成长型企业与执行官管理成熟型企业的方式是不同的。在创业家角色转换过程中，这些不同之处应该被考虑进去。

有远见的领导者

　　如前所述，当影响企业的走向与管理资源时，创业家拥有多种应对方法。创业家不必亲自指导每个决定。他们可以利用间接的方法传递远见、指导战略与培育企业的文化。这意味着伴随着其领导角色，创业家能够使角色专业化。通过成为有远见的领导者，创业家可以避免亲自作决定的情况。与之相反的是，他们通过激励员工、为员工提供总体前进方向以营造良好的环境，激发员工做到最好。以上角色的扮演者如 Virgin 公司的创始人理查德·布兰森，他在领导企业的同时，将大部分决定权留给了他的专业管理团队。

企业发展的管理者

创业家有时候很难放弃他们在企业成长阶段探索到的、具有冒险精神的管理方法。他们不认为执行官这一角色是合适自己的。但是，他们仍然能够认同成熟型企业管理需要协调的方法。创业家通过关注新业务的发展，解决以上的问题，因为新业务非常适合运用有冒险精神的方法。因此，创业家将成熟业务的管理任务指派给其他管理者。如果业务由很多独立项目组成，则此安排可以透明化。例如，创业家将现有的业务项目留给管理者，创业家则专注于并购新的业务。另一方面，如果业务涉及到整个公司，则此项安排应该隐密，而且要以内部指派为主。一个典型的例子是布鲁克·默多克与他的 News International 与 BSkyB 公司。虽然默多克对已经成熟的业务饶有兴趣，但是他最关心的还是扩大其新闻帝国的业务。

技术专家

有时候，创业家会放弃执行官的职位，去担任从表面看来像是公司较底层的职务。因此，他们会专攻某一方面，如管理产品的发展或者营销。虽然不常见，但是这种情况会发生在由技术专家创建的高科技公司。其中的例子是物理学家马丁·伍兹。他基于 Cavendish Laboratories 的研究创建了成功的 Oxford Instruments 公司，该公司成为医用扫描仪的主要生产商。一旦公司走过了以产品创新为主的阶段，进入市场营销与财务管理变得更重要的阶段，伍兹博士就会将公司日常的管理运作移交给营销与财务专家，他重新回到实验室担任公司的研发主管。

新事业的推荐人

有冒险精神的企业必须不断地吸引外部利益相关者的支持，不仅仅是顾客与投资者。创业家承担起发言人的角色，将企业推销给利益相关者。在此一个很重要的例子是安妮塔与戈登·罗迪克及其公司美体小铺。戈登担任传统意义上的执行官，而安妮塔·罗迪克则在媒体面前代表该公司向已有的和潜在的特许经销商推销企业，并且在发展中国家寻求新的原料供应商。

开辟一个新事业

当然，在创业家认为成熟型企业已经无法再给其带来任何利益时，他们决定清算资产，以此来创建新的企业。这正是 Hodgeson Holdings 与 James Dyson 公司的创始人霍华·霍奇森在过去所做的事情。

12.4 新创企业的继任问题

一个企业的平均寿命大概等同于一任管理者的管理时间。然而，这个平均值可能有误导性。因为大多数企业只生存了几年，而少部分企业则存在了上百年的时间。一个成功的创业型企业的寿命应该远长于创始人的职业生涯。这种"长寿"的实现就提出了继任的问题。

继任给企业带来了很多难题。即使企业脱离创始人而独立生存，创始者对于企业来说也不仅仅是个"可选可不选的额外部分"。创始人始终是企业不可分割的一部分。失去创始者相当于企业失去了一个关键资源。必须有人来取代创始人成为新的领导者。怎样继任，由谁来继任，在什么时间继任，以何种形式继任都是企业作出重大决策的反映。

正如 Harris 和 Ogbonna（1999）所说，创始人不仅要给企业留下个人性遗产，还要留下战略性遗产。Reuber 和 Fischer（1999）也提出对创始人贡献的一种看法，他们强调创始者的知识和经验不应仅仅是一个企业的"库存"，更应该作为一种持续的"溪流"源源不断地"滋润"企业。

需要保持连贯性

所有的企业都需要有连贯性。创始人给企业连贯发展提供了一个参考点，尤其是当他们是善于激励的领导者的时候。创始人离开的时候，这种连贯性可能就会消失。这就导致企业存在失去重心和方向的危险。

要求变化

另一方面，所有的企业必须意识到在快速变化的环境中改变的必要性。即便创始人能有效地应对接下来的改变，但他们同时也可能造成一种惯性使得企业很难发生变化。如果能恰当地引入新的领导者，则可以给企业经营方式带来必要而且有益的变化。

选择继任者

企业高层人员的变动可能是计划好的意外。创始人可能不想结束与企业的关系，但他们要对股东们负责就必须考虑这种情况发生的可能性并且为之做好准备。其中最关键的部分就是选择合适的继任者。这时候对于创始人来说，发现一个变化的机会很重要。企业可能已经和创始时大不一样。创始人造就的企业特点可能已经不适应于现在的管理者。在选择继任者的过程中，创始人要寻找适合企业发展的人，而不是同他们自己一样的人。

创始人在寻找继任者的过程中也要注意听取其他人的建议。其他管理者或者重要旁观者（尤其是投资者）的观点会很有价值和影响力。继任者可以从企业内部选出，也可以从外部聘请。以下是考虑候选者时必须要问到的一些问题：

（1）他们是否有必要的商业技术知识？
（2）他们是否有正确的商业技能？
（3）他们是否有能力管理和发展创始人已经建立的关系？
（4）他们是否有能力领导一个企业？
（5）他们的领导方式与企业现行的有何不同？
（6）他们是否有能力秉承创始人制上的企业愿景并继续实现它？
（7）他们是否有能力给企业带来连贯性？
（8）他们是否能给企业发展提供一种新的思路？
（9）他们是否能被所有的股东接受？

1992 年的一期《会计杂志》（*Journal of Accountancy*）（174 卷，第 4 号，第 24 页）提供了一份完整详细的继任者考量清单。Fox 等人（1996）也提出了关于这些问题的看法。

创业指导

创始人可能不再是企业的头号领导，但这仅仅是头衔的转移。选择新的管理者时仅仅给了他执行权，也就是一种带来改变的可能，并没有给他实现改变的权力（参考 1.6 节的观点）。执行权力不仅仅需要头衔，更需要的是对于企业资源的影响力。这不但包括有形资源，还包括激发企业实现愿景的无形资源和对于企业生存重要部分的控制。

创始人的指导可以对这些资源的转移提供一种方式。创始人要在真正转移权力之前就选好继任者，这样继任者才能更好地接任。这个过程包括知识、教育、支持和权力的转移。完成后，继任者才能真正成为继任者。企业才会认同新的领导者。创始人不仅要于企业细节方面指导继任者，更要指导他们怎样领导和管理企业。真正权力的转移过程可以逐步进行，使继任者一步一步地承担起不同方面的责任。

牢记新企业利益

选择继任者并不容易。这要求创始者放弃对企业的管理。如果亲属有继任意向的话，创始人有可能会无法拒绝这个诱惑而选择由亲属接任。然而，很多家庭成员并没有继任意向（Stavrou，1999）。Morris等人（1996）详细分析了亲属继任者接管企业时可能会遇到的挑战。尽管创始人的后代往往都有从业的洞察力和领导才能，但这不意味者他们必须这样做。创业能力是学到的，并不是继承来的。使企业由家族控制可能是合适的（尤其当企业归私有的时候）。但是，创始人要对所有股东负责。创始人必须始终牢记企业利益，选择像他们一样有能力有效管理企业的继任者。

要点总结

- 创始人和首席执行官的角色略微不同，尽管在多个方面有重叠。创始人可能比首席执行官对创造改变更感兴趣并且更乐于冒险。这可能会让成熟的企业面临不必要的危险。
- 维持企业团结的能力使得创始人在企业有特殊的地位。
- 有能力的创始人能在企业需要他们作出决定的时候，正确且有效地处理继任的问题（企业内部的权力转移）。

研究主题

创始人对于继任过程的管理

可用案例分析的方法探索研究创始人对于继任问题的管理方式。可将出版信息和个人访谈资料相结合。为保证研究有效进行，你需要花费时间来和目标企业建立信任关系。特别是要咨询创始人对于继任的感受，主要股东如雇员和投资者最关心的问题，出现的管理问题和解决方法等。还包括以下一些问题：需要提前多久准备继任？创始人对于继任者的指导作用应发挥到什么程度？创始人是迅速全身而退还是逐步转移权力？尝试用这章所讲述的观点来引导这些问题。继任过程中哪些地方做对了，哪些地方出错了？如果可以重来，这些关键领导者会换种方式吗？如果有几个研究同时进行，就可以做对比和比较。能从中得出继任管理的一般性结论吗？

重要读物

Harris, L. C. and Ogbonna, E. （1999） 'The strategic legacy of company founders', *Long Range Planning*, Vol. 32, No. 3, p. 333.

Reuber, A. R. and Fischer, E. （1999） 'Understanding the consequences of founders' experience', *Journal of Small Business Management*, Vol. 37, No. 2, pp. 30-45.

推荐读物

Fox, M., Nilakant, V. and Hamilton, R. T. (1996) 'Managing succession in family-owned businesses', *International Small Business Journal*, Vol. 15, No. 1, pp. 15–25.

Gabarro, J. J. (1985) 'When a new manager takes charge', *Harvard Business Review*, May/June, pp. 110–23.

Hamm, J. (2002) 'Why entrepreneurs don't scale', *Harvard Business Review*, Dec., pp. 110–15.

Harris, L. C. and Ogbonna, E. (1999) 'The strategic legacy of company founders', *Long Range Planning*, Vol. 32, No. 3, p. 333.

Kransdorff, A. (1996) 'Succession planning in a fast-changing world', *Management Decision*, Vol. 34, No. 2, pp. 30–4.

Morris, M. H., Williams, R. W. and Nell, D. (1996) 'Factors influencing family business succession', *International Journal of Entrepreneurial Behaviour and Research*, Vol. 2, No. 3, pp. 68–81.

Reuber, A. R. and Fischer, E. (1999) 'Understanding the consequences of founders' experience', *Journal of Small Business Management*, Vol. 37, No. 2, pp. 30–45.

Slatter, S., Ransley, R. and Woods, E. (1988) 'USM chief executives: do they fit the entrepreneurial stereotype?' *International Small Business Journal*, Vol. 6, No. 3, pp. 10–23.

Stavrou, E. T. (1999) 'Succession in family businesses: exploring the effects of demographic factors on offspring's intentions to join and take over the business', *Journal of Small Business Management*, Vol. 37, No. 3, pp. 43–61.

Wills, G. (1992) 'Enabling managerial growth and ownership succession', *Management Decision*, Vol. 30, No. 1, pp. 10–26.

精选案例

案例 12.1　　　　　　　有抱负的"铁"人

文/Peter Marsh

在发起了对阿塞洛钢铁公司卢森堡总部 186 亿欧元的恶意收购的 8 天后，Lakshmi Mittal 今天终于可以在他伦敦的豪宅里放松一下了。此举目的在于壮大他的米塔尔钢铁公司，使之产量比它的三个主要竞争对手加起来还要大。这个举动激起了强烈的反响，包括 Guy Dolle，米塔尔的首席执行官，一个被认为不值得信任的印度百万富翁；还有强烈抗议的法国和卢森堡的政客们。而这个 55 岁的男人带着他兴奋时散发的魅力，如同坐着他的海湾喷汽飞机游览欧洲首都一样，咄咄逼人地发布了这一行动。

"这是 Lakshmi 面临的最大困难，但他不会放弃，"一个米塔尔的前员工说道，"他顽强精明，和政客们打过交道，而且通常都会成功。"尽管如此，巨大的骚动还是使这位沉默寡言的 Mittal 先生感到惊讶。这位 15 个月前曾用 45 亿美元收购美国国际钢铁集团使其公司成为最大的钢铁制造商的商业巨头正逐渐地减少公开露面。尽管米塔尔和阿塞洛荷兰总部的股价均在上涨，但两个公司有着完全不同的风格和传统。一个纽约金融组织伽利略全球咨询公司的董事长 Georges Ugeux 说："这笔交易像是一个巨大的赌局。"

这种内在的冒险精神倒是和 Mittal 先生与钢铁工业 30 年的不解之情很是相配。钢铁工业最近刚刚从"濒临倒闭"中恢复元气（主要归功于中国的大量需求）。Mittal 先生 1952 年开始在 Calcutta 他父亲建立的钢铁公司里工作，并正式进入这个行业，那时他 20 多岁。从此以后，Lakshmi Mittal 开始通过收购建立起跨越四个大陆、拥有 220 000 名员工的全球性企业。其中最辉煌的一笔是在 1995 年用 7 亿美元在 Kazakhstan 购买了一个废弃的钢铁工厂，后来其成为世界最高效的钢铁制造厂之一。他后来在除了美国和南非以外的国家也不断增加工厂，并摸索了一套在波兰、捷克共和国和乌克兰收购前共产主义运营企业的诀窍。他同时还拥有中国一家主要钢铁制造公司的少数股权。米塔尔公司 88% 的股权掌握在 Mittal 先生和 Mittal 家族手里，使之成为世界上最富有的人之一，其身价高达 180 亿美元。

这位创始人来自印度西部 Rajasthan 的 Marwari 商人家族，这个家族以其交易智慧著称。其家族的一些风格可以在 Mittal 先生 1 月份为 Dolle 先生在其伦敦家里举办的私人宴会中体现出来，那时距离之前提到的阿塞洛公司收购案还有两个星期。Mittal 先生在饭前饮酒时问 Dolle 先生是否同意兼并，Dolle 先生非常吃惊说不同意，然后就没再继续这个话题。

深受欧洲传统商业教育的 Dolle 先生后来批评 Mittal 先生破坏了在他看来商业活动"不成文的规矩"，但是对于 Mittal 先生来说，非正式的对话同样也是商业的一部分。一位熟知他的人士说道："Mittal 先生温文尔雅且善于交际，但他时刻准备出击。他总是计划着从每一次会面中都能有所收获。"

之所以形成这种风格一部分是因为 Mittal 知道他自己想要什么和不想要什么。"Mittal 先生自信直率，在他身边感觉很舒心，但是有时候他很难捉摸。"Rodney Mott 说。Mott 先生是一位重要的美国钢铁公司首席执行官和前 ISG 首席执行官，他之前为 Mittal 先生工作过一段时间，直到去年 4 月因为分歧离开。Mott 先生说他对 Mittal 先生没有怨恨。对于 Mittal 先生的管理风格，Mott 先生说他总是要"命令控制"，这使得他看起来咄咄逼人。但 Wilbur Ross 持有相左的意见。他是美国亿万富翁金融家，前 ISG 董事长，在收购阿塞洛公司之后成为 Mittal 董事会非执行理事。Ross 先生说，即使 Mittal 先生拥有如此庞大的一家企业，收购阿塞洛公司仍有可能使其减弱一半权力，他不像其他美国公司的首席执行官那样独裁。

在印度，Mittal 先生作为一位在迅速扩张的世界经济中努力使才华得以施展的商业英雄而备受赞誉，至少在公共视野中是这样。在去年随着他宣布在印度东部投资 90 亿美元建立钢铁厂，人们对其更加赞赏，这是其在家乡的第一笔投资。一个印度工业集团，Kirloskar Systems 的董事长 Vikram Kirloskar 说道："他的抱负和坚持会让你大吃一惊。"Lord Paul 说："我很崇拜他。"Paul 是成为帕罗工程集团伦敦总部董事长的印度商人。然而，有些印度商业同行因其生活中崇尚奢华而鄙视他，包括他用 7 000 万英镑买下位于伦敦的豪宅和他两年前为其女儿在巴黎举办为期 6 天的婚宴。传言 Mohan Mittal 曾警告他的大儿子过快扩张和出风头的潜在危险。相比 Pramod 和 Vinod，Lakshimi 被认为和他父亲不太亲近。Pramod 和 Vinod 合伙经营在孟买的全球钢铁公司，其是一个相对较小的钢铁公司。同米塔尔一样，全球钢铁也是从 Mohan 原始的钢铁公司发展而来的，但它的业绩，相比米塔尔来说，就显得微乎其微了。

尽管金融专家不断粉饰收购阿塞洛公司的好处，但米塔尔在 20 世纪 90 年代钢铁价格低廉的时期经历的困难也值得提及。那个时候，Mittal 帝国的一小部分被公之于众，而其他部分则属于私营集团，其财政信息并不透明。私营和公营的部分去年才被注册合为一体。一位钢铁工业专家说："所有人都知道 Mittal 先生在 2000 年左右陷入了困境。"对于这位钢铁巨头而言所幸的是，外部的事件拯救了他。中国的大量需求为其公司的重新崛起提供了坚实的基础。就像 Mittal 先生粉饰收购阿塞洛公司可能带来的收益一样，他将毫无疑问地考虑到这一点——就像所有有抱负的人一样——要想再次成功，他需要一些额外的好运气。

Source：Peter Marsh，'An ambitious man of steel'，*Financial Times*，4 February 2006，p. 11. Copyright © 2006 The Financial Times Limited.

案例 12.2　　　　　　　　　　Rakuten 试图改变会计准则

文/Michiyo Nakamato、David Pilling

日本著名的创业家之一 Hiroshi Mikitani，试图发起一次激进的运动来说服法规制定者改变衡量公司商誉的方法。他说现在的衡量方法会使日本公司不愿通过收购来扩大实力。

根据明年 4 月将引进的日本会计标准的变化，公司需要将商誉在 2 年至 20 年内进行摊销。

日本最大的网上购物中心 Rakuten 的董事长 Mikitani 先生说，日本的法规制定者都很愚蠢，因为他们不了解企业兼并的需求。

他还说道，日本应该采取美国的法规，允许企业将收购来的商誉作为一种资产，并不用将其摊销并压低收益。

"我们会进行游说，"他告诉我们。"对于像我们一样高速发展的企业来说，这将是一个非常不利的因素。在美国，你可以永久地拥有公司商誉这种资产。"

Rakuten 在 2004 年 3 月遭受了巨大的损失——520 亿日元，反映出将其当年两笔收购得到的公司商誉摊销对其造成的影响。Mikitani 先生逐渐将商誉按年摊销，成功说服了投资者忽视收益带来的短期消极影响。

Mikatani 先生说："会计协会并不理解我们，认为我们做事太过激进，但是这是投资者的判断。"

安永会计师事务所的 Takaaki Niimi 认为，摊销带来了巨大的负担是一种自私的想法。他说，如果一个公司收购了能带来未来收益的另一家公司，那同时就得付出代价。就像公司必须对实体资产计提折旧一样，其也必须对商誉进行摊销。

"摊销（相比于减值）更合理，"Nimii 说道。根据明年的新规定，公司也应对其商标迅速减值付减值费。

他还说道，即使 Mikitani 先生会对法规制定者对于商誉摊销的决定产生一定影响，但法规制定者在决定变动之前已对美国的规定了如指掌，他们不会轻易改变他们的观点。

Source：Michiyo Nakamoto and David Pilling，'Rakuten head hits out over accounting rules'，*Financial Times*，23 February 2005，p. 34. Copyright © 2005 The Financial Times Limited.

热点问题讨论

1. 为 Lakshmi Mittal 写一个工作描述报告。
2. Hiroshi Mikitani 的政治游说与其创业家的身份是如何匹配的？

第 13 章

创业愿景

本章概要

　　能够表达一个强有力的、激发人心的个人愿景是创业管理的一个典型特征。本章将探讨愿景的概念，了解创业家如何能够利用愿景这一概念去赋予企业一种方向感和使命感。本章还分析了如何改善、阐述以及传达愿景，使愿景成为一种有效的管理工具。

13.1　什么是创业愿景？

重要学习目标

领略创业愿景的巨大作用及其对新创企业提供的价值。

　　创业家是管理者。他们管理的不只是一个组织，他们还掌管着一个"新世界"的创造。这个新世界为价值产生并让企业股东获得价值提供了可能。这种价值只能通过改变而创造出来，包括做事方式的改变、组织上的改变以及关系上的改变。创业家很少是碰巧成功的，成功对于其来说是一种报偿，它是创业家用一种正确的方法指引自己的行为并遇上某种机遇后获得的。高效行事的创业家知道自己将去往何处，以及去往该处的原因。他们专注的是特定目标的实现。

　　创业家的愿景其实便是他们希望创造的那个新世界的一个蓝图。它融合性地描绘了创业者对人们变得更富有的原因、新创造价值的来源以及会存在下去的各种关系的理解。这张蓝图有非常积极的意义，创业家们潜心其上，他们受动力驱使要将这一愿景变为现实。愿景存在于现实和可能之间。愿景包含着对创造新世界后所得到的那些报偿的理解以及对人们为何会受到这些报偿吸引的理解。愿景详述的是目的地，而非到达目的地的路径。它的创造基于可能性，而非确定性。

　　创业愿景具备细节性的东西。这种细节可以是有无限外延的，就如同图画是由精细的画笔笔触绘成一般。这种细节也可以是有限的，如同图画是在粗犷的笔触下绘成的。这些细节可能有明确的重点和详细的界定，也可能是轮廓很不清晰的，需要进一步阐述。无论这些细节是何种形态，愿景的各个部分将融合起来形成一个连贯的整体。对创业者来说，将新创企业推向前发展的愿景会有自己本身存在的价值，它是一个与它各个组成部分有相当大区别的整体。

　　愿景是一种精神意象，因为它是存在于创业家脑海中的东西。但这并不意味着愿景是脆弱单薄的，恰恰相反，它是企业管理的一种非常强有力的工具。其特点在于：

- 如同一道"隧道尽头之光"，愿景为企业提供一种方向感。
- 愿景帮助创业家明确目标。
- 当进展不顺时，愿景起着鼓舞创业家的作用。

- 愿景指导企业战略的制定。
- 愿景赋予企业一种道德内涵，帮助明确企业社会责任。
- 愿景可以用来传达何为创业家希望实现的目标。
- 愿景可以用来吸引人们来到这个企业，并激励他们支持、拥护它。
- 愿景在对创业家的沟通策略和领导策略支持中起着重要作用。

对创业家来说，愿景是一个重要的工具，它明确创业家想要到达的目的地，阐明欲到达该目的地的原因，并为如何到达那里提供一个指路牌。如果要让愿景成为一个有效的工具，它必须能够被积极运用起来。然而，愿景需要适当地塑造和培养，需要改善和检测。如果一个愿景是无法实现的，或是基于错误假设的，或是朝着一个错误方向的，那么它能轻易将企业引向灭亡。创业家必须学会质疑愿景。在发挥愿景的作用之前，需要对愿景进行界定和塑造，使之变得合适和可实现。

13.2　发展和塑造愿景

重要学习目标
了解创业家如何发展和塑造愿景，使它成为企业管理的有效工具。

愿景是企业发展的方向和目标。愿景的某种意义必须在战略发展和规划启动之前存在。如果愿景欲将企业引上正轨，则它必须通过适当的检验、改善以及评估。

愿景的发展基于这样一个思想，那就是事物可能会变得与它们当前的状况很不相同，甚至是更好。愿景可能会很突然地"出现"在创业家的脑海中，抑或会缓慢地显现，并随着创业家在探寻机会的过程中发现它的可能性而慢慢成形。无论愿景以何种方式"出现"，它都是需要创业家亲自去构建的东西，其中首要的就是创业家要和自己进行沟通交流。和自己的沟通交流遵循着与和他人的沟通交流相似的法则。进行沟通交流的目的应被理解和领会，必须彻底地思考清楚并被恰当地表达出来。如果想要有效地运用愿景，将它作为自我激励的一种动力，作为制定目标、发展战略、赢得支持的一个向导，那么创业家必须意识到愿景的存在，然后把它独立开来，与自己进行商谈并改善它。

愿景将描绘出创业家希望创造的那个新世界的模样。由于是创业家亲自建构出来的愿景，不同创业家之间愿景各异。无论愿景是何种形式，创业家都必须学会去质疑它。起初愿景将会是不明确、没有重点的，要通过质疑提问使它逐渐变得有重点。可以提出如下一些关键的问题：

- 在这个新世界中价值创造的源泉来自哪里？
- 这个新世界的主人公是谁（即利益相关者是谁）？
- 这些利益相关者将比现在更富有的原因有哪些？
- 他们能通过何种途径得到收获（经济上、社会上、个人发展上）？
- 创造这个新世界之后，个人能得到哪些经济上的回报？
- 需要建立哪些新的关系？
- 在新世界需要建立的关系的本质是什么？
- 这个新世界何以能够实现个人发展目标，或何以能为这个目标的实现提供可能？

　　总之，创业家必须明白他们的愿景何以描绘出一个更有价值的世界，他们自己以及企业的其他利益相关者如何能从这个愿景中获得回报。要做到这一点，创业家需要了解自己的动机是什么，其他利益相关者的动机又是什么。这必须是一个持续的探寻过程。愿景要求不断改善并专注重点。尽管愿景要为企业提供一种持续不变的方向感，但它也应该是灵活多变的。愿景的形态会随着创业家对自己和其他人个人动机理解的改变而改变。为了使愿景保持鲜活的状态，创业家应该不断地与自己重新商谈愿景的内容。愿景应该推动创业家前进，而不能阻碍他们前进（见图 13.1）。

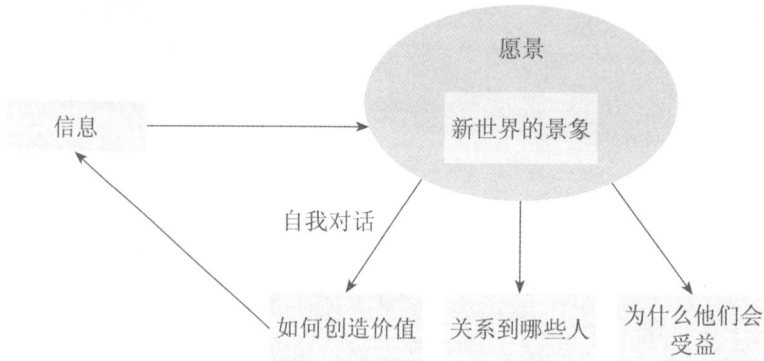

图 13.1　塑造创业愿景

13.3　传达与共享愿景

重要学习目标

领略创业愿景如何起激励作用并为企业赢来支持。

　　创业家的愿景指引企业前进的方向，激励创业家推动业务进一步发展。首先，愿景是创业家自己为其寻求创造的新世界而描绘的一张蓝图。如果要通过愿景将其他人吸引到企业中来，这个新世界的愿景一定要传达给这些人，一定要邀请他们一起分享愿景所能带来的成果。传达愿景不仅仅是叙述信息内容，还包括引发愿景接收者行动起来。它不仅仅是让人们了解，更多的是让人们去做。高效行事的创业家懂得如何利用愿景去激励他人，如同激励自己一般。

　　第一步就是要去了解为何其他支持者会被该愿景吸引。创业家需要去识别新世界能为利益相关者个人或团体带来什么。创业家必须提出一些关于利益相关者的问题：

* 新世界诞生之后，他们能得到哪些利益？
* 在这个新世界中，他们如何能够比现在更容易实现经济上、社交上和自我发展上的需要？
* 愿景中蕴含的道义上的和自发性的企业社会责任以及愿景能解决的具体问题能否吸引他们？
* 新世界会带给他们何种风险？
* 他们认为到达新世界的可能性有多大？
* 他们会如何看待到达新世界必须经历的那段旅程？

　　寻找这些问题的答案是创业家在塑造和改善愿景过程中需要经历的。这些答案会影响将愿景传达给他人的方式。传达愿景可以有如下一些重要的途径：

"我有一个梦……"

使用这种方式的创业家会直接表达他们的愿景，会如他们所见那样描述那个更美好的世界。愿景会以一个连贯的整体的形式展现，而它的各个部分则会相互融合构成一张统一的蓝图。创业家希冀他人也能像自己一样发现它的动人之处并受其吸引。

谈谈具体的目标

或者，创业家可以将愿景分解成一系列具体的目标，例如关于经济效益、将获得的价值、将建立的关系，以及新世界的道德内涵。它们可以一个个分开来传递，也可以采取某种组合形式。选择传递什么内容将取决于该愿景要向谁传递、何时传递、在何种情景下传递以及有何传递意图。

谈谈战略

创业家谈论的更多是途径方式而不是最终结果。战略涉及的是企业为达到目标而采取的途径以及为了创造新世界必须承担的任务。这里，当人们被所描述的旅程和目的地吸引时，创业家便是值得信赖的。

讲讲故事

使用讲故事这一方式的创业家将愿景想象成一个舞台，他们的企业就是在这个舞台上亮相的。那些利益相关者则是舞台上的演员。创业家叙述表演脚本，讲述可能会发生的故事，这样可赋予愿景一种动态变化的形式。通过讲述未来的事件以及人们在其中能扮演的角色，愿景的传递会变得具体化。创业家吸引人们参与到故事中，就是为了激发他们的积极性。

O'Connor（2002）的一项关于高科技新创企业的研究表明，创业家可以用一系列故事吸引利益相关者。O'Connor 分辨出 3 个种类中 6 个基本的叙事形式。这些叙事主题包括：

（1）个人故事

a. 创立故事——关于企业创立原因的自传式故事。

b. 愿景故事——关于创新与突破的故事。

（2）通用故事

a. 营销式故事——关于企业优于其他竞争者的故事。

b. 战略式故事——关于企业历史与未来发展轨迹的故事。

（3）情景故事

a. 历史性故事——关于企业所在行业发展的故事。

b. 常规性故事——关于行业竞争者和顾客的信仰与态度的故事。

Lounsbury 和 Glynn（2001）提出了一个"文化"创业的框架，在这个框架里面讲故事的方式起到了一种调节作用，它调节了创业家现已获得的资源，以及企业通过建立一个新的身份并与重要的利益相关者建立合法关系后获得的成功所带来的一系列资源这两者之间的关系。

事情何以变得更好?

利用这一方式的创业家着重讲述的是现实世界多么糟糕，而不是新世界多么美好。它的目的就是利用人们的不满意去推动他们前进，而不是利用新的可能性的吸引力去拉动他们前进。尽管这种方式会帮助人们去掉思想上的自满，然而过分强调这种方式会带来这样一种风险：人们会感到消极，甚至失去动力。尤其是当没有其他更为积极的选项可供选择时，这种情况会更加突出。

它会带给你的好处

利用这一方式的创业家强调的是愿景接收者个人能够获得的某些特定的利益。愿景被拆分成小部分，然后为每个个体"打包"成包。针对每个个体而量身设计的愿景能确保每个人都能作出承诺。然而一旦这种方式被过分利用，愿景接收者可能会觉得他们作出的承诺是以钱交换的。这种愿景传递的方式可能让他们觉得，创业家把他们看做唯利是图、单纯受个人利益驱动的人。

沟通战略的选择

以上几种愿景沟通的方法并非互相排斥。这些方法虽各不相同，但可结合运用从而形成整体的公司愿景沟通战略。通过采用多元的方法，创业家可保持传递内容的相关性，避免重复，从而保持信息常新。具体采用何种策略取决于众多因素，其中相对重要的因素包括：

- 所持愿景沟通的性质（其复杂度和详细程度）。
- 创业家的领导风格（合作式、民主式抑或独裁式）。
- 愿景沟通的利益相关者（这些利益相关者是谁？有多少人？）。
- 企业期望从利益相关者处获得的承诺的性质。
- 利益相关者的特定需求和动力（经济上、社会上、自我发展上）。
- 利益相关者与创业家的关系。
- 愿景沟通的形式（正式或非正式，一对一或一对多等）。
- 愿景沟通所使用的媒介（面对面沟通、口头沟通、书面沟通等）。

为了清晰表达企业的愿景并将之传递给不同的利益相关者，沟通方式必须适当，即因人而异、因情况而异，具备这种能力是创业家们确立领导地位、建立领导权威的基础。

13.4　创业及战略远见

重要学习目标

理解战略远见这一概念，识别其在创业成功中的作用。

企业愿景这一概念表示企业家正期待一个新的、更加美好的世界。成功创造这样的世界既体现了创业家能与这个世界互动并改变它的能力，又表明了创业家能预期不可改变的因素（广义上的商业环境）。创业家必须塑造其所期望的世界的原型。这个原型可以以不同的形式存在，但原型本身的内容不会改变。企业愿景的成功实现（或者说企业愿景的成功传递）在一定程度上取决于创业家对未来世界持有的远见。创业家这方面的能力越来越引起创业研究者的兴趣，并且 Tsoukas 和 Shepherd（2003）就以此为话题编著了一本书。Gibb 和 Scott（1985）将战略远见（他们将之称为"策略意识"）定义为评估某个特定变化或决策的总体影响的能力，能够从长远来看待某项特定活动产生影响和结果以及从战略的角度思考这些影响和结果。Slaughter（1995）将战略远见描述成"一个试图通过以下四种方式拓展认知界限的过程"：

- 评估当前活动和决策等可能产生的结果（结果评估）。
- 在问题发生之前发现并避免问题（早期预警和指导）。
- 考虑未来可能发生事件的当前影响（形成积极/先发制人的策略）。
- 预期所期望的未来的方方面面（规范性设想）。

由于创业家将其远见贯穿于企业决策过程，因此拥有战略远见既是创业家个人的能力，又是整个企业的竞争力。这种竞争力是企业竞争优势的潜在来源，因为通过它企业能够预期未来的机会，并采取措施对这些机会以及在此过程中可能出现的风险加以利用，在这方面有战略远见的企业优于缺乏此远见的竞争企业。Hamel 和 Prahalad（1994）把"对未来的高度前瞻性"以及"战略意图"当做一种竞争性优势的来源。Ensley 等人（2000）的研究表明这种企业愿景的确能够积极促进企业绩效的提高。拥有战略远见或许也能看做是创业家更广泛职责的一部分——创业家有责任将模棱两可的情况（不可量化，因此无法投保）转化为能够确定的情况（可量化，可投保）。Schoemaker（1997）指出战略眼光能够使有远见的企业区分于其他竞争企业。然而，这并非创业家一个人的任务；相反，只有企业的所有成员都有相同的愿景时这才有效。Schoemaker 提出确保企业内部成员持有相同远见的四步法。Kandampully 和 Duddy（1999）认为战略远见在预期服务提供、在创造和保持终生客户方面起着一定的作用。

传统的决策论认为人们关于未来的知识有限。人们也许知道（或不知道）可能会发生什么事情，并且能够不同程度地明确这种可能性。此外，人们可能还知道某些特定事件发生的可能性概率。Fuller 等人（2003）超越传统的决策论，采用一种更具解释力的方法，将具有战略远见看做创业家的个人能力，这种能力未必能简单地归为传统的决策理论概念。战略远见这一概念历史悠久。早在 1934 年，Schumpeter 将创业定义为"创造性破坏"，在这个定义中他提到有些人能够正确地预测未来，即使在当时没有证据能够证明这种预测是正确的。

要点总结

- 创业家即具有愿景的管理者。
- 愿景指创业家期望创造的新的、更美好的世界。
- 愿景可以完善，并作为一种管理工具清晰地表达出来。
- 愿景能够为有力的领导策略奠定基础。
- 愿景式领导要求将愿景传递给企业的利益相关者，使他们向企业靠拢，激励他们促进企业的成功。
- 战略远见是预期未来、估计当前决策的长远影响的一种技能或能力。有效的战略远见可能在企业的成功中起着一定作用。

研究主题

创业愿景：表达与沟通

如上所述，愿景可塑造成一种有效的管理工具和领导手段。本章阐述了愿景表达与传递的一些模式。这些模式是否和实际中创业家们的做法一致呢？请搜集一些记录创业家愿景传递的通信资料。这些资料可以包括经营方案、案例研究、报刊文章（《金融时报》是一个很好的来源）、给员工的公共通信以及报道或媒体采访上的发言。另外，可请创业家们描述他们的企业愿景从而获得第一手研究资料。创业家如何发展、形成企业愿景？愿景中包含多少细节？创业家留有多少对愿景进行商讨的空间？他们如何传递愿景？他们采取的沟通方式符合前面13.3节中的标准吗？

重要读物

Lipton, M. (1996) 'Demystifying the development of organisational vision', *Sloan Management Review*, Summer, pp. 83–92.

Stewart, J. M. (1993) 'Future state visioning-a powerful leadership process', *Long Range Planning*, Vol. 26, No. 6, pp. 89–98.

推荐读物

Boyce, M. E. (1996) 'Organisational story and storytelling: a critical review', *Journal of Organisational Change Management*, Vol. 9, No. 5, pp. 5–26.

Campbell, A. and Yeung, S. (1991) 'Vision, mission and strategic intent', *Long Range Planning*, Vol. 24, No. 4, pp. 145–7.

Ensley, M. D., Carland, J. W. and Carland, J. C. (2000) 'Investigating the existence of the lead entrepreneur', *Journal of Small Business Management*, October, pp. 59–77.

Filion, L. J. (1991) 'Vision and relations: elements for an entrepreneurial meta-model', *International Small Business Journal*, Vol. 9, No. 1, pp. 15–31.

Fuller, E., Argyle, P. and Moran, P. (2003) 'Entrepreneurial foresight: a case study in reflexivity, experiments, sensitivity and reorganisation', in Tsoukas, H. and Shepherd, J. (eds) *Developing Strategic Foresight in the Knowledge Economy: Probing the Future*. Oxford: Blackwell.

Gibb, A. A. and Scott, M. G. (1985) 'Strategic awareness, personal commitment and the process of planning in the small business', *Journal of Management Studies*, Vol. 22, No. 6, pp. 597–625.

Gratton, L. (1996) 'Implementing a strategic vision–key factors for success', *Long Range Planning*, Vol. 29, No. 3, pp. 290–303.

Hamel, G. and Prahalad, C. K. (1994) *Competing for the Future*. Boston, MA: Harvard Business School Press.

Kandampully, J. and Duddy, R. (1999) 'Competitive advantage through anticipation, innovation and relationships', *Management Decision*, Vol. 37, No. 1, pp. 51–6.

Lounsbury, M. and Glynn, M. A. (2001) 'Cultural entrepreneurship: stories, legitimacy and the acquisition of resources', *Strategic Management Journal*, Vol. 22, pp. 545–64.

O'Connor, E. (2002) 'Storied business: typology, intertextuality and traffic in entrepreneurial narrative', *Journal of Business*, Vol. 39, No. 1, pp. 36–54.

Schoemaker, P. J. H. (1997) 'Disciplined imagination: from scenarios to strategic options （preparing for the future: developing strategic flexibility from a competence-based perspective）', *International Studies in Management and Organisation*, Vol. 27, No. 2, pp. 43–70.

Schumpeter, J. A. (1934) *The Theory of Economic Development: An Inquiry into Profits, Capital, Credit, Interest and the Business Cycle.* Cambridge, MA: Harvard University Press.

Shirley, S. (1989) 'Corporate strategy and entrepreneurial vision', *Long Range Planning*, Vol. 22, No. 6, pp. 107–10.

Slaughter, R. A. (1995) *The Foresight Principle: Cultural Revovery in the 21st Century.* London: Adamantine Press.

Tsoukas, H. and Shepherd, J. (eds) (2003) *Developing Strategic Foresight in the Knowledge Economy: Probing the Future.* Oxford: Blackwell.

Westley, F. and Mintzberg, H. (1989) 'Visionary leadership and strategic management', *Strategic Management Journal*, Vol. 10, pp. 17–32.

精选案例

案例 13.1 　　　　　　　　　扩张促进区域繁荣

文/William Hall

英国最大的港口运营商——英国联合港口公司（ABP）——是亨伯河的主要运营商。该公司拥有赫尔、格里姆斯比、伊明赫姆和古尔四个港口，并且是 Spurn 灯浮与特伦托河上 Gainsborough 灯浮及乌斯河上 Skelton 灯浮之间超过 80 英里航路的法定港务局。

亨伯河海港的一把手和 100 多位每年在英国最繁忙的河口之一监督 35 000 项河流运输工程的领航员都是英国联合港口公司的员工。

不经该公司同意，亨伯河流域的工作寸步难行。该公司 5 位主要的港口董事会成员中的两位被分配在亨伯河，并且过去 5 年，该公司已为扩建其在亨伯河流域的地盘投资超过 1.4 亿英镑。

凭借着价值 4 450 万英镑的深水煤炭装卸码头和价值 3 500 万英镑的滚装码头，在伊明赫姆港口 ABP 正一路前进，而这些码头都服务于丹麦联合汽船有限公司——欧洲最大的船运公司。

河对岸的赫尔港口集装箱码头是亨伯河上最大的集装箱码头，ABP 计划投资将近 4 000 万英镑于新的河畔设施，从而使该码头规模加倍。

ABP 已投资 1 400 万英镑在赫尔港口建了河边船台，用来服务铁行渣华船务有限公司 60 600 吨位的超级渡轮，这些渡轮能盛载 400 个货运单位、250 辆小汽车和 1 360 位乘客。

然而，ABP 位于赫尔港口的其他 11 个滚轮船台仍位于四面封闭的码头之内，只能处理规模小得多的船运。

但是，ABP 并不是唯一活动在亨伯河上的运营商。在过去的 4 年里，西蒙集团捷足先登，投资了 6 000 万英镑，在伊明赫姆港口上游的几英里处建设了 4 个滚轮船台。与 ABP 现行的滚轮设施不同的是，其位于亨伯河码头的船台延伸至河里，这意味着船运不必穿过水闸并且能够快速掉头。

西蒙集团的主席 Tim Chadwick 说，新建两个滚轮船台的计划正在顺利进行当中。其最近已买下一块 70 英亩的土地，于是该集团共拥有占地 335 英亩的储备设施。亨伯河最新港口几乎距离英国所有的大城市都仅仅 200 英里，城市投资者看到其巨大潜力，给西蒙集团提供了大量的收购途径。

ABP 的河畔滚轮船台能处理下一代更大型的北海渡轮，但至少还需要 1 年的时间才能投入使用，而西蒙集团已经抢走了 ABP 的大客户之———Cobelfret 渡轮河运公司。

Cobelfret 已经与西蒙签署了为期 20 年的租赁合约。西蒙现在声称每年处理 35 万个单位，另外还有相当可观的汽车运输量。

西蒙集团旁边是英国阿贝尔公司，阿贝尔的领头人是一位来自英格兰东北部的企业家 Peter Stephenson，阿贝尔目前正开发占地 674 英亩的基林霍尔姆港口设备。当下该公司致力于向使用亨伯河码头和伊明赫姆港口的客户提供库存设备。

然而，阿贝尔公司也有可能最终决定在河上建立自己的滚轮或集装箱滚轮船台，成为西蒙和 ABP 两大公司的竞争对手。

拥有蒂斯河和哈特尔普尔的波维尔·达夫林港口运营商也是活跃在亨伯河上的一员，是亨伯河流域的主要竞争者。它不但经营着从 ABP 租来的赫尔集装箱码头，还控制着特伦托河上的凯德拜港口和乌斯河上的豪登港口。这两个港口都能通行重达 3 000 载重吨的轮船，且其地处距海 60 英里的内陆上，紧邻更靠近终端顾客的高速公路。

欧洲铁路邮政公司正在进行一项耗资 1 300 万英镑的买断产权项目，其内陆的古尔港口以及特伦托河上的弗利克斯巴勒（Flixborough）和冈尼斯港口每年能处理 180 万吨货物。该公司正充分利用其与莱茵河上欧洲最大的内陆港口杜伊斯堡港的货物装运往来关系以及接近英国高速公路网的优势。

过去 250 年里，亨伯河上各港口的发展反映了竞争此消彼长的起伏变化。赫尔港口于 1774 年开放其首个船坞，长期以来都是亨伯河上最重要的港口，至今还是区域龙头老大。

捕鲸业推动了赫尔的早期发展，此后随着火车的出现以及深海捕鱼业的发展——赫尔顺势继续发展，至 20 世纪初，其已拥有 10 000 名员工。

然而，到 19 世纪 50 年代，赫尔的捕鱼业开始面临来自格里姆斯比的竞争，后者距北海较近。

同时，赫尔作为约克郡主要港口的地位也随着亚耳河和考尔达两大运河的开通而受到威胁。这是因为亚耳河和考尔达运河将古尔港与利兹市和约克郡迅速发展的纺织业、钢铁业和煤炭业连接起来。

后来这些产业崩溃殃及了此三个港口，使它们不得不彻底改造自己。煤炭出口由进口代替，石油产品是现今最大的货物，英国大约 1/4 的木材产品都要途经亨伯河上的港口。

虽然格里姆斯比目前的由 11 只拖网渔船组成的船队与过去的拥有 500 船只的捕捞队相比相形见绌，但它仍然占领着英国最大的鱼市场。同时，格里姆斯比已经成为了英格兰北部最大的船运港口。

赫尔已将自己彻底改造成主要的船运和集装箱港口，而古尔也发现了其成为内陆第一港口的优势所在——离穿过英格兰北部的东西公路动脉 M62 高速公路只有 2 000 米的距离。

古尔计划建一个联运码头，这能给亚耳河和考尔达运河沿途直至利兹市和约克郡腹地其他地区的驳船运输带来新一轮的发展。然而，亨伯河港口的成功发展应归功于一个世纪以前开放的伊明赫姆港口，它距亨伯河深水隧道最近，其是为了容纳比一个世纪以前通常规模更大的船只而建的。

到 20 世纪 60 年代，伊明赫姆已经赶超赫尔成为了亨伯河最大的港口，如今已是英国最大的东海岸滚轮港口，一周有 60 多次航行和 350 次铁路货运。

过去 10 年，伊明赫姆的交通量增长了 34%，这是英国同行业增长速度的 3 倍。然而，船只体积的增大意味着伊明赫姆的船坞风光不再。

正因为如此，为适应将来的发展，留住客户，ABP 正迅速扩大河上的深水和三个服务于丹麦联合汽船有限公司的滚轮船台——它们都在 ABP 的伊明赫姆船坞体系之外。

Source：William Hall，‘Expansion boosts area's prosperity’，*Financial Times*，23 February 2005，p. 2. Copyright © 2005 The Financial Times Limited.

案例 13.2　　　　　　　　　打破意大利商业界的传统

文/Adrian Michaels

克莱西德拉（Clessidra）在意大利的金融界还是个新名字，但当有关即将开始交易的传闻在媒体上传播时，这家私募股权基金已成人们眼中的潜在收购者了。

Claudio Sposito 是克莱西德拉基金的首席执行官兼董事长，他无奈地耸耸肩，对这种不求自来的宣传效果感到不解。他认为，基金名字的传播正说明了在意大利的市场像他们这样的团队并不多见，因此缺乏竞争。

克莱西德拉基金于上月关闭，自 2003 年 10 月开始募集资金至上月，该基金已融资 8 亿美元（5.5 亿英镑）。Sposito 说，克莱西德拉是意大利最大的只专注于国内市场的基金。

它吸引了许多知名人士成为投资者。基金募集的资金中的 1/3 来自非意大利团体，如荷兰银行、雷曼兄弟以及大型的美国退休基金，其中包括美国加州公务员退休基金和纽约州公共退休基金。

意大利国内的投资者包括联合商业银行、裕信银行、中期银行和资本银行等国内最大的银行，忠利等保险公司以及意大利电信等工业集团。"意大利的各个机构如此支持这种性质的提议，这还是第一次，"Sposito 说道。

它们被吸引的部分原因可能是基金良好的业绩记录以及这个团队里 7 个成员之间的联系。Sposito 在摩根斯坦利投资银行工作了 10 年，然后成为了菲宁维斯特公司的首席执行官，菲宁维斯特公司是管理西尔维奥·贝卢斯科尼总理的家族股权的一个商业团体。

然而，主要的吸引力必定来自于丰富的投资机会。Sposito 的目标是找到 8 到 10 个 4 000 万到 1 亿美元的投资项目，或者将这些款项作为中型企业联合的部分资金。克莱西德拉已经对天然气传输、商业基础设施以及游戏等行业的公司进行了投资。意大利可能是世界第六大经济体，Sposito 说，但是它主要由家族式企业和中小微企业支撑，而这些企业中有许多仍然由年迈的创始人掌权经营。

有人将意大利经济的缓慢发展归咎于控制企业的家族，他们不愿走出国内市场或者通过银行贷款之外的手段进行集资而放弃控制权。克莱西德拉基金的定位是在这种企业结构发生改变时发现投资机会。一些传统的家族式企业将试图扩张并将控制权交给有非家族成员身份的管理者。

Sposito 说："显而易见，家族企业确实正在转变态度。因为企业创始人年事已高，而家族可能不想继续经营企业，因此公司的继承问题正变得日益重要。"家族式企业通常通过银行贷款为企业成长融资。"这种企业模式叫做'小即是美'，"Sposito 说道，"但是许多企业已经看出这种模式正面临着中国及汇率变动带来的巨大压力。"

在 Sposito 看来，那些想把生产搬迁至低成本国家的企业需要拥有一定的规模。这将迫使那些小微企业进行合并。

随着企业扩张，银行贷款逐渐失去其成本效益和可用性，并且企业需要一些股权。同时，当企业处于小规模时，所有权与控制权易于维持，但随着企业扩张，这些便变得较难处理。更大型的或结合的家族还需要克服一些其他的问题。

克莱西德拉希望在企业已经与多数这些问题做过斗争时立即进入市场，即当企业创始人开始任用一批新的管理者时向这些公司投资。

与所有私募股权的做法一样，克莱西德拉基金只对那些它有控制权的企业进行投资，这意味着家族企业已在放弃控制权方面妥协。正在发生转变的一些中型企业是一个丰富的投资来源。基金其他投资主要针对大型企业的解体、企业私有化的长期项目以及公共事业公司的解体。

上市股权市场作为一个融资来源也尚未得到充分发展。在意大利只有约 250 家上市公司。"在美国和英国，"Sposito 说道，"创业家创办公司后在某个时间要么让公司上市，要么将其出售，然后继续。在意大利，人们切实关注所有权、控制权和管理权这些问题。"

因此，"股权是种稀缺资源，"Sposito 先生说，"股票市场尚未引起人们对小微企业正常水平的关注，并且也没有足够的专业基金对中小微企业进行投资。"

"共同基金倾向于跟踪最大型企业的指数，这可以通过跟踪了解 15 家企业实现，所以在研究调查、新闻报道、贸易以及评估方面，小型公司就被忽略了。"

低估价值水平使市场成为资本来源的吸引力大大减少，即便如此，公开市场也发生了变化。米兰证券交易所一直致力于发行新的指数，并开始重视一些中小企业，比如企业管理制度透明、独立并且为美国和英国投资者更加熟知的企业。

这么做的目的在于增加人们对周围最佳企业的关注，引进更多流动资产和更广的覆盖率，并使企业对管理制度做出的改革变得有价值。

3 到 4 年内，克莱希拉德基金将完成剩余的投资，届时公开股权市场和私募股权市场可能已经发生了根本性的转变。

Source：Adrian Michaels，'Breaking with tradition in Italian business'，*Financial Times*，28 February 2005，p. 8. Copyright © 2005 The Financial Times Limited.

热点问题讨论

1. 讨论 Peter Stephenson 对英国联合港口公司的愿景。
2. 讨论 Claudio Sposito 对克莱西德拉基金的愿景。

第 14 章

创业使命

本章概要

本章主要介绍创业使命在新创企业成长中的形成过程。所谓使命，即是关于创业目的和预期回报的一种正式表述。作为强有力的沟通手段，使命既可以指导公司的内部决策，又有助于赢得外部支持。创业家们一旦认清了一项使命是如何切实助力新创企业的，便会同时形成一个关于产生使命、明晰使命和表达出使命的整体概念。

14.1 为什么一个定义准确的使命能帮上创业家的大忙？

重要学习目标

理解一项规范的使命在创业实践中的价值。

使命是关于创业目的的正式描述，它决定了创业实践的本质、预期的回报，以及如何达成最终目标。它为创业家们指明了一条有着规划远景并且能够有所作为的通途。最近的一项调查表明，80%的商业活动都有关于其使命或是其价值的某种表述。形成一份正式的使命，对于新创企业而言有着诸多重要意义。

明确而有力地表达出了创业家的愿景

试着去发展一份创业使命，创业家们便能够同时去明确、规划、形成自己的发展愿景，而且这样有助于就创业规划中的问题与利益相关各方展开沟通。

鼓励对新事业进行分析

要形成一项创业使命，离不开创业家及其合伙人站在客观的立场上细致审视新事业。想要让自己的使命卓有意义，就要尽量公正地去对它们加以分析，创业家必须客观公正地看待自己的创业计划，并仔细考量其实现的可能性。在这一过程中，他们面临着各种挑战，要思考自己希望获得什么，要去逐一列出所需资源，要能发掘将来所需的额外资源，更要评估出自己的优势和劣势。建立一份使命如同与自己做一番交流，而这个过程又是反复的，创业家们必须处理好自己大展宏图的野心与自己能力之所及之间的关系。

帮助确定企业的边界

新创企业旨在挖掘一些市场机遇，唯有掌握足够的资源并且将其集中整合在一个领域，才能对机遇十拿九稳，这需要创业家对机遇有一个准确的判断，他必须明白哪些是能力之所及，而哪些则要跳过。通常情况下，成功不仅取决于勇于利用足够大的机遇，更取决于不要把摊子铺得太大。创业使命可以帮助区分出哪些是新事业计划中应有的机遇。

为目标的制定提供指导

创业使命通常是定性的，并不具体表明创业的收益，而这一点恰恰是创业目标所要做的。创业使命为具体目标的确定提供一个起点，可以借此判断目标是否适用于新创企业，也可以借此确定目标的轻重缓急。

梳理出战略选择的路径

使命决定了新创企业意在收获什么，也指明了该走出一条什么样的路子。创业使命为战略选择的形成提供了一个起点，它能帮助评价这些选择对于实现目标而言是否连贯统一，同时也能用于判断出所需要的资源。

增进创业者和潜在投资者之间的沟通

对一项崭新的创业计划而言，吸引到投资者的支持乃成功之关键。这并不意味着只需把一系列事实简单地罗列给他们，而是需要在与他们沟通、交流的过程中传达出创业的可行性。潜在投资者想知道的第一个问题十有八九会是"这项业务要做些什么"。对于创业家而言，使命可以给他们一个清晰、简明、没有丝毫模糊的答案。第一印象至关重要：一个精心准备、表达清晰的答案，必将为良好的合作关系打下坚实的基础。这样来交出答卷，可使得创业计划在投资者的脑中形成一种积极的印象——创业家确实是言之凿凿，同时这也激励了创业家去挖掘更深层次的机遇和回报。这更是表明了，创业家在用专业的眼光考量其业务，因为唯有如此才能有切实的业务范围，并专注于实现既定目标。

将内部的利益相关者集团凝聚在一起

创业项目中的利益相关者可能对业务的开展持有不同见解，比如他们可能不太赞同一些既定目标、实施路径或是利润分成。创业团队和政治团体颇有几分相似，创业家可以在使命的基础上找到一个共同的着力点，并由此凝聚人心。在一些冲突面前，使命可以指导人们做出公正的"裁决"，这时使命的宽泛性比目标的具体性更有价值。通常，太过具体的目标不够灵活机动，为不满意和持异议的人提供了话柄。

在瞬息万变中给予不变的支持

引领创业的团队成长，这一点很重要，因为成长反映了业务上的成功和回报的增长，而另一方面也对针对变化的有效管理提出了挑战。随着团队的成长壮大，一种不稳定的状态无可避免，比如新资产的增加、新合作关系的建立、成员的来去、客户的增多和减少。在这些纷繁变化之中，使命让整个团队凝聚在一点之上，一个可感可知的地标之上，为团队的过去和将来搭建起一座桥梁。

作为顾客和供应商的备忘录

使命有助于增进创业家与顾客、供应商——这两个关键利益相关者——之间的交流。使命将公司的业务根植在顾客心中，告诉他们公司提供的产品和服务，以及公司所作出的承诺。同时，使命也在供应商方面为公司树立起良好的形象，传达给他们公司所能带来的机遇，以及公司在这些机遇中所能作出的承诺。这样便调动起了这些利益相关者的积极性，有助于获得他们的优先待遇和良好服务。

实践性的研究将业务的表现和使命的表达放在了一起，产生出综合性的效果。由Pearce 和 David（1987）主持的一项研究表明，大型企业（《财富》500 强企业）的运营表现和其创业使命的表达正相关。类似的结论在 Falsey（1989）、Germain 和 Bixby Cooper（1990）、Collius 和 Porras（1994）、Klemm 等人（1991）、Morgan（1994）和 Simpson（1994）的研究中亦被证实。O'Gorman 和 Doran（1999）套用 Pearce 和 David 的研究方法，对规模较小的企业展开了分析，发现其对使命的理解和其业务的表现之间并无关系。在这样的研究中，焦点应当落在业务的增长是否可以归结于使命的确立这个问题上。事实上，情况既可能是使命助力了公司业务，也有可能是公司的业绩良好，于是管理者有时间、有资源、有意向去塑造出一份使命。同时，塑造和践行一份使命都和另一个尚未被挖掘的事实有关（比如总揽全局的战略规划能力）。上述所有对使命的研究都基于一点：对现有的、经营中的企业加以审视。据我所知，尚未有针对企业筹资之始使命发挥出的作用的研究，而如前文所述，这一阶段使命扮演着重要的角色，我将在本章的研究主题部分对此加以探讨。

创业使命的关键特征

使命为创业家提供了强有力的管理工具，可如果要让使命的作用真正发挥出来、真正助力创业的发展，那么使命本身必须是切合公司业务的，也就是说，这项使命要能浓缩最有用的信息，并且被一步步地发展下去、清晰明白地表达出来。

14.2　创业使命应该包含哪些内容？

重要学习目标
理解新创企业使命陈述中需要包含的重要信息。

在陈述使命的同时，要确定好公司的预期收益，以及在实现过程中所要秉承的价值观。这既关乎公司的业务旨在做些什么，更关乎公司的成员为何能够对此引以为豪。上面所说的这两大部分通常分别被称为使命中的战略成分和理念成分。比如，美体小铺在使命中强调了价值观，其宣称：

关爱、关怀、和谐、信任是我们的基石。

我们欢迎新的想法。

另一方面，瑞典著名家私零售商宜家公司则更注重对其产品、市场和盈利的战略规划，宜家将自己的企业观定位在：

我们竭诚提供更多的家居选择、更优秀的设计和功能，以及能为更多人所接受的实惠价格。

使命陈述中的战略性要素包含以下几点：

- 产品或服务的范围：这一要素具体表明了公司可以为人们提供些什么。公司生产和销售的那些产品或服务，其品种和范围得以就此限定。
- 所服务的顾客群：这一要素限定了公司所针对的顾客或特定顾客群的范围。

公司在考虑产品或服务的范围、所针对的顾客群这两者时，应从三个方面具体分析。第一是公司所经营的整个市场，市场广阔无垠，而公司所提供的产品或服务便定位其中。第二是公司目前所服务的市场领域，这部分是公司的业务增长点。第三是市场的不同门类，或者叫"利基"（针对企业优势细分出的、有商机的市场部分——译者注），这部分市场是公司着力"深耕"的，是公司成长、发展的根基，这些不同的市场门类能延伸公司的业务，满足公司发展的需求，同时使公司在相关资源和能力方面切实可行。这些门类还要能代表整个市场中具有独特性的某些部分，这样公司的创新能力便能在其中提供源源不断的竞争优势。

在使命陈述中还应包括以下要素：

- 公司所带来的利益和对顾客需求的满足。

这一要素旨在明确顾客群的具体需求，以及公司为了满足这些需求所提供的产品或服务。需求（和用以满足需求的利益）可以从很多层面上来看，精神的、社会的、发展性的需求和经济的、功能性的需求同等重要，前者甚至比后者更为重要。

- 公司业务所基于的创新能力和可持续性竞争优势的来源。

这一要素决定了公司以怎样的方式展开创新，如何运用它去挖掘眼前的机遇，如何依靠它在对手如云的市场中获得持续性的竞争优势。

- 公司的奋斗热情。

这一要素决定了公司的业务旨在获得些什么，同时给出了衡量成功的方法，比如财务表现。能够"盈利"，能够给股东一份满意的回报，这些都是成功。又比如市场定位也是，公司能成为"市场的引领者"，还是只敢说自己是"一个重要的参与者"。必须注意，公司的奋斗热情要切合实际，要将一个有意义的目标具体化，也要给出一个用以衡量的标杆。

Pearce 和 David（1987）对于上述要素的概括略有不同，他们总结出了如下八点要素：

- 对目标顾客和市场的具体化。
- 对主打产品或服务的明确化。
- 对目标市场在地理区域上的明确化。
- 对核心技术的明确化。
- 对公司成长、发展和脱离困境的承诺。
- 对公司理念中关键要素的具体化。
- 对公司自主发展概念的明确化（包括对关键优势的认识）。
- 对公司形象定位的明确化。

除了战略要素，还可以根据新创企业所需肩负起的责任，来制定一些参考，也就是公司的价值观。在公司追求其目标的过程中，使命陈述的理念要素部分阐明了公司坚持的价值观和道德准则，也指出了公司对待雇员和顾客的方式，更使得公司所肩负起的社会责任得到具体化（详见7.4节）。使命陈述可能会包含公司的价值观，因为其反映出了创业家的个人原则。同时，公司相信其更高的标准将能呈献给顾客和投资者更好的产品和回报。这两者相辅相成，积极的价值观总是与成功的企业如影相随。图14.1表述的是有关新创企业使命陈述的关键内容。

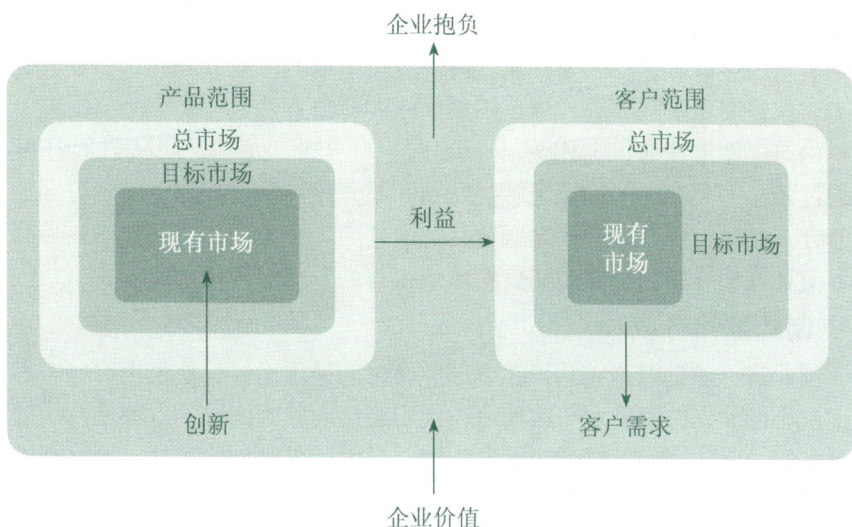

图 14.1　新创企业使命陈述的成分图

14.3　形成使命陈述

使命能有助于开展创业计划，其前提是这项使命必须是正确的，而且要能指出意欲拓展的恰当机遇和意欲利用的创新之处。进而言之，不应仅停留在文字表面，使命需能影响人们的决策。一项使命必与创业的发起者、所有者密切相关，其所涉及的情况唯有在使命真正形成时才会出现。使命要能延伸公司的业务，但又需与预期发展蓝图保持一致，要在机遇来临之际具有现实性，要与公司的能力相吻合，从而有利于探索新的机遇。发展公司使命，必须与发展具有战略性眼光的审视者同步，而且必须根据其评判加以修正。这样的审视者往往具有以下特征：

- 考虑创业家希望获得些什么。
- 考虑其他利益相关者旨在获得些什么，以及怎样通过新创企业帮他们达成目的。
- 对创业中要挖掘的机遇的评估。
- 对市场环境的评估。
- 对挖掘机遇的过程中可能遇到的挑战和风险的评估。
- 对公司能力和竞争优势的评估。
- 对公司所拥有的资源、发展所需的资源、目前所短缺的资源的评估。
- 对公司关系网络的结构、情况的评估。

同时，创业家也必须考虑使命的传承问题，通常有两种途径。

通过共识形成

达成共识的途径包括让团队中的所有人或是部分人去为使命的形成尽心尽力。达成共识的目的在于整合信息、创造出新的思考、获得诸多远见，以便产生、发展出使命。让大家都融入到使命的创造中来，也使得他们有了一种对使命的归属感和认同感。此外，创业家亦可邀请那些正式团队之外的人，比如投资者、重要的供应商和顾客，使其为使命的形成出一份力。这是凝聚团队人心、强化关系网络的有效方法。

以这样的方式塑造使命，会出现一个形式上的挑战，尤其是团队人数过多时。实践上，可以通过建立一个专门的论坛来解决问题。另外还有一个问题，即各方面的想法产生之后，要怎样去发展、评判，并使之融合到使命之中。在考虑这个问题时，务必理性、公正，否则容易让人们感到自己做出的贡献被忽视，甚至是被否定了。

通过强制的灌输形成

有时，创业家可能觉得达成共识并非形成使命的最佳途径，他们更倾向于靠自己的智慧或是咨询一小部分人，来敲定一项使命，而后直接向整个团队加以灌输。用这一途径的原因也是颇多的，创业家们可能会将使命视做对自己远见卓识的表达，而这一点并不像共识途径中说的那样，没有什么可供商讨的余地。这样一来，在形成一份富有意义的使命时，创业家便成了唯一的那个拍板人，他集足够的商业知识和清晰的商业定位于一身。如若团队发展过快，在新人不断加入的情况下，很难保持对使命的持续性反馈。当然，这样的方式可能并不恰当，毕竟使命随着时间的流逝依然要保持其连续性。新的成员在加入团队后会被要求接受既定的使命（当然，他们也很可能一开始就被使命吸引住）。创业家可能也会感到，把使命灌输给整个团队是很切合他们自己的领导策略的，也就是说，这本身也是一种指引、领导。

各种路径备选

以上两种途径，在使命形成的过程中各有千秋，究竟孰优孰劣还是要取决于创业计划，比如从事的业务有多复杂，推进业务的途径是怎样的，创业家采取了怎样的领导风格。形成一份使命实际上是至关重要的一步，在这一过程中创业家的领导能力得以建立和证明。

14.4　使命陈述的清晰表达

> **重要学习目标**
>
> 　理解如何去表达新创企业的使命陈述。

在根据战略要素和创业价值观归纳出创业使命之后，这项使命需要以一种形式清晰地表述出来。要使这项陈述成为企业管理中有价值、有效用的工具，它就必须满足几个条件。具体而言，它必须强调出创业项目的与众不同之处，必须有足够的信息量，必须清晰，必须能感染人心，必须朗朗上口、通俗好记。必须在这些条件中做好平衡。以下是一个包含了上述所有要素的例子：

（我公司）旨在用（具竞争力的优势）带着（服务的热情），来为您提供（商品），这些（商品）可以（满足您的需求）。在这个过程中，我公司将始终坚持（我们的价值观）。

清晰表达使命的第一步，便是去找到那些能够描述上文括号内要素的词句，这些词句要精练，否则使命陈述一旦太长便会不好记，不容易给人留下深刻的印象。单个的词语就再好不过了！并非每个要素都必须包含在内，因此如果某一要素显而易见，或是不能表述出公司业务的独到之处，那删掉它也无妨。如果在犹豫，想着使命陈述是不是长点更好，那就不用再迟疑了，尽量简洁一些。

公司在经营中会有很多机会就自己的使命展开交流，它可能会被贴在办公室墙上，可能会作为制定目标的出发点，可能会包含在寄给客户的宣传材料里，可能会呈现在对投资者的商业推介展示中，然而，并非每种交流都必须非常正式。使命不必总是以正式的"陈述"形式被表达出来，完全可以在聊天中不经意地流露出。毕竟再怎么说，使命即是为了回答这个问题："你们的业务是做些什么？"

要点总结

- 使命是关于新事业计划具体做些什么和意欲获得什么的正式表述。
- 好的使命对新事业计划帮助甚大：促进对眼前形势和公司能力的分析，把公司内的利益相关者凝聚在一起，把新事业计划向外部相关者加以说明。
- 使命陈述可以包括公司对经营范围、能带来的收益、发展目标、企业价值观的界定。
- 创业者们可以把对新创企业使命陈述的开发运用到自己的领导战略形成中去。

研究主题

创业家对正式使命的采用和评价

对大公司正式使命的采用这一问题，历史上已经有过许多研究。但是对较小企业以及创业型企业所做的同样的研究却少很多。一套研究方法论可以被用于进行这个领域的研究。选一个小企业和创业型企业的样本（越大越好，目标是超过 100 个）。这个样本可以由不相关的子样本组成，这些子样本按不同的领域或是业务增长率等标准区别开来。这项调查的目标如下：

- 这家企业有正式使命吗？如果有，是什么呢？
- 创业家将使命当成一个多重要的管理工具呢？
- 使命的价值是通过什么方式体现出来的（作为分析的焦点；作为内部交流工具；作为外部交流工具）？
- 它在当前企业的运营中起到的主要作用是什么？
- 它被传达给了哪些股东？以一种什么样的方式？
- 这个使命促进和支持了哪些决策？
- 在吸引股东这一方面，它有多大的价值？

另外，运用在本章描述的框架来对使命陈述的要素进行编码。使命包括了哪些信息？通过分析，把样本中不同种类企业的使命陈述的形式及其信息内容和它的感知价值联系起来。总结研究结论，并对小微企业和创业型企业中正式使命的发展和使用给出建议。

重要读物

以下两篇论文对组织使命进行了回顾并对其发展给出实践性指导：

Baetz, M. C. and Bart, C. K. (1996) 'Developing mission statements which work', *Long Range Planning*, Vol. 29, No. 4, pp. 526-33.

Wickham, P. A. (1997) 'Developing a mission for an entrepreneurial venture', *Management Decision*, *Vol.* 35, No. 5, pp. 373-81.

推荐读物

Calfree, D. (1993) 'Get your mission statement working!' *Management Review*, Vol. 82, pp. 54-7.

Campbell, A. (1989) 'Does your organisation need a mission statement?' *Leadership and Organisational Development Journal*, Vol. 10, No. 3, pp. 3-9.

Gampbell, A. and Yeung, S. (1991) 'Creating a sense of mission', *Long Range Planning*, Vol. 24, No. 4, pp. 10-20.

Campbell, A., Devine, M. and Young, D. (1990) *A Sense of Mission*. London：Hutchinson.

Collins, J. and Porras, J. (1991) 'Organizational vision and visionary organizations', *California Management Review*, Vol. 34, No. 1, pp. 30-52.

David, F. R. (1989) 'How companies define their mission', *Long Range Planning*, Vol. 22, No. 3, pp. 90-7.

Falsey, T. (1989) *Corporate Philosophy and Mission Statements*. New York：Quorum Books.

Germain, R. and Bixby Cooper, M. (1990) 'How a customer mission statement affects company performance', *Industrial Marketing Management*, Vol. 19, pp. 47-54.

Klemm, M., Sanderson, S. and Luffman, G. (1991) 'Mission statements：selling corporate values to employees', *Long Range Planning*, Vol. 24, No. 3, pp. 73-8.

O'Gorman, C. and Doran, R. (1999) 'Mission statements in small and medium sized enterprises', *Journal of Small Business Management*, Vol. 37, No. 4, pp. 59-66.

Pearce, J. (1982) 'The company mission as a strategic tool', *Sloan Management Review*, Vol. 38, pp. 15-24.

Pearce, J. and David, F. (1987) 'Corporate mission statements：the bottom line', *Executive*, Vol. 1, pp. 109-16.

Piercy, J. and Morgan, N. A. (1994) 'Mission analysis：an operational approach', *Journal of General Management*, Vol. 19, No. 3, pp. 1-19.

Rarick, C. and Vitton, J. (1995) 'Mission statements make cents', *Journal of Business Strategy*, Vol. 16, pp. 11-12.

Simpson, D. (1994) 'Rethinking vision and mission', *Planning Review*, Vol. 22, p. 911.

Want, J. (1986) 'Corporate mission：the intangible contribution to performance', *Management Review*, Aug., pp. 40-50.

精选案例

案例 14.1　　　　　　　　　　传统主义者接受改变

文/Jon Boone

　　很显然，克里斯·伍德海德喜欢将业务和乐趣融为一体。这个由学校主要检查员转变而来的教育企业家正在考虑怎样最好地利用报纸评论的这个机会，对海曼先生写的一本书进行有力的反驳。彼得·海曼曾经给首相写演讲稿，后来转行成 Islington Green 学校的一名教师，他的这本书写的是那所在 1997 年被伍德海德宣称会失败的学校，伍德海德的论断在当时引起了争议。

伍德海德先生表示，大家都将从他两个身份、角色的结合中受益，即作为传统教育的活动家和英国发展最快的盈利性教育机构——Cognita 集团的主席。而海曼则说："无论唐宁街（英国首相和首相办公室的代名词）的人怎么说，我还是认为 Islington Green 正在走下坡路。"

当他不是在写文章，而是在电视上露面的时候——"公共关系是企业很重要的一部分"——伍德海德作为私人资本企业主席使得他得以在国内不停走动，他参观了自去年 9 月份以来集团加快收购的学校，并参与了市场收购，这个市场是将传统学校作为慈善结构进行运营的。

到目前为止，由恩格尔菲尔德私人资本集团支持的伍德海德先生，在游说企业家、政府官员和校长变卖财产这一方面表现得特别出色。他已经成功收购 20 所学校，到今年年底他预期会再增加 10 所，并相信这个集团——已是全国最大——将会容纳 50 所学校。

他坚持认为支付金钱不是吸引小型私人学校所有者的唯一原因，这些所有者通常用一生的时间来建立他们的企业。他作为一个"传统到不知羞耻的"教育者也是吸引所有者的一个原因。"他们像我们一样认为，孩子们应该学会读和写，他们应该学习课程大纲中的传统科目。而且无论政府的想法如何，教师们在新千年中的工作和他们在 20 世纪甚至是 19 世纪时没有什么不同，我们不相信在 21 世纪里教师要被重新定义。"

他清楚 50 所学校的集合能够进一步巩固他原本就已经在教育界取得的相当大的影响力。他能够设想未来的一个时刻——尽管他坚持认为它不是首当其冲的——Cognita 能够舍弃这个 A-level 系统（英国的普通中等教育资格考试高级水平课程）而采用新的资格考试方法，这个新资格考试方法是由一流的私人和公立学校共同成立的考试董事会安排的。

尽管这个大企业正在快速增长，但该企业本身仍保持着简洁的作风，有三个员工负责业务，另三个有着同等地位的全职员工则掌管教育。该企业很快就将腾空它在必比登路的豪华办公室，它位于时尚的富勒姆路的一栋 Terence Coran 式建筑物里面。通过将它迁至不那么繁华的弥尔顿·凯恩斯的新办公室，它旨在通过收获规模经济和学校扩招以增加利润并降低成本。

"我们非常清醒地认识到，他们选择我们的学校是因为我们学校相对来说比较小——我们最不愿意看到的就是使他们回到大的教育机构。但是一些学校已经得到了建更多教学楼的机会，还有一些学校不需要更多的教学楼就可以实现扩招。"

然而最终，这个计划变成了在 7 年多一点的时间里变卖这个企业甚至让该企业上市。这一点也在一些家长中引起了恐慌，尤其是那些在城市里工作的家长。"他们看到了潜在的下降趋势，并问了同我当年第一次和恩格尔菲尔德接触时所问的一样的问题，"他说道，"我不想为一个只关心怎么样获得又快又多的利润的教育公司做掩护。"

"一些家长认为我们收购学校仅仅是为了扩张地产，我能够理解这些家长的怀疑，因为我们有一所在赫特福德郡的学校的确位于一条被价值几百万英镑的房子所包围的大街上，那个学校的地皮如果被用来发展居民区，将比其作为学校有高很多的价值。"

"像他们一样，我也需要相信恩格尔菲尔德真的理解我对于将高质量教育作为盈利推动力的立场，而且其也要能够坚持在个合理时间段的投资。"

在离开英国学校检查机构 Ofsted 以后，伍德海德先生在 2000 年帮助经济人 Numis 制订了一个相似的方案，但这个方案由于筹资不够而夭折，然后他开始了和恩格尔菲尔德的长达 18 个月的对话，并最终让其相信了企业的好意。

最终，他和恩格尔菲尔德的一个创始人埃德蒙·拉撒路发展了一个企业计划，该计划设想家长们愿意每年花 6 000 到 9 000 英镑，只要学校所在的区域里的家长们足够富裕，并且在那一带 "公立教育可能是有问题的"。

伍德海德先生解释道："可能是因为公立学校的标准过低或者是家长们担心行为问题。或者可能因为存在一个可供选择的语言学校，而家长们想把孩子们送到我们的预科学校以得到更好的去语言学校学习的机会。"

他也没兴趣和一流的私立学校竞争——在那里学费可能高至 20 000 英镑，而且广泛地存在一种想把学校尽可能打造成为宫殿的欲望。

"这并不意味着我们不提供某些科目。我们只是不想在奢侈资源和结构上投资。比如我们不需要每隔一年就更新电脑套件——当然，技术是要更新，但是我认为在电脑上投入过多的钱是不必要的。"

简言之，他愉快地接受了 Cognita，就像乐购对于 Eton's Harrods 一样，而且他坚定地认为家长们和老师们不应该因为自由市场的途径而感到恐慌。"不存在冲突……因为我们为家长们和他们的孩子们提供的教育越好，我们的学校就会变得越受欢迎。"

的确，他预测目前只有为数不多的企业在经营着盈利性学校的市场将会在接下来的 10 年里发生巨大的改变。"我觉得我们现在正在见证着合并的开端。一些慈善性质的学校很可能会变成盈利性学校。当然有一些慈善性质的学校和我们商谈，带着或被我们收购或和我们成立合资企业的愿景。"

他说，那些学校被 Cognita 这类企业准备的出资金额所吸引——但是他婉拒透漏有着 5 亿英镑总资产的恩格尔菲尔德愿意在这个企业上投资的准确金额。

"我们所能说的是，我们通过我们的资助人可以获得重要的资金，只要企划案是正确的并且是有必要的，我们的资助人都会提供资金。"

伍德海德先生显然很享受这两个角色。我们的采访时间被缩短，因为他要去参加一个直播的电视辩论节目。某个人可能正等着被他好好回击。

企业发展应从教育产业学到的经验教训

米兰·达格林写道，Asquith Court 上个月将其 14 所学校卖给克里斯·伍德海德的 Cognita，并坚持认为其找到了让包括员工和顾客在内的所有人都受益的解决办法。"我们将在 Cognita 里找到一个好的买家"，Asquith 的首席执行官菲利普·罗德说："对于学校业务，你必须要有广阔的视野和良好的教育文凭。"但是对于他自己的公司而言，未来——以及丰厚的利润——在于坚持并且扩张剩下的 2/3 的业务：学前托管。"学校是一个好业务，但是十分不同——而且我们早就发觉协同作用的缺乏，"罗德先生如是说。他引用了不同的管理要求和不同的投资和资金周转循环。由个体校长经营的学校面临着激烈的招生竞争，需要稳定的投资。另一方面，托管所通常连锁经营，对投资的需求不是那么强烈。阿斯奎斯目前拥有并运营着 110 个独立的托管所，主要是在英国的东南部。这些托管所每周为大约 8 000 个小孩提供托管，拥有 2 500 名员工。它成为了除 Nord Anglia 之外最大的私立托管企业。但是该领域顶尖的 10 个企业却只经营着 12% ~ 14% 的托管所。随着小的托管企业被更大的托管企业收购，这一点有望改善。罗德的资助者韦斯特私人资本公司的首席执行官杰里米·汉德说道："这里有着巨大而又极好的机会，但是规模将推动在这个市场上的成功。你需要通过赚取利润而保持企业发展，我们希望这个策略有一天将把我们送进公共市场。"他还说，他和大多数竞争者都意识到赞助他们的风险投资家们所持的态度是"从不曾有"的。

Source：Jon Boone, 'Traditionalist embraces change', *Financial Times*, 23 February 2005, p. 17. Copyright © 2005 The Financial Times Limited.

案例 14.2　　　　　　　　　　把最好的留到最后的首席执行官

文/Deborah Brewster

没有几个首席执行官在他们将要退休之际，还决定必须改造他们 43 年前建立的公司并使其规模一夜之间翻 1 倍。但是，上个月莱格·梅森的首席执行官和创始人，68 岁的奇普·梅森对外宣布他的这一决定时，就证明他要这样做了。

梅森先生在他 25 岁的时候创建了一家经纪公司，于 1970 年将其与另外一家经纪公司合并，并在 1974 年上市。自从那时候起，他将位于巴尔的摩的莱格·梅森公司建设成为一家被高度重视的资金管理公司和经纪公司。该公司的旗舰有偿信托连续 14 年击败了标准普尔 500 指数。莱格·梅森的基金管理人比尔·米勒是唯一成功做到这一点的人。

通过梅森的交易，莱格·梅森将舍弃它的老本行并将其名下的经纪公司转手给花旗集团，以此交换花旗集团价值 4 400 亿美元（2 520 亿英镑）的资产管理业务。这一举动使莱格·梅森的资产管理规模翻倍，达到了约 8 300 亿美元，并将这个原本低调的公司转变成全美第五大投资公司。

"它开始于 5 年前左右与一个德国银行的合作，"梅森先生说道。和其他许多创业者一样，梅森先生不是依靠层层信贷支持人员来经营这个公司的，而且似乎大多数情况下他的办公室也只是用来招待来访者。他谈吐直率而又和气，他的谈话中经常可见"很棒"和"胡说八道"这样的字眼。

"我们没有和德国人做生意，但是我发现，他们和其他人都在怀疑他们是应该做短期资本经营者，还是应该只做别人资金的分配者。"

我认为，"我们应该注意这一点，因为它能够改变企业的动态。"然后，一些管理者又跳出来加一个全新的元素……说作为理财者和分配者这两者之间存在一些有趣的冲突。

"我认为这个观点是不正确的，"梅森先生说，他表现出了对那些过于雄心勃勃的管理者的不耐烦。"但是最后这都没关系。监管之风愈吹愈烈。"他说："这不是积极的发展——我们几乎仅仅是通过我们自己的经纪公司来分配资金的，所以最终我们将不得不着手处理这个问题。"

"很明显我们将要做点什么了，我们利润的 70% 来自资产管理，20% 来自经纪公司，9% 或是 10% 来自资本市场。我早就这样说过，你将不得不跟上这 70%。我们或者必须把这个经纪/经销商分出去使其成为一个独立的公司，或者将它卖掉。"

"我们将这个分离方案推进，并制订了详细计划。但是，大约在 5 个月前，我接到了花旗银行的一个电话。他们说'我们应该考虑交换业务吗？'我考虑了一下，10 天后回了电话，然后三四个星期后我去那里进行了商谈。商谈时断时续，并且很可能因为我紧张而不成功。"

"将经纪人/经销商卖掉是一件痛苦的事情，"梅森先生承认这一点，他看起来好像比较享受谈论经纪业而不是资产管理。"我愿意终生致力于它。甚至在我们宣布的那天，我也感到很痛苦。我将所有的人支出了办公室，因为我必须独自面对，我要打电话给员工并且告诉他们这件事情。在那4天里，我对电话充满了畏惧，就是很畏惧。我们雇用了这些人，对他们进行培训，在这些年里我们都一起工作，这些年都很不容易。"

梅森先生是资产管理界工资最高的管理者之一，不包括他所持有的购买权在内，他去年仍旧赚了1 000多万美元。然而，考虑到莱格·梅森快速的发展及其良好的声誉，没有人会对他的高工资有异议。在与花旗集团的交易达成之前的一年里，莱格·梅森的股价增长了60%，随后又提升了25%，这反映了投资者们的观点，即梅森先生对经纪公司的标价很有效，而且在这个交易中获得了最好的回报。

梅森先生表示他计划在接下来的"几年里"退休，董事会正在选择他的继任者，这期间允许有一个过渡期的存在。"我们已经在内部进行了人员清理，他们（董事会）已经有合适的人选了，"他说。

直到那时，他还在继续花时间盘算着怎样才能整合他的新帝国以及参观它的前哨基地。他每天工作12个小时，他说，晚上还要再花一个小时"整合一天的事情"。

"到9月/10月为止，我们完成了这件事的很大一部分，"他坐在位于巴尔的摩市中心最高的莱格·梅森塔上说道。当时，梅森先生刚从纽约和花旗集团大多数资产管理人员召开的一个市政厅会议那回来。"那些员工心中当然存在着不安的情绪，因为他们在想谁会失去工作，"他说。"我们必须面对这个局面并且朝前看。我们不能保证没人会丢工作。"

花旗集团占大半数股权的固定资产管理公司将会和莱格·梅森的固定收入子公司——西部资产管理公司合并，并将以其将近5 000亿美元的资产成为世界上最大的固定收入管理公司，这比20年前的30亿美元来说是一个非凡的增长。

"固定收入业务将提供很多工作，是很大的一块，"梅森先生说，"股权投资业务将容易得多。我们很可能将这些都放到一个独立的单元里，并将其当做独立的资产管理公司来经营。"

"有很多需要分析的……仍然有，"梅森说道。他无论去哪里都随身携带一个计算器，并且在很大的黄色便签本上填满总数。"我不喜欢电脑打印出来的资料，"他解释说："如果一个数据错了，将会使其他数据跟着错下去。我自己做算术——加、减、乘、除。对于一些人来说，数据并不代表什么。但是对于我来说，它们能够很清楚地说明问题，它们能够讲述幕后的故事。我喜欢并且一直喜欢数据。"

好像花旗银行交易还不够似的，莱格·梅森在同一天宣布将投身于对冲基金，并从意大利阿涅利家族收购了基金中资历最老的佩莫尔基金。进行这个交易时，他丝毫没有卖掉经纪公司时的痛苦——梅森先生说他迫不及待地接受了这个开价。

"我不想直接经营对冲基金，"他说：'从一种风险和监管的角度来看，我不确定我们是不是可以管理好它们。大约在六七年前，我跑去看一个对冲基金，并在那耗上了一整天，但是最后我只理解他们所说的30%，那时起我就对其失去了信心。将我带去那里的那个投资银行家成功说服我回心转意，然后经过努力，我也理解了他们所说的一半，不过我还是认为如果我拥有了对冲基金，我将每时每刻都坐立不安，于是我还是放弃了。

"佩莫尔最棒的一点在于它完全在美国之外和全世界最富有的投资者进行交易，而且它刚刚进入美国这个可以赋予它最大增长潜力的国度。当我第一次接到关于它的电话时，我就直率地说这笔交易我们做定了——它给了我们迫切需要的一个选择余地。并且它和关键管理人员之间的关系正是我们想要的，这种关系的建立是需要时间的。佩莫尔已经在市场上有着 30 多年的经验了。"

梅森先生表示，这个有着 200 亿美元管理资产的集团也不想合并，它将独立经营自己的业务。

对于梅森先生自己来说，他表示退休之后将有许多事情要做。他是约翰·霍奇金大学的主席，并在巴尔的摩从事许多与市政和慈善业相关的职务。他说："我会把这个交易搞定，然后我就可以功成身退了。"

Source：Deborah Brewster，'The chief executive who saved the best for last'，*Financial Times*，25 July 2005，p. 10. Copyright © 2005 The Financial Times Limited.

热点问题讨论

1. 为 cognita 设计一个使命。
2. 请描述奇普·梅森赋予莱格·梅森公司的使命。

第 15 章

新创企业的战略

本章概要

战略是现代管理实践的核心概念。本章从新事业的视角来看业务层战略，提出了新创企业的战略，以及创业家们控制战略发展的方法。本章探求创业家用来开辟新事业的战略。

15.1　什么是业务层战略？

重要学习目标

了解新创企业业务层战略的主要内容。

在管理思想中，一个组织必须以战略为中心。战略从广义上来说是组织为了达到其业务目标而采取的行动。战略指导行为，而一个有效的策略会促成一个很好的绩效。一个组织的战略是多面的。它可以从很多方面着手，这要看哪种是有利的。一个公司采取维护战略的过程和战略所处的环境是有区别的。战略内容与公司所从事的业务有关，而战略过程与公司决定将要做什么有关。战略内容有三个不同的决策领域：产品、目标市场和竞争的手段。

战略内容

战略内容涉及 3 个要素：最终产品范围、顾客以及在市场中它所取得的竞争优势。

产品类别

产品类别包括公司供应给市场的产品的种类。注意，"产品"在这里是广义上的，包括有形产品和无形的服务。创业家所面临的决策有：

- 公司应该提供哪种产品？
- 产品的特征是什么？
- 产品怎么满足顾客的需求？它们有什么好处？
- 哪些有形和无形的服务应该随产品一同提供？
- 如果产品很成功，顾客怎样才能觉得它比其他竞争者提供得更好？
- 怎样的单价才是合理的？这和价格有什么关系？
- 产品类别应该有多广？要有多少产品变型？

市场范围

市场范围决定了顾客群和公司的市场细分。主要的决策包括：

- 整个市场怎么定义？
- 划分市场及其区域的重要特征（比如，顾客类型、顾客需求、购买习惯、地理位置等）是什么？

- 公司应该重点关注哪一类顾客群？
- 这些顾客会在哪个区域？
- 公司应该面向比较小的一个群体还是一个更广泛的群体？
- 为什么所选的顾客群觉得公司的产品比竞争者的要强？
- 怎么确定地理位置和顾客范围（比如，当地的、地区的、国家的、国际的）？

当然，产品类别的决策和市场范围的决策是相互关联的。对其中一个的决策会影响对另一个的决策。因此，创业家最好把其看做是公司产品市场的成套决策。

竞争方法

竞争方法指的是公司在其产品市场领域为了维持其发展与竞争者竞争的方法。这方面的战略内容反映了公司试图让顾客更喜欢它们的产品。重要的决策包括：

- 相对于竞争者，应该怎样定价（应该提供折扣还是高价出售）？
- 应该采取哪种分销渠道？
- 应该付给中间商和分销商多少资金？
- 分销商应给予怎样的支持？
- 顾客的购买决策会受怎样的影响？
- 应该给顾客传达产品的哪些信息？
- 信息应当怎样传递（比如，通过广告、个人兜售，还是通过分销商）？
- 顾客会把产品与竞争者的产品进行对比吗（如果会，是基于什么呢？价格、质量、特征，还是性能）？
- 是否应该告诉顾客这个产品革新很大，没有与之相似的同类产品？

公司想要达到的战略必须与创业家对新创企业的展望和使命一致。有关战略内容的决策要基于外部条件，比如市场的特点、竞争地位以及在不同地区可以采取的策略，并且也要基于内部条件，比如公司的使命以及目标，它所需要的资源和它的能力。新创企业的战略内容是指它为了维持与发展产品市场领域的方法（见图 15.1）。

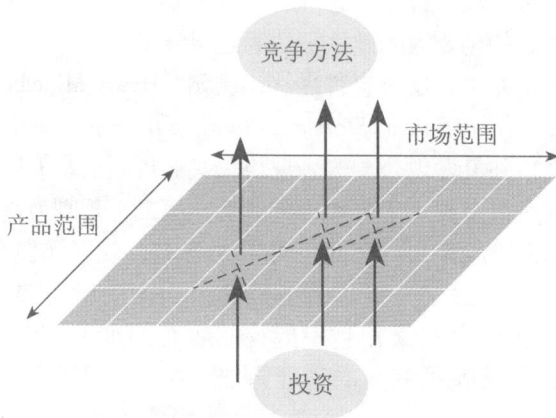

图 15.1 战略内容及产品－市场区隔图

如果新创企业想要取得成功，则必须把它的资源合理地用来维持与发展其策略。战略内容包括新创企业必须有的资源投资。在财务、运营以及人力资源的投资将在支持战略内容方面起到一定的作用。当然，战略内容决策必须依据它们包含的投资、可能有的回报与风险来评估。

15.2　新创企业的战略过程

重要学习目标
　　了解一个新创企业如何对适合战略进行抉择。

　　公司的战略过程是指企业为达到其目标作决策的过程（见图 15.2）。它体现在公司展望未来的方式、制定目标的方式以及决定怎样分配资源的方式上。战略过程体现在结构、系统、公司采用的过程，以及创业家的领导风格和文化中。

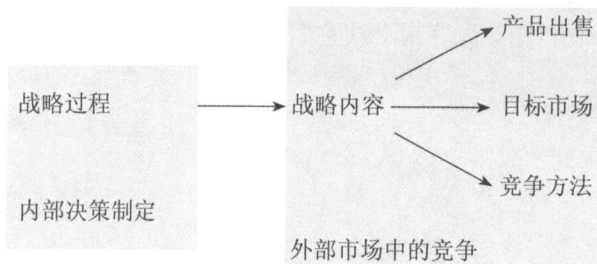

图 15.2　战略内容与战略过程

　　现代战略管理的最重要的主题之一就是详细战略制定和应急战略制定的区别。一个详细的战略制定方法是一个创业家先针对策略把未来的目标以及竞争方法分成若干具体的目标。然后，创业家通过明确的实施过程来实现其战略，在这个过程中有目标和预算。应急战略制定指未来目标和战略途径很不明确。相反，创业家更注重管理企业的短期能力以及利用企业在发展过程中出现的机遇。在此，创业家不关心企业要做什么，他们只是确认自己会很有趣。

　　战略管理的传统办法强调详细战略。为未来作好计划并不只是高级管理者的重要职责，更是他们的首要职责。没有计划的管理者在很重要的方面来说是失败的。尤其，反对正式规划而提倡作业计划的创业家的做法被认为是错误的。

　　尽管如此，最近还是有学者反对这种提法，例如，Henry Mintzberg 的重要著作《论战略规划的兴衰》（*The Rise and Fall of Strategic Planning*）一书中体现了这一点。批评包括两方面。第一，实证观察并没发现公司的表现与正式的规划活动有很强的联系。许多没有什么规划的公司和那些有很多规划的公司一样成功。第二，规划方法在理论上有缺陷。规划只在未来可预见的情况下起作用。然而，对于动态的、难以预测的发展很快的企业来说，尤其难以实施。它有个假定是管理者能控制公司内的所有事情。经验证明，管理者（即使是有很强领导力的创业家）也不能控制所有的细节。因此，实施紧急措施不能被认为是错误的。它们反映了完美的管理方法，至少可以在既定的能力与环境所给予的机遇下发展。

　　对于许多极端的观点，紧急规划在很大程度上会展现一个更宽的视角，包含两种情况。迅速划清制定与实施的界限被视为是人为的。在战略发展过程中没有扮演角色的"实施者"不可能管理参与其中的所有者。战略从制定到执行必须经过修改。创业家通过领导来实现好的战略，领导不仅是规划，领导需要聆听员工的想法，从员工那里学习，并让他们表达自己的观点。领导也意味着给人们作自己决定的权力，并把他们的想法付诸实践。这是公司唯一的学习方法，并且是灵活的。然而，给新创企业留有发展的空间并不意味着创业家没有想法。正如我们在第 13 章谈论到的，即使一个创业家没有明确的、详细的规划，他们至少会对企业有个展望。这样一个展望只是提供了企业发展的一个大方向，而不是明确的目的，但是，它会在自己的轨道上发展。一个通过实际结果比较创业家意图的认知研究表明，许多创业家采用紧急规划方案并且很熟练。

Eden 和 Ackermann（1998）提出应一起参与战略制定。他们认为提出一个好的战略是一个互动的过程，也就是"journey"，事实上它是一个缩写词，代表"联合、理解、思考和协商"。在这个过程中，作为个体仍然应该评估和识别战略选择。然而，这些选择处于灵活的"开放的地位"，并且可以使它们变为贯穿于公司始终的战略。实施战略和制定战略一样重要。在企业的环境下，这个过程与企业定位及其使命是一致的。

企业管理的方法在战略过程层面，而不是内容层面独特。创业家做的是什么业务不重要，重要的是创业家管理企业的组织方式以及创新并把竞争者不能传递的价值传递给顾客。

在任何时候，企业都有个战略内容，那就是用一定的策略卖给一特定群体产品，并参与市场竞争。战略内容会随着企业发展而变化。新产品会被引进，旧产品会退出市场。策略会随着市场条件的变化而发生变化。任何时候，创业家和其他的管理者都会对企业在未来应有的战略作出预测。其他的利益相关者，比如寻找某种特殊新产品的重要客户和重要的投资者也会对此感兴趣。

公司所采用的战略过程是由战略内容决定的。如图 15.3，它体现在已有战略内容、未来公司将采取的战略与已实施的战略内容之中。这些决策影响公司的投资。

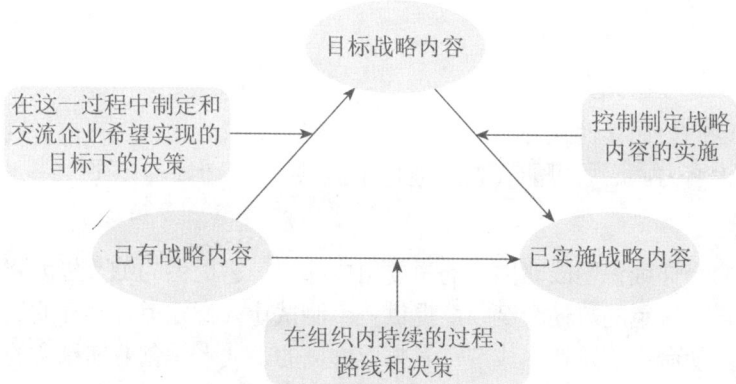

图 15.3　战略过程模型图

已有战略内容与未来目标战略内容的关联性

企业的战略内容随着时间的变化而变化。企业产品更新的办法、改变顾客基础的方式，及其竞争途径将会是组织公司的人们采取的一系列决策行为的结果。即使公司没有明确的指导战略，这些决策也会出现。它们可能会逐渐增加并且是短期的实质性的解决方案，或者它们只是针对即时的市场机会而制定的。然而，这并不意味着这些决策不在控制范围内。它们是在各种组织与环境因素的作用下形成的，包括：

- 决定公司结构的汇报关系。
- 公司采取的控制资源分配的机制。
- 公司激励与回报体系。
- 公司管理信息与识别机遇的方式。
- 公司的科技与发展能力。
- 公司的历史绩效。
- 公司内部资源的有效性。
- 公司文化。
- 公司内部争论与政治斗争。
- 外部利益相关者，比如顾客与投资者的期待与影响。

如果只考虑这些特征而不考虑最重要的战略环境，就会影响决策的制定，那么，用 Mintzberg 和 Waters（1985）的战略术语来说，公司的决策过程可能会十分紧迫。

已有战略内容与目标战略内容的联系

一个应急战略可能是由于许多原因而产生的，然而，一个创业家不可能满意，除非公司认为其未来能够实现。毕竟，创业家是由于区分确定和不确定性才受激励的。公司想要的未来状况可以采取各种形式，它们在以下几个方面表现出了不同：

- 它所包含的细节种类。
- 这些细节有多详细。
- 创业家在成就中能接受的程度。
- 达到战略目标的时间段。
- 与其他利益相关者交流的方式。
- 与其他利益相关者可协商的程度。

创业家对公司愿景的沟通

创业家可以向公司其他人说明他们对公司设想的愿景。通过这样做可以激发整个公司使其变得很强大有力。愿景可能（蓄意地）不提供细节，但是它强调某些战略内容。

使命的定义

公司的使命会详细说明战略内容的重要组成部分。它提供的细节程度将取决于战略组成部分是怎么详细规定的。使命至少能提供一个测试让人们知道哪部分的战略内容是期望的、可接受的。使命可能是在达成统一意见后形成的，或者是创业家制定的。

目标的制定

目标战略内容可以通过具体目标的制定清晰地表达出来。这些本质上可能是财政上的或者是战略上的。它们可能指公司整体，或者某个项目，或者可能与某个个体的职责有关。目标可能取决于协商或者是一致赞同，或者其是由创业家单独决定的。采取的办法取决于创业家个人的风格和领导战略。量化的目标是一个很好的衡量目标战略内容的标准。

通过非正式的讨论

一个目标战略内容的制定可能不是通过正式讨论得来的。通过持续讨论市场提供的业务和机会，它可能变得很明显。这些讨论可能涉及到各种各样的人，他们或许来自组织内部，或许来自组织外部，并且这种讨论可能会持续一段时间。

目标战略内容与已实施战略内容的联系

这种联系体现在创业家传递他们想要的战略内容的能力上。有两件事可能会起限制作用。第一，在市场上达到战略内容的潜力。如果要传递战略内容，则它必须在市场条件下以及现有的竞争力下可行，以及有足够的资源可用来实现必要的投资。第二，创业家控制公司的程度。

尽管这是"他们的"公司，但创业家在管理组成公司的人们的行为方面还是受限制的。创业家不可能完全控制他们的意志。公司有些战略总是"紧急的"。创业家控制企业的方式以及确保战略内容得到传达取决于很多因素。重要的一些因素包括：

- 他们的领导风格。
- 他们对目标战略达成的一致意见。
- 资源的占有。
- 对资源的控制方式。
- 他们建立的控制机制与过程。
- 他们的技术知识。
- 他们信息的流通程度以及他们在公司内控制信息的能力。
- 他们制定目标的方式。
- 他们完成目标的方式。
- 在公司内他们的创造力，以及他们的立法制度。
- 他们对公司政治的影响以及控制。
- 他们与外部利益相关者建立的关系。
- 他们管理属性的方式。也就是说，他们在组织内部把自己与成功联系在一起和摆脱失败的方式。

创业家会因明确的世界构想而被激励。那就是他们的展望。然而他们必须总是把他们的期望与他们控制公司所能做的联系起来，不管是在内部还是在市场。他们必须把他们管理公司的需求与给公司员工作决定平衡起来，并且用他们的洞察力和直觉使公司有更大的发展。

15.3 对新创企业战略过程的控制

重要学习目标
识别创业家们在其新事业开拓中必须控制战略过程的决策。

如果创业家想要维持对公司的控制并且重点放在它想利用的机会上，那么他们必须控制策略。这要求控制战略过程和战略内容。这意味着控制公司对未来选择的方式、沟通与分享的方式，以及控制通过资源投资的方式、回报的方式。

这些创业家要采取的重要的决策必须与发展和控制战略过程有关，其包括以下方面。

与使命发展有关的决策

- 企业使命会通过什么样的过程发展（通过一致意见还是通过强加）？
- 应该怎么阐述使命？
- 使命应该传达给谁？

与战略发展有关的决策

- 公司内谁会对期望的战略内容作贡献？
- 怎样评估判断他们的观点？
- 需要发展战略的信息从哪里来？
- 公司内谁会收集、存储并且控制此类信息？
- 期望战略内容怎样传达给公司其他人？
- 公司战略内容怎样传达给外部利益相关者？

与控制资源有关的决策

- 哪个过程会控制投资决策的制定？
- 谁会对某个层面的投资负责？
- 新的投资怎样与常规付款区分开来？
- 预算该怎样计算？
- 应该使用哪种预算控制系统？
- 预算控制的信息应该怎样存储、操控与分享？
- 谁负责存储、操控与分享预算控制？

与目标制定方式、指导实施与奖励方式有关的决策

- 目标怎样制定？
- 谁负责制定它们？
- 目标为谁制定（公司、职能、团队、个人）？
- 目标的本质是什么（财务的还是战略的）？
- 目标是可以协商的吗？如果是这样，那么怎样协商，由谁协商？
- 怎样的信息需要控制目标？
- 这类信息怎样收集与存储？谁能得知这类信息？
- 达到目标有什么奖励？如果没有达到会有怎样的回应？

这些决策会影响企业的结构与系统，因为它们影响形成的文化。因此，它们必须取决于随着企业发展而做的即时的修改与回顾。Jenkins（1997）用一个图示的办法（一个视觉展示个人认知思想之间联系的方法）来比较创业家的意图（他们准备干什么）与结果（实际上发生了什么）。他发现图示总与意图是一致的，但是与结果不一致。他解释并说明创业家可能不太清楚战略方法。许多创业家，似乎仅能灵活地应对他们遇到的机遇并采用紧急策略进行投资，而不能运用有意识地、深思熟虑的策略向着特定的未来迈进。

15.4　为什么一个明确的战略能够帮助新创企业?

与许多商业教科书提出的观点不同，在一个应急战略下活动才是管理生涯中的最大特色。对一个战略进行发展、评估并讨论代表着一种投资。要想获取一个明确的战略需要时间、精力以及资金的投入。正如许多投资一样，必须从回报的角度，即如何提高企业组织的业绩，来进行评估。如果回报不是即将到来的，则该企业组织可能会从把该战略发展成为应急战略中获益。

一个企业组织的战略会在各种各样的条件下变得紧急。这些条件包括:

- 该战略的预期有限。也就是说，目标战略与已有战略没有很大区别。
- 该组织在业务处理上经验丰富。也就是说，如何实现一特定战略的程序已经固定下来并经得起考验。
- 竞争环境稳定。也就是说，环境冲击没有出现。
- 竞争结构稳定。也就是说，竞争者之间不太可能侵占彼此的业务范围。
- 竞争规则已建立。也就是说，竞争者的反应可以被预测。
- 行业技术已成熟。也就是说，革新数量少、范围小。
- 投资模式固定化。也就是说，管理者在作投资决定时不从战略层面寻求导向。
- 企业组织领导力弱。也就是说，强制实行一具体战略的权力有限。
- 企业组织具有政治性。也就是说，不可能就某一战略达成一致。

这些条件往往会在成熟的现有企业组织中发现，因为那些企业的决策过程已经固定化甚至官僚化。在新兴的、快速成长的企业中，不会发现这些具有代表性的条件，因为新兴企业具有革新精神并不断改变着市场中的竞争规则。因此，创业型企业将寄希望于通过以下方式从投资发展战略并从同利益相关者交流中获益。

一项战略……能鼓励创业家评估与阐述他们的愿景

战略代表创业家实现他们愿景的方式。将愿景转化为现实的可能性依赖于创造一个战略传递该愿景的可能性。这种可能性将会在竞争市场中衡量战略可实现性，同时也会在可获得资源角度下衡量战略可操作性。

确保对组织及其环境的审查

战略是对行动的号召。战略想要成功，必须基于对新创企业组织所处环境、市场条件（尤其是该企业组织面临竞争压力时）以及该组织内部能力的全面的、正确的分析。

阐明新的可能性与自主权

战略的发展是对企业愿景指示的反应。然而，这个过程是迭代的。战略发展也会反馈信息给企业愿景。这加强了愿景强有力的部分，同时要求创业家修改愿景的不足之处。这明确了企业未来发展的可能性，以及创业家能接受的、由这些可能性带来的成就的高低。

为组织提供核心

战略能为组织提供中心思想，使组织的成员能围绕该中心思想开展活动。战略使个人任务与企业任务构成统一整体。其本质是一个统一的原则，在为组织活动赋予内涵和意义的同时，协调统一各活动间的相互关系。

指导组织架构

战略突出强调创业家实现目标所必须完成的任务。任务有短期和长期之分；在性质上有一般管理和专门管理之分；有的侧重于建立和维持外部关系，也有的侧重于内部技术问题。任务具有必须承担的性质，而这一性质规定了组织内必须分配的各种职务。这反过来，为创业家架构组织提供了指导。

指导组织决策

战略为决策提供基本的框架，决策是对已提出的可能所做出的反应。战略有助于明确和评估各种可能，表明某一决定的重要性以及该决定的结果所产生的影响。战略还能阐明对充分作出决定所必需的信息，进而使各种选择得以评估，并使组织的行动合理化。

提供目标设定的出发点

通过详述一项需要承担的任务以达到预期结果，战略为组织及构成组织的个人所设定的可量化衡量的目标提供出发点。

充当利益相关者之间的共同语言

组织以其战略为特征。战略诠释了组织所扮演的角色。正是基于这一点才使得个体意识到组织行动以及在此过程中自己那一部分的作用。组织战略为利益相关者提供了一种相互关联的有效方法，即他们通过战略内在交流。战略变成了一种可以用来相互谈论组织及其关系的共同语言。

创业过程的愿景、使命和战略

愿景、使命和战略是同一创业角度的相互交织的三个方面（见图15.4），它们各自代表着创业家们力图创造的世界的不同方面，也代表着创业家们不同的创造方式。三者的共同作用对世界有着不可忽视的影响，能把创业家们的愿望转化为有力的管理工具，从而带来改变。而这一有力的管理工具通过调整创业家们的愿景以适应实际的可能性和能力，通过愿景的昭示使愿景传达至他人，并通过明确必要的行动以推动企业发展。

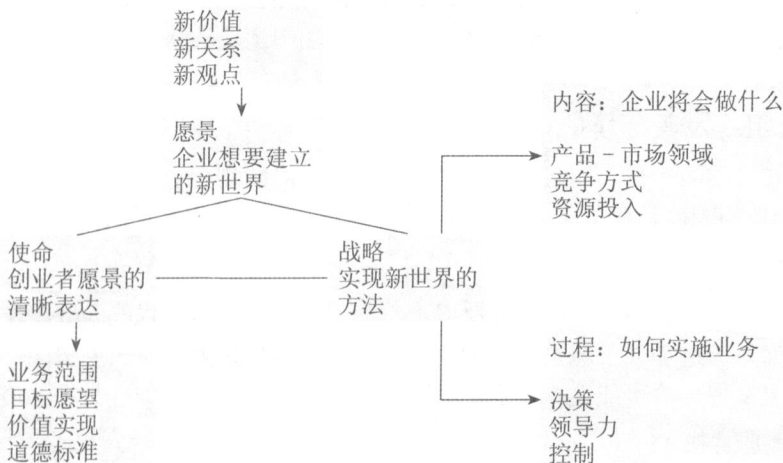

图15.4　创业过程中的愿景、使命和战略关系图

15.5　创业进入战略概述

战略是定义一个组织的一系列行为。每一个创业型企业都各不相同，都有各自的战略。不过，在企业的相互竞争方式中，仍有共同的、可识别的模式，它们就是**通用战略**或称"一般战略"。新创企业都会采用大量的通用战略，以便在市场中争得一席之地。这些战略相互的不同之处在于企业为市场创造价值的方式，以及企业希望服务于市场的方式（见图15.5）。

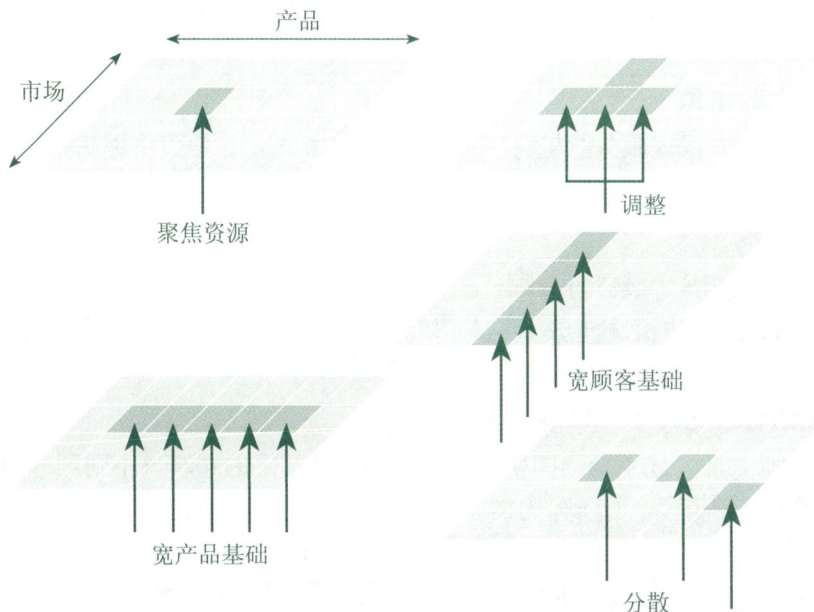

图 15.5　创业进入战略

产品–市场领域

要创建企业，企业家们必须选择一个产品–市场领域。这就明确了创业家们希望向什么市场区隔提供什么样的产品范围。产品范围，即一个企业所提供的产品种类的范围。产品范围应该理解为，能使顾客从市场的不同产品中辨别出来的产品系列。产品范围包含以下一些重要因素：产品特征，产品质量，在不同地点、时间和数量情况下的产品使用模式，市场定位，品牌以及形象。一个企业所服务的市场领域，就是其独特的目标客户群。

客户群需要根据顾客的共同需求以及不同需求来划分。其中需要考虑的重要因素有人口和社会地理特点、心理模式、客户分布、购买行为、使用模式。这类分析是非常中肯的营销思考方法。创业家通常可以选择五种关于产品–市场领域的通用的进入市场的战略：

- 集中进入——专注于单一的、界限清晰的产品–市场领域。
- 产品拓展——向单一的、界限清晰的市场领域提供更多种类的产品。
- 客户拓展——向更多顾客提供单一的或小范围的产品。

- 邻接战略——向更多的顾客提供更多种类的产品。所有的产品–市场领域都是相互邻接的，因为各个领域各自的特点都是相互联系的。
- 分散战略——向不同类型的顾客提供不同类型的产品，各产品–市场领域并非邻接。

竞争方式

用于进入市场的竞争方式，指的是企业通过提供其竞争者所无法提供的价值，以吸引顾客。与之相关的一般战略包含以下几点。

提供一种新产品或新服务

新产品或新服务必须能以不同于并且优于现存产品或服务的方式，提供给顾客，或为顾客解决问题。

提供更大的价值

向顾客提供的产品或服务能与现存的产品或服务相媲美，但价格更低廉，对顾客而言更加物有所值。

建立新关系

创业家们都处在基于诚信的关系网之中。诚信可以减少成本，同时还可以增加价值。建立供应者与使用者之间的新关系，以及更好地管理已建立的关系，能使创业家更具有竞争力。

更具灵活性

顾客的需求并非一成不变。即使是处在同一市场区隔的顾客，不同顾客的需求仍有细微差别。而且，某一特定顾客的需求也是不断变化的。然而，在任何一个时间点，某一顾客群体的需求由范围有限的产品和服务来满足。创业家可以通过更灵活地提供产品或服务，从而为顾客创造新价值。可以通过调整其提供的产品和服务，使之能满足不同顾客的实际需要，或寻找某种途径，使产品得以持续调整，以便适应顾客变化的要求。

对市场更多的回应

随着顾客需求的变化和发展，现存的产品已无法有效地满足顾客的需求。因此，新机遇将出现并逐渐成形。创业家可以通过熟悉顾客需求的变化，从而为市场增加价值：识别新机遇，并通过调整当前提供的产品或服务，以及创造新产品或服务，及时对机遇做出回应。

进入战略的选择

一般进入战略的两方面，即产品–市场领域以及竞争方式，是相互影响的。竞争方式的选择取决于某一特定产品–市场领域的特点。对一个企业而言是否是机遇，取决于该企业所拥有的资源及其自身的能力。充分利用机遇将为企业带来更多资源，用以维持和拓展企业在产品–市场领域中的影响力。对一般进入战略的选择取决于企业拥有的资源和能力（见图15.6）。

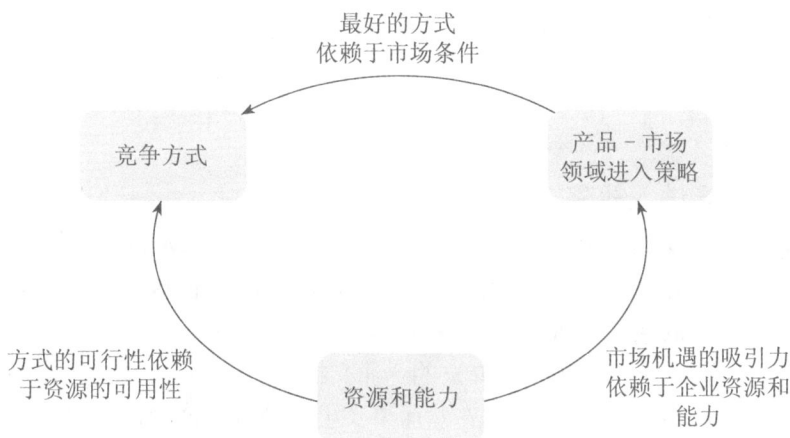

图 15.6　战略、资源和能力之间的关联图

15.6　访谈战略：创业战略的启示

重要学习目标

认识到试探法是创业家们进行决策的向导和标识。

关于创业战略的探索目前已步入正轨，而创业战略既从"由上而下"的局外人的角度来阐述，也从"自上而下"的创业家的角度来阐述，这样是合理的。正如医生运用自己的知识和专业技能可以诊病，创业家可以发现一般创业家所不能发现的战略方案。创业家并不一定都有，甚至通常都没有制定企业战略这方面的系统知识。战略专家也许能确定企业的战略立场，即使企业的管理者不能或没有对企业的战略立场形成系统的认知。当然，这并非指管理者没有有效地实施战略。

不过，实际上，战略专家与创业家之间的关系密切。如果战略专家和创业家都想了解企业发展的动向，则战略专家必须能理解创业家实际进行决策的方式，并对企业的发展表示支持。Mitchell（1997）提倡以重视创业家的"口述历史"，作为理解创业的途径。找出创业家们所用的"试探法"成了一种缩小战略专家与创业家之间距离的重要方式。

试探法是一种基于直觉和经验的决策规则。当创业家需要分析形势并根据形势作出决定时，试探法发挥着很大作用。创业家通常都能简洁地表达出他们所采用的试探法。试探法通常以简短有力的格言形式表现出来，并且都是抽象的，是能体现出创业家态度、方法的总体概括或经验法则。它们不仅能为了解创业家采取的方法、手段提供切实可行的途径，还能用做描述、分析创业家及其企业的工具（Manimala 于 1999 年提供了一个关于试探法用途的典型例子）。

要点总结

- 战略是一个企业用于实现目标的方法。
- 战略内容决定一个企业的产品、目标客户群，以及企业参与市场竞争的方式。
- 战略方法决定企业选择采用战略内容的方式。
- 定义明确的战略有助于确定企业在市场中实现目标的方式。

- 战略起着指导决策，以及为企业利益相关者提供共同语言的作用。
- 创业家通常以试探法的形式表达其企业战略。

研究主题

创业家的市场进入战略

15.5 节探讨了创业家不同的进入战略。所采用的进入战略可以通过查阅企业的销售说明书（最好是目录或价目表，通常是免费的）得知。进入战略是如何跟企业的初始规模，即早期的销售相联系的（查看企业的账簿，通常大部分都能从网上找到。或者一本叫做《投资者纪事》（*Investors Chronicle*）的企业文摘也能提供各种财务信息和股市措施，诸如市场资本总额和企业的贸易份额）？然而事实上，是否大公司在开始阶段都会在首批产品介绍或应对不同市场时采用市场进入战略？或者说，有没有哪些企业凭借单一的产品-市场领域就可以迅速扩大企业规模？应时刻准备制定并实施用于判断产品和市场范围的严谨标准。以战略的思维思考产品和市场：是否所有的产品都仅仅是一个基本产品的变种？它们是否是利用同一技术生产出来的不同产品？或者它们是否是利用不同技术生产出来的不同产品？是否同一营销效能，或同一分销渠道适用于所有市场，还是说不同市场的营销需要不同的资源库？Cooper 等人（1989）为这类研究提供了方法论。

创业家的试探法

试探法是用于指导决策的实用决策规则。试探法各式各样。不同的创业家可能采取完全相反的试探法。创业家应尽可能公开其采用的试探法。首先罗列出创业家有可能会遇到的各种决策形势，所作的决策可能有关资源获取、内部管理问题、竞争行为、企业扩张、资源分配等，用简洁的文字概括这些形势（200～300 字）。然后找到一群新生的实际从事经营的创业家（越多越好，最少 20 个）。通过采访来了解创业家在每种情况下都会作出什么决策，进而探讨创业家是如何把他们的决策概括成通则的。他们的回答都具有什么样的共同点？是否不同的创业家会采取相互矛盾的试探法？他们所采取的试探法又具有什么不同之处？

重要读物

Mintzberg, H. and Waters, J. A. (1985)'Of strategies deliberate and emergent', *Strategic Management Journal*, Vol. 6, pp. 257–72.

McDougall, P. and Robinson, R. B. (1990)'New venture strategies: an empirical identification of eight "archetypes" of competitive strategies for entry', *Strategic Management Journal*, Vol. 11, pp. 447–67.

推荐读物

Atkins, M. and Lowe, J. (1994)'Stakeholders and the strategy formation process in small and medium enterprises', *International Small Business Journal*, Vol. 12, No. 3, pp. 12–24.

Bowman, C. and Ambrosini, V. (1996)'Tracking patterns of realised strategy', *Journal of General Management*, Vol. 21, No. 3, pp. 59–73.

Calori, R. （1985）　'Effective strategies in emerging industries', *Long Range Planning*, Vol. 18, No. 3, pp. 55–61.

Cooper, A. C., Woo, C. Y. and Dunkelberg, W. C. （1989）　'Entrepreneurship and the initial size of firms', *Journal of Business Venturing*, Vol. 4, No. 5, pp. 317–32.

Eden, C. and Ackermann, F. （1998） *Making Strategy: The Journey of Strategic Management*. London: Sage.

Gallen, T. （1997）　'The cognitive style and strategic decisions of managers', *Management Decision*, Vol. 35, No. 7, pp. 541–51.

Grieve Smith, J. and Fleck, V. （1987）　'Business strategies in small high-technology companies', *Long Range Planning*, Vol. 20, No. 2, pp. 61–8.

Idenburg, P. J. （1993）　'Four styles of strategy development', *Long Range Planning*, Vol. 26, No. 6, pp. 132–7.

Jenkins, M. （1997） 'Entrepreneurial intentions and outcomes: a comparative causal mapping study', *Journal of Management Studies*, Vol. 34, No. 6, pp. 895–920.

Manimala, M. J. （1999） *Entrepreneurial Policies and Strategies: The Innovator's Choice*. New Delhi: Sage.

Miller, D. （1992）　'The generic strategy trap', *Journal of Business Strategy*, Jan./Feb., pp. 37–41.

Mintzberg, H. （1973）　'Strategy making in three modes', *California Management Review*, Vol. XVI, No. 2, pp. 44–53.

Mintzberg, H. （1978）　'Patterns in strategy formation', *Management Science*, Vol. 24, No. 9, pp. 934–48.

Mintzberg, H. （1988）　'Generic strategies: towards a comprehensive framework', *Advances in Strategic Management*, Vol. 5, pp. 1–76.

Mintzberg, H. （1994） *The Rise and Fall of Strategic Planning*. London: Prentice Hall.

Mintzberg, H. and Waters, J. A. （1985）　'of strategies deliberate and emergent', *Strategic Management Journal*, Vol. 6, pp. 257–72.

Mitchell, R. K. （1997）　'oral history and expert scripts: demystifying the entrepreneurial experience', *International Journal of Entrepreneurial Behaviour and Research*, Vol. 3, No. 2, pp. 122–39.

Quinn, J. B. （1978） 'Strategic change: logical incrementalism', *Sloan Management Review*, Vol. 20, pp. 7–21.

精选案例

案例15.1　　　　　　　　举世无双的矮胖型婴儿奶瓶

文/Peter Marsh

如果将 20 世纪的科技写进历史，则必然要为 Edward Atkin 留个脚注——他发明了矮胖型婴儿奶瓶，区别于传统的高瘦型奶瓶。

Atkin 发明的奶瓶对于婴儿来说，不仅更容易拿稳，而且经过电脑设计的奶嘴形状更加符合女性乳房的构造，能给婴儿带来更大的满足感。

上个月，Atkin 追求这些理念所付出的努力，给 Atkin 及其家人带来了一笔巨大的财富——Atkin 以 2.55 亿英镑的价格，将自己经营了 33 年的 Cannon Avent 公司卖给了 Charterhouse Capital Partners。这是近年来英国国内最高的买断收入之一。

Cannon Avent 公司是世界上最大的婴儿产品商之一，其不仅经营奶瓶，还经营消毒设备和吸乳器。吸乳器用于将乳汁从乳房抽离留作以后使用，从而确保即便母亲不在身边，婴儿也能喝上天然母乳而非奶粉。

婴儿喂养产品在全球的年总销售额高达 6 亿英镑，其中 Atkin 曾经营的公司所占份额排行全球第六，其 80% 的销售都来自英国国外。

Cannon Avent 公司被收购后改名为新安怡公司，其新任首席执行官 Beth Christie 说，她热切希望在未来 5 年内，通过地理扩张以及开发新产品使总销量翻一番。

"我计划继续实施 Atkin 的战略，"Beth Christie 说，"他是个天才，他善于赶在别人之前发现机遇并为公司留下巨大的财富。"

在过去 15 年里，Beth Christie 负责管理新安怡在美国的业务，该业务收入占总收入的 40%。

去年，新安怡公司的总销售额高达 1.09 亿英镑，其中大约 85% 来自婴儿用品，其余来自汽车零件。

新安怡所有的生产部门都位于英国，主要集中于萨福克（Suffolk）的一个高科技工厂。该公司婴儿喂养产品的 80% 都用于出口，其总销量自 1989 年到目前为止上升了将近 20 倍。该公司产品销往 60 个国家，去年税前利润达 1 850 万英镑，这对于英国制造商而言是一个巨大的数字。

拥有汤美天地（Tommee Tippee）品牌的 Mayborn 公司，是英国婴儿用品行业的一大竞争者。其首席执行官 Michael Samuel 在过去 20 年里一直追求 Atkin 那样的事业。他说："Atkin 是位能人，他以工程师的方法对待商业，同时还十分注重设计。正是因为 Atkin 发明了矮胖型奶瓶，才使所有人都步其后尘。"

Atkin 于 1972 年从其父亲手中继承公司的事业，目前已和新安怡脱离关系。他将全部身心投入到对新安怡旗下的汽车公司的管理，他一直持有对该公司的所有权。同时，Atkin 也在寻找机会，将自己积累下来的部分财富投资到其他商业领域。

来自 Charterhouse 的合作伙伴 Malcolm Offord 同意接管新安怡。

除了 Atkin，公司的其他股东来自 3i 集团，Offord 曾在这个投资团队中工作 10 年。那时，3i 集团入股 500 万英镑，相当于上个月营业额的 13 倍。

Atkin 多年来保持和 Offord 的紧密联系。当他决定要转让公司时，他并没有选择常规的拍卖方式，而是将公司以一个不可协商的定价转给了 Malcolm Offord。

Atkin 先生 3 分钟之内就同意这笔交易了。

"我们花高价收购了这家公司，它也确实是家很棒的公司，"Offord 说，"我们将尽可能保持公司现有的模式和状态。像 Atkin 那样的企业家（在英国）越来越少了，如果我们能仿效 Atkin 的做法，相信英国未来会更美好。"

新安怡计划向多个领域拓展，如开发更方便女性使用的、利用新电子系统在最短时间内抽取一定乳汁的新型吸乳器。

新安怡可能会进军母婴专用的护肤乳液等其他婴儿用品领域，同时可能还会向巴西、中国等婴儿用品相对落后的新兴经济体拓展业务。

在转让完成之前的一次采访当中，Atkin 说公司业绩增长的秘诀之一在于其位于伦敦的总部，其内部有着来自 22 个国家的能说多国语言的精英，以便把产品推销到世界各国。

同时 Atkin 还说，世界上的婴儿本质上都是一样的——这一点为公司将其产品推向世界创造了可能。"如果产品能为拉脱维亚的婴儿所用，那么它也将能为马来西亚的婴儿所用。"

Source：Peter Marsh，'Dumpy bottles for baby prove a world beater'，*Financial Times*，28 July 2005，p. 24. Copyright © 2005 The Financial Times limited.

案例 15.2　　　　　　　　　　　　　为成功而战

文／Tim Burt

Ronald Lauder 表明不会转让中欧媒体公司（Central European Media Enterprises，CME）。

身为 Estee Lauder（世上最大的私有化妆品公司创始人）的儿子和继承人，Rohald Lauder 并不愿放弃对一个在东欧收视人数超过 9 000 万人的电视业务的领导权。

Ronald Lauder 及其家族掌握了中欧媒体公司 20% 的股份和 71% 的投票权。不少国际媒体集团都向该公司投以妒忌的目光。

以 Rupert Murdoch 为首的新闻集团公司（News Corp）去年曾考虑，让美国的媒体巨头掌握 Lauder 公司的大量股份。但据知情人士透露，双方最终没有达成协议。

身为 Estee Lauder International and Clinique Laboratories 董事长的 Ronald Lauder 如今认为，曾经的合作方案不值一提。他说道："它们想要收购 CME 的唯一理由在于它们自己的市场无法获得增长。股东又怎么愿意到一个自身难保的公司呢？"

CME 的董事长来自一个由富有的美国企业家组成的高级团体，这些企业家都利用家族财富开创新事业，希望以此证明自己的商业天赋。除董事长外，还包括 Edgar Bronfman Jnr——在与法国维旺迪环球（Vivendi Universal）的失败联营中损失了不少家族财富之后，目前经营着华纳音乐（Warner Music），以及 Bennett Dorrance——金宝汤（Campbell Soup）公司的继承人，目前经营着美国西部最大的房地产公司之一。

Lauder 的公司受百慕大群岛的主要股东集团以及位于荷兰和荷属安的列斯群岛的控股公司的掌控。该公司引人注目，因为它向美国以及西欧的缓慢经济增长和多变的网络电视广告发出挑战。

尽管该公司在全球媒体行业中规模不算大，但是却有着 30% 的潜在利润率，与去年相比上升了 46%，高达 1.82 亿美元，成为捷克共和国内最大的商业广播公司，并在其他 5 个中欧及东欧国家拥有 9 个电视频道。

在一次不同寻常的采访中，在伦敦的办公室内，61 岁的 Lauder 承认，CME 公司 10 年的发展耗费了他个人 1 亿美元的财富。这位专注于媒体行业的传奇投资者对其中的收益十分期待。前美国驻奥地利大使、世界犹太人大会财务主管、曾任美国国防部副助理国务卿的 Lauder 对此充满信心，因为 CME 确实酝酿已久。

"这是非常私人的问题，"他说，"当我还是个少年的时候，当周围的大部分人都准备到汉普顿或者什么地方度假时，我还在东欧。我的祖父母来自布达佩斯和斯洛伐克。当柏林墙倒塌时，我在匈牙利。我意识到这是创造变化的千载难逢的好机会。"

Lauder 可以说是媒体行业的外行人，然而却开始收购前苏联的商业电视公司。不少其他的媒体集团也开始如法炮制。韩国 SBS 电视台、新闻集团公司以及德国贝塔斯曼（Bertelsmann）集团的 RTL 电视台都跟着将业务拓展到前苏联。

本月早些时候，RTL 电视台通过同意收购 REN TV 30% 的股权进军俄罗斯。RTL 电视台的首席执行官 Gerhard Zeiler 说，这笔交易十分强调进军东欧的决心，同时还认为俄罗斯是世界上增长最迅速的广告市场之一。

另一行业高管补充道："我们都围着塞尔维亚和乌克兰忙活，塞尔维亚的电视台有可能被私有化，而乌克兰则有着不少电视网络可供竞购。"

发展这一产业的思路很明确。西欧在电视广告上的平均开支基本没有太大变化。在过去 3 年里，CME 经营的 6 个市场的广告总开支上升超过了 60%，那些国家的经济增长甚至高于美国和欧盟。东欧的陆上电视网络所面临的来自付费电视台的竞争没有那么激烈，而且也没有为其他媒体集团创造那样多的收购机会。同时，与那些发达的市场不同，观众和广告还没有向网络媒体发展。

CME 计划在今年年初以 9 亿美元的价格收购捷克的主导电视台 TV Nova，并在此后在捷克国内新增 3 个频道。

"如果你想进军欧洲，那么东欧是一个非常有吸引力、值得考虑的地方，"某首席执行官说，"这正如 20 世纪 70 年代时的西方市场，只有少数几个商业电视集团瓜分整个大广告市场。"

然而，在 Lauder 眼里，CME 似乎不仅仅是一个企业。大部分行业领导者倾向于避免政治纷争，或将重大地缘政治声明视为瘟疫，但是，Estee Lauder 家族则不会这么做。

Lauder 曾为共和党人，参与过纽约市长竞选。他说："CME 电视台一直强调民主。我们从正面展现美国，并呼吁在东欧成长的资本主义化的新一代。"

不过，CME 遭到了迅速出现在前苏联国家的自由市场经济的沉重打击，这些国家通常由当地的寡头政治执政者领导。CME 的战略曾一度受到威胁——捷克企业家 Vladimir Zelezny 与 CME 曾经的合作人在掌控捷克的 TV Nova 后，与 CME 结束了合作关系。

"他想要占有全部利润，于是决定要尽可能地得到一切。政府对此也表示支持，"Lauder 说道。于是，Lauder 发起了一场耗费几百万美元的诉讼，以重新取得对 TV Nova 的领导权。

大约 3 年前，国际法庭判决捷克政府未能阻止 Zelezny 非法没收 CME 对 TV Nova 的领导权，CME 被判获得 3.586 亿美元赔偿。

这场纠纷的解决极大地鼓励了 CME 向东拓展。不过，合作战略有一定风险，CME 在 TV Nova 的招股说明书中也有所提及。在招股说明书中，CME 称自己并没有管理控制在斯洛伐克和乌克兰的分支机构，因而不能"有把握地引导它们的运作"。该招股说明书同时还指出过去 3 年里该集团在计算每股收益时的错误，指出其在财务管理方面的"重大缺陷"。

去年，Michael Garin 接替 Fred Klinkhammer 成为 CME 的首席执行官，开始实施收购战略。CME 公司的管理得到加强，会计程序得以重新核定。洛里玛电视制作公司（Lorimar Telepictures）制作了热门电视节目 Dallas 和 Knot's Landing。而 Grain，作为该公司的创始人，加入了对 CME 的管理（Lauder 说前任首席执行官"不能算是出色的代表"）并投资当地的生产。

目前，CME 频道的预定计划中大约有 40% 为播放当地节目专用。今年从 PPF（捷克当地投资的公司，自 Zelezny 纠纷后接管 TV Nova）收购 TV Nova 后，这个数字还会进一步上升。

处理了与当地政府领导之间巧妙的谈判后，Lauder 说收购 TV Nova 后，公司目前正试图开发更多频道。他暗示，波兰和俄罗斯将可能成为其未来关注的地区，并说 CME 随时准备把握机遇。

"呆在纽约或德国是无法经营好这样的企业的，"他说，"对于业务遍及全球的大公司而言，东欧仅仅是地图上的一点。不过我们只在这里发展并有所收获。"

热点问题讨论

1. 新安怡战略的哪些方面促使其取得成功？
2. 就实现增长战略而言，你会为 Ronald Lauder 提供什么建议？

第 16 章

商业计划：创业工具

本章概要

对于创业者来说，商业计划是必不可少的工具。这一章将探索商业计划在创业中的作用，以及其需要包含哪些信息。商业计划可以通过以下途径帮助新创企业发展：引导分析、综合新观点、向利益相关方传达企业潜力，以及改进管理措施。这一章同时也介绍了金字塔原理：一种可以使商业计划成为更高效的传达工具的组织方法。本章结尾处探讨了提高商业计划灵活性和应答性的方法。

16.1　计划与绩效

重要学习目标

认识正式计划活动对新创企业绩效所产生的影响。

像很多其他管理人员一样，创业家经常需要准备正式的书面计划。他们有时是出于自愿，有时是出于外部投资人（如风险投资家、银行等）的要求。创业家一直是充满活力的个体，其不断追求他们的商业利益，而非总是拘束地坐在桌前书写正式的商业计划。很多创业家并不赞成准备计划书，因为觉得他们的时间应该更多地用于推动企业前进。他们认为，自己已经知道商业计划书中会写些什么，而除了自己之外不会有人再去读它。

这些创业家们的反对集中在一个关键问题上：完成商业计划书确实需要时间和精力，有时还需要金钱，这将会占用企业和业务所需的人力。商业计划，对新创企业代表着投入，所以就商业计划带给企业的成果而言，它必须被证明值得投入。正式的商业计划和企业绩效之间的关系历来是很多研究的主题，但是并没有形成明确的结论。通常来说，正式商业计划和企业绩效之间的联系较弱，因此我们并不能断言正式的商业计划书可以提高企业业绩。所以，近年来有反对正式计划的思潮出现，特别是对于小微企业来说。我们在上一章提到，明茨伯格（1994）深刻批判了至少也要用一种狭隘的方法进行规划的思想。但是佩里（2001）的最新研究表明，在美国的小微企业中，计划书与失败率负相关。正式的商业计划并不普遍，但是相比那些未曾规划过的企业，拥有商业计划的企业失败的可能性较低。施耐德（1998）也提供了证据来支持小微企业制订商业计划。

其实，统计数据上较低的关联度并不意味着计划对绩效没有影响。统计研究经常拿"计划活动"（各项研究对此的定义各不相同）和量化为财务、增长指标的绩效相比较。这些研究不可避免地把复杂的组织现象归纳为简单变量。计划，并不是一项容易界定的、孤立的活动，而是嵌入到组织更广泛的战略过程和企业家的战略控制中去的。财务绩效固然重要，但它并非衡量企业成就、激励企业前进的唯一因素。有时创业家们会让出一些经济利益，得到较少实际利益，甚至会有计划地作出这种"让步"。直观上，似乎一份好的商业计划将提升绩效；相对地，不好的商业计划会将公司引入歧途。当然，"制订计划"和"实施计划"之间也需要加以区分。

关于计划和绩效的统计研究，也面临着因果关系的判断问题：当这两件事情似乎有关联的时候，怎样确定哪一个是原因，哪一个是结果呢？绩效中能被观察到的变化可能并不仅仅是计划活动引起的，或者并不仅仅取决于计划活动的质量。研究已经表明计划并不能带来绩效的提升，反而是好的业绩可以为管理人员提供更多的时间和金钱支持以使其完善计划。

关于计划和绩效的争论反映出在梳理一个像新创企业一样复杂多变的系统中的因果关系时，将会遇到的问题。简而言之，对于像"企业应该制订正式的商业计划吗？"或者"创业家们是否应该使组织计划的方式更为正式化？"这样的问题，我们不可能简单地回答"是"或"不是"，过分概括是不明智的。像企业所面临的其他很多决策一样，作出"是否制订正式计划"的决策，也必须考虑对于一个独立的企业来说什么是最好的，企业的运营方式以及其面临的特定机遇等因素。采用一份适合本公司的且针对合适问题的计划书，将会为公司带来很多益处。本章剩下的部分将验证制订正式计划的决策，探索计划书在哪些方面对企业有益，并提供关于组织计划书结构的建议。

16.2　商业计划扮演的角色

重要学习目标
理解商业计划作为管理工具如何发挥作用。

制订一份正式的商业计划需要花费时间和资源。如果必须制订，且要制订好，那么，一定需要找出方法，能够鉴别这份商业计划是否真正发挥了作为商业工具的作用。大体上，商业计划可以通过以下四种途径帮助企业提升绩效。

作为分析工具

商业计划包含很多信息。一些信息会被用做表达和改善企业愿景的基础，以形成企业宗旨和发展战略使命。商业计划的结构需要为创业家们提供清晰高效的清单，包含他们所收集的所有信息，以确保企业的发展方向是切实可行且有价值的（关于这一观点的更详细信息，可参照 Schneider，1998）。制订计划可以指导和训练创业家们收集信息。希尔思（1985）强调，目前商业计划中的市场背景研究水平通常较低，但是对于市场研究的投入将会产生较高的回报，而不仅仅可以使所需的商业计划更有效。Wyckham 和 Wedley（1990）证明了商业计划在区分可行项目和不可行项目方面的价值。

作为整合工具

当正式的数据收集、分析过程完成之后，其所产生的信息需要为企业提供发展方向。这些信息必须与企业的发展愿景相结合，使其进一步精炼和完善，同时也将被用于为企业制定合适的战略使命。规划活动可以整合统一企业的愿景与具体行动计划。通过整合，企业的愿景被转化为发展战略，并进一步细化为推行这一战略的具体行动。

作为沟通工具

商业计划为企业传达其发展潜力、面临机遇以及开发潜力、抓住机遇的方式等内容提供了精确、高效而有力的媒介。这在与内部和外部利益相关者沟通的时候，其也有着非常重要的作用。计划书可以将内部人员聚集在一起，并为他们的行动提供聚焦点。在与潜在投资者沟通、赢得他们的兴趣并最终使其投资的过程中，商业计划书是尤为重要的工具。

作为行动号召令

商业计划是行动号召令。它详细陈述了如果企业想要把愿景转化为现实，哪些活动必须执行，哪些任务必须实施，哪些目标必须实现。计划也可能会要求运用正式的项目管理手段，例如关键路径分析，以最大化地利用稀缺资源来组织、优化和安排任务。

计划活动推动企业成功的四种途径并不是独立运转的。它们相互巩固和支持，并共同作用于企业的绩效发展（见图 16.1）。它们不仅共同决定了适合企业发展的计划，同时也决定了企业实施计划的方式。

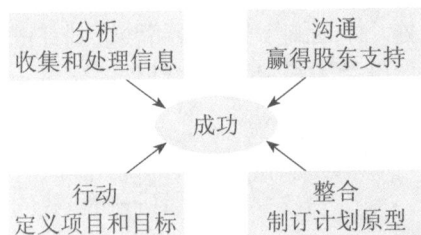

图 16.1　计划：分析、沟通、整合及行动

16.3　商业计划需要包括什么?

关于一份商业计划需要包含哪些内容，并没有严格的标准，因为商业计划需要反映企业的特定需要和要求。创业家和管理层可以根据他们自己的偏好书写。其中包含哪些信息，也需要适应企业所处的发展阶段：一个新创企业的商业计划可能会比一个已经步入正轨的企业的商业计划的内容更为详尽。尤为重要的是，商业计划需要体现直接阅读者所需要的信息，以及企业希望读者采取的行动。出资人可能会直接对商业计划的形式以及其必须包含的信息提出要求。

企业使命

- 企业使命——正式的企业使命陈述可以使企业的方方面面更为明确：我们在做什么？我们为什么目标而努力？为谁服务？为什么我们和其他企业不同？我们希望取得哪些成就？

关键目标概述

- 经济目标——计划期限内的营业额和利润率目标；下一阶段的期望增长率。

- 战略目标——期望在市场上取得的成就以及期望获得的市场地位。

市场环境

- 市场背景——例如，如何界定市场；市场容量；主体市场细分和定位；总体增长率；消费者行为和购买习惯的关键趋势与发展；产品、服务和运营领域的技术进步。
- 竞争者——主要竞争者及它们的优、劣势；竞争者的策略和对本企业活动可能作出的反应。
- 竞争条件——市场竞争基础；价格及产品形成差异化和品牌化的重要程度；通过市场定位可能实现的效益。
- 企业竞争优势——与竞争者相比企业的关键优势；竞争优势来源。
- 界定产品供应——企业将提供给市场的产品或服务。
- 界定目标市场——将市场细分成不同部分的方法；对于细分市场而言重要的市场维度；企业优先选择的细分市场。

发展战略

- 产品策略——企业所提供的产品或服务与竞争对手形成差异化的要素（例如，特色、质量、价格）；这一要素会吸引消费者的原因。
- 定价策略——与竞争者相比，如何为企业所提供的产品和服务定价（例如，提供保费、打折）；确定价格的方法；促销定价和减价活动；提供给中间商的定价政策和利润。
- 分配策略——产品和服务交付给消费者的途径；配合分配的中间商（批发商、经销商、零售商）；与经销商合作的策略；适当时的出口和国际市场政策。
- 推广策略——向消费者（以及中间商）宣传产品或服务的方法；广告语、广告方法和媒体传播；销售活动和销售方式；促销销售（包括价格促销）；公关活动。
- 建立网络——网络中组织与其他组织之间的关系；利用网络建立和支撑竞争优势。

财务预测

- 收入——交易活动带来的收益；投资人提出的资本结构。
- 日常支出——薪酬、原材料以及消费品支出；偿还债务利息。
- 资本支出——购买新资产的投入；这些资产如何提升业绩。
- 现金流———段时期内收入与支出的差额。现金流反映公司财务的流动性以及投资业务活动的能力。若收入高于支出，则现金流为正；若支出高于收入，则现金流为负。

企业活动

- 主要项目——将会推动企业发展和实现企业目标的关键项目，例如，研发新产品、推动销售、发展经销商和广告活动。

企业团队

- 企业关键人员——企业幕后人员；他们有利于企业发展的技能和经验；成就证明；个人档案及简历。

上述列表介绍了一种很多计划书写指南中都叙述过的"传统"商业计划结构。但是这一列表仅仅概括了商业计划需要包括哪些内容，并不需要严格按照上述顺序来组织计划。在 16.6 节中，会介绍一种更为高效的计划组织方法。计划需要包含哪些信息，主要依据其用途以及传递信息的对象。并没有规定限制企业只能拥有唯一版本的商业计划，可能向不同读者提供不同形式的计划。一份精细、详尽的"主"计划，可以作为快速、及时地制订特定计划的原型。

16.4 商业计划：分析与整合

重要学习目标

理解商业计划如何帮助分析企业发展潜力，以及整合发展策略。

高效的规划需要信息支持。我们周围到处都是信息，但是它们很少是免费的。得到信息需要成本：也许非常便宜——可能是去一次当地的图书馆的费用；也可能非常昂贵——例如进行一次市场调研。甚至它可能没有直接成本，但是收集和分析信息需要时间，因为当收集信息时，我们需要考虑将它用于何处。因此，信息收集活动所产生的效益需要大于它的成本。

信息可以被用于管理不确定性。掌握信息，意味着减少不确定性，从而进一步降低企业风险，增加成功的可能性。事实上，创业家在致力于解决下面的问题：

- 在这一产品类型中，消费者的基本需求是什么（产品可以提供什么好处？消费者们利用该产品解决了什么问题）？
- 目前的市场怎样满足这些需求呢（已经有哪些产品？它们有什么特色）？
- 市场在哪些方面不能满足这些需求（为什么消费者们感到不满？他们是否经常感到不满）？
- 怎样才能使消费者的需求被更好地满足（将怎样改善企业产品现状）？

作为一门学科，市场营销提供了很多手段来解决这些问题。此外，创业家还要知道以下两个问题：

- 如何将企业倡导的改进途径转化为真实存在的商业机会？
- 在实现这一机会的过程中，可能会遇到哪些风险？

最后这两个问题至关重要。如何更好地回答这些问题，以及理解它们所涉及的决策，在本书的第 5 部分——战略窗口的发展中，将详细讨论。

规划确实会支持战略的制定，但并不等于战略制定。明茨伯格（1994）说，规划是分析的过程。规划活动将信息分解，以在其中分辨出机会和可能。战略制定却是整合的过程，用创新独特的方式把企业的能力与机遇结合起来。得出完善以上问题的答案是这一过程中的分析环节。而把这些答案融合、统一为一个切实可行的、回报率高的战略，则是整合环节。整合，既要包括战略内容本身，也要包括实现战略目标的过程。

为了形成原始的战略计划，创业家们必须重视以下问题：

- 企业怎样满足消费者的需求（企业所面临的机遇有哪些特征）？
- 为什么本企业提供的产品和服务能够比竞争者更好地满足消费者需求（有什么创新之处？这一创新为什么有价值）？

- 如何刺激需求（这涉及到传播、推广和分配的问题）？
- 为什么本企业可以实现目标，而竞争者却不能采用相同的方案（企业拥有什么竞争优势？企业可以为消费者做哪些有价值的事，而竞争对手却不能做）？
- 企业为什么可以做到这些呢（企业拥有哪些能力和特性）？
- 为什么竞争者不能模仿这些措施和能力（如何维持企业的竞争优势）？

规划活动要求企业对市场、消费者和竞争对手的信息进行详细分析，这首先就对企业有所帮助。这些信息将会形成企业决策的基础。规划活动通过整合信息形成战略，进一步推动企业发展。战略给予企业模型和发展方向，形成了计划与项目的基础，而计划与项目又为企业内的工作者们和支持企业发展的人们提供确切的行动指导。信息之所以如此重要，是因为它把机遇分析和战略整合这两个环节在规划框架中紧密联系在一起（见图16.2）。

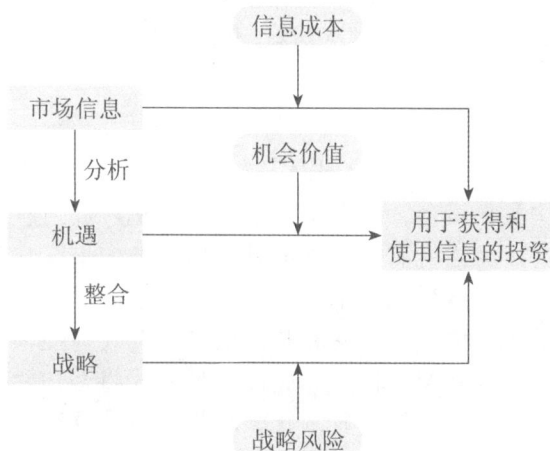

图 16.2　市场信息投资中的因素调节

16.5　商业计划：行动与沟通

沟通交流，不仅仅是为了传递信息，同时也是为了从他人处获得特定的反馈。在商业中，我们不仅仅需要别人了解相关信息，还需要别人了解我们希望他们做什么。商业计划作为沟通工具和行动指南的作用，是紧密相关的。

商业计划作为沟通工具，将精确、清晰的企业账目和希望实现的目标用一种简洁的方式联系起来。它阐述了企业就识别出的机遇所作出的决策，探寻机会的方法，企业希望通过这些机遇创造的价值，推进企业发展所需的资源，这些资源可能遇到的风险，以及运用这些资源企业将要实施的项目。

这些决策都与为企业赢得支持的目标是互通的。创业家们尤为希望与以下的人群交流并赢得他们的支持。

投资者

商业计划中不仅包含了企业的发展潜力、投资者们将会获得的回报，也包含了其可能产生的风险。它也为创业家们提供了机会向投资者描述自己所拥有的才能，以使他们相信他们的投入可以获得回报。大量研究表明，商业计划的质量和沟通的有效性都是赢得投资者兴趣和支持的关键因素。例如，麦克米伦等人（1985，1987）、奈特（1994），以及梅森和哈里森（1996）的研究。我们将在第 17 章再次讨论这一问题。

企业员工

企业的员工们通过投身于这一工作来进行"投资"。商业计划可以让他们对企业的未来产生信心。它也将详细说明需要执行的关键项目，以明确独立目标以及每个单独目标在实现组织整体目标中发挥的作用。在 20 世纪 80 年代早期，拯救了衰落中的斯堪的纳维亚航空公司（SAS）的企业家詹·卡尔森，向这一组织的 20 000 名员工每人发布了一份计划，概述了他所设计的愿景和战略。这一计划书成为了著名的"红宝书"。

使员工投入并不是简单地将员工融入计划。在开始时，让员工参与计划的创造过程，也是确保赢得员工支持的途径。

重要客户

客户在选择新的供应商时需要投入成本。转换供应商需要管理人员的时间和关注。有时需要直接投资来购买新设备，以保证产品能够使用。面对全新产品，客户可能需要学习如何使用它，例如员工将需要接受额外的培训。如果客户从新产品中获得足够多的收益，则他们可能更愿意增加成本。反之，如果他们对于供应商的长期生存能力存疑，他们将会拒绝投入。和他们分享商业计划可以有效地使客户对创业型企业的未来产生信心，鼓励他们进行必要的投入。通过这种方式将客户融入企业，通常会使他们感到高兴。因此，对于一个新创企业，分享商业计划以及提供产品可以成为销售策略中的重要部分。

主要供应商

如果供应商希望为这个企业提供供给的话，则它们可能也需要进行投资。其可能是通过专一供给的形式，甚至参与定制产品。虽然企业会提供新业务的预期，但如果供应商对企业的长期生存能力存疑，则和企业的客户一样，他们将拒绝投入。商业计划同样能使他们对企业产生信心，并对企业投入时间和金钱。

简而言之，商业计划可以作为交流工具，帮助企业建立关系网络，这对企业的长期发展至关重要。

16.6　组织商业计划的结构和语言：金字塔原理

重要学习目标

理解巴巴拉·明托提出的组织商业交流中结构和语言的金字塔原理，及其在创建一个有影响力的商业计划中的作用。

商业计划不是事实和报表的堆积，而是进行商业交流的一种方式。就像人类所有其他形式的交流一样，它所产生的效果和影响取决于如何陈述以及陈述的内容。如何组织想法和想法本身同样重要。在 16.3 节中讨论过商业计划，相较于计划书想要说明的情况而言，其更重视必须传达的信息。商业计划对于关键决策人（尤其，但不仅仅是潜在投资者）的影响将取决于信息传达的方式，以及信息本身。有效的商业交流与决策者的认知过程相统一，而非相抵触。这一部分将要探讨的观点是在巴巴拉·明托研究成果的基础上产生的。巴巴拉·明托是一名管理咨询顾问，曾对商业交流风格和其各自的有效性有过深入研究。这些观点不仅仅局限于商业计划，在任何商业交流（书面或口头）中都是有效的（事实上，我曾用这些观点组织过学术论文）。对于希望深入探索这些观点的朋友们，巴巴拉·明托的著作《金字塔原理》非常值得一读。

明托的中心思想基于认知心理学关于人类储存和管理信息，继而利用信息支持决策的发现。事实上，我们人类是效率相对较低的信息处理者。当面对大量信息时，我们不可避免地要去简化它。在最佳情况下，我们一次能够储存五到九条信息。在一次交流中，我们只能捕捉到一或两个重要观点。进一步说，我们在大脑中储存信息并不是采用一个接一个的线性模式，而是建立一个信息体系，使所有事实在一个关系网中相关联结。明托提出，我们能够使用所有事实去构建更高效和有影响力的交流。

首先，她建议，我们应该提出一个让接收者能理解的关键信息，这就是她所说的"关键点"。考虑到接收者可能只会理解"大主意"，我们应该尽力控制和保持这一关键点，而不是让接收者们按照自己的想法执行。其次，我们应该按照建造理解层级体系（金字塔）的方式来为信息排序，而非线性地传递信息，并想当然地认为接收者会按照我们所希望的那样组织顺序。换句话说，我们应该积极控制思维网络和书面（线性）体现之间"转换"的过程。

明托的观点对高效的商业计划进行了有效的分析。首先是关键点或"大观点"，识别我们希望计划的接收者们去**做**什么，比我们希望他们**了解**什么更为重要。交流可以转换信息，但是它是最终激发行动的手段，其本身并非目标。我们希望接收者做什么取决于接收者是谁。如果是投资者，那我们希望他们可以提供所需投资；如果是潜在雇员，那么关键点就是"为我工作吧"；如果是客户，那我们希望他们"来买我的产品"。我们需要把分论点（理想情况是五至八点）罗列出来，以形成大致的观点。顺着金字塔往下，我们应该进行论证来支持分论点。最后，在金字塔底端，我们需要提供证据以支持论证。

表 16.1 示范了一个针对投资者的商业计划结构。结构中列出了六个分论点，反映了投资者希望得到答案的一系列问题。这些都是我经常使用的支持问题，但这个版本并不是绝对的。其他支持问题也可能非常适用，因此也会引出不一样的论证。

表 16.1　　　　　　　　　　　　　　　**商业计划的金字塔结构**

关键点

投资这个企业吧！

支持问题

| 1. 这一产品或服务针对市场空白吗 | 2. 这一市场有潜力吗 | 3. 为什么这一创新可以填补这一市场空白呢 | 4. 这一创新能在风险可接受的条件下创造利润吗 | 5. 这一企业是否能长期发展 | 6. 计划提出者适合实施这一计划吗 |

论证					
人们对这一产品类型有需求。 现有的产品不能满足这一需求。 这一产品种类内的最新发展依然不能满足需求	设想和描述市场。 这一细分市场的需求很大，且很可能成长。 市场条件为新进入者创造机遇	这一创新比现有其他产品更能满足消费者的需求。它具有独特、富有吸引力的优势。 这一创新是全新和原创的。 能充分发挥技术和组织职能使产品进入市场	定价超过单位生产费用。 长期利润可以维持必要投入。 分销渠道可以利用。 促销计划经过仔细考虑和成本计算。 已经进行风险评估，并构思风险管理方案	企业具有可持续的竞争优势。 企业在传递有价值的事物，且通过独特的方式传递；可以避开竞争对手。 在成本、战略资产、创新能力、声誉或/和组织建设等方面能够取得优势。 已经考虑未来可能扩张	管理经验、能力和动机

论据					
首要和次要客户调研。 竞争者分析。 产品评估	市场界定的原理阐述。 市场调研：市场规模、成长速度和结构。 现有供应结构。 PEST分析	首要和次要客户调研。 产品测试和试验。 技术和组织能力证明	成本数据和财务预测。 输出额、价格、成本和需求条件的假设。 竞争者成本和投资基础研究。 评估促销计划和分销渠道。 情景分析	企业和竞争者的战略分析。 解释为什么可以取得并维持竞争优势	管理人员的简历。 相关经历、资历、专业知识和成功经历的证明。 领导力证明

　　在完成了这个金字塔结构之后，下一步就是围绕它来构建商业计划了。金字塔必须被转化为线性的叙述，同时也要保证以金字塔结构为基础。明托认为，使用标题和副标题来指示金字塔的不同层级是一个很好的方法，而且这一方法在书写创业计划时十分有效。标题应该简明扼要，用来强调金字塔结构。它们本身就应该包含关键信息。计划的总体结构如图16.3所示。

主标题：导言

主标题：支持问题 **1**

　副标题：论证 1——论据 1

　副标题：论证 2——论据 2

　副标题：论证 3——论据 3

　以此类推。

主标题：支持问题 **2**

　副标题：论证 1——论据 1

　副标题：论证 2——论据 2

　副标题：论证 3——论据 3

　以此类推。

主标题：支持问题 **3**

　副标题：论证 1——论据 1

　副标题：论证 2——论据 2

　副标题：论证 3——论据 3

　以此类推。

主标题：总结

图 16.3　组织金字塔结构

　　以下是一个具体书写过程的范例。第一步是书写导言，这主要有两个目的：其一，邀请接受者阅读这一计划，吸引他们的注意力（请记得，大部分送到风险投资家手上的商业计划还没有读完就被扔到一旁。如果计划不能在最开始就吸引他们的注意力，那永远都不会了）；其二，它可能被用来展示企业要陈述情况的结构。作为第一步，导言需要展示"大观点"。一个好的开头就像这样：

　导言

　这份计划展示了一个可以为您提供重要且有吸引力的投资机会的新商业企业。

　　下一步是用简单的方式引入支持性的论证（不要冒险在这一阶段过度展开论点，以后还会继续讨论）。

　　我们将向您概述一项创新的产品（服务），它可以通过优于其他竞争者的方式向客户提供独一无二的帮助，具有巨大的市场潜力。经验丰富的管理团队将带领这一拥有长期发展潜力的公司创造经济价值，赢得并维持相对于现有竞争者的发展优势。

　　在这一阶段，引导接收者在脑海中形成关于业务的形象非常重要。很多商业计划都让读者自己来拼凑来自计划各个部分的关于业务的信息，这需要很多精力，而读者可能并不愿意投入。他们可能因此直接拒绝这一计划。甚至有时他们真的努力尝试了，但是所形成的形象与计划撰写者想要传达的并不一致。叙述企业使命是一个好的引导方法。关于表达企业使命，我们已经在第 14 章中进行了详细讨论。

　企业使命

　接下来，可以叙述企业的关键目标（财务、市场、增长）。

　关键目标

　　在完成导言之后，计划可以延展、论证并提供证据支持已经提出的论点。每个分论点将被一一论证。例如，第一个支持问题是，"这一产品或服务针对市场空白吗？"根据金字塔原理，接下来应该继续展开论证结构。

空白市场

这一新产品（服务）所针对的市场有巨大空白。客户期望值很高，但是现有产品并不能满足其要求。这一产品类别中的最新发展也未能真正达到客户的期望。

现在，我们可以使用副标题来依次详细论证，并提供论据来支持论证。

客户需求和期望

客户对于这一产品类别所提供的产品具有很高的期望值。特别是，他们认为这一产品应该……

现在，应该提供证据来支持这一观点，例如：

这一点已经被焦点小组的独立市场调研所证实……

然后，继续这一支持问题下的第二个论证：

客户对现有产品的态度

这一产品类型销售额巨大（在这里引入市场容量论据）。这一市场仍在蓬勃发展（在这里引入市场增长率论据）。虽然客户对现有产品在一定程度上比较满意，但他们提出了大量的批评和抱怨，这无疑为新产品进入市场提供了契机。焦点小组的调研和针对购买者的大规模电话调查显示，最关键的问题在于……

然后，继续第三个论证：

这一产品类别的最新发展

这一类别中的新产品发展相当活跃。X 和 Y 都发布了它们的新产品。虽然这些新产品取得了相对的成功，但它们并没有抓住消费者最为在意的关键问题。我们的调查显示……（论据）

当详细解释完毕第一个支持问题之后，我们就可以用相同的方式来探讨第二个问题。然后是第三个。

另外一个例子：企业的长期发展潜力（表 16.1 中的第五个支持问题）：

长期盈利与增长

我们相信这一业务具有长期发展潜力，并能够在后来竞争者的压力下保持竞争优势。

进行论证：

像刚刚说明的那样，企业向大量购买者提供对他们有独特帮助的产品。这些益处是独一无二的，任何现有产品都不能与之相提并论（可以在这里再次总结论据）。同时，这一珍贵的独特性可以得到保护。

详细论证最后一点，取决于竞争优势的特定来源：

这将通过以下方式实现：

- 取得独特和珍贵的资源。
- 相对低的成本结构。
- 快速和高效的创新活动。
- 优于竞争对手的声誉。
- 通过组织和关系网络的构建提升绩效。

（参考第 22 章中关于竞争优势来源的详细讨论。）

当这一过程全部完成之后，可以通过总结来结束这一计划，并使接收者在脑海中形成完整的观点网络。需要重复关键点以及支持问题：

总结

这份计划突出了一次重要的投资机会。它展示了……（再次提出所有支持问题）。

总结的目的是在最后再次强调关键点，即"投资我吧！"，而不是概括计划中的所有内容。不要冒险再次回顾所有的论证和论据。

这一方法为商业计划提供了一个与 16.3 节中讨论过的"清单结构"完全不同的组织方式。首先，计划中并没有一个部分叙述所有的市场调研。市场调研只有在需要支持论点时才会被引入。因此，读者的注意力一直集中在重要的事实上，而不是读者不可能吸收或者直接与投资联系起来的大量数据。关于投资的考虑并不是分散的，而是通过关于市场机会的讨论将其整合在了一起。

此外还有几点总结。第一，在金字塔的每个阶段，都要总结下面将要引出的下一层结构。第二，每一阶段分论点、论证和论据的数量可以被识别，并不需要特别说明。不要轻易过多扩展论点。如果某一部分多于两段，则最好回到金字塔中，分解这一观点。第三，不需要太担心重复问题。当我向一些创业家介绍金字塔原理的时候，他们有时会有重复感，觉得我总是在反复说同一件事。这反映了我们重视原创的事实。然而，商业计划的价值体现在它在获得支持方面的有效性，而非它的文学水平。很多情况下，读者并没有感到金字塔结构的重复，而仅仅觉得其富有信息和影响力。

16.7　战略、规划和灵活性

> **重要学习目标**
> 理解如何运用规划来使企业在面临机遇和不确定时及时作出反应，避免僵化。

很多创业家对正式规划持怀疑态度。他们可能把书面计划看成一种制约，感觉会减少他们操作的空间。他们也许会认为决定未来的行动限制了他们的选择。但是，这些怀疑其实并不能成立。如果方法正确，规划活动将提高而非降低企业的灵活性。合适的战略类型将使企业更具有应答能力。

关注结果而非方法

目标比计划更为重要。最重要的是，企业希望实现什么目标。也许企业有不止一种方法来实现其目标，如果如此，则每一种可能性都应该被探讨。并不是所有的方法都具有同样的吸引力，可能其中一种应该被优先选择。但是，了解其他备选方案有利于制订应急计划。当一些路径遇到阻碍时，可以选择另一条道路。

挑战假设

计划是基于什么假设制订的？例如，当计算市场容量和企业成长率，以估计这一创新对客户的吸引力，以及竞争对手的实力时，我们作出了何种假设？计划对于这些假设有多敏感？如果它们是错误的，会产生什么后果？如何通过建立假设错误的紧急情况，来使计划的错误假设"免疫"？

模拟情景

实施计划会产生什么可能的结果？这些结果有多大确定性？就不确定性而言，可能发生的最好的结果是什么，最坏的又是什么？什么是最可能的结果？假定分别采取乐观、悲观、实际的态度对待期望结果，则将会导致什么情景（尤其是就收入和支出而言）？面对每一种结果时，公司将如何运营？如果悲观情况发生，公司将面临多大风险？公司具有（或能够得到）实现乐观结果的资源吗？此外，投资者是否将承担所有可能发生的结果，而不仅仅是最好的结果？

创造战略灵活性

在白天结束的时候，战略仅仅是一种做事的方法。战略灵活性，是当面临不确定性时做好事情的方法。它包括积极对结果作出反应以及适应活动，而不是仅仅盲目地跟随固定计划。战略灵活性由问题的发展变化而来。例如，产品或服务能够根据消费者对它的反馈（积极和消极）进行修改吗？如果一个目标市场被证明非常难进入，则能够更换另一个吗？可以根据需求来管理成本吗（例如，企业受固定成本的影响大吗）？如果网络中的一些关系证明实际结果不如期望，那新的关系可以迅速建立吗？

预留学习空间

创业家们和他们的企业迎接机会和应对挑战的方式，取决于他们如何看待这个世界、他们所拥有的知识以及他们所掌握技能的范围。所有这些要素都需要通过学习来提升。创业家需要不断地审视自己的企业。根本的假设是否依然正确？这依然是做这件事的最佳方法吗？成功不会为自己说话，所以审问一个特定结果为什么是成功的非常重要。哪些是正确的行动？通过什么方法可能使企业更加成功？哪些是失败的？下次如何避免这些错误？

学习是一个主动的过程。一份好的商业计划会识别和突出能够进行学习的领域。简而言之，好的战略应该具有灵活性，一旦形成就能够使企业抓住机遇，管理意外，而不是设定一个僵硬的行动指南。

要点总结

- 对计划活动的投入和企业绩效之间并没有简单的联系，虽然有证据表明计划可能对小企业的生存有重要意义。
- 商业计划可以通过以下途径帮助新创企业：
  ——确保全面分析企业所处的情况和环境。
  ——促进整合所有见解以生成企业愿景和战略。
  ——号召具体行动。
  ——作为与内、外部利益相关者沟通的媒介。
- 巴巴拉·明托的金字塔原理可以被应用于制作有影响力的商业计划。
- 清晰明确的商业计划将提高企业的灵活性。
- 计划的正规程度受启动阶段的投入程度、外部利益相关者（特别，但不仅仅是投资者）的参与程度、信息的获得难度和成本、外部支持，以及创业家的个人风格等因素影响。

研究主题

金字塔结构的作用

利用表 16.1 中的框架，为书写四份商业计划获取信息（以 2 000 ~ 3 000 字的描述为佳，这是商业计划的一般长度）。这些计划可以基于案例研究或你能得到的真实的商业计划，然后靠你发挥想象力来完成。对四份数据集，每一份创建两个版本的计划。第一个版本，运用金字塔模式传递信息，先给出"大观点"再提出一个分论点，进行论证和提供论据，再推进到下一个分论点，进行论证和提供论据，以此类推，直到展示完毕所有的分论点。第二个版本，线性地传递信息，从"大观点"开始，然后列出所有分论点，再到所有论证，最后是所有论据。找到一些人作为决策者进行抽样调查（同学就是很好的选择）。把他们分为两个小组，并分别提供给他们四份计划书，两份用金字塔结构，两份用线性结构。互换这两组人的位置。让每位决策人就四份计划的吸引力进行评分。也可以评级，或者采用李克特式量表（例如，可能投资，可能不投资，绝对不投资，等等。）比较这两种不同结构的评分。金字塔结构增加计划书的吸引力了吗？

从商业计划中获取信息

这可能是上述项目主题的变体，或者可能包含在它之内。利用所描述的方法，分别运用线性结构和金字塔结构制作 4 份商业计划。为阅读计划的主体建立理解测试。这其中必须包含企业产品、企业目标市场、如何获得竞争优势、管理团队能力等问题。把问题集中到支持问题及其论证过程上。我建议一共 10 个问题。多项选择的形式将会使分析变得更容易。如果巴巴拉·明托关于认知心理学的理解是正确的（有很多证据可以证明这一点），那么相较于线性结构，参与者应该能够更好地理解金字塔结构的计划。让参与者（同学依然是很好的选择）阅读商业计划（设定时间限制，例如 15 分钟），之后从他们手中拿走计划。现在进行理解测试（依然需要时间限制）。就理解得分及其与结构的关系进行分析。结果证实了我们的预测吗？

重要读物

Thurston, P. H. (1983) 'Should smaller companies make formal plans?', *Harvard Business Review*, Sept./Oct., pp. 162-88.

Ames, M. D. (1994) 'Rethinking the business plan paradigm: bridging the gap between plan and plan execution', *Journal of Small Business Strategy*, Vol. 5, No. 1, pp. 69-76.

推荐读物

Ackelsburg, R. (1985) 'Small businesses do plan and it pays off', *Long Range Planning*, Vol. 18, No. 5, pp. 61-7.

Allaire, Y. and Firsirotu, M. (1990) 'Strategic plans as contracts', *Long Range Planning*, Vol. 23, No. 1, pp. 102-15.

Bhide, A. (1994) 'How entrepreneurs craft strategy', *Harvard Business Review*, Mar./Apr., pp. 150-61.

Bracker, J. S., Keats, B. W. and Person, J. N. (1988) 'Planning and financial performance among small firms in a growth industry', *Strategic Management Journal*, Vol. 9, pp. 591 –603.

Chakravarthy, B. S. and Lorange, P. (1991) 'Adapting strategic planning to the changing needs of a business', *Journal of Organisational Change Management*, Vol. 4, No. 2, pp. 6–18.

Cooper, A. C. (1981) 'Strategic management: new ventures and small business', *Long Range Planning*, Vol. 14, No. 5, pp. 39–45.

Grieve Smith, J. and Fleck, V. (1988) 'Strategies of new biotechnology firms', *Long Range Planning*, Vol. 21, No. 3, pp. 51–8.

Hamel, G. and Prahalad, C. K. (1993) 'Strategy as stretch and leverage', *Harvard Business Review*, Mar./Apr., pp. 75–84.

Harari, O. (1994) 'The hypnotic danger of competitive analysis', *Management Review*, Vol. 83, No. 8, pp. 36–8.

Higgins, J. M. (1996) 'Innovate or evaporate: creative techniques for strategists', *Long Range Planning*, Vol. 29, No. 3, pp. 370–80.

Hills, G. E. (1985) Market analysis and the business plan: venture capitalists' perceptions', *Journal of Small Business Management*, Vol. 23, pp. 38–46.

Hopkins, W. E. and Hopkins, S. A. (1994) 'Want to succeed? Get with the plan!', *Journal of Retail Banking*, Vol. XVI, No. 3, pp. 26–31.

Kim, W. C. and Mauborgne, R. (2000) 'Knowing a winning business idea when you see one', *Harvard Business Review*, Sept./Oct., pp. 129–38.

Knight, R. M. (1994) 'Criteria used by venture capitalists: a cross-cultural analysis', *International Small Business Journal*, Vol. 13, No. 1, pp. 26–37.

Macmillan, I. C., Siegel, R. and Subba Narashima, P. N. (1985) 'Criteria used by venture capitalists to evaluate new venture proposals', *Journal of Business Venturing*, Vol. 1, pp. 119 –28.

Macmillan, I. C., Zeeman, L. and Subba Narashima, P. N. (1987) 'Effectiveness of criteria used by venture capitalists in the venture screening process', *Journal of Business Venturing*, Vol. 2, pp. 123–38.

McKiernan, P. and Morris, C. (1994) 'Strategic planning and financial performance in UK SMEs: does formality matter?' *British Journal of Management*, Vol. 5, Special Issue, pp. S31–41.

Mason, C. and Harrison, R. (1996) 'Why "business angels" say no: a case study of opportunities rejected by an informal investor syndicate', *International Small Business Journal*, Vol. 14, No. 2, pp. 35–51.

Minto, B. (1996) *The Pyramid Principle*. London: FT Pitman.

Mintzberg, H. (1994) *The Rise and Fall of Strategic Planning*. London: Prentice Hall.

Perry, S. C. (2001) 'The relationship between written business plans and the failure of small business in the US', *Journal of Small Business Management*, Vol. 39, No. 3, pp. 201-8.

Schneider, T. W. (1998) 'Building a business plan: a good business plan will not ensure success, but the lack of one is a formula for failure', *Journal of Property Management*, Vol. 63, No. 6, pp. 1-2.

Schwenk, C. R. and Shrader, C. B. (1993) 'Effects of formal planning on financial performance in small firms: a meta-analysis', *Entrepreneurial Theory and Practice*, Vol. 17, No. 3, pp. 53-64.

Shuman, J. C., Shaw, J. J. and Sussman, G. (1985) 'Strategic planning in smaller rapid growth companies', *Long Range Planning*, Vol. 18, No. 6, pp. 48-53.

Waalewijn, P. and Segaar, P. (1993) 'Strategic management: the key to profitability in small companies', *Long Range Planning*, Vol. 26, No. 2, pp. 24-30.

Wyckham, R. G. and Wedley, W. C. (1990) 'Factors related to venture feasibility analysis and business plan preparation', *Journal of Small Business Management*, Vol. 28, No. 4, pp. 48-59.

精选案例

案例 16.1　　　　　　　　**希望放得开的创业家**

文/Ben King

当你已经赚到了 5 亿美元，而且已经花钱进行了一次太空旅行时，下一步你究竟要做什么呢？一些人可能会考虑从政，另一些人则可能希望退休，享受闲暇生活。但是对于科技创业家、宇航员马克·沙特尔沃思来说，下一步却是挑战微软公司的核心领域：桌面。

他已经发展了一套完整的个人电脑软件，可以处理从内部运作到文字处理的所有问题。这套软件被称为 Ubuntu，根据沙特尔沃思诞生的国度——后种族隔离的南非的一项基本准则命名。在祖鲁语和科萨语中，其都代表着"与人分享"。

这一项目以 Linux 为基础。Linux 是一种主要由志愿者们编写，并被广泛应用于企业、政府和其他组织服务器的操作系统，而电脑是这一网络的核心。Ubuntu 希望采用这一复杂而强大的系统，并将它变得简单易行，以满足非技术人员的需求。因此，这一项目的使命是："让人们都能使用 Linux！"

虽然这背后的技术工作可能不同，但是运行 Ubuntu 的电脑看起来非常像在运行 Windows。它的界面基于与 Windows 相似的菜单、图标和窗口，用户可以通过广为使用的火狐浏览器上网，或者用办公软件编辑文档和分析数据。

和 Windows XP 的蓝色世界不同，Ubuntu 以棕色为主色调。其中有些古怪的小特点，显示了它的家乡在非洲，比如，在打开一项应用程序时，会响起一阵鼓点声。Ubuntu 的每个新版本不仅仅用数字来标记，其还会拥有一个动物代号，例如多疣的疣猪（Warty Warthog）和活泼的獾（Breezy Badger）。

发布不到两年，Ubuntu 已经成为上百种基于 Linux 的操作系统中最受欢迎的一个。在 DistroWatch 网站发布的不同种类的 Linux 系统受欢迎度统计表中，Ubuntu 保持着遥遥领先的地位。虽然很难得到具体数字，但是根据估算，运行 Ubuntu 系统的电脑已经达到 600 万台，并且这一数字还在以每 8 个月翻一番的速度增长。

不像其他领先的 Linux 项目，例如 Linspire、Novell 和 Red Hat，Ubuntu 是免费发放的。用户可以不用付费直接下载和使用，沙特尔沃思先生的 Canonical 公司甚至会免费发送安装光碟给申请的人。

沙特尔沃思先生的巨额财富使这一举措成为可能。1999 年时，卖掉互联网公司 Thawte 咨询公司为他赚得 5.75 亿美元（3.27 亿英镑），并且他每年向 Ubuntu 项目投入大约 1 000 万美元。这一项目并不能为他带来任何收入，至少近几年内不能。Canonical 为 Ubuntu 提供支持和相关服务，但是至于什么时候能盈利，沙特尔沃思先生并不确定。

他启动这一项目，因为他认为自己是革命的先锋。"这确实有很大风险，"他说，"它并不是一个合理的商业模式，但是打造未来的数字平台，真的是一件非常有趣的事。"

他确定打造了一套高效有力的桌面软件包。从它免费的模式到古怪的公共形象，Ubuntu 都拥有吸引人的特征和强劲的发展势头。然而，为了保持现在的增长速度，Ubuntu 需要扩展现有的技术革新力量，以满足没有 Linux 使用经验的用户的需求。

Linux 的顾问和编写人汤姆·阿德尔斯坦认为，对于这一用户群体来说，Ubuntu 依旧不易使用。"从可用性来看，我认为 Ubuntu 确实领先于其他项目。但它始终还是 Linux 的一员——要想使用它，你必须学会计算机语言。微软在这一方面真的遥遥领先。"同样地，大量程序和游戏不能在 Linux 系统上使用这一点，也使 Ubuntu 丢掉了很多买家。

几乎没有目标用户会自己安装操作系统，所以，Ubuntu 成长的关键环节是说服 PC 生产商在销售电脑前预安装 Ubuntu 系统。一些电脑生产商已经在 PC 上安装了 Linspire 等 Linux 套件。

在低端市场竞争的小型 PC 生产商们对免费软件尤其感兴趣，因为这可以帮助它们减少成本。根据 IDC 调查公司的数据，小微企业占全球市场的 1/3。沙特尔沃思先生很快将前往中国台湾与部分小微企业洽谈合作。

企业与政府领域也将是 Ubuntu 成长的沃土。Forrester 调查公司的调研显示，北美有 30% 的企业都在考虑将它们公司部分或全部电脑的桌面转换为 Linux。

这些企业也包含谷歌。它研发了自己的 Ubuntu，取名为 Goobuntu。沙特尔沃思先生表示，他正与慕尼黑市政府协商关于为其量身定做一个 Ubuntu 版本的事宜。

能够定制 Linux 是一个巨大的卖点。Canonical 公司也在开发一个简单易行的方法，使企业能够设计和获取某些版本中 Ubuntu 的特征，以满足它们自己的需求。

谷歌等股票市场的宠儿似乎是理想的客户，它们与微软之间有着激烈的竞争，所以更迫切地希望寻找微软产品的替代品。想要其他组织更换为 Ubuntu，则需要提供更有说服力的理由。免费确实是一大优势。此外，Linux 的支持者们认为，Linux 产品的安全性和稳定性都优于微软产品，虽然关于这一点还存在着激烈的争论。

沙特尔沃思先生按照他的标准，成功地召集了一个开发者小组。Canonical 公司只有 50 名员工，但是 Ubuntu 已经从合作公司吸引了数以千计的工程师，并"包揽"了大部分从事软件推广和优化工作的学生和志愿者。

Ubuntu 团队的友好是出了名的，当你没有获得报酬时，这一点就显得更加难能可贵了。很多不喜欢其他 Linux 项目不断商业化的开发者，也被 Ubuntu 保持免费的特色吸引过来。

然而，向极客圈子之外销售 Ubuntu，需要大规模的市场营销和培养过程，甚至连沙特尔沃思先生的资产都无法与微软和苹果的预算相比。他希望免费的特点和开放的操作系统，能够在市场上实现"自我推销"。

"我的直觉告诉我，免费软件将成为桌面市场上的一股重要力量，"他说，"是苹果公司占据 3%～5% 市场的 Mac 式力量，还是像 Linux 那样在数据中心（服务器）中占据 50% 的市场且在不断高速发展的力量——我不知道会是哪一种。"

如果没有认真的商业计划，Ubuntu 项目很容易就解散了，就像一个异想天开的业余人士的玩具一样，很难走出极客的圈子。一只"活泼的獾"对于巨人微软来说，会是严峻挑战吗？

在《金融时报》访谈他时，沙特尔沃思先生坐在他的椅子上，两条腿都搭在扶手上，好像把椅子当做吊床——绝不是你想象中像甲骨文 CEO 拉里·埃里森之类的人会做出来的事。

但是他有着惊人的记录，而且你绝对不会质疑他的奉献精神。他现在正坐在私人飞机上，进行一次为时 3 周的折磨人的世界之旅，以优化 Ubuntu 和与克罗地亚、巴基斯坦、印度、中国、印度尼西亚以及肯尼亚等国进行交流。这之后，他计划"解放"一段时间，与其他免费软件狂热者们一起，走遍饱受战争之苦的塞拉利昂共和国的每一个角落。

对于一些人来说，沙特尔沃思先生似乎仅仅在享受认真工作的乐趣。但是 Linux 之前已经让很多人感到惊奇了——对于一个极客来说，再没有什么比颠覆整个行业更有趣的事了。

Source：Ben King, 'The entrepreneur who wants to give it all away', *Financial Times*, 20 January 2006, p. 13. Copyright © 2006 The Financial Times Limited.

案例 16.2 米兰投资银行的可察觉目标

文/Adrian Michaels

米兰投资银行这一周发布了下一阶段其内部革新的框架，它正处于推动意大利资本结构改革的进程中。

这一强大的投资银行建立于第二次世界大战之后，数十年来一直都是意大利最具影响力的企业。在相互持股和管理人的网络中，少数企业和人员利用其有限的资本来兼顾彼此的利益，保持自己的地位。而米兰投资银行位于这一网络的中心。它在多次剧变中，推动网络使其产生了极为重要的稳定性。

在那些仅仅把它看做所有股权之和的外部投资者眼中，米兰投资银行本身并不是一个很好的投资机会。

但是该银行一直在努力改变这一观念，希望让投资者们更多地关注其银行业务的盈利潜力。它已经把自己的股本投资组合分为了"战略"和"非战略"持股。

现在它已经通过把几乎所有股权转让给批发银行的分支而卸责了，它还宣布将从资本中减少 15 亿英镑（18 亿美元）用于股票投资组合。

只有保险公司 Generali 和运营意大利最受好评的《晚邮报》的中间团队 RCS 的股权没有被转让。米兰投资银行在 RCS 和 Generali 均拥有 14% 的股权。

米兰投资银行还在大量其他看起来可能不如以前稳定的意大利公司持股，包括意大利电信集团、Pirelli 轮胎公司和 Fiat 公司等，尤其是自从新的会计规则实施之后，它们被"打折"处理。

但是对于已经被分为非战略类的企业的投资依然可以进行。这些企业包括防务公司 Finmeccanica 和金融集团 Mediolanum 和 Fondiaria 保险公司。

银行的首席执行官阿尔贝托·纳格尔提到，一些股权依然不能触动，包括在 TI 和 Fiat 的那些。分析师们仍然把这一声明视为地震。

瑞士联合银行的分析师马特欧·拉门格说道，"米兰投资银行去年对投资者们采取的第一个方案是一个相当大胆的声明；而这一个就更是了：它在推动整个意大利体制的演变。"

意大利市场一直是开放的，但与其他西欧国家或美国相比，它仍然有些老化。这一年中，出现了一些引人注目的反对旧制度的趋势，而米兰投资银行就是其中的代表。

一群相对年轻的创业家在米兰投资银行影响范围内的一些公司占了很多的股份，包括这一投行本身。Stefano Ricucci 目前是 RCS 最大的个人股东，而且并不排除其会进行进一步的收购活动。

产生意大利市场即将波动的谣言，和谣言中卷入了 Ricucci 先生及其他人的银行丑闻，都明显激怒了这一团体的很多成员。

所以，接下来米兰投资银行是否会对一些重要公司的股东组成进行更多的考虑，十分让人好奇。

米兰投资银行认为优化其未来形态这一环节非常重要。在这一过程中，它也许有助于打开意大利的市场。

Source：Adrian Michaels， 'Mediobanca to target perceptions'，*Financial Times*，15 September 2005，p. 30. Copyright © 2005 The Financial Times Limited.

热点问题讨论

1. 商业计划可能从哪些方面提高了 Ubuntu 的成功几率？

2. 如果你是上述年轻创业家中的一员，你认为一份商业计划会对你产生怎样的帮助？你会在其中加入哪些关键信息？

第 17 章

获取财务支持

本章概要

吸引财务支持是企业最重要的任务之一。本章考虑投资资本的供给以及赞助者如何选择投资机会。本章认为成功吸引投资的主要因素在于企业了解投资者要问的问题并且为回答这些问题做好准备。

17.1 金融投资的来源和类型

重要学习目标

识别可用于冒险性新创企业的不同资金来源。

投资资本是有价值的商品。同任何其他商品一样，市场发展以确保商品供给满足顾客需求。虽然"资本"本身是一种无差异化的商品（一张 5 英镑纸钞同任何 5 英镑纸钞完全一样），但是出现了许多提供投资资产的不同类型的供应商。这些不同类型的供应商之间的差异不在于他们所提供的商品，而在于他们提供资产的方式、他们对这项资产的要价以及他们提供的附加服务。需求和供给的互动导致资产被定为某个价格。该价格是供应商（借方或投资者）对他们的投资所期望的盈利率。关键因素在于投资风险（即盈利可能低于预测）以及机会成本（即因无法选择替代项而不得不放弃的盈利）。这条充满风险的盈利率线提供了一个关键性的维度，使投资者能够与众不同。大体上，该机制应该保证所提供的资本数量等于创业家所需求的数量。然而，很多创业家抱怨存在"资金缺口"——没能力把握住支持自己企业的资金。一些政治家赞同他们的观点并要求银行更好地服务于这些创业家。然而，市场失灵（由于资本提供者的垄断地位）仅仅为一种解释。这也可能是因为创业家们对他们公司风险水平的评估低于投资者的评估水平，因此创业家认为出售资本被附上了太高的价格标签。创业家的（过度）乐观和它对投资者的影响在 17.4 节有更深入的探讨。资金缺口也可能是创业家和投资者信息不对称所造成的结果（在 5.3 节可见该观点）。不论是哪个原因，存在资金缺口是创业家、投资者以及从企业活动中获益的更多元的利益相关者所面临的一个问题。Harris（1995）调查了尝试强调资金缺口的机制。

像很多市场一样，投资资本市场的供应商也互相区分。该差异基于他们提供的资本类型和水平以及他们乐于接受的风险水平。下面描述的是关键的资本提供商。

创业家自有资本

创业家自身的资本可能来自个人储蓄，也可能来自一项资本收益或遣散超额员工计划，在这种情况下，数额也许相当大。在第 4 章中引述的 Blanchflower 和 Oswald（1998）的例子揭示了在启动阶段继承资金的重要性。一旦连续创业家成熟了，他们便会清算他们在企业中的股份，以便追求新的商业机会。显然，创业家能随意使用这项资金。

非正规投资者

一个企业对投资的吸引力也许建立在投资者家人和朋友非正式的基础上。该收益的期望、何时取得这项收益通常是非正式的，最多是半正式的。Harrison 和 Dibben（1997）研究了非正式投资决策的性质并且发现，除了对商业计划合理的评价外，个人对企业的信任也很重要。

内部资本网络

很多团体，尤其是那些围绕在一群背井离乡的人和被排除在更宽泛的经济体制之外的人周围的人，显示出强大的创业倾向。这经常活跃、丰富了整体经济。重要的例子包括在英国的各种各样的亚洲团体、在法国的北非人、在东南亚的中国侨民，以及在西非的黎巴嫩人。这些团体经常在他们的群体中鼓励投资。这些团体建立内部资金网络，引导资金流向新的商机。这些网络经常有一个国际角色。在新兴经济体中，它们为内向投资提供重要的渠道。

尽管这些网络在狭隘的法律层面来看相当不正式，可是它们却受到一套丰富的文化规则和期望的引导。风险、收益和取得收益的方式经常镶嵌在复杂的所有制形式和风险控制中。

留存资金

企业产生的利润潜在地可被再投资于企业的发展。然而，这种利润既不属于企业，也不属于创业家，而是属于支持企业（这个群体也许包括创业家）的投资者们。将利润再投资也许提供了一个良好的投资机会，但是投资者会像评判其他机遇一样评判这种机会，评价的基础为风险、回报、获取利润和寻求替代投资机会。

天使投资人

天使投资人是个体，或者将自己的资本贡献给新企业的个人小团体。他们通常是成功的生意人（也许作为创业家自身），因此有钱可以"玩弄"。虽然投资结构和收益期望不同，但通常基于资产并且被编撰在正式的协议里。

天使投资人在一个重要的方面不同于其他类型的机构投资者。他们喜欢参与到他们支持的企业中去，并且除了提供资金支持外，他们还提供技术、见解和经验。因此他们通常在自身知识或商业技巧可得到适当运用的企业中寻找投资机会。天使投资人也更有可能在他们自己的区域选择企业。Harrison 和 Mason（1996）描述了非正式企业资本在英国的发展。Tashiro（1999）描述了日本的天使投资人。

小额银行业务

商业零售银行或者主流银行通常为初创企业和正在扩展的小微企业提供投资资金。支持形式几乎都是发放贷款，并且收益受制于严格的协议。银行期望创业家作出个人承诺，也可能寻找抵押品来降低该协议的风险。Berger 和 Udell（2002）探索了银行内部提供小企业基金的决策过程。Brau（2002）调查了银行在贷款中的预测业务的管理者中介成本的标价范围。

企业银行业务

企业银行业务始于小额银行业务止步的地方。企业银行对更大的投资机会感兴趣，并且可能满足于更长期的回报。借入资本占统治地位，但也有普通股。交易也许相当复杂，并在两种形式的投资中牵涉到转换。创业家的承诺和净资产安全再次被强调。

风险投资

风险投资对迅速成长的企业来说是一个关键的资本来源。风险投资公司通常寻求大的投资机会，其特点为获益快、获益率高。同样的，它们倾向于比银行承担更高程度的风险。风险投资公司很少涉足低于 25 万英镑的投资，风险投资的特点是寻求在 5 年或更短的时间内年度收益率超过 50%。通常这些是基于股权的交易，可能很复杂。然而，必须有一个适当明确的退出战略。一系列的研究（例如，Zacharakis 等人，1999；Riquelme 和 Waston，2002）探索了风险投资家对于导致冒险型企业成败的因素的判断。Devashis（2000）和 Choudhury（2001）详细并分别描述了风险资本体系在印度和伊斯兰世界的运作。Cook（2001）考虑到小微企业在发展中国家的融资。

公开募股

公开募股指企业通过向一群私人投资者提供股票来募集资金。这些股票可以在公开的股市或者在欧洲大陆的交易所买卖。可通过各种不同的股市募集资本。所有成熟的经济体都有国家股市，其中伦敦、纽约和东京是最重要的国际股市。很多新兴股市交易的股票来自于发展中国家和中东欧和后计划经济体（即一直处在共产主义控制下直到 20 世纪 80 年代后期）的公司。

除了知名公司的股市，小微企业和正在迅速成长的企业也有特殊的股市。最重要的欧洲小企业股市是位于伦敦的另类投资市场（AIM）。该市场有 265 个上市公司，市值将近 60 亿英镑。其他欧洲小微企业市场包括巴黎的法国新兴证券市场、布鲁塞尔的伊斯达克以及法兰克福的新市场。所有这些市场都计划通过一个被称为 EURO. NM 的网络联系起来。在美国，小微企业投资和快速成长的企业投资是通过名为纳斯达克的市场实现的。

政府

如今很多政府都看到了它们鼓励企业所带来的好处。新的商家创造工作，给市场带来创新并提供竞争效率。然而放眼全球，各个政府致力于支持新型企业和快速成长型企业的产生和生存的力度和方式有所不同。

当投资资本很难获得和现金流最紧张的时候，初创企业通常会得到支持。一般而言，政府直接投资在减少。然而，有很多类似的政府机构，它们可以将补助金灌注给初创企业。除了资金补助，政府也许还会以咨询服务和培训的方式提供支持。例子包括英国的企业委员会（TECs）和美国的小微企业管理局（SBA）。在欧洲大陆（在中东欧也越来越多），当地商会在这方面扮演了重要的角色。除了公开支持，政府经常还通过税收减免赋予小微企业抢先起步的优势。

商业合伙

一个新创企业也许把现有的企业看做投资资本的一种来源。这通常会发生于当市场现有的企业对新创企业的成功有着战略意义上的考量时，例如，新创企业的创立人是一项特殊创新的提供人或者对其构成一种有价值的输入。IBM 对早期微软公司创新产品的需求就是最好的事例。当新创企业正在从事一项创新活动，而这项创新对于市场现有企业十分重要时，商业合伙也会形成。20 世纪 80 年代，在世界范围内由市场现有医药公司发起的对生物技术类新创企业的大规模投资就是实例。

各种制度安排表明，市场现有企业能够对所投资的新创企业实施控制。一种方法是对其取得全部股权，还有一种方法就是把新创企业当做一个供应商与其签署相关协议，而介于两者之间的制度形式就是达成所谓的"战略联盟"。

小额贷款

宽泛地说，小额贷款是指贷给发展中国家与地区的个人或家庭来帮助他们创业（经常小到只有 50 英镑的额度）。它被证明非常成功而且发展速度很快。例如，在印度尼西亚已有 600 000 间发放小额贷款的机构。监管这一领域是非常困难的。严格地说，这笔贷款应该用于创办企业，而非用于个人事务，而且放款的机构应当登记注册。但如果一个人买了自行车来运货或者买了移动电话供他人拨打收费电话，那么公私之间的界限便不可避免地模糊了。而且，很多传统上（未注册登记）的放贷方也都进入了小额贷款这一领域。有着投资机会的这一领域吸引着很多大型的贷款机构。关于小额贷款的最新评论，请看《经济学人》。

资本供应的选择

在经济中发挥作用的投资资金的类型和规模取决于经济发展的程度以及其他政治或文化上的因素。创业家资本供应的决定一定是根据投机的本质、资金的需求、它所处的发展阶段以及面临的风险作出的。

风险投资业最初在美国发展起来，近来在英国，现在已遍布全球。对国际视野下的风险资本以及私募股权投资感兴趣的同学，可阅读表 17.1，里面列举了一些介绍风险资本在世界上很多不同地区发展状况的最新论著。这个列表还不是全部。选择的标准是其是最近期的，在私募领域提供一个很好的概览，在很多案例中有丰富的定量数据。

表 17.1　　　　　　　　　　　有关全球风险资本行业的最近论述

国家/地区	作者/年份	文章题目	刊物
亚洲和环太平洋	Lockett，A. 和 Wright，M.（2002）	Venture capital in Asia and the Pacific Rim	*Venture capital*，Vol. 4，No. 3，pp. 183-95
澳大利亚	Ferris，W. D.（2001）	Australia chooses：venture capital and a future Australia	*Australian Journal of Management*，Vol. 26，Special Issue，pp. 45-64
加拿大	Best，A. 和 Mitra，D.（1997）	The venture capital industry in Canada	*Journal of Small Business Management*，Apr.
中欧	Wright，M.，Karsai，J.，Dudzinski，Z. 和 Morovic，J.（1999）	Transition and active investors：venture capital in Hungary，Poland and Slovakia	*Post-Communist Economics*，Vol. 11，No. 1，pp. 27-46
中国	Vaughn，C. M.（2002）	Venture capital in China：developing a regulatory framework	*Columbia Journal of Asian Law*，Vol. 16，No. 1，pp. 227-52

续表

国家/地区	作者/年份	文章题目	刊物
欧洲	Bottazzi, L. 和 Da Rin, M. (2002) Bottazzi, L. Da Rin, M. 和 Hellmann, T. (2004)	European venture capital The changing face of the European venture capital industry: facts and analysis	*European Policy*, Apr., PP. 231-69 *Journal of Private Equity*, Spring, pp. 26-53
法国	Dubocage, E. 和 Rivaud - Danset, D. (2002)	Government policy on venture capital support in France	*Venture Capital*, Vol. 4, No. 1, pp. 25-43
德国	Weber, C. 和 Weber, B. (2005)	Corporate venture capital organization in Germany	*Venture Capital*, Vol. 7, No. 1, pp. 51-73
中国香港	Chu, p. 和 Hisrich, R. D. (2001)	Venture capital in an industry in transition	*Venture Capital*, Vol. 3, No. 2, pp. 169-82
印度	Mitra, D. (2000)	The venture capital industry in India	*Journal of Small Business Mangement*, Apr., pp. 67-79
伊斯兰国家	Choudhury, M. A. (2001)	Islamic venture capital: a critical examination	*Journal of Economic Studies*, Vol. 28, No. 1, pp. 14-33
以色列	Levenfield, B., Platt, B. S., Schapiro, D. 和 Tisoni, O. (2005)	Private equity and venture capital in Israel	*International Financial Law Review*, Vol. 24, pp. 31-3
拉丁美洲	Pascual, R. 和 Kilpatrick, S. (2000)	Venture capital in Latin America	*Corporate Finance* No. 190, pp. iii-vi
英国	British Venture Capital Association (2003)	Report on investment activity	见网络
美国	Green, M. B. (2004)	Venture capital investment in the United States 1995—2002	*The industrial Geographer*, Vol. 2, No. 1, pp. 2-30

17.2　投资者如何选择投资机会?

投资是买卖的过程。创业家试图将风险产品作为投资机会卖掉,投资者则在寻求回报率高的投资机会。像这样,投资交易背后大量的市场购买行为使我们洞悉这一过程如何被理解以及如何管理更加有效的机会。

Tyebjee 和 Bruno (1984) 开发出一个投资过程的模型。虽然这些研究用模型来理解风险投资,但其在形式上是通用的,也就可以被用来在大体上了解风险投资。图 17.1 大致描述了这个模型。

这个模型定义了风险投资的五个关键阶段,解释如下:

阶段一: 交易发起

这一阶段中通过投资者的大量搜寻工作以及创业家的宣传活动,创业家与投资者初步建立了解。风险资本家不会主动去寻找新机会。他们等着创业家或者代表企业的第三方来接近他们。与此相似,零售和股份银行也把迈出第一步的责任交给了创业家。

交易发起　◄──── 创业家与投资者联系

↓

交易筛选　◄──── 初步评估确保交易正确

↓

交易评估　◄──── 详细评估风险与收益

↓

交易结构化　◄──── 投资者进入及退出策略

↓

投资后管理　◄──── 投资者的监督、控制和支持

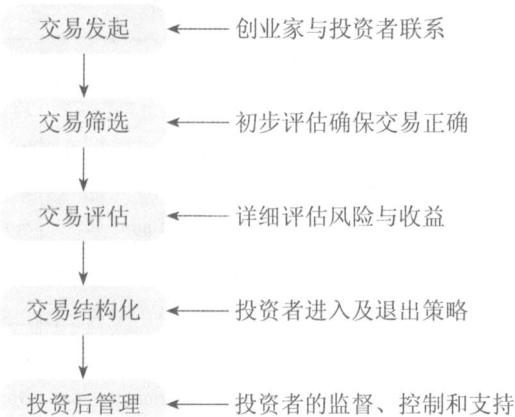

图 17.1　投资决策模型（转引自 Tyebjee 和 Bruno，1984）

如果一项交易有可以在市场上获得的股份，私人或机构投资者就会找出适合其的投资组合并且购买拥有吸引人的回报率的股票。天使投资人经常通过交易往来中的非正式途径获得投资机会的信息。

阶段二：交易筛选

很多投资者专门研究特定类型的投资。交易筛选反映了投资者们对该投资提议是否与投资活动相适应的初步评估。重要的标准包括：投资的数量、风险投资所基于的科技种类、产业部门的风险以及风险增长的阶段情况。

阶段三：交易评估

如果一项提议适合投资者投资组合内的活动，那么更为详细的评估就会展开。这一过程的目的是将提供的回报与面临的风险进行比较。在评估中要考虑的关键因素是这项风险投资的潜力，即所提供的革新，在市场上发展的目标和所面临的竞争压力。如果潜力是好的，就会考虑管理团队实施的能力。投资者也会对创业家提供的保证有兴趣。

阶段四：交易结构化

交易结构化是指制定关于初始投资怎样做以及投资者如何看到回报的决议。在这个投资阶段最重要的是，创业家需要多少以及在哪一个阶段进行投资。回报阶段严格地说是实际提供回报的时候，投资者想知道在看到回报以及回报的形式之前要等待多久。例如，它将是现金呢，还是公司的股份？如果它是公司的股份，可否很容易地清偿变现呢？

阶段五：投资后管理

投资者，特别是那些对风险投资有着极大兴趣的投资者，往往会保留一定的参与度。投资后管理有两个方面，监督和控制。监督是指投资者们拥有一定的席位可以评估管理者们的经营表现，以知晓他们投资的动态。财务报告中的资产负债表以及损益类账户给投资者们提供了一个合法的明晰的方法，来监督企业的经营业绩。重大的投资者会要求企业更频繁地提供更详细的信息，有些已经超出了单纯的财务数据的范围。

斯坦纳和格林伍德在风险资本方面研究了交易结构化和投资后管理。他们得出结论，进入风险资本网络对于创业家们来说是很重要的，拥有这种关系比保证交易的商业计划更

为重要。他们还发现，在很多的实例中，风险资本所强加的最后期限可能由于部分风险资金本身的延期而被创业家忽略。

控制机制给了投资者一个活跃主动的角色来影响企业以及风险投资的管理决策。一个常见的控制机制是使投资者处于企业的管理团队中，例如作为主管。天使投资人经常提出这一项不仅仅是出于控制机制的考虑，更是因为他们拥有经验和远见，可以对风险投资作出积极有效的贡献。

Tyebjee 和 Bruno 的五阶段模型强调投资者可以作出有效的投资决策之前所需的关键信息的领域。提供该信息并且对投资者们问题的解答必须形成创业家对投资者的沟通战略。该模型在 Mason 和 Harrison（1996）的一项研究中生效，该研究中他们深入剖析了一组特殊的天使投资人的投资过程。被研究的这个团体由一位退休的英国商人看见天使投资人在美国运作之后建立。他选择的成员都有经验、兼容的性格和奉献精神，他们被《金融时报》商机专栏的一则广告吸引而来。交易通过不同的方式开始，包括发布报纸广告和通过独立的商业经济人。大约全部交易的一半都通过创业家接近这个团体开始。大约1/4 的交易通过团体接近一个创业家开始，剩余的 1/4 是独立中介介绍的结果。所有的协议最初都是以倡议书的形式提供的。起初的筛选由一位该团体的成员单独负责。大约80% 的交易因为财政状况看似不佳而在此阶段被排除。余下的 20% 在一个标准格式下被总结，提供给整个团体评价。如果该团体觉得这项交易值得继续探索（大约所有倡议书的 10%），那么一个项目领导就被指定对该提议进行细节评估。团体内的另外两个成员会同他一同完成此项工作。这包含了背景研究和与投资对象公司的一次会议。在经过适当考虑后，该项目团体会向整个团体做一个正式的演讲并作出推荐。当并且仅当该团体的所有成员都支持该项交易时，其才会向投资对象公司给出正式报价。该项目团队会考虑怎样组织进入和退出这项交易，这也许会为企业管理提供支持。

同很多管理领域一样，在实际操作中的决策也许同管理者承诺遵循的决策过程大相径庭。在研究澳大利亚风险投资家所使用和信奉的决策标准的差异时，Shepherd（1999）发现风险投资家倾向于夸大那些对他们的决策相对而言无足轻重的因素，而低估那些对他们的决定实际上很重要的因素。Morris 等人（2000）调查了南非风险投资家对组合投资企业的支持。

17.3　投资者需要回答的问题

狭义而言，投资者是理性的，因为他们在给定的风险水平下为他们的资本寻求最佳可能性回报。然而是否能够作出如此理性的行为取决于投资者拥有作出决策的信息以及是否能够有效作出决策。这两个条件从未完全满足过。创业家和投资者之间总是存在信息不对称的现象。显然，创业家比投资者更了解他们的企业。这就是为什么投资者雇佣创业家经营生意的原因！即使投资者拥有作出决策所需的一切信息，他们仍旧是人类，像所有人一样受到认知的限制。虽然他们曾练习过作投资决策，但是那些决策在精确的经济意义上来讲不一定是最佳的。然而，如同所有人类决策者一样，投资者往往会表现出满意的态度。也就是说，考虑到信息可得、他们的能力和文化因素的影响，他们会作出最佳决策。例如，天使投资人的研究已经揭示，他们很少使用数学方法来决定他们的投资回报；恰恰相反，他们追求一种"感觉不错"的投资。Shepherd（1999）的一项研究对企业资本家所信奉的和所使用的决策做出了区分。他的发现表明风险投资家正在使用的决策标准也许同他们在实际中使用的决策标准并不一样。

在一个投资人作出一项投资决策之前，他是需要了解一些有关新事业的重要信息的，当然，新创企业也必须如实回答所提出的问题。下面是几项关键问题。

是中意的新创企业类型吗？

即使不是最多，也有很多投资人专门研究某种类型的新创企业。私募投资者和天使投资人或许会把其限定于自己了解或有过从业经验的行业领域。一些风险投资家专注于某些特定技术领域的投资机会，例如，生物科技或信息技术。专业化的另一个重要维度是新企业发展的阶段和它的融资需求。近来，风险投资家把他们的注意力转向了初创企业，并且转向投资风险更低的管理层收购。银行将会通过它们的分支机构支持新创企业，新创企业同样也会通过它们公司的金融部门解决扩张融资难的问题。

投资者需要确保新创企业对他们而言是在合适的领域和合适的阶段。

需要多少投资？

投资者对需要的融资数量感兴趣。这一点与投资者所在的行业、他们的专业技术和他们监控投资所面临的成本有关。零售银行提供的贷款从几百英镑到几万英镑。另一方面，风险投资家通常对低于 25 万英镑的融资需求不感兴趣，他们真正感兴趣的是几百万英镑的投资。市场热点通常关注的是至少 500 万英镑的需求额度。

问题的关键是，考虑到投资需求水平，投资者真的是合适的来源吗？

什么收益是可能的？

投资收益是做出具体投资的可能财务结果。投资者想知道这是在什么基础上计算得到的。并且考虑到公司和它的经营团队的潜力，他们会问投资收益有多么合理。投资的决定建立在评估风险收益关系和投资机会并同其他可利用的机会比较的基础上。然而，应该注意到，即使是相当大的投资，这种比较也是基于直觉，其结果并不明确。某些投资者专门研究不同水平的风险。风险投资家相比零售银行而言追求更多的风险。专家高增长市场通常折射出比主流市场而言更高风险的投资。

新创企业的成长阶段是什么？

这个问题同所需要的融资的用途有关。它是用来创业的，还是用来支持已有企业的扩张？企业是处于起步阶段，需要资金来投资一项积极成长战略，还是处于成熟阶段，需要资金实现增量扩张？这如何影响风险和回报？这对投资者来说是正确的成长阶段吗？

资金将会用在什么项目上？

这个问题关系到资金将在企业内部怎样使用。是用于覆盖由强势增长造成的现金流短缺，还是被用于更具体的项目，比如新产品开发、投资促销活动或营销活动，还是为了进入出口市场？此外还有一个问题，就是从投资者的角度这怎样影响风险、收益和专长？

新创企业的潜力是什么？

投资者想知道公司在未来有望取得什么。这取决于两组因素：第一，取决于它的市场潜力，即它的出售商品有多少创意，给消费者提供了多少价值。第二，这取决于创业家和经营团队的能力，即公司关键人物的技术和经验，以及他们"传输"公司潜力的能力。关键性的问题是，投资者会觉得公司的潜力有吸引力吗？如果不会，为什么？

新创企业的风险是什么？

对一个投资者而言，公司的风险是它可能不会传递预测的收益。这是对估计可能收益时作出的假设的理解，对判断很关键。一些关键领域是对顾客需求的假设、企业管理成本的能力以及企业在董事会上取得经销商及其他关键合伙人的能力，以及竞争者的反应。

投资者的风险评估也取决于他们通过清算控股退出投资的能力。一个投资者会问企业的流动性究竟有多大，投资是否可以受保护不变成特殊可流动资产，及风险怎样同投资者的期望匹配。

投资者怎样进入？

投资者希望准确地了解怎样做出他们的投资。是以预付的总额，还是以定期的现金注入的形式？创业家必须知道这是否是投资者正常操作的方式。

投资者怎样退出？

投资者想了解他们将怎样看到回报。会以现金的形式吗？如果是，是在将来某个时间点以单笔现金支付，还是以超时的定期付款的形式？或者，会以持有公司股份的形式吗？如果是，这样的持股怎样被偿付？借款通常以现金形式偿还，然而持有股份至到期则会被作为企业股份。持有股份的风险投资家将坚持一种明确的退出战略，这种战略是他们能够通过在市场上出售股份或者将股份转为现金。

投资后如何落实监控程序？

投资者想知道他们能够追踪自己投资的手段。在注入资本前，通常需要一项商业计划。商业计划是沟通管理投资者期望的好方法。定期财务报告会提供有关企业经营绩效和偿债能力（因此也包括它对风险的暴露）的关键信息。创业家必须考虑投资者是否认为企业提供的监控程序是适当的。

什么控制机制可用？

监控只有在投资者可以利用获得的信息影响公司管理行为时才有用。持股的投资者可以通过在市面上买卖他们的股票说明他们支持与否。这种买卖行为改变了公司的价值。最终结果是企业的价值下降、收购发生、新的管理者被引进。

大投资者通常采取更加直接的控制途径。其可以游说企业的管理人员或者在企业董事会上拥有永久代理人。必须问清楚公司提供的控制机制怎样影响投资者的决策。

沟通技巧

创业家和投资者通过一个沟通过程达成一致。沟通是一个过程，不仅包括信息通道，也包括试图影响行为的努力。创业家同投资者沟通不仅因为他们想把他们的公司介绍给投资者，也因为他们想要获得投资者的支持。

创业家和投资者之间的交流过程不仅仅解决答案是什么的问题，也解决怎样回答的问题。创业家通过理解投资者所提的问题，确保这些问题的答案已经被探索，并且有强有力的证据支持所给出的答案，这样就可以对投资者施加积极的影响。

风险投资家拒绝绝大多数（超过 95%）的建议。尽管银行可以支持更高比例的建议，但拒绝的数量还是远远超过了接受的数量。商业构想往往很好，也应投资时间和精力来确保给赞助者的提议和其他交流符合他们的信息需求，并且将其构造成合理的交流片段，这样有助于投资者作出决定，并且会积极地显示出创业家的专业性。在一篇娱乐文章中，Kawasaki（2001）列出了创业家对投资者做出断言中的十条谎言。这些谎言（一个重量级的词语，用自欺欺人也许更公正）充满诱惑，但是检验这些谎言揭露了投资者为什么没有对其留下深刻的印象的原因。按顺序排列，这些谎言如下：

（1）"我们的推测是保守的"——真的吗？大多数创业家都夸大了。

（2）"一个大玩家估计我们的市场在 2015 年将价值（假如你自己的十来亿美元）"——那又能怎样呢？我应该相信他们吗？

（3）"一个大买家下周会签协议"——看到签字了再叫我！

（4）"我们一旦得到投资，关键雇员就会加入"——好吧，一旦他们加入，我才投资。先人后钱！

（5）"我们没有竞争者"——那么也没有市场——或者你没有看到竞争者！

（6）"我们想在商业构想或商业计划方面签订保密协议"——为什么？如果它如此容易复制，你将怎样维持一个买卖？

（7）"那个主要竞争者速度太慢了不足以构成威胁"——真的吗？那其又是怎么做大的呢？

（8）"我们很高兴泡沫破灭了"——我们也是，因为我们将会用我们的资本交换更多东西。

（9）"专利使得我们的生意受到保护"——不，并没有。专利通常会被抄袭。

（10）"我们只需要 1% 的市场份额"——野心太小，不是吗？

请确保你的商业构想不会掉进这些陷阱！

17.4　博弈：关于创业家和投资者关系的博弈论观念

重要学习目标

了解博弈思维的基本原则，并领会博弈思维对理解创业家和投资者关系的帮助。

到目前为止，我们对创业家和投资者关系的讨论已经解决了有关该关系细节的实际问题。然而，有一种关于代理商（可以自由作决策的人或组织）之间普遍关系的强有力的理论，充分地阐明了在这些关系中决策的性质。这叫做博弈论。伴随信息经济（在 5.3 节中讨论过）而来，博弈论彻底改变了 20 世纪的经济思维。博弈可能被认为是努力赚钱后的干扰、相当细微的事情。因此经济学家们（除了对博弈感兴趣，其也有经济意义）直到 20 世纪五六十年代才认识到博弈的经济意义。著名的著述有 John Von Neumann 和 Oskar Morgenstern 的开创之作《博弈论和经济行为》。同样重要的经济学家还有 John F。Nash 的系列文章证明了博弈对经济理论的重要性。博弈论的中心思想相当简单。遗憾的是，Von Neumann、Morganstern 和 Nash 的著作技术性太强，不适合缺乏数学能力的人阅读研究。但是这也不阻挡不了人们对其关键思想做出一种直白和（大部分）非数学的阐述。

博弈是两个或者更多"玩家"（代理人或者决策者）之间正式的互动，他们每个人都能玩弄两个或者更多不同的"策略"（行动或决策）。然而，每个玩家博弈的"胜利"与否取决于所有其他玩家的行为，而不只是这个特殊玩家的行为。最简单的博弈是，有两个玩家，每个人都能够选择两种行为。每个玩家在不知道另外一个玩家已经选择做什么的情况下选择他们自己的行为，并且在没有作出其他决策的时候获得胜利（我们说博弈是突如其来的）。博弈论假设玩家都是理智的。这不仅意味着他们在作决策时是明智的，它也意味着玩家总是采取能够让他们的收益最大化的行动，并且他们认识到其他玩家也是理智的且同他们的行为是一样的。尽管理性观念被很多社会科学家批评，但它接近经济生活的现实。博弈的代表是"支付矩阵"，见图 17.2。

参与者 B

	决定采取行动 1	决定采取行动 2
参与者 A — 决定采取行动 1	A 赢得 a_{11} B 赢得 b_{11}	A 赢得 a_{12} B 赢得 b_{12}
参与者 A — 决定采取行动 2	A 赢得 a_{21} B 赢得 b_{21}	A 赢得 a_{22} B 赢得 b_{22}

图 17.2　支付矩阵

如果我们设定 a_{21} 比 a_{11} 大，a_{11} 比 a_{22} 大，a_{22} 比 a_{12} 大（别担心，一个例子很快就会使顺序清晰起来），然后我们就会得到一种特殊的博弈模型，叫做"囚徒困境"。其名来自于 Albert Tucker 在 20 世纪 50 年代提供的一则例子。该例也阐明了为什么博弈在经济思考中很重要的原因。

假设两个犯罪嫌疑人被拘捕了并被审判。在审判时，法官与两位被告达成一个协议，即他们必须在瞬间作出一个决定。两个被告分别在不同的密室，所以他们不知道另外一个人的决定。法官的协议是：你可以坦白或者不坦白。如果你们两个都坦白，那么你将被判刑，但是我会感激你没有浪费法院的时间，所以我会给你们每个人判刑 3 年。如果你们两个人都不认罪，那么尽管证据对你们不利，我基于谨慎会给你们每人判刑 1 年。但是，如果你认罪，另一个被告不认罪，那么作为对你与法院合作的奖励，我会判你缓刑，你的同伙则会被判刑 5 年。另一个被告也遵守同样的协议。你希望坦白还是不坦白呢？这样的法庭"辩诉交易"在欧洲并不常见，在美国却很常见。这种情况下的支付矩阵见图 17.3。

假定囚徒不想服刑，或希望减短刑期，那么此时其应采取哪种明智举措？两人均拒绝坦白意味着其均为最短服刑期——两年。然而，请考虑一下囚徒 A 的处境（囚徒 B 亦身处同境）。首先，她认为 B 不会坦白。在这种情况下，她的最优选择是坦白（然后她会获释）。于是她考虑另一种可能，即 B 已坦白。如果她不坦白，她就得服刑 5 年。她可通过坦白减刑至 3 年。总之，不管另一个囚徒如何抉择，她的最优选择是坦白。因此，坦白是

囚徒 B

	不认罪	认罪
不认罪	二人都服刑 1 年	A 服刑 5 年 B 无罪释放
认罪	A 无罪释放 B 服刑 5 年	二人都服刑 3 年

（左侧标注：囚徒 A）

图 17.3　囚徒困境的支付矩阵

两种策略中的支配性策略（不论其他囚徒的做法是什么，它总优于另一选择项）。结果就是两名囚徒都服刑 3 年。然而，若两人都不坦白，那每人都能减刑至 1 年。

　　事实上，囚徒困境反映了一种困境，即两名囚徒（起码两者都经过明智思考和选择）都无法获得最短刑期。你参加过重要的运动会或摇滚音乐会吗？如果参加过，那你可能体验过囚徒困境。在这种场合，通常坐着比站着更合适。如果每个人都坐着，那每个人都会觉得舒服。但任何人站着都可使视野更佳（这是一种优势）。但如果他这样做了，那他后面的人都得站着来使视野更佳。结果，尽管大家都坐着更舒服，但所有人都得站着。

　　那这些和创业家与投资家又有什么关系呢？关系大着呢。因为创业家和投资者经常发现他们处于"囚徒困境"中，无法作出最有利于双方的决定。起码（双方）无法在没有某种相关方法的帮助下达成最佳协定。但事情远非如此简单。博弈论（和任何一种数学模型一样必须）依靠简化复杂的社会情况来描述这些情况，从而发现人们作这些决定的原因。这并不是（对事情的复杂度）让步。博弈论的重点就是抓住参与者（及其决定）之间互相作用的精髓，而不是其他次要的细节。我们可以一直增加模型的复杂度来考虑其精妙之处，但这要牺牲模型的清晰度。因此我们用一些稍显简化的模型来描述创业家和投资者的关系，尽管这些模型会被当做现实的例子。Cable 和 Shane（1997）用囚徒困境的模型对创业家和风险投资家之间的关系做了全面的评论。

　　创业家和投资者们生活在一个竞争激烈的世界中。我们认为不是创业家和投资者竞争，因为他们彼此合作可以双赢，所以是创业家之间竞争以及投资者之间竞争。创业家们为得到投资者的资源而竞争，投资者们为有机会投资好的创业机会而竞争。竞争的动力就是创业家提供给投资者的回报率及投资者需要的回报率。当然，创业家创造的蛋糕只有那么大。投资者得到的回报越高，创业家所得的回报就越低；反之亦然。

　　当得到一个投资机会时，投资者只能二选一：投资或是不投资（合约里可能会有更多精细的选择，但这是基本选择）。投资者会依据风险投资的回报以及相关风险还有其他（不同程度风险的）投资机会带来的回报来作决定。创业家向投资者介绍他们的企业计划，想要留下一个好印象。他们不仅想要投资，也想要投资者看到投资风险尽可能地低，从而使投资者需要的回报也尽可能地低。企业计划就是一种预测，它对未来可能发生的情

况进行推测。但未来是不能完全预估的。因此企业计划会在解读其所介绍的"事实"时
(对这些事实)做出很多界定。创业家乐于在计划中展现积极向上的一面：产品的创新
力、市场的吸引力、潜在客户确凿的兴趣点、竞争对手的弱点等。这种乐观很有可能体现
在对资金流动和利润的预测上，而这些预测只需不容置疑的乐观。无需多言，创业家就会
有意识地撒谎（他们一定会这样做）。然而，这种乐观因素越多，创业家就越难真正实现
计划里的预测目标（此处重新考虑 7.1 节的一些有关管理投资者期望的观点是很有用
的）。创业家可以靠撒谎蒙混过去，因为他们是这些被介绍的业务方面的专家，投资者得
接受创业家所说的。

当然，投资者意识到了这点。这就是为什么他们会质疑企业计划而不是凭表面价值
去接受它的原因。但在结束的时候，投资者必须接受（或不接受）（创业家）提供的企
业计划。简单来说，这意味着创业家也有两种有效选择：介绍务实的计划（即介绍较
高风险但颇具实现度的计划）或介绍极度乐观的计划（即介绍降低了风险但不具实现
度的计划）。

因此这两个局内人，每人都能在两种行为中作一个选择，两者获得的"胜利"（风险
投资中的投资回报）取决于双方的选择——这是一场正规的矩阵。这体现在图 17.4 的支
付矩阵里。

	投资者决定	
	投资	不投资
创业家决定：展示真实的（可实施的）方案	创业家得到回报 E 投资家得到回报 I	创业家得到回报 E′ 投资家得到回报 R
创业家决定：展示过度乐观的（不可实施的）方案	创业家得到回报 e 投资家得到回报 i	创业家得到回报 e′ 投资家得到回报 R

图 17.4 创业家和投资者的支付矩阵

考虑一下就两者在风险投资中所得的投资回报而言的胜利吧。一方面，投资者下赌注
于务实的计划且双方双赢，则投资者得回报 I，创业家得回报 E。然而，如果计划过于乐
观，则创业家得回报 e，而投资者得回报 i。为什么计划会导致不同的回报呢？因为投资
者要求的回报率不同。如果投资者下赌注于一份低估风险的计划（且他们相信这份风险
评估），则他们要求的回报率会低于他们完全了解这份计划存在的风险后所要求的回报
率。（我们假定）风险投资实现的目标是独立于创业家提供的条件的，因此让投资者接受
一份过于乐观的计划，创业家将得到回报。另一方面，如果投资者决定不做投资，那他们
的回报就一直是 R——通过替代投资获得的回报。创业家会向别处寻求投资，但成交结果
可能不尽如人意（可能最初的投资者才是其首选投资者）。在这种情况下，如果计划过于
乐观，则创业家可得回报 E′；如果是务实的计划，则得回报 e′。

如何对这些回报排序呢？对创业家来说，其顺序是：

e 大于 E，大于 e′，大于 E′。

依据就是乐观的计划总是让投资者要求的回报更少，而首选投资者提供的交易也总优于其他投资者提供的交易。

对投资者来说，回报的大小排序为：

I 大于 R，大于 i。

此处依据是务实的计划会促使投资者要求与风险相当的回报率。如果他们决定投资，那这笔投资会优于可行的替代投资。然而，如果他们看到的是严格控制（风险的）文件，且要求的是市场回报率，那任何低估的风险都会导致他们的回报低于（市场）替代投资的回报（很有必要转回 10.6 节弄清这个观点）。

虽然这听起来很复杂，但它确实展现了现实操作中经常出现的情景。重点是它展现了囚徒困境。想知道理由，就想想创业家的明智选择。不管投资者决定投资与否（否，则投资者向别处寻求投资），创业家都可通过介绍过于乐观的计划来获得最优个人回报。换句话说，不论投资者做什么，创业家介绍的计划（假定计划不可实现）越乐观，则其所得回报越高。

但回过头来想想投资者的明智选择。他们了解（明智的）创业家会介绍过于乐观的计划。如果是这样的话，投资者的最佳选择是不投资，因为他们可从别处得到高回报。因此创业家和投资者无法进行合作。于是两者皆输。创业家不得不转向替补投资者，而投资者则错失了一个他们本可能会觉得（相较替补投资而言）颇具吸引力的投资机会。

实证研究证实了这一模型。De Meza 和 Southey（1996）改进了这个模型并将其应用于银行给小企业发放贷款的实例。他们发现，想要成为创业家的人的"过于乐观"可解释创业家依靠贷款（而不是证券）、低贷款利率和贷款分配来创业的原因。然而，投资者和创业家的确合作了。他们在实际操作中是如何解决囚徒困境的呢？

两难困境的实际解决

人类善于创造。在实际操作中，解决囚徒困境的方法层出不穷，产生了很多能让双方达成协议的解决之道。我们将继续详细地考虑这些方法。在这之前，重要的是要认识到"层出不穷"这个词是最适当的。无需多言，创业家或投资者已经有意识地在脑中构思这些解决囚徒困境的方法了。直到 20 世纪 50 年代，囚徒困境才被正式认可，而投资者和创业家早已合作了好几个世纪。而这些方法就是通过反复试验，从失败中找到解决之法。有趣的是，从博弈论的角度，在实践中已发现的有效的安排可当做手段来确保明智的决策者断定合作（在我们的例子里，即介绍务实的企业计划）是最优选择。这说明，越来越多的人呼吁在现实商业交易中，用博弈论来提供拟定合约的实践指导。

通常，解决社会环境中的囚徒困境的方法包含五大不相关的要素，即信誉（有信誉）、谈判、契约、处罚及外部干涉。大部分可用的现实解决之法都包含这些要素，因为它们都对维持创业家和投资者之间的关系起作用。

在（创业家和投资者的）博弈中，信誉起到作用的次数可不止一次。如果创业家和投资者不止合作过一次，或一次风险投资需要后续投资，那信誉就会一直起作用。如果是这样，那介绍过于乐观的计划却又无法实现的创业家下一次就不可能得到投资。因此，若创业家和投资者保持着长远的合作关系，则（这种关系）将促使创业家介绍务实的企业计划。

如果博弈者们彼此重复接触，那博弈者的信誉就变得重要了。相对于那些在实现计划方面没有信誉的连续创业家，投资者更愿意跟有信誉的连续创业家合作。但并不是所有的创业家都是连续创业家。对只做一锤子买卖、在未来并不需要这方面信誉的创业家来说，信誉就不那么重要了。在这种情况下，另一种方法就变得重要了。

谈判是创业家和投资者关系的基石。谈判不仅包括协商双方划分（回报这块）蛋糕的份额，还包括审阅创业家介绍的创业计划。投资者察觉到创业家在计划中总是展现积极向上的一面，他们需要审查这些计划的乐观性。投资者需要支持这些言论的证据，得到的信息越不相关，这些信息就越有用。在真正的大生意上，创业家可能会请独立咨询师来替他们撰写和介绍创业计划，就跟 Frederick Smith 在创立联邦快递时寻求 9 000 万投资的做法一样。而投资者则会请咨询师来替他们核查事实。一些投资者可能会要求创业家做人格测验来确保他们有潜能来实现其创业计划（在 3.2 节会考虑这个问题）。在博弈论模型里，投资者所做的一切都是为了消除计划里创业家不谨慎的乐观，从而确保投资者基于务实的计划作决定。

但以上做法代价很高。在做大买卖时这些做法是值得一用的，但对小买卖来说，其花费却高得让人望而却步。事实上，投资者可以通过订契约这个方法来保证自己防备创业家介绍极度乐观的计划。投资者订立契约，需要假设创业家知道他们（投资者）不知道的事情。这引入了 5.3 节所讨论的不对称信息经济学中的理念。形式上，投资者的问题属于逆向选择之一。契约如此设计，以至于介绍务实的计划才是最有利于创业家的。投资者订立两份契约，一份假设创业家"好"，将真正实现这份乐观的计划；另一份则假设创业家"坏"，不能实现这份计划。只有创业家才知道自己"好""坏"与否，因此投资者得建立激励机制来确保创业家接受针对他们的"好""坏"订立的契约。因此在契约里必须包含有关实现计划的奖励，促使创业家介绍务实的计划。奖励必须是除投资所得正常回报（即不论创业家介绍何种计划由他们都能得到的回报）之外的回报。反之，若创业家不能实现其计划，则他们必须付出代价。尽管这听起来麻烦，但契约真正实现这些内容却很简单，而且这在风险投资和银行投资交易里很普遍：确保创业家在风险投资里投入自己的一部分钱即可。这样，投资者和创业家的利益就保持一致了。这使得创业家也变成了一名投资者——一名知道创业家"好""坏"与否且能根据创业家的类型投资从而获得利益的投资者。

虽然惩罚听上去很严重，但它只意味着创业家需承受一些代价，这些代价就是降低他们通过介绍过于乐观的计划获得的回报，使其低于他们通过介绍务实的计划获得的回报。基于上述我们所提的博弈论模型，这意味着存在代价 c，若创业家得到回报 E，并通过（E−c）使其少于回报 e，则创业家会理性地选择回报 e，从而介绍一份务实的计划。大部分投资交易包含一些惩罚措施，以防投资项目并未向其规划的财务目标挺进。这些（惩罚措施）可能会以罚款处分的形式出现，但在这里可能性不大。如果风险投资得不到（计划）承诺的回报，那就更不可能得到额外的"罚款"了。惩罚更可能是投资者介入，替换掉创业家，提拔候选管理者；或者在万不得已的情况下，投资者会终止交易，让生意结束以便卖掉资产，拿回投资的钱。当然，如果创业家可被证明在介绍给投资者的计划中作假，那投资者也有可能采取法律措施。

外部干涉是一种通过第三方介入来确保创业家介绍务实的计划的方法。在某种程度上来讲，独立咨询师可扮演这个角色。正如指出的那样，不管是创业家还是投资者，还是两者一起，都有可能请咨询师，尤其是碰到大买卖的时候。当然，法制规定了创业家和投资者进行交易的诚实准则，他们应在法制内经营投资，因为其害怕破坏诚实准则而受到惩罚。此外，双方在一般的文化规则内经营投资，则能约束自身行为。这些规则一般不会被编进法律，但会被一些专业机构当成具有半法律地位的指导方针。

正如这节开头提到过的，这些方法并不是专为囚徒困境而设计的。它们是解决交易中各种问题的长久的解决之法。博弈论观点添加的只是一种条理分明的、统一的理论，这种理论解释了为什么这些方法是基于改进理性行为和确保创业家和投资者能理性地避免决定不合作导致双方遭受损失来起作用的。创业家常抱怨投资者施加的要求过分：创业家必须投入自己的钱，而投资者要求有干预业务的权力以及担心投资履行不了而应有惩罚措施。博弈论观点建议，不管有多麻烦，这样的方法对建立创业家和投资者关系都是很有必要的。

要点总结

- 财政支援是决定新投资项目能否成功的一个至关重要的因素。
- 投资资本的提供者是根据其提供的资金额、其将承担的风险及其期望用什么方式看到其投资成熟来区分的。
- 投资者挑选投资机会是根据合适度来筛选的。筛选过程包括正规的分析和不正规地依靠直觉。
- 绝大多数的投资提案被驳回了。
- 令人印象深刻的创业家靠了解在投资者决定支持这个投资项目之前需要回答的问题来接近投资者。
- 专业的投资者能敏锐地察觉到商业计划中的不实之处，驳回（不好的）商业计划，并无限地要求商业计划改进。
- 囚徒困境提供了一种条理清晰的有关创业家和投资者合作的博弈论模型，能解释为什么创业家和投资者有时候未能达成本能使双方共赢的交易。

研究主题

创业家和投资者之间的关系是众多研究的主题，它常包括许多复杂的金融理论。然而，许多可能进行的有价值的项目不需要这么专业的知识。

基金缺口的本质

创业家常抱怨存在资金缺口：他们得不到投资来创业或扩展业务。有人提出，资金缺口更多地是由创业家和投资者之间缺乏交流而导致的，而非市场失灵引起的。17.2 节探讨的理论框架建议了创业家应该向潜在投资者提供的一些信息，这些信息与投资者要求（创业家）回答的问题有关。

请对获得资金资助的创业家、（理想情况下）没获得资金资助的创业家及资金资助者（理想情况下，不同种类的资金资助者，如高街银行和投机资本家）作一个二级调查。在第一阶段，让投资者自行确定他们需要的信息，让创业家自行标出他们觉得投资者想要的信息。怎样比较这些信息呢？存在一些创业家觉得不需要但投资者十分看重的信息吗？

在第二阶段，基于此处讨论的理论框架，列出一份信息分类表。让投资者指出他们在这些分类里优先想知道的信息及觉得有价值的信息。同样，让创业家指出他们眼中对投资者来说这些信息的优先度和价值度。同样，双方列出的优先信息和价值信息有不匹配的地方吗？与没有得到资金资助的创业家相比，获得资金资助的创业家对这些信息有更进一步的了解吗？就创业家做资金投标时如何更易获得资助支持给出一些建议，对调查做一个总结。

创业家、投资者和囚徒困境

博弈论研究颇具数学难度，因此 17.4 节建立的囚徒困境模型用了一些定性预测分析的方法。和上述研究一起，其区分了三类人：得到资金资助的创业家、没获得资金资助的创业家及相关投资者。如果创业家高估了获得投资的可能性并低估了投资风险，且投资者假设创业家正是这么做的，那囚徒困境就产生了。对这三类人进行调查，探究他们在潜能和风险方面进行交流的态度。向创业家提出一系列诸如"最好乐观预测潜在的（投资）回报"、"最好消极预测潜在的（投资）回报"、"最好低估投资风险"等的建议，让他们给出一个同意与否的评分（使用李克特量表：非常同意、有一点同意、……、非常不同意）。向投资者提一系列诸如"创业家总是低估投资风险"，"创业家在预测投资回报时总是过于乐观"等的建议。同样，让投资者对这些提议给出一个同意与否的评分。创业家和投资者的态度可能导致囚徒困境的发生吗？得到资金资助的创业家和没获得资金资助的创业家在态度上有什么显著差异吗？如果有，在如何解决囚徒困境方面给出一些建议，对调查做一个总结。

重要读物

Tyebjee, T. T. and Bruno, A. V. (1984) 'A model of venture capital investment activity', *Management Science*, Vol. 30, No. 9, pp. 1051–66.

Fried, V. H. and Hisrich, R. D. (1994) 'Towards a model of venture capital investment decision making', *Financial Management*, Vol. 23, No. 3, pp. 28–37.

Kawasaki, G. (2001) 'The top ten lies of entrepreneurs', *Harvard Business Review*, Jan. pp. 22–3.

推荐读物

Berger, A. N. and Udell, G. F. (2002) 'Small business credit availability and relationship lending: the importance of bank organisational structure', *Economic Journal*, Vol. 112, pp. F32–F53.

Blanchflower, D. G. and Oswald, A. J. (1998) 'What makes and entrepreneur?' *Journal of Labour Economics*, Vol. 16, No. 1, pp. 26–60.

Boocock, G. and Woods, M. (1997) 'The evaluation criteria used by venture capitalists: evidence from a UK venture fund', *International Small Business Journal*, Vol. 16, No. 1, pp. 36–57.

Brau, J. C. (2002) 'Do banks price owner-manager agency costs? An examination of small business borrowing', *Journal of Small Business Management*, Vol. 40, No. 4, pp. 273–86.

Cable, D. M. and Shane, S. (1997) 'A prisoner's dilemma approach to entrepreneur–venture capitalist relationships', *Academy of Management Review*, Vol. 22, No. 1, pp. 142–176.

Camp, S. M. and Sexton, D. L. (1992) 'Trends in venture capital investment: implications for high-technology firms', *Journal of Small Business Management*, July, pp. 11–19.

Carter, R. B. and Van Auken, H. E. (1994) 'Venture capital firms' preferences for projects in particular stages of development', *Journal of Small Business Management*, Jan. pp. 60–73.

Choudhury, M. A. (2001) 'Islamic venture capital', *Journal of Economic Studies*, Vol. 28, No. 1, pp. 14–33.

Cook, P. (2001) 'Finance and small and medium-sized enterprise in developing countries', *Journal of Developmental Entrepreneurship*, Vol. 6, No. 1, pp. 17–40.

de Meza, D. and Southey, C. (1996) 'The boorower's curse: optimism, finance and entrepreneurship', *Economic Journal*, Vol. 106, pp. 375–86.

Devashis, M. (2000) 'The venture capital industry in India', *Journal of Small Business Management*, Vol. 38, No. 2, pp. 67–79.

Fiet, J. O. (1995) 'Risk avoidance strategies in venture capital markets', *Journal of Management Studies*, Vol. 32, No. 4, pp. 551–74.

Fletcher, M. (1995) 'Decision-making by Scottish bank managers', *International Journal of Entrepreneurial Behaviour and Research*, Vol. 1, No. 2, pp. 37–53.

Fried, V. H. and Hisrich, R. D. (1988) 'Venture capital research: past, present and future', *Entrepreneurship: Theory and Practice*, Fall, pp. 15–28.

Gompers, P. and Lerner, J. (2001) 'The venture capital revolution', *Journal of Economic Perspectives*, Vol. 15, No. 2, pp. 145–68.

Haar, N. E., Starr, J. and Macmillan, I. C. (1988) 'Informal risk capital investors: investment patterns on the east coast of the USA', *Journal of Business Venturing*, Vol. 3, pp. 11–29.

Hall, J. and Hofer, C. W. (1993) 'Venture capitalists' decision criteria in new venture evaluation', *Journal of Business Venturing*, Vol. 8, pp. 25–42.

Harris, S. (1995) 'Managing organizations to address the finance gap', *International Journal of Entrepreneurial Behaviour and Research*, Vol. 1, No. 3, pp. 63–82.

Harrison, R. T. and Dibben, M. R. (1997) 'The role of trust in the informal investor's investment decision: an exploratory analysis', *Entrepreneurship Theory and Practice*, Summer, pp. 63–81.

Harrison, R. T. and Mason, C. (1996) 'Developments in the promotion of informal venture capital in the UK', *International Journal of Entrepreneurial Behaviour and Research*, Vol. 2, No. 2, pp. 6–33.

Hills, G. E. (1985) 'Market analysis and the business plan: venture capitalists' perceptions', *Journal of Small Business Managements*, Vol. 23, pp. 38–46.

Kawasaki, G. (2001) 'The top ten lies of entrepreneurs', *Harvard Business Review*, Jan., pp. 22–3.

Kerins, F., Smith, J. K. and Smith, R. (2004) 'Opportunity cost of capital for venture capital investors and entrepreneurs', *Journal of Financial and Quantitative Analysis*, Vol. 39, No. 2, pp. 385–405.

Knight, R. M. (1994) 'Criteria used by venture capitalists: a cross cultural analysis', *International Small Business Journal*, Vol. 13, No. 1, pp. 26–37.

Landström, H. (1993) 'Informal risk capital in Sweden and some international comparisons', *Journal of Business Venturing*, Vol. 8, pp. 525–40.

Macmillan, I. C., Siegel, R. and Subba Narashima, P. N. (1985) 'Criteria used by venture capitalists to evaluate new venture proposals', *Journal of Business Venturing*, Vol. 1, pp. 119 –28.

Macmillan, I. C., Zeeman, L. and Subba Narashima, P. N. (1987) 'Effectiveness of criteria used by venture capitalists in the venture screening process', *Journal of Business Venturing*, Vol. 2, pp. 123–38.

Maier, II, J. B. and Walker, D. A. (1987) 'The role of venture capital in financing small business', *Journal of Business Venturing*, Vol. 2, pp. 207–14.

Mason, C. and Harrison, R. (1996) 'Why 'business angels' say no: a case study of opportunities rejected by an informal investor syndicate', *International Small Business Journal*, Vol. 14, No. 2, pp. 35–51.

Morris, M. H., Watling, J. W. and Schindehutte, M. (2000) 'Venture capitalist involvement in portfolio companies: insights from South Africa', *Journal of Small Business Management*, July, pp. 68–77.

Murnighan, J. K. (1994) 'Game theory and organizational behaviour', *Research in Organisational Behavior*, Vol. 16, pp. 83–123.

Murray, G. C. (1992) 'A challenging marketplace for venture capital', *Long Range Planning*, Vol. 25, No. 6, pp. 79–86.

Norton, E. and Tenenbaum, B. H. (1992) 'Factors affecting the structure of US venture capital deals', *Journal of Small Business Management*, July, pp. 20–9.

Ray, D. M. and Turpin, D. V. (1993) 'Venture capital in Japan', *International Small Business Journal*, Vol. 11, No. 4, pp. 39–56.

Rea, R. H. (1989) 'Factors affecting success and failure of seed capital/start-up negotiations', *Journal of Business Venturing*, Vol. 4, pp. 149–58.

Riquelme, H. and Watson, J. (2002) 'Do venture capitalists' implicit theories on new business success/failure have empirical validity?', *International Small Business Journal*, Vol. 20, No. 4, pp. 395–420.

Roberts, E. B. (1991) 'High stakes for high-tech entrepreneurs: understanding venture capital decision making', *Sloan Management Review*, Winter, pp. 9–20.

Rock, A. (1987) 'Strategy v tactics from a venture capitalist', *Harvard Business Review*,

Nov./Dec., pp. 63-7.

Schilit, W. K. (1987) 'How to obtain venture capital', *Business Horizons*, May/June, pp. 76 -81.

Shepherd, D. A. (1999) 'Venture capitalist's introspections: a comparison of 'in use' and 'espoused' decision policies', *Journal of Small Business Management*, Vol. 37, No. 2, pp. 76-87.

Steiner, L. and Greenwood, R. (1995) 'Venture capitalist relationships in the deal structuring and post-investment stages of new firm creation', *Journal of Management Studies*, Vol. 32, No. 3, pp. 337-57.

Sweeting, R. C. (1991) 'UK venture capital funds and the funding of new technology-based businesses: process and relationships', *Journal of Management Studies*, Vol. 28, No. 6, pp. 601-22.

Tashiro, Y. (1999) 'Business angels in Japan', *Venture Capital*, Vol. 1, No. 3, pp. 259-73.

The Economist (2005) 'The hidden wealth of the poor: a survey of microfinance', 5 Nov.

Tyebjee, T. T. and Bruno, A. V. (1984) 'A model of venture capital investment activity', *Management Science*, Vol. 30, No. 9, pp. 1051-66.

Van Auken, H. E. (2001) 'Financing small technology-based companies: the relationship between familiarity with capital and ability to price and negotiate investment', *Journal of Small Business Management*, Vol. 39, No. 3, pp. 240-58.

Von Neumann, J. and Morgenstern, O. (2001) *Theory of Games and Economic Behavior*. Dusseldorf: Verlag Wirtschaft und Finanzen (first published 1944).

Wright, M. and Robbie, K. (1998) 'Venture capital and private equity: a review and synthesis', *Journal of Business Finance and Accounting*, Vol. 25, No. 5/6, pp. 521-70.

Zacharakis, A. L., Meyer, G. D. and DeCastro, J. (1999) 'Differing perceptions of new venture failure: a matched exploratory study of venture capitalists and entrepreneurs', *Journal of Small Business Management*, Vol. 37, No. 3, pp. 1-14.

📖 精选案例

案例 17.1   发明家寻找基金支持

文/Jonathan Moules

　　西方国家的一名发明阻止浴缸满溢装置的发明家、一名微型赛车竞赛发烧友和一名 IT 商人在伦敦的 Excel 中心的资金竞争中争取到了超过 15 万美元的资金支持，这笔资金是由国家议会为大学生创业赞助的。

　　这些初露头角的创业家是在 20 名候选人中产生的，每人在 5 分钟内定位于一组商业视角来介绍自己的创业计划，其中包括 Jacqueline Gold、Ann Summers 的首席执行官、Knickerbox、自力更生的百万富翁和广播员 Jonathan Jay。

　　James Barnham，想出了当塞上塞子时阻止浴缸满溢这个点子，离开的时候得到了 15 万美元的资金资助和两名陪审员专家提供的顾问职位。

　　打算在其网站（www.kartlink.com）上撰写一系列博文的 Mary Ann Horley，因其创新的产品而受到称赞，也得到了建议和资金支持。

　　Charles Radclyffe 开了一家 Titan 电脑公司，过去 3 年里都为 Devon 公司提供紧急 IT 技术支持。有人让他比自己要求的目标高一点，去争取 20 万美元的资金资助。尽管他那天没有拿到钱，但他已经和（资金）陪审人员在直接协商资金的事了。

　　Source：Jonathan Moules，'Inventor taps into funding support'，*Financial Times*，17 December 2005，p. 20. Copyright © 2005 The Financial Times Limited.

案例17.2　　　　　　　　　　"我怀疑一切过于精明圆滑的人"

文/Alexander Jolliffe

　　Bruce Macfarlane 是风险投资财团负责"MMC 风险投资"的一名主管，其职责是发现积极进取的创业家。他看到越来越多的创业家靠争夺资金来支持他们的新事业。

　　MMC 是投资 50 万英镑到 200 万英镑于试图扩大业务的小公司的风险投资财团，其每年都会收到大概 600 份创业计划，而这股"交易流"正不断增加。"这展现了英国的蓬勃朝气，"Macfarlane 说。

　　虽然筛选这么一大堆投资机会很有挑战，但在美林证券做过首席执行官的 Macfarlane 却说，一般会有一些特征来帮他们识别优劣。

　　"这取决于他们有多急着用钱。我们寻找的是那些用房子作抵押，甚至向祖母借房子抵押的人——有个人抵押了两套公寓。"

　　他同时也在寻找那些通过出让业务来赚钱，而不是靠付自己高薪来谋利的商人。"我们要的是根据自己的份额来努力争取回报的人，这些人把股份当做他们的退休金。薪水应该适度。如果我们看到数额超过 8 万英镑了，那我们一定会对这项投资失去兴趣，因为不想让这些人过得太舒服。"

　　Macfarlane 承认很难分辨善于做生意的人和仅善于作介绍（创业计划）的人。但他认为他过去在银行工作的经验对他很有帮助。"因为曾在投资银行待过，所以我会怀疑太精明圆滑的人。"

　　另一点令他反感的是一些商人会用一些没有投资其公司的商业界大人物或者精英的名字来装饰信头。"如果公司让这些大人物的名字出现在董事会名单里，但这些人却没有投钱到公司里，那这种行为是让人极不赞同的。我们不会把任何没有投钱到公司的人加在董事会里。"

　　虽然 MMC 雇佣全职首席执行官来分析小企业的创业计划，但这并不常见，因为 MMC 有一个由富有经验的商人组成的关系网——从律师到公司管理者——这些人也做投资，他们都付钱来成为 MMC 这个关系网中的一员。

　　其中一些商人也会在他们投资的小企业当管理者，他们都付了 1 万英镑来加入这个关系网。其中大部分商人有其他工作，他们觉得入网费收得合理，部分是因为他们可接触到 MMC 的"交易流"，还因为这样收入网费是为了确保人们是严谨认真地分享他们的经验以帮助那些小企业成长。"财团不会塞满退休的人，他们的妻子不希望看到他们围着房子打转，"Macfarlane 如是说。

　　在一个案例中，一名首席执行官对他投资的公司太热心了，以至于他为了和管理者开一个远距离会议，从他工作的所在地 Bangalore 飞往 Belfast，勇敢地面对了一系列棘手的航班转机问题。

　　MMC 投资的企业有 Neoss，该企业有获得专利的牙科植入系统。Macfarlane 偏爱这家公司，因为他预期牙科业的需求强劲。他引用了高盛公司和美林证券做的研究，指出近年来全球的牙科业市场正以每年 30% 左右的幅度增长。

　　然而，英国的牙科业市场却变化甚少。随着英国人追随包括德国和瑞士在内的国家关爱牙齿的潮流，MMC 期待（这种情况）能有所改变。Macfarlane 还认为不与行业内的大公司竞争，Neoss 就能盈利颇丰。"在美国，你看不到一口烂牙的政客。至于竞争，我们认为大公司不会在意（这种小公司），因为它们能获得两位数的增长。"

　　另一只股则是 SupaPlants，一种 Sheffield 大学培植的延长性植物，其可分泌凝胶来延长超市里药草的寿命。

　　但投资持有未经测验的产品或策略的小企业很危险。Macfarlane 同意这个观点。"根据规定来做的早期投资是有高风险的，"他说，"如果你把它弄错了，那它会导致你所有的私人股份的最低回报。"

　　他点出了 MMC 投资财团投资的一家网络艺术品公司，Macfarlane 说如果这家公司没有与一家竞争公司合并，那它早就碰到了严峻的问题。"这家公司野心太大了：它曾打算在网上向从来没有买过艺术品的人们兜售它的新艺术品。它成为了网络泡沫的一部分。"

　　不顾这些风险，MMC 想投资一些还未有销售额或还未盈利的公司。Macfarlane 说，他和他的同事根据三点来评价公司：该公司对可比业务的了解、该公司对管理团队的评估及市场商机。

　　"这可归结为我们的本能。"

　　对投资者来说，另一潜于 MMC 700 万英镑基金中的危险与它十分有限的投资范围有关。尽管目前 MMC 的基金只做成了十笔交易，但 Macfarlane 说不断增加的交易流意味着投资者每年得接触四到五个新交易，因此他们得快速成立多样化的证券投资小组。

　　Macfarlane 坚信这些风险与高回报相辅相成。他和两个同事共同创立了 MMC，在每家提供资金的基金公司都投了它们自己的钱。"如果你弄对了它，那早期投资就会收到最好收益。"

　　Macfarlane 对比了"早期"投资和"晚期"及"成熟期"投资。MMC 致力于三阶段的第一阶段，在这三个阶段里企业研发和推销它们的产品，增加营业额或提升生产力，争取基金扩张需要的营运资本。

　　除了这些，从 1999 年 4 月开始，MMC 投资了十家企业，其中两家已经在 AIM（针对小企业的短期证券市场）上市了。

　　这些（投资项目的）成功确保了 MMC 从 1999 年到 2004 年 6 月 30 日创造了每年33.5% 的毛利。

　　虽然回报中包含针对创业投资方案的免税及投资小企业的税收庇护，但即使不含这些优厚的减税优惠，从 1999 年到 2004 年 6 月 30 日，其标的资产的回报率仍为每年 23.3%。

　　至于这条渴望从 MMC 投资财团筹到资金的小企业的长队，Macfarlane 则当做证据来证明提供给小企业的资金供不应求，因为许多小企业在别处寻求——未能找到——资金资助。

　　"事实就是人们发现我们会告诉你市场存在资金缺口。在这个国家，借 500 万英镑远比筹集 500 万英镑要容易得多。"

Source：Alexander Jolliffe，'"I am sceptical about people who are too smooth"'，*Financial Times*，22 January 2005，p. 27. Copyright © 2005 The Financial Times Limited.

热点问题讨论

1. 比较一下看看三家新创企业将要面对的资本，其获取方式都有哪些不同。
2. 当风险投资家评估一项有意向的投资项目时，他们最看重什么？

中国战略创业案例（三）

腾讯公司基于微信的战略创业案例

1. 引言：一个中国山寨式企业创业成长的奇迹

2009 年冬季，刚刚从滑铁卢大学（The University of Waterloo）毕业的加拿大小伙子 Ted Livingston 选择了自主创业，在其居住的 VeloCity 公寓，他开发了一款名为 Kik 的应用软件。VeloCity 公寓是滑铁卢大学专门为自主创业的学生们提供住宿的专注于移动和电子类创业项目的孵化器。

Kik 是一款功能简单到极致的跨平台即时通信（IM）软件——它既不能发送照片，也不能发送附件，就是一款基于手机通讯录能够实现免费短信聊天功能的应用软件，但它却在 2010 年 10 月上线之后的 15 日之内，吸引了 100 万的使用者！这不能不说是移动互联网时代的一个新奇迹。

事实上，平时基于邮箱的消息推送，早已是 MSN、GameCentre、Twitter、Gtalk、Facebook 包括 QQ、阿里旺旺等大牌社交工具和社交网络的标配功能，这完全是一种"被推送"信息功能。而 Kik 这种短信聊天软件竟然一夜之间成为一个新的移动互联网时尚，实现了将现实与虚拟世界的无缝链接，跨越了移动运营商壁垒、硬件壁垒、软件壁垒和社交网络壁垒，并使万千移动终端成为新的社交网点和节点。兴奋的创始人 Ted Livingston 对外界扬言一定要在未来"干掉短信"。

根本性的创新总是以新事物的名义去挑战旧事物的，一定会首先遇到传统势力阻碍的，这些阻力甚至于在过去本身就是重大创新的发动者，这就是所谓的"创新的两难"，而最终的结果无一例外就是：谁顺应了创新的趋势，主动迎接创新的挑战，谁就继续留在创新的阵营里，谁去阻碍创新的应用，谁将最终走上"泰坦尼克号的甲板"。

果然，Kik 的巨大魅力使得原本同意 Kik 登录黑莓设备应用商店（App World）的 RIM，以"考虑到用户隐私"为由，于 2010 年 11 月 12 日强迫 Kik 下架，并取消了部分功能。随后 RIM 又以涉嫌盗用技术机密的理由将曾经在 RIM 的 BlackBerry Messenger 小组工作过的 Kik 告上了法庭，背后的理由显示是 Kik 完全抢走了黑莓设备间 IM 工具 BlackBerry Messenger 的饭碗，而且将 RIM 打得措手不及。

创新引来的不仅仅是改变，更重要的则是竞争者的蜂拥，山寨产品很快就铺满了市场。国际上，著名的有 Line、Tango、PingChat、WhatsApp、KakaoTalk 等，多款跨平台 IM 应用软件开始出现，国内各大 IT 企业也开始发力，小米的米聊、傲游的傲信等也纷纷出炉，而以"互联网山寨之王"著称的腾讯自然更是不可能错过的。

这一切似乎都与互联网上的一则故事传闻有关。故事是这样开始的：

一天晚上，腾讯广州研发部总经理张小龙在看 Kik 类的软件时，产生了一个想法：移动互联网将来会有一个新的 IM，而这种新的 IM 很可能会对 QQ 造成很大威胁。他想了一两个小时后，向腾讯 CEO 马化腾写了封邮件，建议腾讯做这一领域的东西。对国际新产品一直保持高度敏锐的马化腾很快回复了邮件，并表示对这个建议的认同。张小龙随后向马化腾建议广州研发部来承担这个项目的开发。"反正是研究性的，没有人知道未来会怎么样，"张小龙回忆说，"整个过程起点就是一两个小时，突然搭错了一个神经，写了这个邮件，就开始了。"

张小龙团队能够胜任这一职务吗？其实，提到微信团队，就不能不提及张小龙的背景。2005 年 3 月 16 日，腾讯收购张小龙创始的 Foxmail 软件，张小龙借此加盟腾讯公司，担任广州研发部总经理，负责并领衔 QQ 邮箱团队。2010 年 11 月 20 日，微信正式立项，由张小龙带领 QQ 邮箱团队全力进行开发；2011 年 1 月 21 日微信正式发布，2011 年 8 月 2 日，借由微信的巨大成功张小龙被任命为腾讯公司副总裁，开始领导和参与公司重大创新项目的管理和评审工作。随着 QQ 邮箱和微信的崛起，张小龙自己也迅速成为中国互联网领域的权威人物。

依然是山寨式模仿，源自 Kik，但却超越了同样是山寨出身的海外的 WhatsApp 和 Talkbox 等。作为一款即时通信产品，我们看到微信支持单人/多人通过网络快速发送语音、短信、图片和视频。2012 年 3 月底，微信用户破 1 亿；2012 年 9 月 17 日，微信用户破 2 亿；2013 年 1 月 24 日，微信用户达 3 亿，2013 年 10 月达 6 亿。2014 年 1 月，上线整整 3 年的微信数据显示，目前活跃用户数已经达到了 2.7 亿，中国每 10 个手机网民中至少有 7 个是微信用户。仅在朋友圈中，目前朋友圈分享传播累计超 10 亿次，每天用户上传图片超过 1 亿。

在山寨式模仿了国外相关软件之后，张小龙并不满足，他带领团队，在微信原有即时通信功能上增加社交类（如"摇一摇"等多渠道丰富交友）、媒体平台类（如企业微信、明星微信）、O2O 类（如 QQ 美食、团购嵌入）等多项功能，在被山寨产品上加以大量创新，使得产品功能和用户体验达到了一个新的高度。2012 年 11 月，张小龙自己也获评《华尔街日报》"2012 中国创新人物"。从山寨式模仿到自主创新，腾讯再一次用中国人的智慧演绎了中国式的创新奇迹。

2. 微信的成长模式：抓住的不仅仅是移动互联网机遇

与乔布斯类似，张小龙对产品的要求极为苛刻。腾讯推出微信的两年间，所有功能的改进和创造在表面上几乎都没有考虑盈利性，而专注于积累用户群，打造一个开放平台。然而，微信虽然已经在用户和市场上占据绝对优势，但是其成长模式仍处于初步探索之中。

微信出台之前，QQ 实质上已经成了一个巨无霸，无法被替代的桌面端 IM，已经成为一个熟人社交工具。这期间出现过一个颇具颠覆性的，基于手机通讯录为基础的桌面 IM，并且曾被誉为能够颠覆 QQ 的产品出现了！虽然因为它出身权贵，所以很快占领了不少的市场份额，但是也因为它出身权贵，缺少互联网公司对互联网发展的敏锐性和冒险精神，所以今天它已经没落了，这个应用就是世界上首个基于手机通讯录的社交 IM 产品——飞信。

随着 iPhone 3GS 的发布，移动互联网进入了一个崭新的时代。而 QQ 受限于它的桌面业务（交互方式、社交圈子），虽然能够因为它在桌面的垄断性，同样能够成为移动端安装量最高的 IM 设备，而这样根本满足不了移动端的用户需求，随时有被新的对手颠覆自己互联网霸主地位的可能。Kik 和 Talkbox 的出现让我们看到了基于手机通讯录社交的可能性。

所以微信的诞生历史背景是——受到 Kik 的刺激，腾讯需要一个能够肩负起和移动 QQ 配合，统治整个移动互联网 IM 的，基于手机通讯录的移动社交工具。所以最简单的方式就是山寨 Kik。可以说，微信出生那天，本身就是作为腾讯针对 Kik、米聊类产品的被动式创新型产品。

所以，一个新创企业在走入了新阶段之后，要想得到健康持续的发展，唯有的一条不变的成长理念就是：创新，被动创新，持续主动创新。对于腾讯的大战略，及时在公司内部推出创新业务和产品似乎是创新战略不二的法则，让我们先跟随微信产品的成长历程来追踪其成长模式吧。

导入新产品阶段（2011 年上半年）

2011 年 1 月 21 日，微信发布针对 iPhone 用户的 1.0 测试版。该版本支持通过 QQ 号来导入现有的联系人资料，但由于仅有即时通信、分享照片和更换头像等简单功能，因此并不为外界所看好。

在随后 1.1、1.2 和 1.3 三个测试版本中，微信逐渐增加了对手机通讯录的读取、与腾讯微博私信的互通以及多人会话功能的支持，截至 2011 年 4 月底，腾讯微信获得了四五百万注册用户。

2011 年 5 月 10 日，微信发布了 2.0 版本，该版本新增了 Talkbox 那样的语音对讲功能。该功能的加入，使得微信的用户群第一次有了显著增长。

而从 2.1 和 2.2 版本，再到 2.5 版本中对视频信息的支持以及"查看附近的人"这一功能的加入，再一次引爆了微信用户的增长点，此时微信用户已达 1 500 万。

用户通过该功能可以轻松找到身边同样试用微信的用户，使得微信这样一个以熟人间通信为主的软件兼具了同陌生人进行社交的功能。也就是说，微信自此以后再也不是单纯的即时通信软件，而更多地开始朝向社交类应用发展。

发展新产品阶段（2011 年下半年）

2011 年国庆当日，微信发布 3.0 版本，该版本加入了现在广为大家所知的"摇一摇"和漂流瓶功能，增加了对繁体中文语言界面的支持，并增加港、澳、台地区以及美国、日本的用户绑定手机号。

"摇一摇"功能极具创造性和趣味性，从而进一步增加了微信的社交属性，而"漂流瓶"则是整合了 QQ 邮箱的相关功能。新增的繁体中文界面以及对五个地区手机号码绑定的支持，则意味着微信开始迈出了国际化的步伐。

从微信 3.1 到 3.5，微信先后增加了英文界面，以及支持全球超过 100 个国家的短信注册。这进一步吸引了来自全球的用户使用微信这一服务。截至 2011 年底，微信的用户数已经达到 5 000 万。

更新新产品阶段（2012 年全年）

2012 年 3 月，微信用户数突破 1 亿大关。4 月 19 日，微信发布 4.0 版本。这一版本增加了类似 Path 和 Instagram 一样的相册功能，并且可以把相册分享到朋友圈。微信朋友圈的推出进一步增加了微信的用户黏度。微信团队当时最新监测的数据显示，微信朋友圈每天的发帖量已经大大超过了微博最鼎盛的时刻。同时，为了更加有利于微信的国际化，从 4.0 版本开始，微信的官方英文名称被定为 Wechat，十分富有国际创意。

2012 年 7 月 19 日，微信 4.2 版本增加了视频聊天插件，并发布网页版微信界面。从此，微信不单单是一款社交化的手机，即时通信客户端，还把触角伸向了桌面领域。而视频聊天插件的推出，在为用户提供免费视频语音通话的同时，更是被认为将会使运营商"颗粒无收"，甚至有人认为微信将使腾讯成为第四大运营商。这一年依然也是国际移动运营商的噩梦年，因为在过去多年中，短信一直是移动运营商重要的收入来源之一。国际上，尽管一条短信的发送或接收费用最高达到 20 美分，但实际上运营商成本仅为 0.01 美分。市场研究公司 Ovum 当年的报告称，截至 2012 年底，消息应用的兴起导致运营商损失了 230 亿美元营收，而中国的三大移动运营商也是叫苦不已，好在联通的用户流量呈现出直线上升的趋势，使得其他两家移动运营商无法形成新的联盟，而中国的工信部也表示支持创新性革命。

2012 年 9 月 5 日，微信 4.3 版本增加了"摇一摇"传图功能，该功能可以方便地把图片从电脑传送到手机上。这一版本还新增了语音搜索功能，并且支持解绑手机号码和 QQ 号，进一步增强了用户对个人信息的把控。

2012 年 9 月 17 日，腾讯微信团队发布消息称，微信用户数突破 2 亿。

仅仅过去不到 4 个月，2013 年 1 月 15 日深夜，腾讯微信团队就在微博上宣布，微信用户数突破 3 亿。从 2011 年 1 月 21 日，到 2013 年 1 月 15 日，不到两年的时间，微信便获得了超过 3 亿用户。这一成就的取得毫无疑问将整个团队的骄人业绩推向了新的一年——蛇年。

创新新产品阶段（2013 年）

2013 年 2 月 5 日，微信发布 4.5 版本。这一版本支持实时对讲和多人实时语音聊天，并进一步丰富了"摇一摇"和"二维码"的功能，支持对聊天记录进行搜索、保存和迁移。同时，微信 4.5 还加入了语音提醒和根据对方发来的位置进行导航的功能。

2013 年 8 月 5 日，微信 5.0 for ios 上线了，添加了表情商店和游戏中心，扫一扫功能全新升级，可以扫街景、扫条码、扫二维码、扫单词翻译、扫封面。

2013 年 8 月 9 日，微信 5.0 Android 上线。

2013 年 8 月 15 日，微信海外版（WeChat）注册用户突破 1 亿，一个月内新增 3 000 万名用户。

2013 年 10 月 24 日，腾讯微信的用户数量已经超过了 6 亿，海外用户超过 1 亿，每日活跃用户 1 亿。

挑战新产品阶段（2014 年）

进入到 2014 年 1 月，上线整整 3 年的微信数据显示，目前活跃用户数已经达到了 2.7 亿。

纵观微信成长的历史可以发现，自 2.1 版本开始尝试打造公众平台之后，腾讯就开始有意识地创造产品的不可替代性。一旦平台打造成熟，形成一个有序运转的、可以吸引大量开发者的生态圈，腾讯在移动互联网领域便可以真正地奠定"霸主"地位。工作平台的搭建最重要的障碍来自产品本身，微信的通信模式只是点对点的传播，不能做到点到点到点的病毒式传播，微信的信息流通的方式只能够通过关注特定的人去关注，而不能够通过第三者去获得特定推送者的信息。产品本身的核心概念导致了公众平台的搭建受阻。

于是，微信在开放平台方面进行了另一方面的努力——开放插件平台给开发者，打造属于自己的生态圈。开放平台为开发者提供了多样化的接入方案，使开发者可以根据自身的要求选择适合的合作方案，包括产品或功能嵌入微信，相关资讯微信分享，开放平台还可以提供腾讯公司各大平台丰富的资源，开发者可以更深入地了解用户信息，进行精准用户定位、内容传播、品牌推广等。微信的开放平台更类似于一个应用商店，或者称为另一个 App Store。

然而即使整个行业都看好微信的开放平台，现阶段的开放平台呈现的情况是"曲高和寡"。腾讯虽然作为中国互联网第一企业，也终于收到了十几年山寨的苦果。例如，厦门一家云技术 App 的创业公司称，会对跟微信的存在留有怀疑和保持观望，"我们一般不会跟腾讯合作，并且会防着腾讯，因为和他们的人接触下来，觉得腾讯的合作逻辑是，一方面他们的人员会和创业者谈，等到了解到我们的核心技术之后，他们自己的团队已经在设计和我们一样的产品了。"

同时，仅一年多，微信坚持不懈地在探索 O2O 模式（即 Online to Offline，即将线下的机会与互联网结合，让互联网成为线下交易的前台）。

2012 年 9 月 7 日，腾讯电商控股公司生活服务电商部总经理戴志康在 2012"金网奖"暨第四届网络营销高峰论坛上，分享了腾讯生活类电商领域的新动态——微信会员卡，并称此举是 O2O 服务与营销领域的新探索。

移动支付市场确实潜力巨大，艾瑞咨询公司报告显示，2011 年，第三方支付市场交易额为 22 000 亿元，增幅 118%。预计 2012 年交易额将达到为 36 000 亿元。在这巨大的市场之中，2011 年 O2O 规模为 562.3 亿元，预计 2015 年将达到 2 211.6 亿元。

微信对 O2O 的进入依托于"二维码+账号体系+LBS+支付+关系链"的闭环体系。O2O 商务模式的关键在于：通过互联网寻找消费者，进而将他们带到现实的商店中。O2O 是支付模式和为线下店铺创造客流的结合（从消费者角度来说，则是一种消费"发现"机制）。这种模式应该说更偏向于线下，更利于消费者，让消费者获得优惠和便利满足感。

现有的微信 O2O 一般存在形式是：用户通过 LBS（Location Based Service，基于位置的服务），使用微信搜索附近用户或商家搜索到微信会员卡合作店铺，进而前往商铺消费，同时使用微信会员卡获得优惠；或者用户可以在店家消费或者接触到广告时，扫描二维码获取优惠。现在微信 O2O 成效并不十分明显，但是张小龙联合腾讯电商控股公司，正持续对此发力。

虽然微信的盈利模式尚在探索，但是股东和业内都对张小龙的产品和未来移动互联网发展趋势的战略估算抱有很大信心和期盼。而张小龙内部创业成功的经历也使得他在腾讯公司的地位日趋巩固，如同移动互联网的增长趋势，持续创新的团队领导力作用显得日益重要。

3. 新竞争时代的价值创造：不仅仅是对微信的新挑战

对于微信的成功，《华尔街日报》曾评论说："大量的用户喜欢这款软件并不是因为它确实具有原创性和创新性，并指出加拿大安大略省滑铁卢的 Kik Interactive Inc. 和加州山景城的 WhatsApp 也都推出了类似的服务，它甚至不是中国最早发布的同类产品，比中国手机公司北京小米科技有限责任公司（Beijing Xiaomi Technology Co.）的'米聊'（Miliao）晚了几个月。但微信在仿照借鉴其他产品的所有卓越功能方面做得很好，并彻底超越了它们。"

随着微信业务的成功，腾讯的发展达到了一个新的发展阶段。2012 年，马化腾曾接受过一次采访，可以提炼出两个关乎未来价值创造的关键词："移动互联"和"开放"。对于移动互联网上的新机会，他讲道："首先，基于手机 QQ 和微信，我们做了大量的跟 LBS 有关的服务，目前我们的接口数字已经增长到每天对 LBS 的调用高达 7 亿次，这是非常惊人的数字。其次，二维码将是腾讯整合线上和线下业务的关键入口。通过手机终端，可以实现过去 PC 很难做到的跟现实中的它后端蕴藏的丰富的网络资讯，用这个方式来结合。"

对于微信在腾讯整个价值链中的地位，马化腾有着自己的思考，但是，基于马年来临的新竞争时代，他不能不考虑的至少还有以下五个挑战：

（1）基于用户需求和商业价值的挑战

微信的基本用户价值就是一个移动通信工具。无论腾讯想把微信做成怎样的价值体，在用户的认知里，微信的通信功能定位已经定型，对于绝大多数用户来说，微信作为一个通信工具的主诉求，承担的是一级需求的功能。一个产品只有一个主诉求，此外其他都是二级需求，二级之下还有三级四级。例如，驱使微博用户去看微博，就是在一级需求（"浏览功能"）驱使下的二级需求开发（表达诉求功能），而发微博表现出的插入功能则是三级需求。显然，需求的层次越低，用户量就越少，商业价值就越低，这给微信如何体现价值再创造提出了挑战。

商业价值的高低无疑与用户的需求正相关。一个好的商业模式，必须在满足用户一级需求的同时，持续将商业价值链拉长，进而实现商业价值的持续增长，如搜索功能、电子商务功能、移动支付功能等等。互联网实现了让更多的商业价值在满足用户一级需求的基础上，在次级需求层次上连续实现价值的再创造，最典型的就是游戏和各种对用户的增值服务，比如 QQ 的头像、会员，网游的道具价值等，还有就是支付宝在主支付一级功能下的小额贷款、信用卡功能等次级需求价值等。即便与用户需求关系黏合度不高的商业模式，也有很大的生存空间，如门户广告功能、视频网站广告功能。用户需求就像漏斗，如果商业价值只能在很少的用户中实现，那就得花很多资源把用户基数做大。

因此，在微信商业模式的持续探索上，微信遇到的首要挑战是如何选择在通信的价值池中进一步挖掘商业模式功能，找到和放大用户的次级需求，持续挖掘和寻找其中更大的商业价值，探索更加有效的商业模式。

（2）基于两个价值页面原则的挑战

对于一个独立产品，从设计而言，最理想的产品，能在一个页面里满足所有主要用户的主诉求。目前全世界只有三类产品做到了这一点，即 Facebook，Twitter，Hao123。功能稍微逊色一点的，可以用两个页面，如门户网站的首页和内容页，搜索网站的首页和结果页，IM 网站的好友列表页和对话框。

无论是台式机用户还是无线用户，几乎所有用户只会集中在最多两个（两类）页面里浏览和驱使功能，所以一个单独的产品，如果不能在两个页面里同时实现商业价值的，其价值将会受到很大的影响。因为所有的用户都喜欢快捷的界面，没有任何耐心去尝试更多的界面，一般浏览到了第三个页面，用户率将会衰减至零。除非是网络购物功能或者色情网站驱使，这部分用户的任务目标性很强。

对于微信而言，一个最大的挑战就是当用户打开微信后，如何在两个页面里去持续实现其商业价值。

例如，微信查看"附近的人"页面里有些加 V 商户，是否就有商业化的价值呢？查看"附近的人"，是微信里一个较低的二级需求，而且放在了三级页面，即用户到达这一页，打开微信后，要点两下，用户就漏了两次。它的好处是突出了微信的通信功能，但如果要实现商业化，微信就得培养用户习惯，把这个功能提升一个层级，放在二级页面，引导用户每天都用，这必然就会弱化微信的通信功能。

（3）基于 Timeline 商业价值持续的挑战

微信的 Timeline 就是微信打开的默认页面，也是微信最重要、最有价值的页面。在这一页，微信碰到了手机屏幕的障碍，不能像台式机上的 QQ 一样，把好友列表和会话提醒放在一页，只能把通讯录、找朋友、设置放到下方导航。这就是手机的特性：一个程序管理器只能干一件重要的事。

Timeline 里，除了好友对话提醒外，最主要的就是"订阅媒体、商户信息"这个较强的用户需求功能。这个需求属于订阅功能，与微信的通信定位符合。这些订阅的媒体、商户内容，用户点一下就可以到达内容页，基本符合"在两个页面里，满足用户较高的需求"，可以看做目前微信最成功的商业化尝试，微信完全可以提供增值服务，向商户和媒体收费，同时，微信也充满了 O2O 的想象空间。因为微信有先天优势，可以在 O2O 环节中启动通信功能。

但"订阅商户"能否成为一个潜在的有价值的大商业模式有待观察。一方面，即使客户不用智能手机，也可以用短信方式订阅媒体和商户信息，如手机报、促销短信。在订阅上，微信并没用带来革命性的应用，这和搜索带来的广告革命和电子商务带来的商业革命，其功能是完全不一样的。另一方面，在互动上，商户与用户的互动是复杂的，商户很难有持续的驱动力去执行，如果没有这种驱动力，用户就不会去进行卓有成效的体验，这又会变成了一个难以割舍的难题。

作为微信最重要的页面，Timeline 如何在这一页找到更好的商业模式，如何在 O2O 的通信链引发过去不能实现的变革，这是微信商业化功能发挥的关键挑战，目前还看不到微信有实质的价值开发进展。相比"陌陌"类的垂直产品，起始页是位置信息，更容易找到商业模式，这也给予其他创业者更多的机会思考。

（4）基于对话窗口商业价值创新的挑战

移动网络的革命在于带来了台式机没有的两个价值点：位置信息和实时在线。但移动网络也有自己的致命弱点：屏幕小。屏幕小，不仅限制了"广告"这一个经典商业模式的价值，也让移动上的交互受到限制，用户不能在多个功能间流畅地切换，产品也不能像在台式机上那样放更多、更强大的功能。这给微信带来的挑战是：用户习惯若发生变化，就很难在一个应用中运用自如。

当然，手机交互的受限，对于移动购物是个利好，因为用户不再有过多的选择，可以迅速决策。对于专注于垂直领域的创业者也是一个利好，因为大而全的程序管理器在手机里不适用，巨头在台式机上的优势在手机里显得不明显，用户会习惯在一个应用里完成一个服务，或者说一个垂直的服务会带给用户更好的体验。

"对话窗"是现在微信最重要的二级页面。但这一页面的商业价值很低，最重要的原因还是手机的交互界面太小。所以微信很难用这个页面实现 QQ 在台式机上的很多商业价值，如 QQ 秀、广告和其他产品的导流入口。

可以肯定的是，在微信对话窗口，插入各种应用是不靠谱的，几乎没有商业价值。作为一个通信工具，人们每天平均沟通的对象个数是不多的。和其他人对话时在对话窗口买张电影票、送小礼品、推荐个餐厅，似乎无法让客户全部接纳。对话窗口唯一有点使用价值的就是表情和音乐，但在国内似乎商业价值不高。

（5）基于更广范围朋友圈的挑战

"朋友圈"可以看成是一个基于移动的 Facebook，有着巨大的想象空间和用户需求。朋友圈和开放平台结合，至少在游戏变现上就有现成的商业模式，在 LBS 上，O2O 上还有 Facebook 现成的经验可以借鉴。但目前微信把朋友圈入口隐藏过深，甚至在 Timeline 上都没有提醒。

"朋友圈"是一个分量很重的功能，其长远发展甚至比"微信"还重，一旦被强化，如何在微信其他功能之间切换，是一个巨大的挑战。

一个创新的产品，可能有多个不同吸引用户的诉求点，但产品定型后，主诉求一般不会轻易改变。如何在一个已经开发成功的主产品上发现新的用户需求，并进行独立的价值开发是一个重要的任务，最为常见的例子是使用独立产品的形式，最后形成用户的协同。例如，Qzone、QQ 游戏之于 QQ，360 浏览器之于 360 安全卫士。由此可见，如何在腾讯的朋友圈和微信的朋友圈共同打造不同的价值圈是一个重大的挑战。

4. 微信价值发现：内部创业对于外部创业梦的启发

新的时代呼唤新的创意。这个案例的一个重要的启发是如何激发更多的青年人走向自主创业之路。今天，在这个求变的年代，社会上还是有更多的人认为大学生创不了业，有着"微信技术之父"之称的 Ted Livingston 的创业经历给了我们对大学生创业更多的思考。2010 年 3 月初，在 Kik 完成首轮融资获得了 800 万美元的投资时，当时的 Ted 转让了部分股权给其中一位投资人，这让他有机会拿出 100 万美元作为种子基金回报给 VeloCity 公寓的年轻创业者们。这 100 万美元的种子基金主要针对的是加拿大滑铁卢大学的大学生创业项目。他们将向至少 30 个学生项目提供 25 000 万美元的资金及 4 个月的办公场所支持，之后还将提供注册服务并给予一定的创业辅导。25 000 万美元的额度背后也有段故事：当年 Ted 的祖父就曾留给他这个数，正是这笔钱帮助 Kik 公司得以创业起步、生存并度过了最初的新创弱性阶段。Ted 希望这笔种子基金能够帮助更多学生创业者顺利起步。

今天，中国的大学生创业群体正在崛起，或许得到了天使基金的骄子们会有更多的追梦机会，敢于梦想符合这个时代的精神，只有持续地激发这种精神，诸如中国式的微信也才能够诞生于中国，相信这不再是一个遥遥无期的梦想。

问题讨论

1. 微信为什么能在腾讯内部取得巨大的战略创业成功？其关键要素是什么？
2. 微信下一步发展的方向在哪里？针对支付宝的扩张，微信该如何应对？

案例来源：中山大学创业中心任荣伟创新创业案例库

2013 年 12 月，版权所有

第四部分

新企业的初创与发展

第 18 章

战略窗:辨析新企业的市场利基

本章概要

创业家识别并开拓新机遇。本章讨论了为何在现有企业存在的情况下,市场中总是存在创业家可以利用的市场利基。本章接下来继续描述了新企业一定会遇到的一种战略性"机会窗"。

18.1 为何现有企业会在市场上留下利基?

重要学习目标

理解为何老牌企业总是会给新企业留下机会。

原则上,现有企业相对于新进入的企业处于优势地位。这是因为现有企业通过服务客户在市场上获得了经验;因为它们在经营业务上也有经验;因为它们已经与客户和供应商建立了一个安全的关系网;因为它们承担更低的风险,资本成本也往往更低;因为它们也可能通过发展经验曲线经济享有更低的成本;因为它们已经建立产量规模,给它们带来规模经济的成本优势。尽管它们拥有这些优势,但新进入的企业确实在积极有效地与已有的甚至地位稳固的企业进行竞争。尽管经验丰富的竞争者依然存在,但是新企业依然可以识别并利用新机遇。似乎总是有更好的解决问题的方式。为何现有企业会在市场上留下让具有革新性的新企业可以利用的利基呢?这存在多方面的原因。

现有企业未能识别市场新机遇

机遇不会自我显示,它们必须被积极寻求。一个商业组织不是仅有解决问题的方式,它也有发现问题的方式。一家企业通过勘察商业环境寻求新机遇的方式与该企业的体制与程序息息相关。组织惰性,即面对不断改变的环境不愿意改变自身,是一种显而易见的现象。一家现有企业会自满。它会回顾早期成功并把市场想得理所当然。它的机会寻找体系会变得官僚化,很难实行,其甚至会卷入政治内斗中。它或许会采取一种特殊视角或主流逻辑以某种方式看待外部世界。那种视角不随着世界的改变而改变。结果,相对于一个迫切需要机遇的新企业而言,现有企业在识别新机遇上显得迟钝。比如,IBM 错失了开发软件操作系统的机会,而那却使比尔·盖茨的微软公司成为全球最大的企业之一。

新机遇的价值被低估了

新机遇的价值大小必须得通过对比追求它的企业的规模大小来判断。相对于总收益为 1 亿英镑的企业而言,10 万英镑的额外收益对于总收益只有 100 万英镑的企业而言意义更大。结果,小机遇或许就被大的现有企业所忽视,至少不会被积极追求。然而,较小的新企业会觉得这些小机遇很有吸引力,而这些机遇最终可能被证明正是新企业所需要的。

技术惰性

机遇是通过革新来追求的。一种革新是建立在某一技术方法的基础之上的。但是，技术仅仅只是做事情的一种方式。它是诉说需求的一种途径。一个现有企业或许会认为它的业务是建立在某个特殊的技术的基础之上而不是建立在满足消费者需求的基础之上。这样的组织更倾向于依赖它所擅长的技术方法。但是，满足需求的新技术方法是不断发展的。现有企业的技术惰性为新兴企业留下了机会，使得它们把技术革新作为它们的业务基础。

比如，最后一家机械打字机制造商最近关闭了。打字机行业人员在设计、制造和销售生产文件的机器上有许多专业技能。制造商们在业务上也很娴熟。然而，它们把自己定位于为打字员提供机械技术，而不是把自己看成是在为客户提供文件处理服务。结果，它们理所当然地成为新一代创业家们的猎物。新一代创业家带着电子文字处理产品进入市场，为处理文件提供了更好的方式。

文化惰性

与技术一样，现有企业也有自己的处事方式。这种处事方式，即它的文化，影响着它向客户传递价值的方式。所谓的向客户传递价值的最好方式是随着竞争环境的演变而改变的。如果该企业不设法改变文化以迎接新的挑战，那么它也许不能作好利用新机遇的准备。相比之下，新兴企业会通过采用更适应改变了的环境的文化来利用机遇。正是如此，通过把该公司的文化从飞机和机场需求管理转变为客户需求优先，瑞典创业家简·卡尔森才谱写出将斯堪的纳维亚航空公司发展为航空巨头的成功史。

内部政治

现有企业的管理者经常会卷入政治内斗。当个人以及团体觉得他们的利益与目标彼此不统一或者是与整个组织的利益与目标不协调时，政治内斗就会发生。企业组织追求新机遇是为了实现它们的目标。关注新机遇需要对目标的坚持。政治内斗不明显时，最好的情况是对于某一特定现有机遇的价值持不同看法。而最糟糕的情况是不同的集团将会互相反对。结果，机会白白溜走了。而这一切给了那些更关注机遇同时出现较少内斗的新兴企业机会来利用这些机遇。

政府的反垄断行为

政府的重要职责就是确保垄断不会扭曲经济运行。如果一家企业在市场上拥有太多控制力，政府也许就会采取行动限制它的壮大。由此来看，这种反垄断的行为将会遏制主导企业，同时扶持新兴企业。一个例子就是美国最高法院规定软件巨头微软一分为二。最高法院之所以执行这项规定，是因为微软巨大的市场控制力在阻碍已有小企业的发展的同时，也限制了新兴企业进入该领域。

政府介入支持新企业

总体而言，无论是从经济上还是从政治上，政府都敏锐地意识到发展迅速的小型新企业在经济中的重要性。这些企业带来经济效率，带领市场革新并创造新工作岗位。因此，政府极力为小型以及新型企业提供支持。这些支持可以表现为税收激励和出台更自由的雇佣法，也可以更直接地表现为更优惠的贷款政策。政府也可以提供技术发展、教育以及咨询支持。通过以上种种，政府的支持再一次将发展的天平向新兴企业倾斜了。

经济视角下的创业利基

以上观点是关于业务如何运作的。那些都是制度效应。从这些角度看，由于现有企业缺乏利用某些机会的能力，所以才会留下巨大的利基，使得新兴企业有可能利用该机会。传统的经济观点认为这样的制度效应代表着经济效率的失败，同时也意味着现有企业的管理层没有采取合理的行动。如果现有企业的管理层更有效率，它们就可以运用战略将新兴企业打败。

然而，最近有些数理性研究向这一传统观点发出了挑战。Arend（1999）的分析表明即使在职者意识到新机遇，他们也不一定会利用它们。在这项研究中，Arend 以一种非常微妙的方式探索经济互动。这项研究表明在某些情况下，尽管现有企业意识到可获利的创业机会的存在并合理地利用它，但是现有企业还是可能会给新兴企业（将来的竞争者）留下利基。

Arend 的论点是从博弈论的角度发展而来的。博弈论是数学的一个分支，它关注一些主体，在考虑到其中一个主体的行为会影响所有其他主体的结果的情况下，为实现他们所期望的结果所采取的行为方式。单个主体必须考虑其他主体的可能性行动并了解其他主体将会根据他们所采取的行动调整战略，从而来判断他们自己所采取的行为（战略）。博弈论对于经济学来说非常重要，尤其是在描述竞争性行为方面。

Arend 的文章不仅反映了博弈论的数学严谨性，在某种程度上其也具有技术性。然而，基本论点也可以从定性的角度加以阐述。传统经济学认为竞争企业如果想获得最大化利润，只能选择一种最优战略。这一结论建立在两大假设的基础上：第一，所有竞争者都有获取用于创造和传递该行业产品的技术的同等途径（经济学家称为外生性）；第二，这项技术是固定的，不随时间而改变（即技术是稳定的）。概括地说，我们可以把技术看做是利用新机遇的机会。

如果我们做出这样的假设（更符合实际一点），技术使得企业变得更加有效率（新机遇伴随而来），同时，所有企业都可以获得这种技术，那么有趣的事情发生了。在这种情况下，企业不仅仅拥有一个而是有两个最优战略。技术（机遇）是由外界提供给企业的（企业没有任何研发成本），它们依然要承担把技术整合到企业运作中的成本（也就是，利用新机遇的投资）。企业可以采取的第一种战略就是忽视技术进步，不承担整合成本，保持短期利润。这被称为静态效率战略。第二种选择就是整合技术。这会增加短期成本，但会带来长期利润增加的前景（带有一定的风险）。这被称为动态效率战略。这两种战略之间没有中间地带。一家企业必须选择其中一种战略。这两种战略都是获取最大化利润的正确途径。

通过运用博弈论的观点，Arend 阐明了意义重大的结果。在这种条件下，在职者在一定的情况下将会忽视技术进步并允许新进入者利用他们，尽管新进入者最终会取代他们。在这种情况下，他们的做法依然是合理的。这是因为一旦他们被困在竞争大战中，在职者绝不可能通过向新技术转移来增加利润。更进一步而言，没有一种行为可以同时增加两家企业的利润。因此，即使管理层愿意采取这样的行动，对两家企业都感兴趣的投资者也不会支持这种做法。

尽管这个论点听起来有点晦涩，但 Arend 运用它做出了一些关于在不同的竞争条件和技术条件下企业市场进入的预测。他的实证数据证实了该模式。结论是现有企业在利用新机遇上的制度无效也许并不是真的制度无效。给新创业家留下利基也许仅仅就是竞争性市场不可避免的特点（对于更广阔的世界而言，更受到欢迎）。

同样地，Ghemawat（2002）运用博弈论的方法解释，在电信和钢铁行业，当面对新产品和新的产品生产发展时，为什么新进入的企业比具有垄断性的现有企业更愿意革新。另一个由 Hirshleifer 做的正式分析解释了为什么尽管新兴企业相比于强大的现有企业有许多弱点，但是它们依然可以存活并且赢得这场竞争。Hirshleifer 考虑到两个竞争者的博弈模型，这两个竞争者能够把它们的资源要么用于生产特定的产品或服务，要么直接与竞争对手竞争。正如所有商业活动的数学模型，这个也是基于简单假设，但是当我们考虑到创业家在增加生产量与投发广告与对手竞争划分资源时，这些就不是空想。这里的讨论考虑的是该模式的定性意义，而不是数学细节。对细节感兴趣的学生应该参考相关文献。

我们本能地认为拥有更多资源的（更具影响力的）企业会处于更有利的地位。然而，这个模式表明，至少在某些条件下，弱势的一方（资源更少的一方）也可以赢。Hirshleifer 称之为"权力的自相矛盾"。该模式考虑到两个竞争者的活动，并提出这样的问题——如果双方都合理地采取行动，它们将会怎样在生产和竞争之间分配资源。考虑到某些假设（这些假设并不是不现实的）以及一些条件（这些条件可能会在某些竞争中出现），这个模式发现弱势企业相对于强势企业而言可以从竞争中获得更多。实际上，通过竞争，相对于强势企业给弱势企业所带来的负担，弱势企业会给强势企业带来更大的负担。这样，弱势企业就可以赢得战争。因此"权力的自相矛盾"也出现了。

Hirshleifer 模式在很大程度上是理论上的，但是它与直观一致，都认为由于新兴企业更有效地、更具进取心地利用资源，它们可以赢过强大的竞争者。Hirshleifer 模式具有重大意义，因为它提出了与"资源等于权力"模式截然相反的观点。它理性地解释了为什么新兴企业可以取胜。然而，这些还只是理论层面上的，还迫切需要实证证明。这一点也在本章结尾研究主题的考虑之内。Bhide（2000）提供的研究不无裨益地提醒我们新企业的市场进入并不意味着如果它们赢了，别人就输了。和谐而不是冲突的情况也可能出现。

几句提醒的话

尽管现有大型企业有其自身固有的优势，但由于大企业的内部惰性，经常低估新机遇，加上自满以及不作为，其就会留下利基让雄心勃勃的新企业把握时机。尽管新企业可以利用这些利基与机遇，但它们不可忘记在其成长壮大之后，同样的命运也会等着它们。

18.2 战略窗：一种视觉暗喻

重要学习目标

会分析战略窗这个隐喻如何为确定和利用机会提供框架。

暗喻在我们的交流中经常存在，它代表着试图通过相似的事物来解释说明一个想法。因为我们可以在两种想法中寻找相似点并观察一个想法中主题的相互关联性如何在另一个想法中反映出来，借此，我们就可以理解那个想法了。暗喻可以是活跃的。我们可以用一个特定暗喻来创造效果。例如，如果把创业家比喻成"船长"，那么我们就很容易联想到创业家掌管和领导一个拥有共同利益的团体，并带领他们到达一个新的地方。有些时候暗喻又是静止的。静止的暗喻很常用，如果不是仔细思考的话，我们可能不会意识到它是暗喻。如前所述，"organisation"和"organism"、"organic"的词根相同。这个静态暗喻在对"organisation"做了较多思考之后才会显现出来。所谓的"消失的暗喻"指的是那些我们使用得太多以至于从来不会意识到它的暗喻。注意上面句子中使用"see"、"draw"、"parallel"和"reflected"这些词时所暗含的视觉暗喻。使用战略窗的活跃暗喻有助于我们对一些细节的构想和记忆，比如确定、评估以及利用一个新的商业机会。

这个暗喻的第一个阶段是构想出一面坚固的"围墙"。这面"墙"象征着创业家想要进入的竞争环境。已经进入的企业之间相互的竞争造就了这面坚固的"墙"。这些现有企业有着高效的产品和服务运送方法。创业家在这方面已经不能做得更好了，因而创造不了新价值。但是，如我们在前面部分所讨论过的，现有企业还是会留下利基。总会存在机会让创业家做一些更好、更新的东西出来。这些利基就是他们可以进入的机会窗口。透过这些窗口，他们可以在想要进入的领域中看到自己想要创造的"全新世界"。因此，创业家的首要任务是审视整个商业环境，然后找出利基和窗口所在之处。

确定了机会窗口之后，创业家必须评估它的大小并确定自己找到的机会窗口足够大，值得对其进行投资。打开这扇窗户是创业的第一步。跳过窗口前进就意味着开发业务，给客户传递价值。

最后的阶段是关闭窗口。关闭窗口是必需的，否则竞争者会跟随创业家的脚步，把这个机会用在自己的企业中。关闭窗口是为了建立竞争优势，简单地说，就是保证返客率，以便把其他的竞争者挡在窗外。

这个暗喻——把机会比做窗口，利用机会比做跳过窗口前进——对分析、规划机会识别和利用来说，是很有效的记忆助手。接下来，我们详细地分析每个阶段。

寻找窗口——审视新机遇

创业家必须透过现有企业这面坚固的"墙"找到窗口，也就是说，在他们向市场创造或提供的东西中找出利基。这个过程就需要运用一个活动的方法来确定新的机会并对其进行创新。

找到窗口—— 定位新事业

要找出窗口的位置，既要了解与市场上现有产品和服务相关的新走向的定位，也要明白创业家如何在拥有许多新创企业的市场中自我定位，把找到的机会利用到最好。

测量窗口

测量窗口包括对窗口的评估，及对它能为市场创造新价值的潜力的鉴定。简单地说，就是要弄清楚这个机会的价值。这就需要做足市场工作，找创新点，测量市场的大小，了解它的动向与走势，并评估找出的创新点可能对市场产生的作用，确定会有多少顾客愿意为这个新意花钱。对窗口的测量也需要创业家对创业可能会面临的风险有所了解。

打开窗口——获取承诺

识别、定位、测量窗口之后，下一个步骤就是打开它。打开窗口的意思是化幻想为现实，也就是切实地开启新事业。这个步骤的关键是要让股东们对这项新事业作出承诺，吸引投资者和员工发展一系列新的关系，并在这片关系网中建立事业。打开这个窗口之后——用暗喻的手法说，就是开启新事业之后，创业家就能跳过它前行。

关上窗口——保持竞争力

窗口打开了，创业家进入之后，就要把这扇窗关上。不然，竞争对手会跟着创业家的脚步，也利用这个机会。这会减少创业家发展事业的潜力。关闭窗口阻挡竞争对手进入就意味着为自己的事业创造长期的可持续竞争优势。这为创业家建立事业的安全和稳定提供了基础，并可以为企业赚取长期收益。

以上每个步骤在创业家那里就是一系列的决策。要发展事业就要作出这些决策。接下来的 4 章会对这些决策进行仔细探讨。

要点总结

- 一个商业环境中充满了机会，因为现有的企业总会留有利基，总会存在创造新价值的空间。这可能与现存企业在组织上的缺陷和竞争对手之间的博弈有关。
- 这个战略窗是一个视觉暗喻，创业家可以通过其更好地理解所追求的机会。
- 战略窗的六个阶段分别是：扫描、定位、测量、打开、跳过和关闭。

研究主题

注意：本章节对战略管理窗暗喻作了简要的内容介绍，19 至 22 章会对不同的步骤作扩展讲解。每个章节的结尾都会有相应的研究观点，但是一些对此感兴趣的学生可能更喜欢将不同的步骤看做一个整体，在更宽泛的情境中了解这种暗喻。

创业家对机会定位的陈述

创业家通常都喜欢讲故事，大部分讲的都是他们如何找到创业点，怎么开始创业。战略窗暗喻就为他们的陈述提供了一个框架。选择一个创业群体（首先考虑创业新手或处于创业最后阶段的）。邀请他们自由讨论一下他们是如何确定新的机会，如何用自己的创新来利用这个机会，怎样评估创新的潜能，又是怎样展开和发展并且保持持续竞争力的。

在创业家们讲述自己创业的更多细节之前，应该要有这样一场开放式的交流和讨论。那么，创业家们讲述的故事与这里谈到的战略窗暗喻有什么切合点呢？这种暗喻能够解释创业的每个阶段吗？它的顺序是否又与创业步骤一致呢？在访谈结束的时候，将这种暗喻介绍给企业家们，问一下他们觉得这个暗喻与他们的经验是否相仿，并且邀请他们将这种暗喻作出更完善的表述。

重要读物

Abdel's paper emphasises the dynamic nature of competition and the fact that the space for the new competitor does not stay open for long.

Abel, D. F. (1978) 'Strategic windows', *Journal of Marketing*, July, pp. 21–6.

Kim, W. C. and Mauborgne, R. (2000) 'Knowing a winning business idea when you see one', *Harvard Business Review*, Sept. /Oct. , pp. 129–38.

推荐读物

Arend, R. J. (1999) 'Emergence of entrepreneurs following exogenous technological change',

Strategic Management Journal，Vol. 20，pp. 31–47.

Bettis，R. A. and Prahalad，C. K. （1995）'The dominant logic：retrospective and extension'，*Strategic Management Journal*，Vol. 16，pp. 5–14.

Bhide，A. （2000）'David and Goliath，reconsidered'，*Harvard Business Review*，Vol. 78，No. 5，pp. 26–7.

Cyert，R. M.，Kumar，P. and Williams，J. R. （1993）'Information，Market inperfections and strategy'，*Strategic Management Journal*，Vol. 14，pp. 47–58.

Ghemawat，P. （2002）*Games Businesses Play：Cases and Models*，Cambridge，MA：MIT Press.

Hannan，M. T. and Freeman，J. （1984）'Structural inertia and organisational change'，*American Sociological Review*，Vol. 49，pp. 149–64.

Hirshleifer，J. （2001）'The paradox of power'，in *The Dark Side of the Force：Economic Foundations of Conflict Theory*，Cambridge：Cambridge University Press.

Prahalad，C. K. and Bettis，R. A. （1986）'The dominant logic：a new linkage between diversity and performance'，*Strategic Management Journal*，Vol. 7，pp. 485–501.

Yao，D. A. （1988）'Beyond the reach of the invisible hand：impediments to economic activity，market failures and profitability'，*Strategic Management Journal*，Vol. 9，pp. 59–70.

📖 精选案例

案例 18.1　　　　　　　　美利奴——用羊绒创造奢华生活

文/Virginia Marsh

翻开 Icebreaker 户外运动服装目录，艺术味十足的山水背景，神情忧郁、穿着黑衣服的男男女女们便会跃入你的眼帘。可别期待看到有着许多绵羊的图片，尽管这家位于惠灵顿的公司用的是美利奴的羊绒。

"我们本来是不用动物绒毛的，"执行总裁 Jeremy Moon 说，"带绒毛的衣服又扎又痒，还很沉，我们小时候都不穿这种衣服的。"

Moon 先生是众多新西兰企业家之一，10 年之内，在新西兰打造了一个全新的小型出口企业。他的成功，来源于对位于新西兰南阿尔卑斯山的美利奴羊绒重新做的市场营销，美利奴羊绒在当地是一个传统品牌，但是渐渐没落。

"在相对比较短的时间内，美利奴从出口原材料到打造高端市场，经历一场大变革。"新西兰贸易公司的董事 Cheryll Sotheran 说，这是一家政府性的机构。

美利奴驻新西兰公司的国际市场营销总监告诉我们，10 年前，美利奴的市场分割还没有自己的战略方向，对客户的了解不多，新产品少，市场开发也有限，当时人们都觉得新西兰的羊绒很粗糙，这对美利奴的影响也很大。

现在，美利奴将自己定位为生产精品羊绒，并受到诸如 John Smedley、the British knitwear、Loro Piana 以及意大利服装公司等国际奢侈品牌的推崇，这些品牌都在新西兰发展自己的产品系列。在国内，美利奴也成为一些像 Icebreaker 之类的新型企业成功的来源，Icebreaker 公司只生产美利奴的产品。

美利奴驻新西兰公司研发部管理者 Scott Champion 说，美利奴作为奢侈产品的概念并不新鲜。因为纤维通常给人的感觉就是结实且轻柔，皮肤接触感也很好，美利奴绵羊从中世纪开始，就是在西班牙养殖的，到现在已经有几百年的历史了，只有这个国家的皇室家族才能出口这些绵羊。20 世纪 50 年代，人们便知道纤维的高性能：耐用、有弹性，而且很舒适。

但是，美利奴的复兴只是近期的事情，在这之前，它亏损得很明显。新西兰毛绒业的全球市场营销及其研发全靠国际羊绒秘书长——世界第二大羊绒出口商，纯羊绒标志的拥有者，为其提供强制性购买的支持。美利奴驻新西兰公司总裁 John Brakenridge 说直到 20 世纪 90 年代中期，才出现了对这种通用的全球营销模式的不满，人们也越来越注意到羊绒与其他人造绒的区别。于是新西兰的整个羊绒行业，尤其是美利奴的绵羊养殖户一致决定建立属于自己的营销组织。

美利奴在新西兰的公司便由此应运而生，它采用的是双交叉的方法：双重身份区别分明，以美利奴为具体市场，同时为养殖农户创造更好的商业收益。

"这个理念不是产量导向，而是市场导向，并且从生产链的零售末端起反向实行，统一需求，" Caughey 说道。

Champion 先生认为，从技术的角度来讲，美利奴的关键独特性是它具有吸水性，且美利奴羊绒吸收的水分只停留在表层，所以更容易蒸发。

游艇爱好者 Peter Blake 先生完成打破世界纪录的环球之旅回来之后，扬言说在穿了 43 天美利奴的羊绒内衣之后，他打算扔掉自己所有的人工纤维内衣。由此 Moon 先生的 Icebreaker 公司便获得了提前到来的认可。

美利奴驻新西兰公司在与养殖农户合作的时候，也把可持续性谨记在心。

当这个新的市场营销组织建立起来的时候，产品销售都是通过波动的竞价拍卖来实现的。养殖农户也不清楚终端使用者是谁，更不用说他们对产品的要求了。而现在，这些农户组织成了一个供应商社团，美利奴产品在当地销售量的 70% 都是通过其驻新西兰公司接受的合约来完成的。这个公司——拥有者是当地的一个农业群体，包括养殖农民和 Wrgntson——也引进了一套严格的羊绒放码系统，这使得它能够通过购买者选择最合适的供应商。

谈到美利奴的未来，Brakenridge 先生说，Icebreaker 拥有的户外运动服装市场十分活跃，也增长最快。它现在已经占领了美利奴产品在当地产量的 1/4，要知道 5 年前这个数字还是 5%。

Soeurce：Virginia Marsh, 'The merino makes a break from the flock for a life of luxury', *Financial Times*, 17 August 2005, p. 11. Copyright © 2005 The Financial Times limited.

案例 18.2　　　　　　　　　新人闯进，老将得放远视野

文/Jim Pickard

20 世纪 70 年代，英国房地产投资群体最后一次进驻欧洲大陆，却以惨败的退出告终。

此后，整个 20 世纪八九十年代，大部分上市公司和资金管理人都处于疗伤期，只做其最熟悉的国内市场。

直到最近，才有少数像 Freeport 和 Gerald Ronson's International 这样的先驱者活跃在欧

洲大陆。

但是在过去的几年里，一些商业街最保守的公司也重新审视了一下眼下的市场状况。

英国的地产量在欧洲是最低的，伦敦西区的一些房子的售价高得惊人——过去的几个月只有 3.6% 的成交量。

此外，借贷利息率也升高了，这对投资商来说无疑是双重打击。

因此，许多管理者趋向于去国外投资，即使会有操作风险。

Schroders、富成投资、谨慎投资、Henderson 和 Grosvenor 这几个基金投资人都已对外宣布自己在欧洲的重量级投资。上市合作投资管理者也刚刚在德国成立了一个基金公司。

它们也受到了一批其他卖家的追捧——包括爱尔兰财团、英国的私营企业、个人投资商以及各类国际投资者。

它们中的一些投资人把目光放得更加长远，巴黎和米兰也许能带来比伦敦更高的收益，但是东欧已经带来了更高的收益。

戴维斯本周发布的一项研究表示，这些投资代理在华沙和布拉格的收益超过了 7.5%，但在伦敦、都柏林、马德里、苏黎世以及巴黎的收益还不到 5%。

几年前，在中欧和东欧购买办公大楼和店面的，主要是美国的地产投资管理公司海特曼旗下的一些进取基金。

而现在，一些像莫利、荷兰国际集团或者德国的 DIFA 这样的传统公司在布拉格之类的城市成立分公司时，人们都不会瞧一眼。

景顺房地产在 1 月关闭了它在中欧的第二家房地产基金公司，刚刚又关了另外一家，这家公司的基金有望达到 7 亿欧元（4.8 亿英镑）。

景顺研发部管理者保罗·肯尼迪说，大家的态度发生了极大的变化。"现在的情况是这样的，这些市场已经不再是之前的那些进取主义投资者或者勇敢的投资骨干们的了，其都转移到了世界各地的英国友诚保险公司。"

有些人说中欧和东欧的高收益还是呈现出了一定的风险：失业率很高，国内产品增长的前景不确定，房地产拥有者的所有权也比较模糊。

此外，一些专家提醒要扭转中欧的境况并不容易，因为价格已经上升了，各交易之间的竞争很激烈。德意志银行地产公司欧洲研究部的负责人布雷纳·洛尔问道："当你在捷克的市场看到一些办公市场的时候，你再看看一些风险低一些的市场，比如，瑞典的收益也低很多，难道这就不能抵消别人的高风险吗？"

由此，一些稍微老练一些的操盘手开始寻找一些不怎么出名的市场。

对一些人来说，这就意味着要转向中欧地区的二线或者三线城市。

对其他人来说，就意味着向那些还没有加入欧盟的国家撒网，比如罗马尼亚、保加利亚，或者其他一些像俄罗斯和乌克兰这样永远不会加入欧盟的国家。

最近出现了许多新建立的基金和公司，它们常常着眼于像保加利亚黑海岸的居民房这样的小市场。

里维斯·查理斯·索菲亚地产基金开设了一些新公司，针对保加利亚和克罗地亚房地产，以及 Dawnay Day Carpathian 公司，该公司希望用 7.5 亿英镑在东欧投资。

格兰杰信托是一个居民房投资团体，它已经与波罗的海各国建立了合资公司。

当有些投资人还在犹豫要不要往俄罗斯的不透明市场投资时，已经有人非常感兴趣了。

安顿·比尔顿是一位房地产创业家，建立了一个已经在 AIM 上市、名为 Raven Russia 的工具，准备用来投资仓库。

景顺授权其最新建立的一个基金在俄罗斯、保加利亚、汉格里以及捷克投资。

景顺投资公司的肯尼迪先生说："俄罗斯是一个充满挑战的市场，但是我们认为还是可以进去做一些明智的投资。在合适的办公大楼身上还是可以得到 11% 到 12% 这样一个体面的收益的。"

Soeurce：Jim Pickard，'As new investors rush in, old hands look further afield'，*Financial Times*，17 August 2005，p. 22. Copyright © 2005 The Financial Times Limited.

热点问题讨论

1. 通过向已存产品开放新市场的方式创造出一个这个产品的新市场与通过创造新的品牌营销机会来打造一个新的市场有什么相似之处呢？又有哪些区别？

2. 本章对想要创业的人评估和分析市场有什么启示吗？

第 19 章

审视机会窗：发现机遇

本章概要

应用战略窗口的前提是学会识别它。本章主要讲述如何发现、筛选新机遇。

19.1 可获取的商机类型

重要学习目标

对创业家所面临的不同类型的机遇有一个概念式的理解。

机遇是一种能够以与现有方式不同，比现有方式更优的方法提供产品和服务，实现赢利目标的可能性。这种可能性将为消费者创造新的价值。就机遇的特征而言，每一个机遇都有不同于其他同类事物的特性，不过机遇也会以几种普遍的模式表现出来。

新产品

新产品能够以创新性的手段满足顾客的需要，解决问题与麻烦。它可以依靠现有技术水平研发形成，也可以是新技术发展延伸的成果。有些现有产品通过实行品牌化战略实现产品的增值，也可以重塑为新产品。

新服务

新服务给消费者提供一项行为，或者一系列行为以满足消费者的某一特定需求或解决特定问题。许多的新商品同时具有产品和服务两种特性。罗伯特·伍斯特创建了 MORI 公司，在市场研究业务领域取得了巨大的成功。他的成功不仅仅因为他为企业和政客提供了他们所需求的产品（市场信息），还因为他深刻理解顾客需求，知道他们更需要有关市场需求的咨询服务，帮助他们进行决策。

新的生产方式

运用新的生产方式，生产现有产品本身并不构成机遇。如果它能够为消费者带来更多的价值，它才会带来机遇。新兴的生产方式必须在降低生产成本或者提高产品配送方式灵活性方面下工夫。举个例子来说，Takami Takahashi，作为采取多元化经营战略的日本跨国公司美蓓亚的创始人，专注于滚珠轴承这个细分市场，利用本公司在零部件生产领域的经验与优势，供应低成本零部件满足电子市场、工程和精密仪器市场的需要，并最终把公司做大做强。

新的经销渠道

如果我们能找到一种新的分销方式，为顾客提供更方便、更快速的产品购买渠道，那么我们就创造了一个产品增值的机会。怎样才能找到新的分销方式呢？企业可以尝试在配送渠道上作出创新，也可以在经销商网络建构上花心思。

改进服务

通常，如果我们想让产品增值，则我们可以提供相应的人工服务。服务不单指为产品进行维护检修，还包括为消费者提供产品使用方法方面的培训和信息支持。弗雷德里克·史密斯创立美国联邦快递的灵感就来自于对物流市场缺口的准确把握。因此他的公司致力于提供优质的快件配送服务。现有的快递服务主要是由客运航空公司提供，而其只是为了最大化利用飞机剩余的承重能力，把这一块作为副业，并没有加以重视，更不会将它作为服务增值空间加以开发。

搭建人脉关系

和谐的人际关系是建立在双方互相信任的基础上的。信任减少了对合约的履行过程进行监控的成本，从而创造价值。商业环境中双方的互信可以形成竞争优势。一旦双方或多方互利互信的关系网建立，竞争者即很难进入。比如在企业和客户之间，如果能够构建起互利互惠的合作关系，对企业而言，就是一个极具价值的有利于企业可持续发展的机遇。Rowland 'Tiny' Rowland 作为 Lonrhe 的执行总裁，积极培养与非洲领导人的亲密互信关系，为公司在非洲的黄金开采业务的迅速扩张搭桥铺路。同样，萨奇兄弟不仅仅提供营销创意，他们更重视与客户的关系管理。

机遇并不一定纯粹由以上某一种模式构成，这些模式也并不是相互排斥的，实际上，以上模式经过排列组合，互相融合，最终可形成企业的商机。新产品必须配合相应的辅助服务才能吸引顾客。销售人员要想卖出产品，首先要与顾客建立关系。因此，创业家要广纳各方意见，保持开放的心态，创造新的商机。

19.2　如何寻找商机？

重要学习目标

了解并学习如何运用以下方式寻找新的商机。

人们通常认为创业家天生具有独特的洞察力，能够发现商机，而且知道如何利用它获取利润。的确，在开拓事业时，创造力固然重要。不过如果片面地认为创业家仅仅依靠灵感就可以获得成功，则远远低估了他们为了寻找和评估商机所付出的辛勤的汗水和所进行的繁重的案头工作的繁琐。在寻找机遇的过程中有一些技巧可以为我们提供努力的方向。这其中有的方法操作手段强硬，但很实用，有的则更注重形式，有的方法非常简单直接，创业家根本意识不到他们在使用这种方法。这些技巧有的旨在启发人们探索解决问题的方法，有的则是直接根据实践或经验总结的经验法则。还有一些复杂的技巧，创业家必须借助市场调查专家的帮助，才能运用得当。在激烈的市场竞争中，了解如何运用相应的调查技巧对市场进行扫描并发现商机，对企业具有很大的战略性价值。

启发式探索

对于企业经营管理的启发式探索，我们在 15.6 节中就已经介绍过。启发式探索是创造力的内核。这个词的原意是展开调查服务。创业家运用该方法来寻找创意。启发式探索主要包括以下两类。第一类是分析式推理。创业家们运用这些认知策略，获取和整合新鲜的资讯，理解这些资讯所传达的机遇类型，发现市场缺口。第二类是综合式推理，它要求创业家将分析获得的结论进行再创造，再提炼，从而获得一个全新的观察视角，破除顾客需要的传统观念，以新的视角理解顾客需要，并研发相应的产品应对需要。通过分析发现商机是第一步，其目的是为了整合资源，创造性地利用商机获取利润。这两种启发式探索方法是整个市场调研过程的核心，其通过信息输入产出新的商业机会（见图 19.1）。这一过程不断反复，每一个阶段都会完善创业家对市场机遇的领悟，从而使商机明朗化。在以上叙述中，我们将这一过程显性化、细节化。但在实际操作中，它内化在与创业家面对机遇和挑战时的决策方式与过程中。

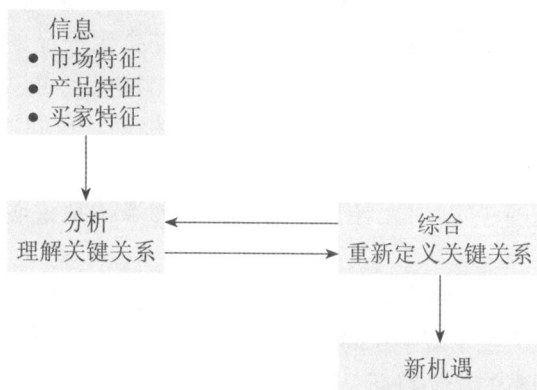

图 19.1　启发式探索：信息、分析以及综合

启发式探索的本质是认知现象。对机遇识别的认知基础的探索兴趣也日益增长。Ardichvili 等人（2003）和 Gaglio（2004）提出了创业家创意和想象力的认知模型。Zahra 等人（2005）也提出了关于创业机遇认知的国际视角。

分析问题

分析问题的第一步是定义个人或组织的需求和他们所面临的问题。他们的需要和问题有显性的，也有隐性的。有的问题他们可以意识到，而有的他们不曾察觉。首先我们要自省，"哪里还可以做得更好？"发现问题之后，下一个问题就是，"怎样弥补不足？"如果我们能提出一个行之有效的、令人满意的解决办法，我们也就发现了新的商机。运用这种方法，要求我们对顾客心理有一个全面的了解，进而运用营销手段来满足顾客需求。

采纳顾客建议

一个新的机遇可以建立在顾客对自身需要的充分了解的基础上。顾客可以通过多种方式向创业家提出建议。口头意见是最简单、最直接的："如果这样，会不会更好呢？"如果客户是一个大宗购买的组织机构，也可以采用书面的、详细的建议策划书。有些组织就特别热衷于将自己的需求反向营销给备选供应商。无论使用什么方法，高效的创业家总会坚持不懈地征求顾客意见。

创造力小组

创业家并不需要单枪匹马地依靠自己的创意和想法。精明的创业家善于启发别人思考并将别人的创意纳为己用。一个创造力小组通常由几个潜在客户或产品专家组成。他们试图识别某一细分市场的需求，并进一步提出如何满足它们。这些客户可以是产品或服务的最终消费者，也可以是工业买家。

只有当有一个强大的领导者对创造力小组的讨论过程进行控制，对他们的意见进行中肯的分析时，创造力小组才能够提出合理可行的意见。创造力小组人员的选择、地点的设定都需要缜密的前期组织工作。很多市调公司会提供专业服务，专门组织、开展创造力小组，对小组意见进行分析提炼。

市场标识

市场标识是将不同的产品区分变量用图示表示出来，根据这些变量维度给不同的产品定位。这些维度大多跟产品的特征有关。这些特征会因产品的类别变化而变化，不过价格、质量和产品性能等指标具有普遍性。买家的特点也可以作为区分变量包括在市场细分图示中。以"产品特征-买家"为横、纵坐标轴，我们就可以绘制出市场分析图。不同的产品依据它们在图上的位置不同而分门别类。这个市场细分图示给出了特定产品的定位。这个图示可以用来寻找市场空缺，并准确地说明填补市场空缺的产品应具备的基本特征。

我们可以使用多种统计技术整理总结信息，并将信息以二维的方式展现出来。其实通常根据创业家对市场的大致了解手绘的草图就可以辅助他们的决策。这个图示以直观的形式清晰地展示了市场现有的产品特征、产品间的层次区分，最重要的是，现有产品无法覆盖的市场缺口。

产品特征延伸

创新意味着提供新产品。研发新产品就必须改变现有的模式。对产品的特征进行延伸，首先我们要识别产品或服务的主要特征，然后对它们作出适当的改动。具体来说，就是在各个特征前加上一系列的形容词，如更大、更强韧、更快、更频繁、更有趣等，并测试改动后的效果。

由安尼塔·罗德蒂克创立的美体小铺就是一个很好的范例。他的灵感来自于比其他高街零售商提供更精致的包装以为顾客提供优质高端化妆品（环保主义思潮随之而来）。

产品特征融合

和产品特征延伸一样，产品特征融合需要我们首先识别产品或服务的主要特征。和产品特征延伸不同的是，新产品是在对已有产品的特征进行融合的基础上产生的。这通常和产品特征延伸配合使用。以上两种产品创新技巧都可以作为很好的团队练习项目，寓教于乐。艾伦·休格推出的 Amstrad 高保真存储系统结合了 CD 播放器、调谐器和扩音器的功能于一体，是产品特征融合的典型。

多种方法的复合

高效的创业家不仅仅依靠灵感。他们系统思考自己专注服务的市场，锐意创新。他们同时也鼓励员工、技术专家和顾客发挥他们的创意。以上所介绍的技巧并不会相互排斥，而是可以同时使用，互相补充。创新性地运用这些技巧，你可能会收获新的商机。比如，理查德·布兰森，维珍集团的执行总裁，就很善于激发大家的创造性思维，将人才为其所用。

19.3　如何筛选机会?

不同的商机所涵盖的价值是不一样的。在资源有限的情况下，公司不可能同时投资所有的商机，而必须对机遇的投资回收率进行评估，从而作出决定。在筛选机遇时所面临的首要问题是，判断机遇有多大以及需要多少投资，可能获取的收益和可能面临的风险。具体来说，创业家应该在充分考虑以下问题的基础上作出决策。

商机的空间有多大?

- 新产品投放的目标市场空间有多大（与它竞争的同类产品有哪些? 同类产品的总销售额是多少）?
- 新产品能占有多大的市场份额（与现有产品相比是否具有竞争力? 会有多少顾客收到我们产品的信息? 其中有多大一部分愿意尝试我们的新产品）?
- 毛利润（收入减去生产成本）可以达到多少（产品是什么价位? 单位成本是多少）?
- 商机在哪个时间段可以被有效地利用（产品对顾客的吸引力可以持续多久? 早于竞争者多长时间）?

充分利用商机，需要哪些必要的投资?

- 直接的资本需求有哪些（如果想开始创业，所需要的人力资源、营业资产和营销方面的投资数额为多少）?
- 哪些是长期的、业务周转所需要的资本（需要多少未来的投资以保证企业的运营）?
- 该公司能否获得所需资本?
- 如果机遇需要大量的投入，该公司是否具备与之相应的生产力和能力?
- 如果不具备的话，它是否可以扩张或者与其他企业合并以互补?
- 对人力资源有哪些要求? 他们是可获取的吗?

可能的投资回报是什么?

- 未来的利润是多少（利润率是多少? 成本是多少）?
- 投资回报的时间区间?
- 和所需投资相比，收益是否足够丰厚（投资回报率和其他投资选择相比，有无优越性? 机会成本是多少）?

项目有哪些风险?

- 关于商机未来的升值区间的预测是否可靠（市场调查的数据是否准确? 是否考虑了所有的竞争性产品）?
- 如果顾客对产品反应差强人意，如何应对?
- 如果竞争者对新产品的反应更加快速并超出预期，应如何应对（是否忽略了部分竞争者? 理论上其会如何反应? 实际竞争中，其又是如何反应的）?

- 中间商的支持和商誉对新产品的成功发挥了多大的作用（怎样才能赢得并保持商誉）？
- 新产品的推出是否要与以前的营销策略保持一致（特别是在定价、零售地点、目标客户方面）？
- 是否可以根据实际操作经验对营销策略作出调整？调整是否会导致不菲的成本增加？
- 如果需要的话，我们是否可以获取额外的资源（从内部获取资源，还是从投资方获取资源的可能性大）？
- 如果收入低于预期，对资金流通会产生什么影响？
- 如果成本高于预期，对资金流通会产生什么影响？
- 投资者应如何应对这些可能性？
- 未来收入应如何折现？
- 在什么情况下，投资者会撤销投资，退出市场（是预先规划，还是为了应对危机）？
- 可以通过哪些方式收回投资（从经营利润中获得补偿或者出让股份）？

机遇只有通过比较，才能显现出优劣。创业家只有在充分评估不同商机的长板和短板的基础上，才能进行合理的投资。投资者只有找到最有价值的投资选项时才会投资。这也验证了不同机遇的发展前景是不同的，因此我们必须优先考虑最具有投资价值的选项，并投入资源对它进行开发利用。创业家在投资时的机会成本、因为投资选择的唯一性可能失去的收益，往往比资源耗损的成本，对我们的投资决策更为重要。

19.4　创业中的创新

重要学习目标

市场信息、技术优势和领导者能力是新企业创新的基础。

创新是整个创业过程的核心内容，只有通过创新，我们才能学会利用机遇获得收益。从经济的角度来说，创新是以一种全新而独特的方式整合资源。从创业的角度来看，创新则是发现更优、更高效的经营方式。创新与发明创造不可同日而语。新的方式并不立足于它本身的价值，重要的是它能够为顾客提供一个更优化、更简洁的处理任务、解决问题的方式等。创新不是发生在某一个时间点的一个事件，它是一个过程。这种创新过程见图19.2。

首先，我们要识别新的商机，及竞争者还没有涉及的市场缺口。其次，就要对机遇进行评估。评估包括定性分析和定量分析。定性分析要解决谁是潜在客户，他们有什么需求，为何现有产品无法满足他们的需求；定量分析要解决的问题有开发商机的潜在价值有多大，需要投入多少资金。在评估完成后，接下来就是策划推出创新性的商品来满足顾客需求。它可以是一项新的发明、一个新的产品或服务，但创新远远不止这些。在产品配送方式和宣传渠道中都可以有打破惯例的新做法。最后，我们需要将货物递送到客户手中。在创新过程中以上阶段会不断重复出现，并最终为顾客创造价值。在寻找创新点时，我们会对所面临的机遇有进一步的了解。在新产品成型后，我们会在配送方式和宣传渠道上做文章。如果新商品在配送和宣传上可能出现障碍，那么我们会回过头来对新商品和商机的

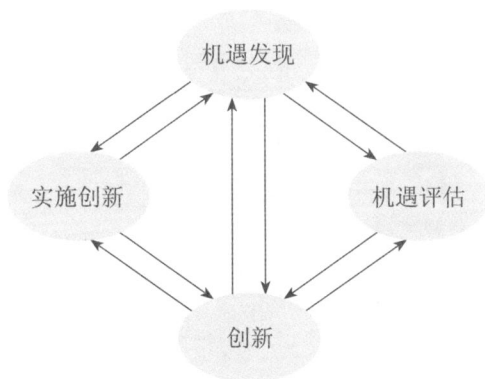

图 19.2　新企业创新的过程图

可行性进行重新审视。

　　当然，创新也有程度高低之分。旧瓶装新酒也是一种创新。创新也有不同的重量级。有一种方法可以用来识别企业正在开发的创新性产品类别，就是考察创新的技术内核，是新开发技术还是现有技术的扩展和延伸。另外，企业对市场份额的野心和目标也决定了它是否会作出破坏性、革命性的创新。图 19.3 清晰地展示了创新的四个象限。

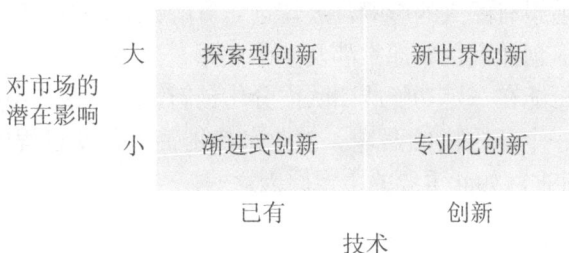

对市场的潜在影响	大	探索型创新	新世界创新
	小	渐进式创新	专业化创新
		已有	创新
		技术	

图 19.3　新企业创新的种类

　　渐进式创新是对现有产品、制程或方法所做的渐进式改善，使得现有产品或功能有进一步的改善。这种创新说明创业家对市场野心有限，希望吸引一小部分注重细节的客户群。如果创业家的市场野心更大一点，但创新仍然建立在对已有技术优化的基础上，则企业的竞争优势最终依赖于新的技术使用方式。这种创新就是探索型创新。如果创新是基于使用新技术的基础上，但是市场野心较小，那么企业的竞争优势就是吸引小范围的顾客群，这种创新叫做专业化创新。最后，我们要介绍最有前景的创新方式：新世界创新。这种创新是建立在新技术的基础之上的，具有抢占市场份额的巨大野心。

　　创新必须建立在知识储备的基础上。新的实践方法必须建立在新的视角的基础上。成功的创新是建立在三个领域的知识基础之上的。首先，市场知识包括顾客的需求、市场需求、潜在需求增长和对竞争者产品的了解。技术知识是有效地运用于产品或服务的研发和生产过程的专业知识储备。这两个领域的知识必须与第三个领域：核心竞争力知识结合起来，才能发挥最大效用。这是企业对自身定位和内在优势的理解，包括企业可获取的信息、低成本、灵活度和人力资源优势，是企业参与市场竞争所不可或缺的因素。如果新企业能够创造性地整合这三个领域的资源，锐意创新，打破行业主营业务和生产技术的思维定势，创造新价值也就指日可待了（见图 19.4）。

　　创新并不仅仅适用于新兴企业，所有的公司，即使已进入成熟阶段，如果想保持在市

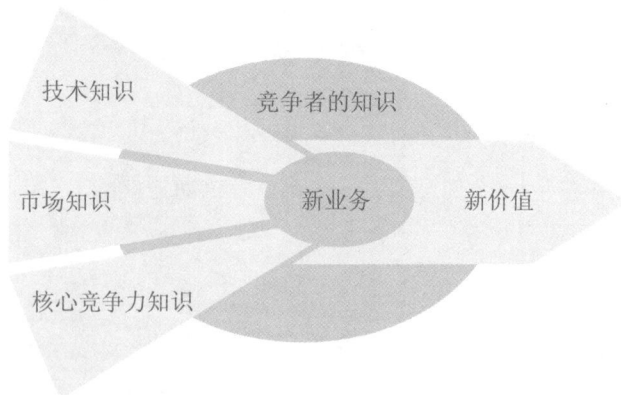

图 19.4　新企业创新突破

场中的地位，都必须做一个积极的创新者。创业家看待创新与公司在研发新产品时的实际操作是有区别的。创业家个人的高瞻远瞩与对未来市场的预测推动着他进行创新。而公司层面的创新都是由战略利益驱动的。尽管管理层意见也很重要，但是企业试图与其他竞争者保持一致才是推动企业创新的主要因素。创业家个人的创新精神是企业进步的根源，他的成功与否对企业的前景有巨大的影响。公司创新可能会非常微小。成功能够增加业务表现，但不起决定作用。创业家创新通常涉及整个业务。公司的结构和流程都会由创新的需要决定。大的业务很可能在一定功能或团队内分化创新管理。这些不同的方法并不是不能变通的选择。它们是一个范围内的两端。创业家特别善于创新过程的管理。这就是创业（一个固有企业内的创业）如此重要的主要原因之一。

要点总结

- 战略窗的第一阶段是发现窗口。
- 发现窗口就是指发现可能产生新价值的新机会。
- 创业家有很多正式或非正式的发现新机会的方法。
- 创业家针对新机会通常会作出调整。

研究主题

机会发现过程

创业最奇特之处就是促使创业家发现新机会。这是很多研究者的研究对象，特别是在认知领域。当然，本研究的大部分内容基于对认知科学的理解，有相关背景的同学可以参见 4.1 节的内容。然而，此领域中有的研究并不要求高水平的理论知识，许多只要求对创业家发现新机会的过程进行描述和分类即可。选择一些创业家作为样本，他们可能来自不同行业、不同公司的不同级别。使用调查问卷技术确认以下事项：

这个创业家是机会驱动还是动机驱动（比如，他们是发现商业点子然后被激励成为创业家，还是他们决定成为创业家然后主动去寻找商业机会）？

这个机会在多大程度上只是"一闪念"发现的，或是创业家积极解决问题后发现的？

如若是后者，其付出了多少努力？由于认知"潜伏"，是不是决定问题和得到见解是分离的？

　　该创业家在多大程度上对该创新的产品、技术和商业领域有经验？是不是该创新超出了创业家现在所处的领域？

　　机构孵化重要吗（检查孵化器的重要性，如商学院等正式孵化器、在职员工等非正式孵化器）？

　　朋友、家庭、外部专家和支持机构能提供什么支持？

　　创业家倾向怎样的支持？

　　评价调查结果时，可以尝试建立机会识别的一般模型，考虑讨论因素的可变性。创业家调查得越多，研究价值越大。在初始的时候，最好集中在一定的领域，建立连贯的初始模型，然后推广到更为广泛的领域。有可能机会发现的过程对行业本身很敏感（比如，高科技企业与零售商不一样）。

重要读物

Ardichvili, A., Cardozo, R. and Sourav, R. (2003) 'A theory of entrepreneurial opportunity identification and development', *Journal of Business Venturing*, Vol. 18, No. 1, pp. 105–23.

Sake, N. T. and Gaglio, C. M. (2002) 'Can opportunity identification be taught?', *Journal of Enterprising Culture*, Vol. 10, No. 4, pp. 313–47.

推荐读物

Ardichvili, A., Cardozo, R. and Sourav, R. (2003) 'A theory of entrepreneurial opportunity identification and development', *Journal of Business Venturing*, Vol. 18, No. 1, pp. 105–23.

Assael, H. and Roscoe, M., Jr, (1976) 'Approaches to market segmentation analysis', *Journal of Marketing*, Oct., pp. 67–76.

Dubin, R. (1978) *Theory Building* (2nd edn), New York: Free Press.

Gaglig, C. M. (2004) 'The role of mental simulations and counterfactual thinking in the opportunity identrfication process', *Entrepreneurship: Theory and Practice*, Vol. 28, No. 6, pp. 533–52.

Hague, P. (1985) 'The significance of market size', *Industrial Marketing Digest*, Vol. 10, No, 2, pp. 139–46.

Haley, R. I. (1968) 'Benefit segmentation: a decision-orientated research tool', *Journal of Marketing*, July, pp. 30–5.

Johnson, R. M. (1971) 'Market segmentation: a strategic management tool', *Journal of Marketing Research*, Fed., pp. 13–18.

Lindsay, N. J. and Juslin, C. (2002) 'A framework for understanding opporrunity recognition', *Journal of Private Equity*, Vol. 6, No. 1, pp. 13–24.

Mattson, B. E. (1985) 'Spotting a market gap for a new product', *Long Range Planning*, Vol. 18, No. 1, pp. 87–93.

Park，J. S.（2005）'Opportunity recognition and product innovation in entrepreneurial hi-tech start-ups：a new perspective and a supporting case study'，*Technovation*，Vol. 25，No. 7，pp. 739–52.

Shanc，S.（2000）'Prior knowledge and the discovery of entrepreneurial opportunities'，*Organizational Science*，Vol. 11，No. 4，pp. 448–69.

Ucbasaran，D.，Westhead，P.，Wright，M. and Binke，M.（2003）'Does entrepreneurial experience influence opportunity identification?'，*Journal of Private Equity*，Vol，7，No. 1，pp. 7–14.

Zahra，S. A.，Korri，J. S. and JiFeng，Y.（2005）'Cognition and international entrepreneurship：implications for research on international opportunity recognition and exploitation'，*International Business Review*，Vol. 14，No. 2，pp. 129–46.

精选案例

案例 19.1　　　　　　　　　　　　　卡车贸易的技巧

文/Alicia Clegg

作为高盛在伦敦的收购兼并团队的代表之一，Sam Gyimah 同来自欧洲的许多大公司的代表一起聚集在舒适的地方。当他今天访问顾客时，很可能在 Portakabin 的工业区进行。不再是 29 岁的 Gyimah 先生并不后悔当初自己所做的工作方式的更换。2003 年，他离开前雇主同 Christopher Philp 创立一个的新的事业，专门从事卡车司机的培训和招募。"广告创业就是比从事广告行业更有意思，"他说道，"在大的公司，只有你在很高的职位时，你才能使用自己的判断。"

如今这对在牛津相识的合作伙伴的判断看起来还不错。他们为建立 Clearstone 想到了这个想法，当时 24 岁刚刚创业的 Philp 先生已经离开 McKinsey 这个管理咨询公司，正为如何把存货送到客户手中而苦恼。

"每当我们收到投诉时，我们都会追溯问题出在哪儿，我们总发现是下属合约商的代理司机出了问题，"Philp 先生回忆道。"当我们问他们为什么使用临时工司机时，他们说司机很缺乏，就是找不到长期的员工。"

从商业的角度看，对临时工司机的依赖对 Philp 先生来说并没有多大意义。"我们发现很多公司有 1/5 到一半的劳动力都是临时工，"他说道。

很快，他们发现他们遇到了物流市场上亟待填补的一个空白。

"现存的雇佣公司固定在一个模式上，那就是在代理的基础上提供临时工，"Philp 先生说道，"没有哪家像 Michael Page 和其他在会计领域的公司那样提供专门招聘长期员工的服务。"

他们成立了 Clearstone 来利用这个机会，从而解决劳动力紧缺的根本问题。很多合作者都把短缺问题归因于物流产业没能把卡车的驾驶当做一种职业。核心概念就是在全国性的报纸上，如《太阳报》、《镜报》，进行深度的推广，为低收入的或失业的工人提供成为大宗商品卡车驾驶员的机会，并使其能赚得更高的薪资。其不仅提供培训，Clearstone 还承诺为合格的每一位员工找到一个长期性的工作。

该公司于 2003 年年中成立了，并有来自许多个人投资者的共计 100 万英镑的启动资金。这些投资者包括 Gyimah 先生以前所在的高盛的一些老板和其他的一些企业家。

第一年的运营中，生意的管理几乎都是 Gyimah 先生一人承担的，他的合作伙伴正专注于他自己早期公司的上市，该公司现在市值已达到 7 000 万英镑。Bluehealth 于 2004 年 7 月上市，Philp 先生于次月进入 Clearstone 担任管理者。

在成立后的两年半里，Clearstone 的表现一直都超出了预期，第一年收入略高于 40 万英镑。现在的年度收入超过 800 万英镑，且自从 7 月实现收支平衡后收入一直持续增加。现在的问题是两个星期前在 CBI 中被称为"未来企业家"的合作伙伴能否在早期的成功中实现资本化。Clearstone 很快要面临的挑战之一是怎么避开其他竞争者仿照其模式带来的冲击。"现在的问题是进入该行业的门槛并不高，物流公司一直都在寻找方法降低成本，"Sergio Nogueira 说道，他是 Accenture 咨询公司的高级管理者。"要保持领头羊的地位，Clearstone 要不断调整其服务。"

其中采取的一个步骤就是合并经济圈中的两个独立收入流：司机之前交的培训费和雇佣公司给的实习费。通过这样的合并，Clearstone 的模式解决了如何在商业扩张中产生资金流这一经典难题。

运营上，公司的组织目的就是效率和销售量的增加。公司坐落于北伦敦一幢 3 层的仓库改造而来的建筑之中，它被用做了呼叫中心，也没有下属办公室。对那些咨询了相关课程后打算成为学员的申请人，他们马上就可以通过 Lloyds TSB 进行信用卡缴费，而对于暂时付不起学费的学员，其可以申请贷款。Philp 先生说，"由于我们保证司机都会有一份长期工作，所以贷款风险较低。"

在下一年，Clearstone 希望在营业额 1 200 万英镑的基础上实现利润 200 万英镑。作为扩张战略的一部分，合作伙伴正购买一些驾校。商业考虑是这样的：培训部主要收入还将来自早期的课程，而实习部将负责所有司机的教材。

再看远一点，合作伙伴准备延伸实验项目，招收来自东欧的司机。

最近的一篇官方文章提供了机会。欧盟最近立法限制了司机一周之内的工作时间，这样会导致更大的司机紧缺，也就为这个公司的业务增加提供了契机。另外，Clearstone 将从另外的一个欧盟文件中获益，文件要求开有大宗货物的卡车的司机应该接受更多的训练。

具有讽刺意义的是，Gyimah 和 Philp 先生都是保守党政策的支持者，且都是公开的官方文件的反对者，所以他们本该在通过欧盟规则获利如此之多的时候谨慎又谨慎。

指出这一点，使这对伙伴暂时看起来有点狼狈，但凭着他们的政治本能，他们驳斥了任何一种认为他们会进入一个尴尬境地的说法。"我们不提倡任何更多的欧盟指令文件，"Gyimah 先生说道。

"对于立法的问题，我们是按实际情况去操作的，而不是按我们所想，"Philp 先生补充道，"我们只是尽我们所能帮助这个产业发展。"

Source：Alicia Clegg, 'Tricks of the truckers'trade', *Financial Times*, 14 December 2005, p. 14. Copyright © 2005 The Financial Times Limited.

案例 19.2　　网络之路：当大竞争者盯上微软时，小公司开始寻找出路

文/Chris Nuttall

比尔·盖茨最糟糕的噩梦可能成形于旧金山 Mission 区的一个咖啡馆：Ritual Coffee

Roasters。就在喝拿铁咖啡之际，手提电脑的顾客们正在筹划着一场能够震动微软的软件帝国的互联网革命。网站雨后春笋般冒出 5 年后，一种新的网站形式正在形成。微软主席认识到了这种威胁。在上周给员工发的一份备忘录中其警告道，最新阶段的网络创新可能对该产业的现有结构有巨大的冲击。"下一代互联网正被草根改编和普及的模式塑造，"他补充道。

在咖啡店沙发上，他们讨论出了被称为 Web 2.0. Flickr 的网站，该网站是图片分享网站，通过在今年早期的一个 15 分钟的短片，它成为被硅谷讨论最多的公司。他们在 Ritual 的一个大桌上举行了很多的讨论会议。Rollyo 是"自由滚动"的个人定制的搜索引擎，来自 Rollyo 的设计师和编码人员和其他的新兴公司的人员通过免费的无线网络测试了各种应用和那个网站。它比较低调的一个特质就是它标志着新的网络时代与 20 世纪 90 年代的网络繁荣时期不同。

它看起来并不像是一个能让微软坐立不安的技术革新。毕竟，微软很容易调度网景公司，而且在 10 年前网上媒介刚产生的时候就能够使公司的业务和网络相协调。然而，有些差异会使其带来的困难更难克服。

Flickr 最近被雅虎收购，它也是被微软首席技术官 Ray Ozzie 在给同事的个人邮件中提到的新出现的一批公司之一。"与谷歌和雅虎这样的大竞争者并存的是很多新兴的底层小公司，它们也正提供各种软件和服务，"他警告道。在盖茨给员工的便条中，他把 Ozzie 的备忘录的重要性和 10 年前的"网络浪潮"的重要性相提并论。当时，他预计因特网将永久地改变计算的方式，而且如果微软不能适应的话，必将被淘汰。尽管微软一直都喜欢用这样的警告来激励开发者采取行动，但技术革新浪潮确确实实已经来了。

对于 Web2.0 这股创新的重要性说法不一。对于涉足其中的人，它是一种全新的创造和推出软件的方式。谷歌已成为新一代技术的守护者：其搜索引擎背后的先进软件可以在网上进入，也会受到广告的支持。但与微软的经营模式大不相同。其他人虽然承认现在这个阶段的重要性，但对于到底能带来多大影响仍持怀疑态度。"我也同意它是一场革命，" Forrester 的分析师 Charlene Li 说道，"但它只是个小革命，而不是大革命。网络代表一种完全不同的思维模式，然而这是在一个主题上的变化：对于消费者和商业方面，并没有惊天动地的影响。"

互联网泡沫产生后所发生的两个重要事件能帮助解释 Web2.0 的兴起，并且能使现在的发展比上一轮的网络浪潮持续更长的时间。其中一个是宽带的出现。就如 Ozzie 先生在其备忘录中说的一样，高速的网络连接为网络上的内容和应用提供了大量的受众。第二个变化就是谷歌创立了网络广告市场。

通过接受谷歌的广告商在它们的网站上投放广告，很多 Web2.0 新贵很快就能获得收入。以前的很多网站只能吸引眼球而已，并希望有一天能够在网络上推行某种商业模式。如今，谷歌已经现成地提供了一个。正是这种由广告支持的软件在网络上的出现促使微软采取行动。多数消费者软件，甚至是少量商用软件，都可能通过这种方式支付，Ozzie 先生如此认为。

基于这样的背景，Web2.0 的网站发现了怎样以少量的钱在巨大的市场里提供互联网服务。这种方法的口号就是：只要可能，就要从网上找到迅速发布的现有标准技术框架下所出现的软件的简约版，然后根据早期使用者反馈对软件进行优化。"在过去，开发项目需要一个庞大的开发团队和一套合适的方法，换句话说，需要大量的资源，"Li 女士说道，"有了 Web2.0，你只需要几个工程师就能考虑设计有趣且优秀的项目，这是因为成本已经下降了。"

新兴企业 Jotspot 的首席执行官 Joe Krous 说，所发生的变化对于他而言非常地戏剧化，而且是第二次出现这种情况。他是 Excite 网站的共同创建者之一，又是网站的负责人。该网站是类似于雅虎的一个门户网站，现在属于 Interactive 集团。"现今创立一个公司的成本比 10 年前要低，"他说道。"在我成立 Excite 的时候，从概念到产品进入市场共花费了 300 万美元。而 Jotspot 仅仅花费了 10 万美元。"

成本下降的一个重要原因就是在开源软件大量免费地出现在网络上后，新的应用能很快就被开发出来。它们能和很多网络工具同时使用。这些工具使得在浏览的时候，这些应用看起来和操作起来就如已经安装在电脑或驱动里面的程序一样。

不仅仅是新兴的企业在使用这些技术。谷歌已成为很多标准的简约技术的先驱，并且其技术的快速发布也使其成为 Web2.0 世界的产品开发模型。

在谷歌和雅虎提供的地图服务的早期版本中，要移动在线的街道地图意味着要点击屏幕上的箭头进而出现一个新的页面。如今，用户可以直接按住鼠标，按想要的方向移动鼠标就可以。用互联网的术语来说，地图正在浏览器中动态地产生。

其他的例子包括 Writely.com 和 Krous 先生的 Jotspot Live，这些网站能允许用户实时地在网上协作撰写文件。这个创新的很大部分依赖于一系列技术部件的组合，以及很多成熟的创建网上社区的技术，从而其创立了一种新的网络服务。

浏览器 Flock 最近被评为在硅谷里面最有人气的 Web2.0 应用之一，它结合了很多 Firefox 浏览器 Web2.0 中的工具。Firefox 是一款开源浏览器，是微软的竞争者之一。用它很容易打开博客网站和图片分享网站，其还提供用户需要的新闻，而且可以分享标记网上的有趣网页，比书签上写的"喜欢"更具协同性。

"我们非常关注社会趋势，把浏览器回归到用户手中。我发现 Flock 作为一个用户端的混搭时，用户可以运用不止一家的软件，"Flock 的首席执行官 Bart Decrem 说道。"小企业家又一次站在平等的竞争场上了。"

在另一个完全不同的舞台上，微软发现谷歌也是一个竞争者。在 10 年前拥有 Netscape 使微软在浏览器之战中赢得了胜利，现在不一样了，Tim O'Reilly 说道。他是 Web2.0 会议的组织者之一，第一次会议在去年 10 月进行并给这场互联网运动取名。在这轮创新浪潮中，竞争不会容易。"在微软有 Netscape 时，并没有这么根本性的商业挑战，"O'Reilly 说道，"这场互联网战争仍存在于软件的应用之中。"

很多最新的服务都又小又支离破碎。"新成立公司的优势在于其可移动的速度，Web2.0 使这种优势进一步加强，"Kraus 先生说，"通常这些潮流（革新）会导致几个大公司的出现。"

他的服务宗旨是，利用 Web 2.0 工具顾客应用程序的快速发展，通过提供"维基"——这一由用户打造的百科全书式的数据库——作为公司内部网络来进入企业软件业务。

他预测，像这样通过网络引入应用程序，而不是把它们作为软件碎片下载到计算机上，将在 10 年内对于顾客来说成为基准规范。在业界，在线服务提供商，比如塞尔福斯网络公司表示这已经到来，并且 Web 2.0 认可自身模式。"传统软件下载、更新和升级的商业和技术模式时代已经结束。（微软）仅是恐龙，"首席执行官 Marc Benioff 上周这样对塞尔福斯公司的员工说。

　　微软不会这么快就被淘汰。通过 MSN，微软自身的网络服务巨头——虽然微软挣扎着从它的服务中赚钱——正努力追赶谷歌和雅虎的搜索商务业务。它也在从植入它的技术和收购新创企业两个方面来适应 Web2.0 的工具包：两周前微软买下了 FolderShare 这一在线文字同步服务公司。

　　"我认为现在正进行的竞争是很健康的，" O'Reilly 先生说。"不只是微软和谷歌之间的竞争，还有谷歌和雅虎之间的竞争。当微软进行激烈的竞争时，它就会运转良好；没有的话，就会很坏。我很期待更多的惊喜。"

　　Source：Chris Nuttall，'Way of the web：start-ups map the route as big rivals get Microsoft in their sights'，*Financial Times*，17 November 2005，p. 17. Copyright © 2005 The Financial Times Limited.

热点问题讨论

　　运用本章提供的模型，比较这两个所描述公司可能的机会定位进程中的异同点。

第 20 章

寻测机会窗：新创企业定位

本章概要

使用战略之窗的第二步就是定位，也就是要把机遇与现有公司的企业活动联系起来，并把机遇看做这些企业在市场供应方面的空白。定位理念为实践以上做法提供了有力的概念框架。

20.1 定位的概念

重要学习目标

理解如何使用定位概念为创业家决策提供指南。

定义"定位"为创业家决策提供了有力的工具，同时也为新企业在竞争者中找准自己的位置提供了框架。现有市场供应商并不能完全为消费者服务，它们会在市场留下空白，新创企业可以试图填补这些空白并在市场中立足。确定机会之窗就意味着找到空白所在。从表面来看，新创企业与现存竞争企业相比处于劣势。现存企业先前并没有注意到机会之窗，新创企业会使它们意识到机会之窗的存在。它们所拥有的更多的资源、成熟的网络关系和更低的成本，使它们在利用机会之窗方面处于优势。

定位新创企业意味着找准它在市场空白中的位置，使其以一种盈利的方式利用市场空白。这就要求企业组建企业结构以使它比现有竞争者更好地满足空缺市场的需求。有效的定位指企业将会在服务这个空缺市场中建立起竞争优势，从而使该空缺市场能防御竞争者，也使新创企业能够避免与现存企业直接正面竞争而进入市场。因为竞争市场对现有企业有利，所以直接正面竞争对新创企业来说往往很难。最好的情况下，正面竞争成本很高；最糟的情况下，正面竞争会导致新创企业失败。

定位意味着找准一个位置，即占据一个空间。理解定位并把它作为决策工具就要求理解新创企业运营的竞争空间的特点。大体说来，一个竞争空间的特征就是竞争者采取与众不同的方式。两种截然不同的定位方式可以提供不同而又互补的见解。战略性定位指企业采用与竞争者截然不同的方式传递价值给顾客。它指企业整体以一种有价值的方式使自己与竞争者截然不同。另一方面，市场定位指企业的市场供应与竞争者形成差异。它只与企业营销的产品和服务有关。战略定位与市场定位可以作为企业业务的决策辅助工具。

20.2　战略性定位

找准战略性定位是战略规划过程的最根本要素。战略性定位是相对于竞争者企业作为整体在竞争市场中的位置，即竞争空间。埃布尔（1980）提出竞争空间可由四个阶段来划定：增值阶段、客户细分阶段、识别顾客需求阶段、满足需求阶段。

增值阶段

消费者购买的商品或为消费者提供服务者使用的商品通常都是很精致的。然而，归根结底它们都是由在地球上获得的原材料制作的。很多企业在提取原材料和运输成品的过程中起作用。

以一台从经销商处购得的家用电器为例，这个经销商会从硬件制造商处购到电脑，而硬件制造商将从组件供应商处购得硅片、塑料零部件和玻璃屏幕。那些组件供应商又会从搜集沙砾和从土壤中提炼石油的企业那获得原材料并对其进行美化加工。这种一个企业的产出为另一个企业提供投入的过程就叫做价值增值链（见图20.1）。

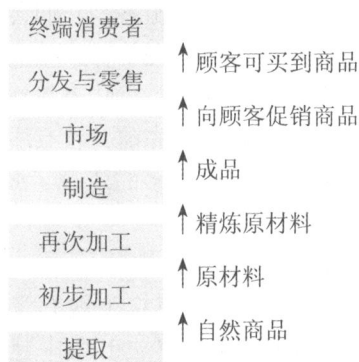

图20.1　产业链中的价值增值

创业家必须决定他们想要占据这个增值链中的哪个或哪几个阶段，这就需要其面对企业投入和产出的问题。这些问题有：

- 企业对某一特定产出（可以是产品或服务），是自行生产还是买入？
- 企业把某一特定产出卖给另一个企业进行深加工，还是自行为其增值？

对这些问题作出决策必须以对企业能力、资源及其相对于竞争者及其增值链中相邻企业所拥有的竞争优势的理解为基础。

客户细分阶段

很少有企业能满足市场的全部需求。某一特定企业的实力在于它能吸引哪些顾客群。理查德·布兰森建立维珍航空公司时，就针对的是想跨越太平洋的商人群体。艾伦·休格建立起阿姆斯特拉德电子公司时，很清楚自己以"卡车司机及家属"为目标，而不是高保真爱好者。选择明确的顾客群能使企业致力于有限的资源，集中力量防御竞争者的进攻。

明确顾客群的方式有很多，下面是一些重要的：

- 地理定位——顾客所在之地。很多企业刚起步时，仅服务当地的小社区。随着它们的成长，其业务范围逐步扩大到全国乃至国际范围。
- 行业——购买者所在的行业领域。在早期，新创行业可能会决定把产品集中出售给某一特定行业。由于该行业的需求及购买习惯被企业完全掌握，所以这种选择可能很有吸引力。
- 购买者人口因素——比如，购买者所处的社会阶层、年龄、个人态度或所处的生命周期。例如，杰拉尔德·拉特纳以收入相对较低的年轻人为目标，使繁荣商业街的珠宝行业重新兴起。
- 购买过程——产品购买方式及影响者和决策者角色。创业家可能会把目标集中于有特定购买方式的企业。例如，像市场调查公司 MORI 这样的企业服务公司擅长在隐藏于购买和使用大型机构市场调查背后的复杂的决策过程中谈判。
- 消费者心理——购买者对产品类别的态度。理查德·布兰森基于品牌会为令很多购买者产生疑虑的现有产品提供信誉保证，把他的维珍品牌纳入个人金融行业。

识别顾客需求阶段

消费者和企业有很多复杂的需求和欲望。没有任何一个企业能满足全部市场需求。一个创业家必须明确企业的存在是为哪种需求服务。成功与否取决于能否获得顾客忠诚，而最好的方式就是真诚地为其提供服务并解决顾客面临的问题。

顾客可能已意识到自己的需求，也可能不能明确表达出自己的需求。不同的需求通常不是彼此独立的，而是相互作用而且必须得以优化处理的。满足一个人的需求可能意味着其他人的需求得不到满足。创业家必须学着理解顾客需求，使其理性化，并且使各种需求差异化。创业家还必须经常从顾客角度明确表达出其需求。

满足需求阶段

满足一种需求就意味着达到一种目的，有很多种方式可以达到这种目的。比如，与人交流的需求可以通过写信、打电话、视频或拜访他们来达到满足。创业家要满足顾客的需求就必须确定要采用的实现这一目的的方式或技术。

艾伦·休格意识到人们想听音乐的欲望，于是就为人们提供可以重播录制音乐的电子设备。或许他也想过建造音乐厅或者提供音乐家到家里演奏的服务，然而由于某些原因，他放弃了这些技术上的选择。

创建企业的创业家常常能发现满足一种基本需求的新技术方式。亨利·福特发现与马车相比，使用低成本的汽车是人们从一地移到另一地的更佳方式。比尔·盖茨发现带有适合软件的计算机能转变各种家用和办公信息的处理方式。创新并不仅仅是创立新技术，而且是认识到如何使用一种特定的技术使其以一种新颖而有成效的方式满足需求。

图 20.2 描述了新创企业战略定位或在竞争空间中找准位置的四个维度（也可参考 Day，1984，p.21）。这就是新创企业的特定市场。它规范了新创企业的竞争者及其竞争方式。当然仅仅占有特定市场并不够，企业必须组建自身，采用使自己有效服务空缺市场的运营程序和文化。

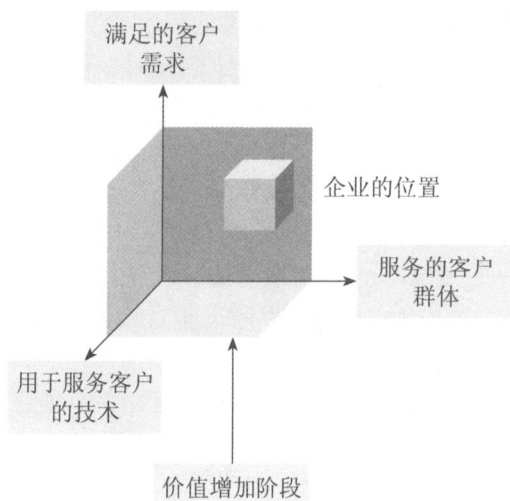

满足的客户
需求

企业的位置

服务的客户
群体

用于服务客户
的技术

价值增加阶段

图 20.2   战略性定位的维度划分

20.3   市场定位

重要学习目标

理解如何通过市场定位使企
业的市场供应和竞争者形成差异。

战略性市场定位是指新创企业如何在竞争空
间中找准位置的方式，而市场定位是指其产出、
产品和服务相对于竞争者在市场中的定位方式。
只有新创企业为顾客提供的产品和服务与现存企
业不同而且更有吸引力时其才会取得成功。这就
意味着企业以更符合顾客需求的方式为他们提供
更多价值，或者以更低成本提供等同价值。

市场定位的第一步就是理解购买者区分所提供不同商品的标准及他们的感知不可代替
度。市场定位的一般因素有：

- 价格——与竞争者相比产品的定位。
- 感知质量——质量看做是高还是低（关键是顾客感知的性价比，即质量与价格之
  比）。
- 人口意向——高端市场与低端市场；年轻市场与年老市场；动态市场与传统市场。
- 绩效——高性能绩效与有限绩效。
- 数字与特征——比如，高级与基本；复杂与简单；高科技与低科技。
- 品牌形象——品牌引发的联想。
- 服务与支持——在了解、使用和维修产品方面外加的帮助。
- 对供应商的态度——从供应商伦理角度取得的正面与负面联想。

不同购买者会对这些因素进行不同的优先处理，并相互权衡。

考虑定位的一种方式就是考虑所供应产品和服务的三个方面，即定位一种产品可以用
消费者赋予产品的三种特性中的一种或多种方式，如图 20.3 所示。核心功能处于中心位
置，是产品或服务实际上传递的功能性价值。核心功能外圈就是产品或服务的审美价值，
包括使产品和服务有吸引力的设计与品牌元素。最外层就是情感价值，即产品和服务能直

接满足消费者情感和精神诉求方面而不是纯粹的功能方面的价值。这些可能通过建立品牌，使消费者有机会表达自己或被目睹使用该产品时的心情来实现，或者可以通过产品来源、生产过程中融入的价值来实现。

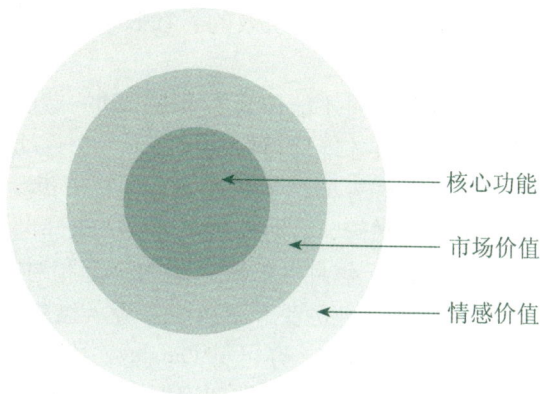

图 20.3　新创企业的产品定位图

　　定位的目标就是降低顾客认为的产品或服务被竞争者取代的程度。实际上，这种以顾客需求为基础的供应方式是独特而有意义的。定位不需要只关注核心功能，通常使产品或服务在审美及情感价值上与众不同也能有效地实现差异化。比如，一块 3.99 英镑的手表也许和卡地亚金表一样能预报时间，但卡地亚金表的拥有者不会认为二者可以替换。买者可能会把购买置入一个更宽泛的社会和道德情境下。由美体小铺提供的有形商品很容易被商业街上的零售商所抄袭，但顾客仍然觉得美体小铺提供的商品从美学角度更有价值。20世纪 80 年代由杰拉尔德·拉特纳创建的与其齐名的珠宝连锁店使英国珠宝零售业发生了革命性的变化，但他并没有声称提供质量最优的商品。即使这样，年轻的顾客仍认为这些产品好而易得。20 世纪 60 年代和 70 年代，意大利萨巴蒂尼餐馆的查尔斯和莫里斯·萨巴蒂尼通过把自己定位为管理过程合作者而不仅仅是为顾客提供广告服务的人员而彻底改造了广告业。由雷·克罗克建立的麦当劳连锁店不仅仅是用餐之所，还是人们共享美国梦的地方。

　　定位是个有价值的创业工具，它指引创业家为顾客提供新颖而有价值的产品和服务，使其与现存甚至更有实力的竞争者避免正面、直接的冲突。有效的定位是新创企业成功的关键因素。

20.4　信息需要

重要学习目标
　　理解有效处理和使用市场信息的重要性。

相关市场信息对创业家极其重要。创业家是决策者，与其他管理者不同，因为他们要作出决策。冒险者的身份意味着其要步入未知的世界，而信息可以为他们提供如何步入未知世界的方法。信息可以减弱不确定性，从而减少风险。但是，信息本身还不够：如果要想信息更有价值，就必须对其进行分析、理解和实践。

　　信息并非免费获得，是需要费用的。尽管创业家从置身行业的经验就能了解很多事情，但很多额外信息需要他们积极收集。即时信息没有直接成本（比如人们从公共图书馆可以获得免费的信息），但搜集它们花费了宝贵的时间。一些信息有很高的直接成本，例如，通过正式市场调查获得的信息对于刚起步的创业家来说很昂贵。然而，信息代表对企业的投资，它是用来提高企业绩效的。在收集信息之前，投资的回报应当得以升值。

信息可以指引行为，但是缺乏信息不能作为不采取行动的借口。或许在获取更多信息前暂停一下是一个明智的举措，这样才能更自信地开展下一个行动，但有时创业家必须依靠本能来努力争取。如果他们长时间等待，其他人则会先行一步。尽管信息能降低风险，但创业家不能指望它能消除所有的风险，有时他们需要步入未知世界。创业家必须走一条"羊肠小道"，这条道路处在作出缺乏信息、欠缺考虑的决定和对搜集分析信息更感兴趣所引起的惯性之间。组织系统思考的建立者卡斯特·罗森茨维格把这两种极端叫做"本能引起灭绝"和"分析导致瘫痪"（1970；亦可见 Langley，1995）。

战略性管理为决策者提供大量不同的工具和理论框架，各种正规方法可以用来指导资源配置和作出竞争性决策。尽管创业家避开通过正规信息分析获得见解是不明智的举措，但他们也不应当完全依赖它。通常是整体模式重要，而不是细节。他们必须学会发展自己的直觉，基于整体思考和自身启发探索式的方式来作出判断。成功的创业家应该先见森林，再见树木。

20.5　市场分析及关键要素的识别

重要学习目标
理解了解和分析市场的重要性。

如果创业家想成功，他们就必须了解其企业运营所处的市场环境。这点很重要，因为成败与否取决于其能否比竞争者更好地服务市场。

如果创业家想为新创企业作出有效决策，他们要了解很多问题，这些问题可以分为四大类。它们有：（a）当前市场状况以及呈现的机遇；（b）创业家创新为市场提供价值的方式；（c）创业家使新创企业开始运营的方式；（d）竞争者对新创企业的应对方式。一些特定信息要求如下：

- 市场基本概况——顾客的需求与要求、潜在市场大小、市场增长率及发展趋势、顾客群结构、顾客及消费者购买行为。
- 创新的吸引力——顾客对现有供应的满意和不满、顾客对企业新供应的反应、竞争者定价及顾客价格期望及需求量。
- 新创企业在市场中开始运行及定位方式——新创企业的资源要求、新创企业后续发展的资源要求、新创企业所处的网络结构、投资资本来源、应当优先考虑的顾客和顾客群、告知顾客新供应的方法。
- 竞争者对新创企业的反应——竞争者的本质特征、企业类型及优劣势、竞争者采取的策略、对创业家新创企业有所反应而做出的战略或战术上的行动。

这类信息可以从多种来源获得，一些是创业家对行业已经了解的信息，一些可以从市场报告和贸易刊物等发布资料获得，这些来源被称为二手来源。相应地，第一手的调查是指用市场调查回答特定问题的方式对市场情况进行定制分析。

在很多情况下，创业家对这些问题了如指掌。但有些情况下，他们可能感到缺乏信息，需要更多的确定性。创业家千万不可自负，一定要一直挑战知识与设想。在决策信息准确度时，必须回答两个问题。第一，这些基于信息作出的决策对信息准确度有多敏感？第二，获得信息的成本小于它所带来的收益吗？

20.6　机遇分析

重要学习目标

理解用于分析机遇中"为什么"的方法。

透彻分析商业机遇时，必定会提及两类问题。我们可通过适当的市场调查和分析技术得出答案。一类问题有关机遇的本质、特性以及抓住机遇的方式。这些都是关于"谁?""什么?""为什么?"等的问题。最佳解决途径是通过定性分析得出答案。另一类问题有关机遇的价值以及抓住机遇所应付出的努力。对于这些以"多少?"为中心的问题，我们最好运用量化分析方式。

定性分析可以解决以下问题：谁会成为顾客？如何界定这个群体？他们与非顾客群体有何差异？顾客群体对产品类别有何需求（在功能、社会、情感及发展等方面）？顾客怎样表达他们对产品的看法？明确地还是隐含地？顾客认为现有产品在满足其各方面需求方面做得怎样？在哪些方面还做得不足？顾客对产品的总体评价是正面的、负面的，还是两者均有？为什么非顾客群体不选择我们的产品？如何吸引非顾客群体？如果某一产品不合适，其他产品能否取而代之？这一现象如何定义创新供给的缺口？顾客是如何购买产品的？他们通常如何获取产品的信息？他们对产品了解多少？哪些因素会影响顾客在购买产品时的决定？在使用产品时，哪些因素会影响顾客？这些影响是如何造成的？顾客对创新供给的态度怎样？持积极态度还是怀疑态度？

很多创业家对自己回答这些问题的能力信心十足，但是，这完全基于他们自身与顾客打交道的经验。如果他们接触到一个新的领域，或者觉得所提供的创新产品改变了规则，又或者是愿意对各种猜想提出挑战，那么，从顾客和潜在顾客群体中获取这类问题的答案就显得极其重要。有多种方法是切实可行的，不管是非正式的（例如积极听取顾客的意见），还是正式的（例如小组讨论、市场调查、问卷调查）。选哪种方式取决于创业者想知道什么，需要了解什么，信息是否重要（如更高的回报、更小的风险、博得利益相关者的信任和承诺等）以及可利用的资源（如金融、理解等）。

20.7　分析以及正规计划工作

重要学习目标

理解促进以及阻碍新企业正式计划准备的因素。

商业计划形式多样，内容细节各不相同。有的计划只是一张纸上列举的几个点子，有的则是内容详细、囊括大量信息的正式文件。这些信息有可能是由外部专家，如市场调查专员和管理咨询师所收集的资料。哪些因素决定了计划的正式程度？一个计划越正式，其成本就越高，这是一个不争的事实。成本不仅仅指创业家的时间精力，也包括收集信息的直接成本。一个正式的计划代表着企业的投资必须有其所能提供的回报作为支撑。一个睿智的创业家会让计划的正式程度和它所扮演的角色保持一致。以下六个因素会对计划的正式程度（也对必要的投资）产生影响。

- 创业成本。

公司最初的投入越高，计划就会越正式。这既反映了高成本新创企业的固有风险，又体现了总体预算中投入到计划阶段的比例会减少的事实。

- 外部利益相关者的参与。

这与上一点息息相关。如果外部投资人参与资助公司，则他们想看到一个正式的、有凭有据的、可靠的计划为公司发展提出好的建议。其他利益相关者，如重要的员工及顾客，也想看到一个让人心悦诚服的正式计划。

- 信息成本及信息可用性。

在策划之前，必须收集必要的信息。在某些情况下，信息是现成的。这有可能是因为创业家身在一个孵化器组织内（正式或非正式），拥有更简单经济的途径来获取信息。有时候，信息并不是现成的，或者不是投入高成本就能收集到的。易获取、成本低的信息也有助于提高计划的正式程度。

- 对商业风险及模糊的感知。

决策以信息为基础。如果对各种可能发生事件以及偶然事件发生的可能性预先有所了解，就会出现风险；如果对可能性没有预测，那么就会引起模糊。正式的市场调查能更精确地估计可能性，从而将模糊转化为风险。如果创业家和投资人能心中有数地管理偶然事件，风险就会降低。对风险和模糊的感知程度越高，就会越支持正式的市场调查。

- 筹划活动的外部支持。

很多服务机构能协助拟订商业计划。商学院的一些教育项目将创建商业计划作为一种学习方式，这是一个重要的例子。这些项目以实践为中心，以执业创业家和政府计划的名义开展。这些政府计划对为创业家提供方案的专业咨询师给予补贴。如果外部支持可行，就能相应地提升计划的正式程度。

- 创业家的个人风格。

正式计划要求有商业计划的方法和对规则的了解。并不是所有创业家都符合这一条件。此外，有的创业家对正式计划的价值持怀疑态度。计划也许与他们个人的分析风格不一致。能接受这些计划并能看到其价值，就能得出更多的正式计划。

要点总结

- 战略窗口的第二阶段是定位。
- 定位窗口就是为新公司及其上市产品找到定位。
- 战略性定位涉及公司适应市场的方式、公司所处价值增值链的位置、所服务的顾客群体、所满足的顾客需求及其为服务顾客采用的技术。
- 市场定位涉及公司产品适应市场的方式以及与竞争产品的关系。
- 测量窗口被用于了解机遇大小及其价值。
- 可通过定性和定量的方法分析商业机遇，定性方法回答"什么?"、"为什么?"一类的问题，定量方法回答"怎样?"、"多少?"一类的问题。

- 信息成本有可能很高。有效率的创业家通过衡量获取信息的成本确定其价值。在商场上，信息被视为一种投资。
- 很多因素会影响创业家对正式或者非正式的市场调查和计划的投入。

研究主题

创业家对市场定位的概念化过程

本章讨论的战略及市场定位的概念相对专业，大多数创业家对所提及的语言文字也许不太熟悉。这并不意味着创业家对其公司的定位没有一个敏感复杂的直观想法。可以通过激发创业家对竞争环境的认知来探索。这里提到了最适用于此的采访技巧：

- 创业家如何看待竞争对手的产品和服务? 了解对手产品的细节，就能得到一张更加清晰的对手细节图——身边的、近距离的、远距离的（一张竞争环境的洋葱圈图表）。
- 创业家是基于什么因素列出竞争对手的? 有可能是依靠以下几个特点：
  ——处在同一行业（如果是这样，审核创业家对行业类别的理解）。
  ——共享同一技术。
  ——采用同一种销售渠道。
  ——由同一种加工过程制造。
  ——都是顾客购买时的选择之一。
  　可以结合考虑这几个因素。探索创业家的理解以及他们认为最重要的两点。注意不要引导创业家循着某一特定的方案，确保是创业家自身的想法。
- 创业家随后会接触到市场标识这一概念。画一个二维空间的矩阵，以创业家认为最重要的两点为坐标轴，让他们将自身和竞争对手的产品标示在图表中。如果创业家认为该图能很好地代表竞争环境，调查他们认为自身相对于对手有哪些优势。创业家是否认为该图让他们对定位有了一个更清晰的认识?
- 更为复杂的一种方法就是使用多个有关竞争产品分化的维度，采用更正式的映射技术（分析绘制过程耗时长，有必要进行两次采访）。另一种思路是将创业家对自身公司的产品性能的看法与其定位（独特的、有价值的）随意地结合在一起。

创业家进入和创新性定位

创新和创业紧密相关。基于创业家同时也是创新者这一观点，人们相信创业家进入一个新市场中无人占领的区域时，是带着与已上市产品不同的产品。这种观点是否正确? 市场定位这一概念就为验证该命题的正确性提供了方法。

获取大量有关新创企业新产品或服务以及市场已有产品的优质详尽的信息。采用上述提及的绘图标准创造产品类别图（稍后会介绍其他的标准）。标准接触得越多，发现就越深刻。然而，如果介绍了两种以上的标准，那就需要更复杂的绘图技术。创业家的产品有多独特? 创业家是否进入了新的市场区域? 原创性的程度如何影响后续发展? 可以猜想到，创新的程度取决于部门。该研究应主要集中于某一特定部门或者是对多个互补部门进行跨部门评估。

战略性定位介绍及扩张

上述过程得出的战略性定位模型既可以用来描述新成立公司的最初定位，也可以描述战略扩张的选择。收集大量新创企业在增值阶段、客户细分阶段、识别顾客需求阶段以及满足需求阶段采取的技巧的详细信息。理想情况下，这些应该包括了引进和后续扩张阶段。创业家对他们进入市场有多专心？他们是寻找空着的战略定位还是愿意留在已有人的位置上？他们倾向于哪些扩张模式（增值、纵向整合、现有顾客的新需求、新顾客、新技术）？他们是选择一种扩张模式，还是同时采取多种模式？这也是依部门情况而定的，因此单个部门的详细调查和跨部门的调查同等重要。

影响机遇常态分析的因素

该调查研究创业家对正进入市场（或已进入市场）评估的正式程度以及对详细市场调查的投入。有的公司以创业家已有的知识或者直觉为基础，没有正式的调查。另一种情况是，创业家会向外部咨询师和市场调查专家寻求支持。有的因素可能被认为具有重要影响力，能够左右创业家决定在正式市场调研中的投入。这些因素包括以下几点：

- 公司的初期投入。初期投入越多，市场调研的支出就越多，这是很合理的。
- 公司的风险。风险（更准确地说，是公司面临的模糊性）越大，创业家就愿意在收集资料上投入更多以控制模糊性。
- 外部利益相关者的参与。外部利益相关者（尤其是指投资人）越多，创业家就愿意花更多资金调查独立证据以引进人才。这与公司的初期投入成正比。
- 创业家的个人风格。熟悉技术，倾向于明确、理性的（以信息为基础）决策而不是含蓄、依靠直觉得分决策的创业家愿意采用正式的调查。
- 创业家对产品、技术、主要市场的了解（也许是在职者潜移默化的结果）。了解越少，创业家在额外信息方面的投入就会越多。

上述五个因素从广义上来说是可以计量的（至少在李克特量表上是如此），通过调查一群创业家可以发现这几点（有的人不喜欢关于初期投资和市场调查的具体数据，更青睐专题线性答案）。尝试将创业家在调查中的自身时间投入和显性成本量化。上述提到的五个因素应该与创业家真的市场调查投入成正比（占公司初期投入的比重）。这个假说是以经验为支撑吗？应用变量的数据分析来体现五个因素的相对重要性。

对良性讨论和先进的战略形势认知绘制技术感兴趣的学生，强烈推荐 Huff（1990）。

重要读物

Aaker, D. A. and Shansby, J. G.（1982）'Positioning your product', *Business Horizons*, May/June, pp. 56–62.

Mattson, B. E.（1985）'Spotting a market gap for a new product', *Long Range Planning*, Vol. 18, No. 1, pp. 87–93.

推荐读物

Abell, D. F.（1980）*Defining the Business: The Starting Point of Strategic Planning*. Englewood Cliffs, NJ: Prentice Hall.

Datta，Y.（1996）'Marker segmentation：an integrated framework'，*Long Range Planning*，Vol. 29，No. 6，pp. 797−811.

Day，G. S.（1984）*Strategic Market Planning*. St Paul，MN：West Publishing.

Day，G. S.，Shocker，A. D. and Srivastava，R. K.（1978）'Customer-orientated approaches to identifying product-markets'，*Journal of Marketing*，Vol. 43，pp. 8−19.

Eisenhardt，K.（1989）'Making fast strategic decisions in high-velocity environments'，*Academy of Management Journal*，Vol. 32，pp. 543−76.

Garda，R. A.（1981）'Strategic segmentation：how to carve niches for growth in industrial markets'，*Management Review*，Aug. Reproduced in Weitz，B. A. and Weley，R.（eds）（1988）*Readings in Strategic Marketing：Analysis，Planning and Implementation*. New York：Dryden Press.

Huff，A. S.（1990）*Mapping Strategic Thought*. London：Wiley.

Johnson，R. M.（1971）'Market segmentation：a strategic management tool'，*Journal of Marketing Research*，Fed.，pp. 13−18.

Kast，F. E. and Rosenzweig，J. E.（1970）*Organization and Management：A Systems Approach*. New York：McGraw-Hill.

Langley，A.（1995）'Between "paralysis by analysis" and "extinction by instinct"'，*Sloan Management Review*，Spring，pp. 63−76.

Marlow，H.（1994）'Intuition and forecasting-a holistic approach'，*Long Range Planning*，Vol. 27，No. 6，pp. 58−68.

精选案例

案例 20. 1　　　　　　　　　　**计划销售工艺品的大学好友**

文/Miranda Green

维多利亚·斯万和她三个同学在洛斯托夫特学院上设计课时，决定一起创业。学生的身份并没在他们心中产生重要的影响。

"创业是大家都想做的事，于是我们决定在网上出售，举办展览，"斯万说道。他们的 Loop-360 网站 3 月份上市，对艺术家和雕塑家仅收取占其销售额 20% 的费用，这大大地削弱了画廊和商店的地位。斯万提到他们已经有了扩张计划，准备推出移动展览。

然而，由于债务总额超过了 5 万欧元——每人欠债大约 1.4 万欧元，他们已经决定今后的业务扩张不能由借债来支撑。

"我们做足了功课，"斯万解释道，作为一个成人学生、一位母亲，她已经在兼职挣钱，分担新创企业启动成本的一小部分。做了调查之后，她否定了申请资助的提议。4 人采取了当地商业中心和国家毕业生创业委员会（NCGE）的建议，建立起一个有限公司。这样一来，当他们公司的营业额低于 1.5 万欧元这一偿还起点时，他们可以不用偿还学生贷款。

"我并不担心债务问题，我拿到了学位证，有了小孩，我很自信，其他国家的人会愿意聘请我的，"她补充道，"如果想自己为自己打工，你只要摆脱债务，同时又能接受教育即可。这更加坚定了我们的决心。我们想尽快还清债款，开始盈利。"

NCGE 的保罗·汉农认为，未来成功的学生创业家将是这些上了工程师、科技等创造性课程的学生，因为他们研究的产品本身就可以进入市场。但是一直以来，只有商科的学生接触到了那些鼓励他们、就如何创业给予建议的人。他认为一切都在变化当中。

"我认为，一段时间后，各行各业都会出现学生创业家。"

Soeurce：Miranda Green，'College friends with designs on selling arts and craft'，*Financial Times*，16 January 2006，p. 4. Copyright ⓒ 2006 The Financial Times Limited.

案例20.2　　　　为提高在俄罗斯的投资力度，喜力一年内进行了六次收购

文/Neil Buckley：Sarah Laitner

俄罗斯啤酒业迅猛发展之际，喜力以超过 5 亿美元的合约价格收购了 Ivan Taranow 饮料公司，进一步扩张在俄罗斯的市场。

荷兰啤酒商的现金收购凸显了国外啤酒商在世界第五大啤酒市场中日益增长的利润。随着俄罗斯中产阶级的壮大，啤酒越来越受到青睐。

收购俄罗斯第七大啤酒商 Ivan Taranow，使得喜力在俄罗斯的市场份额达到了 14%，生产量超过了 11.4 亿升。

喜力声称，Ivan Taranow 在俄罗斯 3.4% 的市场份额很有吸引力。这不仅能改善喜力在当地的销售渠道和生产单位，还将其在俄罗斯的稳定品牌扩大到了 34 个。

该荷兰生产商可以选择收购 Ivan Taranow 的分销业务部，这一举动将合并全国 23 个公司。

交易之前，喜力在过去的 12 月内已经抢先收购了俄罗斯五家啤酒公司，上个月喜力 100% 地收购了位于伊尔库茨克的贝加湖啤酒公司。

联合金融集团是一家总部设在莫斯科的投资银行。其估计喜力自 2002 年进入俄罗斯市场以来，已经花费了 12 亿美元。

外来公司争先恐后地在俄罗斯扩张市场，本年度预计啤酒市场增长超过 5%，年产量达到 89 亿升。

喜力是俄罗斯第三大啤酒商，仅次于比利时的英博集团和由苏纽集团及嘉士伯啤酒公司共同经营的行业老大 BBH 集团。

Ivan Taranow 的收购是俄罗斯啤酒史上的第二大交易。仅次于英博集团今年以 2 亿美元的价格收购圣彼得堡的 Tinkoff 公司。

喜力最近的这次收购使它获得了三大啤酒品牌，喜力的优势以前在这些品牌的所在地没能得到充分展现。俄罗斯知名品牌包括 PIT、Three Bears、Dr Diesel 等。

喜力称，这个俄罗斯啤酒商 62% 的股份由俄罗斯企业家 Eugene Kashper 和 Alexander Lipshifts 经营的 Allied Partners 集团持有，另外 38% 的股份由美国私有股权集团 Texas Pacific 持有。

尽管熟悉该合约的人员指出该收购价格超过了 5 亿美元，但是喜力和 Ivan Taranow 都拒绝透漏具体金额。

美林证券公司是喜力的顾问，而 Ivan Taranow 的顾问是雷曼兄弟控股公司和复兴资本咨询公司。

Soeurce：Neil Buckley and Sarah Laitner，'Heineken increases Russian portfolio with sixth buy in 12 months', *Financial Times*，18 August 2005，p. 28. Copyright © 2005 The Financial Times Limited.

热点问题讨论

1. 你认为案例 20.1 中提到的公司在启动时应该收集哪些信息？请列出关键点。

2. 对于准备给新进口机会窗做定位评估的创业家，你会给出什么建议？

第 21 章

打开战略机会窗：获取承诺

本章概要

利用战略窗口的第四阶段是如何打开机会窗。打开机会窗口需要创业，吸引利益相关者的投资。本章着眼于讨论企业如何进入商业网络以及如何在商业网络中安身立命等问题，包括讨论获得财力、人力支持的关键因素以及如何获取经销商承诺这一具体问题。

21.1 进入网络

重要学习目标

学会一个新创企业对商圈中已经存在的关系网络重新进行定义。

在识别、确定以及量化机会以后，创业家必须打开窗口。打开窗口意味着进行创业，这就需要吸引大批股东投资企业。新的企业和企业创立者必须和这些利益相关者建立一系列新的关系。然而，大多数情况下，这些利益相关者将会和许多其他企业（可能是竞争企业）建立关系。事实上，成立新企业意味着重新确定股东之间以及股东和第三方之间的关系。新企业必须踏入现存的关系网从而修复关系网。企业要想获得持久的效益，就必须提高商业网络的整体价值。

该网络中的各种关系具有竞争性和合作性。创业家在作决定时，必须考虑到，由于重新定义网络关系，这两种性质相互补充，相互制约。这种平衡方式关系到每一个利益相关个人和团体。

与投资人之间的关系

投资者寻找投资机会。他们追求资本的利益最大化，并为此承担一定的风险。由于资本和其他资源一样，既珍贵又有限，所以投资者会选择性地支持投资项目。和投资成本相比，投资者会更加关注机会成本，即因未投资他处而损失的利益。

创业家必须争取投资者的关注。投资者投资一家企业就降低了投资其他企业的可能性。一家企业成功招商引资很可能导致其他多家企业无功而返。竞争是残酷的。但是，这种竞争从长远看又会给所有创业家带来如下两方面的价值：首先，明确机会成本使人们认识到不同商机的价值是不同的；其次，投资者获得收益使得资本得以循环投资利用。

与供应商之间的关系

就供应商而言，一家新企业就是一个新的潜在客户。由于新企业会带来崭新的商业前景，所以从表面上看，一家新企业意味着一个好机会。然而，现实情况远比想象中要复杂得多。新企业有可能对供应商的原有客户产生冲击。它们在为供应商提供新的业务的同时很有可能对供应商已有的业务体系产生不良影响。所以，供应商不能总是盲目地认为新企业就是新客户。其应该认识到，接受新企业或新客户是有风险的，其有可能损失已有的客户。和那些力图取代供应商已有客户的企业相比，供应商应该更加青睐于志在开拓市场的企业。

如果企业过度依赖供应商，一旦供应商向竞争企业提供服务，那么双方关系将不堪设想。所以，许多经济体建立了完善的法律体系为自由公平贸易提供有力的保障。在这种法律环境下，大型企业不得欺压小型供应商，反之亦然。然而，现实情况并非如此，健康的法制环境依然改变不了私自协定和非正式预期现象带来的影响。

总而言之，创业家在选择供应商时应该有清醒的认识。他们不仅应该了解新业务，而且应该了解双方之间的未来关系会不会影响供应商已有的业务联系。所以，新业务并非总会带来收益。

与员工之间的关系

企业只有实现了人岗匹配才能得到进一步发展。企业需要高效的生产力、专业的技能和知识、敏锐的商业洞察力和坚定的领导力量。人力要素在市场上自由流动。很多企业都需要一些拥有稀缺技能的人员，所以，企业之间会展开竞争，希望引进此类人才。竞争将会为人才提供丰厚的薪资报酬以及广阔的发展前景。

如果一个企业聘用了一名拥有稀缺技能的人员，那么其他企业就不能聘用这个人员。然而，在很多情况下，企业需要从其他企业猎取人才。大多数人认为，人才有权自主选择供职企业去施展他们的才华。除此之外，企业给予奇缺人才的丰厚报酬会进一步促进其他人才去发展该项技能。

然而，人才在现实中并不像商品一样能自由流动。他们往往和供职企业有着紧密的联系。人们往往不仅仅为了获得报酬而工作。他们和企业的关系早已不是工作合约上的白纸黑字那么简单。这当中包括一些非书面的未阐明的条款。除此之外，还包括双方之间的信任以及对彼此的期望。

因此，尽管在人才市场上，企业从竞争企业"猎取"人才是符合规定的，但是，这种行为通常被冠以非法侵犯之名。它会产生不良后果，特别是随着商业社会联系的日益密切，被"猎取"的员工不仅向竞争企业提供经验技能，而且还会带去原有企业的内部机密。一些雇主利用和员工建立正式雇佣合约来防止敏感信息流入竞争企业。

一方面，创业家应该大力奖赏能为企业带来效益的人才和技术；另一方面，他们也应该注意到企业内部的人才管理以及自身招聘制度的完善性。关于招聘人才的制度在通常情况下都是不成文的、不完善的。

与顾客之间的关系

就创业家而言，顾客是最重要的利益群体。由于顾客对企业的产品感兴趣并愿意为此买单，所以企业最终能够利用这些收入奖励利益团体。吸引消费者兴趣的最好方式就是提供优质的产品和服务，真正满足消费者的需求和期望，帮助他们解决问题。

消费者往往拥有模糊的消费需求，并且，从中得到过部分满足。企业基本上不会销售顾客不曾买过的产品。它们大多数情况下会选择销售同样种类的产品，来取代顾客正在使用的产品。简而言之，即使一家创新型企业也会和同类产品的卖家展开竞争。顾客和卖家之间不仅仅单纯依靠市场这个中介来建立联系，他们也通过商业网来建立人际关系。这些关系在一些情况下可能显得并不重要，但是在多数情况下，这些复杂深刻的关系会产生深远的影响。要维持这些关系，单纯依靠自身的经济利益是万万不能的，还需要双方的友谊和信任。

新企业销售产品时不仅需要吸引消费者购买该产品，同时也需要说服消费者停止使用同类的替代产品。一次成功的销售需要企业参与同行竞争，在出售同类的产品中取胜。对创业家而言，更大范围内结束顾客和原有卖方的关系，建立自身和顾客的联系是非常重要的。如果一家企业在商品和服务的营销中取得优势，那么它和顾客之间不仅仅只是提供商品和服务那么简单，一定有更深层次的因素从中维系双方在市场中的关系。为了建立互惠的关系，创业家必须作好充分的准备。我们将在22.1节进一步讨论这个问题。

创业家在进行创业的过程中，不仅需要在短期的市场交换中提供商品或服务，同时需要打破原有的联系，建立新的联系。有些联系依靠正式或非正式的规定，有些基于自身利益，而另外一些联系则是通过一些非利益因素来维持。一些联系得以公开确立，而另外一些直到消失也未能得到承认。有头脑的创业家不仅了解这些联系，同时也了解维系这些联系的因素。因此，他们十分善于利用商业网络中自身的优势。但这不意味着创业家不能适时打破陈规，他们必须清楚应该推陈出新以及这样做的原因。

21.2　获取融资的关键要素

重要学习目标
识别创业时吸引投资的一些主要问题。

创业家应该获取各式各样的资源来促进企业的发展。然而，财力支持在这当中无疑是最重要的。资金的流动性最强。企业有了足够的资金就可以购买其所需的生产资料。

如何获取资金是每个创业家所面临的最主要问题。这个过程也伴随着其他重要问题。创业家必须仔细研究这些问题，得出基本结论。由于在17章我们已经做了深入探讨，所以在这里我们只做大致了解。

需要什么级别的投资？

创业大概需要多少资金呢？这个问题取决于企业的性质、创业机会的好坏、发展的阶段和创业家的未来打算。初期投资水平取决于企业奉行的发展策略，这包括企业的业务范围以及成长空间。一些企业在成立初期规模很小，但随着时间的推移，规模逐渐扩大。安妮塔·罗迪克（Anita Roddick）贷款4 000英镑，开设了美体小铺的第一家门面店。随着店铺数量的不断增加，企业的业务规模也不断扩大。而与此不同的是，当弗雷德里克·史密斯（Frederick Smith）决定创立经营空运业务的联邦快递公司时，他意识到，如果想要业务运转，他必须从开始就为顾客提供全面的服务。这就需要一整个团队，以及大笔管理费用和后勤开支。因此，他谋求了9 000万美元的创业资金。

资金从何而来？

成熟完善的资本市场使得获取资金拥有多种渠道。这些渠道包括创业家的资金、银行贷款、政府贷款、风险投资、股份投资以及商业投资（经验丰富的投资管理者向企业提供专业知识和资金）等。换言之，资本市场相当分散。在市场中，不同的投资人占据着不同的位置。他们寻找不同种类商机，承担不同程度的风险，期待不同的回报。他们也不同程度地参与企业的运转。这些都是投资者的特点。创业家必须了解不同的市场以及它们的运作方式，从而有效地管理招商引资项目。

企业的资本结构是什么？

企业的资本结构就是不同投资渠道的组合。从广义上说，它指的是资本权益和债务的比率。也就是说，有的投资者获得的收益与企业的效益相关，有的投资者基于共同的协定获得一定的收益，这种收益与企业的效益无关，前者与后者的比率就是企业的资本结构。除此之外，借贷资本和其他商业资本相比，安全性不同。

企业的资本结构反映了创业家和投资者承担风险的方式。与普通股相比，安全性良好的贷款使投资者承担更小的风险。与此同时，风险资本价格高昂。因此，通过调整资本结构，创业家可以不同程度地"销售"企业内部风险。

如何接近投资者？

创业家和投资者有必要在共事之前进行充分接触。创业家通常有责任主动接触投资者。尽管投资者努力作出明智选择，但他们毕竟不是计算机，他们也是人。所以他们也会受到其他人言谈举止的影响。由此看来，第一印象尤为重要。创业家和潜在投资者的联系形式很有可能对投资结果产生影响。从本质上讲，三个方面的问题值得注意：联系人、联系方式和联系内容。

第一，创业家必须找到可靠的投资来源，即联系人。这就包括找到提供资金的团体组织。然而，作出投资决定的并不是团体，而是个人。所以，对于创业家来说，接触一个团体的负责人才是行之有效的方法。此外，创业家还可以考虑团体内部的决策机制。这不仅仅包含决策者，也包括决策的影响因素和决策的监督审理方式。

第二，创业家必须选择合适的联系方式。是选择正式的方式还是非正式的？投资者有没有特定的联系程序（许多银行和公司都有特定的程序）？在第一种情况下，投资者是倾向于书面的提议还是口头的提议？如果是口头提议，那么他们是喜欢一对一的交谈，还是完整的介绍？如果是书面提议，那么是投资者还是创业家来确定建议格式？如果创业家在此之前未能联系好投资人，那么投资人将会因此否决投资项目。

第三，创业家必须认真考虑联系的内容。吸引投资者的兴趣、鼓励他们进行投资在第一阶段是非常重要的，特别是当投资者面临大量投资选择的时候。有必要结合一个详细的图片进行说明吗？还是大概的提纲更为有效？如果双方交流必须符合既定的模式，那么临时发挥的空间又有多大呢？

给投资者怎样的比例？

创业家必须认真思考他们能为投资者带来什么。下面是其中一些关键因素：

- 需要的资本数量。
- 特定的投资如何能够进入企业的整体投资框架。
- 资本性质（例如，借贷款或普通股票、安全性的大小）。
- 预期收益水平。
- 投资的安全性（特别是偿债能力）。

- 资本承担的风险大小。
- 资本流入的方式，即投资者如何进行投资（何时需要多少资金）。
- 资本流出的方式，即投资者如何取得收益（何时获得多少收益）。
- 投资者参与企业运营的程度。

创业家必须向投资者提供以上信息。基于这些因素，投资者才能决定他们是否应该把握住这个投资机会。创业家必须时刻牢记，他们要将企业卖给投资者。所以说，正如销售人员竭力推销产品一样，创业家必须尽力说服投资者参与投资。

21.3　获取员工承诺

重要学习目标

学会怎样通过承诺笼络并获取关键人才。

就投资资本本身来说，它啥也不是。创业家只有善用资金才能促进新企业的发展。创业家拥有了投资就等于新企业拥有了发展资本。一家新创企业要想成功，运营者就必须合理高效地利用这些市场资金。

尽管人力作为一种资源的说法在管理理论中常常出现，但是我们应该知道，它是一种特殊资源。创业家不仅需要使员工各尽其职，更需要培养员工的责任心和对工作的认同感。这是新创企业必须重视的首要问题。一旦入职，新创企业员工就必须积极向上、恪尽职守。创业家不仅仅需要为新企业招贤纳士，更需要引领整个新创企业向前发展。

为了促使新企业得到他人的认可，创业家面临一系列重要问题。

需要哪些技能？

企业需要很多不同的人力投入。技术能力、沟通技巧、岗位技能和分析能力对于一个企业的成功是非常关键的。不同类型的企业要有具有不同能力的人才以促进发展。创业家必须清楚哪些技能和经验是企业现在需要的，哪些是随着企业的发展将会需要的。事实上，人力资源像其他资源一样短缺，那么有些需求一定要优先考虑。

这些技能从哪里获取？

从哪里寻找具备这些技能的人呢？他们是否在为其他企业工作？如果是这样，工作单位是否是竞争对手？如果他们在竞争对手企业工作，招聘他们会带来什么问题？

提供什么来吸引有能力的专才？

首先是工资和其他方面的薪酬待遇。与对手相比，创业家必须提供一个具有竞争力的待遇。但是工资并不是企业能给员工带来的全部。人有超出金钱的需求。企业为员工提供一个建立社会关系的平台是很重要的。工作环境是否友好？工作是否有趣？更长远一点，企业能够为个人发展提供多大空间？当企业扩张时，员工是否能够随之进步？他们扮演什么角色？企业又能为他们个人发展提供怎样的平台？

新创企业不仅要争取其他新创企业的员工，而且要争取正规企业的员工。就像投资人那样，潜在员工承担了一定的风险，但企业会承诺更高的回报。员工可能会面临企业的失败。但在个人发展、取得经验和成就方面来说，他们可能会得到更高的回报。当然，金融投资者和员工会用不同的策略管理风险。

创业家一定要清楚，对潜在的员工来说，有活力的、变化的、快速成长的企业的哪些地方有吸引力，哪些没有。

怎样联系潜在的员工？

有很多种招聘的方法。首先，个人交际圈和口头宣传是很有效的。如果行不通，就需要更正式的招聘方式，比如广告。当然，也可以把招聘任务交给专业的招聘机构。

怎样评估潜在员工？

在成功吸引潜在员工的注意力之后，接下来一些评估和筛选程序就要启动了。录用一名新员工，不论是对企业还是员工来说，都意味着作出了一个重大承诺。为了确保企业找到合适的人才，人才进入合适的企业，所做的一切努力都是值得的。若出现任何失误，双方都将付出高昂并且痛苦的代价。因此，这个过程不仅要保证这个员工具有专业技能，而且他的理念和处事方法必须能够融入企业的价值和文化。但创业家也要注意，多样化也有好处。

如果管理人员很了解一个求职者，很熟悉他的工作方式，那么招聘过程就会不太正式（有时候喝杯茶的工夫就搞定了）。如果他们不太了解这个求职者（和他的一些成就），那么面试就是必需的。有的甚至会要求应聘者参加心理测试或者性格测试。当然，这些都是工具，用来辅助创业家招聘时作出准确的判断。

紧要时究竟该"招人"还是"聘人"？

对于新创企业来说，资源是十分紧张的。创业家应当让他们的资源物尽其用。当他们需要专才时，常常会遇到这样一个问题：是自己通过招募雇佣拥有这项技能的人才呢，还是外包给其他机构。例如：新企业应该雇佣一名财务专家呢，还是应寻求财务公司的帮忙呢？应该组建自己的研发团队呢，还是应把研发任务包给高校的某个对口专家呢？

招募专才还是临时雇人一般由几个因素决定：专业技能投入中有多少是必需的？需要多久时间投入？企业是否长期需要这项技能？创业家对这项技能拥有者的管理控制怎样？招聘和雇佣的成本几何？

通常来说，雇佣的费用都比较高。但这个成本应对照招聘总成本来考虑。企业招募新人会有一些风险：他们能做多少真正的贡献？适应程度怎样？和现有的员工相处得来吗？进一步讲，雇佣会增加边际成本。与此同时，雇佣他们也增加了固定成本。从现金流的角度来看，特别是新企业的产量变化又难以预测时，雇佣是比较好的选择。一般来说，只有当对这种技能的需求是清晰、持续、长期的时，企业才会选择招募。

新企业如果聘用市场人才得到收益的同时还能够有效控制这些企业，则外聘人才也是不错的选择。如果新企业的竞争优势来源于专业知识和运用这种知识为顾客产生价值的能力，那么不言而喻，企业的财富就是已经拥有这些专才。

领导和激励策略

承诺不是一蹴而就的，它需要不断维护。因此，创业家要注意自己的领导和激励策略，运用它们让员工发挥最大的潜力。制定和运用这些策略离不开实践。创业家是新创企业最关键的人力资源，他们的专长就在于对新事业前景的设计并据此引领整个组织的发展。

21.4　与经销商建立联系

商业思维的末端常常是忽视经销商的作用。有时其甚至被称为"不可或缺的恶魔"：附加值系统中商家必须放弃的一部分。许多关于创业的解释认为，如果创业家想要获取成功，经销商是他们一定要克服的障碍。

当然，"魅力"经销商，比如大型的零售商会获取很多关注（尽管批评居多），"小"经销商得到的关注就少得可怜。这种忽视是十分不应该的。经销商从四个方面产生实际的经济效益。第一，其提供高效的物流，使消费者能够一站式购买不同种类的货物。第二，其为消费者提供比对不同生产商价格的机会，因此提高了竞争的有效性。第三，其为产品宣传提供支持，就像生产商的合作伙伴一样。第四，这可能也是经销商附加值中最重要的一点，其增加了生产的流动性。生产厂家想要一次性生产大量产品，由此可产生规模效益，但是如果产品只是堆积在库房，流动资金就会紧张。经销商会提前购入产品，使得生产商把库存转化成现金，并投入到下个阶段的生产中。

理论上，经销商的战略决策比较直接。如果经销商的主要目标是利润最大化，那么其在选择产品时，应该考虑三点：

- 产品的利润——产品进价和售价之差。
- 产品销售比例——在这个时期内能卖出多少单位的产品。
- 售出之前的储存（和摆放）成本。

某时期的利润（储存的物品）=（单个产品利润×此时期内的销售数量）-此时期的储存成本

这个计算过程是建立在分销商的直觉和经验的基础之上的。但是，越来越多的分销商（不仅仅是大型零销商）开始使用电脑软件来完成这个计算过程，也就是计算直接产品盈利率。这并不是否定生产者-分销商网络中的个人关系，只不过这些关系也是建立和维持在之前这些隐性或显性的计算的基础之上的。这也是为什么大部分的分销商，无论是大型零售商还是小型批发商，几乎都不在同一产品范畴内销售多于三种竞争产品的原因。

对于寻求分销商支持的创业家们，这意味着什么呢？简而言之，只有通过这种计算，发现这位创业家提出的交易比已有供应商的好，分销商才会被吸引。让我们从分销商的角度来考虑问题，这位创业家可能声称能提供创新产品，其比现有供应商的产品更新颖、与众不同而且更好，并且能给买家带来全新的收益。但分销商看到的只是，销售现有经销商的产品变成销售这位创业家的新产品并没有带来任何收益，反而是增加了许多额外费用。那其为什么要替换现有竞争者的产品，尤其是其和现有供应商保持着良好的关系？那么，创业家要怎么做才能改进交易和鼓励分销商替换产品呢？这个计算方法给了我们提示。要么提供更高的利润，分销商能从每笔销售中获利更多；要么承诺更大的销量（比如总体需求会增加）；要么提议减少仓储成本和摆设成本。

这三个选择中的任何一个都将创业家置于进退两难的境地。在生产成本不变的情况下，创业家给分销商的利润越高，他自身的收入就越低。实际上，创业家是在用放弃的利润来换取自己在分销商心目中的位置。只有对创业家商品的需求绝对高于对竞争者商品的需求（比如市场扩张），较大的销售量才有可能实现。而且，在任何情况下，销售额都取决于竞争者产品的可得性。这就导致了"只要你排除竞争对手的产品在外，我们的销售额就能提高"的自我实现情节。销售额的增加可以通过对终端买家的有效促销来实现，但这也是有成本的。仓储和陈列成本就是分销商必须用来维持仓储和陈列的费用（假定该分销商陈列已达最大限度），所以创业家必须主动资助陈列，并给予直接经济援助（多于竞争者的资助），而这又会给创业家带来额外费用。在增加利润、用额外费用来支持仓储成本和促销支持这三种选择中，创业家们通常更倾向于最后一个选择，并使它成为与分销商谈判的主要依靠力量。某种程度上，利润是一种不可挽回的销售成本，因为和分销商协商减少利润是很困难的事情；而促销成本是一项将来可能会缩减的投资。

　　总而言之，分销商能创造实在的价值。但是，其内在和相当理性的保守主义常常会对创业家们造成进入壁垒。创业家们将面临吸收分销商和排除现有竞争者这双重成本花费。但是，那些已经得到分销商的注意和支持的创业家，已经获得了竞争优势，因为未来的创业家如果想替换他的话，必须要经历他之前走过的路（进行相同的投资）。

要点总结

- 战略窗户的第四个阶段就是打开机会窗。
- 打开机会窗意味着获取利益相关者的承诺和实际启动风险投资。
- 分销商可能是关键同盟，但想有效利用它们的话，必须先理解它们的决策过程。
- 关键承诺来自投资者的经济援助；来自员工通过网络获得的生产援助；来自供应商的提供输入协议；来自顾客的购买输出协议。

研究主题

创业家们对资源获取的管理

　　关于将人力资源和运作资源永久投入风险投资还是临时雇用以满足需要的问题，是什么引导着创业家的决策呢？先假设以下是影响创业家决策的重要因素：

- 对资源的内部需要情况：只是短期需要还是定期需要？
- 资源对风险投资的重要性：微不足道还是起决定性作用？
- 短期内获取资源的难易程度（对于资源获取该外部市场的发展程度）：容易还是困难？
- 资源的独特获取途经成为竞争优势来源的重要程度：不重要还是重要？
- 创业家必须投资开发资源的程度：低还是高？
- 短期雇佣和长期持有人力资源的成本差异：究竟哪个留住人才的比率更高？

　　在每个案例中，前者都是鼓励雇佣的，而后者都是鼓励长期持有和内部发展资源的。对于某一套风险投资，首先识别与这些投资相关的一些因以上因素变化而变化的人力资源和运作资源。以问卷调查或访谈的形式询问引领这些投资的创业家们关于他们雇佣-持有的决定。他们的决定合理吗？这些合理化决定满足了以上的假设标准吗？

网络模型化和创业进入

　　该研究采用了案例研究的方法。为了保证有效性，大约 20 个重要案例需要被考虑，但是每个案例的分析都比较集中。由此可以获得关于许多企业投资的描述。通过对已出版资料的二次研究或是初次研究，可以形成一个大概的框架。对于每一个投资，总结形成即时网络的各种组织。每个网络模型由两部分组成。第一部分考虑企业投资和它与资源提供者、个人和组织的联系，比如关键员工、分销商、终端用户、资金提供者和供应商。第二部分考虑的是这些联系的本质。尤其是，被提供的资源对投资、资源供应商们之间的竞争、关系的本质以及联系的紧密程度有多重要（比如投资能转向另一个供应商吗？转换成本有多高？去别处的风险有多大？关系中信任有多重要？搜寻、建立合约和监控成本有多大？）网络理论表明，创业家发现很难进入紧密的关系网络，但是一旦进入，即十分安全。而且进入宽松的关系网络很简单，但容易受未来进入者的影响。这是实践中形成的吗？首先识别出联系紧密、中等和宽松的部门，然后考虑创业家们进出这个部门的概率。这种信息的一个有效源头就是 VAT 注册和注销数据。宽松的网络部门比紧密的网络部门有着更高的进出率。这个模型的预测实现了吗？

算术上更有野心的学生可能想要利用数学的图论来使企业网络的分析正规化。这一理论在管理科学领域得到越来越广泛的运用。Chartrand（1997）对这一理论观点进行了很好的介绍。

重要读物

Colombo, M. G., Delmastro, M. and Grilli, L. （2004） 'Entrepreneurs'human capital and the start-up of new technology-based firms', *International Journal of Industrial Organization*, Vol. 22, No. 8/9, pp. 1183–211.

Witt, P. （2004） 'Entrepreneurs' networks and the success of start-ups', *Entrepreneurship and Regional Development*, Vol. 16, No. 5, pp. 391–412.

推荐读物

Chartrand, G. （1977） *Introducing Graph Theory*. New York：Dover.

Cook, W. M. （1992） 'The buddy system', *Entrepreneur*, Nov., p. 52.

Gartner, W. B. （1984） *Problems in Business Start-up：The Relationships among Entrepreneurial Skills and Problem Identification for Different Types of New Venture*. Babson, Wellesley Park, MA：Centre for Entrepreneurial Studies.

Hall, W. K. （1980） 'Survival strategies in a hostile environment', *Harvard Business Review*, July/Aug., pp. 75–85.

Schoch, S. （1984） 'Access to capital', *Venture*, June, p. 106.

Yamada, J. （2004） 'A multi-dimensional view of entrepreneurship：towards a research agenda on organizational emergence', *Journal of Management Development*, Vol. 23. No. 4, pp. 289–320.

精选案例

案例21.1   私人接触

文/Edi Smockum

出售自己的房子夹杂着许多痛苦：告别回忆，离开朋友，更重要的是，眼睁睁地看着房地产经纪人从中获得大笔的佣金，可他实际做的却很少。房地产经纪人是每个人最爱抱怨的对象。不同于会计师和律师，他们甚至不值得成为笑柄（思考一下，你们知道什么关于他们的笑话吗）。因此，人们逐渐开始自己出售自己的房子也就不足为奇了。

所有者自售所有房屋已经出现一段时间了。但是，当这一概念在法国和德国比较流行时，在英国省去中介的缺点被认为比优点还要多。竖在前花园的自制标语几乎不能激起买家的购买兴趣，而且如果房地产不能很快销售出去的话，报纸的广告费用会惊人地上升。

但由于互联网的发展，网站如雨后春笋般出现，让数不清的潜在买家获得了购买途径，也为潜在卖家提供了服务使其更专业地营销他们的房子。

当洁得·托马斯和她丈夫决定这个夏天出售他们在白金汉的房子时，他们想了想所拥有的可以用在卖房"游戏"上的技巧。托马斯是一位设计师，她认为她拥有专业灵感，可以制作网站广告，同时，她也相信能在占当地报纸 1/4 版的广告页面刊登广告并谈个好价钱。她在家工作，所以她可以接听电话以及带人参观房子。

这对夫妇在 HouseWeb.com 注册了会员，这是一家于 1995 年由一群有着市场营销和信息技术经验的员工成立的公司。该公司对于网站上一条标准广告的收费是 47 英镑起；增加一个虚拟参观，收费为 299 英镑；加上该公司专业设计的"供出售"的一个标语，再额外收取 24.99 英镑。这些收费都是一次性的，所以你的房子会一直挂在网站上直到它被出售掉。与它的许多竞争者一样，HouseWeb.com 也会在其他网站如 fis4 和 propertyfinder 营销它的房地产，让顾客能够获取大约 200 万个潜在买家。

HouseWeb 的首席执行官马克·德沃说，当这家公司刚起步的时候，人们对于在亚马逊买本书都持有怀疑态度，更别说在互联网上买套房子了。一开始，公司只向顾客提出建议，可以在网上买卖房子。直到 1 年之后，它才卖出第一套房子。现在它有将近 300 套房地产在网站上买卖。

据德沃所说，吸引像托马斯这样的人来网上出售房屋的原因之一就是他们想省钱。由于现在人们比以前的人们搬家更加地频繁，而且，房地产经纪人平均从一笔销售中赚取 2% 的佣金（也就是从 400 000 英镑的销售中赚取 8 000 英镑的佣金），因此任何搬家好几次、支付过很多佣金的人，都会选择在网上出售房子。

除了经济上的考虑之外，很多人都认为他们能比房地产经纪人更加有效地出售他们的房子，因为他们既有亲身的住房经历，又有足够的动机卖出最好的价格。德沃说，房地产经纪人满嘴都是英尺和英寸，而一个住过该房子的人清楚地知道它的好处。而且，他们会回想起当初买这个房子时和这个潜在买家的同样情景，所以他们能够与潜在买家们感同身受。

房地产经纪人能想到的只是位置、位置、位置，而房子的所有者能详细地谈到当地的学校、医生的诊疗室、附近的商店和邻居等。

托马斯表示同意，她说道，除了在当地寻找房屋者和只逛不买者的最初数据库，我们不知道了除了市场营销，房地产经纪人还能给我们带来什么。他们所做的不值那好几千英镑。我们拥有最丰富的知识和最强大的动机来销售这个房地产。

那么自售有多容易呢？马丁是小房子公司的首席执行官，这家公司的网站上有 2 000 套房子。他说自主卖家有着和房地产经纪人一样的粗略渗透的问题。他指出互联网改变了这个现象，虽然花了些时间。他说道，人们花了好长的一段时间才懂得了他们能在网上出售房子的事实，而且他补充道，人们对网上交易的信心也帮助加速了这一过程。

据 HouseWeb. com 的马克所说，另一个导致自售房屋的因素是，人们逐渐开始通过自营买卖和自主养老金掌握自己的财政，并把出售房子作为这一行为的延伸。马丁和马克都认为，当房屋信息包在 2007 年成为强制时，大部分的自售房屋过程将由卖家一手操办，而且出售自己的房屋会变得更加简单。

另外，马丁指出自售并不适合每个人——很多人并没有时间像房地产经纪人一样做相同的准备工作。他说，你仍然需要关于房屋的好的描述和一套好的照片，如果你是一个好的沟通者，那就更好了。经常是他的一些顾客没能明白这个事实，导致他们自己断了自己的销售渠道。如果一套房子卖不出去，潜在的原因和房地产经纪人列表上的其他房地产卖不出去的原因是一样的——价格太高了！要不就是人们对自己的房地产太依恋了。我们试图告诉他们要客观对待。他们可能很爱自己的房子，但他们必须要以别人的眼光看它，并认识到它的缺点。

一个很重要的事情就是要合理定价：如果弄错了价格，卖家可能会损失比当初省下的更多的钱。托马斯夫妇从三家房地产经纪人那得到报价之后才为他们的房子选择了一个中等价位。HouseWeb. com 人们先调查一下他们街道房屋的卖价，然后运用地政局提供的最新数据库来进行合理定价。

但是有关房地产的详细事情——谈判和联络——不是由经纪人来做更好吗？德沃说，这不一定。他认为，英国房屋买卖过程有一个根本性的缺点，就是有相当多的欺骗性行为。房地产经纪人保留了所有的信息，然后利用信息为自己谋求利益，获得佣金。

一旦价格谈好了，其他的过程就和有房地产经纪人是一样的。你需要指定一个律师来承办房屋转让的法律手续。马丁说，有些人会为了省钱而自己完成交易的这一步骤，这让他觉得非常奇怪。因为如果他们弄错了，这是有一定风险的。但另一方面，他们又很害怕尝试自售房屋。

警官理查德自己出售了他母亲的房子，他发现自己转让房屋并不比通过房地产经纪人办理简单。他承认，办理房屋转让的确使他筋疲力尽。但另一方面，他发现其他的过程都十分地简单，你不会再需要房地产经纪人。他认为，房地产经纪人不久将成为过去时。他们已经赚了太多钱了，而且赚了太长时间了。

卖家也有两种选择——雇佣房地产经纪人和尝试通过网站自售房屋。英国的公平交易办公室在房屋买卖指南中清楚地声明，如果你自己找到了买家，那么你不需要支付佣金，因为你不是经纪人。只有当房地产经纪人在条款中声明保留唯一出售权而不是唯一经纪人权时，他们才能在任何一个销售中获取佣金。比如，大约 2/3 的小房子公司的顾客都有房地产经纪人。

网上出售房屋会不会逐步主导未来的房屋销售市场呢？大部分人已经开始在网上搜寻他们想要的房子，而且网上售房交易不断地有很多新进入者——他们经常给出很低的价格。创业家们也开始捕捉自售房屋市场的空白并提供相应的补充服务。最近有一家公司主动联系马丁，说要为自售房屋的人们提供完整服务链服务。不过这个具有讽刺性的建议对他没起到任何作用：我并不希望我们有全套服务，因为那样的话会有那么一天，房地产经纪人说，快回到我们的怀抱吧！因为我们会为您提供全套服务。

Soeurce：Edi Smockum，'The personal touch'，*Financial Times*，17 September 2005，p. 22. copyright ⓒ 2005 Edi Smockum.

案例21.2 属于每个人的糖果色 "blobjects"

文/Dalia Fahmy

卡里姆·拉希德在旧纽约小镇房子的客厅的装修风格看上去就像一家太空玩具店。光滑的白色环氧树脂地板上撒满了糖果色的 blobject，这是一个他自己创造的词。我花了几秒钟才认出这是家具：绿黄色的豆形的电视控制台和叫做 superblob 的五人位长形橙色麻袋沙发。

几乎眼前所有的东西都是由在埃及出生、意大利长大的工业设计师所设计的。小到已经获奖了的沙漏瓶装的洗碗剂，它还能倒立放在厨房水槽边（他甚至还帮忙调制里面的液体。这一切都很和谐自然，你可以喝掉整瓶，但你不一定想，他解释道）。

拉希德是个高产得惊人的设计师，他已经改变了成千上万个人的日常用品。数百万的人买了他为意大利家居用品公司安柏所设计的欧椅和加柏垃圾桶。

他设计过日本三宅一生的香水瓶、索尼的激光唱机和塔吉特百货的狗碗。他的作品跨越各个领域，从酒店、水壶到太阳眼镜，他的作品单似乎列举不完。然而很少人认得他的设计。

这一现象将在这个月发生改变，因为 45 岁的他即将首登电视，担任由美国电视网有限电视频道举办的最新真人秀节目的评委。拉希德是三个评委之一，他们将评价有抱负的发明者的作品，而他的工作则是评价设计和包装。

这次真人秀节目让他能继续进行他的计划，也就是让这个国家的每个人都认识设计，他一边说一边指着他黝黑手臂上自己设计的象形文字的字母表文身。拉希德十分着迷于符号，经常把它们镶嵌到他的作品当中。他告诉我，他认为符号是第一批人类共享语言的证据，而它们是通过宇宙飞船来到地球的（忽然之间，这设计变得更有意义了）。

但他真正关心的并不是生命的起源，而是好的设计的诞生。

设计就像是新颖的艺术形式，他说道，建筑曾经一段时间成为主流艺术的顶峰，而现在我认为轮到设计了。

我们现在坐在一个被拉希德称为 Orgy 的子宫状绿色沙发上（因为它将人聚在一起）。拉希德的白色指甲油和沉重的戒指在太阳下闪闪发光。他穿着白色的衬衫，袖子卷了上去，粉色的匡威运动鞋搭配他的粉色裤子。

拉希德以他具有未来主义特色、色彩和形状混搭的作品而出名。批判家认为这没价值，视它为 1960 年版的未来，但它实际上比那时髦多了。神人同形同性论都被平滑光泽的表面给柔化了。明亮的颜色被大片的白给抵消了。

总而言之，他喜欢运用科技和合成材料，通常是塑料，让设计变得消费得起。

"工艺都是死东西，"他说道，大量生产商品的质量不断提高，让传统手工制作的奢侈品过时了。他说，过去人们要花数千美元买个劳力士手表，才能获得好看的外观和精准的时间。而现在，任何人都能以少得多的价格买到同时精确的时间和艺术美感的手表。顺便提一下，拉希德刚完成为意大利公司阿莱西设计的塑料手表，这款手表将于这个秋天以 80 美元的价格在美国上市销售。

他说，他一直都是民主设计的极力提倡者。他希望人们身边充斥着最好的质量和最便宜的价格为统一体的商品。

欧椅和加柏垃圾桶十分简洁地体现了这一理念。它们都由塑料制成，轻巧，可堆叠，价格便宜，大部分人都买得起，分别是 40 美元和 5 美元。拉希德说，就算是便宜和设计优良的产品也能够带来身心的舒适。他想帮助人们过上更加健康和快乐的生活。

为大众设计的动力和强硬的销售手段让拉希德成为了一名非常成功的创业家。展览和公共项目的主管克里斯·托弗蒙特说，他在设计领域有所争议，而且越来越有争议，因为他花了太多时间推销自己了。

蒙特说，拉希德经常因为生产各种质量的作品而受到批判，他的作品不遵循称为好设计的传统规则，包括了过多的细节或是太便宜了。

拉希德说，他是有意识地打破规则，也不再相信某个学派的思想。设计这个行业已经深陷一个孤立的任人唯亲的世界里了。其实，设计已经不再像以前那样那么清楚地被分为好和坏两个类别。我一直坚信设计是每个人都能做的事情，并坚决反对将设计视做只有精英才能做的事情。

评奖的评委们似乎都很喜欢他的作品，所以他每年都能收获几个奖项。米歇尔·贝里曼是美国工业设计师协会的执行副总裁，已经给拉希德颁过 6 次奖了。她说，拉希德之所以受欢迎，是因为他的作品打破常规。他真的很热衷于挑战传统观念——事情应该怎么做。

甚至批判家都承认，拉希德在唤起公众对于工业设计的意识上起了很重要的作用。蒙特也表示，这可能是他对设计领域最大的贡献了。

当拉希德 1993 年在意大利埃塔索特萨斯接受培训后搬到纽约时，很少顾客知道或关心他们的烤面包机或浴帘是谁设计的。现在迈克尔·格雷夫斯和玛莎斯·图尔特都成为了名人，他们会在像塔吉特和 K 市场的折扣商店里的这些商品上签名。拉希德说，尤其是在美国，他因为让广大观众喜爱设计而得到好评。

毫无疑问，他是一个不知疲倦的提倡者和促进者，他进行了各种讲座、宣传活动，现在他又要上电视节目了。而且，他还出版了 4 本书，包括 2001 出版的《我想改变世界》。

去年，拉希德决定在纽约的切尔西开自己的第一家零售店。他承认美国人在追求新颖设计方面稍稍落后于欧洲人（比如，巴黎的老佛爷百货店里有很多他的系列设计产品，而纽约的可比百货商店里什么也没有）。但他指责的是缺少可消费得起的选择，而不是美国人的保守主义。

他说，美国创造了塔吉特、苹果和耐克现象。这些都是大型的受设计驱使的公司，它们对世界形成了很大的影响。不同之处在于，美国人只爱处于正确价位的设计。只要设计变得更加民主化，那它也会更容易被接受。

拉希德说，居住在加拿大和美国为他注入了对随意和舒适的欣赏和自由感。他说，既然已经知道生命很短暂，你就应该以你想要的方式去追求生活。而设计能对这产生影响，因为设计会让你重新思考你想要的生活方式。

　　Soeurce：Dalia Fahmy，'Candy-coloured "blobjects" for all'，*Financial Times*，17 September 2005，p. 13. Copyright © 2005 Dalia Fahmy.

热点问题讨论

1. 站在利益相关者的角度考虑，应该对一家互联网新创企业承诺，还是对一家"传统"新创企业承诺？你是否认为这是一个特殊的挑战？

2. 在获取对利益相关者的承诺时，卡里姆·拉希德要面对的问题都是什么？

第 22 章

关闭机会窗：保持竞争优势

本章概要

使用战略窗口比喻的最后一个阶段就是关闭它。这就意味着赋予企业一些与众不同和有价值的特性，使竞争者不能从窗口里跟随并剥夺其发现的机会。竞争优势的概念已经介绍过了。它是什么，它如何建立以及如何维护都需要考虑。

22.1　长期成功和可持续竞争优势

重要学习目标

了解新企业是怎样通过创造、开发以及维持可持续竞争优势在市场地位上获取成功的。

通过对企业的财政和员工承诺来开启战略窗口，创业家必须确保企业能长期成功的能力不因竞争者的进入而被削弱。创业家必须关闭战略窗口来限制竞争者跟随他们并剥夺机会。

可持续竞争优势的概念为确认战略窗口关闭以帮助保证长期的市场成功提供了有力的概念性方法。它提供了一种洞察力，认为决策必须要让业务在有效完成的位置上。主要由迈克尔·波特发展的竞争战略是战略思维的中心支柱。

区分竞争优势和竞争优势的来源很重要，前者必须从业务为市场所提供的东西上去理解，而后者与业务如何建立起来并传递给市场的服务有关。从定义上看，商业生涯是有竞争性的。如果一个企业能长期拥有竞争优势，那么竞争者一定很难去复制。所以，一个完整的竞争优势需要三个层面的决策（见图 22.1）：

- 什么特别的和有价值的东西会被提供给市场——竞争优势。
- 所提供的东西如何被企业维护——竞争优势的来源。
- 竞争优势如何从竞争者的效仿中得到维护——它可持续的方式。

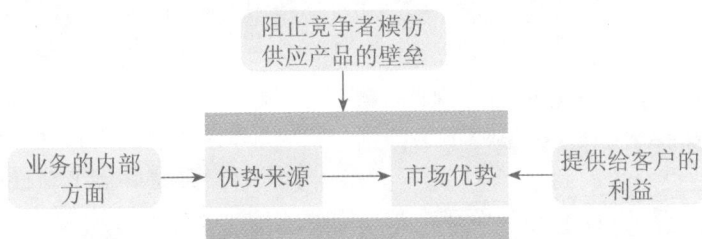

图 22.1　竞争优势的结构图

竞争优势

竞争优势定位在给市场所提供的服务上。只要企业不断地问顾客提供不同于竞争者所提供的服务，竞争优势就会存在。简言之，竞争优势就是消费者愿意花钱在一家企业上而不是另一家企业上的原因。

创业家必须决定他们期望追求的竞争优势的类型，更重要的是：

- 向顾客提供更低的价格，也就是使其物超所值。
- 通过特性或者性能使定价差异化，也就是所提供的产品能比竞争者更能满足顾客需求和解决问题。
- 通过服务差异化，也就是用一种更有效的方式专注于需求或者是解决问题，或者使产品使用的支持更有效。
- 通过品牌差异化，也就是投资在产品的质量和企业承诺上。
- 通过品牌印象差异化，也就是建立专注于社会和自身发展需求以及功能需求的关系。
- 通过渠道和分销差异化，也就是给顾客更简单、更方便、更少破坏性和节约时间的渠道。

竞争优势的来源

能够持续用上述方法提供差异和有意义服务只会发生在企业在某种方式上与竞争者不同的时候。市场中的竞争优势必须在公司内部传递并且在其中得到支撑。

约翰（1993）发展了竞争优势的看法，认为它来源于四个不同能力中的一个：

- 企业建筑—— 如它的内部结构。
- 企业声誉—— 如重要的利益相关者对它的看法。
- 企业创新的方式—— 如想出崭新的和有价值的想法的能力。
- 企业的战略资产——如它能使用而竞争者不能使用的有价值资产。

这四个独特的能力是很普遍的，也适用于所有企业。它们可以使创业型企业在市场中与竞争优势的四个专门来源相联系，即成本、知识、关系和结构。

成本优势

因为低成本而享有优势。从经济方面讲，这意味着企业能更有效地增加价值。成本优势能从以下四个方面获得：

- 低投入成本——企业可能使用比竞争者可以获得的更低的投入成本。它包括原材料、能源和劳动者的成本。低成本能通过许多方式获得。特别重要的就是获得与众不同的投入来源（比如说通过）和实现超越供应商的购买力。
- 经济规模——企业必须减少收益中的固定成本（与产量无关）。所以，单位成本会随着产量的增加而减少。固定成本是不管产量实现了多少都必须记下的。这些主要包括总部费用以及大部分市场营销、销售和拓展活动费用。更大产量意味着这些成本被更有效地利用。这可使一个企业拥有比竞争者更强的总体成本优势。
- 经验曲线经济——这些是一个企业学习怎么提高产量的结果。由于企业通过增加价值获取经验，所以增加价值的成本减少了。简言之，就是练习的作用。大量关于不同产业的研究已经发现单位成本与产出经验之间有紧密的数量关系。这种关系是指数的，也就是说对于线性产出来说，在一段特定时期内成本会随着时间的推移而减少。这种指数关系可以通过图 22.2 显示出来。

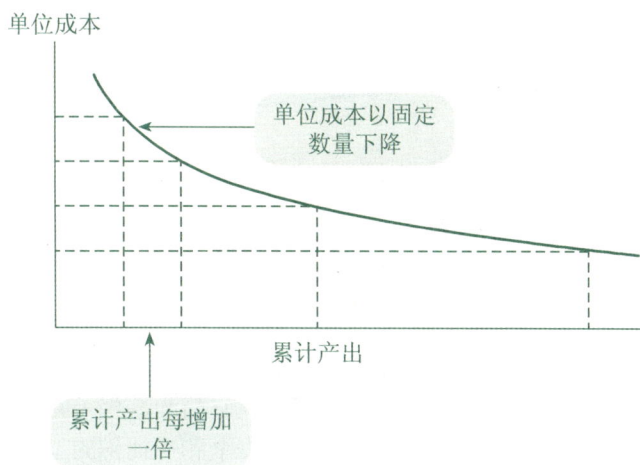

图 22.2　经验曲线：经验获取之后，成本随之下降

像规模经济一样，经济曲线与产出有关。但是这两者不能混同。规模经济依赖于一段特定时期内的产出，而经验曲线经济是累计产量的结果。总体上，市场中有最高的累计产量的公司会处于有着发展最低成本的位置（见图 22.3）。许多关于经验曲线经济的研究都关注生产成本。但是，这是一个普遍的原则，适用于任何增加价值的成本。所以，经验曲线经济可以在企业其他价值增长部门中找到，如销售、市场、采购等。

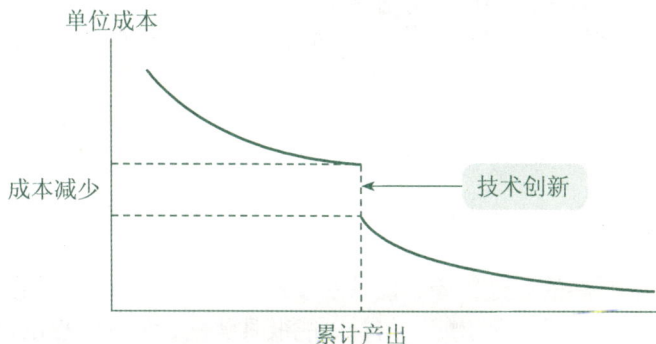

图 22.3　经验曲线与技术创新

- 技术创新——从专业的角度来说，一个企业的成本是为了投入以增加某一部分的价值并创造可销售的产出。成本与企业为了增加价值所用的技术有关。技术创新能通过更有效地增加价值来提供成本优势。在实际中，技术创新能使经验曲线重置在更低的层次。这种创新经常与生产技术有关，尽管理论上它能运用在机构任何价值增长活动中。

知识来源

知识是可以评估的。一个公司如果知道它的竞争者所不知道的东西，就能拥有竞争优势。这种知识可以是许多领域中的一个：

- 生产知识——对组成市场的产品（或服务）的特殊理解。批判性地说，这种知识必须用于更吸引消费者的方式。生产知识必须与市场知识相结合。
- 市场知识——对市场运行的特殊领悟。这包括消费者需求、消费者购买方式以及可用来影响他们购买的方面。这种知识能够用来产生有效的市场和销售策略。

- 技术知识——对向市场制造和传递服务的特殊理解和能力。这种知识并不是它自身有价值，而是需要被用来为消费者提供不同的东西：更好的产品、更低成本的产品或者更好的服务。

知识并不是免费获得的，它是投入的结果。产品和技术知识从研发活动中获得。市场知识从做市场研究和市场分析里获得。需要记住的是知识本身没有价值，只有被用于向消费者传递价值的时候其才能形成竞争优势的基础。

关系来源

构建关系不是锦上添花的企业活动，其对企业有重大作用。构建关系可建立信任，信任通过减少契约和监管来增加价值。一家企业能够在它与利益相关者拥有特殊关系的基础上建立竞争优势。如果企业想要使自身定位在一个安全和受拥护的工作网络中，建立关系就十分重要。

创业家网络的观点已经在前面 13.4 节提到，在构建关系的基础上建立竞争优势的概念与把一个企业锁在一套安全和有回报的网络中以致竞争者很难，至少需花费很大精力去破坏的想法不谋而合。网络建立在信任的基础上，机密是有价值的，因为能减少交易费用。Kay 考虑到了信任在发展和维护经济关系里的角色。

（1）与顾客的关系。一家企业与顾客之间的关系成其制胜与否的关键一面。关系可以通过很多方式建立。许多关系依赖于向顾客销售的产品的属性以及企业需要应对顾客的数量。企业向一些顾客销售少量高价值的产品与向许多顾客销售相对低价值商品的情况不同。

关系可以是个人的，也就是说，可以通过个人的交往来创造。会计管理和销售活动在这方面尤为重要。买卖互动不仅是一对一的交流，也是价值能够由企业流向顾客的渠道。如果大量的顾客参与进来，个人的交流就不再必要，那么交流就可能需要媒体通过广告和公共关系来维护。

对顾客关系至关重要的就是信誉。提供给顾客所承诺的产品、高档次的服务和用公平的方式做生意，这样的信誉是无价的。信誉可能很难建立，但是它也很容易失去。

（2）与供应商的关系。供应商最适合被认为是终端市场发展的合作伙伴。它是一家企业需要在附近建立关系网络必不可少的一部分。如果供应商能展示出其灵活应变的能力，企业就能把自身放在更强的位置来为顾客传递价值。而且，供应商可以代表企业去创新。所有这些都表明与供应商的关系超越了只是关注议价。尽管供应商也需要和顾客分享价值，但这并不是零和游戏。顾客与供应商合作可以让终端市场变得更好，也可制造出比与供应商背道而驰的更大的总体价值。

（3）与投资者的关系。在所有的利益相关者中，很可能投资者与创业型企业是有着最透明关系的。在经济方面，他们的考虑总是朝着一个方向：他们考虑的是他们的收益最大化。但是投资者依旧是人。他们参与交流，也与创业家建立关系。他们不仅对实际收益作出反应，也会在他们的利益被创业家正确处理的时候作出反应。

投资者的支持对成功至关重要。任何企业都会有起伏，尤其是在初期阶段。当事情发展不那么顺利的时候，投资者的支持就变得相当宝贵。如果他们坚持清算投资项目，那么情况就会变得更糟糕，更甚的话，企业甚至不能维持下去。要获得投资者的支持，可以通过发展与他们积极沟通的战略来进行。这包括管理投资者的预期，使他们建立对企业的信心和避免能导致投资者作出草率判断的"惊喜"。

（4）与员工的关系。与员工建立激励性的和有成果性的关系是创业家最重要的活动之一。正是员工的行动把创业家的远见变成了现实。创业型企业可能不能享有现存企业已有的成本、技术和关系优势。它有的就是它的人员，他们代表了企业的利益、动机和驱动力。创业家必须理解员工的动机和采取正确的领导战略。

结构来源

创业型企业能追求发展竞争优势的最后一个区域就是企业结构。获得结构优势并不是企业做什么的结果，而是企业做事方式的结果。这个功能不仅是人与人之间联系的预订方式这种正式结构，也是非官方的关系和沟通联系网络的非正式结构，实际上也被定义为支配关系如何起作用和参与其中的文化。由于新进入者不可能在初期阶段享有成本优势，也由于关系优势需要花时间去建立和知识优势需要投资，所以创业型企业很可能高度依赖于结构优势。

如果结构使企业在市场中表现得更好，那么企业就能从它的结构中获得结构优势。这种结构优势可能来自于能使企业相互协调，让企业持续走上正轨，能把握机遇的强有力的领导。这种领导力能够确保资源被有效利用。企业也能够从市场获取信息并作出决策，从而变得更好。这可能需要对顾客的需求作出及时的反应，并能迅速地为他们提供产品和服务。

另一个结构优势也可能源于企业里注重任务（需要做的事情）而不是角色（职位描述中告诉他们要做的事情）的人们。这种态度能够使企业变得灵活，关注顾客并使固定成本降到最低。

市场上的竞争优势可以在组织中的许多平台上建立（见图 22.4）。成本、知识、关系和结构优势都可以用竞争者做不到的方式为顾客提供价值。这会让企业从市场上培育竞争优势。其有潜力使企业走向成功。但是成功如果是长期的，就必须面对竞争市场来维护自身的竞争优势。其必须是持久的。

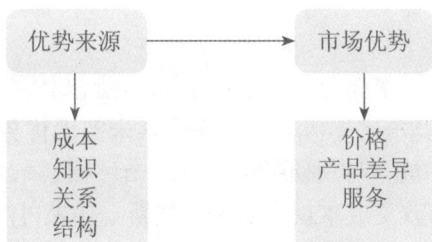

图 22.4　竞争优势及其来源

22.2　如何建立竞争优势？

商业世界并不是永恒不变的。竞争者会意识到彼此，从而改变彼此。如果其失去生意，或者说未能阻止竞争者的活动并获利的时候，其会强烈地察觉出来。其就会去研究为什么别人的企业会做得比他们的好。一家成功的企业不可能长期藏起自身的竞争优势。竞争者会模仿或者重新创造出竞争优势，说起来容易，做起来难。如果竞争者发现竞争优势难以模仿，那么创业型企业就能持续享有优势带来的利益。如果优势难以模仿，它就是可持续的。

从一个相反的角度来阐述这个问题。要理解竞争优势怎么能够持续，需要懂得它是如何失去的。很简单，如果其竞争者能够获得竞争优势，企业就会失去竞争优势。为了在市场上获取竞争优势而提供某样东西，一家企业就必须为它自己创造出优势的来源。在前一部分提出的框架在此适用，如果竞争者实现了低成本，或者获得了对企业独有的和有价值的知识，或者建立了企业享有的更强大的关系网络，或者建立了结构优势（企业组织自身的优势），那么企业就会输给竞争者（见图22.5）。

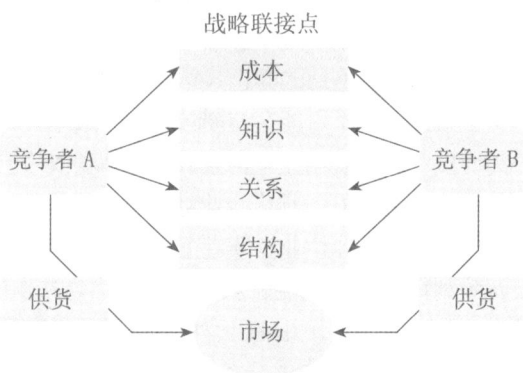

图 22.5　竞争优势与竞争

创业家必须警惕竞争者可能已经掌握了竞争优势。他们必须考虑到竞争者获得优势的方式，并且在实施他们自身战略时要留意这一点。一个合理的战略必须建立在可持续的竞争优势上。知道这一点就是理解了市场特点、市场竞争对手和其中竞争的一部分。与发展竞争优势相关的决策必须与考虑到成本、知识、关系和结构如何在市场中传递价值相关联。

与成本优势相关的考虑

在这里最重要的就是，成本优势如何运用在市场上来达到高产量（换句话说，就是顾客对价格的敏感程度）；竞争者如何运用价格因素来实现优势；高产量如何能够从更低成本中获得回报（如产量和成本与规模经济和有效循环相联系）。如何建立产业成本结构也是很重要的，特别是能够改变成本规则的技术创新。如果可能的话，怎么通过部门开展技术创新？

一些重要的具体问题是：

* 价格对顾客有多重要？
* 价格对中间商和分销商有多重要？
* 如果降低价格，销量能否获得（如需求弹性）？

这些问题可以通过使用市场研究手段来找到答案。更多通过市场研究得出的发现是：

* 市场的竞争者是否都能使用同样的投入？
* 一些竞争者是否使用了独有的低成本投入？
* 规模曲线经济重要吗？
* 这样的话，是否有竞争者在一个特定时间内有产量优势？

- 经验曲线经济重要吗？
- 这样的话，是否有竞争者拥有累积产量优势？
- 是否有竞争者拥有影响成本的技术优势？
- 技术创新是不是很有可能在未来改变成本？
- 这样的话，技术创新有多快就能遍及整个行业？
- 采取如减少成本的技术创新要付出多少钱？

这些问题可以用产业结构分析和企业技术基础知识来回答。这些答案都能阐明获得持续的低成本优势的可能性。简而言之，只要价格对顾客很重要，以及企业可以从经验或者技术上获取成本优势，它就是可持续的。

与知识优势相关的考虑

这里考虑的是怎么获取、使用和保护部门竞争者独有的知识。

一些重要的具体问题是：

- 行业所使用的知识是否已经建立还是它已经在快速发展的状态（这包括考虑这个产业是不是高度依赖产品研发和市场调研）？
- 企业所在的行业是不是共享同样的知识，还是依靠其有局限的知识？
- 知识是由机构内发展获得的，还是机构外（比如说，服务性企业，如市场调研中介和顾问，以及非营利性组织，如大学）的知识更重要？
- 知识保护手段如专利、版权和注册设计有多重要？

同样地，这些问题可以通过正确的产业、环境和技术分析得到答案。很明显，对向顾客传递价值很重要的知识是有局限的，使竞争优势比所有事物都能使用的知识更需要得到保护。

与关系优势相关的考虑

关系是企业网络的黏合剂。如果关系是安全且长期的话，那么网络就可以被认为是紧密的。如果关系是短暂和易破坏的，那么网络就是松散的。新进入者会发现紧密的网络很难打破，也许要付出很大的代价才能打破旧的关系建立新的关系。从另一方面说，网络一旦在一个位置建立，企业就很容易捍卫自己的地位和关系网。相反地，松散的网络尽管容易打破，但是却给竞争者很少的安全感。

一些重要的具体问题是：

- 用什么方式来建立和维护与顾客的关系？通过个人交往（如销售活动）还是通过与媒体打交道（如广告）？
- 与顾客建立的是短期还是长期的关系（要考虑购买是一次性的，还是重复的。售后支持是否重要）？
- 买家在购买和使用产品时所面临的风险是什么（它包含了哪类投资？使用的时候会发生什么故障）？
- 买家和卖家之间的信任感怎么能够帮助进行风险管理？
- 买家的信誉对卖家有多重要？
- 信誉是基于什么建立的（要考虑如产品质量、服务、道德标准、行为等问题）？

一个特别有效的创业性战略可用于确认哪个部门的网络是松散的，然后通过高层次的承诺和服务来使网络变得紧密从而制造出价值。这就把竞争者挡在了外面，也使所获的优势得以持续。

与结构优势相关的考虑

在 22.1 节提过的，结构优势并不是企业做什么的结果，而是企业做事的方式的结果。通过拥有角色更灵活的机构（可以带来低成本），更专注于市场，更及时地对顾客和竞争者信号作出反应，然后利用那些信号来作出更快、更好地服务客户的决定，这样一家企业就能获得超越竞争者的优势。

一些重要的具体问题是：

- 企业在该部门采用哪种组织结构（尤其要考虑职能部门。团队合作和临时机构有多重要）？
- 正式组织有多重要（考虑对比事物发生的方式和企业认为应该发生的方式）？
- 哪种决策流程被运用（计划的时间跨度有多大？谁参与决策？特别的决策怎么在机构中合理化）？
- 企业中的部门怎么对市场信号进行确认、加工和反应（考虑市场研究是否正式？怎么决定价格政策？怎么组织新产品开发）？
- 企业部门接受什么样的文化（考虑顾客关注点和内部关注点、创业家态度和官僚者态度、任务和角色的重要性）？
- 采取什么样的领导风格（考虑是独裁主义，还是民主主义。权利是通过对资源的控制还是沟通视角践行的？关注的是任务，还是人）？

严格的机构能给创业家带来专注和直接领导企业的方式，但是因为竞争优势的关系也会使这样的机构变得充满矛盾。最好是能够运用他们的技术和洞察力来作决策，下放决策权，尤其是在动荡的经营环境中更应该这么做。

了解了这些所有问题的答案，就能赋予创业家一种怎样在市场上"检录"竞争优势的洞察力。而且，这也预示了面对竞争压力的时候某种竞争优势应可持续。

22.3　维持竞争优势

> **重要学习目标**
> *了解使竞争优势持续的方法。*

确认竞争优势，使顾客觉得与众不同和有吸引力，让企业在一些方面，像成本、知识、关系或者结构上变得安全，采用这种提供优势来源和与竞争者差异化的方式是取得长期成功的开始。为了确保长期成功，企业必须确保竞争优势不被模仿，这样它承诺的利润才不会被竞争者侵蚀。

创业家不仅要决定企业将要建立什么竞争优势，也要决定优势怎么能够持续。

维持成本优势

最重要的决定就是怎么使企业保持比竞争者更低的成本。市场上只能有一个成本领先者。如果基于规模和经验曲线经济的话，成本领先就需要产量领先。这意味着能够获得和维持最高的市场份额（或至少最高产量）。如果市场对价格敏感，这就会变得很昂贵。成本领先者需要用其成本优势来定出在竞争者成本以下的价格。这可能意味着很少，甚至没有任何边际利润。成本领先优势可能意味着在抛开竞争者之前的很长一段时间内企业都是处于低利润状态。

为了获取短期利益而提高价格的做法必须得到抑制，因为这会制造出一把低效竞争者可以得到庇护的"价格伞"。如果创业家是市场中的新进入者并且从后面追上来，其就需要在短期内大量投入来获得超越竞争者的迅速的累积产量优势。同样地，这在短期里是很昂贵的，因为它在长期才能有明显的回报。当然，这也带来了很多的危机。

此外，尽管经验成本的减少是产量的作用，但它们并不能正常出现。它们需要被管理。对于成本领先者来说，应该把成本控制置于中心地位，如应该优先考虑降低成本。这需要有力的成本控制系统。这反过来也会影响创业家采取的领导和动机策略以及他们创造的机构文化。这种"单纯的"组织并不是合所有人胃口的：当招聘和建立管理团队的时候，有一个因素必须考虑进去。

如果成本领先是基于技术创新建立的，创业家就需要确信为什么他们，也只有他们自己，需要使用这项技术。最好的假定就是竞争者最终都会使用这项创新技术，尽管通过专利和知识产权的手段很安全（如下）。相应地，最好就是能在企业刚开始创建的时候就使用创新来获得初始成本优势，它可以通过使用规模和经济效用来建立和维持。

尽管这一切都已经实现，但是创业家必须对违反《反托拉斯法》的管理者保持警惕。通过价格上排挤竞争者从而实现较大市场份额只不过是坚持追求效益得到的奖赏。但是在外部者看来，这似乎就像不公平的垄断。

总之，市场中只能有一个成本领先者。成本领先战略是有挑战性的，至少在短期上需要很多资金来维持。

维持知识优势

知识优势是基于对产品和市场的了解。而这两件事的运作是相互作用的。对于提供什么产品的理解必须与对消费者为什么想要这个产品的理解相调和。在商界，大部分时候知识都会很快被公开。即使知识在企业内部是"安全的"，在向消费者发行产品和推销产品的过程中，竞争者也会接收到明确的信号。

知识可以被专利权和其他知识产权手段比如版权和注册商标保护。原则上，这些方法能阻止竞争者使用这些知识，保证拥有者在某个知识创新上的专属权。在某些行业比如生物工艺学产业，知识产权非常重要。在其他领域比如工程学，知识产权就不那么重要了。然而，对用知识产权来保持竞争优势这种手段的使用必须谨慎。专利权和其他产权并不能给予每一个新点子以保护，而更多的是反映一种技术上的重大创新。即使这个新点子很有意义，耗时的注册过程和专家的帮助都会非常昂贵。注册也包括在任何其他专利被授予之前向公众展示这项发明。这样可以事先警告竞争者。为了确保竞争者避免专利权向市场发售稍作改动的产品，知识产权所有者必须将与这个专利相关的一系列变化注册专利。

此外，如果想在全球享有专利，还必须在多个地区获得专利注册。如果专利权没有广泛覆盖，竞争者有可能通过在没有专利权的地区生产产品来绕过专利权。即使获得了全球专利权，一些国家在知识产权法的实施上十分马虎（由于法制薄弱，甚至有些情况是政策原因）。即使法治机制能够保护专利，也要靠专利所有者监督他们的产权并抗议侵权行为。即使所有的这些事情都做了，产权保护也是有严格的时限的。

有着这些缺点并不是说专利就没有价值，只是它本身不该成为提供竞争优势的源头和依靠。更确切些，专利权应该被策略性地运用，提供能被用来发展其他基于成本和关系的优势的初始优势。

维持关系优势

关系很重要，因为它们能营造信任。而信任，基于多种原因，能降低成本。第一，信任使买家减少了为了找卖家经常搜索整个市场的需求。他们只需要找他们知道的供货商。第二，信任也消除了在买卖双方建立详细合约的必要性。第三，信任也消除了建立经常性监督合约的需要。在这种情况下，虽然与顾客的信任关系尤其重要且有立马的回报，但我们可以认为不仅仅是消费者，所有利益相关者都在与这个企业建立合约。

如果建立起了信任，就能形成可持续竞争优势的基础。由于成本和知识优势最容易被大（通常指已建立的）企业拥有，信任能成为尤其是创业初期的企业获得成功的有力要素。

信任只能通过建立和发展不同层面上的关系来获得。一个层面是双方通过个别接触也就是直接销售活动获取经验。销售人员不仅向买方输出一个企业的信息，而且也充当着整个企业的使者。下一个层面是通过媒体广告和公共关系进行交流。产品品牌和公司形象是重要的媒介。另一个层面就是企业通过广泛的行业经验在买方那里建立起整体声誉。过程很简单。如果一个利益相关者得到了超出期望的结果，就会很满意；如果期望未达成，利益相关者就会失望并感到屈辱。

因此，一个建立和保持信任的战略必须包括 3 个相互联系的方面：

- 期望管理。企业必须掌握另一方（消费者、投资商、供应商或者雇员）希望在这个关系中得到什么。当企业勉强能够代表股东达成投资期望时，它们还必须避免"过度承诺"。因为如果没能实现诺言，很容易导致股东产生失望、不满和信任被辜负的感觉。
- 结果管理。企业必须对股东的投资负责。即使不超出期待，它们也必须确保结果至少达到股东的期望。如果由于任何原因，企业未能兑现承诺（没有人，即使是最有效的企业，也不能控制所有的意外事件），那么这个企业就会面临股东失望和重建信任的挑战。关于如何处理这类情况的细节会根据股东、实际情况、失败程度有所不同。然而，黄金定律是绝不能忽视失望。
- 沟通管理。期待值和结果的传递都发生在交流的平台上。企业之间的交流（以及企业员工）及股东间的交流可以有多种形式。可以是正式的或非正式的，私人的或非私人的，针对一个特定的股东或者进行广泛传播。沟通也可以通过多种媒介进行。企业必须了解把企业股东聚集到一起的沟通渠道，学习怎样运用这些渠道和怎样使之保持长久的活力。企业也必须掌握这些渠道的使用途径。尤其值得一提的是，企业管理者必须对代表企业作出的承诺负起明确的责任：不仅是他们自己作出的承诺，还有那些其他代表企业的人作出的承诺。

维持结构优势

结构优势在一个公司实际操作中崭露头角，随着市场发出的信号调和，在决策过程中变得激烈，而在对消费者需求的反应上很灵活。这种响应能力就是一个企业结构的产物，也就是责任网和交际线给予的公司形式。

在关系优势上，私人企业比大企业更能享受结构优势带来的有利地位。已建立的有年份的企业也许会被内部结构束缚。这些结构也许有重要的作用，但是一旦开始，它们就倾向于发展自身的冲劲。这可能意味着它们在效用衰退后会持续存在。反过来，在企业里，内部结构处于不断变化的状态并反映市场需求。

在老企业里，决策过程也会更平和。主要的决策人可能与市场发出的信号和提供的机会"绝缘"。决策也可能因为把内部派系利益放在顾客和整体经营前面而扭曲。但是，企业管理者应该运用企业结构来促进和聚焦决策过程，而不是阻碍它。另外，作为企业管理者，应该运用强大的领导力来团结不同的群体并协调他们的行动。

这要求企业管理者要保持与市场的联系。交流体系设计的主要使命是把市场信息提供给决策者。因为有关企业内部结构的信息很重要，它也应该被用来支撑市场导向的决策过程，而不是屈服于它。

竞争优势是动态的，而不是静态的。一旦一个企业获得了市场上的竞争优势，它必须利用这次的成功来不断保持这个优势。奖励那些超出市场常规的举措。这些奖励必须被再投资到企业里。这个投资必须不仅仅被用于强化现有的竞争优势，而且要修饰它，如果需要的话，还应创造出新竞争优势的基础。

如果企业立志于成本领先，那么它就必须在数量领导和成本控制上投资。如果企业立志于拥有独有知识，那么它必须在提升产品理解和市场服务上投资，也就是在满足顾客需求的途径以及顾客决定购买的方式上投资。如果企业想要有关系可用，就必须投资发展现有的关系并发展新的关系链。这就表示，结果和沟通以及其他所有的管理意味着在代表公司与客户沟通的人身上投资。保持结构优势要求在人和沟通系统上投资。企业不能承受过时，也就是让结构服务市场的功能与其获得生命或存在理由相独立。它也要求对变化进行投资。变化的不只是结构现象，个人态度和企业文化也在变化。通过竞争优势得到的回报必须被重新投资，以发展和更新企业内那个优势的基础，见图 22.6。

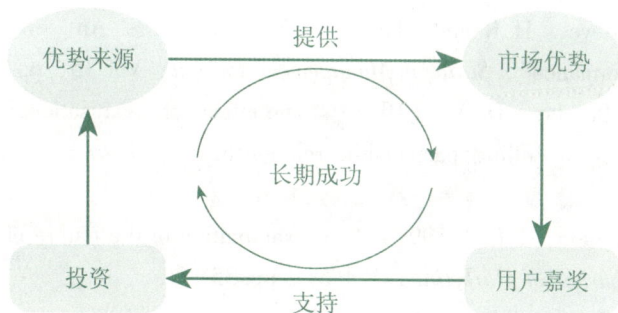

图 22.6　维持竞争优势

要点总结

- 战略窗口的最后一步是关闭机会窗。
- 关闭窗口意味着创造竞争优势使得企业能够利用面对竞争压力的机会。
- 竞争优势是企业做的对消费者有价值的事情，而竞争者在这上面很难匹敌。
- 竞争优势源于企业内部。主要的来源是低成本，产品和市场知识，关系网内的牢固关系以及更灵活、反应更快的企业结构。

- 竞争优势必须积极保持才能获得持久。

研究主题

竞争优势以及因特网新创企业的成功

在过去的几年，大量的以因特网为基础的公司成立后，或成功或失败。一些不错的案例研究对这类企业给出了具体的描述。以这些公司的其中一个为样本（理想数目是 10 个或更多），描述成功企业和一些还没成功的企业如何寻找竞争优势和企业核心竞争力以及这些优势如何支持企业成功。作为对比，也评估了现今同行业的不以因特网为基础的公司。这次评估用到了本章讲到的约翰·凯框架和在 5.1 节讲到的普拉哈雷德与哈梅尔的竞争基础方法。竞争优势和核心竞争力源头的存在和企业的长期表现是怎样相互联系的呢？新的以因特网为基础的公司战略的计划和发展有什么密切关系呢？

重要读物

竞争优势这个概念原本是以大公司的视角发展而来的，然而，它跟小公司和企业个体也同样相关。下面两篇优秀论文以小公司的视角讨论了竞争优势：

Bamberger, 1. (1989) 'Developing competitive advantage in small and medium-sized firms', *Long Range Planning*, Vol. 22, No. 5, pp. 80-8.

Snell, R. and Lau, A. (1994) 'Exploring local competencies salient for expanding small businesses', *Journal of Management Development*, Vol. 13, No. 40, pp. 4-15.

推荐读物

Abernathy, W. J. and Wayne, K. (1974) 'Limits of the learning curve', *Harvard Business Review*, Sept. /Oct. , pp. 109-19.

Barnett, W. P. , Grieve, H. R. and Park, D. Y. (1994) 'An evolutionary model of organisational performance', *Strategic Management Journal*, Vol. 15, pp. 11-28.

Brock Smith, J. and Barclay, D. W. (1997) 'The effects of organisational differences and trust on the effectiveness of selling partnership relationships', *Journal of Marketing*, Vol. 61, pp. 3-21.

Doney, P. M. and Cannon, J. P. (1997) 'An examination of the nature of trust in buyer-seller relationships', *Journal of Marketing*, Vol. 61, pp. 35-51.

Ghemawat, p. (1985) 'Building strategy on the experience curve', *Harvard Business Review*, Mar. /Apr. , pp. 143-9.

Kay, J. (1993) *Foundations of Corporate Success*. Oxford: Oxford University Press.

Kay, N. M. (1996) 'The economics of trust', *International Journal of the Economics of Business*, Vol. 3, No. 2, pp. 249-60.

Lieberman, M. B. and Montgomery, D. B. (1988) 'First mover advantages', *Strategic Management Journal*, Vol. 9, pp. 41-58.

Pitt, L. F. and Jeantrout, B. (1994) 'Management of customer expectations in service firms: a study and checklist', *The Service Industries Journal*, Vol. 14, No. 2, pp. 170-89.

Porter, M. （1980）*Competitive Strategy*：*Techniques for Analysing Industries and Competitors*. New York：Free Press.

Porter, M. （1985）*Competitve Advantage*：*Creating and Sustaining Superior Performance*. New York：Free Press.

Prahalad, C. K. and Hamel, G. （1990）'The core competencies of the corporation' *Harvard Business Review*, May/June, pp. 79–91.

Russell, M. （1984）'Scales true economies', *Management Today*, May, pp. 82–4.

Stevens, H. H. （1976） 'Defining corporate strengths and weaknesses', *Sloan Management Review*, Spring, pp. 51–68.

Teas, R. K. （1993） 'Expectations, performance evaluation and consumer's perceptions of quality', *Journal of Marketing*, Vol. 57, pp. 18–34.

Tellis, G. J. and Golder, P. N. （1996）'First to market, first to fail? Real causes of enduring market leadership', *Sloan Management Review*, Winter, pp. 65–75.

Voss, C. （1992） 'Successful innovation and implementation of new processes', *Business Strategy Review*, Spring, pp. 29–44.

Zahra, S. A., Nash, S. and Bickford, D. J. （1995） 'Transforming technological pioneering into competitive advantage', *Academy of Management Executive*, Vol. 9, No. 1, pp. 17–31.

Zeithaml, V., Berry, V. and Parasuraman, A. （1993） 'The nature and determinants of a customer's expectations of a service', *Journal of the Academy of Marketing Science*, Vol. 21, No. 1, pp. 1–12.

精选案例

案例 22.1　　　　　　　　　　德国中小企业如何取胜

文/Bertrand Benoit

在办公室待了不到 12 周，锗根·瑟曼已经可以划掉他要做的事情列表上最上面的事情了。

在接手 BDI 公司（德国万能的工业联盟和这个国家最有权力的游说组织）的 1 个月后，这个 63 岁的管理者把削减企业税作为他的头等要务。

然后，在上周，不理会财政大臣的反对并在一次稀有的跨党会议上得到敌对党派的支持后，德国总理锗合德·苏哥，发誓大幅度削减德国企业的税务负担。

在 BDI 总部的屋角办公室，其位于柏林荒废的博物馆区的一家高耸的教堂，瑟曼先生坐下来用餐时流露出满足的神情。

上个月在脱口秀节目上提出对留存收益减税后，瑟曼先生迅速集结了一个从对商业友好的经贸总理沃夫甘·克莱默，到 DGB 贸易同盟的会长迈克·索门的支持者同盟——这是德国缓慢发展的政治世界中的一项非凡成就。

但这不仅是个人的胜利，还是瑟曼先生作为德国商业说客首领和欧洲最有影响力的企业家联盟主席两年任期之始发起的文化改革的证明。

在他之前，IBM 管理者汉斯-沃夫·亨克尔和 Voith（一个综合工业企业）前 CEO 迈克·若果维斯基把 BDI 变成了大公司的"代言人"，而瑟曼先生发誓为德国经济支柱中小企业代言。

他说："在德国有 350 万家企业，其中 150 万家靠单打独斗存话下来。"

出生于第二次世界大战时期施韦尔姆的维斯法阶小镇，瑟曼先生 19 岁就接手了父亲的炼钢生意，接着和一个表亲在 1978 年建立了 H&T 公司，现在其已拥有 25 家子公司。

虽然小，但是 H&T 公司拥有 3 500 万英镑（4 610 万美元）的年营业额，而且产品在各自市场上几乎都是领头羊。H&T 公司占据了整个世界电池壳产量的一半，并主宰了喷雾罐市场。它的五强领导人董事会包括一个美国和英国管理者，而它 2 000 个工人中的一半都在海外。精干、隐秘、保守而成功，这个企业是瑟曼先生致力于保卫的典型"隐性成功企业"。

但是，他对于德国中小企业的支持并不是源于个人经历。他说，虽然中小企业占了德国所有企业的九成且是农村工作的主要提供者，但大部分家庭经营和有银行贷款的企业最大的损失源于政府的忽视和德国过去几十年竞争力的逐渐缺失。

法兰克福证券交易所的权威索引 Dax-30 中的优质企业早就走向全球化，把资产和利润转移到世界各地来追求更廉价的劳动力，寻找最低税率和进入国际市场基础上的资本累积。但是它们的后进同僚却在挣扎着跟上日益增高的劳务成本、更压倒性的征税、更加紧缩的银行贷款政策以及日趋弱化的规章制度。

"这些企业大部分都在自己的领土扎根过深，即使它们想，其也无法在海外重置生产力。在每一年靠继承存续的 70 000 家企业中，很多甚至连遗产税都付不起，"瑟曼先生说道。

他的核心理念是大小企业现在都面临着多样的利益和挑战，这不仅表明了瑟曼先生反对税收的立场，也反映了他反对德国官僚主义的思想。

"为什么德国鲁尔河区的一家企业要花 24 个月去获得提供化学洗衣服务的许可，而边界线另一边的法国麦次市的企业只用花 8 个月？"一个在隆河南部经常度假的亲法管理者问道。

"这是因为在法国有一站式服务。只要一个投资决定下来，一个公务员会登记备案所有需要的行政申请材料。"

有争议的是，瑟曼先生对德国中小企业的保护和他返璞归真的风格虽然使 BDI 的议程恢复活力，但他也受到了指责。

他把季度报告的"短期主义"看做是可耻的行径，并对暴涨的高层薪水与政府两周前提出的草案提出严词指责。这份草案充满"官僚作风"，强迫在列的企业公布董事长的薪水，而这是违背莱茵省首府固有的新教徒式谨慎的。

"在我看来，我投资是出于我对工人的责任感。但是我也享受不被局限在在列企业中的快乐。"他说，"幸运的是，我们还有追求得起长期目标的中小微企业。"

上个月初，德意志银行行长约瑟夫·阿克曼无视高额增长的利润宣布削减 6 400 份工作而导致了报纸媒体的愤怒。在柏林首都俱乐部的一个高级聚会上，瑟曼先生回应称，他并不"认为公司应该为了利益最大化的目标牺牲一切"。

他现在圆滑地说，这并不是指责阿克曼先生。"德意志银行别无他法只能以 25% 的股值回报率为目标。像花旗集团、汇丰银行、苏格兰皇家银行、瑞士信贷或瑞银集团这些最成功的银行全部都有 30% 或更高的回报率。这是德意志银行经受的一种竞争压力。"

　　然而，他说"企业应该努力成为模范"，而公司应该承担它们的社会责任，比如预料之中的德国大学开始收费并建立为学生提供奖学金的机构。他说，提供更好的教育是他名单上仅次于企业税费改革的第二件大事。

　　如果瑟曼先生的文化改革已经导致 BDI 权力的再平衡，那此举的边境政治含义还是一个问号。在若果维斯基先生的领导下，BDI 从它传统的基督民主工会同盟中离开，变成苏哥让多总理市场导向改革的强有力支持者。

　　然而，瑟曼先生到目前为止在他的政治宣言中力求慎重公平，而他也称自己是个保守派。私底下，他对社会民主党的经济建设成就缺乏关注，而社会民主党的统治见证了 70 年来的最高失业率。他认为苏哥让多的绿党是在政治决策上被理想主义主导的左翼派系。

　　他在对政府反对工作歧视上是个积极的评论家；他谴责总理减弱欧盟稳定公约的效力，取消欧洲委员会服务自由化计划；他想废止绿营发起的对核能的禁令，而把核能作为解决上升的能源价格的途径。

　　穿着礼服的苏哥让多总理可能已经感觉到了风向的变化，在 1 月份于柏林音乐厅的开场盛典上，"我祝愿他，"他对 900 位宾客说，并标志性地露齿一笑，"拥有接受一些事不会轻易改变的智慧。"

德国中小企业战役的最前线

　　德国的中小企业面临着以下几方面的压力：

　　1. 欠发达的股票市场，零售投资商不情愿持有股份，企业家不愿意卖股份。廉价的信贷供给丰富的现象解释了战后的中小企业为什么靠银行贷款来融资。当 20 世纪 90 年代银行发布紧缩贷款政策时，信贷危机接踵而至。企业寻求从出让股份到夹层融资的其他的融资渠道。

　　2. 德国企业是欧洲赋税最重的，承担总额 38.6% 的企业税。对于缴纳个人所得税的个人企业，企业税能高达利润的 44.3%。因此，BDI 对允许小企业在个人所得税和企业税里选择一项缴纳的模型表示支持。

　　3. 虽然有工资节制，但政府也努力控制非工资的劳务支出，德国工人仍然是继挪威之后的最贵劳动力。由于向更廉价的劳动力市场转移活动的局限性，德国的中小企业面临着额外的支出。

　　4. 比起采取大量裁员，小企业更倾向于通过减少在研发上的投资来降低高额成本。根据 ZEW 经济组织的一项近期研究，自 1998 年起，一到高度创新，德国中小企业就持续在研发上输给大企业。

　　5. 德国的破产企业数目在过去 20 年持续稳步增长，去年达到 40 000 个。BDI 指出投资不足、市场萧条、高额赋税和劳务成本是主要原因。

Source：Bertrand Benoit, 'How the Mittelstand found its champion', *Financial Times*, 23 March 2005, p. 9. Copyright © 2005 The Financial Times Limited.

案例 22.2　　　　　　　**Rank 获取 CCH 木制品公司的控制权**

文/Tim Johnston

　　新西兰企业家葛瑞梅·哈特昨天从国际纸业拿到了木制品企业科特霍特哈维（CHH）公司价值 16.5 亿新西兰币（11.5 亿美元）的控股协议，并说他将招标拍卖这份重要的股权。

哈特先生的投资公司 Rank 集团打败了其他财团，包括 CVC 亚洲、Newbridge Capital、Carlyle 和 JPMorgan，拿到国际纸业价值 100 亿美元的非核心产业，这也是国际纸业十分想要的资产。

国际纸业昨天声明它已经签署了同步协议，将股票以每股 2.5 新西兰币的价格卖出，而 Rank 集团被认为 4 到 6 周后会全部接管。

哈特先生的交易代表着当 CHH 公开出卖股权时，国际纸业 6 月在 CHH 持有的 50.5% 股份转让给了 Rank 集团，且增加了 30% 的价值。国际纸业为了减少债务并集中在铜版纸和包装上的业务而将其出售。

CHH 是澳大利亚最大的纸制品和木制品公司。而昨天还有推测认为哈特先生可能会廉价出售其他资产。

哈特先生通过低价买入资产并转卖赚钱累积名声和财富。这个月，他将现金和资产混搭，以 7.54 亿美元的价格，卖掉了他在 2002 年以 3.1 亿美元买进的新西兰奶制品公司。

分析家估计 CHH 的潜在资产价值在每股 2.5 到 2.9 新西兰币之间，而且他们以为哈特先生不太可能让这个公司保持现状。

纸制品企业比如澳大利亚的 Amcor 或者 Visy 集团已经表示了愿意获得 CHH 包装业资产的兴趣。

哈特先生最感兴趣的是 CHH 220 000 英亩的人工林。一些观察学者说对于这个公司的土地，银行可以重新估值。

CHH 公司在股票市场不出彩，大部分原因在于纸浆和纸市场艰难的交易环境。由于木材由俄国供给，中国市场需求的增加并没有引起任何价格上的明显改善。

这个公司也坐拥现金。这一年它通过卖出部分森林获得了 4 亿新西兰币。

Standard & Poor 把它关于 CHH 的 BBB/A-2 评估放在 CreditWatch 上作为新闻。S&P 说这个举动表明"围绕着这个交易提出的不确定性，包括可能的新拥有人对这个集团的资产结构和财政政策，还有公司未来战略方向的不确定性"。

Source：Tim Johnston, 'Rank to buy control of CCH Wood Products', *Financial Times*, 18 August 2005, p. 27. Copyright © 2005 The Financial Times Limited.

热点问题讨论

1. 与大型的、已经建立并且成型的企业来比，那些不具备优势的小企业、创新企业采用了怎样的方式就算是超出了政府的管制区域（即碰了"红线"）？

2. 创业家怎样才能关闭商业企业的机会窗？

第 23 章

新企业成长的维度

本章概要

有成长潜质是新创企业的一个典型特点。本章主要涉及把成长当成是新创企业的一个特定机会和评价新创企业成长过程的方法。我们采用了多层面的方法,从财务、战略、结构和组织四个视角来考虑新创企业的成长并考虑了这四个层面的管理。我们也考虑了新创企业的成长如何给利益相关者创造机会并影响利益相关者的生活。在本章的结尾,我们探索了新创企业的成长可能被暗喻性地概念化的不同方法。

23.1 把成长当做新创企业的目标

重要学习目标

了解与把成长设为新创企业目标相关的问题。

新创企业具有成长潜质是它的一大特点,但是为什么创业家想要利用这个潜质来发展他们的企业呢?关于这个问题有很多种答案。这可能是渴望增加个人财富的结果,但这通常不是一个创业家的主要动机,更多情况下创业家会如此选择是因为它跟成就感有关。某种程度上,一个企业的大小是一种"计分"的方式。创业家们也受渴望改变世界的想法的驱使,一般而言,创造的企业越大,他们的影响就越大。促进增长也可以跟个人的渴望有关,企业越大,创业家就越能在更大领域内展现他们的权力。

因此,成长经常是企业的一个重要目标。然而,设定成长目标也给企业带来了有关企业的战略、资源和把企业暴露在危机中的挑战。

成长和战略

成长是必须实现的目标。只有通过开展大量的业务才能实现企业的成长。最终,必须要由不断增长的销量来驱动。新企业必须有相应的战略来坚实它的销售基础。正如我们将在本章讨论的那样,这个战略可以建立在利用市场增长、增加市场份额、开发新产品或者进入新市场的基础上。

扩张战略必须和企业的能力相一致,它必须利用和发展企业的竞争优势,而且考虑到企业可能面临的竞争处境。成长目标必须是有一定难度的,但考虑到企业面临的战略局限,它也必须是合理的。

成长和资源

成长依赖于企业吸引新资源的能力。资源的最终来源是消费者的钱包。投资和借入资本只能是为了达到吸引客户这一最终目的的方法。

资本本身是没有用的,企业必须把它转换成人力、运作资源等生产性资产。明确成长目标必须考虑企业能够获取的资源。企业不仅应考虑到从消费者、贷方和投资者吸引资本的能力，还要考虑到企业利用可得到资本引进企业赖以发展的人员和专业资产的能力。如果这些东西短缺的话，企业就必须考虑到企业成长过程中将面临的局限。

成长和风险

成长和风险之间有着复杂的关系。总体上说，企业越大，它所遭受的风险应该越低。因为两个原因：第一，企业的大小意味着其成功与否。一个大公司是成功的，因为它能够做大，即意味着它在本领域很擅长。很明显，在市场中能有效地运行是降低风险的最好办法。第二，企业越大，它所拥有的资源就越多。特别是，大公司倾向于有更多的宽松资源。这些资源不是用来达到特定目标的，其可以迅速周转。通过利用这些资源，大企业比小企业更能在短期的环境冲击里获得缓冲。

然而，成长必然伴随着风险。成长意味着发展新生意，也就是说，冒险进入未知领域。风险等级取决于企业扩张利用企业能力的方式、对产品的了解程度、对市场和企业竞争的环境的利用程度。不管新投资资本是重新获得的，还是利用利润进行再投资而不是把利润分配给利益相关者，利用资源来促进成长都是一项投资。作为投资，我们必须像评估其他投资一样从它面临的风险、它所提供的回报和它所产生的机会成本来评估成长。企业成长目标的设定必须考虑以下因素。它必须从增加的销售额、增加的收入（包括新投资资本）和这些收益如何转化为资本等方面来规定企业的成长。成长目标必须和用来达到成长的战略相一致，它必须可行而且它带来的风险能被企业的利益相关者所接受。

并不是所有的创业家在创业开始的时候心里就有很宏伟的成长目标。当安妮·塔罗迪克在布莱顿开第一家美体小铺的时候，她只是想做能给自己和家人赚点收入的小生意。然而，一旦她创新的潜质开始显现，成长（主要通过特许经营）就成了她生意的优先战略。

23.2　成长过程

企业成长对创业成功起着决定性的作用。拥有成长的潜质是把新创企业和小企业区分开的众多因素之一。然而，组织成长并不仅仅意味着规模的增长。成长是一个动态的过程。它涉及到组织内部的发展和变化，还有组织和环境互动方式的变化。尽管组织是按一个统一的整体来成长的，但组织成长最好从多层面去理解。正如组织本身有很多方面一样，组织成长也有很多方面。亨利·明茨伯格的书《组织的建构》有效地阐述了用多视角的方法来理解组织成长和变化。

考虑到组织的多层面性质，创业家必须不断地从许多不同的视角来审视企业的成长和发展。四个方面尤其重要：财务、战略、结构和组织。

- 财务成长是关于企业作为一个商业实体的发展。它主要关注营业额的增长、达到增长所需要的成本以及投资和相应的利润。它也关注企业所得的增长：企业资产。

与之相关的是企业价值的增长，也就是说，一个潜在买家愿意出的价格。因为财务成长代表了企业创造的可以分配给利益相关者的增加价值，所以企业价值也是企业成功的一个重要衡量标准。

- 战略成长是关于组织在作为一个统一的、战略性的整体在和环境互动的过程中方式的改变。首先，它关注企业运用自身能力在市场上获得占有率的方式。它概述了企业所利用的机会和企业为了创造可持续的竞争优势所获得的有形和无形资产。
- 结构成长是关于企业组织内部系统的方式的变化，特别是管理角色和责任、报告关系、沟通联系和资源控制系统的变化。
- 组织成长是关于组织在成长和发展中过程、文化和态度的变化。它也关注企业从一个小公司发展成为大公司时，创业家的角色和领导风格所必须做出的变化。

我们所描述的成长的四个层面不是相互独立的。这一过程的核心是企业从外部环境中获得有价值资源。也就是说，企业表现出了它可以比市场上的替代者更好地利用这些资源并创造出更多的价值。对资源的更好利用是创业家决策的结果。

战略视角把消费者的需要和企业服务联系起来。财务成长是衡量企业在服务市场需要时表现的标准，它也是市场分配给公司资源的衡量标准。公司必须把这些资源转化为资产，这些资产是由组织的结构配置的。额外的资源表明增加了公司拥有的资产，增加的资产反过来又要求拥有它们的机构在结构上做出变化。

然而，这个结构只提供了一个框架（见图 23.1）。构成组织的人员对组织拥有的资产所作出的决定和行动在更大维度上取决于该组织的文化和态度。战略成长有明确的方向，这个方向取决于创家者的眼光和领导力。

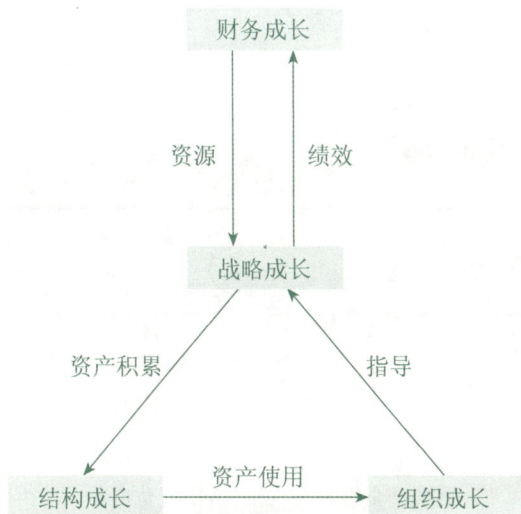

图 23.1　新创企业成长的动态图

我们必须要补充的一点是：虽然成长是新创企业的一个典型特点，但这并不是说新创企业一定可以成长起来。这只意味着如果企业有正确的经营之道，它才有成长潜质。成长必须是新创企业的目标。这个机会只有经企业的有效管理才能实现。成长是对创业家辨识出正确的机会，了解如何利用机会并有效地竞争的奖励。

23.3 成长的财务评估

重要学习目标

理解新创企业成长中的财务记录、报表和分析方法。

公司的财务表现对它的利益相关者是很重要的。健康的财务状况可以给雇员带来安全感，给消费者带来良好服务和未来供应投资的前景，给供应商带来需求他们产品的希望。投资者当然有兴趣看到良好的投资回报。他们会特别关注他们选择投资的公司的财务表现。

投资者和企业通过很多方式沟通。人际接触的程度取决于投资者的类型、投资数额和企业发展的阶段。企业运行的经济系统的性质也很重要。世界上不同地方的投资系统在正式和非正式方面都有变化。一个显著的不同是投资者如何选择影响企业管理的方式。如果企业在公开的股票市场上募资，有两种主要的方法可以达到这个效果。如果股市是流动的（大多数情况下在美国和英国），则投资者可以通过买卖股份来发出信号表达他们对公司表现的评价。升高的股价可以为企业未来获得投资提供保障。股价下跌预示着企业有被接管的可能。其他的经济体（通常在欧洲大陆）通常使投资者可以更大程度对企业管理进行干预。法人股东（比如养老基金和银行）可能任命主管来代替他们行使管理公司的职责。

如果企业只是依赖银行投资和风险投资等私人和机构投资，还没有发展到向股市提供投资存量的阶段，那么高程度的投资者监管和参与就是可能的。

不管企业和投资者互动的性质和方法如何，财务报告为其提供了可以互相交流的共同语言。最核心的交流是两个文件：资产负债表和利润表（见图23.2）。资产负债表是对企业所得的总结，包括资产和负债。它代表了企业在某个时间点上特别是截至报表日期当天的企业状况。利润表是关于企业在之前一段期间内的作为的报告，也就是纯收入以及达到这些营业额的费用和所得利润的报告。报告期间一般是一年，但如果投资者觉得有详细追踪的必要，则报告期间可以缩短。

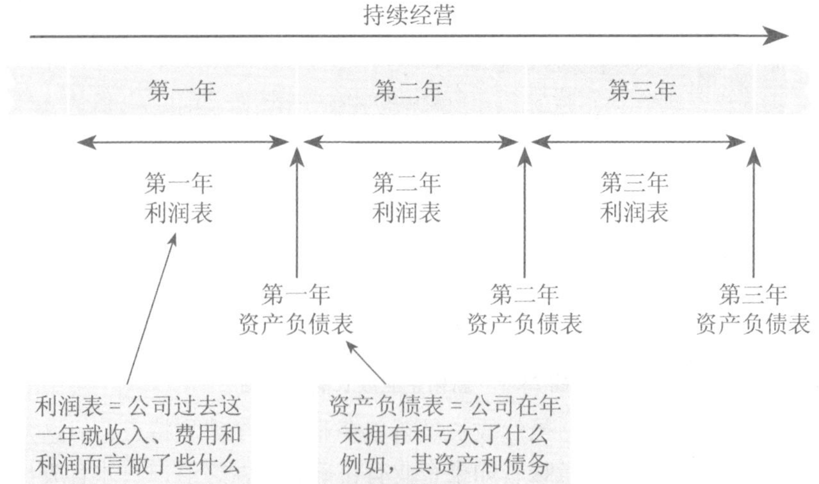

图23.2 财务报表的结构：资产负债表与利润表

资产负债表

之所以叫资产负债表是因为它经常显示企业的资产和负债是相等的（也就是说平衡）。资产负债表上的细节可能在不同的国家各有不同，但是一些重要的条目基本相同。

利润表

利润表反映了企业在一定时期内的贸易活动所得到的收益。

比率分析

一个新创企业的表现不能只以绝对的标准来衡量——它创造的新价值，也要以相对的标准来衡量，也就是考虑到企业利用现有的资源创造的新价值。在特定投资水平下，投资者对企业所能提供的回报比对"利润"更感兴趣。

比率分析可以用来对企业的业绩、状况和稳定性进行有价值的深入分析。正如它的名字所揭示的那样，它是依据资产负债表和利润表上不同项目得出的。

三种比率很重要。盈利比率表明企业盈利的能力，就是利用现有的资源创造价值的能力。财务状况比率表明企业的财务安全和投资者投资风险的大小。如果企业在股市上市，则股市比率就可以用来比较企业投资的盈利和其他投资机会的盈利的差别。

23.4　财务成长

> **重要学习目标**
> 了解财务分析怎样给理解财务成长和新创企业发展提供背景信息。

关于财务状况的报告，也就是资产负债表、利润表和可以从这些项目中得到的比率，这些给对企业感兴趣的人（创业家、其他的管理人员、投资者和税务当局）提供作决策的丰富信息。然而，作决策的时候必须在更广阔的背景下去考虑，不仅要考虑到企业相对于其特定商界的业绩，也要考虑企业业绩的总体趋势。

企业的业绩不能用绝对的衡量标准。对企业投资的边际收益或回报的期望（或者其他业绩衡量标准）应该建立在企业运行的部门的基础上。企业的业绩不是最重要的，最重要的是企业相对于主要的竞争对手和市场基准的业绩。同样的，期望的财务状况比率在不同的行业领域有差别。决定投资资本在不同水平回报率的部门分配的因素是风险。投资者可以通过对某一行业不同企业的股市比率的比较搜集到预测风险。新创企业不是静止的，它在不断地成长和发展。投资者和其他的决策者在作决定的时候不仅要参考某一个时间点上企业业绩的指标，而且也要评估业绩的走向。这对那些不渴望短期回报但是为了未来可能获得高回报而愿意冒一定风险的投资者来说尤为重要。投资者的决策（特别是关于是否进入或者退出投资的关键决策）主要受四个主要因素的影响：企业的投资回报、它的价值增长、风险趋势和股息生息率。

新创企业的绩效（投资回报）

投资者不仅关注企业业绩的绝对值，也关注他们对企业业绩期望的相对值，这个数值通常用他们想要得到的投资回报来表达。他们得出期望值是因为对企业和企业运行的部门了解，同时这个期望值也是创业家所做的推动企业发展的承诺。

新创企业的价值增长

企业的成长可以通过许多财务标准衡量。收入（暗示着支出）、资产和资本的增加都是同等重要的。一些需要遵循的重要指标包括营业额的变化、现金利润的变化、有形资产的变化、总资产的变化和利益相关者资本的变化。这些指标的增长可以用绝对值来表达，也可以用绝对值的比例来表达。比例变化可以用指数或者比例来表明。增长指数可以这样计算：

增长指数=本年的价值衡量/上一年的价值衡量

增长比例可以这样得出：

增长比例=（本年的价值衡量-上一年的价值衡量）/上一年的价值衡量×100%

当进行比较的时候，扣除经济的一般通货膨胀率才能得到企业的真实增长状况。算得的企业名义增长只有除以该段时期内的通货膨胀指数才能扣除通货膨胀的影响。

真实增长=名义增长/通货膨胀指数

一般我们可以用商品零售价格总指数，但是其他的更加专业的通货膨胀指标也可以采用。如果通货膨胀是用百分比表示的，则可以用以下公式把它转换成通货膨胀指数。

通货膨胀指数=［（通货膨胀比例）+100］/100

企业的成长有很多积极作用。企业的扩张使利益相关者的投资回报增加。企业的成长也表明企业有成功的运营方式，也总体上表明了风险的降低。成长不是凭空得来的，它也要付出代价，因为高水平的增长使得现金流量变得紧张并且导致不太良好的财务比率。这使企业在短期内面临更大的风险，特别是当遇到危机和有短期债务必须要偿还的时候。

新创企业的风险趋向

成长总体上可以减少风险，但企业面临的特定水平的风险在一定程度上是由创业家和其他管理者控制的。一个重要的因素是企业的负债比率。负债总体上是比股权融资少的，但是不管企业的业绩如何，债务是必须偿还的。债务的偿还优先于股票和股息的偿还。所以高水平的负债比率使企业（也就是说投资者）面临更大的风险。

何为最佳水平的资产负债比率没有定论，这是一个复杂的问题，受到利率、相应的行业风险和税收效应的影响。用它与行业基准进行对比可以提供粗略的指导。

财务状况和（如果公司有流通股）股市比率可以让我们对企业的整体风险状况有一个深刻的了解。总体上来说，随着企业的成长、成熟和稳定，投资者是希望风险不断减小的。在早期面临风险之后，他们已经准备好了来获得回报。

新创企业产生的回报

到最后，投资者希望得到投资的资本收益。他们可以通过收取持有股票的红利或者售出股票来达到这个目的。这两种清偿投资的方法只是在时间选择上不同而没有实质性的不同。股票的买入者希望得到未来的股票红利。独立的市场会根据投资产生的现金流量来评估投资。

企业的管理者决定把多少利润分给利益相关者，把多少利润留存在企业内部用于未来投资。利益相关者或者同意这种利益分摊或者反对。他们通过对企业的直接干预来表达同意或者反对，而且如果他们的投资是流动性的，则他们可以买卖股票以抬高或者拉低股价来表达他们的意见。总体上，虽然投资者愿意看到管理者把利润反向循环到新兴而快速增长的行业，但在未来某个时点他们还是希望得到投资的真正现金奖励。随着企业的成熟，投资者可能希望得到更大比例的利润回报。

新创企业财务成长分析的大致情况见图 23.3。

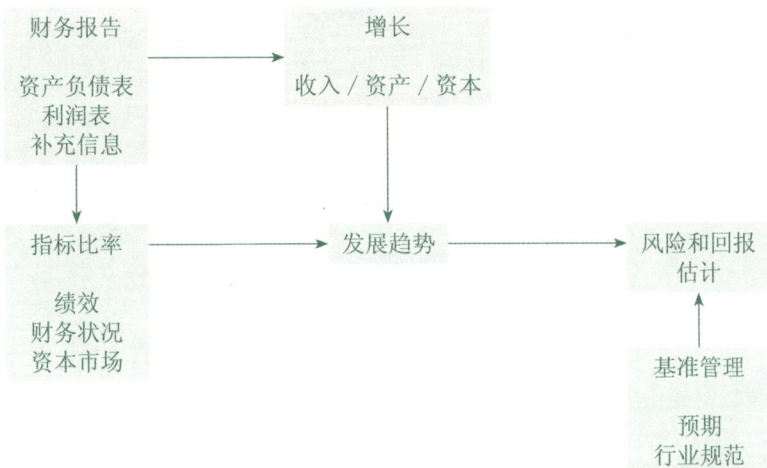

图 23.3　新创企业的财务方法模型

23.5　战略成长

重要学习目标

理解企业在成长过程中发展竞争性优势的方法。

组织管理的战略方法把组织当成一个整体来管理。它把组织概念化地放到环境中，它必须在该环境中吸引资源并增加价值。组织必须把新创造的价值分配给利益相关者。战略方法也明确了组织在努力获取和利用资源的时候面临着来自其他组织者的竞争。

从战略角度来讲，组织能够用它发展和保持的竞争性优势来竞争资源。成长代表着企业成功地从环境中获取了资源。这是企业在市场竞争中有效作为的标志，表明企业已经发展了自己的竞争优势并在竞争压力下努力保持住了它。然而，竞争优势不是静态的，保持它的同时也就是发展和强化了该竞争优势。

企业成长很容易带来优势。总体上，企业的扩张可以提高竞争优势。随着企业的成长和发展，只有在创业家对企业的竞争优势的本质敏感，并努力积极地管理该竞争优势时，这样的情况才会发生。

成长和成本优势

成本优势的主要来源是经验效应。产出产品的经验导致成本降低（严格来说，是每增加一定数量价值的成本降低）。当产出线性增加的时候，成本呈指数下降。因此达到最高累计产出的企业有经验成本优势。这会产生"良性循环"（见图 23.4）。成本领先意味着消费者可以用更低的价格买到产品。这相对于其他竞争者来说，增加了消费者对企业产品的需要。这使得企业能发展领先于竞争者的规模生产。反过来，规模优势又巩固了企业的成本领先和给消费者提供更低价格产品的优势。

很明显，随着企业的发展，创业家可以逐渐获得成本优势。这个策略使得企业有在市

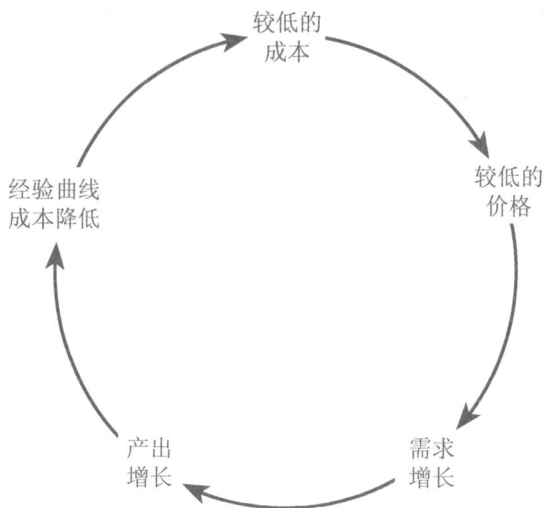

图23.4　成本领先的良性循环图

场上获得一致的、可持续的优势的潜质。然而，这个策略需要满足一些条件，它本身也不是没有风险的。如果想使该策略生效，创业家必须明确知道他们发展的市场的众多特点。

成本优势尚未在市场上建立起来

如果成本优势已经在市场上被其他企业建立起来，那么企业就可能冒着成为追随者而不是领导者的风险。如果企业的成本不是真的比领先竞争者的低，则仅仅通过补贴成本来比竞争者定价低需要高水平的投资。在一些实例中，这种廉价出售可能被监管机构认为是反竞争行为。不管如何，这种策略施行起来会很昂贵。

为了成为成本领先的企业，企业最好是第一个进入市场的。实际上，这就是说企业所赖以生存的创新必须独特到使企业可以形成一个新的市场。

潜在的规模生产使得市场进入是值得的

经验曲线效应导致的成本降低只有在产出规模足够大的时候才有意义。因此，成本领先策略不是那些服务地方市场的小微企业甚至中型企业的实际选择。实际上，对那些行业制造者，并打算把产品供应到广泛（现在更多指全球）市场上的企业来说，成本领先战略是个可以考虑的选择。这不是说价格不是小企业运营的重要因素或者它们不应该管理成本，而是说把成本作为竞争优势的支柱是大公司的特权。

这个事实的推论是整个市场必须愿意接受差不多同种类的产品。如果当地市场的需要很专业化的话，重复产品和经验曲线效应的优势就消失了。

企业供应的产品销售量对价格敏感

经验曲线效应是通过规模生产获得的。只有当消费者购买更多价格领先者的产品来响应低价的时候，良性循环才能形成。这要求企业提供的产品是价格敏感的，也就是说，企业的产品和它的竞争者的产品是可替代的。可替代性表明不同供应商的产品差不多完全相同（从消费者的视角来看）并且在使用中可以互相替换。要想可替代，产品不仅要在技术角度上相似，而且应没有相关的转换成本，也就是说，当消费者从一个供应商转向另一个供应商的时候没有额外花费。

如果有转换成本并且企业是消费者的第一个供应商，那么企业可以利用这些费用作为竞争优势的基础。这再一次强调了创新在创业成功中的重要性。

经验曲线斜率足够大（但不会太大）

经验曲线的斜率即成本随着产出增加而降低的比例，也即学习发生的速度。经验曲线需达到一定坡度才能使先锋创业家获得的量的优势转化为成本优势，而成本优势在市场上意义重大。然而，如果曲线太陡的话，跟随者会发现很容易赶上，那么最初的优势会很快消失。

分销可以得到保持

价格优势只有在消费者买到商品时才有意义。这意味着分销易于达成。如果独立代理商（如批发商或零售商）参与分销，跟随者以某种方式干扰低成本厂家分销能力的危险就会一直存在。实际上，创业家正在将分销视为发展非价格竞争优势的基础。如果分销商停业，领头企业销量将骤减，成本优势也将随之瓦解。通常情况下，这种行为受到《反托拉斯法》的限制。然而，该立法难以实施。一家跨国公司的分销商可能偏向于当地供应商。一些政府认为支持当地生产厂家具有战略优势，因此通过指控低价企业倾销（即以低价获取市场地位）来抵制开放市场的压力。即使这种指控最终被推翻，企业也已经损失惨重。实施低成本战略时，时间就是销量，时间就是成本，时间就是金钱。

技术创新并不会重置经验曲线

经验是通过不断重复运用某项经营技术生产或提供服务而获得的。如果一个行业的技术基础发生了变化，新的经验曲线将会出现。无论是产品本身的创新还是产品提供方式的创新，既能带来机遇也能带来威胁。企业通过技术创新率先进入市场并获得竞争优势。但是，一旦企业在市场立足依靠一项技术取得竞争优势，新一代的创新企业会带来冲击。这意味着新企业即使实施的是低成本战略也要竭力保持创新。

创业家要有耐性

低成本战略并不是短期战略，不能立即带来回报。实行低价竞争时，利润必须降低到总成本水平。只有这样企业才能确信自己的价格是最有竞争力的。然而，企业面临着抬高价格以增加短期利润的诱惑。创业家可能会寻找额外收益来投资企业发展。投资者迫切希望看到投资收益。企业会将价格视为可变选择，在市场上取得领先位置（当然是在数量上）。它可能已经与消费者建立了稳固的关系。竞争者可能会发现自己在市场上难以立足。然而此时仍然需要抵制抬高价格的诱惑。所有这些优势都是保持低价的结果，是企业在将来取得盈利的基础。过早抬高价格，会形成"成本保护伞"，低效率的竞争者就会乘虚而入。由此形成的差价正是竞争者进入市场所需要的。要实行有效的低成本战略，企业必须集中精力将价格压到最低，并坚持到底。在最好的情况下，将最低价一直保持到市场停止增长，这时候市场对新进入者来说已失去吸引力，因为要获得市场份额只能通过让现有消费者转移选择来实现，而这不能吸引新的消费者。这时，低成本企业可以将价格提高到成本以上，增加利润，收获投资回报。

图 23.5 展示了技术创新和成本保护伞如何为低成本战略带来风险。

积极管理成本

尽管成本与产量之间存在数学上的关系，但这并不意味着增加产量就能自动降低成

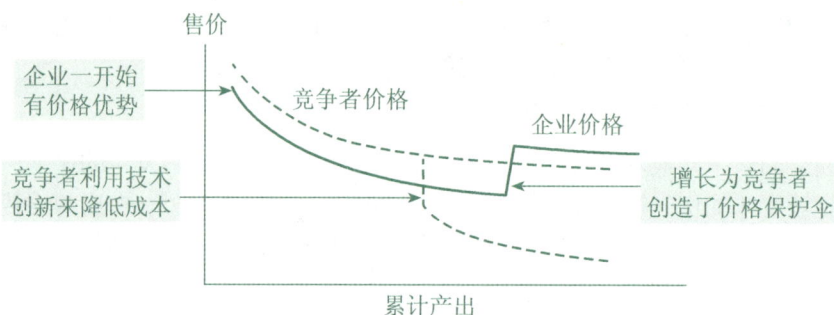

图 23.5　成本领先战略下的风险

本。增加产量给公司管理者们一个压低成本的机会，他们必须得好好抓住这个机会。成本管理必须成为管理工作的重点。实际上，它应当成为制定决策的关键。低成本战略会影响到股东们，因此必须得到他们的支持。上面也提到过，消费者一定会对价格作出反应，而投资者要做好长期准备。另外，供应商要认识到其报价必须有竞争力。再者，雇员们会意识到（如果管理不当，这个意识会越加清晰）他们既是企业的成本，也是企业的伙伴。这可能导致他们认为自身的利益与企业利益不相容。成本管理需要一以贯之的态度，但执行起来要灵活。

成长和知识优势

知识优势来源于知道竞争者所不知，如对消费者、市场、产品的了解。这使得企业能够为消费者提供价值。这一优势的发展取决于两个因素：知识优势的意义及优势丧失的速度。

- 知识优势有多大意义？所知道的具有多大价值？这些知识范围足够大吗？对多少消费者有意义？能够保持企业成长吗？如果行，能够维持多大程度的增长？
- 知识优势会如何丧失？竞争者要获得该知识并会使用需要多长时间？他们能够自己发现或通过别人发现吗？企业活动会将知识传达给他们吗？

显然，这两个因素互相抵制。知识越有价值，竞争者越想要掌握。知识难以保护。知识只能带来暂时的优势，如果企业想要通过知识优势求生存促发展，就必须不断发现自己能够为市场提供什么及市场为什么会接受。

要做到这点，企业需将自己定位在一个能够接受并奖励新发现的创新的市场中。以技术创新为主的高科技市场就是个很好的例子。然而，这个市场并不一定得是高科技市场。更多情况下，只要消费者期望在不断变化，并且对新产品有积极反应，企业就能获得知识优势。

为此新企业必须保证重视两项活动。首先，要将资源投入在了解市场和消费者上。从作用的意义上讲，这意味着市场调查。更广泛地讲，这意味着整个组织必须时刻留意新想法和新行动。企业尤其要对消费者的需求和愿望做出及时的反应。其次，组织需积极创造、发展、提供新的产品和服务。产品开发要有组织内部系统和程序的支持，不光如此，还应当将其放在首位。在管理组织的发展当中，这些系统应被视为重中之重。

成长和关系优势

关系不光存在于组织中，也存在于人之间。在创业早期，创业家直接"对付"企业。

他们直接负责与股东们建立有效关系。共同努力维护关系网络是创业家的主要职责。创业家与顾客、供应商、雇员之间建立的良好关系能够加强他们与企业的联系。问题是，在企业发展壮大的同时，创业家如何保持关系优势？如何利用这一优势促进企业发展？

这些问题颇具挑战性。最初，创业家处于关系网络中心掌握一切。随着企业发展，关系网络愈加复杂。创业家无法继续向所有利益相关者展示企业。必须要有新的个人专门管理组织关系。例如，销售人员向客户展示企业。采购人员与供应商打交道。有时候，财务人员甚至有必要与企业投资者建立关系。

为了了解如何保持管理关系，很有必要了解企业和利益相关者的关系与竞争者的关系网络有何不同，这些不同对于向利益相关者提供价值有何重要性，及为什么竞争者模仿这些关系会有难度。创业家尤其应当回答以下问题：

为什么关系具有价值？

企业关系的哪些方面为利益相关者创造价值？关系是否带来信任，减少了时刻控制成本的需要？是否有益于满足社会需求？是否具有满足自我发展需要的潜力？这些好处是作为产品的一部分（如通过品牌管理），还是作为产品的补充（如通过与业务共同作用）？

对关系的期望有哪些？

一段关系当中重要的不是结果，而是结果是否达到期望。期望达到，这段关系就是令人满意的；否则，就是令人失望的。人类关系复杂。人们抱有的期望具有多面性，体现在经济、社会、自我发展等方面。通常情况下，这些方面互相影响，而有效的创业家在管理关系时必须面面俱到。

哪些惯例有助于维持关系？

关系靠行动实现，关系中的各方都扮演着自己的角色。在某种程度上，关系就是剧本。例如，销售涉及到一系列精心设计的步骤：接近客户、介绍、展示产品、结束。在企业内部，雇员激励通过评估和奖励来保持。不是所有维持关系的惯例都显而易见，有一些甚至只有到被打破时才被人注意到。即使是微不足道的惯例也可能被仪式化，它们构成了期望赖以产生的基础。改变一项惯例可能会给关系造成很大的冲击。例如，一家企业发展相当顺利，投资者们很高兴，现状超出了他们的期望。创业家每三个月向他们汇报一次财务状况，不久后，这形成了一项惯例。投资者们认为企业发展良好无需多虑，于是不再详细审查报告。接着，创业家们认识到了这一点，并认为报告简直就是浪费时间，于是不再通知投资者们，也不再作汇报了。

投资者们会怎么想？他们应该担心吗？他们联系了创业家，创业家告诉他们企业发展很好无需顾虑，之所以不再向他们汇报是因为没有新信息提供，因此沟通也就无足轻重。投资者们会怎么看待创业家对他们的态度呢？

管理关系需要哪些技能？

企业关系必须管理。像其他各种形式的管理一样，关系管理需要知识和技能。在4.3节已详细讨论过，企业关系管理所需的主要技能有：沟通技能、领导技能、谈判技能和激励技能。

需要什么样的行为标准？

行为标准，即哪些该做哪些不该做，是关系当中至关重要的一方面。通常，社会会规定企业的行为标准，这只是最基本的规范。创业家可能一直在承担那些超出期望的责任，以此寻找竞争优势。

成长和结构优势

当企业组织结构能够灵活并及时应对竞争压力时，就产生了结构优势。这通常是新企业的重要优势。由于缺乏成熟企业的成本优势和关系优势，新企业要发展就必须对市场需求更敏感并创造性地满足它们。

新企业面临的挑战是在企业发展成熟过程中持续保持迅速反应能力和创新动力。关键是要了解企业已有的结构优势，设计企业组织结构发展模式。这一重要思想将在 23.6 节和 23.7 节详细阐述。

23.6　结构成长

重要学习目标

了解驱动组织成长的因素。

每个机构都有其独特的结构。要准确了解结构，需要有广阔的视角。结构分为动态和静态两方面。

报告关系框架（谁对谁负责）描述了组织结构。然而，这种结构只是个大致框架而已。沟通实现的方式，报告关系中的角色及定义、支持、规范这些角色的权力结构，这三者使组织结构丰满起来。有些角色正式并显而易见，有些却相反。创业家必须学会管理所有角色。组织的结构及其发展方式即组织对所处环境和机会的反应。权变理论是了解组织如何由特殊情境定义的有效途径。简而言之，该理论认为组织结构取决于 5 大因素，包括组织规模、公司用以创造价值的运营技术、所采用的战略、所处的环境及内部权力执行的方式（见图 23.6）。

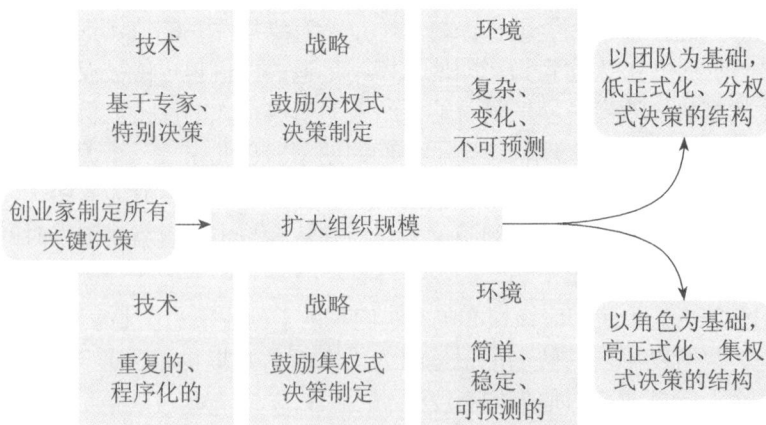

图 23.6　影响组织成长的结构因素图

组织规模

通常，组织规模越大，结构越复杂。规模大的组织为区分任务提供了更广阔的空间。由于更多的信息需上传给决策者，更多的指示需向下传达，管理层次就会较多。组织规模扩大到某个程度，组织结构会异常复杂，最好将其分成一系列分支机构，各自向同一个中心报告。

运营技术

广泛来讲，一个组织的运营技术仅仅是执行任务的方式，有些组织的运营技术包括重复执行一系列相对直接明了的任务。例如，麦当劳餐厅生产快餐，通过大量的销售点零售。其他组织面临更复杂的任务，但仍然具有可重复性。例如，易捷航空必须将乘客由一个地方载送到另外一个地方。另外一方面，有些企业，尤其是高科技企业，任务量小但技术复杂，几乎不具有可重复性。一个很好的例子是微软软件包的开发。

权变理论指出任务可重复性强的组织结构更加正式，分工更明确，而任务重复性和可预测性低的组织的结构不如前者正式。员工倾向于以某个项目的要求来定义自己的角色，而不是以例行惯例。在这种情况下，组织会发展出专业性角色，建立特别的结构。

组织战略

企业采取战略的目的在于争取消费者的关注。总而言之，战略是关于给谁提供什么以及消费者购买的原因。一些组织业务建立后，就开始呈现保护性的姿态。它们了解自己的产品，知道消费者购买的原因。它们以提供自己的特色产品来竞争，只有当竞争者闯入它们的领地时才做出反应。

另有一些企业更具进攻性，创业家们肯定是属于这一类企业。他们致力于攻击新进入者来发展自己的企业。他们靠创新、更好地服务人们的需要、更有效地解决问题竞争。一些企业可能同时采取这两种战略：保护已建立的业务，用已有资源进攻其他领域。

更确切地讲，组织的战略关于开发并保持竞争优势，尤其是成本优势、知识优势、关系优势和结构优势。

战略与结构之间不存在简单直接的关系，重点在于组织内部决策推动战略的方式。简单来说，如果决策集中化，结构就更规范、正式。反之，如果是下压到各管理层，则该管理结构就更灵活，非正式程度更高。追求低成本的组织倾向于集中化以进行低成本管理。依靠品牌知名度的零售组织也采取集中化来管理品牌、产品和服务。

以知识优势为本的企业，尤其当需要大量专业知识时，会避免集中化系统。决策制定可能会地域化。然而，行动受到很强的组织文化指导。经验丰富的员工指导经验不足的员工，因此团队结构很重要。

组织环境

组织面临由客观经济特征、利益相关者和竞争者构成的环境，它既为企业提供资源，也给企业带来挑战。机遇预示着新的可能性，而威胁意味着好景不长的危险。环境取决于一些因素，尤其是复杂程度（即需多少信息才能了解环境）、改变或发展的速度、变化的可预测性。与战略一样，环境对组织结构的影响体现在决策制定的方式上。新的经常变化的环境有助于将决策制定交给那些直接面临环境、处于组织前沿的人们。

权力、控制及组织政治

组织结构体现组织对规模、技术、战略和环境的反应。但反应的理性程度取决于创业家对企业的控制程度。一个权力集中的创业家是企业的一大资产。他们决定企业的愿景，领导着企业，使企业关注机遇的显现。如果没有这些，组织可能会失去方向，锐气受挫。员工会认为自己的利益与企业利益不相符，组织因此会变得更加政治化。

另外一方面，如果创业家权力执行不当，组织可能会走上歧途。权力意味着责任。创业家有必要用自己的职位和权力创造一个能够让个人自由表达、实现决策能力的环境。对于所处环境变化无常、地域化决策带来优势的快速增长的创新企业，这点尤其重要。即使组织能够从一定程度的集中化中受益，创业家也在自行决策时面临着数量和范围上的限制。一旦组织达到一定规模（不一定要很大），创业家最好求助于管理团队。

23.7　组织成长

创业家面临着设计、创造组织的任务。Chaganti 等人（2002）的研究表明，创业家的领导风格和战略是形成小微企业成长机制的重要因素。权变理论为理解组织变量提供视角，但并不能指导组织形成。更好的途径就是考虑组织的资源要求，以此设计组织结构。新企业发展"传统"的途径如下：起步之初，往往只有创业家和其他一两个人，创业家制定决策并执行企业的活动。企业发展到初级阶段，随着员工增多，创业家有更多时间制定决策，管理业务活动。企业进一步发展，创业家可能会建立一支经理人团队来帮助自己决策。这个经理人团队可能是更正式组织的核心。这个过程进一步发展，创业家就要担当起首席执行官（CEO）的角色，企业趋于成熟。这个描述具有回顾性，符合一个新企业的发展历程。定义企业发展各个阶段的模型应当被慎重对待。一个重要的例子就是 Greiners（1972）的生命周期模型，该模型将企业发展分为五个发展阶段和五个危机阶段。如果企业不能获得新资源，进而改善结构，那就不能进入下一个发展阶段，企业就会衰落。

该模型也许描述了已经发生的，但不能预测将要发生的。即使存在某些发展阶段，企业也可能以不同速度经历不同阶段，并跳过某些阶段。这类模型对决策制定者指导意义不大，因为很难确定企业正处于哪个阶段，什么时候进入下一个阶段。对尝试设计组织的决策者来说，更有效的方法是弄清楚在当前情况下什么决定企业结构。考虑组织资源要求是一个方法。

所需资源的途径

12 章讨论过企业资源本质。总之，新企业只需三样东西：创新赖以发展的信息、投资资本和人员。图 23.7 展示了新创企业的资源需求。实际上，新企业是通过不同途径来获得这些资源的。

（1）信息。在第一个例子中，信息通过创业家在某个业务领域的经验获得。随着企业发展，获取市场情报日益重要。接下来，需要正式的市场调查和产品技术研发项目。

（2）资本。创业家可能用自己的钱开始创业，可能还有正式或非正式的投资资本。如果企业要发展，就必须从消费者那获得资金。这当然是销售产品的结果。要做到这一点，需要消费者利益、消费者口碑及企业提供的产品或服务。如果企业要持续发展，就需要有额外的投资资本，而这当然需要投资者的利益和企业商誉。

（3）人员。在企业发展早期，创业家可能邀请自己的亲信加入，然而，随着企业发展，就需要有正式的招聘职员、获得员工信任的程序。企业特有的结构可被视为企业对三种关键资源要求的反应。大型的成熟企业的传统反应是设立部门负责获取资源。营销和销售部负责消费者信誉，财政部负责投资者信誉，市场调研部负责市场调查，研发部负责技术开发。

组织包括两大部门——（负责生产产品或服务的）操作系统和协调整个组织的战略管理系统。

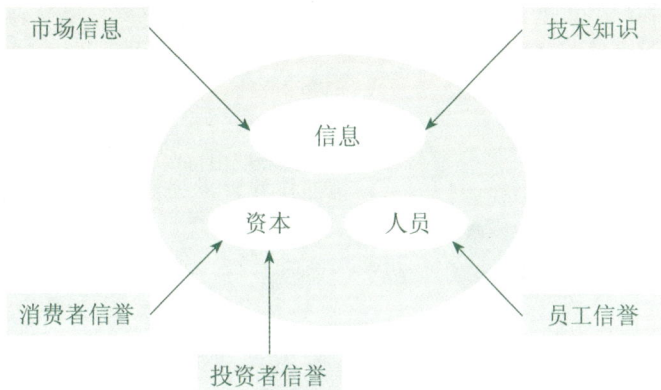

图 23.7   组织的资源独立模型图

资源获取途径

资源获取途径只是一系列可能反应中的一种，它体现了企业成熟后的局限性，还体现了一种传统环境。在该环境下，不同资源相互独立，获取途径也可预见。正是这一特点使"专业"管理者们能够获得资源。

在企业发展的早期，创业家负责消费者、投资者、员工信誉、信息。换句话说，创业家集营销、销售、财政、发展专家于一身。创业家必须保持对企业的战略性控制，并负责企业操作。这时，创业家角色很有挑战性。随着企业发展，任务得到分工，创业家角色更加独特。通常，他们不再参与操作活动，而是关注于管理整个企业。随着企业进一步发展，其角色更加具体化。个体集中于获取关键资源。结果就出现了获取专门资源的部门。图 23.8 展示了新企业发展过程中投入-获取职能的演化。

该途径可用来指导组织结构设计。决定结构的主要方面如下：

- 组织规模有多大？有多少员工？有多少专业化角色？使用外部专业人士的可能性有多大？

按常理，如果可能的话，任务、职责、角色等都应专门化。

- 关键投入有哪些？所有的投入都重要。然而，特定时候需要首先获取某项资源。问题是，此时什么资源是最重要的：市场信息、产品技术或者投资资本，或者销售，抑或是人？缺少任何一种投入就会限制企业成长吗？用一种资源获取投入的可能性有多大？这种情况在近期会有什么变化？

按常理，应集中于关键投入，但也不应该忽视其他投入。

- 企业技能状况如何？哪些技能可以为企业带来贡献？企业如何对待具有销售、营销、财务、谈判、研发技能的员工？这些技能如何获得？这对企业将来的技能需求有何启发？

按常理，企业应建立技能概况。如有必要，创业家要乐于寻求外界帮助。

- 所需投入的本质是什么？企业所需投入取决于企业所处环境。投入被很好地定义了吗？是否易于获得？获取投入的竞争有多大？竞争的基础是什么？

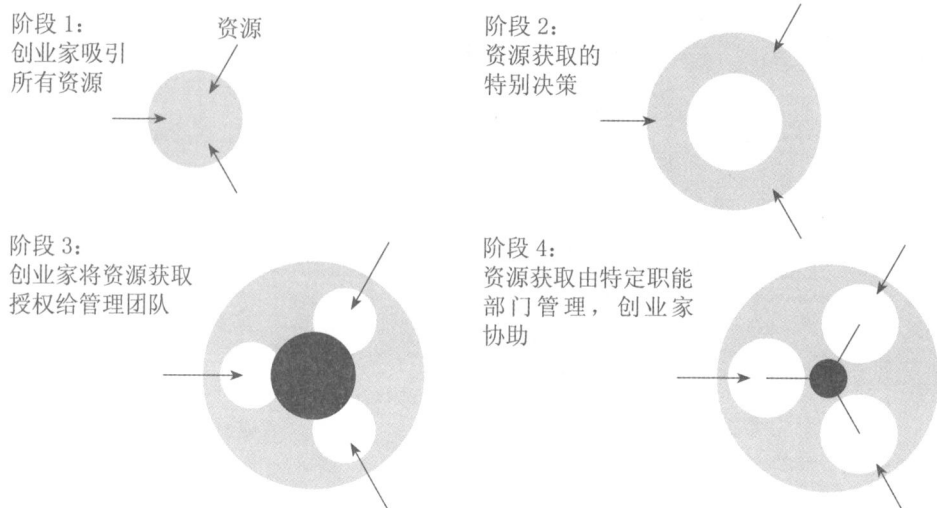

阶段1：
创业家吸引
所有资源

资源

阶段2：
资源获取的
特别决策

阶段3：
创业家将资源获取
授权给管理团队

阶段4：
资源获取由特定职能
部门管理，创业家
协助

图 23.8　在一个成长的新创企业资源获取的开发路径图

这里的关键是管理投入需要许多专业技能。

按常理，应当考虑通过内部专业化来达到竞争优势。

- 不同的投入如何相互影响？任意一种投入的获得都不是孤立的，因为获得一种投入会影响到其他投入。不考虑市场需要，技术知识毫无价值。如果企业对市场情况了解充分，则容易获得投资资本。与此相似，员工有信誉有利于建立一种企业文化，使消费者也有信誉。

这意味着获取投入的部门要相互沟通。负责市场调研的部门需要与研发部沟通。财务部需与营销部沟通。组织结构促进或妨碍部门间的沟通。如果投入获取途径相互独立，则部门集中协调的结构比较合适。另外一方面，如果详细的投入获取协调很有必要，则矩阵式的结构会更有效，能更好地发展结构竞争优势。

23.8　成长中的控制和计划工作

重要学习目标

了解新企业成长中创业家的控制方法。

新企业成长需要创业家作出战略、资源、投资决策，这意味着发展必须得到控制和计划。控制增长的观点对于创业成功有关键意义。创业家的战略不仅要体现增长的内容，还要体现增长的原因。

增长的潜力必须体现在企业的使命中。这项使命要合理，还要使企业能最大化地发挥其能力和潜力。

增长的方向应由企业战略指明。增长方向应指明企业提供的产品或服务、进入的市场、亟待发展的竞争优势等。

管理增长即要管理组织内部的流动资源。这意味着设计组织使资源获取功能处于正常状态以便有效协调资源获取的行为。

总而言之，实现增长是企业内部决策过程的结果。创业家必须通过自己的领导和权力来掌控。创业家总是倾向于将自己的需要（或欲望）强加于组织，因此他们需要克制自己，考虑让员工发挥主观能动性。

23.9　新企业是一个人本发展的舞台

重要学习目标
了解新企业成长中人这一
维度的重要性。

企业组织不仅是创造财富的系统，还是人类生活的舞台。人们以其在组织里的角色塑造自己的形象。对许多人而言，你自己决定你是谁。建立一个组织时，创业家不光是在创造就业机会，也是在创造一个舞台，人们各自有着个人发展的机会和平台。有效率的创业家能意识到这点，他们知道员工带着不同的期望在企业工作。创业家应当意识到企业对于员工的意义，以及这意义如何随着企业发展而变化。

小型非正式的组织提供的环境与角色和更正式的大型组织有所不同。当然，两者各有长处。大型组织给员工提供更多发挥、发展专业技能的机会，而小型组织的工作环境更灵活亲密。创业家需从员工的角度看到利益平衡点。

一个创业家，正如任何成功的管理者一样，都必须认识到企业的发展同时包括企业员工的发展。企业的成长也有助于员工的成长。建立并与员工分享企业愿景意味着向员工阐明企业发展模式、个人在发展中所扮演的角色以及这些角色对于员工个人有何意义。

在实践中这就意味着管理者必须和员工探讨企业近期的变化，让他们了解这些变化对他们有何意义。应向员工阐明这些变化可能带来的机遇并消除变化引起的恐惧，变化实际上是一个产生激励的舞台。这些沟通可以是正式的（例如，定期考核以及目标设定），也可以是非正式的。

了解变化所带来的机遇以及由此对个人可能产生的影响十分重要，因为这些因素构成了创业家构建领导战略的平台。

23.10　企业发展与变化的概念化

重要学习目标
了解描述新创企业发展的
暗喻。

我们在 13.1 节中提到了想要理解企业这一概念，最好的方法就是使用暗喻的方式来介绍企业。也就是说，介绍企业管理的方法从某种程度上来说要依靠暗喻，从而使创业家对于企业的总体情况有所把握。暗喻不仅能使人们对于静态的企业有更好的了解，也能使人们更清晰地认识到企业的发展与变化。总而言之，暗喻不仅能使企业面临的挑战更加明晰，也能使我们一窥创业家迎接挑战的方式。

范·德和斯科特·普尔（1995）总结了关于企业变化的几种最突出的暗喻。这些暗喻是基于生命周期、进化论、辩证学以及目的论建立起来的。而关于三维辩证以及混沌体的暗喻使得这部分体系更加完善。

生命周期

生命周期的暗喻意味着每个企业的成长与发展和有机物生长、发展的过程相类似。有机物的生命周期包含一系列不同的阶段：出生、成长、成熟、衰老以及死亡（见图23.9）。这些阶段是有机物的基因所决定的，其生长变化是无可避变也无法回头的。生命周期的暗喻正是借用有机物的生长周期从而得出这样的结论：新兴企业更有活力、更加多变，而老大哥式的企业则更稳重，反应更慢，这是任何企业在其发展、成熟过程中所不可避免的。但这种暗喻并未明确生命周期的长度，也未阐明这种变化究竟何时发生。

这类暗喻的局限就在于它错误地认为所有企业都不可避免地走向衰落。另外一方面，它也能更好地让企业在顺风顺水中戒骄戒躁。

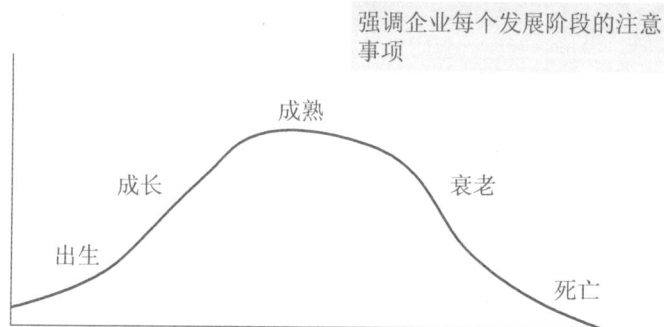

图 23.9　生命周期暗喻模型

进化论

进化论是关于生物进化的一种理论体系。它是基于竞争、适者、选择和生存等概念的理论。这一理论被用来描述企业生存与消亡的变化（见图23.10）。

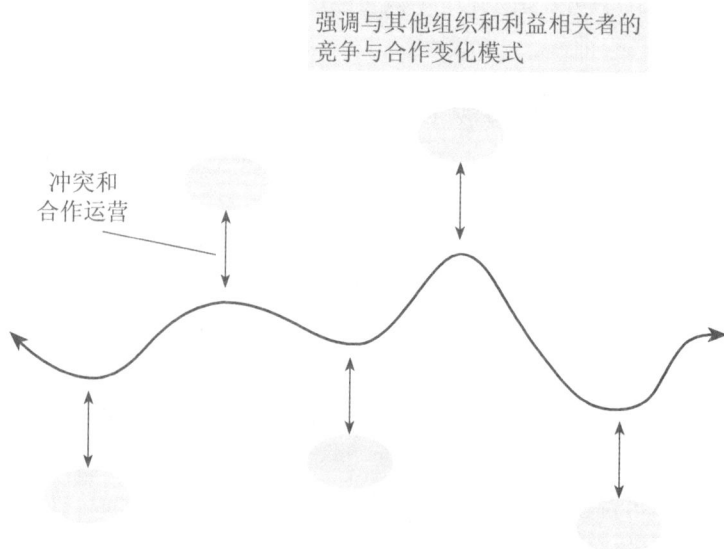

图 23.10　进化论暗喻模型

进化论暗喻模型有助于时刻提醒创业家他们的经营环境是一个充满竞争的环境，为了有限的资源必须不断与对手竞争，并且他们所选择的竞争方式必须是有效的（合适的）。进化论常让人们想起残酷竞争的画面，用丁尼生在《悼念》一书中所用的词语来形容就是"势不两立"。但是，进一步阅读这本书，我们就会发现物种内部与物种之间的相互合作也是自然界的一大特色。这与商界很相像：企业之间不仅相互竞争，也相互合作，并在竞争与合作之中共同成长。

辩证法

辩证法可追溯到古典希腊哲学。思想家如马克思、弗洛伊德都对辩证法的发展作出了很大的贡献。辩证法的核心思想即是在斗争与妥协中发展。任何系统在开始之时都是统一和谐的，但随着时间的流逝，系统中的各个部分开始分崩离析。这些部分逐渐发现自身利益与他者利益相冲突，于是开始成为对手。但任何部分在这场斗争中都不可能完全取胜，最终，会出现一个新的统一和谐的系统，在这个系统中各个部分发生了相应的变化并重新相互融合（见图 23.11）。

作为企业发展的暗喻模型，辩证法有助于从几个层次阐明斗争与妥协：例如，从企业与竞争对手的层次；从企业不同利益相关者的群体的层次，如投资者和员工，以及每个利益相关者的群体内部的层次，而这又包括企业中各个管理派别所采取的各种政治手段。

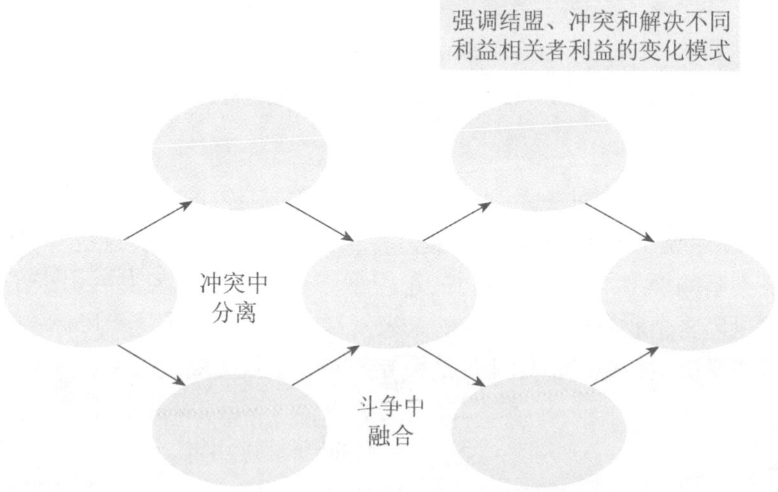

图 23.11　辩证法暗喻成长模型

这一暗喻模型的重要性不仅在于其关于斗争不可避免的思想，更在于其说明，通过解决争端，企业可以从中获利。企业能让所有的利益相关者（其利益点各不相同）以某种方式合作，并让各方从中获益。

三方辩证法

福特（1994）借用辩证法为描述企业发展提供了一种新的模型：三方辩证法。辩证法认为一个系统可分为两个互为冲突的部分，而三方辩证法则认为一个系统由三个部分组成。并且，三方辩证法着重的是这三方相互吸引与合作的方面。

三方辩证法认为万物都在变动之中。这种变动是整个宇宙的基本特征。也就是说，当我们确立某一物质时，我们这样做仅仅是为了寻求短暂的停靠点，或者说是物质表现。企业发展有重要的三个方面：一个是企业的现状（也就是现在的物质表现），以及另外两个可能的未来的状况，或者说未来可能的物质表现形式。这些可能的未来的表现形式能吸引企业，帮助企业更上一层楼。在追求这两个可能状况的同时，企业创造了新的可能的状况（见图23.12）。这一过程是持续不断并且变化多端的。需要声明的是，我们注意到企业的这些状况是因为我们寻求短暂的停靠点。

三方辩证法的暗喻模型需要我们利用到某些深层次的哲学思想。这一模型的主要思想是变化不仅仅是企业的一个部分，而且也是企业的本质所在。同时，它也认为企业可以选择许多不同的未来状况，并借此创造它们想要的新世界。

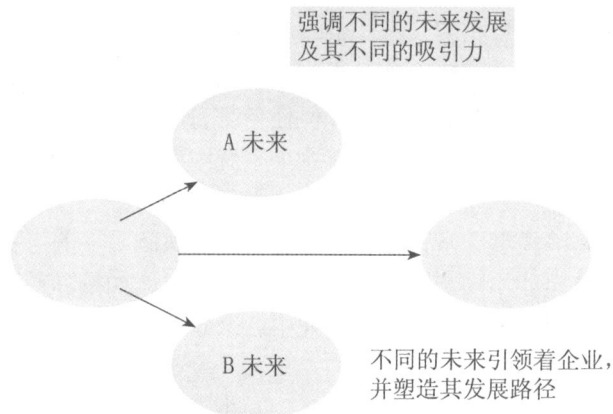

图 23.12　用三方辩证法解读企业成长

目的论

目的论描述的是系统通过一系列的变化从而朝着特定的未来（目的）发展。这一特定的未来发展目标吸引着企业不断发展，并决定了系统在发展过程中的形式（见图23.13）。与其他暗喻模型不同的是，目的论模型为企业的变化与发展引进了"目的"这一说。创业家可以将企业愿景当做企业的未来发展目标，并为了这一目标不断推动企业的发展。它可以用来决定企业的目标并且是领导力的一个重要决定因素。

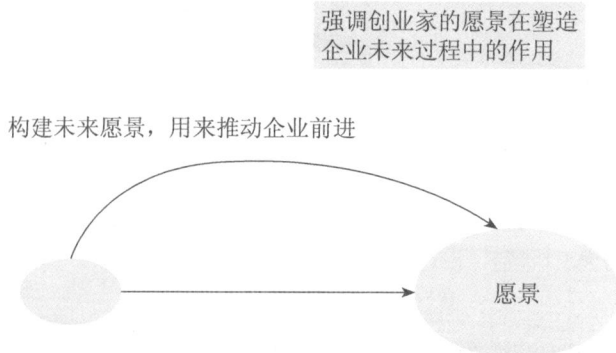

图 23.13　用目的论解读企业成长

混沌体

除了以上所提到了传统的暗喻模型，一种全新的视角对于从整体上把握企业变化也变得愈发重要。这一视角是建立在复杂性和混沌体的基础上的。

复杂性科学起源于物理学中的湍流系统和远平衡系统。其内部发现已不仅仅局限于学科内的应用，在诸如生物学、经济学、企业理论等领域也有广泛的应用。复杂性的特征在于其对于传统模型思维方式中简单的因果关系持反对意见。在复杂的系统中，一个小小的因素随着时间的流逝可能会造成巨大的难以预见的后果（见图 23.14）。蝴蝶效应就是复杂系统的典型案例。系统理论学家在对地球大气建模时发现，在一个地方微小的气压变化（如蝴蝶扇动翅膀）有可能在世界另一端造成巨大的气流变化（如引发飓风）。也就是说，大气系统是一个混沌体。小因有可能酿成无法预测的大果。但是，复杂性系统并非简单的混沌。复杂性系统里各个部分的关系并不像简单系统中那样是一对一的因果关系。斯泰西（2000）详细深入地阐述了这一观点。

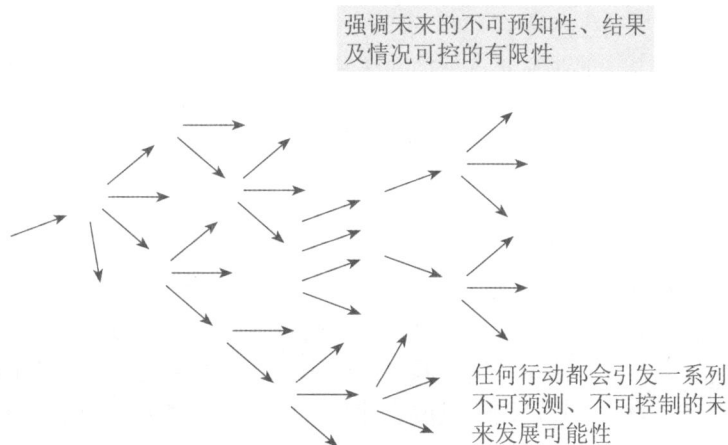

强调未来的不可预知性、结果及情况可控的有限性

任何行动都会引发一系列不可预测、不可控制的未来发展可能性

图 23.14　混沌体暗喻模型

复杂性理论对于管理思维提出的最主要的问题在于：如果企业是混沌体，那么究竟企业是否还能被管理呢？关于这一问题的回答并不在于管理学的无用，而在于我们应该用一种更加复杂的眼光来看待企业管理。复杂性理论驳斥了那种认为企业管理就是通过一系列既定的步骤将企业带领到既定的目标终点的过程的观点。

企业天生就是难以预测的。其未来更是无法预见。我们可以创建系统来管理这种不确定性，例如创建利益相关者的关系网络，但是我们无法通过这些系统完全消除这种不确定性。混沌体的暗喻模型有助于时刻提醒创业家，企业的目标以及管理并不是一成不变的。在企业发展的过程中，有可能出现各种难以预见的突发状况，企业必须根据不同的情况做出相应的反应。因此，企业管理便成为一个相对动态的过程，并需要临场反应的解决方式。企业的未来并不由企业的现在决定，而是由其在发展过程中面临的各种无法预见的挑战所决定。

对于那些静态企业的暗喻模型，创业家应尽可能地了解，并通过对模型的了解，作出有利于企业发展的决定。

要点总结

- 企业的发展必须从不同的角度进行，其中包括：经济上，收入和利润的增长；战略上，市场份额和竞争优势的发展；结构上，组织机构的形式、过程以及结构的发展；组织上，企业文化和士气的增长。

- 成功的创业家能清晰地认识到企业的发展能为所有利益相关者提供个人成长和发展的机会。

研究主题

创业家的发展目标

人们通常认为所有的创业家都希望扩大生意。但是，在前面关于区别性竞争优势的理论探讨中（见5.1节），我们知道扩大生意只是创业家很多目标中的一个，并且有可能是创业家为了达到另一目标而用的手段，其本身并非终极目标。我们可以选择一批创业家作为样品，并观察他们对于扩大生意的态度。我们可以研究创业家是否将扩大生意作为首要任务；在什么程度上扩大生意比其他目标（如短期利益的获取或现有市场地位的巩固）更重要；在扩大生意中，创业家愿意承担的风险大小；扩大生意会带来怎样的管理上的挑战以及通过扩大生意，创业家寻求怎样的长期发展目标。除此之外，我们还可以研究扩大生意会使各个利益相关者（包括企业本身）之间产生怎样的矛盾冲突以及这种冲突会对社会责任产生怎样的影响。是否所有的创业家对于扩大生意抱有同样的态度？扩大生意究竟是达成目标的手段，还是其本身就是终极目标？最后总结支持企业扩大生意的意义。

企业发展的模式

因特网为我们提供了大量的金融数据。许多企业会在网上发布其会计报告，像FAME这样的专家数据库也为我们提供了很多股票市场的信息。大量的信息为我们研究企业发展模式提供了极佳的帮助，尤其是快速发展企业的发展模式。我们可以利用利润、营业额、资产基础等衡量增长，并观察这些选项随着时间的变化是怎样变化的，在这些变化中，有什么突出的模式存在；企业经历的是平稳的增长，还是不稳定的增长；增长的速度如何；快速发展的企业波动是否很大；营业额的变化与利润以及资产的变化是否相关联；在我们观察到的多种模式中，是否可以对这些模式进行分类。在比较这些模式的过程中可能会用到数学技巧，但简单的调查也能发现很多。总结上述发现，并提出发展的通用模式。研究中涵盖的企业越多，结论也会越可靠、越有意义。建议搜集至少100家企业的资料，这些企业可以来自同一行业，也可以来自不同行业。

经济增长与战略组织动荡

Greiner的增长模型（前文讨论过）认为，快速增长的企业经历了稳定企业模式和战略手段的逐步增长，同时也经历了各个危机时期。在这些危机时期内，企业必须对经营模式和战略进行相应的调整，才能获得进一步的发展。想要证明这一观点，我们可以对比企业的发展历史与财政状况。利用历史信息（历史信息可以通过产品、案例分析或研究获得）来衡量增长或危机的阶段。在确定其发展阶段时，必须谨慎对待衡量的标准，并在衡量企业财政状况之前确定其发展阶段。观察就经济方面来说，历史发展阶段与企业规模是否有联系，这是否可以证实Greiner的理论。建议至少搜集5家企业的资料，这些企业可以来自同一行业，也可来自不同行业。搜集的企业越多，研究发现就越可靠。

创业家关于企业发展的暗喻模式

正如23.10节探讨的一样，企业的发展常通过暗喻模式展现。这些暗喻模式可转换成关于企业成长的定律。例如，目的论暗喻模式可表达为："我对于企业发展的目标很明确"。辩证法可表达为："增长总会带来冲突。"生命周期模式可表达为："所有企业最终都会消亡。"将各种模式用诸如此类的语句表达出来，并让创业家决定自己对于这种表达是否赞同。为了区分不同的暗喻模式，我们可以选用来自两种不同暗喻模式的表达组成一对，让创业家选择哪一对更加贴近他们的想法。另外，让创业家具体阐述发展目标和为了达到发展目标所采取的措施（这一研究必须以前一研究为基础）。通过这些研究，观察创业家是倾向于一种暗喻模式，还是习惯借用多种暗喻模式。并观察创业家采取的主要暗喻模式与企业发展管理有何联系并对投资者提出建议，应怎样利用创业家所倾向的暗喻模式，与创业家就企业发展与管理进行更好的交流。

重要读物

Gibb, A. and Davies, L. (1991) 'In pursuit of frameworks for the development of growth models of the small business', *International Small Business Journal*, Vol. 9, No. 1, pp. 15–31.

O'Rand, A. M. and Krecker, M. L. (1990) 'Concepts of the life-cycle: their history, meanings and uses in the social sciences', *Annual Review of Sociology*, Vol. 16, pp. 241–62.

推荐读物

Birley, S. and Westhead, P. (1990) 'Growth and performance contrasts between "types" of small firm', *Strategic Management Journal*, Vol. 11, pp. 535–57.

Bitner, L. N. and Powell, J. D. (1987) 'Expansion planning for small retail firms', *Journal of Small Business Management*, Apr., pp. 47–54.

Brocklesby, J. and Cummings, S. (1996) 'Designing a viable organisational structure', *Long Range Planning*, Vol. 29, No. 1, pp. 49–57.

Chaganti, R., Cook, R. G. and Smeltz, W. J. (2002) 'Effects of styles, strategies and systems on the growth of small businesses', *Journal of Developmental Entrepreneurship*, Vol, 7, No. 2, pp. 175–92.

Ford, J. D. and Ford, L. W. (1994) 'Logics of identity, contradiction and attraction in change', *Academy of Management Review*, Vol. 19, No. 4, pp. 756–85.

Gaddis, P. O. (1997) 'Strategy under attack', *Long Range Planning*, Vol. 30, No. 1, pp. 38–45.

Glancey, K. (1998) 'Determinants of growth and profitability in small entrepreneurial firms', *International Journal of Entrepreneurial Behaviour and Research*, Vol. 4, No. 2, pp. 18–27.

Greiner, L. E. (1972) 'Evolution and revolution as organisations grow', *Harvard Business Review*, July/Aug., pp. 37–46.

Hunsdiek, D. (1985) 'Financing of start-up and growth of new technology based firms in West Germany', *International Small Business Journal*, Vol. 4, No. 2, pp. 10–24.

McKergow, M. (1996) 'Complexity science and management: what's in it for business?', *Long Range Planning*, Vol. 29, No. 5, pp. 721–7.

Mintzberg, H. (1979) *The Structuring of Organizations: A Synthesis of the Research.* Englewood Cliffs, NJ: Prentice Hall.

Oakley, R. (1991) 'High-technology small firms: their potential for rapid industrial growth', *International Small Business Journal*, Vol. 9, No. 4, pp. 30–42.

Petrakis, P. E. (2005) 'Growth, entrepreneurship, structural change, time and risk', *Journal of the American Academy of Business*, Vol. 7, No. 1, pp. 243–50.

Scott, M. and Bruce, R. (1987) 'Five stages of growth in small business', *Long Range Planning*, Vol. 20, No. 3, pp. 45–52.

Smallbone, D., Leigh, R. and North, D. (1995) 'The characteristics and strategies of highgrowth SMEs', *International Journal of Entrepreneurial Behaviour and Research*, Vol, 1, No. 3, pp. 44–62.

Stacey, R. (1996) 'Emerging strategies for a chaotic environment', *Long Range Planning*, Vol. 29, No. 2, pp. 182–9.

Stacey, R. (2000) *Strategic Management and Organisational Dynamics* (3rd edn). London: Pitman Publishing.

Tuck, P. and Hamilton, R. T. (1993) 'Intra-industry size differences in founder controlled firms', *International Small Business Journal*, Vol. 12, No. 1, pp. 12–22.

van de Ven, A. H. and Scott Poole, M. (1995) 'Explaining development and change in organizations', *Academy of Management Review*, Vol. 20, No. 3, pp. 510–40.

精选案例

案例 23.1　　　　　　　　　拒绝官僚　提倡平等

文／Martin Arnold、Andrew Jack

在吉恩-弗朗索瓦·德埃克的斯巴达式的 CEO 办公室内有一张灰色的大理石小桌，它小得仅容几人围桌而坐。

吉恩-弗朗索瓦·德埃克经营的公司叫赛诺菲－安万特。尽管这是世界上最大的一家制药公司，德埃克却认为这张桌子已足够坐下所有制定公司主要决策的领导人。

除了德埃克本人之外，这还包括另外三个德埃克完全信任的人：杰拉德，研发部门主管；吉恩-克洛德·勒鲁瓦，财务部门主管；汉斯皮特·斯贝克，药品经营部主管。

"我们无需过多交流，便可充分了解对方的心思，"德埃克用法语说道。"我们围坐在这张桌子周围，作作决定，第二天便可执行。我们不需要经过委员会繁杂的审批手续。"

这是德埃克独特经营模式的一个特点。许多其他大型制药公司的管理人常抱怨他们花太多的时间开委员会，并被累赘的官僚主义束缚了手脚。而德埃克却始终认为拒绝官僚、保持直截了当的决策方式对于公司的生存、发展最有益。

他举了一个公司准备在美国筹建一个价值 100 万美元的疫苗工程的案例。"我们对项目的可行性进行了充分的探讨，最终决定'好吧，就这样干'。"而这一帮管理者的反应就是"我们现在应该参加哪个委员会的讨论？"我说明早你们就可以把起重机开到现场开始施工了。我们决定好就行了。

这种决策速度在应对挑战时也十分有效。例如，上个月美国巴尔制药公司与以色列

Teva 制药公司针对赛诺菲－安万特旗下生产的阿莱格拉抗过敏药物引进了通用的竞争药物，而赛诺菲－安万特公司的决策速度使得它在法律诉讼（针对公司药物专利问题）仍在进行时，上架了自己生产的低价竞争产品，从而赢回了市场份额。

"我们从未想过能有这样的结果，"他回顾道。"当时，我们花了 4 天时间与那家公司签约，10 天时间研制第一批产品。我都是用电话远程遥控的，而斯贝克当时也在周末去了美国了结这件事。我们相互通话达成共识后，便分工协作，没必要再召开任何委员会议。"

这一小部分决策人士在进行赛诺菲去年最大的收购项目上也起了重要的作用。当时赛诺菲收购的对象是法国的安万特集团。

德埃克说当时收购这一策略是赛诺菲的生存战略。由于赛诺菲盈利可观，辉瑞公司，世上最大的制药公司，已经盯上赛诺菲，想要将赛诺菲并购。

尽管安万特集团比赛诺菲要大，德埃克仍表示他对于自己的侵蚀性收购非常满意，也避免了常用的诸如"强强联手"之类的外交辞令。"如果你的手段不够强硬，那么你就会像近几年的并购案例一样被束缚住双手。"

由于德埃克坚持使用赛诺菲的管理模式和企业愿景，安万特高层领导人被重新洗牌。当被问及安万特公司哪位高层领导有幸留守原职时，他说，只有巴西、西班牙和意大利的区域主管被保留了下来。

"除了那些被辞退的人，安万特的员工都很高兴，"他说，"但是公司合并，一贯被辞退的都是高层领导。这并非能力问题，而是他们的愿景与我们的背道而驰。我们并不是批判他们的管理方式，而是他们已经找不准自己的定位，他们有自己的方式，但很难短时间内接受我们的方式。"

"你肯定会说我信任的只有杰拉德、勒鲁瓦和斯贝克。没错。否则，我们就会像其他大型并购案例一样被困险境，每年只有 2% 到 3% 的增长速率。而我们今年的增长速率达到了 11%。"

许多制药公司都认为运气在新药的开发中很重要。德埃克的成长之路也恰好证明了这一点。他说当他 1973 年加入石油集团埃尔夫阿奎坦时，从未想过自己今后会拥有一家制药公司。

作为一名工程师和科学家，自此他利用一系列野心勃勃的收购逐步建立并扩大自己的公司。他说："我险些就去帮别人翻新墙壁和地板了。不过我想如果这真是我的下场，那我肯定还是会作此选择的。如果你决定做一名创业家，你就必须无所畏惧，必须勇于冒险，动员下属，并让他们成为你坚强的后盾。如果你不能充分发掘别人的潜力，让别人发出在别处发不出的光芒，那么你就不可能建立一个成功的帝国。"

他说当他决定进军制药行业时，他让自己沉浸在大量的书本中以了解行业知识，并且与杰拉德进行了深入的探讨。他对于杰拉德开发新药的能力十分有信心，他把杰拉德既当做兄弟，也当做晚辈。"我教他做人的常识，并告诉他应当适时冒险。"

氯吡格雷心血管药品是赛诺菲公司至今最成功的药品。德埃克对于创新治疗充满了激情，他认为创新是企业未来的核心竞争力所在。这其中就包括了减肥药 Acomplia，公司正准备送交 Acomplia 至监管部门批准。

德埃克进行了一系列的收购，这一系列的收购帮助赛诺菲成为了一家国际化的公司，但德埃克强调赛诺菲仍将根植于欧洲。相反，他的法国朋友，吉恩-皮埃尔·卡尼尔，英国公司 GlaxosSimithKline 的总裁则将总部位于宾夕法尼亚州和瑞士诺华的研发部门转至波士顿。

虽然美国市场的利润比欧洲市场更大，但折扣之后，两地价格差别并不大。他说现在美国药品的销量正逐步下滑，通用药物带来的压力正不断增加并造成了市场的动荡，而价格压力也使得欧洲和美国药品的价格越来越相近。

先将生意暂放一边不谈，德埃克认为他的公司是欧洲未来的一部分，尽管就连政治家都没有这样的远大目标。"欧洲总有一天会意识到进行工业研究、提高工人工资、提供增值服务的重要性。我为欧洲建立了一家公司，迟早有一天，欧洲会因此而存在。"

现在，德埃克说作为欧洲最大的制药公司以及美国的一家大公司，赛诺菲在日本仅占有极小的市场份额。"并非我们公司不够大，而是我们必须时刻警惕建立任何无法驾驭的大型企业。"

"我始终认为拥有研发的能力是企业的核心竞争力。如果研发能持续有新的进展，那么或许我们可以建立更大型的企业。但问题就在于，我们是否有足够的资产来支撑更大型的企业。"

关于企业的未来，他暗示他那三位同事都有能力在他三年退休后接任他的职位。他表示通过董事会的决议，他已经初步确定了具有同样企业愿景的继任者人选，但他暂时还不会将人选公诸于世。"重要的是，我们必须坚持不跟在委员会屁股后面办事。如果那样的话，我们公司就只有死路一条。"

Source：Martin Arnold and Andrew Jack, ' Ban the bureaucracy and bring in the bulldozers', *Financial Times*, 17 October 2005, p. 13. Copyright © 2005 The Financial Times Limited.

案例23.2　　　　　　　　　　　俏江南进军欧美计划

文/Geoff Dyer

几十年前，中国唯一成功出口的东西便是餐馆。

随着唐人街在欧美大城市的不断涌现，炒面和糖醋排骨已成了欧美家喻户晓的中餐菜名，尽管这些菜式与中国本土的菜式区别很大。

现在，中国已成为出口大国，世界各地都遍布中国制造的 DVD、化妆品以及 T 恤。但北京的一位创业家却认为中国大陆企业应该提升西方对于中国餐馆的认识和体验。

张兰经营的俏江南是一家在中国大陆拥有二十家分店的连锁饭店，其分店大多开在上海和北京。除了决定使俏江南进军家乡市场之外，张兰也决定进军海外市场。

正如许多中国创业家所拥有的风格一样，张兰对于俏江南今后的发展具有远大的抱负，她想让人们摆脱对中国餐馆服务态度不好、食品质量参差不齐的固有印象。"我们想要成为餐饮业的 LV，"张兰说道。

中国经济的腾飞使得大陆的餐饮业有了长足的发展。近十年来，中国人的可支配收入每年以两位数的速率增长，越来越多的中国人选择在外就餐，尤其是中国城市里的年轻一代，这一代人也是工资增长速度最快的一代人。

俏江南成为了受益者。依靠其川菜口味以及独特的装饰风格，俏江南吸引了大批白领前来就餐，成为了颇受欢迎的高级饭店。俏江南同样也受到了很多外国顾客的青睐，这也是俏江南准备进军海外市场的原因之一。

张兰表示今年内将在曼哈顿的切尔西开一家分店，并将亲自前往巴黎选定分店地址。香港和新加坡也将迎来俏江南的分店。米兰和伦敦也有可能成为俏江南的下一分店选址。"我想把中国餐馆做出唐人街，"她说。

中国许多新公司都是由有过海外经历的人士创办的。张兰也是一位海归。她在北京取得商务学历之后便搬去加拿大。在加拿大，她在一个台湾移民家庭里做保姆兼服务员。正是在那，她想到了要将传统中国厨艺与西式设计相结合。

于是 1991 年，她带着仅有的两万美元回到了北京，并在北京开了她的第一家餐馆：阿兰。在那时，大部分的餐馆不是极其奢华，就是极其肮脏。为了使她的餐馆显得与众不同，她特意回到四川收集了 13 英尺长的竹条，并将竹条漆成白色。

自俏江南 5 年前成立以来，竹条一直是俏江南设计的主题所在。随着饭店的成功，其店面也不断壮大。上海最新的分店开在 20 世纪 30 年代建立的一座大厦内，饭店内有雪茄吧和爵士乐队，饭店所在的这幢玻璃大楼是由一家日本时髦的设计公司 Super Potato 设计的。北京新开的一家分店，也是俏江南迄今为止最大的一家分店，是由设计界著名的菲利普·斯塔克设计而成。

"我们想将这一分店建成世界上十大顶尖饭店，"张兰说道。

张兰说："我的目标是 2008 年奥运会在北京开幕的那一天，俏江南第 100 家分店已开业。"现在，俏江南的年收入已达 5 亿元人民币。

如同她这一代的许多中国人一样，张兰的毅力和决心来自于早年经历的磨难。在"文革"时期，她的母亲，一名公务员，被贴上知识分子的标签，并被遣送到湖北乡下进行改造。这一经历让张兰有机会品尝到了当地的特色美食，当时，她自身的厨艺已经很不错了。

俏江南菜单上的菜多是四川特色菜。在过去的 10 年中，四川菜已成为中国最受欢迎的菜系之一。俏江南的招牌菜是铁板牛肉。

不论这些菜系在国外多受欢迎，将连锁饭店开在纽约、巴黎或伦敦也绝非易事。在那里，顾客极其挑剔，失败率极其高。

在许多国际化的大都市，中国饭店早已跳出唐人街，为外国人提供更好、更高端的服务。自 1849 年加州淘金热以来，中国饭店就已入驻海外，四川菜也随处可见。伦敦也拥有两家以米其林为代表的中国饭店。

近几年，大陆公司都争着建立高质量的品牌形象。俏江南的竞争对手包括香港的饮食集团，而香港的服务水平明显比大陆高一个层次。

张兰表示俏江南创新式的设计会吸引很多国外顾客。说着说着她一把拿过我的笔记本，开始绘制她心目中国外分店的布局。从图上我们可以看出，厨房被放在了最中间的位置。"这样，我们可以把国内顶尖的厨师带去国外，并向顾客展示传统中式烹饪技巧，"张兰说，"这肯定会让他们大吃一惊的。"

与各大奢侈品牌合作——尽管她拒绝透露细节——有可能是俏江南提升品牌形象的战略之一。她表示，俏江南也有可能与顶级连锁酒店合作，将分店开在五星级酒店内。

就算俏江南得以在目标城市中获取其目标市场，如此野心勃勃的扩张计划难免让人对家族企业的管理能力提出质疑。但张兰表示她现在还不想采取特许经营的模式，因为她保有对所有分店的控制权。

海外扩张计划是由张兰的儿子汪小菲领头进行的。但是小部分人能管理的毕竟有限。因此，有些常客开始抱怨俏江南在新开的分店中服务质量不断下滑。

为如此庞大的扩张计划融资也是一个问题。她表示到现在为止俏江南的留存收益还能支撑扩张计划，并且俏江南也在与一些有兴趣的投资者洽谈投资的问题。

许多私人股本集团正在中国寻求合作。而像俏江南这样一个急需资本、管理以及营销技术的企业或许正是它们所寻求的对象。

Source：Geoff Dyer，'South Beauty's chic Chow plans to win the West'，*Financial Times*，1 *February* 2006，p. 9. *copyright* © 2006 The Financial Times Limited.

热点问题讨论

1. 在什么样的情况下，收购对于企业的发展并不合适？
2. 在什么样的情况下，进军国际市场对于企业的发展并不合适？

第 24 章

作出贡献：创业研究

本章概要

　　创业学是一个活跃的研究领域。和其他学科一样，创业学包括六个方面：研究现象、主张、理论、方法论、哲学关注和制度体系。创业学研究是一个新的领域，可以说是一门"青春期"学科。本章将从核心范围、关注对象和研究方法三个方面对该领域进行考察并总结出创业学研究的范式和方法论。

24.1　创业学：一门年轻的学科

重要学习目标

　　了解学科的组成部分，认识到创业研究是一门独特的学科，并意识到它与社会科学中其他学科的联系。

　　如今，人们普遍认为创业学是归属于社会科学内的一门相对较新的独立学科。二十五年前，它作为管理学领域内的一个研究方面得到了充分发展（虽然也有更早期的重要研究）。但直到大约十五年前，它才开始成为一门真正区别于其他管理学研究的独立学科。作为一门独立学科，它比社会学和人类学要年轻得多，与自然科学和人文科学中的传统学科相比就显得更为年轻了。

Low（2001）将创业学称为"一门青春期学科"。我们所说的学科或者研究领域到底意味着什么呢？从本质上来说，一门学科隐含着六个相互联系又相互区别的方面。

　　第一个方面是，一门学科要有自己所关注的特定的一系列现象。这一系列现象就是这门学科所要探寻的一系列世间的客体及其因果联系。生物学研究的是生物体，史学研究的是人类的过去，数学研究的是自然组合，等等。显然，创业学研究的就是创业家带来的经济效益和他们的管理实践。但并不是所有学科都有自己定义明确的研究范围。譬如关于社会学和社会人类学的研究领域究竟有多大区别就存在争议。创业学的研究对象取决于创业家和创业学是如何定义的，而并不存在一个刻板的范围界定什么能成为并且只能成为创业学的研究对象。创业学与其他管理学科、经济学和更宽泛的社会科学也没有明显的界限。

　　第二个方面是关于世界的观点或主张的集合。这个观点的集合就是这门学科在探索一系列现象的过程中所积累起来的知识，比如课本上的内容。大多数思想家怀疑这些命题是否直接、中立地描述世界。我们怎么知道这些知识是否是真理呢？哲学家们对于真理本身就有不同的看法。一些哲学家认为主要问题在于科学发现本身就是为理论所渗透的。这个观点又叫做建构主义。它暗示了命题的成立需依据某些理论或一系列理论，因此命题的正确性其实是建立在理论本身是正确的这样一个假说的基础之上的。

　　用于解释现象的一系列理论即为第三个方面。一种理论就是一个既能解释又能预测因果关系的框架。并不是所有社会科学家都认为物理学家所研究的因果关系适用于人类行为的研究。外部世界是由因果事件组成的，而人类行为则往往是有意做出的。某个特定的起因必然会导致特定的结果出现，这是别无选择的。然而人类却可以选择是否做出一个行为。因此动机-行为模式取代了决定性的因果关系，即人类行为是被动机所引导的，而不是被原因所决定的。

一些学科存在着一系列不相容甚至相互矛盾的理论。按照哲学家 Thomas Kuhn 的研究，这样的理论被称为范式。这些范式不仅指导特定命题的建立和否决，还引导不同命题相互串联。某些学科，比如自然科学，就是在一个学界广泛认可的单一范式的统治之下，对于研究的理论框架基本达成了共识。而其他学科则存在多种范式，例如其中一个没有占统治地位的理论框架。许多社会科学就是如此。心理学就是一个典型的例子（参见本书3.1节探讨创业人格的部分）。大部分年轻学科，特别是社会科学，倾向于有着更为丰富的范式。因为这些学科还没有太多时间定下一个被广泛认可的统一范式。一些学者也许会支持范式多样化并希望保持这样的多样性，而其他学者则认为这表明一个学科没能发展出自己对世界的合理认识并把多样化看做是一种干扰。作为一门青年学科，创业学有着丰富的范式。

理论是建立在对世界的探知之上的，但探究过程必须遵循一定的规则，只有这样它才会被认为是一种能够产生真理的合法探究形式，这就是第四个方面：方法论。方法论是规定调查研究如何进行的一系列规则。在一门学科内，新的知识、发现要被接受，那么这些知识就必须是通过运用适当的方法论获得的。不同的范式通常有各自不同的方法论。因此在多范式学科里，不仅会有围绕理论的争执，还会有围绕方法论的争论。在接下来的章节中，我们将会讨论创业学的关注焦点（研究范围）、研究范例、方法论和一些精选的研究主题。

另外，学科还可能与某些哲学关注甚至社会议程相联系，这就是第五个方面。知识以及知识所嵌入其中的理论表明（至少人类想象中是这样），世界是以一定的方式运转的。比如，物理学和生物学认为世界在本质上是物质的（是由并且只由物质构成的）。所有结果的产生都有一个特定的原因，即世界是确定性的。相反，史学则追溯历史情境中个体并非必然的行为。因此史学表明世界是偶然性的。创业学将两者相结合。一方面，在寻求企业成功（结果）的普遍原因时，它假定世界是确定性的；另一方面，每个创业历程都有各自的特点和历史，因此又是偶然性的。

因此创业学所要面对的是一个复杂的现象。但如果我们把创业学里的确定性和偶然性命题各自限制在特定的方面，这两种视角也能和平共处：在个体的创业行为中承认偶然性，又通过比较众多创业行为来寻求普遍性。

一门学科所产生的世界图景（哲学视角）还会有道德和政治上的暗示。古典经济学家试图公正、科学且中立地解释人类的交往模式。他们认为在不受约束的市场中，个体自由地作出使得个人财富最大化的选择，这是一种最优的状况，即帕累托最优。正如5.2节中所提到的，虽然严格来说，这只是一个关于这个体系基于数学属性的正式声明，但它明显也暗示着这样的体系在道德上和政治上同样是最优化的。许多社会科学家担心通过基因互补减少一定数量的人类行为这一说法表明积极操纵后代的基因特点（优生学）在道德上是可以接受的（其实这种说法是违背伦理道德的），他们觉得单凭这一点就足以抵制这种简化论说法。

虽然创业学合理借鉴了很多经济学的思维，但经济学并不是产生争议的唯一源泉。许多（我想大多数）研究创业学的学者相信创业学在道义上不仅令人接受还令人满意。他们研究这门学科不仅仅是为了发现创业家创造出的世界（虽然这已经足够重要），还希望能为其未来发展作出贡献。创业学既是一门应用学科，也是一个学术科目。不过，一些为创业学研究作出重要贡献的研究人员却对创业学及其影响持批判态度（有时候甚至持极端批判态度）。

最后一个方面是其制度体系。新知识的发现是一种人类活动，是结构化的。我们这个时代的一个显著特征就是研究活动的组织方式。不是太久以前，大约几百年前吧，一个人有可能了解科学、历史和人文科学里的几乎一切内容。百科全书的编撰者就是那些试图把他们所知晓的一切总结为寥寥数卷图册的学者们。他们几乎把探究世界当成一个爱好。18世纪的启蒙运动改变了这种状况。在新的理性探究模式的基础上迅速产生的大量发现导致了人类知识的指数增长，其总量远远超过了个人所能掌握的知识容量。这直接导致了研究碎片化为各种不同的学科，即研究专业化。在现代，学者们不仅把研究限定在一个单一学科，还开始逐渐限定于更小的下级学科，甚至下级学科的下级学科。伴随着这种碎片化，兴起了各种新的学科，人们开始用新的方式来研究最新发现的现象。除了分化，同样也有整合。一些新的学科会借鉴一系列成熟学科的想法来研究特定的现象。这在社会科学最为显著。而在社会科学领域，创业学又是一个典型的例子。经济学、心理学、管理学、社会学、人类学、技术研究、系统理论和政治学等学科都为创业学研究提供了理论见解和方法论指导。进行创业学研究的人往往有着以上这些学科的知识背景。

学科的制度方面包括了一批为学科作出贡献的教师和研究人员、他们所处的组织（如大学机构或咨询公司）以及他们的交流系统（包括专门期刊和行业会议）。如今这些体系已经全球化。在大学体系之外，应用性学科（尤其是创业学）还与政府和商业有着制度联系。一群（松散的）哲学家，有时又被称为新社会知识家，非常强调学科的制度方面。最极端的表现是他们声称学科内的所有知识都来自于制度体系，脱离了社会媒介就不可能有真理存在。可以想象，这样具有争议性的观点并没有被广泛认可，但也具有一定的影响力。

青春期曾是我们人生中最美好也最煎熬的时光。每一个新发现都新鲜而刺激。未来充满了无限可能。我们对自己充满信心，相信自己会有一番作为。没有什么挑战能吓倒我们。但我们也缺乏经验，甚至有些幼稚。我们会犯错。跟比我们年长的人相比，我们也许显得笨拙而缺乏自信。这些都同样适用于处于青春期的创业学。而所有这些，不管是积极的还是消极的，都为创业学增添了色彩，使之更加令人神往。

24.2　创业学：研究领域

> **重要学习目标**
> 了解创业研究的主要内容及其是如何分类的。

创业学所研究的现象有哪些呢？对于这个问题并没有直接而明确的答案。但如果我们看创业学的文献，就会发现文章中确有以不同频率反复出现的核心要点和其他一些更为次要的内容。这个核心被定义为：一切与识别机会和创建机构以抓住机会相关的功能、活动和行为（Bygrave 和 Hofer，1991）。很显然，这个核心的内容其实也很宽泛。虽然它提供了广泛的研究议程，但并没有特别侧重于某一个。在这个核心内，有一些独特的子领域更加专注于某些特定研究的项目。

Low 和 MacMillan 分类法

1988 年，Low 和 MacMillan 两位学者在一篇富有影响力的文章中指出创业学有三个基本的子领域。

（1）过程。过程指的是由创业家在识别和寻求新的机会时所采取的以及引出的一系列行动，不仅包括了创业家识别机会的明确和公开的方面，还包括他们在作出决定时认知层面的心理活动。

（2）情境。情境指的是创业家工作的环境，包括了创业家活动其中的组织、区域、国家和国际环境，并包括经济、社会和文化条件、资源可用性、竞争环境以及应用这些条件所带来的机遇与挑战。

（3）成果。成果指的是创业家在经济、组织和人文方面的业绩。一张成果的即时"快照"也许很重要，但只有从一个相对的意义上来看成果，其才真正有价值。两种类型的研究对成果进行了比较。纵向研究是对单个或少数几个企业进行跟踪调查观察它们的发展过程。作为新创企业的一个本质特征，业务增长在这里是一个重要变量。相反，横向研究则是选取单个或少数几个行业中的大量企业，比较它们在相对较短一段时间内的表现。相较于其他成熟的企业，新创企业的竞争力在这里显得尤为重要。业绩并不仅仅是指财务方面的业绩，员工满意度和更大的道德或社会业绩等公司利益也可以成为研究的业绩内容。

Ucbasaran 研究团队的分类法

Ucbasaran 研究团队认为创业学的研究重点应该包括以下五个子领域：

（1）理论前身。理论前身是指专注于重要理论起点的创业学研究方面。由于创业学受到若干社会科学的影响，因此创业学的理论见解通常是从这些社会科学发展而来的。经济学、财政学和心理学很重要，社会学和人类学同样也影响深远。理论研究从本质上说是很概念化的，既可以注重提出新的理论视角，也可以注重搜集实证依据来支持或者推翻现存的理论观点。

（2）创业家类型。一些研究关注的是不同类型创业家的定义和分类，这很重要（详见第 2 章）。因为不同类型的创业家需要不同的理论。例如，所有创业家的动力都一样吗？他们启动并引导的创业过程有什么不同？他们所创建的公司是否相同？他们获得的成果是否属于同一类型？从更现实的角度来说，对于相同的政府支持和鼓励，他们的回应有什么不同？他们是否需要不同的系统来提供金融支持？同样，经济学、金融学、心理学和社会学都能为这些问题提供视角和见解。不同类型的创业家之间存在重大的区别，比如初生型创业家是指还没开始真正创业的潜在的未来创业家；新手型创业家是指刚刚开始创业的创业家；连环创业家是指连续创建了一系列企业的创业家；而组合创业家则是指管理着一个企业群的创业家。

（3）创业过程。这个子领域与 Low 和 MacMillan 分类法的过程子领域相同。过程研究通常是从外部视角（社会、经济和文化条件）及内部视角（认知和心理状况）来关注创业家识别、评价和利用机遇的过程。

（4）创业型组织类型。什么是创业型组织？创业家们给他们所经营的公司和他们所接触的公司带来了那些改变？有很多种方式可以给组织定义和分类。创业学所感兴趣的分类方式有：创新类型（如高科技、低科技）、增长速度（如高速增长、缓慢增长）、在生命周期中所处的阶段（如启动阶段、早期发展阶段、成熟期和退出阶段）以及公司起源（如新建公司、特许经营、管理层收购和继承）。

（5）创业成果。与 Low 和 MacMillan 分类法的成果子领域相似，创业成果关注一段时间内公司的发展和表现以及与竞争对手之间的比较。

Ucbasaran 研究团队（2001）提出了一个补充方法。他们按照分层的方式继续将创业学研究归为以下几类：个体创业家研究、新创企业研究以及公司所处的部门和行业研究。与之平行的是公司所处的地理区域、国内和国际环境研究。图 24.1 展示了这个分类法。

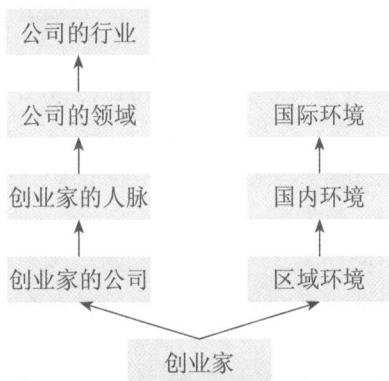

图 24.1　Ucbasaran 研究团队（2001）创业研究分类法

Meyer 研究团队的分类法

1999 年，Meyer 和同事们组成了一个名为"博士水平创业教育"的工作小组。这个工作小组总结出创业本质上是创造。因此，他们建议创业学研究应集中于以下四个问题：

- 创造新企业和新组织。
- 创造产品、服务、生产方法、市场和供应链的新组合。
- 创造性地识别新的和现存的机遇。
- 用创造性的认知过程、行为和行动方式对这些机遇加以利用。

作为发展，Meyer 研究团队（2002）提出创业研究与战略管理的交叉部分也值得探究。创业关于创造，而战略管理则关于表现。创业关注能够创造出新产品和服务的机会是如何出现的及如何加以利用的，而战略管理则关注决策和行动如何带来竞争力和高于平均水平的资本回报率。这些问题与新的小企业和大公司结合，构成了一个四重分类法。图 24.2 大致展示了这种分类法。

（1）创业家创造。创业家创造关注创业家和创业的方方面面，研究创业家如何构思和执行创新的产品、想法和做法。创造研究包括了创业家个体的认知构成、新机遇的发现与把握和新组织形式的创建。

（2）中小企业（SME）绩效。中小型新创企业业绩考察是衡量中小企业（尤其是那些有潜力成为新创企业的中小企业）在一段时间内的财政和其他方面的表现以及将它们与其他商业机构进行比较。这么看来，它与 Low 和 MacMillan 及 Ucbasaran 研究团队的创业成果有着共通之处。

（3）内部创业家创造。内部创业家指的是那些受雇于大公司且工作方式带有创业色彩的

	中小企业	大型企业
创业	创业家创造	内部创业家创造
战略管理	中小企业（SME）绩效	公司绩效

图 24.2　Meyer 研究团队（2002）创业研究区域划分法

管理者们。很显然，创业家的创造力与大公司财力和市场力量的驱动力相结合就好比管理中的"圣杯"。内部创业研究就是要探究这种结合的可能性、随之而来的机遇以及将要克服的障碍。

（4）公司绩效。这个方面主要考察那些健全的大公司的业绩，这些公司通常不是新创企业（从传统词义上看）。同样，这些研究可以只局限在财务领域，也可以有更广的研究内容，可以是横向的或纵向的研究。对于那些对创业学情有独钟的人们来说，这些研究为企业绩效的评估和解释提供了重要的参考和对比。

将这四个主要类别相结合就产生了一些特定的研究项目。"创业家创造-中小企业绩效"可以研究中小型新创企业如何通过先发优势来与更大的竞争对手抗衡并取胜。"创业家创造-内部创业家创造"可以研究大公司如何模仿创业家的决策和行为来克服官僚障碍，然后通过"内部创业家创造-公司绩效"来考察这个做法的影响。比如，是否创业型管理总是比传统型管理要好？在大公司也不例外吗？最后，"中小企业绩效-公司绩效"可以研究企业业绩通常是如何衡量的，是仅用财务标准衡量就足够呢，还是需要考虑其他的利益相关者（7.5 节详细探讨了这个问题）？以及为大公司设计的业绩衡量标准是否也适用于中小型新创企业（在中小型新创企业，创业家的个人目标更为重要）？反之，是否亦然？

应当认识到，所有这些分类都只代表了个人研究的一些方面，并不是全部。许多研究会采用两种或者更多的分类。例如，一个研究也许会考察不同类型的创业家如何管理创业过程或者情境如何影响成果。又比如理论也许会用来解释成果，等等。当设计一个新的研究项目时，如果能在关注这个学科与其他社会科学领域在相互联系时所产生的问题的同时，还注重学科子领域内不同分类法在相互交叉时所产生的问题，那将会得到更加丰硕的研究成果。很明显，创业学从管理学研究的其他领域得到了借鉴。比如，Brophy 和 Shulman（1992）以及 Hills 和 LaForge（1992）思考了创业学分别能从金融学和营销学中借鉴什么。

24.3　创业学的研究范式

重要学习目标

了解研究范式的概念，熟悉创业学研究所采用的不同范式，及它们的可公度性问题。

范式指的是指导学科内研究活动的理论集合，这个集合内有一个占主导地位的元理论将各个理论相联系。正如前面提到的，范式这个概念是由 Thomas Kuhn 提出的，用以解释物理学的发展方式。虽然这个概念在自然科学领域并没有造成什么影响，社会学家们却对它产生了极大的兴趣。Kuhn 最初是打算用这个概念来解释随着时间的推移一个理论是如何让位于另一个理论的，但社会学家们却用它来解释任一时间点社会科学领域内存在的大量不同的研究方法的原因。

Burrell 和 Morgan（1979）进行了一项组织学范式多样性的开创性研究。他们认为不同范式可以在两个维度相互联系。第一个维度是客观–主观维度。客观调查关注的是那些被认为是独立于人类经验的外部世界中可证实的事实。而主观调查则关注人类个体经验的解读。这些只有用内化的经验才能"证实"，并且无法用传统的科学的方式进行复验。

Burrell 和 Morgan 认为客观–主观特性包括以下四个方面：

- 本体论是指调查现象的本质。它是实在论，坚持共相不受个人影响，尽管这些人会从外部对这些体验产生不良的影响。抑或它们是唯名论主义，坚持内部的个人现实是由个人意识构建而成。

- 认识论是指对相关现象认识的本质。实证主义者认为恰当认知的真实性不受时间影响，也不为任何人所左右，同时可以经得起相关独立观察的检验。而反实证主义者则认为，从根本上看，认知的正确性只是相对于个人而言的，有时间上的局限性，同时这种真实性（总是或永远？）不能为传统的"科学"手段所证实。相反，它表现在相关实验主题的反思和交流过程中。

- 关于人类本质有两种认识：一种认为人类只是宇宙中的一种"常见"物体，其行为与宇宙其他事物一样具有因果性；而另一种则认为人类是一种特殊的事物，其意识能打破这种宿命的因果性：人类会选择做什么，而不是迫于外部自然力量而行动，尽管人类的行为受社会力量所引导。在关于人与社会关系的讨论中，这种区别经常被提及。

- 方法论是指探知世界的手段。有的人认为社会环境的探知方法与自然环境一致，都是通过控制具有因果性的变量，进行反复实验从而检测假设的真实性，该方法被称为一般规律法。而有的人则认为需要使用特殊方法，即表意法，探知社会环境。该法把人类体验作为核心，关键在于展示相关体验，而非测试预先提出的假设。

这两个维度在不同的哲学思维或社会规章上，表现为不同的范式。一些范式被称做规范式社会学，它们对现存社会不进行任何批判，或者只提出要社会做出一些边际变动。它们主要运用于解释社会本身，提出怎样更好地管理社会。另一些范式被称做激进变革社会学，它们批判现存社会，并提出如果人类生活要得到改善，需要对社会进行大幅度的改变或者重建。

上述维度相互独立，可以组合形成四种基本的范式类型：

- 功能主义，即客观规范范式。这或许是研究创业学的主导性范式，当然它也应用于大多数的研究。它认为创业要经得起科学（实证性）调查的检验，同时调查的结果可以运用于相关创业学的完善。它在全部特定性质的研究中都得到体现，这些研究都运用了主流的经济思维、认知心理和其他社会科学中的科学成分。

- 极端结构主义，即客观激进范式。该范式主张社会需要大幅度的变革，同时相信这种变革是基于对社会更为科学的认知之上。在这种范式中，较有影响力的著作出自卡尔·马克思（他批判创业学的影响，而并非创业者本身）和其他一些社会主义经济学家。而在政治图谱的另一端则反映着一些自由主义者的观点，这些自由主义者受奥地利学派就创业者观点的影响，认为所有的经济学知识实质上都是为个人局限地拥有，而"高水平"经济系统知识不具有实质性的意义。

- 解剖主义，即主观规范范式。该范式不提倡对社会运行方式作出大幅度变革，但是提出比起遵照科学方法，有其他（或许更好的）方式认识社会整体，包括创业学。该范式经常存在忧虑，觉得"科学"不能很好地处理人类的个人体验，因此该领域的研究通常借助于人种方法学、现象学和符号互动论等方法。

- 极端人道主义，即主观激进范式。该范式的主要特点是对科学方法的否定，其极端特点通常与其对"科学"的否认相关，这种否认不仅是因为科学在方法论上的局限性，更是因为它是一种"权力结构"用于"创造知识"，这种知识可以用于"统治和剥削"。这种范式涵盖一些做法，它们同时也为极端女权主义者和对商业惯例的反资本主义批判者等使用。

组织科学家对这些可交替的范式进行了广泛（通常极为激烈）的讨论，这些讨论主要是关于范式的存在和价值。讨论的核心包括这些范式是否全部有存在的必要，以及这些范式是否可以结合成更为广义的范式。同时，新范式有原范式的方法论，它们有着各异的关注点和见解，这通常被称为范式公度性。关于范式公度性，存在着三种主张。其中，第一种是只有一种范式能构成调查的合适方式，其他范式会造成注意力分散，最好的情况下能导致不相关又毫无意义的结论。客观规范学派通常坚持这种主张，他们认为科学严谨性可适度地应用于创业学的研究（唐纳森（1985）和普费弗（1993）例证了这一主张，他们认为过多的范式会阻碍组织科学的发展）。这种主张有时也会得到两种主观范式的拥护者的支持，这些拥护者认为科学方法在人类科学的发现上并不适用。极端主义者或许会认为，常规科学是用于（不平等、剥削式地）维护社会关系的一种权力结构。

另一种主张则认为范式具有不可公度性，其提出尽管所有范式都有价值，但是它们间性质差异较大，不能组合成一个包罗万象的范式。该主张的部分拥护者（尤其是杰克逊和卡特（1991）以及肯尼拉和裴措特（1994））提出范式的不可公度性是一种保障，以防在组织科学中，某一种实证主义"精髓"会试图采用"帝国主义"般的方式控制该科学的研究方法。

最后一种主张认为范式具有可公度性，把它们结合起来可创造新知识。支持这一主张的有萨德（1988，1991）、尔莫特（1993）、韦弗和焦亚（1994）以及米特和沃森（2000，2001）等。希克森（1988）赋予整个辩论一种好的特质。另外，戈顿（2000）提出虽然功能性和行为性因素的结构-能动划分被应用于创业学中，但是这种划分没有好处，在将来的研究中不会被采用。

鉴于在商业教育项目的专项课程中，才会涉及研究方法论这一集成众多优秀文本的主题，此部分的讨论我会集中于概论方面。在客观和主观范式间存在着伯勒尔-摩根区别，这种区别在一定程度上是基于研究者对不同方法、对策的不同的信任程度。客观调查具有常规性，它是基于预先的外部理论框架而进行的定性或定量研究（通常两种方法并用）。定性研究通常是基于范畴描述，而定量研究则是基于数据化的数据。这些数据可能来源于有关单个或小群企业发展的案例分析、单个企业发展的历时研究，或者某个时间点关于许多行业的现状调查。主观研究运用不同的表意方法，人种方法论提出应优先考虑个人主体理解、融入世界所采用的"方法论"，研究重点在于展示这些个人方法，而不是实体化预想的外加理论。现象学研究也有相同的焦点，但同时还补充到比起个体独立经历，更关注个体如何通过社交在更广泛的社会系统中交流。

24.4　创业学的研究方法

重要学习目标

掌握一系列的研究方法，即调查策略，这些方法可用于了解创业及其过程。

研究方法可以定义为研究的策略，这种方法展示并（或许从哲学角度）被证实可以用于获取确凿的知识。广义地说，存在着定量和定性两种不同方法，尽管它们之间有重叠。在市场研究中有着相同的术语，这里所说的方法虽然与市场研究中的方法有着些微关联，但是要分清它们间的不同内涵。

定量方法受实证主义者所拥护，它关键在于就有关主体收集典型案例，收集过程经常需要数据支持，从而使其结论具有普遍性。另一方面，定性方法极少依赖数据收集，不太看重有概括性的结论。其只主张无需概括化的"局部"知识，或者无需实证主义辩证的"自然"概论。人们经常激烈甚至有时火爆地争辩两种方法各自的优势，以及它们之间的关联。本书无需提出与辩论相关的观点：这两种方法都在创业学中起着重要作用。因为下述方法大多既可用于实证主义，亦可用于非实证主义。为了避免不必要的争论，我在此处不会将它们分类为定性或定量（从标准上看，实验法完全属于实证主义。而诠释学完全属于非实证主义。同时，人种方法论大多属于非实证主义，但是它的方法经常会被属于实用主义的社会语言学家所借用）。

演绎-归纳法建立理论

建立理论是创造人类知识的最古老方法，它至少比其他所有方法早出现 2 000 年。所有研究都包括一个通过反思从而建立理论的过程，这个过程中至少能提出假设，然后再用其他方法对这些假设加以证实。当然，建立理论的特点也可以是整合已有的知识，或者对事物间的联系提出见解。

调查方法

调查是针对一系列特定问题，寻求答案的一种方法（这些答案可以是开放式的，也可以是从一个有限列表中选取）。调查可以以书面形式，以电话或访问的形式（这种形式更有利于得到自由、不受限制的答案），或者以发电子邮件给特定被调查者这种日渐流行的形式（这些被调查者或具有统计代表性）。这个方法属于定量方法，能为概括归纳提供充实的数据，但是这种调查深度有限，结果可能因未得到部分受访者的回复而受到影响。

德尔菲分析

德尔菲分析是一种通过获取专家意见，从而进行调查的专业方法。它特别适用于就某些有争议或不明确的问题，描绘各种不同意见。首先要选择并建立专家库，发出首次调查问卷，其中或许有十分开放的问题，从而针对相关问题获取初步意见。分析得到的回复，进而产生总结，再次给专家库的人员寄出该总结和通过分析产生的一系列问题（这次问题或许更为具体），以上步骤重复几次直到没有出现更新的信息（或者受访者感到厌倦），最后产生最终概要，该概要将明确陈述关于正调查问题的共识（和争议）。

计量经济学

计量经济学是一种极正式的手段，主要采用第二手的定量数据，然后运用数学分析法得出不同变量间的相互关系（关系可能具有因果性）。例如，它可运用于探究市场中自由职业者的数量和经济发展之间的关系，或者利率对小企业倒闭的影响等。尽管这种方法有较高的专业性，但是数学分析显得不足。

实验法

实验法是用于确定不同变量间因果关系的方法，主要通过确定某一组变量，然后控制其他变量，从而来观察对其产生的影响。尽管该法在自然科学中得到广泛应用，但是直到最近它才在社会科学（除了心理学）中得到真正的应用。在创业学中，这种方法得到越来越多的应用，这不仅是因为实验法在行为经济学中的应用，还因为创业认知得到日渐增多的关注。通常这种方法是给主体布置高度结构化的任务，观察他们的反应，这种反应可能是有意识的（例如，实际作出的决定），也可能是无意识的（例如，用于作出决定的时间）。

对实验法的诟病主要有：（1）与真实（所谓"生态"）的决定相比，实验中的任务相当简单，同时"语义特匮乏"；（2）真实的决定会产生有影响力的结果，但是实验中的决定却不会；（3）该法把人类的行为看得过于"科学化"。

内容分析法

内容分析法是运用于分析通讯（书面、口头甚至是可视的形式），收集与利益相关活动的通讯材料（如创业家给投资者的商业计划书或陈述；如果材料是口头形式，可转录成文字），分析材料以确定关键的词语、短语或者概念，再采用统计学评价法来确认这些词语、短语和概念的盛行率和关系的一种方法。

为保证内容分析法的有效性，必须确保分析中的统计严谨性。对该法的一个诟病是该法除了确认单个词和预先确定的短语外，在一定程度上还需要分析师的主观理解（寻找"机会"这个词不同于找到"表示褒义的短语"）。这个不足有克服的方法，如在分析前确立严格并合理的辨认标准，多个分析师同时参与其中，并且在分析结果前确保所有分析师都在很大程度上达成共识。

话语分析法

话语分析法与内容分析法有一定的联系，但是它关注的内容更为广泛。该法的立足点是对交流的细致、有结构的观察，这种交流是在真实的社交场合发生的。该法借用社会语言学理论，在关注关键词语和短语的同时，它也会考虑到交流中的副语言（语调、面部表情和肢体语言等）和表示权力关系的迹象。

话语分析法已运用于分析创业家的领导策略，并解读他们与关键支持者特别是投资人的交流。这种方法需要技巧，如果想要有效使用该法，就必须多加练习。

认知映射法

认知映射法是采用一系列相关技巧，从而描绘出个人对世界的认知表征。从它的名称可以看出，这种方法源于认知心理学。该法有许多不同的变体，简单的有根据某一主题进行头脑风暴或者勾勒思维图，而稍复杂的则有如个人构念积储格分析法等技巧。这种方法日益重要，它已运用于勾勒创业家对于竞争性社会的认知，并对他们的"愿景"加以陈述。对它的一个诟病是该法认为，其勾勒的认知在一定程度上真实地反映着认知结构。

案例研究的构建和分析

案例研究最初源于医药科学，同时在管理学的教学中也长期使用这种方法。但是，它的确在研究中起着极大的作用。通常情况下，案例是对一系列事件进行的高度结构化的陈述（故事），其主要针对两方面：机构级别（它关于个人、小群体、单个机构或者一群机构？）和时间范围（它涵盖了什么时间段？单个决定？机构发展的某个特定时期？机构发展的全过程？）。案例研究可以是描述性的（"捕捉"重要问题和事件）、阐述性的（解释指定理论如何在特定实例中得到运用）、探索性的（揭示与案例相关的特定问题）、解释性的（试图描绘出因果关系）、实验性的（查看当一个变量改变时会有怎样的影响）、比较性的（案例 A 和案例 B 之间有什么异同？）或确证-驳斥性的（该案例是否证实了 X 理论的预测？）。

对案例法的一大诟病是，没有充足理由将某个案例的结论普遍化，认为它不只局限在本案例。因此，任何通过本法获得的知识最多只能算是轶事记录。但是，许多人也对这个诟病进行了批判。首先，概况化并不十分重要，它或许是自然科学所追求的，但是在人文科学中却作用有限。另一个批判是案例研究的发现有普遍性，但是这是一种"自然的普遍性"，而不是定量方法（试验或调查）所说的数据普遍性。还有一些人批判道，这种案例法的非普遍性过于夸张，或者案例法不必孤立在其他那些可以证实自身普遍性的方法之外。

人种方法学和诠释学

人种方法学源于人类学，并参考了社会心理学的部分内容，其中涵盖了许多方法。本质上，它是指高度细致地交感观察主体在各自社交场合的表现。与定量方法不同，该法并不强调观察者的客观独立性（许多人种方法学家认为这种完全独立性基本难以实现）。人种方法学家很少带着预先设定的问题或假设进行研究，但是他们乐于在观察或交流的展开过程中提出问题和假设。人种方法学家试图从尽可能多而不是单一的视角看待问题，如果有需要，可以每个主体都采用不同视角。

诠释学更接近于反实证主义，与其说它是一种特定的方法，还不如说它代表着一种哲学思维。它提出不存在所谓的事实，只有各种价值观，同时每个主体的价值观都具有同样的效力。观察者和观察对象有着紧密的联系，研究（例设有一个研究的存在）的目的是认知"局部"知识，这种局部知识具有整体性，不可被拆分成一系列不同的主题。

对人种方法学（特别是诠释学）的一大诟病是这种方法并不能带来任何有价值的认知，其产生的知识没有任何概括性意义。"那又怎样！"该法的拥护者反驳道，"实证主义就是独裁的帝国主义！"尽管也有人试图通过人种方法学和诠释学的方法研究创业学，但是这些研究成果只能发表在书版该类方法的期刊上。

关于这些方法所产生知识的本质和可信赖性有着许多的哲学争论，这些争论很引人注目，有时还会让人觉得很愉快。但是，创业学的学者最终还是想要创造新的知识。所以，请想好你的调查问题，再采用合适的方法查找答案吧！

要点总结

- 创业学包括六方面内容：
  - ——需要解释的现象范围。
  - ——积累的知识。
  - ——运用的理论。
  - ——指导调查的方法。
  - ——通过假设和实际运用所展示的社会和政治议题。
  - ——为整合新发现而建立的制度体系。
- 创业学是一个相对较新的未成熟学科。
- 许多理论家提出了企业管理必须解释的核心现象，包括：
  - ——识别和利用创业机会的过程。
  - ——创业家和创业公司的类型。
  - ——创业活动的结果。
- 创业学包括一系列的范式，如：
  - ——功能主义。
  - ——极端结构主义。
  - ——解剖主义。
  - ——极端人道主义。
- 每种范式都有自身方法论上的关注点和对策，它们都有助于加强对创业学的理解。

研究主题

创业学研究发展趋势

创业学是个极具多样性的研究领域，它具有分散、跨学科并多范式的特色。有一种论断称，功能主义范式起着主导作用。我认为这种说法是对的，但我不确定其适用范围。好的研究项目会参照一系列的期刊，这些期刊或者针对创业学这个主题，或者属于更广泛的管理学或普遍社会科学的部分内容，其内容主要是对创业学研究趋势作出分析。可从选定的期刊中，选择某个时期的期刊进行阅读（尽管从伯勒尔和摩根在 1979 年出版的书着手阅读会很有好处，但是这就意味着需要阅读很多文章。因此在考虑期刊范围时，不宜过于贪心）。判断有多少文章直接谈到创业学这一主题时（若只选取针对创业学的期刊，那很显然全部都是该类型），同时应观察这些文章运用了哪些范式（基于上述伯勒尔-摩根范式作出判断）。有多少文章运用了某种特定的范式？多少文章直接表达它们的范式假设？又有多少是间接表达？有多少文章试图对不同的范式进行整合？文章中出现范式公度性相关观点的频率有多高？如果有相关观点，那它是指哪些范式的公度性？相关研究的整体趋势怎样？最后就创业学研究的未来作出推断（和建议）。

创业家眼中的研究重点

创业学是一个极具实践性的学科，其主导观点是创业学相关研究有利于冒险型创业的开展，但这仅仅是一个预设。实践中创业家是如何看待针对其行为的（正式且学术性强的）相关研究的呢？他们认为这样的研究有价值吗？如果有，那研究者在其中起什么作用？研究者主要关注哪些方面？怎样的研究结果可能有价值？这些问题都极为重要。可以就一个样本进行相关调查，这个调查便可以提供这些问题的答案，这个样本可以是就普遍或特定群体的创业家而进行的（这些创业家可以来自某一领域或者同属于某种类型，具体内容可参照第 2 章），德尔菲分析法在其中起着重要的作用。篇末可根据实践中创业家的着重点，就未来创业学研究方向提出建议。

重要读物

Bygrave，W. D. and Hofer，C. W.（1991）'Theorizing about entrepreneurship'，*Entrepreneurship Theory and Practice*，Summer，pp. 13-22.

Hofer，C. W. and Bygrave，W. D.（1992）'Researching entrepreneurship'，*Entrepreneurship Theory and Practice*，Spring，pp. 91-100.

推荐读物

Aldrich，H. E. and Martinez，M. A.（2001）'Many are called，but few are chosen：an evolutionary perspective for the study of entrepreneurship'，*Entrepreneurship Theory and Practice*，Summer，pp. 41-56.

Amit，R.，Glosten，L. and Muller，E.（1993）'Challenges to theory development in entrepreneurship'，*Journal of Management Studies*，Vol. 30，pp. 815-34.

Brophy，D. J. and Shulman，J. M.（1992）'A finance perspective on entrepreneurship research'，*Entrepreneurship Theory and Practice*，Spring，pp. 61-71.

Burrell，G. and Morgan，G.（1979）*Sociological Analysis and Organisational Paradigms*. Aldershot：Arena.

Bygrave，W. D. and Hofer，C. W.（1991）'Theorizing about entrepreneurship'，*Entrepreneurship Theory and Practice*，Summer，pp. 13-22.

Cannella，A. A. and Paetzold，R. L.（1994）'Pfeffer's barriers to the advance of organizational science：a rejoinder'，*Academy of Management Review*，Vol. 19，No. 2，pp. 331-41.

Chandler，G. N. and Lyon，D. W.（2001）'Issues of research design and construct measurement in entrepreneurship research：the past decade'，*Entrepreneurship Theory and Practice*，Summer，pp. 101-13.

Davidson，P. and Wilkund，J.（2001）'Levels of analysis in entrepreneurship：current research practice and suggestions for the future'，*Entrepreneurship Theory and Practice*，Summer，pp. 81-99.

Dess，G. D.（1999）'Linking corporate entrepreneurship to strategy，structure and process：suggested research directions'，*Etrepreneurship Theory and Practice*，Spring，pp. 85-103.

Dodd，S. D.（2002）'Metaphors and meaning：a grounded cultural model of US entrepreneurship'，*Journal of Business Venturing*，Vol. 17，No. 5，pp. 519-37.

Donaldson，L.（1985）*In Defence of Organization Theory：A Reply to the Critics*. Cambridge：Cambridge University Press.

Fadahunsi, A. (2000) 'Researching informal entrepreneurship in sub-Saharan Africa: a note on field methodology', *Journal of Developmental Entrepreneurship*, Vol. 5, No. 3, pp. 249–60.

Fay, B. (1996) *Contemporary Philosophy of Social Science*. Oxford: Blackwell.

Gorton, M. (2000) 'Overcoming the structure–agency divide in small business research', *International Journal of Entrepreneurial Behaviour and Research*, Vol. 6, No. 5, pp. 276–92.

Guzmán Cuevas, J. (1994) 'Towards a taxonomy of entrepreneurial theories', *International Small Business Journal*, Vol. 12, No. 4, pp. 77–88.

Harrison, D. E. and Krauss, S. I. (2002) 'Interviewer cheating: implications for research on entrepreneurship in Africa', *Journal of Developmental Entrepreneurship*, Vol. 7, No. 3, pp. 319–30.

Hassard, J. (1988) 'Overcoming hermeticism in organizational theory: an alternative to paradigm incommensurability', *Human Relations*, Vol. 41, No. 3, pp. 247–59.

Hassard, J. (1991) 'Multiple paradigms and organizational analysis: a case study', *Organization Studies*, Vol. 12, No. 2, pp. 275–99.

Hickson, D. (1988) 'Offence and defence: a symposium with Hinings, Cless, Child, Aldrich, Karpick and Donaldon', *Organization Studies*, Vol. 9, No. 1, pp. 1–31.

Hill, J. and McGowan, P. (1999) 'Small business and enterprise: questions about research methodology', *International Journal of Entrepreneurial Behaviour and Research*, Vol. 5, No. 1, pp. 5–18.

Hills, G. E. and LaForge, R. W. (1992) 'Research at the marketing interface to advance entrepreneurship theory', *Entrepreneurship Theory and Practice*, Spring, pp. 33–58.

Hollis, M. (1994) *The philosophy of Social Science*, Cambridge: Cambridge University Press.

Jackson, N. and Carter, P. (1991) 'In defence of paradigm incommensurability', *Organization Studies*, Vol. 12, No. 1, pp. 109–27.

Jobber, D. and Lucas, G. J. (2000) 'The modified Tichy TPC framework for pattern matching and hypothesis development in historical case study research', *Strategic Management Journal*, Vol. 21, pp. 865–74.

Kiggundu, M. N. (2002) 'Entrepreneurs and entrepreneurship in Africa: what is known and what needs to be done?' *Journal of Developmental Economics*, Vol. 7, No. 3, pp. 239–58.

Kwan, K. M. and Tsang, W. K. (2001) 'Realism and eonstructivism in strategy research: a critical realist response to Mir and Watson', *Strategic Management Journal*, Vol. 22, pp. 1163–8.

Low, M. B. (2001) 'The adolescence of entrepreneurship research: specification and purpose', *Entrepreneurship Theory and Practice*, Summer, pp. 17–25.

Low, M. B. and MacMillan, I. C. (1988) 'Entrepreneurship: past research and future challenges', *Journal of Management*, Vol. 14, No, 2, pp. 139–61.

Lyon, D. W. Lumpkin, G. T. and Dess, G. G. (2000) 'Enhancing entrepreneurial orientation research: operationalizing and measuring a key strategic decision-making process', *Journal of*

Management，Vol. 26，No. 5，pp. 1055-85.

May，T.（1993）*Social Research*：*Issues*，*Methods and Process*. Buckingham：Open University Press.

Meyer，G. D. ，Venkataraman，S. and Gartner，W.（1999）*Task Force on Doctoral Education in Entrepreneurship*. Entrepreneurship Division of the Academy of Management，Seattle，USA.

Meyer，G. D. ，Neck，H. M. and Meeks，M. D.（2002）'The entrepreneurship-strategic management interface'，in Hitt，M. A. ，Ireland，R. D. ，Camp，S. M. and Sexton，D. L.（eds）*Strategic Entrepreneurship*：*Creating a New Mindset*，Oxford：Blackwell.

Mir，R. and Watson，A.（2000）'Strategic management and the philosophy of science：the case for a constructivist methodology'，*Strategic Management Journal*，Vol. 21，No. 9，pp. 941-53.

Mir，R. and Watson，A.（2001）'Critical realism and constructivism in strategy research：toward a synthesis'，*Strategic Management Journal*，Vol. 22，pp. 1169-73.

Mitchell，J. R. ，Friga，P. N. and Mitchell，R. K.（2005）'Untangeling the intuition mess：intuition as a construct in entrepreneurship research'，*Entrepreneurship*：*Theory and Practice*，Vol. 29，No. 6，pp. 653-79.

Morris，M. H.（2000）'New directions and streams of research'，*Journal of Developmental Entrepreneurship*，Vol. 5，No，1，pp. v-vi.

Pfeffer，J.（1993）'Barriers to the advancement of organisational science：paradigm development as a dependent variable'，*Academy of Management Review*，Vol. 18，No. 4，pp. 599-620.

Schwartz，R. G. and Teach，R. D.（2000）'Entrepreneurship research：an empirical perspective'，*Entrepreneurship Theory and Practice*，Spring，pp. 77-81.

Ucbasaran，D. ，Westhead，P. and Wright，M.（2001）'The focus of entrepreneurial research：contextual and process issues'，*Entrepreneurship Theory and Practice*，Summer，pp. 57-80.

Weaver，G. R. and Giola，D. A.（1994）'Paradigms lost：incommensurability vs structurationist inquiry'，*Organization Studies*，Vol. 15，No. 4，pp. 565-90.

Willmott，H.（1993）'Breaking the paradigm mentality'，*Organization studies*，Vol. 14，No. 5，pp. 681-719.

中国战略创业案例（四）

华为公司的内部创业案例

1. 一条新闻引发的内部创业大思考

2006 年 6 月 6 日，港湾、华为、西门子扑朔迷离的"三角"关系终于有了一个出乎意料的结局。华为科技和港湾网络联合宣布，二者达成有关收购的意向性协定，并正式签订谅解备忘录。华为将收购港湾具有竞争力的业务和已经开发的创新资产，包括路由器、以太网交换机、光网络、综合接入设备在内的宽带产品线的全部资产、人员、业务以及相关的全部知识产权。同时对于华为与港湾相关的业务，与其进行合并同类项式的业务整合。

有关交易的金额，华为和港湾的新闻发言人在接受记者采访时均表示，正式协议还未最后确定，不便对外透露。华为的新闻发言人傅军向记者表示，华为收购港湾的只是部分资产，港湾网络作为一家独立的公司将依然存在。但是港湾的业务主要包括八大部分：除了被华为收购的路由器、以太网交换机、光网络、综合接入设备外，只剩下下一代网络（NGN）产品、DSL 以及网络安全和网管软件。由于中国政府和运营商对 NGN 仍处在实验阶段，所有的设备几乎没有销售收入。而在 DSL 方面，港湾还不成气候；网络安全和网管软件，主要是和一些安全厂商进行合作的副业。于是，有人传言称：收购的价格可能为 17 亿元人民币。假若此消息准确，那么对比之前传出的西门子曾希望以 1.1 亿美元收购港湾网络宽带产品线的价格来说，17 亿元人民币确实是一个不错的身价，为此李一男的身价也暴涨数倍。

业务并购往往是发生在产品线互补的情况下，但让人不理解的是，华为科技的产品线早已包括了路由器、以太网交换机、光网络、综合接入设备，其合资公司——华为 3Com 公司和港湾网络的业务、市场定位更是基本重合。再加上由于华为科技和港湾网络千丝万缕的复杂关系，任正非和李一男传奇般的"恩怨情仇"，使得人们对这起充满戏剧张力的收购分外关注。

港湾总裁李一男在当天发给港湾网络内部员工的邮件中这样写道："公司在发展中遇到很多困难和挫折，由于管理层，尤其是我本人在知识和能力方面的欠缺，导致在公司战略的制定和内部的管理上都存在很多不足，错失了企业发展的机遇，辜负了大家对我的期望，对此也感到深深的自责，""续存公司将保留售后服务队伍和相当数量的存货以满足客户扩容、背板背件的支持，并保留部分技术力量，负责网上问题的处理。华为公司也将外包相当部分的售后安装工作给续存公司，使得其在未来相当长的时间（产品生命周期）有足够的能力来履行对于客户的责任。"

曾是由华为内部创业出来的港湾公司为什么要将自己的核心资产卖给华为？是内部创业结硕果了吗？华为收购港湾的真正意图究竟是什么呢？这使得人们反思并想起来了当初导致李一男离开华为创办港湾的内部创业战略。

2. 松下电器 PSUF 刺激了华为的战略神经

内部创业（Intrapreneurship）是指企业为了提升核心竞争力并获得创新性成果而得到组织允诺、授权和资源保证的一系列内部创业行动。通过这种行动，企业可以在主战略选定之后，围绕远景目标开发基于未来的新产品、进入新市场或者重新塑造新市场，以提高企业战略的灵活性，避免核心竞争力的刚性。目前，在产品创新方面，世界 500 强中名列前 100 位的大公司中已经有 65% 采用了内部创业机制。其中，最为著名的内部创业要算是松下电器公司的 PSUF（松下创业基金）了。

为了给企业发展注入更多的活力，松下电器公司于 2000 年开始建立起鼓励员工创业的支援和激励机制，公司设立了金额达 100 亿日元的松下创业基金——PSUF（英文全名为'Panasonic Spinup Fund'），专门用于培养创业人才。松下力图通过这一措施，为立志于创业的松下员工提供自我发展的空间，同时也为企业开拓更广泛的事业领域，为松下今后的发展夯实基础，增添活力。

确实，与其他公司类似的制度相比，松下为鼓励员工独立创业提供了十分优厚的条件。

第一，松下电器公司一开始就拿出了 100 亿日元资金设立松下创业基金，明确表示用于支援松下员工的创业。在此基础上，松下公司提出，在日后的 3 年内，将每年进行 3 次员工创业计划的征集活动，从资金上保证公司内部创业家的培养和支援。在这方面，松下吸取了日本其他大企业的教训。日本有许多企业建立了鼓励员工创业的制度。当在公司内征得有发展潜力的创业计划时，便全力出资提携，但一旦遇到挫折便失去扶持热情，最后不了了之。松下建立鼓励员工独立创业制度的根本宗旨，在于激发有创业志向的员工的创业热情，为松下本身的发展注入活力。

第二，松下公司还为立志创业的员工准备了一个较长时期的培训计划，意在消除创业者存在的"我有创业的点子，但我真的能成为企业家吗"这一顾虑。松下员工立志创业，从报名申请 PSUF 到实际创业，可以有半年以上的准备期。比如通过了书面审查和第一次面试的候选人（第一届有 8 人），要学习成为经营者最起码的基础知识。他们必须连续 3 个星期，从上午 9 点到下午 5 点进修包括经营学、会计学、企业案例等内容的名为"顶尖MBA 训练"的课程，随后进行为时一个月的名为"Brushup"创业计划修炼作业。其实在学习"顶尖 MBA 训练"课程期间，晚上就已开始进行"Brushup"的活动，所以，完善创业计划的时间实际上要花费一个半月。

为培养出色的创业家，松下公司还注意利用社会的专业力量。从报名员工的资格审查到"顶尖 MBA 训练"、"Brushup"活动，整个过程都有日本权威的智囊组织"日本综合研究所"资深专家全面协助介入，最后还要请多名来自公司外的风险企业经营人士以风险经营者的眼光严格审视候选人经过不断修改完成的创业计划。

第三，松下公司规定，对于员工创建的独立企业，本人的出资比例可在 30% 以下，松下公司出资在 51% 以上。以后如果事业进展顺利，可通过股票上市或者从松下公司购回股份，获得回报。而且，从新公司建立后的 5 年内，根据事业成果，创业者还可获得松下公司的特别奖金。因此，如果从一开始事业发展就很顺利的话，员工创业家可以有双重获利。

为彻底解除有创业意向员工的后顾之忧，使他们能将自己优秀的创业计划变成现实，松下公司还建立了一个"Safetynet"（安全网）。通过审查并被认可创业的员工，创建新公司以后，仍可以凭借松下公司员工的身份，领取基本工资等，待遇都不变，当然，也可以辞职后成为合同员工（企业家员工）。选择合同员工后，5 年后根据事业的发展情况，如果本人提出希望，仍可恢复成为松下公司的正式员工，这就为创业的员工万一失败留下了退路——大不了今后仍是松下的一名普通员工。

也许是松下等著名跨国公司的内部创业行动深深吸引了任正非，也许是还有什么更深层次的原因考虑，2000 年的下半年，华为终于出台了轰动一时的《关于内部创业的管理规定》。凡是在公司工作满两年以上的员工，都可以申请离职创业，成为华为的代理商，公司为创业员工提供优惠扶持的政策，除了给予相当于员工所持股票价值 70% 的华为设备之外，还有半年的保护扶持期，员工在半年之内创业失败，可以回公司重新安排工作。

当时，数以千计的华为员工自由组织起来，开始了自己的创业历程，其中包括李一男、聂国良二位公司董事常务副总裁。任正非在欢送李一男内部创业的讲话中，把华为鼓励内部创业的目的概括为：一是给一部分老员工以自由选择创业做老板的机会，二是采取分化的模式，在华为周边形成一个合作群体，共同协作，一起做大华为事业。潜在的战略含义似乎可以解读为：公司希望通过创业战略的自我尝试，让华为的这些员工在市场上开出一片新天地，以弥补华为在分销渠道方面与竞争对手的差距。当然，市场上猜测任正非可能有更深层的目的，那就是：实施第二次有组织的新老接替运动，将一部分老员工分流出去。

3. 内部创业的重要结果：李一男的起家与收场

2000年《关于内部创业的管理规定》颁布不久，李一男就响应号召，选择了走华为的"内部创业"之路。在最初的约定中，李一男只是做华为产品的分销商，不得发展自己的品牌。李一男在"内部创业个人申明"中这样表示："华为在数据通信领域是一个相对薄弱点，同时也是一个潜在的机会。"李一男的初衷是代理华为的路由器及数据通信产品，建立华为数据通信产品的培训基地，同时集成一些与华为产品没有冲突的其他产品。因此他的创业是唯一在华为内部开了欢送会的，并且得到了任正非的鼓励，"你们开始创业时，只要不伤害华为，我们是支持和理解的。"显然，任正非希望在当时的网络泡沫破灭之后能够以创新的方式或机制与当时强大的国内外竞争对手血拼。当时国外最著名的竞争者包括加拿大的北方电讯公司、美国的高通公司、朗讯公司等，中国的竞争群体在业内有着著名的"巨大中华"一说，"巨"是指"巨龙通讯集团公司"，"大"是指"大唐电讯公司"，"中"是指"中兴通讯股份公司"，而"华"显然就是"华为技术公司"。在任正非看来，"内部创业"似乎是对抗"巨大中华"而走的一步活棋。

但随后，华为内部跟随李一男展开创业高潮，不少技术骨干和高层都纷纷出去创业。"你们走的时候，我们快崩溃了，那时好像只要是在华为待着的人，都被认为是很奇怪的，好像没离开华为的人，反而是不正常的。"在会谈记录中，任正非曾这样回忆说。

2001年5月，美国华平投资公司和上海实业旗下的龙科创投，分别向港湾网络注资1 600万美元和300万美元。2002年5月，两家公司再次分别向公司投资3 700万美元和500万美元，并为其提供了3 500万美元的银行贷款担保。2004年3月2日，港湾又吸引到包括TVG投资、淡马锡控股和原股东的3 700万美元注资。最后形成的股权比例为：李一男持有约24%的港湾网络股权，员工持股亦占约25%，其余51%左右的股权则掌握在风投的手中。

在风险投资家的资本支持下，在短短的两年内，公司就聚集了一群来自华为的IP技术骨干力量，使得港湾迅速推出自有品牌产品，并占领一定的市场份额。这时的李一男其经营目标已经不满足于只是做华为产品的分销商，他认为自己可以专注于做宽带IP基础网络设备，致力于在行业走技术领先的道路。而公司从华为来到港湾的这些追随者的情况是，一方面当时企业网事业部在华为属于边缘业务，得不到重视，期望能够把握港湾所提供的初创公司成长期权和研发尖端产品机会；另一方面李一男在华为研发系统中拥有极高的个人魅力，也已经成为传奇人物：半个月升任主任工程师、半年升任中央研究部副总经理、两年被提拔为华为公司总工程师。他在27岁就成为华为最年轻的副总裁。下属认定跟着他干不会有错。

李一男几年前就认定，一个新兴的技术公司要独立生存至少要满足三个条件：有自己的技术和产品、有相应的市场能力、有财务上的保障。当时他认为港湾的技术和产品领先，市场能力比较强，财务上有国际基金大手笔保障，已度过生存期，所面临的是快速发展的问题。事实上，港湾公司创造了高速增长的奇迹，从 2001 年到 2003 年，销售收入连续达到了三连跳，从 1.41 亿人民币到 4.1 亿元人民币再到 10 亿元人民币。港湾的技术团队吸收了国外的一些领先的技术思想。2002 年港湾收购了美国硅谷的一家技术公司欧巴德，将唐鹏飞、朱双霞等技术背景相当深厚的人才揽入怀中，在国内率先推出基于 10G 平台的核心路由器。2003 年，港湾甚至聘请美国 Extreme 公司的创始人就任港湾的 CTO。2004 年 1 月，港湾收购了深圳钧天科技有限公司，以发展港湾在 MSTP 光网络技术的研究和开发。创办钧天科技的黄耀旭在 2003 年初离开华为并带走了包括华为南方研究所所长在内的近 30 名华为核心骨干人员创办了钧天科技，之前曾是华为公司主管研发的高级副总裁。结果，李一男与黄耀旭的合并丰富了港湾的产品线，也让港湾继承并发展钧天科技在 MSTP 光网络领域全部的国际领先技术和专利，同时整合港湾网络和深圳钧天科技两家公司的开发团队、产品技术等资源。终于，2004 年，港湾营业收入达到 12 亿元人民币。2005 年 5 月，在港湾酝酿上市前夕，李一男给任正非写了一封信，诚恳表达希望和谐竞争的意愿。然而，2005 年 9 月 2 日，却接到了华为给港湾法务的去函，要求港湾尽快解释对华为多项知识产权的侵权问题，否则不排除诉诸法律。随后，港湾的上市计划因为有一封莫明其妙且事实详细的匿名邮件泄露引发了"虚造业绩"、"资金链断裂"等诸多流言，从而也导致了港湾第一次严重的离职高潮。2005 年，港湾公司登陆 NASDAQ 的计划终于搁浅。2005 年底，华平为港湾寻找买主西门子，华为同样以知识产权为由进行阻难，但很快也不了了之。

据传，华为总裁任正非曾为此事给西门子总裁发过一封邮件。任正非表示，如果西门子收购港湾的话，那么华为将在全球市场与西门子开打价格战。正是受到来自华为的压力，以及考虑到与华为的关系（西门子与华为有合资公司），西门子最终放弃了港湾。至此，港湾网络上市触礁，联姻搁浅，市场业绩不佳，面对华为的强力进攻无处藏身。

事实上，当李一男接纳华为旧部，并率先推出基于 802.1 协议的 IP 产品时，任正非就已经十分关注并开始评估内部创业战略绩效了。2002 年底，华为终于对员工"内部创业"政策进行了调整，并在和港湾等原华为员工"内部创业"公司的竞争上加强了力量。在和港湾的市场竞争时，华为和华为 3Com 甚至采用"零利润"的做法，不惜一切代价打击港湾，华为内部专门有一个机构被戏称为"打港办"。很快，港湾出现市场急剧下滑的疲态。"这两年我们对你们的竞争力度是大了一些，对你们打击重了一些，这几年在这种情况下，为了我们自己活下去，不竞争也无路可走，这就对不起你们了，为此表达歉意，希望你们谅解。"任正非随后这样对李一男进行解释……

据内部人士介绍，在研究港湾知识产权后，任正非曾经表示，华为在很多地方比不上小公司，小公司创意强，像港湾以多业务传送的思想来开发传输产品，还有交换机上许多自主开发的东西，华为比不上。而随着电信网络的融合，多业务必将成为下一代 IP 网的目标，这对传统的电信设备商的数据通信能力提出更高的要求。在数据通信领域技术的积累上，诺基亚、爱立信等并不占据优势，而在电信技术的积累上，思科同华为比，也不占据优势。因此，华为收购港湾可以看做是重新找回被自己"剥落"的优秀基因，避免落入更大的竞争者手中。也有观点认为，华为收购港湾更多是出于资本运作上的考虑，低价收购高价卖出。此前，国外有报道称，华为可能以 17 亿美元的价格出售华为 3Com 公司，而华为拥有该公司 49% 的股权。收购港湾，既可以填补因华为 3Com 的出售造成的市场空白，又可以增加一笔现金流。

4. 内部创业结果的迷思

1988 年，凭借两万元的创业资本金，华为发轫于深圳南山区一个小角落。18 年后，华为在深圳这片改革开放的沃土上创造了一个商界神话。作为最大的民营高新技术产品出口企业，华为技术有限公司 2005 年合同销售额达到 667 亿元人民币（约合 83 亿美元），其中国际合同销售额达 48 亿美元，已超过国内销售额，占公司总销售额的 58%。其各类产品进入 100 多个国家和地区。华为 NGN 和 IP-DSLAM 全球市场份额排名第一。诺盛电信咨询今年最新的数据统计显示：2006 年上半年，华为公司又实现了销售额 51 亿美元，其中海外市场销售额 32 亿美元，占半年销售总额的 62.7%。在国际化的征程中，这个被称为"土狼"的企业已经成为一个令西方电信巨头对中国企业刮目相看的国际化公司。

对于今天港湾回归华为的整合意义，留下了许多的迷思等待管理学界的破解。

积极人士认为，华为产品的国际形象是低价，华为销售额的 30% 集中在亚、非、拉国家以及少部分的欧洲国家，在北美地区的销售不过是 1%。收购港湾后，事实上也大大增加了华为数据通信产品的力量，这在南亚以及非洲等市场已经初显成效。过去与老竞争对手中兴通讯拼杀得你死我活的几个领域现在因为有了港湾的加盟大大提高了销售额。另外，收回港湾，对其意图塑造的"和谐竞争"文化是一种考验，更是一种磨炼。也有人说，华为需要提升产品的价值，而这种价值必须是华为所特有的，这将促使华为向思科等优秀公司学习，通过收购技术型公司来做强自己，这也符合全球电信业的多业务融合加速推进通信设备厂商整合的趋势。

消极人士说，内部创业原本希望一部分难以发展的老员工自愿退出，结果真正走掉的都是骨干员工，他们更希望寻求外部发展的机会，也是创业力量急需获得的人才，同时也涣散了华为的内部军心，而出去的人不仅没有形成华为产品的分销渠道，没有结成以华为为"轴心"的联盟，反而走上了自主开发产品的道路，而这样的结果，不是同时与华为的竞争对手结盟，就是直接成为华为的竞争对手，港湾就是最好的例子。就收购港湾而言，这还与华为专注电信运营商市场的核心原则相违背。从最近几年的运作来看，华为一直有一个出发点：固守在自己所擅长的直销领域——以运营商为主的电信市场，而与主体业务相矛盾的分销业务，则分离于主体，单独运作。同时，也正是由于风投的目的是短期或中短期获利，一旦公司出现危机，风投就会赶紧处理股份，而缺乏共患难的意识。为了使自己的利益不受损害，风投甚至出现干涉领导层决策的行为。对于李一男来说，他事实上就是风投股权比例过大的一个受害者。

对于这场收购的讨论还在继续着，或许，我们也可以在任正非近日公布的内部讲话中找到某种启示："你们开始内部创业时，只要不伤害华为，我们是支持和理解的。当然你们在风险投资的推动下，所做的事对华为造成了伤害，我们只好作出反应，而且矛头也不是对准你们的。2001 年至 2002 年华为处在内外交困、濒于崩溃的边缘。你们走的时候，华为是十分虚弱的，面临着很大的压力。包括内部许多人，仿效你们推动公司的分裂，偷盗技术及商业秘密。当然真正始作俑者是西方的基金，这些基金在美国的 IT 泡沫破灭中惨败后，转向中国，以挖空华为、窃取华为积累的无形财富来摆脱它们的困境。华为那时弥漫着一片歪风邪气，都高喊'资本的早期是肮脏的'的口号，成群结队地在风险投机的推动下，合手偷走公司的技术机密与商业机密，像很光荣的一样，真是风起云涌，使华为摇摇欲坠。竞争对手也利用你们来制约华为，我们面对了基金、竞争对手更大的压力。头两年我们通过加强信息安全、交付件管理才逐步使研发稳定下来；加强市场体系的干部教育与管理，使市场崩溃之风停住了。开了干部大会，稳定了整个组织，调整了士气，使公司从崩溃的边缘又活了回来。后来我们发现并不是和你们竞争，主要面对的是基金和竞争对手，如果没有基金强大的力量，你们很难招架得住我们的竞争压力。我们明显地感觉到基金的力量与巨大的威胁，如果我们放弃竞争只有死路一条。如果基金这样做在中国获得全面胜利，那么对中国的高科技是一场灾难，它波及的就不只有华为一家了。因此，放任，对我们这种管理不善的公司是一个悲剧，我们没有退路，只有坚决和基金作斗争。当然也要面对竞争对手的利用及挤压。因此，较大地挫伤了你们……"——任正非2006年5月的谈话摘要。

5. 今天在国际市场竞争中的华为新突破

对于任正非来说，世界级企业是他毕生的目标。华为对国际化一直有近乎痴狂的理想。撇开任正非的个人性格和野心，知识力密集型企业必然会走向国际化，这是产品性质决定的。它们的产品是高附加值的知识产品，这种产品的特性之一就是容易复制，而大规模的复制将大大摊薄成本。

2003年前后，华为在GSM上已经投入十几亿元研发经费，在3G上也以每年十几亿元投入。如果在国内市场没有足够的订单，华为甚至连研发成本都无法收回。按照业内一般的看法，全球电信业的投资中，大约有40%是在北美，30%是在欧洲。华为要形成如日本索尼、韩国三星那样的国际化道路，这个70%的庞大市场无论如何都是无法规避的。面对巨大的市场，任正非说："我们不尽快使这些产品全球覆盖，其实就是投资的浪费，机会的丧失。"

价格永远是中国知识力密集型企业的优势，华为在美国的广告词就是"它们唯一不同的就是价格"。而在国际市场上，华为仍然采取在国内市场也采取的"从农村包围城市"策略，从亚洲、非洲的第三世界国家入手。在这些国家，华为的竞争对手不是当地的廉价劳工，仍然是跨国公司的销售人员和他们的代理，这使得华为的"狼性"发挥得淋漓尽致。

一位在刚果的市场代表说："这个地方虽然乱，但是块好地，拱一拱就能拱出金子来。"而在这块能拱出金子的地方，爱立信、诺基亚等国际品牌却很难派销售人员来，因为高额的员工补贴让它们的产品毫无优势可言。

现在，华为完全可以用"王者归来"的自豪面对中国市场。很多华为员工谈到今天的中国市场时，都表现出一种高度的自信。"我们经过了国际主流运营商最苛刻的认证，也有世界最主流的技术。"

华为2007年订单销售额为160亿美元。这一数字比2006年增长了45%，华为的增长动力主要来自国际市场，销售额中有72%来自国际市场，约115亿美元。主要国际市场包括非洲、亚太、东欧和西欧、中东以及拉美。从数据上看，华为的增长正在加速。华为2006年订单销售额为110亿美元，其中65%来自国际市场，增长率为34%。2008年底，美国《商业周刊》与由世界各地的14位学术专家、咨询顾问和行业领导组成的顾问委员会共同制定并评选出了全球最具影响力的公司排行榜，华为居第九位。《商业周刊》称："我们选出了10家公司，它们为各自的行业制定出了制胜的战略。它们想方设法改变行业格局，对消费者产生了最深刻的影响，并且制定出竞争对手竞相效仿的不凡策略。世上没有绝对正确或毫无异议的事情，而我们的选择更像是一门人文科学而非自然科学。但是我们认为，在过去的 10 年里，排行榜上的每一家公司都在商业领域中发挥了主导性的作用，而且它们有可能决定商业的未来。"

华为内部人士透露，华为一位副总裁曾在华为内部 2008 年的新年晚会上表示，按照 2007 年销售额计算，华为已经进入了世界 500 强。值得注意的是，由于不是上市公司，华为对外公布的都是订单销售额，而对于设备商来说，订单额与实际销售额之间一般还有一定差距，因此，目前仍无法确定华为的实际销售收入。相比之下，华为的主要竞争对手都预计 2008 年的收入增长只能保持个位数。而进入 2008 年以来，尽管全球范围的金融危机让华为的发展充满了不确定性。但是，华为 2008 年订单销售额计划还是达到了 233 亿美元，在全球市场，华为实现了稳健的增长，比 2007 年增长了 46%，其中来自海外市场的贡献占到 75%，老竞争对手中兴实现营业收入人民币 442.9 亿元，比上年增长 27.3%。差距有所拉大。2014 年的最新数据表明：华为订单销售额已经达到了创纪录的 380 亿美元，这是否是内部创业直接影响了其之后的竞争力结果呢？

问题

1. 华为创新的内部创业方案是否真正达到了战略目的，提升了竞争优势？给出你的理由。

2. 相比华为公司老总的做法，如果你是任正非，竞争压力下的你是否有更好的战略手段确保这种新型成长型企业的内部创业战略能够圆满实施呢？

案例来源：中山大学创业中心任荣伟创新创业案例库

2013 年 12 月，版权所有